最新企业会计核算 实用指南

（第三版）

赵治纲　编著

经济科学出版社

图书在版编目（CIP）数据

最新企业会计核算实用指南/赵治纲编著．—3 版．—北
京：经济科学出版社，2009.1（2015.2 重印）
ISBN 978 - 7 - 5058 - 7876 - 1

Ⅰ. 最…　Ⅱ. 赵…　Ⅲ. 企业管理 - 会计 - 指南
Ⅳ. F275. 2 - 62

中国版本图书馆 CIP 数据核字（2009）第 011331 号

责任编辑：段　钢　卢元孝
责任校对：杨晓莹
版式设计：代小卫
责任印制：邱　天

最新企业会计核算实用指南

（第三版）

赵治纲　编著

经济科学出版社出版、发行　新华书店经销

社址：北京市海淀区阜成路甲 28 号　邮编：100142

总编部电话：010 - 88191217　发行部电话：010 - 88191522

网址：www. esp. com. cn

电子邮件：esp@ esp. com. cn

天猫网店：经济科学出版社旗舰店

网址：http: //jjkxcbs. tmall. com

北京密兴印刷有限公司印装

787 × 1092　16 开　42 印张　940000 字

2009 年 1 月第 1 版　2015 年 2 月第 2 次印刷

印数：8001—9000 册

ISBN 978 - 7 - 5058 - 7876 - 1/F · 7127　定价：68. 00 元

（图书出现印装问题，本社负责调换。电话：**010 - 88191502**）

（版权所有　侵权必究　举报电话：010 - 88191586

电子邮箱：**dbts@ esp. com. cn**

第三版前言

《最新企业会计核算实用指南》自 2007 年 6 月出版以来，深受企业财会人员和高等院校会计专业学生们的欢迎和厚爱，普遍反映切合企业会计核算工作的实际，具有很强的实用性和操作性。应读者的要求，我们依据财政部最新发布的《企业会计准则（2008）》、《企业会计准则应用指南》、《企业会计准则解释第 1 号》和《企业会计准则解释第 2 号》，对该书相关章节的内容进行了全面、系统的修订。

第三版根据《企业会计准则讲解（2008）》的最新变化内容对《长期股权投资》、《股份支付》、《收入》、《所得税》、《企业合并》、《金融工具确认和计量》等相关章节进行了修订和完善。再版后该书可以说是企业财会人员、注册会计师和其他会计相关人员学习和应用新会计准则最为实用的操作指南。同时，该书也可以作为全国高等院校会计学专业的教材使用。该书还可作为各行各业会计人员培训用书。

尽管在修订过程中，作者对原书进行了全面梳理，增加了不少新的内容，但限于作者的水平，仍难免存在一些不足，恳请学界同仁和读者批评指正，以便今后进一步修改和完善。

赵治纲　博士

2009 年 1 月 10 日于财政部科研所

目 录

第一章 总 论

第一节 会 计 概 述

会计是以货币为主要计量单位，反映和监督一个单位经济活动的经济管理工作。在企业，主要是反映财务状况、经营成果和现金流量，并对企业经营活动和财务收支进行监督。在我国，会计工作已经成为包括政府部门、投资者、债权人以及其他各个方面了解和掌握企业财务状况、经营成果和现金流量的重要信息来源，成为指导社会资源合理流动、保障社会主义市场经济秩序、加强经济管理和财务管理、提高经济效益的重要保证。

会计随着经营管理的需要而产生，随着经济的发展而完善，至今已经成为一门比较完整的、系统的经济管理学科。理论源于实践的总结，并指导实践。任何一门学科都有其特定的理论，并随着社会政治、经济、技术等方面的变革，使其理论得以不断地丰富和发展，从而更加科学、系统与完善。财务会计就其基本理论而言，主要包括会计核算的基本前提、会计信息质量要求、会计报表要素及其确认和计量原则、计量属性及其应用原则、财务报告目标、财务报告等内容。

一、会计核算的基本前提

会计基本假设是企业会计确认、计量和报告的前提，是对会计核算所处时间、空间和环境等所作的合理假设。会计基本假设包括会计主体、持续经营、会计分期和货币计量。

（一）会计主体

会计主体，是指企业会计确认、计量和报告的空间范围。为了向财务报告使用者反映企业财务状况、经营成果和现金流量，提供对其决策有用的会计信息，会计核算和财务报告的编制应当集中于反映特定对象的经济活动，并将其与其他经济实体区别开来，才能实现财务报告的目标。

在会计主体假设下，企业应当对其本身所发生的交易或者事项进行会计确认、计量和报告，反映企业本身所从事的各项生产经营活动。明确界定会计主体是开展会计确认、计量和报告工作的重要前提。

首先，明确会计主体，才能划定会计所要处理的各项交易或事项的范围。在会计工作中，只有那些影响企业本身经济利益的各项交易或事项才能加以确认、计量和报告，那些不影响企业本身经济利益的各项交易或事项则不能加以确认、计量和报告。会计工作中通常所讲的资产、负债的确认，收入的实现，费用的发生等，都是针对特定会计主体而言的。

其次，明确会计主体，才能将会计主体的交易或事项与会计主体所有者的交易或者事项以及其他会计主体的交易或事项区分开来。例如，企业所有者的经济交易或者事项是属于企业所有者主体所发生的，不应纳入企业会计核算的范围，但是企业所有者投入到企业的资本或者企业向所有者分配的利润，则属于企业主体所发生的交易或者事项，应当纳入企业会计核算的范围。

会计主体不同于法律主体。一般来说，法律主体必然是一个会计主体。例如，一个企业作为一个法律主体，应当建立财务会计系统，独立反映其财务状况、经营成果和现金流量。但是，会计主体不一定是法律主体。例如，就企业集团而言，母公司拥有若干子公司，母、子公司虽然是不同的法律主体，但是，母公司对子公司拥有控制权，为了全面反映企业集团的财务状况、经营成果和现金流量，有必要将企业集团作为一个会计主体，编制合并财务报表，在这种情况下，尽管企业集团不属于法律主体，但它却是会计主体。再如，由企业管理的证券投资基金、企业年金基金等，尽管不属于法律主体，但属于会计主体，应当对每项基金进行会计确认、计量和报告。

（二）持续经营

持续经营，是指在可以预见的将来，企业将会按当前的规模和状态继续经营下去，不会停业，也不会大规模削减业务。在持续经营前提下，会计确认、计量和报告应当以企业持续、正常的生产经营活动为前提。企业会计准则体系是以企业持续经营为前提加以制定和规范的，涵盖了从企业成立到清算（包括破产）的整个期间的交易或者事项的会计处理。如果一个企业在不能持续经营时还假定企业能够持续经营，并仍按持续经营基本假设选择会计确认、计量和报告原则与方法，就不能客观地反映企业的财务状况、经营成果和现金流量，会误导会计信息使用者的经济决策。

（三）会计分期

会计分期，是指将一个企业持续经营的生产经营活动划分为一个个连续的、长短相同的期间。会计分期的目的，在于通过会计期间的划分，将持续经营的生产经营活动划分成连续、相等的期间，据以结算盈亏，按期编报财务报告，从而及时向财务报告使用者提供有关企业财务状况、经营成果和现金流量的信息。

根据持续经营假设，一个企业将按当前的规模和状态持续经营下去。但是，无论是企业的生产经营决策还是投资者、债权人等的决策都需要及时的会计信息，都需要将企业持续的生产经营活动划分为一个个连续的、长短相同的期间，分期确认、计量和报告企业的财务状况、经营成果和现金流量。明确会计分期假设意义重大，由于会计分期，才产生了当期与以前期间、以后期间的差别，才使不同类型的会计主体有了计账的基准，进而出现了折旧、摊销等会计处理方法。

在会计分期假设下，企业应当划分会计期间，分期结算账目和编制财务报告。会计期间通常分为年度和中期。中期，是指短于一个完整的会计年度的报告期间。

（四）货币计量

货币计量，是指会计主体在财务会计确认、计量和报告时以货币计量，反映会计主体的生产经营活动。

在会计的确认、计量和报告过程中之所以选择货币为基础进行计量，是由货币的本身属性所决定的。货币是商品的一般等价物，是衡量一般商品价值的共同尺度，具有价值尺度、流通手段、贮藏手段和支付手段等特点。其他计量单位，如重量、长度、容积、台、件等，只能从一个侧面反映企业的生产经营活动情况，无法在量上进行汇总和比较，不便于会计计量和经营管理。只有选择货币尺度进行计量，才能充分反映企业的生产经营情况，所以，基本准则规定，会计确认、计量和报告选择货币作为计量单位。

在某些情况下，统一采用货币计量也有缺陷，某项影响企业财务状况和经营成果的因素，如企业经营战略、研发能力、市场竞争力等，往往难以用货币来计量，但这些信息对于信息使用者来讲也很重要，企业可以在财务报告中补充披露有关非财务信息来弥补上述缺陷。

二、会计信息质量要求

会计信息质量要求是对企业财务报告中所提供会计信息质量的基本要求，是使财务报告中所提供会计信息对投资者等使用者决策有用应具备的基本特征，根据基本准则规定，它包括可靠性、相关性、可理解性、可比性、实质重于形式、重要性、谨慎性和及时性等。其中，可靠性、相关性、可理解性、可比性是会计信息的首要要求，是企业财务报告中所提供会计信息应具备的基本质量特征；实质重于形式、重要性、谨慎性和及时性是会计信息的次级质量要求，是针对可靠性、相关性、可理解性、可比性等首要质量要求的补充和完善，尤其是对某些特殊交易或事项进行处理时，需要根据这些质量要求来把握其会计处理原则。另外，及时性还是会计信息相关性和可靠性的制约因素，企业需要在相关性和可靠性之间寻求一种平衡，以确定会计信息及时披露的时间。

（一）可靠性

可靠性要求企业应当以实际发生的交易或者事项为依据进行确认、计量和报告，如实反映符合确认、计量要求的各项会计要素及其他相关信息，保证会计信息真实可靠、内容完整。为了贯彻可靠性要求，企业应当做到：

1. 以实际发生的交易或者事项为依据进行确认、计量，将符合会计要素定义及其确认条件的资产、负债、所有者权益、收入、费用和利润等如实反映在财务报表中，不得根据虚构的、没有发生的或者尚未发生的交易或者事项进行确认、计量和报告。

2. 在符合重要性和成本效益原则的前提下，保证会计信息的完整性，其中包括应当编报的报表及其附注内容等应当保持完整，不能随意遗漏或者减少应予披露的会计信息，与使用者决策相关的有用信息都应当充分披露。

（二）相关性

相关性要求企业提供的会计信息应当与投资者等财务报告使用者的经济决策需要相关，有助于投资者等财务报告使用者对企业过去、现在或者未来的情况作出评价或者预测。

会计信息是否有用，是否具有价值，关键是看其与使用者的经济决策需要是否相关，是否有助于决策或者提高决策水平。相关的会计信息应当能够有助于使用者评价企业过去的决策，证实或者修正过去的有关预测，因而具有反馈价值。相关的会计信息还应当具有预测价值，有助于使用者根据财务报告所提供的会计信息预测企业未来的财务状况、经营成果和现金流量。

会计信息质量的相关性要求，需要企业在确认、计量和报告会计信息的过程中，充分考虑使用者的决策模式和会计信息需要。但是，相关性是以可靠性为基础的，两者之间并不矛盾，不应将两者对立起来。也就是说，会计信息在可靠性前提下，尽可能地做到相关性，以满足投资者等财务报告使用者的决策需要。

（三）可理解性

可理解性要求企业提供的会计信息应当清晰明了，便于投资者等财务报告使用者理解和使用。

企业编制财务报告、提供会计信息的目的在于使用，而要使信息使用者有效使用会计信息，应当能让其了解会计信息的内涵，弄懂会计信息的内容，这就要求财务报告所提供的会计信息应当清晰明了，易于理解。只有这样，才能提高会计信息的有用性，实现财务报告的目标，满足向投资者等财务报告使用者提供决策有用信息的要求。

会计信息毕竟是一种专业性较强的信息产品，在强调会计信息的可理解性要求的同时，还应假定使用者具有一定的有关企业经营活动和会计方面的知识，并且愿意付出努力去研究这些信息。对于某些复杂的信息，如交易本身较为复杂或者会计处理较为复杂，但其与使用者的经济决策相关的，企业就应当在财务报告中予以充分披露。

（四）可比性

可比性要求企业提供的会计信息应当相互可比。这主要包括两层含义：

1. 同一企业不同时期可比。为了便于投资者等财务报告使用者了解企业财务状况、经营成果和现金流量的变化趋势，比较企业在不同时期的财务报告信息，全面、客观地评价过去、预测未来，从而做出决策。会计信息质量的可比性要求同一企业不同时期发生的相同或者相似的交易或者事项，应当采用一致的会计政策，不得随意变更。但是，满足会计信息可比性要求，并非表明企业不得变更会计政策，如果按照规定或者在会计政策变更后可以提供更可靠、更相关的会计信息，可以变更会计政策。有关会计政策变更的情况，应当在附注中予以说明。

2. 不同企业相同会计期间可比。为了便于投资者等财务报告使用者评价不同企业的财务状况、经营成果和现金流量及其变动情况，会计信息质量的可比性要求不同企业同一会计期间发生的相同或者相似的交易或者事项，应当采用规定的会计政策，确保会计信息口径一致、相互可比，以使不同企业按照一致的确认、计量和报告要求提供有关会计信息。

（五）实质重于形式

实质重于形式要求企业应当按照交易或者事项的经济实质进行会计确认、计量和报告，不仅仅以交易或者事项的法律形式为依据。

企业发生的交易或者事项在多数情况下其经济实质和法律形式是一致的，但在有些情况下也会出现不一致。例如，企业按照销售合同销售商品但又签订了售后回购协议，虽然从法律形式上看实现了收入，但如果企业没有将商品所有权上的主要风险和报酬转移给购货方，没有满足收入确认的各项条件，即使签订了商品销售合同或者已将商品交付给购货方，也不应当确认销售收入。

（六）重要性

重要性要求企业提供的会计信息应当反映与企业财务状况、经营成果和现金流量有关的所有重要交易或者事项。

如果财务报告中提供的会计信息的省略或者错报会影响投资者等财务报告使用者据此做出决策的，该信息就具有重要性。重要性的应用需要依赖职业判断，企业应当根据其所处环境和实际情况，从项目的性质和金额大小两方面加以判断。

（七）谨慎性

谨慎性要求企业对交易或者事项进行会计确认、计量和报告时保持应有的谨慎，不应高估资产或者收益，低估负债或者费用。

在市场经济环境下，企业的生产经营活动面临着许多风险和不确定性，如应收款项的可收回性、固定资产的使用寿命、无形资产的使用寿命、售出存货可能发生的退货或者返修等。会计信息质量的谨慎性要求，需要企业在面临不确定性因素的情况下做出职业判断时，应当保持应有的谨慎，充分估计到各种风险和损失，既不高估资产或者收益，也不低估负债或者费用。例如，要求企业对售出商品所提供的产品质量保证确认一项预计负债，就体现了会计信息质量的谨慎性要求。

谨慎性的应用也不允许企业设置秘密准备，如果企业故意低估资产或者收入，或者故意高估负债或者费用，将不符合会计信息的可靠性和相关性要求，损害会计信息质量，扭曲企业实际的财务状况、经营成果，从而对使用者的决策产生误导，这是企业会计准则所不允许的。

（八）及时性

及时性要求企业对于已经发生的交易或者事项，应当及时进行确认、计量和报告，不得提前或者延后。

会计信息的价值在于帮助所有者或者其他方面做出经济决策，具有时效性。即使是可靠的、相关的会计信息，如果不及时提供，就失去了时效性，对于使用者的效用就大大降低，甚至不再具有实际意义。在会计确认、计量和报告过程中贯彻及时性，一是要求及时收集会计信息，即在经济交易或者事项发生后，及时收集整理各种原始单据或者凭证；二是要求及时处理会计信息，即按照会计准则的规定，及时对经济交易或者事项进行确认或者计量，并编制财务报告；三是要求及时传递会计信息，即按照国家规定的有关时限，及时地将编制的财务报告传递给财务报告使用者，便于其及时使用和决策。

在实务中，为了及时提供会计信息，可能需要在有关交易或者事项的信息全部获得之前即进行会计处理，这样就满足了会计信息的及时性要求，但可能会影响会计信息的可靠性；反之，如果企业等到与交易或者事项有关的全部信息获得之后再进行会计处理，这样的信息披露可能会由于时效性问题，对于投资者等财务报告使用者决策的有用性大大降低。这就需要在及时性和可靠性之间作相应权衡，以最好地满足投资者等财务报告使用者的经济决策需要作为判断标准。

三、会计报表要素及其确认和计量原则

会计要素是根据交易或者事项的经济特征所确定的财务会计对象的基本分类。会计要素按照其性质分为资产、负债、所有者权益、收入、费用和利润，其中，资产、负债和所有者权益要素侧重于反映企业的财务状况，收入、费用和利润要素侧重于反映企业的经营成果。

（一）资产的定义及其确认条件

1. 资产的定义

资产是指企业过去的交易或者事项形成的、由企业拥有或者控制的、预期会给企业带来经济利益的资源。根据资产的定义，资产具有以下特征：

（1）资产应为企业拥有或者控制的资源

资产作为一项资源，应当由企业拥有或者控制，具体是指企业享有某项资源的所

有权，或者虽然不享有某项资源的所有权，但该资源能被企业所控制。

企业享有资产的所有权，通常表明企业能够排他地从资产中获取经济利益。通常在判断资产是否存在时，所有权是考虑的首要因素。有些情况下，资产虽然不为企业所拥有，即企业并不享有其所有权，但企业控制了这些资产，同样表明企业能够从资产中获取经济利益，符合会计上对资产的定义。例如，某企业以融资租赁方式租入一项固定资产，尽管企业并不拥有其所有权，但是如果租赁合同规定的租赁期相当长，接近于该资产的使用寿命，表明企业控制了该资产的使用及其所能带来的经济利益，应当将其作为企业资产予以确认、计量和报告。

（2）资产预期会给企业带来经济利益

资产预期会给企业带来经济利益，是指资产直接或者间接导致现金和现金等价物流入企业的潜力。这种潜力可以来自企业日常的生产经营活动，也可以是非日常活动；带来经济利益可以是现金或者现金等价物形式，也可以是能转化为现金或者现金等价物的形式，或者是可以减少现金或者现金等价物流出的形式。

资产预期能否会为企业带来经济利益是资产的重要特征。例如，企业采购的原材料、购置的固定资产等可以用于生产经营过程，制造商品或者提供劳务，对外出售后收回货款，货款即为企业所获得的经济利益。如果某一项目预期不能给企业带来经济利益，那么就不能将其确认为企业的资产。例如，某企业在年末盘点存货时，发现存货毁损，企业以该存货管理责任不清为由，将毁损的存货计入"待处理财产损失"，并在资产负债表中作为流动资产予以反映。因为"待处理财产损失"预期不能为企业带来经济利益，不符合资产的定义，因此不应再在资产负债表中确认为一项资产。

（3）资产是由企业过去的交易或者事项形成的

资产应当由企业过去的交易或者事项所形成，过去的交易或者事项包括购买、生产、建造行为或者其他交易或者事项。换句话说，只有过去的交易或者事项才能产生资产，企业预期在未来发生的交易或者事项不形成资产。例如，企业有购买某存货的意愿或者计划，但是购买行为尚未发生，就不符合资产的定义，不能因此而确认存货资产。

2. 资产的确认条件

将一项资源确认为资产，需要符合资产的定义，还应同时满足以下两个条件：

（1）与该资源有关的经济利益很可能流入企业

从资产的定义来看，能否带来经济利益是资产的一个本质特征，但在现实生活中，由于经济环境瞬息万变，与资源有关的经济利益能否流入企业或者能够流入多少实际上带有不确定性。因此，资产的确认还应与经济利益的流入的不确定性程度的判断结合起来。如果根据编制财务报表时所取得的证据，与资源有关的经济利益很可能流入企业，那么就应当将其作为资产予以确认；反之，不能确认为资产。

（2）该资源的成本或者价值能够可靠地计量

财务会计系统是一个确认、计量和报告的系统，其中计量起着枢纽作用，可计量性是所有会计要素确认的重要前提，资产的确认也是如此。只有当有关资源的成本或者价值能够可靠地计量时，资产才能予以确认。在实务中，企业取得的许多资产都是发生了实际成本的，例如企业购买或者生产的存货，企业购置的厂房或者设备等，对于这些资产，只要实际发生的购买成本或者生产成本能够可靠计量，就视为符合了资产确认的可计量条件。在某项情况下，企业取得的资产没有发生实际成本或者发生的实际成本很小，例如企业持有的某些衍生金融工具形成的资产，对于这些资产，尽管它们没有实际成本或者发生的实际成本很小，但是如果其公允价值能够可靠计量的话，也被认为符合了资产可计量的确认条件。

（二）负债的定义及其确认条件

1. 负债的定义

负债是指企业过去的交易或者事项形成的，预期会导致经济利益流出企业的现时义务。根据负债的定义，负债具有以下特征：

（1）负债是企业承担的现时义务

负债必须是企业承担的现时义务，这是负债的一个基本特征。其中，现时义务是指企业在现行条件下已承担的义务。未来发生的交易或者事项形成的义务，不属于现时义务，不应当确认为负债。

这里所指的义务可以是法定义务，也可以是推定义务。其中法定义务是指具有约束力的合同或者法律法规规定的义务，通常必须依法执行。例如，企业购买原材料形成应付账款，企业向银行贷入款项形成借款，企业按照税法规定应当交纳的税款等。均属于企业承担的法定义务，需要依法予以偿还。推定义务是指根据企业多年来的习惯做法、公开的承诺或者公开宣布的政策而导致企业将承担的责任，这些责任也使有关各方形成了企业将履行义务解脱责任的合理预期。例如，某企业多年来制定有一项销售政策，对于售出商品提供一定期限内的售后保修服务，预期将为售出商品提供的保修服务就属于推定义务，应当将其确认为一项负债。

（2）负债预期会导致经济利益流出企业

预期会导致经济利益流出企业也是负债的一个本质特征，只有企业在履行义务时会导致经济利益流出企业的，才符合负债的定义，如果不会导致企业经济利益流出，就不符合负债的定义。在履行现时义务清偿负债时，导致经济利益流出企业的形式多种多样，例如，用现金偿还或以实物资产形式偿还；以提供劳务形式偿还；以部分转移资产、部分提供劳务形式偿还；将负债转为资本等。

（3）负债是由企业过去的交易或者事项形成的

负债应当由企业过去的交易或者事项所形成。换句话说，只有过去的交易或者事项才形成负债，企业将在未来发生的承诺、签订的合同等交易或者事项，不形成负债。

2. 负债的确认条件

将一项现时义务确认为负债，需要符合负债的定义，还应当同时满足以下两个条件：

（1）与该义务有关的经济利益很可能流出企业

从负债的定义可以看出，预期会导致经济利益流出企业是负债的一个本质特征。在实务中，履行义务所需流出的经济利益带有不确定性，尤其是与推定义务相关的经济利益通常需要依赖于大量的估计。因此，负债的确认应当与经济利益流出的不确定性程度的判断结合起来。如果有确凿证据表明，与现时义务有关的经济利益很可能流出企业，就应当将其作为负债予以确认；反之，如果企业承担了现时义务，但是导致经济利益流出企业的可能性若已不复存在，就不符合负债的确认条件，不应将其作为负债予以确认。

（2）未来流出的经济利益的金额能够可靠地计量

负债的确认在考虑经济利益流出企业的同时，对于未来流出的经济利益的金额应当能够可靠计量。对于与法定义务有关的经济利益流出的金额，通常可以根据合同或者法律规定的金额予以确定，考虑到经济利益流出的金额通常在未来期间，有时未来期间较长，有关金额的计量需要考虑货币时间价值等因素的影响。对于与推定义务有关的经济利益流出金额，企业应当根据履行相关义务所需支出的最佳估计数进行估计，并综合考虑有关货币时间价值、风险等因素的影响。

（三）所有者权益的定义及其确认条件

1. 所有者权益的定义

所有者权益是指企业资产扣除负债后，由所有者享有的剩余权益。公司的所有者权益又称为股东权益。所有者权益是所有者对企业资产的剩余索取权，它是企业资产中扣除债权人权益后应由所有者享有的部分，既可反映所有者投入资本的保值增值情况，又体现了保护债权人权益的理念。

所有者权益的来源包括所有者投入的资本、直接计入所有者权益的利得和损失、留存收益等，通常由实收资本（或股本）、资本公积（含资本溢价或股本溢价、其他资本公积）、盈余公积和未分配利润构成。

所有者投入的资本是指所有者投入企业的资本部分，它既包括构成企业注册资本或者股本部分的金额，也包括投入资本超过注册资本或者股本部分的金额，即资本溢价或者股本溢价，这部分投入资本在我国企业会计准则体系中被计入了资本公积，并在资产负债表中的资本公积项目下反映。

直接计入所有者权益的利得和损失，是指不应计入当期损益、会导致所有者权益发生增减变动的，与所有者投入资本或者向所有者分配利润无关的利得或者损失。其中，利得是指由企业非日常活动所形成的、会导致所有者权益增加的、与所有者投入资本无关的经济利益的流入，利得包括直接计入所有者权益的利得和直接计入当期利润的利得。损失是指由企业非日常活动所发生的、会导致所有者权益减少的、与向所有者分配利润无关的经济利益的流出，损失包括直接计入所有者权益的损失和直接计入当期利润的损失。直接计入所有者权益的利得和损失主要包括可供出售金融资产的公允价值变动额、现金流量套期中套期工具公允价值变动额（有效套期部分）等。

留存收益是企业历年实现的净利润留存于企业的部分，主要包括累计计提的盈余公积和未分配利润。

2. 所有者权益的确认条件

所有者权益体现的是所有者在企业中的剩余权益，因此，所有者权益的确认主要依赖于其他会计要素，尤其是资产和负债的确认；所有者权益金额的确定也主要取决于资产和负债的计量。例如，企业接受投资者投入的资产，在该资产符合企业资产确认条件时，就相应地符合了所有者权益的确认条件；当该资产的价值能够可靠计量时，所有者权益的金额也就可以确定。

所有者权益反映的是企业所有者对企业资产的索取权，负债反映的是企业债权人对企业资产的索取权，两者在性质上有本质区别，因此企业在会计确认、计量和报告中应当严格区分负债和所有者权益，以如实反映企业的财务状况，尤其是企业的偿债能力和产权比率等。在实务中，企业某些交易或者事项可能同时具有负债和所有者权益的特征，在这种情况下，企业应当将属于负债和所有者权益的部分分开核算和列报。例如，企业发行的可转换公司债券，企业应当将其中的负债部分和权益工具部分进行分拆，分别确认负债和所有者权益。

（四）收入的定义及其确认条件

1. 收入的定义

收入是指企业在日常活动中形成的、会导致所有者权益增加的、与所有者投入资本无关的经济利益的总流入。根据收入的定义，收入具有以下特征：

（1）收入是企业在日常活动中形成的

日常活动是指企业为完成其经营目标所从事的经常性活动以及与之相关的活动。例如，企业生产并销售产品，商业企业销售商品、软件企业为客户开发软件等，均属于企业的日常活动。明确界定日常活动是为了将收入与利得相区分，因为企业非日常活动所形成的经济利益的流入不能确认为收入，而应当计入利得。

（2）收入会导致所有者权益的增加

与收入相关的经济利益的流入应当会导致所有者权益的增加，不会导致所有者权益增加的经济利益的流入不符合收入的定义，不应确认为收入。例如，企业向银行借入款项，尽管也导致了企业经济利益的流入，但该流入并不导致所有者权益的增加，反而使企业承担了一项现时义务。企业对于因借入款项所导致的经济利益的增加，不应将其确认为收入，应当确认为一项负债。

（3）收入是与所有者投入资本无关的经济利益的总流入

收入应当会导致经济利益的流入，从而导致资产的增加。例如，企业销售商品，应当收到现金或者在未来有权收到现金，才表明该交易符合收入的定义。但是，经济利益的流入有时是所有者投入资本的增加所导致的，所有者投入资本的增加不应当确认为收入，应当将其直接确认为所有者权益。

2. 收入的确认条件

企业收入的来源渠道多种多样，不同收入来源的特征有所不同，其收入确认条件也往往存在差别，如销售商品、提供劳务、让渡资产使用权等。一般而言，收入只有在经济利益很可能流入从而导致企业资产增加或者负债减少、经济利益的流入额能够可靠计量时才能予以确认。即收入的确认至少应当符合以下条件：一是与收入相关的经济利益应当很可能流入企业；二是经济利益流入企业的结果会导致资产的增加或者负债的减少；三是经济利益的流入能够可靠计量。

（五）费用的定义及其确认条件

1. 费用的定义

费用是指企业在日常活动中发生的、会导致所有者权益减少的、与向所有者分配利润无关的经济利益的总流出。根据费用的定义，费用具有以下特征：

（1）费用是企业在日常活动中形成的

费用必须是企业在其日常活动中所形成的，这些日常活动的界定与收入定义中涉及的日常活动的界定相一致。因日常活动所产生的费用通常包括销售成本（营业成本）、管理费用等。将费用界定为日常活动所形成的，目的是为了将其与损失相区分，企业非日常活动所形成的经济利益的流出不能确认为费用，而应当计入损失。

（2）费用会导致所有者权益的减少

与费用相关的经济利益的流出应当会导致所有者权益的减少，不会导致所有者权益减少的经济利益的流出不符合费用的定义，不应确认为费用。

（3）费用是与向所有者分配利润无关的经济利益的总流出

费用的发生应当会导致经济利益的流出，从而导致资产的减少或者负债的增加。其表现形式包括现金或者现金等价物的流出，存货、固定资产和无形资产等的流出或者消耗等。鉴于企业向所有者分配利润也会导致经济利益的流出，而该经济利益的流出显然属于所有者权益的抵减项目，不应确认为费用，应当将其排除在费用的定义之外。

2. 费用的确认条件

费用的确认除了应当符合定义外，还应当满足严格的条件，即费用只有在经济利益很可能流出从而导致企业资产减少或者负债增加、经济利益的流出额能够可靠计量时才能予以确认。因此，费用的确认至少应当符合以下条件：一是与费用相关的经济利益应当很可能流出企业；二是经济利益流出企业的结果会导致资产的减少或者负债的增加；三是经济利益的流出额能够可靠计量。

（六）利润的定义及其确认条件

1. 利润的定义

利润是指企业在一定会计期间的经营成果。通常情况下，如果企业实现了利润，表明企业的所有者权益将增加，业绩得到了提升；反之，如果企业发生了亏损（即利润为负数），表明企业的所有者权益将减少，业绩下滑了。利润往往是评价企业管理层业绩的一项重要指标，也是投资者等财务报告使用者进行决策时的重要参考。

2. 利润的来源构成

利润包括收入减去费用后的净额、直接计入当期利润的利得和损失等。其中收入减去费用后的净额反映的是企业日常活动的经营业绩，直接计入当期利润的利得和损失反映的是企业非日常活动的业绩。直接计入当期利润的利得和损失，是指应当计入当期损益、最终会引起所有者权益发生增减变动的、与所有者投入资本或者向所有者分配利润无关的利得或者损失。企业应当严格区分收入和利得、费用和损失之间的区别，以更加全面地反映企业的经营业绩。

3. 利润的确认条件

利润反映的是收入减去费用、利得减去损失后的净额的概念，因此，利润的确认主要依赖于收入和费用以及利得和损失的确认，其金额的确定也主要取决于收入、费用、利得、损失金额的计量。

四、会计要素计量属性及其应用原则

（一）会计要素的计量属性

会计计量是为了将符合确认条件的会计要素登记入账并列报于财务报表而确定其金额的过程。企业应当按照规定的会计计量属性进行计量，确定相关金额。从会计角度，计量属性反映的是会计要素金额的确定基础，主要包括历史成本、重置成本、可变现净值、现值和公允价值等。

1. 历史成本

历史成本，又称为实际成本，就是取得或者制造某些财产物资时所实际支付的现金或其他等价物。在历史成本计量下，资产按照其购置时支付的现金或者现金等价物的金额，或者按照购置资产时所付出的对价的公允价值计量。负债按照其因承担现时义务而实际收到的款项或者资产的金额，或者承担现时义务的合同金额，或者按照日常活动中为偿还负债预期需要支付的现金或者现金等价物的金额计量。

2. 重置成本

重置成本又称现行成本，是指按照当前市场条件，重新取得同样一项资产所需支付的现金或者现金等价物金额。在重置成本计量下，资产按照现在购买相同或者相似资产所需支付的现金或者现金等价物的金额计量。负债按照现在偿付该项债务所需支付的现金或者现金等价物的金额计量。在实务中，重置成本多应用于盘盈固定资产的计量等。

3. 可变现净值

可变现净值，是指在正常生产经营过程中，以预计售价减去进一步加工成本和预计销售费用以及相关税费后的净值。在可变现净值计量下，资产按照其正常对外销售所能收到现金或者现金等价物的金额扣减该资产至完工时估计将要发生的成本、估计的销售费用以及相关税费后的金额计量。可变现净值通常应用于存货资产减值情况下的后续计量。

4. 现值

现值是指对未来现金流量以恰当的折现率进行折现后的价值，是考虑货币时间价值的一种计量属性。在现值计量下，资产按照预计从其持续使用和最终处置中所产生的未来净现金流入量的折现金额计量。负债按照预计期限内需要偿还的未来净现金流出量的折现金额计量。现值通常用于非流动资产可收回金额和以摊余成本计量的金融资产价值的确定等。例如，在确定固定资产、无形资产等可收回金额时，通常需要计算资产预计未来现金流量的现值；对于持有至到期投资、贷款等以摊余成本计量的金融资产，通常需要使用实际利率法将这些资产在预期存续期间或适用的更短期间内的未来现金流量折现，再通过相应的调整确定其摊余成本。

5. 公允价值

公允价值，是指在公平交易中，熟悉情况的交易双方自愿进行资产交换或者债务清偿的金额。在公允价值计量下，资产和负债按照在公平交易中熟悉情况的交易双方自愿进行资产交换或者债务清偿的金额计量。公允价值主要应用于交易性金融资产、可供出售金融资产的计量等。

（二）计量属性的应用原则

基本准则规定，企业在对会计要素进行计量时，一般应当采用历史成本，采用重置成本、可变现净值、现值、公允价值计量的，应当保证所确定的会计要素金额能够取得并可靠计量。

在企业会计准则体系建设中适度、谨慎地引入公允价值这一计量属性，是因为随着我国资本市场的发展，股权分置改革的基本完成，越来越多的股票、债券、基金等金融产品在交易所挂牌上市，使得这类金融资产的交易已经形成了较为活跃的市场，因此，我国已经具备了引入公允价值的条件。在这种情况下，引入公允价值，更能反映企业的实际情况，对投资者等财务报告使用者的决策更加有用，而且也正因此，我国会计准则才实现了与国际财务报告准则的趋同。

在引入公允价值过程中，我国充分考虑了国际财务报告准则中公允价值应用的三个级次，即：第一，资产或负债等存在活跃市场的，活跃市场中的报价应当用于确定其公允价值；第二，不存在活跃市场的，参考熟悉情况并自愿交易的各方最近进行的市场交易中使用的价格或参照实质上相同或相似的其他资产或负债等的市场价格确定其公允价值；第三，不存在活跃市场，且不满足上述两个条件的，应当采用估值技术等确定公允价值。

我国引入公允价值是适度、谨慎和有条件的。原因是考虑到我国尚属新兴的市场经济国家，如果不加限制地引入公允价值，有可能出现公允价值计量不可靠，甚至借机人为操纵利润的现象。因此，在投资性房地产和生物资产等具体准则中规定，只有存在活跃市场、公允价值能够取得并可靠计量的情况下，才能采用公允价值计量。

五、财务报告目标

财务报告的目标是向财务报告使用者提供与企业财务状况、经营成果和现金流量等有关的会计信息，反映企业管理层受托责任履行情况，有助于财务报告使用者做出经济决策。

财务报告使用者主要包括投资者、债权人、政府及其有关部门和社会公众等。满足投资者的信息需要是企业财务报告编制的首要出发点。近年来，我国企业改革持续深入，产权日益多元化，资本市场快速发展，机构投资者及其他投资者队伍日益壮大，对会计信息的要求日益提高，在这种情况下，投资者更加关心其投资的风险和报酬，他们需要会计信息来帮助他们做出决策，比如决定是否应当买进、持有或者卖出企业的股票或者股权，他们还需要信息来帮助其评估企业支付股利的能力等。因此，基本准则将投资者作为企业财务报告的首要使用者，凸显了投资者的地位，体现了保护投资者利益的要求，是市场经济发展的必然。

如果企业在财务报告中提供的会计信息与投资者的决策无关，那么财务报告就失去了其编制的意义。根据投资者决策有用目标，财务报告所提供的信息应当如实反映企业所拥有或者控制的经济资源、对经济资源的要求权以及经济资源及其要求权的变化情况；如实反映企业的各项收入、费用、利得和损失的金额及其变动情况；如实反映企业各项经营活动、投资活动和筹资活动等所形成的现金流入和现金流出情况等，从而有助于现在的或者潜在的投资者正确、合理地评价企业的资产质量、偿债能力、盈利能力和营运效率等；有助于投资者根据相关会计信息做出理性的投资决策；有助于投资者评估与投资有关的未来现金流量的金额、时间和风险等。

除了投资者之外，企业财务报告的使用者还有债权人、政府及有关部门、社会公众等。例如，企业贷款人、供应商等债权人通常十分关心企业的偿债能力和财务风险，他们需要信息来评估企业能否如期支付贷款本金及其利息，能否如期支付所欠购货款等；政府及其有关部门作为经济管理和经济监管部门，通常关心经济资源分配的公平、合理，市场经济秩序的公正、有序，宏观决策所依据信息的真实可靠等，因此，他们需要信息来监管企业的有关活动（尤其是经济活动）、制定税收政策、进行税收征管和国民经济统计等；社会公众也关心企业的生产经营活动，包括对所在地经济作出的贡献，如增加就业、刺激消费、提供社区服务等，因此，在财务报告中提供有关企业发展前景及其能力、经营效益及其效率等方面的信息，可以满足社会公众的信息需要。应当讲，这些使用者的许多信息需求是共同的。由于投资者是企业资本的主要提供者，通常情况下，如果财务报告能够满足这一群体的会计信息需求，也就可以满足其他使用者的大部分信息需求。

现代企业制度强调企业所有权和经营权相分离，企业管理层是受委托人之托经营管理企业及其各项资产，负有受托责任。即企业管理层所经营管理的企业各项资产基本上均为投资者投入的资本（或者留存收益作为再投资）或者向债权人借入的资金所形成的，企业管理层有责任妥善保管并合理、有效运用这些资产。企业投资者和债权人等也需要及时或者经常性地了解企业管理层保管、使用资产的情况，以便于评价企业管理层的责任情况和业绩情况，并决定是否需要调整投资或者信贷政策，是否需要加强企业内部控制和其他制度建设，是否需要更换管理层等。因此，财务报告应当反映企业管理层受托责任的履行情况，以有助于外部投资者和债权人等评价企业的经营管理责任和资源使用的有效性。

六、财务报告

（一）财务报告及其编制

财务报告是企业对外提供的反映企业某一特定日期的财务状况和某一会计期间的经营成果、现金流量等会计信息的文件。

"财务报告"从国际范围来看是一个比较通用的术语，但是在我国现行有关法律、行政法规中使用的是"财务会计报告"术语，为了保持法规体系上的一致性，基本准则仍然沿用了"财务会计报告"术语，但同时又引入了"财务报告"这一术语，并指出"财务会计报告"又称"财务报告"，从而较好地解决了立足国情与国际趋同的问题。在所有具体准则的制定中则统一使用了"财务报告"的术语。

根据财务报告的定义，财务报告具有以下几层含义：一是财务报告应当是对外报告，其服务对象主要是投资者、债权人等外部使用者，专门为了内部管理需要的、特定目的的报告不属于财务报告的范畴；二是财务报告应当综合反映企业的生产经营状况，包括某一时点的财务状况和某一会计期间的经营成果与现金流量等信息，以勾画出企业整体和全貌；三是财务报告必须形成一个系统的文件，不应是零星的或者不完整的信息。

财务报告是企业财务会计确认与计量的最终结果体现，投资者等使用者主要是通过财务报告来了解企业当前的财务状况、经营成果和现金流量等情况，从而预测未来的发展趋势。因此，财务报告是向投资者等财务报告使用者提供决策有用信息的媒介和渠道，是沟通投资者、债权人等使用者与企业管理层之间信息的桥梁和纽带。

随着我国改革开放的深入和市场经济体制的完善，财务报告的作用日益突出，我国会计法、公司法、证券法等出于保护投资者、债权人等利益的需要，也规定企业应当定期编报财务报告。

（二）财务报告的构成

财务报告包括财务报表和其他应当在财务报告中披露的相关信息和资料。其中，财务报表由报表本身及其附注两部分构成，附注是财务报表的有机组成部分，而报表至少应当包括资产负债表、利润表、现金流量表和所有者权益变动表等报表。

1. 资产负债表是反映企业在某一特定日期的财务状况的会计报表。企业编制资产负债表的目的是通过如实反映企业的资产、负债和所有者权益金额及其结构情况，从而有助于使用者评价企业资产的质量以及短期偿债能力、长期偿债能力、利润分配能力等。

2. 利润表是指反映企业在一定会计期间的经营成果的会计报表。企业编制利润表的目的是通过如实反映企业实现的收入、发生的费用以及应当计入当前利润的利得和损失等金额及其结构情况，从而有助于使用者分析评价企业的盈利能力及其构成与质量。

3. 现金流量表是指反映企业在一定会计期间的现金和现金等价物流入和流出的会计报表。企业编制现金流量表的目的是通过如实反映企业各项活动的现金流入、流出情况，从而有助于使用者评价企业的现金流量和资金周转情况。

4. 附注是指对在会计报表中列示项目所作的进一步说明，以及对未能在这些报表中列示项目的说明等。企业编制附注的目的是通过对财务报表本身作补充说明，以更加全面、系统地反映企业财务状况、经营成果和现金流量的全貌，从而有助于向使用者提供更为有用的决策信息，帮助其做出更加科学合理的决策。

财务报表区别于现行法律、行政法规中使用的会计报表，财务报表除了包括会计报表本身外，还包括附注，而会计报表没有包括附注。附注是财务报表的重要组成部分。

财务报表是财务报告的核心内容，但是除了财务报表之外，财务报告还应当包括其他相关信息，具体可以根据有关法律法规的规定和外部使用者的信息需求而定。如企业可以在财务报告中披露其承担的社会责任、对社区的贡献、可持续发展能力等信息，这些信息对于使用者的决策也是相关的，尽管属于非财务信息，无法包括在财务报表中，但是如果有规定或者使用者有需求，企业应当在财务报告中予以披露，有时企业也可以自愿在财务报告中披露相关信息。

第二节　新会计准则概述

一、企业会计准则的制定背景

财政部于 2006 年 2 月 15 日发布了《企业会计准则》，新《企业会计准则》包括一项基本准则和 38 项具体会计准则，38 项具体会计准则包括 22 项新发布的会计准则，以及 16 项修订的会计准则。这标志着适应我国市场经济发展要求、与国际惯例趋同的中国会计准则体系正式建立。基本准则自 2007 年 1 月 1 日起施行，38 项具体会计准则于 2007 年 1 月 1 日起在上市公司范围内施行，鼓励其他企业执行。

会计准则作为反映经济活动、确认产权关系、规范收益分配的专业技术标准，是市场经济"游戏规则"和国家经济法规的重要组成部分。多年来,财政部一直根据经济发展的要求,循序渐进推进会计改革。为什么要搞企业会计准则体系?这是因为我国市场经济已经发展到一个新的阶段,经济全球化已经进入到一个新的时期,建立企业会计准则体系是时代的要求,发展的必然。具体而言,主要是基于以下六个方面的需要:

1. 企业会计准则体系的发布实施,是促进会计适应经济发展进程的需要。我国国内经济的市场化和国际经济的一体化,都需要公开透明、高质量的会计信息作支撑,需要有一种统一的会计商业语言来进行国际经贸交流和投融资活动,需要有一套公认、一致、科学的会计标准来规范。我国企业会计准则体系的建设,为构建一个统一的商业语言平台奠定了基础,从而顺应了当前形势发展的需要,推动了会计服务于经济建设、提高我国经济国际影响力的需要。

2. 企业会计准则体系的发布实施,是促进市场经济体制完善的需要。当前,我国正在着力完善市场经济体制,其中的一个重要方面是坚持科学的发展观,努力降低交易成本,促进经济增长方式的转变和资源的优化配置。制定高质量的会计准则,确保会计信息的真实、可比、有用,是降低交易成本的重要手段和途径,是促进资金有效流动,推动产业升级,避免无效投资和资金浪费的重要举措,是深化企业改革、金融改革和资本市场健康发展的重要基础。

3. 企业会计准则体系的发布实施,是维护社会公众利益的需要。会计信息质量的高低,直接影响投资者对资本市场的信心,直接影响社会公众的切身利益。新发布的企业会计准则体系,以提高会计信息质量、服务投资者经济决策为目标,按照国际会计惯例对会计确认、计量、记录和报告作了更加严格和科学的规定,必将进一步强化对信息供给的约束,有效地维护投资者的知情权,有利于社会公众做出理性决策,从而为维护自身合法利益提供了更好的制度保证。

4. 企业会计准则体系的发布实施,是加强经济管理的需要。企业会计准则体系的发布实施,不仅为企业提供了更科学、更统一的会计标准,增强了会计信息的客观性和可比性,也为政府监管部门和有关经济管理部门提供了更加有力、更加有效的评判准绳和衡量标准,有利于提高整个经济管理工作的质量和效率,有利于会计工作秩序和市场经济秩序的不断规范,也有利于提升政府经济监管部门的行政能力。

5. 企业会计准则体系的发布实施,是提高我国对外开放水平的需要。经济全球化趋势的深入发展和信息技术的日新月异,越来越凸显出会计作为国际通用的商业语言的重要性。语言不通,没法打交道、做生意、谈合作。企业会计准则体系的发布,架起了密切中外经贸合作的会计技术桥梁,有利于进一步优化我国投资环境,有利于促进我国企业更好、更多地"走出去",全面提高我国对外开放水平。

6. 企业会计准则体系的发布实施,是我国会计国际化的需要。我国经济在国际舞台上正扮演着越来越重要的角色,会计作为反映经济活动、服务经济发展的重要基础,也理应走上国际舞台,扮演其应有的角色。我们应当从促进与国际趋同的会计准则的制定环节入手,一步一个脚印,环环相扣,脚踏实地,全面提升我国会计人员素质和会计发展水平，提高我国会计的国际话语权，推动我国会计的规范化和国际化。

　　经济和企业的发展要求会计标准在内容和形式上与主要市场经济国家趋同。会计准则对企业行为有直接影响，无论是"请进来"还是"走出去"都要求会计标准国际化，这也涉及国家和民族的利益。因此需要加快和完成会计准则体系建设，主动与国际趋同，否则将影响国家和企业的利益。在准则充分趋同的同时也要有突破，不是中国准则单方面地向 IFRS 靠拢，而是一个互动的过程。在趋同过程中如发现 IFRS 的不妥之处，也将提请 IASB 作出相应修改和完善。

　　中国企业会计准则体系的发布实施，使中国企业会计准则与国际财务报告准则之间实现了实质性趋同，是促进中国经济发展和提升中国在国际资本市场中地位的非常重要的一步。

二、企业会计准则体系的框架结构

　　1. 就准则体系的法律定位而言，中国企业会计准则属于法规体系的组成部分；国际财务报告准则不是法规体系，但在国际资本市场上具有重要影响和较强的约束力。根据《立法法》的规定，我国的法规体系通常由四个部分构成，一是法律；二是行政法规；三是部门规章；四是规范性文件。其中，法律由全国人民代表大会常务委员会通过、国家主席签署颁布；行政法规由国务院常务委员会通过、以国务院令公布；部门规章由国务院主管部门以部长令公布；规范性文件由国务院主管部门以部门文件形式印发。在我国企业会计准则体系中，基本准则属于部门规章，是财政部部长签署公布的；具体准则及其应用指南属于规范性文件，财政部以财会字文件印发。会计准则作为法规体系，具有强制性的特点，要求企业必须执行，否则就属于违规行为。国际财务报告准则虽不是法规体系，但某个国家或地区如果宣布采用国际财务报告准则就应当全面地执行；如果是借鉴国际财务报告准则，就应当在会计确认、计量和报告方面实现与国际财务报告准则的趋同。中国属于借鉴国际财务报告准则的国家，以法规形式制定和发布会计准则，更有利于准则的贯彻实施。

　　2. 就准则体系的内涵而言，中国企业会计准则强调了会计要素和主要经济业务事项的确认、计量和报告，同时兼顾了会计记录的要求；国际财务报告准则不规范会计记录，而由企业根据会计确认、计量和报告准则自行处理。会计确认解决的是定性问题。比如，什么是资产？判断资产的关键是能否预期为企业带来经济利益流入，不能为企业带来预期经济利益的资源就不是资产。什么是负债？负债强调现时义务，也就是说，某项义务形成企业的负债时，表明企业一定承担支付义务。什么是收入或费用？收入或费用突出日常活动，只有企业日常活动形成的经济利益的流入或流出才构成营业收入或成本，非日常活动形成的经济利益流入或流出属于利得或损失，计入营业外收入或支出。所有者权益是企业的净资产，净资产体现企业的规模和实力，利润的实质是净资产的增加，亏损表示净资产的减少，等等。会计计量解决的是定量问题，即在确认的基础上确定金额。会计确认和计量构成了会计政策的主要内容。报告是确认、计量的结果，是联结企业和投资人等会计信息使用者的载体和桥梁。投资人等信息使用者主要是通过充分披露的财务报告，了解企业的财务状况、经营成果和现金流量，判断企业的内在价值，预测企业未来的发展趋势，从而做出投资决策等。

财务报告具有特殊作用，企业会计准则体系强调了财务报告的地位。基本准则单独规定了财务报告一章，具体准则大都规定了披露要求。这些披露要求与财务报表列报、现金流量表、中期财务报告、合并财务报表、分部报告、关联方披露、金融工具列报、每股收益等报告类准则，共同构成了企业财务报告体系。国际会计准则理事会从 2002 年开始，将国际会计准则更名为国际财务报告准则，是从投资人等信息使用者决策的立场出发，向投资人等提供反映企业会计要素和主要经济业务事项确认、计量结果的财务报告。我国的会计准则虽然没有称为中国财务报告准则，但与国际财务报告准则的出发点和理念是一致的。企业会计准则体系从基本准则、38 项具体准则到应用指南，其核心是围绕会计确认、计量和报告加以规范的，从而实现了中国会计准则与国际财务报告准则内涵上的统一。

会计记录是在确认和计量基础上对经济业务事项运用会计科目进行账务处理的方法，我国以前的会计制度主要是以会计科目和会计报表形式加以规定，其中涵盖了会计确认和计量的内容，将会计确认、计量、记录和报告融为一体。新会计准则改变了这种传统做法，明确了会计确认、计量和报告构成准则体系的正文，从而实现了国际趋同；同时根据会计准则规定了 156 个会计科目及其主要账务处理，作为准则应用指南的附录，附录中的会计科目和主要账务处理不再涉及会计确认、计量和报告的内容。国际财务报告准则不涉及会计记录，主要是规范会计确认、计量和报告，会计科目由企业自行设计并进行账务处理。我国目前乃至相当长的时期内，还不能缺少对会计记录的规范，这样设计和安排，能够使会计准则更具操作性，便于准则体系全面准确地贯彻实施。企业在不违反会计准则中确认、计量和报告规定的前提下，可以根据本单位的实际情况，自行增设、分拆、合并会计科目。

3. 就中国会计准则与国际会计准则项目的对应关系而言，不仅整体架构保持了一致，而且大多数项目做到了相互对应。国际财务报告准则体系由编报财务报表的框架、国际财务报告准则和解释公告三部分构成，这与我国企业会计准则体系的整体架构一致。

我国的基本准则类似于国际财务报告准则中"编报财务报表的框架"，在会计准则中起统驭作用，是具体准则的制定依据，主要规范了财务报告目标、会计基本假设、会计基础、会计信息质量要求、会计要素及其确认与计量原则、财务报告等内容。

我国的具体准则和应用指南正文涵盖了目前各类企业各项经济交易或事项的会计处理，与国际财务报告准则的内部结构相同。具体准则分为一般业务准则、特殊业务准则和报告类准则，主要规范了各项具体业务事项的确认、计量和报告；应用指南是对具体准则相关条款的细化和重点难点内容提供的操作性规定。

我国会计准则实施后，就实务中遇到的实施问题，将以财政部规范性文件形式陆续印发解释公告，这与国际财务报告准则体系中的解释公告相互对应。

中国的企业会计准则发布实施后将保持相对稳定，实际工作中如果出现了新业务需要制定新准则项目加以规范时，我们将根据基本准则并遵循既定的程序制定必要的具体准则，同时借鉴国际财务报告准则，以进一步完善和发展企业会计准则体系。

三、企业会计准则体系的国际趋同

2005年下半年，在基本准则和具体准则的征求意见稿完成之际，我们与国际会计准则理事会的多名理事和技术专家就中国会计准则与国际财务报告准则的趋同问题进行了数次全面深入的研讨，双方最终达成了共识。2005年11月8日，中国财政部副部长、中国会计准则委员会秘书长王军与国际会计准则理事会主席戴维·泰迪爵士签署了联合声明，确认了中国会计准则与国际财务报告准则实现了实质性趋同。联合声明主要强调三点：一是中国将趋同作为会计准则制定工作的目标之一，旨在使企业按照中国会计准则编制的财务报表与按照国际财务报告准则编制的财务报表相同，趋同的具体方式由中国确定。二是确认了中国会计准则与国际财务报告准则只在关联方关系及其交易的披露、资产减值损失的转回、部分政府补助的会计处理等极少数问题上存在差异。除此之外，实现了与国际财务报告准则的趋同。三是国际会计准则理事会确认了中国特殊情况和环境下的一些会计问题，包括关联方关系及其交易的披露、公允价值计量问题和同一控制下的企业合并，在这些问题上，中国可以对国际会计准则理事会寻求高质量的国际财务报告准则解决方案提供非常有用的帮助。

从全球会计趋同的情况看，大都选择直接采用国际财务报告准则的趋同模式，比如欧盟、澳大利亚、韩国等。我国属于新兴市场经济国家，具有特定的法律基础、经济环境和文化特色。这就决定了中国企业会计准则体系建设必须创新模式，贯彻会计国际趋同"四原则"，走立足国情、国际趋同的道路。

（一）中国会计准则与国际财务报告准则尚存的极小差异

1. 关联方关系及其交易的披露

国际会计准则将同受国家控制的企业均视为关联方，所发生的交易作为关联方交易，在财务报表中要求充分披露。这一规定不符合中国的实际，因为中国的国有企业及国有资本占主导地位的企业较多，如按国际准则规定，大部分都是关联企业，实际上这些企业均为独立法人，如果没有投资等纽带关系不构成关联企业。因此，中国会计准则规定，仅同受国家控制但不存在控制、共同控制和重大影响的企业，不认定为关联企业，从而限定了国家控制企业关联方的范围，大大降低了企业的披露成本。国际会计准则理事会认同了中国的做法，并借鉴中国会计准则修改《国际会计准则第24号——关联方披露》。2007年2月22日，国际会计准则理事会公布了该准则修订后的征求意见稿，计划在年内完成，如果顺利，届时此项差异将随之消除。

2. 长期资产减值准备的转回

国际准则对企业计提的固定资产、无形资产等非流动资产减值准备允许转回，计入当期损益。我们在广泛征求意见后认为，固定资产、无形资产等价值较大的非流动资产发生减值，按照资产减值准则计提减值损失后，价值恢复的可能极小或不存在，发生的资产减值应当视为永久性减值，所以中国在资产减值准则中规定，此类资产减值损失一经确认不得转回。国际会计准则理事会对中国的规定表示理解，希望我们关注国际会计准则与美国会计准则的趋同进展，因为美国的资产减值准则对于部分非流动资产确认减值损失后也是不允许转回的。

(二) 中国会计准则与国际财务报告准则相关规定不同但不构成差异

1. 同一控制下的企业合并

我国的企业合并准则规定了同一控制下企业合并和非同一控制下企业合并的会计处理。国际准则只明确了非同一控制下企业合并的会计规范，没有规定同一控制下的企业合并。在我国实务中，因特殊的经济环境，有些企业合并实例属于同一控制下的企业合并，如果不对其加以规定，就会出现会计规范的空白，导致会计实务无章可循。所以中国准则结合实际情况，规定了同一控制下企业合并的会计处理。国际会计准则理事会认为，中国准则在这方面的规定和实践将为国际准则提供有益的参考。

2. 公允价值的计量

公允价值和历史成本是会计中重要的计量属性，公允价值是当前的，历史成本是过去的。国际财务报告准则要求广泛运用公允价值，以充分体现相关性的会计信息质量要求。中国准则强调适度、谨慎地引入公允价值，主要是考虑我国作为新兴市场经济国家，许多资产还没有活跃市场，会计信息的相关性固然重要，但应当以可靠性为前提，如果不加限制地引入公允价值，有可能会出现人为操纵利润现象。因此，中国投资性房地产、生物资产、非货币性资产交换、债务重组等准则规定，只有存在活跃市场、公允价值能够获得并可靠计量的情况下，才允许采用公允价值计量。国际会计准则理事会认同中国的做法，并将如何在新兴市场经济中应用公允价值问题列入其主要议题加以研究，还表示希望中国在这方面提供帮助。

3. 持有待售的非流动资产和终止经营

《国际财务报告准则第5号——持有待售的非流动资产和终止经营》单独规定了持有待售的非流动资产和终止经营的会计处理。非流动资产主要是指固定资产和无形资产等；终止经营是指对企业的车间、分部、子公司等予以处置或将其划分为准备出售对象。根据该准则规定，如果企业管理层准备处置该部分非流动资产和终止经营，就应将这部分资产从非流动资产转出作为流动资产，停止计提折旧或者摊销，采用账面价值与公允价值减去销售费用孰低计量，账面价值高于公允价值减去销售费用的金额，计入当期损益。我国根据实际情况，没有单独制定这一准则项目，而是在固定资产、财务报表列报等相关准则中采用其他方式处理，达到类似效果，国际会计准则理事会赞同我们的做法。

4. 设定受益计划

《国际会计准则第19号——雇员福利》和《国际会计准则第26号——退休福利

计划的会计和报告》对设定提存计划和设定受益计划两种类型的离职后福利规范了会计处理。由于中国现行相关法律法规没有类似设定受益计划方面的规定，会计准则在现有相关法律法规的框架下，对基本养老保险和补充养老保险等类似于国际会计准则中设定提存计划的内容进行了规范。国际会计准则理事会认为，中国的规定与国际财务报告准则是趋同的。

5. 恶性通货膨胀会计

《国际会计准则第 29 号——恶性通货膨胀经济中的财务报告》规定了恶性通货膨胀经济中的财务报告要求。我们认为，中国在宏观调控的市场经济条件下，预期不会发生恶性通货膨胀的情况，没有必要制定这一准则项目。国际会计准则理事会完全赞同我国不制定该项准则，但提出在中国准则中，应当明确境外经营所在国家或者地区发生恶性通货膨胀的会计处理。我们采纳了国际会计准则理事会的建议，在外币折算准则及其应用指南中，规定了恶性通货膨胀的基本特征，要求发生恶性通货膨胀的国家或地区境外经营的财务报表，应当按照一般物价指数进行重述，再按重述后的报表进行折算。

（三）中国会计准则与国际财务报告准则相比，在准则项目上作出了更加合理的安排

中国会计准则在某些项目的安排上作了适当调整：一是将《国际会计准则第 39 号——金融工具：确认和计量》分解为金融工具确认和计量、套期保值、金融资产转移三个准则项目，将复杂的金融工具业务进行细分，以更好地指导实务；二是将《国际财务报告准则第 4 号——保险合同》分为原保险合同和再保险合同两个准则项目，对保险合同的确认、计量和报告作了比国际准则更加详尽、系统的规范；三是将《国际会计准则第 27 号——合并财务报表和单独财务报表》、《国际会计准则第 28 号——联营中的投资》和《国际会计准则第 31 号——合营中的权益》中的相关内容进行整合，形成长期股权投资准则及其应用指南，既符合中国会计实务多年来的习惯，又有助于更好地理解和掌握准则内容。国际会计准则理事会对我们的上述安排表示赞赏。

四、公允价值计量

（一）公允价值定义及其理解

国际会计准则将公允价值定义为"公平交易中熟悉情况的当事人自愿以进行资产交换或债务清偿的金额"，而美国财务会计准则将其定义为"公允价值指在自愿各方之间进行的现行交易（即在非被迫或清算交易）中，购买（或发生）或出售（或清偿）资产（或负债）的金额"。我国会计准则对公允价值的定义为"公允价值是指在公平交易中，熟悉情况的交易双方自愿进行资产交换或者债务清偿的金额"。

在公平交易中，交易双方应当是持续经营企业，不打算或不需要进行清算、重大缩减经营规模，或在不利条件下仍进行交易。

从上述公允价值的定义可以看出，要全面理解公允价值至少需要把握以下几点：

1. 公允价值的前提条件

交易双方的持续经营，是取得公允价值的前提条件。持续经营，意味着交易的任何一方不打算或不需要清算、削减经营规模或者按不利于自身的条件进行交易。简单地说，就是交易双方都"自愿"进行交易。持续经营，意味着"资产交换或者负债清偿的金额"是正常商业活动的结果，排除了清算、破产等非正常情况的干扰。公允价值的这一前提条件是与财务会计基本假设之一"持续经营"相一致的，是后者在会计计量环节的体现。

2. 公允价值的基础

"公平交易"是取得公允价值的基础。交易双方"熟悉情况"（informative）是公平交易的必要条件之一。也就是说，只有交易双方掌握的关于交易对象风险和报酬的信息是基本对称的，其交易才可能称得上是公平的。同时，公平交易意味着交易双方是相互独立的，都以自身利益最大化为目标。否则，其达成的交易就可能"有失公平"。例如，关联方之间的转移价格通常不能直接作为估计公允价值的依据。

3. 公允价值的本质

交易双方在"现行交易"中达成的"价格一致"是公允价值的本质所在。或者说，公允价值是上述约束条件下的"现行交易价格"。"现行"意味着公允价值是动态的。公允价值是指计量对象在特定计量日（例如资产负债表日）的金额。一项资产或者负债在不同的计量日，其公允价值可能是不同的。在过去某一时刻公平交易达成的价格，现在就不能称之为公允价值，而只能称其为"历史成本"。在初始计量时，历史成本与公允价值往往是相同的，因为此时二者的时间基础是相同的。然而，在后续计量或新起点计量时，历史成本通常不再能够代表现实的公平交易价格，因而不能作为估计公允价值的依据。"交易价格"则意味着公允价值是交易的结果，或者说，只有交易双方最终敲定的价格才能够完全符合公允价值的概念。然而，企业的大部分资产（负债）是不可能时时处于交易过程中的。也就是说，交易过程中双方的价格一致是很难经常获得的。这就意味着实务中公允价值的取得通常需要进行估计。

公允价值计量模式在国际会计准则中的运用十分广泛，它是金融工具、投资性房地产和农产品的首选计量模式，也是存货、不动产、厂房、设备及无形资产的备选计量模式。我国新会计准则体系对公允价值的运用主要体现在以下三个方面：其一，在金融资产及与金融资产同质的资产计量中将公允价值作为首选计量模式；其二，大部分会计准则都将公允价值作为备选或辅助计量模式；其三，只有与报表的编制和调整相关的会计准则对公允价值完全没有涉及。

IASB推崇公允价值，关注公允价值对于投资者的有用性，但是我们认为公允价值有两个明显缺陷：第一，交易性金融资产等的公允价值变动计入当期损益，相关的资产仍然存在，并未终止确认，也没有相应的现金流，但计入利润后，由于所得税和利润分配等原因可能造成现金流出，对企业的现金流不利，对此问题需与税务部门协调。第二，如果没有活跃市场，则公允价值的确定会有很大的主观随意性。因此，《企业会计准则——基本准则》规定需要谨慎运用公允价值，我们引入了公允价值确定的三个级次，一是活跃市场中的报价，二是同类或类似资产的公允价值加以一定调整，三是运用估值技术。关于公允价值的具体运用，在《金融工具确认和计量》准则中单设一章予以讨论，同时在相关准则中也有相应的规定，但是总体理念是稳健的，有限的，慎重的。例如《生物资产》准则仍然是以历史成本为基础制定的，经过与农业主管部门和农垦企业等讨论，财政部会计司认为现时生物资产的活跃市场尚未成熟，如果全面推行生物资产的公允价值计量将导致农垦企业会计信息非常不可靠。由于 IAS41 中也规定对于公允价值不能可靠计量、无活跃市场的情况可采用历史成本计量，经过与 IASB 协调，在《生物资产》准则中增加了"有确凿证据表明生物资产的公允价值能够持续可靠取得的，应当对生物资产采用公允价值计量"的条款（第 22 条），因而这一问题不构成中国企业会计准则体系与 IFRS 的实质性差异。又如《投资性房地产》准则对投资性房地产的范围予以严格限制，并对公允价值计量模式在投资性房地产中的应用有严格的限制条件。IASB 在联合声明中赞同中国对于公允价值计量的慎重态度。

（二）公允价值运用存在的难点

公允价值的概念从理论上完美地解决了资产定义中定性与定量的时间维度统一性的难题，从而为现代财务会计从成本核心向价值核心的转变铺平了道路。另一方面，随着金融市场的不断发展完善，会计信息系统的基本职能是提供对投资者决策有用的信息即能够导致决策差别的相关信息这一观点已经深入人心。无疑，不同类型的信息使用者所需要的会计信息是有区别的，补充提供由公允价值计量的会计信息，将提高会计信息含量。因此，"公允价值是面向 21 世纪的计量模式"（黄世忠，1997），是"会计发展史上的又一个里程碑"（吴水澎，2002）。但必须看到的是，公允价值的推广使用必须以具备适当的经济环境、清除其技术障碍和严格控制其经济后果为前提，公允价值在我国的运用仍然存在以下几个方面的约束因素。

1. 公允价值运用存在着环境约束

随着经济的发展，我国的经济环境正在步入良性的发展轨道，例如，上市公司治理结构正逐步建立、投资者日益成熟、法制环境和监管都得到了一定程度的改善等，可以说，我国已经初步具备了使用公允价值计量的经济环境。同时，必须指出，在我国推广公允价值计量，仍存在以下三方面的环境约束：（1）我国尚无完善的活跃要素市场，公允价值计算的数据来源没有保障；（2）我国尚缺乏完善的规范资本市场主体行为的法律体系；（3）我国会计人员对现值技术和估值技术的掌握和运用有一定的风险。

2. 公允价值运用存在的技术障碍

从技术上来看，公允价值现实运用的难点主要在于对公允价值的合理计量。在没有一般均衡条件下的市场价格作为公允价值的替代时，公允价值的计算至少需要对预期未来现金流量的金额、折现率及折现年限三大因素予以确定，其实务操作的难点主要集中在以下三个方面：

第一，由于经济环境的多变性，未来现金流量的金额和分布具有较大的不确定性，难以准确预计。例如，准确预计固定资产所产生的未来现金流量，至少涉及以下四个难点：（1）确定其未来现金流量的载体；（2）估计影响其未来现金流量的各因素的变动趋势；（3）估计其未来现金流量的分布及概率；（4）分配多项资产所共同产生的未来现金流量。

第二，由于未来的利率或投资回报率受多种因素影响，因此，合理确定能公允反映经济事项的折现率具有较大的难度。例如，确定能公允反映固定资产潜在获利能力的折现率，至少涉及以下三个难点：（1）合理确定折现率的预测基础；（2）估计折现率影响因素的变动趋势；（3）确定影响因素的反映形式。

第三，经济事项的影响年限即折现年限不仅取决于其自身，还取决于其他相关事项，因此，准确推定折现年限具有一定的难度。例如，准确推定固定资产的折现年限，至少涉及以下三个难点：（1）预计资产的未来使用状况；（2）预计资产无形损耗的概率和时间分布；（3）预计资产所生产产品的市场寿命。

但是，随着我国经营管理决策方法的不断进步和计算机的广泛使用，结合企业和经济事项的特点采用科学合理的方法对未来现金流量、折现率和折现年限进行预测和估计具有可行性。

（三）公允价值的具体运用

公允价值计量的一般方法，通常包括市价法、类似项目法和估值技术法。所谓市价法是指将资产和负债的市场价格作为其公允价值的方法。类似项目法是指在找不到所计量项目的市场价格的情况下的一种替代方法。它是通过参考类似项目的市场价格来确定所计量项目的公允价值的一种方法。估值技术法是指当一项资产或负债不存在或只有很少的市场价格信息时，采用一定的估值技术对所计量项目的公允价值做出估计的方法。一般的认为，在确定所计量项目的公允价值时，要从这三种方法中选择一种，而这三种方法的采用是有一定程序的。通常情况下，首选的方法是市价法，因为一个公开的市场价格通常是最为令人接受，从而也最公允的；在找不到所计量项目的市场价格的情况下，往往采用类似项目法，通过按照一定的严格条件选取的类似项目的市场价格来决定所计量项目的公允价值；而当所计量的项目不存在或只有很少的市场价格信息，从而无法运用市价法和类似项目法时，则考虑采用估值技术法对所计量项目的公允价值做出估计。这三种方法的主观成分是依次增加的，而应用难度也是依次增加的。

1. 市价法

市场价格，不论其来源如何，都被认为是对资产和负债的公允价值最好的反映。一个公开市场上的价格，通常是公允的和可接受的，对于某些资产或负债而言也是容易得到的。市价法就是指直接引用所计量项目的市场价格作为其公允价值的公允价值计量方法。应用市价法应注意以下几点：

（1）所采用的市场价格最好是活跃市场中的交易价格。所谓活跃市场是指满足以下所有条件的市场：①市场中交易的项目是同质的；②通常可在任何时候找到自愿的买方和卖方；③价格公开。

（2）应采用相同项目、最近的市场价格作为该项目的市场价格。该市场价格，最好应该是计量当日的市场报价。

（3）当找不到计量日的市场价格时，可以采用稍微提前的市场价格，但是计量日与市价日之间由于时间的流逝和市场条件的变化而对公允价值产生的影响，应当可以加以估计。

（4）当存在不止一个市场价格时，应当选取最有利于企业的一个市场价格。"最有利"意味着企业可以得到的最高的价格。换句话说，就资产而言，意味着更高的出售价格；对负债而言，意味着更低的清偿或转移价格。

（5）市场价格中存在与所计量的项目的权利与义务并不直接相关的部分，对于这一部分价格，应予以剔除。例如，某一资产的市场价格中可能包括的附加劳务的价格（如安装费）。

2. 类似项目法

在找不到所计量项目的市场价格的情况下，可以使用所计量项目类似项目的市场价格作为其公允价值。类似项目法应用时，最关键的就是类似项目的确定。所谓的类似项目是那些与所计量的项目具有相同的现金流量形式的项目。因为，具有相似的现金流量形式的两个项目，对于经济状况变化的反映也是相似的。通常研究两个项目是否相似的具体步骤如下：（1）确定所要计量的项目的期望现金流量。（2）选定另外一个初步认为具有相似特征的资产或负债。（3）比较两个项目的现金流量以确保它们是相同的。（4）评价是否在一个项目中影响其价值的因素在另一个项目中同样地全部得到了反映，比方说，不同的风险水平。如果存在这样的未被反映的因素，应确认该因素的影响能否被合理剔除。如果不可能被合理剔除，则这两个项目不是相似项目。（5）判断两个项目的现金流量面对经济状况变化时是否按照同样的方式变化。如果不是，则它们不是相似项目。

在判定一个项目是所计量项目的类似项目之后，并不意味着其市场价格就成了所计量项目的公允价值或者成为该项目公允价值的参考价值，还应该参照前述市价法部分市价法应用中应注意的问题做出判断和调整。

3. 估值技术法

当一项资产或负债不存在或只有很少的市场价格信息时，应当考虑采用适当的估值技术来确定资产或负债的公允价值。估值技术法是公允价值计量方法中实施难度最大的一个，也是争议最多，对公允价值计量客观性影响最大的一个。

运用估值技术法首先要明确其应用条件。"不存在或只有很少的市场价格信息的情况"是指至少存在下述情况之一的情形：（1）一项现时或近期的交易是不可能或很困难的；（2）该资产或负债是独特的或非常的不寻常；（3）虽然存在交易，但市场参与者对其交易的价格或估值技术保密。在上述情况下，就不得不考虑采用适当的估值技术，来确定资产或负债的公允价值。

如果某一估值技术为大多数的市场参与者用来对某一类资产或负债进行估价，那么企业也应当使用这一估值技术对该类资产或负债进行估价，除非有证据表明，存在更为成熟的估值技术可能得到更为精确的结果，否则，企业不应随意改变所选用的估值技术。如果对某一类资产或负债的估价不存在为大多数市场参与者共同接受的估值技术，那么企业应当发展自己的估值技术。企业所采用的估值技术应当与对该类资产或负债进行估价时所采用的经济方法保持一致，并且还应该将运用估值技术所得到的公允价值与实际交易中的价格相比较，以验证估值技术的有效性。

运用估值技术时，企业所使用的估计应当与市场的参与者所使用的估计和假设相一致，例如市场利率、外汇汇率、商品价格以及政府和行业的统计数据等。即使在对于某些影响公允价值的因素，企业自身的估计和假设是其唯一的信息来源的情况下，也要保证这些假设与市场参与者所使用的估计和假设是一致的。

企业在选择计量公允价值的估值技术时，应确保该估值技术反映了所计量项目公允价值的下列要素：（1）对未来现金流量的估计，或者在更复杂的情况下，一连串不同时间的未来现金流量；（2）对这些现金流量金额或时间可能的差异的预期；（3）以无风险利率表示的货币的时间价值；（4）包括了资产或负债中内在不确定性的价格；（5）包括非流动性和市场非完美性的其他因素，有时这些因素是不可确指的。只有反映了这五个要素的估值技术才是恰当的估值技术。

常用的估值方法分为三类：成本法、市场法、收益法。目前，所能见到的常用的估值方法都可以归为这三类中的某一类。每一类估值方法都是建立在一定的估计和假设基础之上的，了解这些估计和假设是十分必要的，因为只有了解其中主观的估计成分，才能理解其优点和缺陷所在，从而确定其应用的条件。

（1）成本法

成本法是指以资产的重置成本和企业的净资产来计量企业或资产的公允价值的方法。重置成本又称现行成本，是指在今天获得一项具有相类似效用的可替代资产所付出的成本。确定重置成本的方法包括：

①在用的公允的市场价值。在买卖双方均自愿的企业层面的交易中，购买方按照原用途购买资产时，该资产公允的市场价值就是它的重置成本。这一方法用于存在类似用途的资产时，而且假设所估价的资产与其他的已安装的资产一起持续使用。

②新重置成本。是指在估价日，一项与所估价资产有着最为等价用处的全新资产的现行成本。该方法的缺点在于，不能剔除资产使用过程中的价值损失，如折旧，所以不能用于企业合并中对企业公允价值的估价。

③折旧后的新重置成本。该方法是在上面的新重置成本的基础上，剔除了折旧等因素后的重置成本，是最为常用的方法。需要剔除的因素包括：（Ⅰ）特定物理状况（如物理折旧）引起的价值损失；（Ⅱ）机器或设备的内在退化引起的价值损失；

（Ⅲ）机器或设备的外在的经济退化引起的价值损失。

④现值指数调整法。在某些情况下，将历史成本按照相关的现价指数进行调整也可以得到重置成本。典型的例子是房地产，可以按照地价指数估计房地产的重置成本。

⑤重新生产成本。是指在估价日，按照现行价格，使用类似的原料，重新制造所估价项目所耗用的成本。这种方法主要用于对一些稀有项目进行估价，在重置成本的估价中并不常用。经常用于保险业，因为在保险业中不需要考虑技术进步和生产力提高等因素。

（2）市场法

市场法就是利用类似项目的市场信息来对所估价项目的公允价值进行估价的方法。市场法是在无法为所计量项目找到市场价格，也找不到可参考的类似项目的时候，通过参考类似项目的市场信息，来进行公允价值估价的方法。

公允价值计量方法中的市价法和类似项目法的应用条件是十分严格的。市价法要求可供引用的市场价格，必须是与所计量项目相同的资产或负债的价格才可以引用的市场价格，必须是与所计量项目相同的资产或负债的价格才可以引用；类似项目法中的类似项目也要比市场法中对类似项目的定义要严格得多，它要求类似项目应该是与所计量的项目具有相似的现金流量的项目；而市场法对类似项目的要求是，只要有参考价值就可以了，没有什么严格的限制条件。

市价法和类似项目法在符合其所要求的条件以后，直接引用资产和负债的价格作为所计量项目的公允价值，基本上没有或只有些许的调整，而市场法中所参考的类似项目的价格不能被直接引用作为所计量项目的公允价值。由于市场法中的"类似项目"仅仅是具有参考价值而已，与类似项目法中的类似项目有着本质的不同，从这个意义上讲，我们可以把它们称为"准类似项目"。在使用估值技术法对所计量项目进行估价时，运用一定的模型，结合准类似项目的市场信息，进行公允价值的估值，是一种很常用的方法。

市场法主要的应用范围是在企业购并中，对并购企业的公允价值进行估价。它通过寻找与所购并的甲企业具有可比性的乙企业，按照乙企业被并购的价格，经过一定的调整得到甲企业的购并价格。在比较两个企业是否具有可比性时，可以从财务和非财务两方面考虑。具体的考虑因素主要包括：①现金流量；②收益；③资产或权益；④收入；⑤投入资本的市场价格与息税前收益之比；⑥投入资本的市场价格与收入之比；⑦投入资本的市场价格与下一年度预计收入之比；⑧员工数量；⑨厂房、机器和设备。

运用市场法时，所要进行的估计和判断包括，其一，所挑选的企业或交易是真正类似的；其二，所挑选的企业不仅在行业、企业大小、产品、服务的市场以及管理团队方面是类似的，而且企业的发展阶段也是类似的。最后需要注意的一点是，市场法往往不适用于初创期的企业，对于初创期的企业而言，其产品、服务都还没有确定，相关的数据也难以获得，通常很难确定哪些企业与其具有可比性。

(3) 收益法

收益法的基本思路，是将未来经济收益按照一定的比率折现，得到所计量项目的现值作为其公允价值，所以这种方法又被称为现值技术。收益法按照折现的现金流量的不同进行分类，分为未来现金流量折现法和收益资本化法。

未来现金流量折现法是直接将未来的现金流量进行折现的方法。被用来折现的现金流量有多种表现形式：①各期相等的现金流量；②各期相等，但是在最后有额外的支付金额或终值的现金流量；③各期按照固定的数额或比例增长的现金流量，在最后可能有也可能没有额外的支付金额或终值；④各期金额无规律而且发生也没有规律的现金流量。

收益资本化法，是指将未来各期的现金流量扣除必要的费用后再进行折现的方法。需要扣除的费用是指用于恢复设备工作能力的费用，包括各种折旧和摊销。需要注意的是，在资本化的计算中需要考虑的是与重置成本有关的各种折旧，而不是按照历史成本计算的折旧。

收益法根据对风险处理方式的不同进行分类，分为传统法和预计现金流量法。这两类不同的方法有着不同的估计和假设，对于传统法而言，主要的估计包括：预计现金流量和各自的可能性；对于预计现金流量法而言，主要的估计包括：预计现金流量的金额、每期的价值增长率和折现率或资本化率。

传统法是多年来一直在使用的一种方法，通过单一一组估计的现金流量和与风险相对应的单一利率，计算所计量项目现值的方法。这种方法将不确定性全部纳入了对利率的选择上。假定单一利率能够反映对未来现金流量和合理的风险溢价的预期，风险越大，折现率就越高；反之，折现率就越低。这种方法应用较为简单，适用于具有合约性现金流量的资产和负债。

预计现金流量法是比传统法更为有效的计量工具，它使用了对所有可能的现金流量的预期，而不是单一最可能的现金流量，该方法将风险体现在现金流量中，应用时要求估计现金流量的同时就要考虑到风险的大小，而折现率采用的是无风险利率，不体现任何风险因素。这种方法着重于对所讨论项目的现金流量的直接分析，和对计量所用假设更加明确的表述。

①未来现金流量的确定

利用马尔可夫决策法、多目标决策法等经营决策方法可以对企业的经营状况进行比较科学的预测，同时，通过结合决策树的方法计算企业各种可能经营状态下经济事项的期望现金流量，可以极大地提高预计未来现金流量的准确性。例如，对于固定资产所产生的未来现金流量的预计而言：（Ⅰ）可以根据资产的具体用途确定其现金流量的载体。生产用固定资产使用价值的实现依赖于所生产产品的销售，因此，其预计未来现金流量的载体就是该固定资产所生产的产品。非生产用固定资产由于不具备生产能力，可将其以一定的标准归入特定资产组中，特定资产组的现金流量载体就是该非生产用固定资产的现金流量载体。（Ⅱ）可以通过对产品销售价格及销售数量的预测判断未来现金流量的变动趋势。产品的预计售价，预计销售数量决定产品的未来现金流量，故也决定着待折现的固定资产预计未来现金流量。也就是说，根据企业历史资料的变动趋势或企业最近的预测资料和预测增长率对产品销售价格及销售数量的变动趋势的判断同样适用于待折现的固定资产预计未来现金流量。（Ⅲ）利用马尔可夫决策法及决策树法可以合理估计未来现金流量的分布和概率。首先，根据企业销售部门的统计资料，计算各种市场景气度下的状态转换矩阵，运用马尔可夫决策法可以合理预测企业未来的销售状况；然后，根据企业历史资料可以推测各种销售状况下未来现金流量的概率；最后，利用决策树法就可以合理估计未来的期望现金流量。（Ⅳ）根据资产未来现金流量的载体的主要构成要素对该载体价值的贡献率可以合理分配多项资产所共同产生的未来现金流量。在技术成熟的大批量机器生产企业中，产品的主要耗费为固定资产使用耗费，故可以根据固定资产对产品的贡献率来分配共同未来现金流量。在以人力资本为主要成本的企业中，可以采用人力资本对产品的贡献率为标准分配共同未来现金流量。

②折现率的确定

对于折现率的确定可以根据经济事项的特点采用内含报酬率、调整后的增量借款利率，或者根据企业特点并结合历史资料及预测资料进行合理估计。例如，对于固定资产折现率的确定而言：（Ⅰ）可以采用内含报酬率或其他合理指标作为折现率预测的基础。在已知资产或近似资产的内含报酬率时，可以采用内含报酬率作为资产的折现率。在内含报酬率未知时，可以根据企业调整后的增量借款利率作为资产的折现率，或者根据预计经济环境的变化对企业的固定资产的平均获利能力进行调整后作为折现率。（Ⅱ）根据资产的用途及特点分析影响其折现率的因素，并根据企业历史资料估计其影响因素的变动趋势。在已知资产或者近似资产的内含报酬率时，由于该指标能比较公允地反映资产的获利能力，故可以不用进行调整。在其他情况下，由于物价和汇率变动将影响企业短期周转能力和长期盈利能力，市场利率的变化将引起其他投资市场（比如证券市场）报酬率的相应变化，故影响固定资产的折现率的因素包括：折现率预测基础，预计物价变动率，预计汇率变动率和预计市场利率变动率。预计物价变动率、预计汇率变动率和预计市场利率变动率的变动趋势可根据平均数历史变动趋势进行估计，也可根据政府工作规划资料分析获得。（Ⅲ）根据资产特点以及折现率预测基础与折现率影响因素之间的关系，确定折现率的函数表达式。在已知资产或者近似资产的内含报酬率时，折现率＝内含报酬率。在内含报酬率未知的情况下，折现率可由下式计算：

固定资产折现率＝折现率预测基础×（1＋预计物价变动率＋预计汇率变动率＋预计市场利率变动率）

③折现年限的确定

折现年限的确定可根据与经济事项相关的法律规定、竞争对手的报告资料、相关部门的统计资料或行业历史资料进行预测。例如，对于固定资产折现年限的推定：（Ⅰ）可以结合其折旧政策和减值准备全面分析资产的性能和使用状况，推测资产的未来使用状况；（Ⅱ）利用行业历史资料分析该类或者近似资产技术更新的速度以及产品的市场寿命，并以该类资产技术更新速度及其载体产品的市场寿命等因素为自变量，以该资产经济寿命为因变量，建立回归分析方程，结合相关资料合理推定其折现年限。

值得注意的是，企业对某一项目现金流量现值的最佳估计，有时不一定等于该项目的公允价值。这是因为，现值有两种类型：以公允价值为计量目标的现值和以特定个体计量为目标的现值。其中以特定个体计量为目标的现值与公允价值不一致。由于现值涉及不同主体（市场或企业个体）对未来现金流入（出）的金额、时间、风险及不确定性的预期，而不同主体对上述各因素的预期是不一样的。其中根据市场上对上述因素的预期所计算的现值就是以公允价值为目标的现值，而根据企业个体对上述因素的预期所计算的现值则是以特定个体计量为目标的现值。现值与公允价值是不完全一致的。在这种情况之下，就需要对企业计算所得的预期现值进行调整，得到所计量项目的公允价值。

以上就是常用的三种公允价值的估价方法，这三种方法不是孤立的，而是相互联系，互相验证的。很多的估价专家，在进行公允价值的估计时，往往是同时考虑三种方法，并将三种方法所得到的结果进行比较，从而得到一个更为精确的估价结果。

（四）公允价值的确定

1. 金融工具公允价值的确定

（1）存在活跃市场的金融资产或金融负债，活跃市场中的报价应当用于确定其公允价值。活跃市场中的报价是指易于定期从交易所、经纪商、行业协会、定价服务机构等获得的价格，且代表了在公平交易中实际发生的市场交易的价格。

①在活跃市场上，企业已持有的金融资产或拟承担的金融负债的报价，应当是现行出价；企业拟购入的金融资产或已承担的金融负债的报价，应当是现行要价。

②企业持有可抵销市场风险的资产和负债时，可采用市场中间价确定可抵销市场风险头寸的公允价值；同时，用出价或要价作为确定净敞口的公允价值。

③金融资产或金融负债没有现行出价或要价，但最近交易日后经济环境没有发生重大变化的，企业应当采用最近交易的市场报价确定该金融资产或金融负债的公允价值。

最近交易日后经济环境发生了重大变化时，企业应当参考类似金融资产或金融负债的现行价格或利率，调整最近交易的市场报价，以确定该金融资产或金融负债的公允价值。

企业有足够的证据表明最近交易的市场报价不是公允价值的，应当对最近交易的市场报价作出适当调整，以确定该金融资产或金融负债的公允价值。

④金融工具组合的公允价值，应当根据该组合内单项金融工具的数量与单位市场报价共同确定。

（2）金融工具不存在活跃市场的，企业应当采用估值技术确定其公允价值。采用估值技术得出的结果，应当反映估值日在公平交易中可能采用的交易价格。估值技术包括参考熟悉情况并自愿交易的各方最近进行的市场交易中使用的价格、参照实质上相同的其他金融工具的当前公允价值、现金流量折现法和期权定价模型等。

企业应当选择市场参与者普遍认同，且被以往市场实际交易价格验证具有可靠性的估值技术确定金融工具的公允价值：

①采用估值技术确定金融工具的公允价值时，应当尽可能使用市场参与者在金融工具定价时考虑的所有市场参数，包括无风险利率、信用风险、外汇汇率、商品价格、股价或股价指数、金融工具价格未来波动率、提前偿还风险、金融资产或金融负债的服务成本等，尽可能不使用与企业特定相关的参数。

②企业应当定期使用没有经过修正或重新组合的金融工具公开交易价格校正所采用的估值技术，并测试该估值技术的有效性。

③金融工具的交易价格应当作为其初始确认时的公允价值的最好证据，但有客观证据表明相同金融工具公开交易价格更公允，或采用仅考虑公开市场参数的估值技术确定的结果更公允的，不应当采用交易价格作为初始确认时的公允价值，而应当采用更公允的交易价格或估值结果确定公允价值。

（3）初始取得或源生的金融资产或承担的金融负债，应当以市场交易价格作为确定其公允价值的基础。

债务工具的公允价值，应当根据取得日或发行日的市场情况和当前市场情况，或其他类似债务工具（即有类似的剩余期限、现金流量模式、标价币种、信用风险、担保和利率基础等）的当前市场利率确定。

债务人的信用风险和适用的信用风险贴水在债务工具发行后没有改变的，可使用基准利率估计当前市场利率确定债务工具的公允价值。债务人的信用风险和相应的信用风险贴水在债务工具发行后发生改变的，应当参考类似债务工具的当前价格或利率，并考虑金融工具之间的差异调整，确定债务工具的公允价值。

（4）企业采用未来现金流量折现法确定金融工具公允价值的，应当使用合同条款和特征在实质上相同的其他金融工具的市场收益率作为折现率。金融工具的条款和特征，包括金融工具本身的信用质量、合同规定采用固定利率计息的剩余期间、支付本金的剩余期间以及支付时采用的货币等。

没有标明利率的短期应收款项和应付款项的现值与实际交易价格相差很小的，可以按照实际交易价格计量。

2. 购买方应当按照以下规定确定合并中取得的被购买方各项可辨认资产、负债及或有负债的公允价值

（1）货币资金，按照购买日被购买方的账面余额确定。

（2）有活跃市场的股票、债券、基金等金融工具，按照购买日活跃市场中的市场价格确定。

（3）应收款项，其中的短期应收款项，一般按照应收取的金额作为其公允价值；长期应收款项，应按适当的利率折现后的现值确定其公允价值。在确定应收款项的公允价值时，应考虑发生坏账的可能性及相关收款费用。

（4）存货，对其中的产成品和商品按其估计售价减去估计的销售费用、相关税费以及购买方出售类似产成品或商品估计可能实现的利润确定；在产品按完工产品的估计售价减去至完工仍将发生的成本、估计的销售费用、相关税费以及基于同类或类似产成品的基础上估计出售可能实现的利润确定；原材料按现行重置成本确定。

（5）不存在活跃市场的金融工具如权益性投资等，应当参照《企业会计准则第22号——金融工具确认和计量》的规定，采用估值技术确定其公允价值。

（6）房屋建筑物、机器设备、无形资产，存在活跃市场的，应以购买日的市场价格为基础确定其公允价值；不存在活跃市场，但同类或类似资产存在活跃市场的，应参照同类或类似资产的市场价格确定其公允价值；同类或类似资产也不存在活跃市场的，应采用估值技术确定其公允价值。

（7）应付账款、应付票据、应付职工薪酬、应付债券、长期应付款，其中的短期负债，一般按照应支付的金额确定其公允价值；长期负债，应按适当的折现率折现后的现值作为其公允价值。

（8）取得的被购买方的或有负债，其公允价值在购买日能够可靠计量的，应确认为预计负债。此项负债应当按照假定第三方愿意代购买方承担，就其所承担义务需要购买方支付的金额作为其公允价值。

第三节 企业会计政策

会计政策是指企业在会计核算时所遵循的具体原则以及企业所采纳的具体会计处理方法。具体原则，是指企业按照国家统一的会计核算制度所制定的、适合于本企业的会计制度中所采用的会计原则；具体会计处理方法，是指企业在会计核算中对于诸多可选择的会计处理方法中所选择的、适合于本企业的会计处理方法。企业所规定的会计政策不得随意变更，如若按规定进行变更，应按照《企业会计准则》规定的方法进行调整，并在会计报表附注中进行披露。

为了规范企业会计核算工作，提高会计信息质量，力求最大限度地增强会计信息的可靠性，保证可比性，最恰当地反映企业的财务状况、经营成果和现金流量等会计信息。企业在执行企业会计准则时，应当在企业会计准则所规定的会计政策范围内，选择适合本企业的会计政策，并对所确定的各项会计政策制定会计政策目录，经股东大会（或股东会）或董事会以及类似机构批准后执行。

本书所提供的会计政策仅供企业在制定本企业的会计政策时参考使用。

一、会计制度

企业按财政部颁发的《企业会计准则》、《企业会计准则应用指南》和《企业会计准则解释》进行经济业务的会计处理和财务会计报告编制。

二、会计年度

企业会计年度采用公历制，即自公历 1 月 1 日至 12 月 31 日为一个会计年度。

三、记账本位币

企业以人民币为记账本位币。

四、记账基础和记账方法

企业以权责发生制为基础进行会计确认、计量和报告，采用复式借贷记账法。

五、外币业务

1. 外币交易在初始确认时，采用发生日的即期汇率将外币金额折算为记账本位币金额。

2. 外币业务的汇兑损益按以下规定处理：

（1）企业为购建或者生产符合资本化条件的资产而专门借入的外币借款所产生的汇兑差额，应当予以资本化；

（2）不符合资本化条件的外币业务汇兑损益计入财务费用。

六、应收款项

1. 企业对外销售商品、产品或对外提供劳务，采用现金折扣办法时，应收账款按总价法核算，即以应收客户的全部款项作为入账价值。

2. 应收款项按单项金额重大的和非重大的进行减值判断。对属于单项金额重大的应收款项，应当单独进行减值测试。有客观证据表明其发生减值的，应当根据其未来现金流量现值低于其账面价值的差额，确认减值损失，计提坏账准备。

3. 其他的应收款项（含单项金额重大且未发生损失的应收款项）按照账龄划分为不同的组合，不同的组合采用不同的计提比例，计算确定减值损失，计提坏账准备。对账龄一年以内的应收款项按其余额的 5% 计提坏账准备；逾期 1~2 年的，按其余额的 10% 计提；逾期 2~3 年的，按其余额的 20% 计提；逾期 3~4 年的，按其余额的 50% 计提；逾期 4~5 年的，按其余额的 80% 计提；逾期 5 年以上的按全额计提。

4. 坏账损失的确认标准：因债务人破产或死亡，以其破产财产或遗产清偿后，仍然不能收回的应收款项；因债务人逾期未履行偿债义务，且具有明显特征表明无法收回的应收款项确认为坏账。

七、存 货

1. 存货按原材料、库存商品、周转材料等进行分类。

2. 存货同时满足下列条件的，才能予以确认：

(1) 与该存货有关的经济利益很可能流入企业；

(2) 该存货的成本能够可靠地计量。

3. 存货采用实际成本进行核算；发出存货的实际成本采用移动加权平均法计算。

4. 对于不能替代使用的存货、为特定项目专门购入或制造的存货以及提供的劳务，可采用个别计价法确定发出存货的实际成本。

5. 领用包装物、低值易耗品采用一次转销法。

6. 资产负债表日存货按成本与可变现净值孰低计量，并按单个存货项目的可变现净值低于成本的差额提取存货跌价准备；为执行销售合同或者劳务合同而持有的存货，其可变现净值应当以合同价格为基础计算。

7. 盘盈的存货按照重置成本作为入账价值。

八、长期股权投资

1. 企业对子公司的长期股权投资，采用成本法核算，编制合并财务报表时按照权益法进行调整。

2. 企业对被投资单位具有共同控制或重大影响的长期股权投资，采用权益法核算。

3. 企业对被投资单位实施控制或对被投资单位不具有共同控制及无重大影响的，并且在活跃市场中没有报价、公允价值不能可靠计量的长期股权投资采用成本法核算。

4. 资产负债表日，企业对按照成本法核算的、在活跃市场中没有报价、公允价值不能可靠计量的长期股权投资，按照《企业会计准则第22号——金融工具确认和计量》的规定进行减值处理；其他长期股权投资，按照《企业会计准则第8号——资产减值》的规定进行减值处理。

九、投资房地产

1. 投资性房地产同时满足下列条件的，才能予以确认：

(1) 与该投资性房地产有关的经济利益很可能流入企业；

(2) 该投资性房地产的成本能够可靠地计量。

2. 企业对投资性房地产采用成本模式进行后续计量。

十、固 定 资 产

1. 固定资产是指使用期限超过 1 年的房屋、建筑物、机器、机械、运输工具以及其他与生产经营有关的设备、器具、工具等。不属于生产、经营主要设备的物品，单位价值在 2 000 元以上，并且使用期限超过 1 年的，也作为固定资产。

2. 固定资产在同时满足以下两个条件时，才能予以确认：

（1）与该固定资产有关的经济利益很可能流入企业；

（2）该固定资产的成本能够可靠地计量。

3. 固定资产按照成本进行初始计量。

4. 除以下情况外，企业对所有固定资产计提折旧：

（1）已提足折旧仍继续使用的固定资产；

（2）按照规定单独计价作为固定资产入账的土地。

5. 企业融资租赁租入的固定资产，在租赁期开始日，将租赁开始日租赁资产公允价值与最低租赁付款额现值两者中较低者作为租入资产的入账价值。

6. 固定资产的后续支出，符合固定资产确认条件的，计入固定资产成本，不能资本化的固定资产后续支出，直接计入当期损益。

7. 企业固定资产采用年限平均法分类计提折旧，如需加速折旧的固定资产按规定报请批准后，采用年数总和法计提折旧。

十一、工程物资与在建工程

1. 工程物资按照成本进行初始计量。

2. 资产负债表日工程物资发生减值时，计提工程物资减值准备。

3. 在建工程按照成本进行初始计量，并单独核算，在建工程已达到预定可使用状态时转入固定资产。

4. 资产负债表日在建工程按规定确认发生减值时，按单项工程可收回金额低于其账面价值差额计提在建工程减值准备。

5. 为购建固定资产借入的专门借款和占用的一般借款所发生的借款费用，按照借款费用资本化的规定处理。

十二、无 形 资 产

1. 无形资产在满足以下两个条件时，才能加以确认：

（1）该无形资产产生的经济利益很可能流入企业；

（2）该无形资产的成本能够可靠计量。

2. 企业内部研究开发项目开发阶段的支出，同时满足下列条件的，才能确认为

无形资产:

(1) 完成该无形资产以使其能够使用或出售在技术上具有可行性;

(2) 具有完成该无形资产并使用或出售的意图;

(3) 无形资产产生经济利益的方式,包括能够证明运用该无形资产生产的产品存在市场或无形资产自身存在市场,无形资产将在内部使用的,应当证明其有用性;

(4) 有足够的技术、财务资源和其他资源支持,以完成该无形资产的开发,并有能力使用或出售该无形资产;

(5) 归属于该无形资产开发阶段的支出能够可靠地计量。

3. 企业拥有的土地使用权等能确定使用寿命的无形资产,自无形资产可供使用时起,至不作为无形资产确认时为止的使用寿命期间内采用直线法摊销。土地使用权按土地使用证规定的年限作为摊销年限。其他无形资产按合同或法律规定的使用年限作为摊销年限。

4. 使用寿命不确定的无形资产不摊销。但每年年末都要进行减值测试。

十三、短期借款

如果短期借款属于为购建或者生产符合资本化条件的资产而借入的款项,发生的利息按照借款费用资本化的规定进行处理。

十四、或有事项

1. 如果与或有事项相关的义务同时符合以下条件,企业将其确认为预计负债:

(1) 该义务是企业承担的现时义务;

(2) 该义务的履行很可能导致经济利益流出企业;

(3) 该义务的金额能够可靠地计量。

2. 预计负债按照履行相关现时义务所需支出的最佳估计数进行初始计量。

3. 所需支出存在一个连续范围,且该范围内各种结果发生的可能性是相同的,最佳估计数应当按照该范围内的中间值确定。

在其他情况下,最佳估计数应当分别下列情况处理:

(1) 或有事项涉及单个项目的,按照最可能发生的金额确定。

(2) 或有事项涉及多个项目的,按照各种可能结果及相关概率计算确定。

十五、借款费用资本化

1. 企业发生的借款费用,可直接归属于符合资本化条件资产购建的,予以资本化,计入相关资产成本;其他借款费用,在发生时根据其发生额确认为费用,计入当期损益。

2. 借款费用同时满足下列条件的，才能开始资本化：

（1）资产支出已经发生；

（2）借款费用已经发生；

（3）为使资产达到预定可使用状态所必要的购建或者生产活动已经开始。

3. 资本化金额的确定：

（1）为购建符合资本化条件的资产而借入专门借款的，以专门借款当期实际发生的利息费用减去将尚未动用的借款资金存入银行取得的利息收入或进行暂时性投资取得的投资收益后的金额确定。

（2）为购建符合资本化条件的资产而占用了一般借款的，根据累计资产支出超过专门借款部分的资产支出加权平均数乘以所占用一般借款的资本化率，计算确定一般借款应予资本化的利息金额。资本化率根据一般借款加权平均利率计算确定。

4. 企业按月计算借款费用的资本化金额。

十六、收入

（一）销售商品收入

销售商品收入同时满足下列条件的，才能予以确认：

（1）企业已将商品所有权上的主要风险和报酬转移给购货方；

（2）企业既没有保留通常与所有权相联系的继续管理权，也没有对已售出的商品实施有效控制；

（3）收入的金额能够可靠地计量；

（4）相关的经济利益很可能流入企业；

（5）相关的已发生或将发生的成本能够可靠地计量。

（二）提供劳务收入

1. 提供劳务交易的结果能够可靠估计，是指同时满足下列条件：

（1）收入的金额能够可靠地计量；

（2）相关的经济利益很可能流入企业；

（3）交易的完工进度能够可靠地确定；

（4）交易中已发生和将发生的成本能够可靠地计量。

2. 企业按照从接受劳务方已收或应收的合同或协议价款确定提供劳务收入总额。

3. 资产负债表日在提供劳务交易的结果能够可靠估计的情况下，于资产负债表日按完工百分比法确认相关的劳务收入。

4. 企业在资产负债表日提供劳务交易结果不能够可靠估计的，分别下列情况处理：

（1）已经发生的劳务成本预计能够得到补偿的，按照已经发生的劳务成本金额确认提供劳务收入，并按相同金额结转劳务成本。

（2）已经发生的劳务成本预计不能够得到补偿的，将已经发生的劳务成本计入当期损益，不确认提供劳务收入。

十七、成本

企业产品成本按品种法计算。

十八、所得税

企业所得税费用采用资产负债表债务法进行核算。

十九、建造合同

1. 在资产负债表日，建造合同的结果能够可靠估计的，根据完工百分比法确认合同收入和合同费用。

2. 建造合同的结果不能可靠估计的，分别下列情况处理：

（1）合同成本能够收回的，合同收入根据能够收回的实际合同成本予以确认，合同成本在其发生的当期确认为合同费用；

（2）合同成本不可能收回的，在发生时立即确认为合同费用，不确认合同收入。

二十、租赁

1. 未确认融资费用应当在租赁期内各个期间进行分摊，企业（承租人）应当采用实际利率法计算确认当期的融资费用。

2. 未实现融资收益应当在租赁期内各个期间进行分配，租赁企业（出租人）应当采用实际利率法计算确认当期的融资收入。

二十一、金融工具

金融工具，是指形成一个企业的金融资产，并形成其他单位的金融负债或权益工具的合同。

1. 企业取得的金融资产或承担的金融负债分类

（1）以公允价值计量且其变动计入当期损益的金融资产或金融负债；

（2）持有至到期投资；

（3）贷款和应收款项；

（4）可供出售金融资产；

（5）其他负债。

2. 金融工具的计量

（1）以公允价值计量且其变动计入当期损益的金融资产或金融负债，应当按照取得时的公允价值作为初始确认金额，如支付价款中包含的已宣告发放的现金股利或债券利息，应当计入初始确认金额。只有符合下列条件之一的金融资产或金融负债，才可以在初始确认时指定为以公允价值计量且其变动计入当期损益的金融资产或金融负债：

①该指定可以消除或明显减少由于该金融资产或金融负债的计量基础不同所导致的相关利得或损失在确认或计量方面不一致的情况。

②企业风险管理或投资策略的正式书面文件已载明，该金融资产组合、该金融负债组合或该金融资产和金融负债组合，以公允价值为基础进行管理、评价并向关键管理人员报告。

（2）持有至到期投资应当按照取得时的公允价值和相关费用之和作为初始确认金额。支付价款中包含的已宣告发放债券利息，应当计入初始确认金额。

（3）应收款项应按照从购货方应收的合同或协议价值作为初始入账金额。

（4）可供出售的金融资产应当按照取得时的公允价值和相关交易费用之和作为初始确认金额，如支付价款中包含的已宣告发放的现金股利或债券利息，应当计入初始确认金额。

（5）其他负债应当按其公允价值和相关交易费用之和作为初始入账金额。

持有至到期投资的债券投资其利息费用的调整采用实际利率法。

3. 金融工具减值损失的确认

资产负债表日，企业应对公允价值计量且其变动计入当期损益，金融资产以外的金融资产进行检查，有客观证据表明该金融资产发生减值的，应当确认损失，计提减值准备。

（1）持有至到期投资，有客观证据表明其发生了减值的，应当根据其账面价值与预计未来现金流量现值之间差额计算确认减值损失。

（2）可供出售金融资产，如果公允价值发生较大幅度下降（通常是指达到或超过20%的情形），或在综合考虑各种相关因素后，预期这种下降趋势属于非暂时性的，可以认定该可供出售的金融资产已发生减值，确认减值损失。

4. 金融资产和金融负债终止确认的条件

金融资产满足下列条件之一时，应当终止确认：

（1）收取该金融资产现金流量的合同权利终止；

（2）企业已将该金融资产所有权上几乎所有风险和报酬转移给转入方，应当终止确认。

金融负债的现时义务全部或部分已解除时，才能终止确认该金融负债或其中一部分。

二十二、企业合并

1. 同一控制下的企业合并，企业在企业合并中取得的资产和负债，按照合并日被合并企业的账面价值计量。企业按取得的净资产的账面价值与支付的合并对价账面价值（或发行股份面值总额）的差额，调整资本公积；资本公积不足冲减的，调整留存收益。

2. 非同一控制下的企业合并，企业在购买日为取得对被购买方的控制权而付出的资产以及发行权益性证券的公允价值与发生的直接费用之和确认为合并成本。企业在购买日对作为企业合并对价付出的资产、发生或承担的负债按照公允价值计量，公允价值与其账面价值的差额，计入当期损益。

3. 企业在非同一控制下企业合并所支付的合并成本大于合并中取得的被购买方可辨认资产公允价值份额的差额，确认为商誉。商誉要在每年年度终了结合与其相关的资产组或者资产组组合进行减值测试，确认是否减值。

二十三、合并财务报表

1. 母公司对子公司的长期股权投资采用成本法核算，编制合并财务报表时，按照权益法进行调整。

2. 子公司采用的会计政策与母公司保持一致，不一致的子公司按照母公司的会计政策另行编报财务报表。

3. 子公司的会计期间与母公司保持一致，不一致的，按照母公司的会计期间另行编报财务报表。

二十四、资产减值

1. 企业应当在资产负债表日判断资产是否存在可能发生减值的迹象。

2. 因企业合并所形成的商誉和使用寿命不确定的无形资产，无论是否存在减值迹象，每年都应当进行减值测试。

3. 存在下列迹象的，表明资产可能发生了减值：

（1）资产的市价当期大幅度下跌，其跌幅明显高于因时间的推移或者正常使用而预计的下跌。

（2）企业经营所处的经济、技术或者法律等环境以及资产所处的市场在当期或者将在近期发生重大变化，从而对企业产生不利影响。

（3）市场利率或者其他市场投资报酬率在当期已经提高，从而影响企业计算资产预计未来现金流量现值的折现率，导致资产可收回金额大幅度降低。

（4）有证据表明资产已经陈旧过时或者其实体已经损坏。

（5）资产已经或者将被闲置、终止使用或者计划提前处置。

（6）企业内部报告的证据表明资产的经济绩效已经低于或者将低于预期，如资产所创造的净现金流量或者实现的营业利润（或者亏损）远远低于（或者高于）预计金额等。

（7）其他表明资产可能已经发生减值的迹象。

二十五、金融资产减值

1. 企业应当在资产负债表日对以公允价值计量且其变动计入当期损益的金融资产以外的金融资产的账面价值进行检查，有客观证据表明该金融资产发生减值的，应当计提减值准备。

2. 表明金融资产发生减值的客观证据，是指金融资产初始确认后实际发生的、对该金融资产的预计未来现金流量有影响，且企业能够对该影响进行可靠计量的事项。金融资产发生减值的客观证据，包括下列各项：

（1）发行方或债务人发生严重财务困难；

（2）债务人违反了合同条款，如偿付利息或本金发生违约或逾期等；

（3）债权人出于经济或法律等方面因素的考虑，对发生财务困难的债务人做出让步；

（4）债务人很可能倒闭或进行其他财务重组；

（5）因发行方发生重大财务困难，该金融资产无法在活跃市场继续交易；

（6）无法辨认一组金融资产中的某项资产的现金流量是否已经减少，但根据公开的数据对其进行总体评价后发现，该组金融资产自初始确认以来的预计未来现金流量确已减少且可计量，如该组金融资产的债务人支付能力逐步恶化，或债务人所在国家或地区失业率提高、担保物在其所在地区的价格明显下降、所处行业不景气等；

（7）债务人经营所处的技术、市场、经济或法律环境等发生重大不利变化，使权益工具投资人可能无法收回投资成本；

（8）权益工具投资的公允价值发生严重或非暂时性下跌；

（9）其他表明金融资产发生减值的客观证据。

3. 以摊余成本计量的金融资产发生减值时，应当将该金融资产的账面价值减记至预计未来现金流量（不包括尚未发生的未来信用损失）现值，减记的金额确认为资产减值损失，计入当期损益。

4. 对单项金额重大的金融资产应当单独进行减值测试，如有客观证据表明其已发生减值，应当确认减值损失，计入当期损益。对单项金额不重大的金融资产，可以单独进行减值测试，或包括在具有类似信用风险特征的金融资产组合中进行减值测试。

单独测试未发生减值的金融资产（包括单项金额重大和不重大的金融资产），应当包括在具有类似信用风险特征的金融资产组合中再进行减值测试。已单项确认减值损失的金融资产，不应包括在具有类似信用风险特征的金融资产组合中进行减值测试。

5. 对以摊余成本计量的金融资产确认减值损失后，如有客观证据表明该金融资产价值已恢复，且客观上与确认该损失后发生的事项有关（如债务人的信用评级已提高等），原确认的减值损失应当予以转回，计入当期损益。但是，该转回后的账面价值不应当超过假定不计提减值准备情况下该金融资产在转回日的摊余成本。

6. 在活跃市场中没有报价且其公允价值不能可靠计量的权益工具投资（即公允价值不能可靠计量的长期股权投资中），应当将该权益工具投资或衍生金融资产的账面价值，与按照类似金融资产当时市场收益率对未来现金流量折现确定的现值之间的差额，确认为减值损失，计入当期损益。

第四节　企业会计科目体系

一、企业采用的会计科目体系

企业会计科目体系是根据《企业会计准则应用指南》有关会计科目的规定，结合企业的具体情况制定的。本书提供的会计科目体系仅供企业制定本企业会计科目体系时作为参考（见表 1 - 1）。

表 1 - 1　　　　　　　　　　企业会计科目体系

科目代码	科目名称
	一、资产类科目
1001	库存现金
100101	——人民币
100102	——外币
1002	银行存款
100201	——人民币
100202	——外币
1012	其他货币资金
101201	——外埠存款
101202	——银行本票
101203	——银行汇票
101204	——信用卡
101205	——信用证保证金
101206	——存出投资款
101207	——保函押金
1101	交易性金融资产

科目代码	科目名称
110101	——股票投资
11010101	——成本
11010102	——公允价值变动
110102	——债券投资
11010201	——成本
11010202	——公允价值变动
110103	——基金投资
11010301	——成本
11010302	——公允价值变动
110104	——权证投资
11010401	——成本
11010402	——公允价值变动
110105	——其他投资
11010501	——成本
11010502	——公允价值变动
1121	应收票据
112101	——银行承兑汇票
112102	——商业承兑汇票
1122	应收账款
1123	预付账款
112301	——预付材料款
112302	——预付设备款
112303	——其他预付款
112304	——预付工程价款
1131	应收股利
1132	应收利息
113201	——国家债券
113202	——公司债券
113203	——金融债券
1221	其他应收款
122101	——应收职工欠款
122102	——应收外部单位
122103	——其他
1231	坏账准备
1303	委托贷款
130301	——投资成本
130302	——利息调整
130303	——应计利息
1402	在途物资

科目代码	科目名称
1403	原材料
1404	材料成本差异
1405	库存商品
1406	发出商品
1407	商品进销差价
1408	委托加工物资
1411	周转材料
141101	——在库
141102	——在用
141103	——摊销
1471	存货跌价准备
1501	持有至到期投资
150101	——债券投资
15010101	——投资成本
15010102	——利息调整
15010103	——应计利息
150103	——其他
15010301	——投资成本
15010302	——利息调整
15010303	——应计利息
1502	持有至到期投资减值准备
1503	可供出售金融资产
150301	——股票投资
15030101	——成本
15030102	——公允价值变动
150302	——债券投资
15030201	——成本
15030202	——公允价值变动
15030203	——应计利息
15030204	——利息调整
150303	——其他
1511	长期股权投资
151101	——股票投资
15110101	——投资成本
15110102	——损益调整
15110103	——所有者权益其他变动
151102	——其他股权投资
15110201	——投资成本
15110202	——损益调整
15110203	——所有者权益其他变动

续表

科目代码	科目名称
1512	长期股权投资减值准备
151201	——股票投资
151202	——其他股权投资
1521	投资性房地产
1522	投资性房地产累计折旧（摊销）
1523	投资性房地产减值准备
1531	长期应收款
1532	未实现融资收益
1601	固定资产
160101	——生产经营用
160102	——非生产经营用
160103	——基建用
160104	——未使用
160105	——不需用
160106	——租出
160108	——融资租入
160109	——固定资产装修费
1602	累计折旧
1603	固定资产减值准备
1604	在建工程
160401	——大型基建
16040101	——建筑工程
16040102	——安装工程
16040103	——在安装设备
16040104	——待摊支出
160402	——小型基建
16040201	——建筑工程
16040202	——安装工程
16040203	——在安装设备
16040204	——待摊支出
160403	——技改工程支出
16040301	——设备
16040302	——材料
16040303	——人工
16040304	——其他费用
160404	——减值准备
1605	工程物资
160501	——专用材料
160502	——专用设备
160503	——工器具

科目代码	科目名称
160504	——采购保管费
160505	——减值准备
1606	固定资产清理
1701	无形资产
170101	——专利权
170102	——非专利技术
170103	——商标权
170104	——土地使用权
170105	——软件
170106	——其他
1702	累计摊销
1703	无形资产减值准备
1711	商誉
171101	——成本
171102	——减值准备
1801	长期待摊费用
1811	递延所得税资产
1901	待处理财产损溢
190101	——待处理流动资产损溢
190102	——待处理非流动资产损溢
	二、负债类科目
2001	短期借款
2101	交易性金融负债
210101	——短期债券
21010101	——成本
21010102	——公允价值变动
210102	——其他
21010201	——成本
21010202	——公允价值变动
2201	应付票据
220101	——银行承兑汇票
220102	——商业承兑汇票
2202	应付账款
2203	预收账款
2211	应付职工薪酬
221101	——工资
221102	——职工福利
22110201	——应计数
22110202	——集体福利
22110203	——职工医药费

续表

科目代码	科目名称
22110204	——困难补助
22110205	——职工奖励及福利基金
22110206	——独生子女补贴
22110207	——医疗保险
22110208	——其他福利支出
221103	——社会保险费
22110301	——基本养老保险
2211030101	——单位缴纳
2211030102	——个人缴纳
22110302	——企业年金
2211030201	——单位缴纳
2211030202	——个人缴纳
22110303	——医疗保险
2211030301	——单位缴纳
2211030302	——个人缴纳
22110304	——计划生育保险
2211030401	——单位缴纳
2211030402	——个人缴纳
22110305	——工伤保险
2211030501	——单位缴纳
2211030502	——个人缴纳
22110306	——失业保险
2211030601	——单位缴纳
2211030602	——个人缴纳
221104	——住房公积金
221105	——工会经费
221106	——职工教育经费
221107	——非货币性福利
221108	——辞退福利
221109	——股份支付
2221	应交税费
222101	——应交增值税
22210101	——进项税额
22210102	——已交税金
22210103	——转出未交增值税
22210104	——减免税款
22210105	——销项税额
22210106	——出口退税
22210107	——进项税额转出
22210108	——出口抵减内销产品应纳税额

续表

科目代码	科目名称
22210109	——转出多交增值税
22210110	——进项税备抵
222103	——未交增值税
222104	——应交营业税
222105	——应交消费税
222106	——应交资源税
222107	——应交所得税
222108	——应交土地增值税
222109	——应交城市维护建设税
222110	——应交房产税
222111	——应交土地使用税
222112	——应交车船税
222113	——应交个人所得税
222114	——应交教育费附加
2231	应付利息
223101	——短期借款利息
223102	——长期借款利息
223103	——应付债券利息
223104	——其他
2232	应付股利
2241	其他应付款
224101	——单位往来
224102	——个人往来
224103	——其他
2301	预计负债
230101	——预计担保损失
230102	——预计未决诉讼损失
230103	——预计产品质量保证损失
230104	——其他预计负债
2401	递延收益
2501	长期借款
250101	——本金
250102	——利息调整
2502	应付债券
250201	——公司债券
25020101	——面值
25020102	——利息调整
25020103	——应计利息
250202	——可转换公司债券
25020201	——面值

续表

科目代码	科目名称
25020202	——利息调整
25020203	——应计利息
250203	——其他
25020301	——面值
25020302	——利息调整
25020303	——应计利息
2701	长期应付款
270101	——应付购入固定资产款
270102	——应付购入无形资产款
270103	——应付融资租入固定资产租赁费
2702	未确认融资费用
2711	专项应付款
2901	递延所得税负债
	三、共同类科目
3101	衍生工具
310101	——远期合同
31010101	——成本
31010102	——公允价值变动
310102	——期货合同
31010201	——成本
31010202	——公允价值变动
310103	——互换
31010301	——成本
31010302	——公允价值变动
310104	——期权
31010401	——成本
31010402	——公允价值变动
3201	套期工具
3202	被套期项目
	四、所有者权益类科目
4001	股本（实收资本）
400101	——国家股本（资本）
400102	——法人股本（资本）
400103	——个人股本（资本）
400104	——外商股本（资本）
4002	资本公积
400201	——股本（资本）溢价
400202	——其他资本公积
4101	盈余公积
410101	——法定盈余公积

科目代码	科目名称
410102	——任意盈余公积
410103	——储备基金
410104	——企业发展基金
4103	本年利润
4104	利润分配
410401	——提取法定盈余公积
410402	——提取任意盈余公积
410403	——应付现金股利或利润
410404	——转作股本的股利
410405	——盈余公积补亏
410406	——未分配利润
410407	——提取储备基金
410408	——提取企业发展基金
410409	——提取职工奖励及福利基金
4201	库存股
	五、成本类科目
5001	生产成本
500101	——基本生产成本
500102	——辅助生产成本
5101	制造费用
5201	劳务成本
5301	研发支出
530101	——费用化支出
530102	——资本化支出
5401	工程施工
540101	——合同成本
54010101	——人工费
54010102	——材料费
54010103	——机械使用费
54010104	——其他
540102	——间接费用
54010201	——职工薪酬
54010202	——固定资产折旧费
54010203	——财产保险费
54010204	——其他
540103	——合同毛利
5402	工程结算
5403	机械作业
	六、损益类科目
6001	主营业务收入

续表

科目代码	科目名称
600101	——商品销售收入
600102	——劳务收入
600103	——建造合同收入
6051	其他业务收入
605101	——材料销售
605102	——固定资产出租
605103	——无形资产出租
605104	——出租包装物
605105	——运输业务
605106	——其他
6101	公允价值变动损益
610101	——交易性金融资产
610102	——交易性金融负债
610103	——其他
6111	投资收益
611101	——长期股权投资
61110101	——股票投资
61110102	——其他股权投资
611102	——交易性金融资产
61110201	——股票
61110202	——债券
61110203	——基金
61110204	——权证
61110205	——其他
611103	——交易性金融负债
611104	——持有至到期投资
61110401	——债券投资
61110402	——委托贷款
61110403	——其他
611105	——可供出售金融资产
61110501	——股票投资
61110502	——债券投资
61110503	——其他
6301	营业外收入
630101	——处置非流动资产利得
630102	——非货币性资产交换利得
630103	——债务重组利得
630104	——政府补助利得
630105	——盘盈利得
630106	——捐赠利得

科目代码	科目名称
630107	——其他
6401	主营业务成本
640101	——商品销售成本
640102	——劳务成本
640103	——建造合同成本
6402	其他业务成本
640201	——销售材料的成本
640202	——出租固定资产的折旧
640203	——出租无形资产的摊销
640204	——出租包装物的成本
640206	——其他
6403	营业税金及附加
6601	销售费用
660101	——职工薪酬
660102	——折旧费
660103	——业务费
660104	——装卸费
660105	——运输费
660106	——保险费
660107	——展览费
660108	——广告费
660109	——业务宣传费
660110	——出借包装物
660111	——预计产品质量保证损失
660112	——其他
6602	管理费用
660201	——职工薪酬
660202	——折旧
660203	——办公费
660204	——差旅费
660205	——低值易耗品摊销
660206	——运输费
660207	——业务招待费
660208	——材料费
660209	——会议费
660210	——水电费
660211	——租赁费
660212	——房产税
660213	——车船税
660214	——土地使用税

科目代码	科目名称
660215	——印花税
660216	——技术服务费
660217	——土地使用费
660218	——审计费
660219	——诉讼费
660220	——咨询费
660221	——广告费
660222	——中介机构费
660223	——绿化费
660224	——研究开发费
660225	——财产保险费
660226	——宣传费
660227	——外部劳务费
660228	——董事会费
660229	——出国人员经费
660230	——技术转让费
660231	——补偿费
660232	——存货盘亏与盘盈
660233	——无形资产摊销
660234	——停工损失
660235	——团体会费
660236	——党团活动经费
660237	——独生子女保健费
660238	——残疾人就业保障金
660239	——开办费
660240	——其他
6603	财务费用
660301	——利息支出
660302	——利息收入
660303	——汇兑损益
660304	——手续费
660305	——现金折扣
6701	资产减值损失
670101	——坏账准备
670102	——存货跌价准备
670103	——长期股权投资减值准备
670104	——持有至到期投资减值准备
670105	——可供出售金融资产减值准备
670106	——固定资产减值准备
670107	——在建工程减值准备

续表

科目代码	科目名称
670108	——工程物资减值准备
670109	——无形资产减值准备
670110	——商誉减值准备
6711	营业外支出
671101	——处置非流动资产损失
671102	——非货币性资产交换损失
671103	——债务重组损失
671104	——公益性捐赠支出
671105	——非常损益
671106	——盘亏损失
671107	——罚款支出
671108	——其他
6801	所得税费用
680101	——当期所得税费用
680102	——递延所得税费用
6901	以前年度损益调整

二、企业会计科目体系说明

企业会计科目体系按其反映的经济内容可以划分为资产类、负债类、所有者权益类、共同类、成本类、损益类六大类，同时按其所属关系又可以划分为一级科目和明细科目两大类。

(一) 会计科目体系的基本要求

1. 企业各所属全资、控股公司及直属分公司必须严格按照规定的会计科目体系中设置的会计科目及编码设置本企业的会计科目及编码，不得随意改变会计科目的使用范围。

2. 统一规定会计科目的编号，是为了便于编制会计凭证、登记账簿、查阅账目及实行会计电算化，不得随意打乱重编。在某些会计科目之间留有空号，供增设会计科目之用。

3. 会计科目编码的编制原则：一级科目编码为 4 位，除企业根据实际情况增减的科目外，编码按《企业会计准则应用指南》编制；明细科目编码为 2 位，除企业增减的科目外，编码按《企业会计准则应用指南》编制，企业根据实际情况增减的科目，根据科目级别，依次排序。

4. 统一规定的会计科目，如不能满足核算的特殊需要，需要增设、减少、合并某些会计科目或变更科目名称，必须事先经批准后变更。除会计科目体系中已有规定的明细科目外，在不违反统一会计核算要求的前提下，可以根据需要自行设置下一级明细科目。自行设置的明细科目编码参照科目编制。

5. "主营业务收入"科目发生收入冲减时，用负数在贷方登记，借方发生额为月末结转额；"生产成本"、"主营业务成本"、"管理费用"发生成本费用冲减时，用负数在借方登记，贷方发生额为月末结转额。"财务费用"科目月末按照明细科目结转。

（二）对某些会计科目设置的具体要求

1. "长期股权投资——股票投资"、"长期股权投资——其他股权投资"按被投资单位名称设置辅助核算；

2. "持有至到期投资——债券投资"、"持有至到期投资——委托贷款"、"持有至到期投资——其他"按持有至到期投资的类别和品种设辅助核算；

3. "可供出售金融资产——股票投资"、"可供出售金融资产——债券投资"、"可供出售金融资产——其他"按可供出售金融资产的类别或品种设辅助核算；

4. "长期股权投资减值准备"科目，在二级科目下按被投资单位设置三级明细科目；

5. "应付职工薪酬——职工福利"科目下"职工奖励及福利基金"明细科目为外商投资企业专用；

6. "其他应收款——应收职工欠款"、"其他应收款——应收外部单位"按个人、单位设置三级明细科目；

7. "其他应付款——个人往来"、"其他应付款——单位往来"按个人、单位设置三级明细科目；

8. "工程施工"、"工程结算"、"机械作业"科目属建筑、安装企业专用，按建造合同设置明细科目。

第二章 资 产

第一节 货币资金

一、库存现金

（一）库存现金核算有关规定

1. 企业必须根据《现金管理暂行条例》的规定，结合本企业的实际情况，确定现金的开支范围。不属于现金开支范围的业务应当通过银行办理转账结算。

2. 企业发生经济业务的支出，除下列范围可以使用现金支付外，都应通过银行办理转账结算：

（1）职工工资、津贴；

（2）个人劳务报酬；

（3）根据国家规定颁发给个人的科学技术、文化艺术、体育等各种奖金；

（4）各种劳保、福利费用以及国家规定的对个人的其他支出；

（5）向个人收购农副产品和其他物资的价款；

（6）出差人员必须携带的差旅费；

（7）结算起点以下的零星支出；

（8）按银行规定需要支付现金的其他支出。

3. 企业应当根据实际需要核定库存现金的限额。企业的日常库存现金应严格控制在限额以内，因特殊情况需要增加或减少库存限额的，应按规定审批核准后方可变更。收支现金超过库存限额的部分应当及时交存银行。

4. 从开户银行提取现金，应当写明用途，由本单位财会部门负责人签字盖章，经开户银行审核后，予以支付现金。

5. 因采购地点不固定、交通不便以及其他特殊情况必须使用现金的，应向开户银行提出申请，经开户银行审核后，予以支付现金。

6. 不准用不符合制度的凭证顶替库存现金；不得谎报用途套取现金；不准用银行账户代其他单位和个人存入或支取现金；不准将单位收入的现金以个人名义存储；

不准保留账外公款；不得设置"小金库"；等等。

7. 企业应当设置"现金日记账"，由出纳人员根据收付款凭证，按照业务发生顺序逐笔登记。每日终了，应当计算当日的现金收入、支出合计数，并结出余额与实际库存现金数核对，做到账款相符。

（二）库存现金核算

"库存现金"科目的借方核算现金的收入，贷方核算现金的支出；期末余额在借方，反映企业实际持有的库存现金。

企业有内部周转使用备用金的，可以单独设置"备用金"科目。

企业增加库存现金，借记"库存现金"科目，贷记"银行存款"等科目；减少库存现金作相反的会计分录。

【例1】某公司 2007 年 3 月 10 日从银行提取现金 20 000 元。

借：库存现金　　　　　　　　　　　　　　　20 000
　　贷：银行存款　　　　　　　　　　　　　　　20 000

【例2】某公司 2007 年 3 月 30 日库存现金结余 53 000 元，银行核定限额为 50 000 元，超过限额部分存入银行。

借：银行存款　　　　　　　　　　　　　　　3 000
　　贷：库存现金　　　　　　　　　　　　　　　3 000

【例3】某公司 2007 年 4 月 5 日支付职工赵光出差借款 6 000 元。

借：其他应收款——赵光　　　　　　　　　　6 000
　　贷：库存现金　　　　　　　　　　　　　　　6 000

【例4】某公司 2007 年 4 月 26 日赵光出差报销差旅费 5 350 元，并收回剩余款 650 元。

借：管理费用——差旅费　　　　　　　　　　5 350
　　库存现金　　　　　　　　　　　　　　　650
　　贷：其他应收款——赵光　　　　　　　　　　6 000

【例5】某公司 2007 年 5 月 10 日支付招待客户就餐费用 1 620 元。

借：管理费用——业务招待费　　　　　　　　1 620
　　贷：库存现金　　　　　　　　　　　　　　　1 620

二、银行存款

（一）银行存款核算有关规定

银行存款，是指企业存入银行和其他金融机构的货币资金。不包括存入银行的其他货币资金存款，如外埠存款、银行本票存款、银行汇票存款、信用卡存款、信用证保证金存款、存出投资款、保函押金等。银行存款应按以下规定核算：

1. 企业应按照《银行账户管理办法》的规定开立账户，并区别基本存款账户、一般存款账户、临时存款账户和专用存款账户进行管理和核算。

基本存款账户用于办理日常的转账结算和现金收付业务。企业的工资、奖金等现金的支取，只能通过基本存款账户办理；一般存款账户是企业在基本存款账户以外的银行借款转存、与基本存款账户的企业不在同一地点的附属非独立核算单位的账户，企业可以通过本账户办理转账结算和现金缴存，但不能办理现金支取；临时存款账户是企业因临时经营活动需要开立的账户，企业可以通过本账户办理转账结算和根据国家现金管理的规定办理现金收付；专用存款账户是企业因特定用途需要开立的账户。

企业开立的所有银行账户由财务部门负责管理。

2. 企业不准签发没有资金保证的票据或远期支票，套取银行信用；不准签发、取得和转让没有真实交易和债权债务的票据，套取银行和他人资金；不准无理拒绝付款，任意占用他人资金；不准违反规定开立和使用银行账户。

3. 企业应严格实行"印章分管、钱账分管"的原则，预留银行印鉴，财务专用章应由专人保管，个人名章必须由本人或其授权人员保管。严禁一人保管支付款项所需的全部印章（网银卡视同印章管理）。按规定需要有关负责人签字或盖章的经济业务，必须严格履行签字或盖章手续。出纳人员不得兼任稽核、会计档案保管和收入、支出、费用、债权债务账目的登记工作。企业不得由一人办理货币资金业务的全过程。

4. 银行结算方式包括银行汇票、商业汇票、银行本票、支票、汇兑结算、委托收款结算、托收承付结算等。企业应严格按照国家有关支付结算办法和中国人民银行《人民币银行结算账户管理办法》，正确地进行银行存款收支业务的核算，并按照财政部颁发的《企业会计准则》、《企业会计准则应用指南》和《银行账户管理办法》的规定核算银行存款的各项收支业务。

5. 企业及所属单位可根据中国人民银行规定，按不同用途开立基本存款账户、一般存款账户、专用存款账户和临时存款账户。

6. 企业应按在开户银行和其他金融机构的存款种类、银行账号，分别按户设置"银行存款日记账"，由出纳人员根据收付款凭证，按照银行存款收支业务发生的顺序逐笔序时登记，每日终了应结出余额。"银行存款日记账"应定期与"银行对账单"逐笔核对，至少每月核对一次。月度终了，企业账面余额与银行对账单余额之间如有差额，必须查明原因，进行处理，并按月编制"银行存款余额调节表"。

7. 月度终了，"银行存款日记账"的余额应与"银行存款"总账余额一致，做到账账相符。

（二）银行存款核算

"银行存款"科目的借方核算企业存入银行和其他金融机构的款项；贷方核算企业从银行和其他金融机构支出的款项；期末余额在借方，反映企业存在银行或其他金融机构的各种款项。

银行汇票存款、银行本票存款、信用卡存款、信用证保证金存款、存出投资款、外埠存款等，在"其他货币资金"科目核算。

企业增加银行存款，借记"银行存款"科目，贷记"库存现金"、"应收账款"等科目；减少银行存款作相反的会计分录。

（1）某公司 2007 年 4 月 5 日将超过库存现金限额的现金 12 000 元存入银行。

借：银行存款   12 000

  贷：库存现金   12 000

（2）某公司 2007 年 4 月 10 日出售一批原材料给京都公司，增值税专用发票上注明的价款 200 000 元，销项税额 34 000 元，并同时收到京都公司转账支票一张，存入银行。

借：银行存款   234 000

  贷：其他业务收入——材料销售   200 000

    应交税费——应交增值税——销项税额   34 000

（3）某公司 2007 年 4 月 16 日收到开户银行汇入款通知单 50 000 元，通知单载明是因供应单位不能履行供货合同汇来的赔偿损失款。

借：银行存款   50 000

  贷：营业外收入   50 000

（4）某公司 2007 年 4 月 25 日购买办公用品 35 000 元，专用发票上注明的增值税 5 950 元，开出转账支票一张予以支付。

借：管理费用——办公费   35 000

  应交税费——应交增值税——进项税额   5 950

  贷：银行存款   40 950

（5）某公司 2007 年 5 月 26 日支援希望工程，由银行信汇 600 000 元，补助光明村小学建设教学用房屋。

借：营业外支出——捐赠支出   600 000

  贷：银行存款   600 000

（6）某公司 2007 年 6 月 20 日从东方公司购进原材料一批，价款 500 000 元，增值税发票上注明的增值税 85 000 元。材料已经全部验收入库。

借：原材料   500 000

  应交税费——应交增值税——进项税额   85 000

  贷：银行存款   585 000

（7）某公司 2007 年 8 月 10 日以转账支票购进桑塔纳轿车一台，价款合计 150 000 元。

借：固定资产   150 000

  贷：银行存款   150 000

（8）某公司 2007 年 10 月 16 日以银行存款 5 000 000 元偿还星光公司的欠款。

借：应付账款   5 000 000

  贷：银行存款   5 000 000

企业应按月与开户银行核对银行存款是否相符，查明银行存款收付与结余数额的真实性。要指定非出纳人员将企业银行存款日记账的记录与银行对账单逐笔进行核对。由于银行收付款结算凭证在企业与银行之间传递存在着时间上的差异,在月末发生未达账项时,会致使双方银行存款余额不一致。

企业与银行的存款余额不一致,受以下四种未达账项的影响:

①银行已收款记账而企业尚未收款记账的款项;

②银行已付款记账而企业尚未付款记账的款项;

③企业已收款记账而银行尚未收款记账的款项;

④企业已付款记账而银行尚未付款记账的款项。

为了保证各银行账户未达账项正确,银行存款余额真实,每月终了,都应按每个存款账户逐笔核对银行对账单,通过编制银行存款余额调节表,调节企业与银行双方账面存款余额的不一致。银行存款余额调节表见表 2 - 1。

表 2 - 1 　　　　　　　　银行存款余额调节表

2007 年 5 月 31 日		账号:	
项　目	金　额	项　目	金　额
企业账面存款余额	2 140 000	银行对账单余额	2 001 000
加:银行已收,企业未收	130 000	加:企业已收,银行未收	400 000
减:银行已付,企业未付	63 000	减:企业已付,银行未付	194 000
调节后余额	2 207 000	调节后余额	2 207 000

会计机构负责人签字: 　　　　　审核: 　　　　　制表人签字:

调节后存款余额相等,则说明双方账目都没有错误,如果调节后存款余额不相等,应查明原因,进行更正。银行存款余额调节表调节相符后,应由制表人和财务部负责人签字;如发现重大错误或无法调节相符时,应向财务部负责人或总会计师报告。

三、其他货币资金

(一) 其他货币资金包括的内容

其他货币资金,是指企业的外埠存款、银行汇票存款、银行本票存款、信用卡存款、信用证保证金存款、保函押金、存出投资款等各项资金。

外埠存款是指企业到外地进行临时或零星采购时,汇往采购地银行开立采购专户的款项。

银行汇票存款是指企业为取得银行汇票,按规定存入银行的款项。银行汇票是由银行签发的异地结算凭证,付款期为 1 个月,除填明“现金”字样的银行汇票外,可以背书转让。

银行本票存款是指企业为取得银行本票,按规定存入银行的款项。银行本票是由银行签发的同城结算凭证,付款期为 2 个月,除填明“现金”字样的银行本票外,可以背书转让。银行本票分定额本票和非定额本票。

信用卡存款是指企业为取得信用卡，按规定存入银行的款项。信用卡是商业银行向单位和个人发行的同城、异地结算卡，信用卡分单位卡和个人卡，单位卡一律不得支取现金。

信用证存款是指企业为取得银行信用证，按规定存入银行的款项。信用证结算是国际贸易的一种主要结算方式，向银行申请开立信用证应提交开证申请书，信用证申请人承诺书和购销合同。

存出投资款是指企业已存入证券公司，但尚未进行投资的款项。

保函押金是指企业为了从银行取得投标保函或履约保函等而向银行交存的一定数额款项。

(二) 其他货币资金核算

"其他货币资金"科目的借方核算企业委托当地银行将款汇往外地开立采购专户、为取得银行汇票、银行本票、信用卡和开立信用证而存入银行的款项，以及为进行投资而存入证券企业的款项等；贷方核算支出或收回等而减少的其他货币资金；期末余额在借方，反映企业实际持有的其他货币资金。

1. 外埠存款

企业将款项委托当地银行汇往采购地开立账户时，借记"其他货币资金——外埠存款"科目，贷记"银行存款"科目；收到采购人员交来供应单位发票账单等报销凭证时，借记"在途物资"、"原材料"、"应交税费——应交增值税——进项税额"等科目，贷记"其他货币资金——外埠存款"科目；将多余的外埠存款转回当地银行时，根据开户银行的收账通知，借记"银行存款"科目，贷记"其他货币资金——外埠存款"科目。

(1) 某公司物资部门采购员 2007 年 10 月 8 日到上海采购仪表，由财务部门通过银行汇往上海 200 000 元，并开立采购专户。

借：其他货币资金——外埠存款　　　　　　　　　　　200 000
　　贷：银行存款　　　　　　　　　　　　　　　　　　　200 000

(2) 某公司物资部门采购员 2007 年 10 月 20 日交来采购专户采购材料的增值税专用发票报销，其中材料款 150 000 元，增值税 25 500 元。

借：原材料　　　　　　　　　　　　　　　　　　　　150 000
　　应交税费——应交增值税——进项税额　　　　　　　25 500
　　　贷：其他货币资金——外埠存款　　　　　　　　　　175 500

(3) 某公司于 2007 年 10 月 28 日接到开户行收款通知，上海采购专户的余款已转回。

借：银行存款　　　　　　　　　　　　　　　　　　　25 000
　　贷：其他货币资金——外埠存款　　　　　　　　　　　25 000

2. 银行汇票存款

企业在填送"银行汇票通知书"，并将款项交存银行，取得银行汇票后，根据银行盖章退回的申请书存根联，借记"其他货币资金——银行汇票"科目，贷记"银行存款"科目；企业使用银行汇票后，根据发票账单等有关凭证，借记"在途物资"、"原材料"、"应交税费——应交增值税——进项税额"等科目，贷记"其他货币资金——银行汇票"科目；如有多余款或因汇票超过付款期等原因而退回款项，根据开户银行转来的银行汇票第四联（多余款收账通知）借记"银行存款"科目，贷记"其他货币资金——银行汇票"科目。

（1）某公司 2007 年 11 月 8 日填送"银行汇票申请书"160 000 元，并将款项交存银行，取得银行汇票和银行盖回的申请书存根联。

借：其他货币资金——银行汇票　　　　　　　160 000
　　贷：银行存款　　　　　　　　　　　　　　　　160 000

（2）某公司 2007 年 11 月 15 日使用银行汇票采购材料支付 152 100 元，取得供应商单位增值税专用发票报账，其中材料款 130 000 元，增值税 22 100 元。

借：原材料　　　　　　　　　　　　　　　　130 000
　　应交税费——应交增值税——进项税额　　　22 100
　　贷：其他货币资金——银行汇票　　　　　　　　152 100

（3）某公司 2007 年 11 月 16 日根据开户银行转来的银行汇票第四联（多余款收账通知），将 7 900 元余款收回。

借：银行存款　　　　　　　　　　　　　　　7 900
　　贷：其他货币资金——银行汇票　　　　　　　　7 900

3. 银行本票存款

企业向银行提交"银行本票申请书"并将款项交存银行，取得银行本票后，根据银行盖章退回的申请单存根，借记"其他货币资金——银行本票"科目，贷记"银行存款"科目；企业使用银行本票后，根据发票账单等有关凭证，借记"在途物资"、"原材料"、"应交税费——应交增值税——进项税额"等科目，贷记"其他货币资金——银行本票"科目；因本票超过付款期等原因而要求退款时，应当填制账单一式两联，连同本票一并递交银行，根据银行盖章退回进账单第一联，借记"银行存款"，贷记"其他货币资金——银行本票"科目。

（1）某公司 2007 年 10 月 6 日向银行提交"银行本票申请书"70 000 元，并将款项交存银行，取得银行本票和银行盖章退回的申请书存根联；由于经办人没能按时办理采购，致使银行本票超过付款期，于 2007 年 12 月 25 日向银行要求退款，填制进账单一式两联，连同过期本票一并递交银行，并根据银行盖章退回进账单第一联进行账务处理。

借：银行存款　　　　　　　　　　　　　　　70 000
　　贷：其他货币资金——银行本票　　　　　　　　70 000

（2）某公司 2007 年 11 月 15 日向银行提交"银行本票申请书"5 000 元，并将款项交存银行，取得银行本票和银行盖章退回的申请书存根联。

借：其他货币资金——银行本票　　　　　　　5 000

　　　　贷：银行存款　　　　　　　　　　　　　　　　　　　　5 000

　　（3）某公司 2007 年 11 月 18 日使用银行本票购买办公用品，支付 5 850 元，其中增值税专用发票上注明的增值税 850 元。

　　　　借：管理费用——办公费　　　　　　　　　　　　　　5 000
　　　　　　应交税费——应交增值税——进项税额　　　　　　850
　　　　贷：其他货币资金——银行本票　　　　　　　　　　　5 850

　4. 信用卡存款

　　企业应按规定填写申请表，连同支票和有关资料一并递交发卡银行，根据银行盖章退回的进账单第一联，借记"其他货币资金——信用卡"科目，贷记"银行存款"科目；企业使用信用卡购物或支付有关费用，借记"生产成本"、"管理费用"等科目，贷记"其他货币资金——信用卡"科目。

　　（1）2007 年 8 月 15 日开出转账支票 20 000 元，连同信用卡申请表和有关资料一并递交发卡银行，根据银行盖章退回的银行进账单第一联建立信用卡存款账户。

　　　　借：其他货币资金——信用卡　　　　　　　　　　　20 000
　　　　贷：银行存款　　　　　　　　　　　　　　　　　　20 000

　　（2）某公司 2007 年 8 月 20 日使用信用卡支付业务招待费 15 000 元，取得发票报销。

　　　　借：管理费用——业务招待费　　　　　　　　　　　15 000
　　　　贷：其他货币资金——信用卡　　　　　　　　　　　15 000

　　（3）某公司 2007 年 8 月 30 日又向信用卡账户续存资金 50 000 元。

　　　　借：其他货币资金——信用卡　　　　　　　　　　　50 000
　　　　贷：银行存款　　　　　　　　　　　　　　　　　　50 000

　5. 信用证保证金存款

　　企业向银行申请开立信用证，应按规定向银行缴纳保证金，根据银行退回的进账单第一联，借记"其他货币资金——信用证保证金"科目，贷记"银行存款"科目；根据开证行交来的信用证来单通知书及有关单据列明的金额，借记"在途物资"、"原材料"、"应交税费——应交增值税——进项税额"等科目，贷记"其他货币资金——信用证保证金"科目。

　　（1）某公司 2007 年 7 月 30 日向银行申请开立信用证账户，缴纳保证金 1 500 000 元，根据银行盖章退回的银行进账单第一联进账。

　　　　借：其他货币资金——信用证保证金　　　　　　　1 500 000
　　　　贷：银行存款　　　　　　　　　　　　　　　　　1 500 000

　　（2）某公司 2007 年 10 月 31 日，收到开证行交来的信用证来单通知书及专用发票上列示的货款 1 700 000 元、注明的进项税额 289 000 元，并通过银行补付款 489 000 元。

　　　　借：原材料　　　　　　　　　　　　　　　　　　1 700 000
　　　　　　应交税费——应交增值税——进项税额　　　　　289 000

贷：其他货币资金——信用证保证金　　　　　　　　　1 500 000

　　银行存款　　　　　　　　　　　　　　　　　　　　489 000

6. 存出投资款

企业向证券公司划出资金时，应按实际划出金额，借记"其他货币资金——存出投资款"科目，贷记"银行存款"科目；购买股票、债券时，按实际支付的金额，借记"交易性金融资产"等科目，贷记"其他货币资金——存出投资款"科目。

（1）某公司 2007 年 5 月 20 日以银行本票向华厦证券公司划出投资款 25 000 000 元。

借：其他货币资金——存出投资款　　　　　　　　　25 000 000

　　贷：银行存款　　　　　　　　　　　　　　　　　　　25 000 000

（2）某公司 2007 年 6 月 30 日在华厦证券公司购买甲公司债券一批，其公允价值和实际支付价款均为 20 230 000 元。对该批债券企业准备 1 个月内出售。

借：交易性金融资产——债券投资——成本　　　　　20 230 000

　　贷：其他货币资金——存出投资款　　　　　　　　　　20 230 000

7. 保函押金

企业支付保函押金时，借记"其他货币资金——保函押金"科目，贷记"银行存款"科目；收回保函押金时，借记"银行存款"，贷记"其他货币资金——保函押金"科目。

（1）某公司 2007 年 8 月 15 日以银行转账支票向中国银行交存 480 000 元押金，由银行出具投标保函。

借：其他货币资金——保函押金　　　　　　　　　　480 000

　　贷：银行存款　　　　　　　　　　　　　　　　　　　480 000

（2）某公司 2007 年 10 月 15 日接到中国银行收款通知单，退回投标保函押金 480 000 元。

借：银行存款　　　　　　　　　　　　　　　　　　480 000

　　贷：其他货币资金——保函押金　　　　　　　　　　　480 000

第二节　应 收 款 项

一、应 收 票 据

（一）应收票据核算有关规定

应收票据，是指企业因销售商品、产品、提供劳务等而收到的商业汇票，商业汇票按承兑人的不同分为银行承兑汇票和商业承兑汇票。应收票据应按以下规定核算：

1. 企业收到的商业汇票在收到时均按收到票据的面值入账。

2. 企业应当设置"应收票据备查簿",逐笔登记商业汇票的种类、号数和出票日、票面金额、交易合同号和付款人、承兑人、背书人的姓名和单位名称、到期日、背书转让日、贴现日、贴现率和贴现净额以及收款日和收回金额、退票情况等资料。商业汇票到期结清票款或退票后,在备查簿中应予注销。

3. 到期不能收回的应收票据,应按其账面余额转入应收账款,并不再计提利息。

(二) 应收票据核算

"应收票据"科目借方核算企业实际收到的商业汇票,贷方核算到期收回的票据款,将未到期的票据到银行办理贴现的应收票据以及到期票据出票人无力支付而转入应收账款的票据;期末余额在借方,反映企业持有的商业汇票的票面金额。

1. 收到商业票据

企业因销售商品、提供劳务等而收到开出、承兑的商业汇票,按商业汇票的票面金额,借记"应收票据"科目,按确认的营业收入,贷记"主营业务收入"等科目,按专用发票上注明的增值税额,贷记"应交税费——应交增值税——销项税额"科目。

例如,某公司 2007 年 3 月 10 日销售给甲公司产品一批,金额为 1 000 000 元,专用发票上注明的增值税额 170 000 元。收到甲公司开具的不带息商业承兑汇票一张。该商业汇票面值 117 000 元,期限 3 个月。

借:应收票据——商业承兑汇票　　　　　　　　　　　　1 170 000
　　贷:主营业务收入——商品销售收入　　　　　　　　　1 000 000
　　　　应交税费——应交增值税——销项税额　　　　　　　 170 000

2. 应收票据贴现

持未到期的商业汇票向银行贴现,应按实际收到的金额(即减去贴现息后的净额),借记"银行存款"等科目,按贴现息部分,借记"财务费用"等科目,按商业汇票的票面金额,贷记"应收票据"科目或"短期借款"科目。

票据贴现的有关计算公式如下:

票据到期价值 = 票据面值 × (1 + 年利率 × 票据到期天数 ÷ 360)

或　　　　　　 = 票据面值 × (1 + 年利率 × 票据到期月数 ÷ 12)

对于无息票据来说,票据的到期值就是其面值。

贴现息 = 票据到期值 × 贴现率 × 贴现天数 ÷ 360

贴现天数 = 贴现日至票据到期日实际天数 - 1

贴现所得金额 = 票据到期值 - 贴现息

贴现的商业承兑汇票到期,因承兑人的银行账户不足支付,申请贴现的企业收到银行退回的应收票据、付款通知和拒绝付款理由书或付款人未付票款通知时,按所付本息,借记"应收账款"科目,贷记"银行存款"科目;如果申请贴现企业的银行存款账户余额不足,银行作逾期贷款处理时,借记"应收账款"科目,贷记"短期借款"科目。

（1）某公司 2007 年 5 月 20 日，将甲公司出具的一张不带息商业承兑汇票到银行贴现。该票据出票日期为 2007 年 3 月 20 日，面值 300 000 元，期限 6 个月。贴现年利率 3%。

借：银行存款   297 000
  财务费用——利息支出   3 000
   贷：应收票据——商业承兑汇票   300 000

（2）某公司 2007 年 9 月 1 日收到工商银行通知，于 6 月 1 日向银行贴现的甲公司出具的不带息商业承兑汇票到期无法收回，该票据的到期值为 410 000 元，该企业以银行存款支付给贴现银行 410 000 元，并已经收到银行退回的商业承兑汇票。

借：应收账款——甲公司   410 000
   贷：银行存款   410 000

（3）在上例中该企业的银行存款账户余额不足，银行将其作为对该企业的逾期贷款，并已经收到银行退回的商业承兑汇票。

借：应收账款——甲公司   410 000
   贷：短期借款——工商银行   410 000

3. 应收票据背书转让

企业将持有的商业汇票背书转让以取得所需物资时，按应计入取得物资成本的金额，借记"材料采购"、"原材料"、"库存商品"等科目，按可抵扣的增值税额，借记"应交税费——应交增值税——进项税额"科目，按商业汇票的票面金额，贷记"应收票据"科目，如有差额，借记或贷记"银行存款"等科目。

（1）某公司 2007 年 5 月 21 日，将持有的一张面值 90 000 元的不带息票据背书转让给甲公司，取得原材料一批，价值 100 000 元，专用发票上注明的增值税额 17 000 元，差额以银行存款支付，该批原材料尚未验收入库。

借：在途物资   100 000
  应交税费——应交增值税——进项税额   17 000
   贷：应收票据——商业承兑汇票   90 000
    银行存款   27 000

（2）某公司 2007 年 5 月 31 日将持有 2 个月的不带息票据背书转让给乙公司，取得甲商品一批，实际成本为 32 000 元，专用发票上注明的增值税 5 440 元，该应收票据的账面价值为 30 200 元，差额 7 240 元以银行存款支付。该批商品已验收入库。

借：库存商品   32 000
  应交税费——应交增值税——进项税额   5 440
   贷：应收票据——商业承兑汇票   30 200
    银行存款   7 240

4. 应收票据到期

应收票据到期，应按实际收到的金额，借记"银行存款"科目，按商业汇票的票面金额，贷记"应收票据"科目。

例如，某公司 2007 年 7 月 15 日收回到期的不带息的银行承兑汇票一张，该票据票面金额 600 000 元。

借：银行存款 　　　　　　　　　　　　　　　　　　　　600 000
　　贷：应收票据——银行承兑汇票 　　　　　　　　　　　　　 600 000

二、应收账款

（一）应收账款核算有关规定

应收账款，是指企业因销售商品、提供劳务等，应向购货单位或接受劳务单位收取的款项。应收账款应按以下规定核算：

1. 企业对外销售商品或对外提供劳务，采用现金折扣办法时，应收账款应按总价法核算，即以应收客户的全部款项等作为应收账款的金额入账，实际给予客户的现金折扣计入当期财务费用。

2. 应收账款按单项金额重大和非重大的进行减值判断。对属于单项金额重大的应收账款，应当单独进行减值测试。有客观证据表明其发生减值的，应当根据其未来现金流量现值低于其账面价值的差额，确认减值损失，计提坏账准备。

3. 其他的应收账款（含单项金额重大且未发生损失的应收款项）按照账龄划分为不同的组合，不同的组合采用不同的计提比例，计算确定减值损失，计提坏账准备。对账龄在 1 年以内的其他应收账款按其余额的 5% 计提坏账准备；逾期 1~2 年的，按其余额的 10% 计提；逾期 2~3 年的，按其余额的 20% 计提；逾期 3~4 年的，按其余额的 50% 计提；逾期 4~5 年的，按其余额的 80% 计提；逾期 5 年以上的按全额计提。

4. 坏账损失的确认标准：因债务人破产或死亡，以其破产财产或遗产清偿后，仍然不能收回的应收账款；因债务人逾期未履行偿债义务，且具有明显特征表明无法收回的应收账款确认为坏账。

5. 企业应当定期或者至少每年年度终了，对应收账款进行全面检查，并合理计提坏账准备。企业对于不能收回的应收账款应当查明原因，追究责任。对确实无法收回的，按照企业的管理权限，经股东大会或董事会，或经理（厂长）会议或类似机构批准，同时报税务部门核批后作为损失处理，冲减提取的坏账准备。

（二）应收账款核算

"应收账款"科目借方核算企业因销售商品、提供劳务而应收取的全部款项以及因其他原因而换入的应收账款等，贷方核算已收回的应收账款以及与债务人进行债务重组而减少的应收账款等；期末余额在借方，反映企业尚未收回的应收账款。

"坏账准备"科目贷方核算企业按规定提取的坏账准备以及重新收回已确认为坏

账损失的应收账款而增加的坏账准备；借方核算应冲销的坏账准备；期末余额在贷方，反映企业已提取的坏账准备。

企业按规定预收的货款，应在"预收账款"科目核算，不在"应收账款"科目进行核算。

因销售商品、提供劳务等，采用递延方式收取合同或协议价款，实质上具有融资性质的，在"长期应收款"科目核算。

1. 应收账款的发生与收回

企业发生应收账款时，按应收金额，借记"应收账款"科目，按确认的营业收入，贷记"主营业务收入"等科目，按专用发票上注明的增值税额，贷记"应交税费——应交增值税——销项税额"科目；收回应收账款时，借记"银行存款"科目，贷记"应收账款"科目。

企业代购货单位垫付的包装费、运杂费，借记"应收账款"科目，贷记"银行存款"等科目；收回代垫费用时，借记"银行存款"科目，贷记"应收账款"科目。

（1）某公司 2007 年 3 月 15 日，向东方公司销售一批产品，开出专用发票上注明的价款为 500 000 元、增值税额为 85 000 元，尚未收到货款。

借：应收账款　　　　　　　　　　　　　　585 000
　　贷：主营业务收入——商品销售收入　　　　　　500 000
　　　　应交税费——应交增值税——销项税额　　　　85 000

（2）某公司 2007 年 4 月 20 日，向甲公司开出增值税发票，应收货款 4 680 000 元，其中价款 4 000 000 元，税款 680 000 元。

借：应收账款　　　　　　　　　　　　　4 680 000
　　贷：主营业务收入——商品销售收入　　　　　4 000 000
　　　　应交税费——应交增值税——销项税额　　　680 000

（3）某公司 2003 年 5 月 14 日，收到乙公司 2007 年 5 月 13 日开出、承兑期限为 3 个月、面值 500 000 元的无息商业承兑汇票，以清偿欠款。

借：应收票据——商业承兑汇票　　　　　　500 000
　　贷：应收账款　　　　　　　　　　　　　　500 000

2. 计提坏账准备

企业提取坏账准备时，借记"资产减值损失——坏账准备"科目，贷记"坏账准备"科目。本期应计提的坏账准备大于"坏账准备"科目贷方账面余额的，应按其差额提取；本期应提数小于"坏账准备"科目贷方账面余额的差额，冲减"资产减值损失"，借记"坏账准备"科目，贷记"资产减值损失——坏账准备"科目。

（1）某公司 2007 年 12 月 31 日，根据应收账款的余额，计提坏账准备 500 000 元。坏账准备本月科目贷方余额 200 000 元，当期应计提的坏账准备 300 000 元。

借：资产减值损失——坏账准备　　　　　　300 000
　　贷：坏账准备　　　　　　　　　　　　　　300 000

（2）在上例中，坏账准备科目本月贷方余额若为 600 000 元，其差额 100 000

元，则应冲减当期资产减值损失。

借：坏账准备　　　　　　　　　　　　　　　　　　　　　100 000

　　贷：资产减值损失——坏账准备　　　　　　　　　　　　　　　100 000

3. 确认坏账损失与已确认的坏账损失重新收回

企业对于确实无法收回的应收款项，经批准作为坏账损失，冲销计提的坏账准备，借记"坏账准备"科目，贷记"应收账款"科目。

已确认并转销的坏账损失，如果以后又收回，按实际收回的金额，借记"应收账款"科目，贷记"坏账准备"科目；同时，借记"银行存款"科目，贷记"应收账款"等科目。

（1）某公司 2007 年 5 月 27 日，经批准应收丙公司的账款 500 000 元因逾期而无法收回确认为坏账损失。

借：坏账准备　　　　　　　　　　　　　　　　　　　　　500 000

　　贷：应收账款　　　　　　　　　　　　　　　　　　　　　500 000

（2）某公司 2007 年 9 月 20 日，收到丙公司转账支票一张，收回已转销坏账损失的应收账款 500 000 元。

①借：应收账款　　　　　　　　　　　　　　　　　　　　　500 000

　　贷：坏账准备　　　　　　　　　　　　　　　　　　　　　500 000

②借：银行存款　　　　　　　　　　　　　　　　　　　　　500 000

　　贷：应收账款　　　　　　　　　　　　　　　　　　　　　500 000

三、预付账款

（一）预付账款核算有关规定

预付账款是指企业按照购货合同规定，预付给供应单位的款项，以及预付工程款。企业规定的预付款项应单独设置"预付账款"科目核算。

企业的预付账款，如有确凿证据表明其不符合预付账款性质，或者因供货单位破产、撤销等原因已无望再收到所购货物的，应按规定的管理权限报经批准后作为坏账损失。

（二）预付账款的核算

"预付账款"科目借方核算按合同规定预付或补付给供应单位的款项，以及预付工程款，贷方核算购入材料物资等应付的金额；期末余额在借方，反映企业实际预付的款项；期末如为贷方余额，反映企业尚未补付的款项。

预付款项情况不多的，也可以不设置"预付账款"科目，将预付的款项直接记入"应付账款"科目。

企业进行在建工程预付的工程价款，也在"预付账款"科目核算。

1. 预付货款

企业因购货而预付的款项，借记"预付账款"科目，贷记"银行存款"科目。收到所购物资时，根据发票账单等列明应计入购入物资成本的金额，借记"材料采购"、"原材料"、"库存商品"等科目，按专用发票上注明的增值税额，借记"应交税费——应交增值税——进项税额"科目，按应付金额，贷记"预付账款"科目。补付的款项，借记"预付账款"科目，贷记"银行存款"科目；退回多付的款项，借记"银行存款"科目，贷记"预付账款"科目。

（1）某公司 2007 年 5 月 8 日，按合同电汇给甲公司材料预付款 1 500 000 元。

借：预付账款　　　　　　　　　　　　　　　　　　　1 500 000

　　贷：银行存款　　　　　　　　　　　　　　　　　　　1 500 000

（2）某公司 2007 年 5 月 20 日，按发票账单验收入库甲公司供应的材料，专用发票上注明的价款为 3 000 000 元、增值税额 510 000 元，已预付 1 500 000 元，余额 2 010 000 元，通过电汇方式支付。

①借：原材料　　　　　　　　　　　　　　　　　　　　3 000 000

　　　应交税费——应交增值税——进项税额　　　　　　　510 000

　　贷：预付账款　　　　　　　　　　　　　　　　　　　3 510 000

②借：预付账款　　　　　　　　　　　　　　　　　　　2 010 000

　　贷：银行存款　　　　　　　　　　　　　　　　　　　2 010 000

2. 预付工程款

企业进行在建工程预付的工程价款，借记"预付账款"科目，贷记"银行存款"等科目。按工程进度结算工程价款，借记"在建工程"科目，贷记"预付账款"、"银行存款"等科目。

例如，某公司 2007 年 11 月 10 日某大型设备进行技术改造，按合同预付工程款 3 500 000 元。

借：预付账款　　　　　　　　　　　　　　　　　　　3 500 000

　　贷：银行存款　　　　　　　　　　　　　　　　　　　3 500 000

四、应收股利

应收股利，是指企业应收取的现金股利和应收取其他单位分配的利润。如果收到的是股票股利，在会计上不进行正式的会计核算，应设置备查簿进行登记。

"应收股利"科目借方核算企业应分得的现金股利或利润，贷方核算收到的现金股利或利润；期末余额在借方，反映企业尚未收回的现金股利或利润。

1. 应收的现金股利（或利润）

（1）企业取得交易性金融资产，按支付的价款中所包含的、已宣告但尚未发放的现金股利，借记"应收股利"科目，按交易性金融资产的公允价值，借记"交易性金融资产——成本"科目，按发生的交易费用，借记"投资收益"科目，按实际支付的金额,贷记"银行存款"等科目。

交易性金融资产持有期间被投资单位宣告发放的现金股利,按应享有的份额,借记"应收股利"科目,贷记"投资收益"科目。

(2)取得长期股权投资,按支付的价款中所包含的、已宣告但尚未发放的现金股利,借记"应收股利"科目,按确定的长期股权投资成本,借记"长期股权投资——成本"科目,按实际支付的金额,贷记"银行存款"等科目。

持有期间被投资单位宣告发放现金股利或利润的,按应享有的份额,借记"应收股利"科目,贷记"投资收益"(成本法)或"长期股权投资——损益调整"科目(权益法)。

被投资单位宣告发放的现金股利或利润属于其在取得本企业投资前实现净利润的分配额,借记"应收股利"科目,贷记"长期股权投资——成本"等科目。

(3)取得可供出售的金融资产,按支付的价款中所包含的、已宣告但尚未发放的现金股利,借记"应收股利"科目,按可供出售金融资产的公允价值与交易费用之和,借记"可供出售金融资产——成本"科目,按实际支付的金额,贷记"银行存款"等科目。

可供出售权益工具持有期间被投资单位宣告发放的现金股利,按应享有的份额,借记"应收股利"科目,贷记"投资收益"科目。

例如,某公司2007年1月20日通过证券公司购入甲公司股票10万股,每股市价10元,其中含已宣告但尚未领取的现金股利每股0.2元,不准备长期持有,该项投资确定为交易性金融资产。另支付证券公司相关税费8 000元,全部款项通过银行存款支付。2007年3月20日,甲公司宣告发放2006年度现金股利。

借:交易性金融资产——股票投资(成本)　　　　　　　　　1 000 000
　　投资收益　　　　　　　　　　　　　　　　　　　　　　　　8 000
　　应收股利　　　　　　　　　　　　　　　　　　　　　　　20 000
　　贷:银行存款　　　　　　　　　　　　　　　　　　　　1 028 000

2. 收到的现金股利(或利润)

实际收到的现金股利或利润,借记"银行存款"等科目,贷记"应收股利"科目。

(1)某公司2007年1月20日通过购买股票对乙公司进行长期股权投资,2007年4月16日,乙公司宣告发放上年度第一次股利的通知,该企业应收取现金股利500 000元。

借:应收股利　　　　　　　　　　　　　　　　　　　　　　500 000
　　贷:长期股权投资——股票投资(投资成本)　　　　　　　　500 000

(2)2007年5月20日,收到乙公司实际派发的现金股利500 000元。

借:银行存款　　　　　　　　　　　　　　　　　　　　　　500 000
　　贷:应收股利　　　　　　　　　　　　　　　　　　　　　500 000

五、应 收 利 息

应收利息,是指企业所持有的交易性金融资产、持有至到期投资、可供出售金融资产等应收取的利息。

"应收利息"科目借方核算企业交易性金融资产、持有至到期投资、可供出售金融资产等应收取的利息,贷方核算已收回的利息;期末余额在借方,反映企业尚未收回的利息。

企业购入的一次还本付息的持有至到期投资持有期间取得的利息,在"持有至到期投资"科目核算。

1. 企业取得的应收利息

(1)企业取得的交易性金融资产,按支付的价款中所包含的、已到付息期但尚未领取的利息,借记"应收利息"科目,按交易性金融资产的公允价值,借记"交易性金融资产——成本"科目,按发生的交易费用,借记"投资收益"科目,按实际支付的金额,贷记"银行存款"等科目。

(2)取得的持有至到期投资,应按该投资的面值,借记"持有至到期投资——成本"科目,按支付的价款中包含的、已到付息期但尚未领取的利息,借记"应收利息"科目,按实际支付的金额,贷记"银行存款"等科目,按其差额,借记或贷记"持有至到期投资——利息调整"科目。

资产负债表日,持有至到期投资为分期付息、一次还本债券投资的,应按票面利率计算确定的应收未收利息,借记"应收利息"科目,按持有至到期投资摊余成本和实际利率计算确定的利息收入,贷记"投资收益"科目,按其差额,借记或贷记"持有至到期投资——利息调整"科目。

持有至到期投资为一次还本付息债券投资的,应于资产负债表日按票面利率计算确定的应收未收利息,借记"持有至到期投资——应计利息"科目,按持有至到期投资摊余成本和实际利率计算确定的利息收入,贷记"投资收益"科目,按其差额,借记或贷记"持有至到期投资——利息调整"科目。

(3)取得的可供出售债券投资,比照上述(2)的相关规定进行处理。

(4)发生减值的持有至到期投资、可供出售债券投资的利息收入,应当比照"贷款"科目相关规定进行处理。即:

资产负债表日,确定持有至到期投资、可供出售债券投资发生减值的,按应减记的金额,借记"资产减值损失"科目,贷记"持有至到期投资减值准备"或"可供出售金融资产减值准备"科目。

资产负债表日,应按持有至到期投资、可供出售债券投资的摊余成本和实际利率计算确定的利息收入,借记"持有至到期投资减值准备"或"可供出售金融资产减值准备"科目,贷记"投资收益"科目。同时,将按合同本金和合同利率计算确定的应收利息金额进行表外登记。

例如,某公司2007年1月1日通过购入3年期债券取得对丙公司持有至到期投资,该债券投资按年付息、到期还本,2007年12月31日按面值和票面利率计算确定的应收未收的利息金额为500 000元,按摊余成本和实际利率计算确定的利息收入金额为400 000元。

借：应收利息　　　　　　　　　　　　　　　　　　　500 000
　　贷：投资收益——持有至到期投资　　　　　　　　　　400 000
　　　　持有至到期投资——利息调整　　　　　　　　　　100 000

2. 实际收到的利息

企业应收利息实际收到时，借记"银行存款"科目，贷记"应收利息"科目。
例如，某公司于 2008 年 1 月 10 日，收到上述丙公司债券利息 500 000 元。

借：银行存款　　　　　　　　　　　　　　　　　　　500 000
　　贷：应收利息　　　　　　　　　　　　　　　　　　500 000

六、其他应收款

其他应收款，是指企业除存出保证金、应收票据、应收账款、预付账款、应收股利、应收利息、长期应收款等经营活动以外的其他各种应收、暂付的款项。

企业应当定期或者至少于每年年度终了，对其他应收款进行检查，预计其可能发生的坏账损失，并按企业的规定计提坏账准备。企业对于不能收回的其他应收款应当查明原因，追究责任。对确实无法收回的，按照企业的管理权限，经股东大会或董事会，或经理会议或类似机构批准作为坏账损失，冲销提取的坏账准备。

"其他应收款"科目借方核算应收的各种赔款、罚款、应收取的出租包装物的租金和存出的保证金，以及为员工垫付的各种款项等，贷方核算已经收回或转销的各种应收款项；期末余额在借方，反映企业尚未收回的其他应收款。

1. 其他应收款的发生与收回

采用售后回购方式融出资金的，应按实际支付的金额，借记"其他应收款"科目，贷记"银行存款"科目。销售价格与原购买价格之间的差额，应在售后回购期间内按期计提利息费用，借记"其他应收款"科目，贷记"财务费用"科目。按合同约定返售商品时，应按实际收到的金额，借记"银行存款"科目，贷记"其他应收款"科目。

企业发生其他各种应收、暂付款项时，借记"其他应收款"科目，贷记"银行存款"、"固定资产清理"等科目；收回或转销各种款项时，借记"库存现金"、"银行存款"等科目，贷记"其他应收款"科目。

企业员工出差预借差旅费，借记"其他应收款"科目，贷记"银行存款"科目，公出归来按规定报销的差旅费，借记"管理费用"科目，贷记"其他应收款"科目，收回的现金，借记"库存现金"科目，贷记"其他应收款"科目。若实际报销的差旅费多于预借款项时，应按补付的现金，贷记"库存现金"科目。

（1）某公司 2007 年 2 月 10 日，租入大地公司包装物，存出保证金 30 000 元。

借：其他应收款　　　　　　　　　　　　　　　　　　30 000
　　贷：银行存款　　　　　　　　　　　　　　　　　　30 000

（2）某公司 2007 年 3 月 15 日，收银行转账支票一张，收回原付给水泥厂的包装押金 16 000 元。

> 借：银行存款　　　　　　　　　　　　　　　　16 000
> 　　贷：其他应收款　　　　　　　　　　　　　　　　16 000

（3）某公司 2007 年 4 月 6 日，以现金支付职工李军出差借款 2 000 元。

> 借：其他应收款　　　　　　　　　　　　　　　　2 000
> 　　贷：库存现金　　　　　　　　　　　　　　　　2 000

（4）某公司 2007 年 4 月 25 日，李军按规定报销差旅费 1 650 元，余款收回现金。

> 借：管理费用——差旅费　　　　　　　　　　　　1 650
> 　　库存现金　　　　　　　　　　　　　　　　　 350
> 　　贷：其他应收款　　　　　　　　　　　　　　　　2 000

2. 其他应收款确认的坏账损失与重新收回

经批准作为坏账损失的其他应收款，应借记"坏账准备"科目，贷记"其他应收款"科目。如果以后又收回，按实际收回的金额，借记"其他应收款"科目，贷记"坏账准备"科目；同时，借记"银行存款"科目，贷记"其他应收款"科目。

（1）某公司于 2007 年 6 月 6 日应收大地公司出租包装物的租金 30 000 元，因大地公司破产无法收回，确认坏账损失。

> 借：坏账准备　　　　　　　　　　　　　　　　30 000
> 　　贷：其他应收款　　　　　　　　　　　　　　　　30 000

（2）某公司于 2007 年 7 月 8 日重新收回已确认坏账损失的存入北方公司的保证金 36 000 元。

> 借：其他应收款　　　　　　　　　　　　　　　　36 000
> 　　贷：坏账准备　　　　　　　　　　　　　　　　36 000
> 借：银行存款　　　　　　　　　　　　　　　　36 000
> 　　贷：其他应收款　　　　　　　　　　　　　　　　36 000

七、长 期 应 收 款

长期应收款，是指企业融资租赁产生的应收款项和采用递延方式分期收款，实质上具有融资性质的销售商品和提供劳务等经营活动产生的应收款项。

"长期应收款"科目借方核算企业在融资租赁开始日的最低租赁收款额与初始直接费用之和所确认的长期应收款金额；企业采用递延方式分期收款、实质上具有融资性质的销售商品或提供劳务产生的并满足收入确认条件的长期应收款；贷方核算，根据合同或协议每期收到承租人或购货单位（接受劳务单位）偿还的款项；余额在借方，反映企业尚未收回的长期应收款。

"未实现融资收益"科目贷方核算企业销售商品或提供劳务产生的并满足收入确认条件的长期应收款，与其公允价值的差额，以及在融资租赁开始日的最低租赁收款额、初始直接费用及未担保余值之和与其现值之和的差额所确认的未实现融资收益；借方核算按期采用实际利率法计算分配的未实现融资收益；余额在贷方，反映企业未实现融资收益的余额。

1. 长期应收款的发生

（1）出租人融资租赁产生的应收租赁款，在租赁期开始日，应按租赁开始日最低租赁收款额与初始直接费用之和，借记"长期应收款"科目，按未担保余值，借记"未担保余值"科目，按融资租赁资产的公允价值（最低租赁收款额和未担保余值的现值之和），贷记"融资租赁资产"科目，按融资租赁资产的公允价值与账面价值的差额，借记"营业外支出"科目或贷记"营业外收入"科目，按发生的初始直接费用，贷记"银行存款"等科目，按其差额，贷记"未实现融资收益"科目。

（2）采用递延方式分期收款销售商品或提供劳务等经营活动产生的长期应收款，满足收入确认条件的，按应收的合同或协议价款，借记"长期应收款"科目，按应收合同或协议价款的公允价值（折现值），贷记"主营业务收入"等科目，按其差额，贷记"未实现融资收益"科目。涉及增值税的，还应进行相应的处理。

（3）如有实质上构成对被投资单位净投资的长期权益，被投资单位发生的净亏损应由本企业承担的部分，在"长期股权投资"的账面价值减记至零以后，还需承担的投资损失，应以"长期应收款"科目中实质上构成了对被投资单位净投资的长期权益部分账面价值减记至零为限，继续确认投资损失，借记"投资收益"科目，贷记"长期应收款"科目。除上述已确认投资损失外，投资合同或协议中约定仍应承担的损失，确认为预计负债。

例如，某公司 2007 年 1 月 1 日，销售给乙公司大型设备一套，协议约定采用分期收款方式，从销售当年末分 5 年分期收款，每年 2 000 000 元，合计 10 000 000 元。不考虑增值税。假定购货方在销售成立日支付货款，该设备市场价格 8 000 000 元。

借：长期应收款　　　　　　　　　　　　　　　　　10 000 000
　　贷：主营业务收入　　　　　　　　　　　　　　　　　8 000 000
　　　　未实现融资收益　　　　　　　　　　　　　　　　2 000 000

2. 长期应收款的收回

企业根据合同或协议每期收到购货单位（接受劳务单位）偿还的款项，借记"银行存款"科目，贷记"长期应收款"科目。

例如，承上例，该公司 2007 年 12 月 31 日收到乙公司支付的第一期款项 2 000 000 元。

借：银行存款　　　　　　　　　　　　　　　　　　2 000 000
　　贷：长期应收款　　　　　　　　　　　　　　　　　2 000 000

3. 未实现融资收益的分配

企业产生的未实现融资收益采用实际利率法进行分配，分配的金额，借记"未实现融资收益"科目，贷记"财务费用"科目。

例如，承上例，该公司销售产品形成的未实现融资收益 2 000 000 元，根据 1 元年金现值系数表，计算得出年金 200 万元、期数 5 年、现值 800 万元的折现率为 7.93%，即为该笔应收款项的实际利率。第一期应分配的未实现融资收益为 634 400 元，未实现融资收益的分配见表 2-2。

借：未实现融资收益   634 400
    贷：财务费用   634 400

表 2-2   未实现融资收益分配表   单位：元

日 期	2007 年 1 月 1 日			
	每期付款额	确认的融资收入	差额的减少额	余 额
①	②	③=期初⑤×7.93%	④=②-③	期末⑤=⑤-④
				8 000 000
2007.12.31	2 000 000	634 400	1 365 600	6 634 400
2008.12.31	2 000 000	526 100	1 473 900	5 160 500
2009.12.31	2 000 000	409 200	1 590 800	3 569 700
2010.12.31	2 000 000	283 100	1 716 900	1 852 800
2011.12.31	2 000 000	147 200	1 852 800	0
合 计	10 000 000	2 000 000	8 000 000	

第三节 存 货

一、存货核算的有关规定

(一) 存货的定义及其确认

1. 存货，是指企业在日常活动中持有以备出售的产成品或商品、处在生产过程中的在产品、在生产过程中或提供劳务过程中耗用的材料和物料等。

💡〔注释〕

企业的备品备件和维修设备通常确认为存货，但符合固定资产的定义和《固定资产》准则第四条规定的确认条件的，如企业（民用航空运输企业）的高价周转件等，应当确认为固定资产，作为固定资产进行核算与管理。

2. 存货同时满足下列条件的，才能予以确认：

(1) 与该存货有关的经济利益很可能流入企业；

(2) 该存货的成本能够可靠地计量。

(二) 存货的初始计量

1. 存货应当按照成本进行初始计量。存货成本包括采购成本、加工成本和其他成本。

2. 存货的采购成本，包括购买价款、相关税费、运输费、装卸费、保险费以及其他可归属于存货采购成本的费用。

　💡〔注释〕

（1）存货的购买价款，是指企业购入的材料或商品的发票账单上列明的价款，但不包括按规定可以抵扣的增值税额。

（2）存货的相关税费，是指企业购买、自制或委托加工存货发生的进口关税、消费税、资源税和不能抵扣的增值税进项税额等应计入存货采购成本的税费。

（3）其他可归属于存货采购成本的费用，即采购成本中除上述各项以外的可归属于存货采购成本的费用，如在存货采购过程中发生的仓储费、包装费、运输途中的合理损耗、入库前的挑选整理费用等。这些费用能分清负担对象的，应直接计入存货的采购成本；不能分清负担对象的，应选择合理的分配方法，分配计入有关存货的采购成本。分配方法通常包括按所购存货的数量或采购价格比例进行分配。

对于采购过程中发生的物资毁损、短缺等，除合理的途耗应当作为存货的其他可归属于存货采购成本的费用计入采购成本外，应区别不同情况进行会计处理：

①从供货单位、外部运输机构等收回的物资短缺或其他赔款，应冲减所购物资的采购成本。

②因遭受意外灾害发生的损失和尚待查明原因的途中损耗，暂作为待处理财产损溢进行核算，查明原因后再作处理。

商品流通企业在采购商品过程中发生的运输费、装卸费、保险费以及其他可归属于存货采购成本的费用等进货费用，应计入所购商品成本。在实务中，企业也可以将发生的运输费、装卸费、保险费以及其他可归属于存货采购成本的费用等进货费用先进行归集，期末按照所购商品的存销情况进行分摊。对于已销售商品的进货费用，计入主营业务成本；对于未售商品的进货费用，计入期末存货成本。商品流通企业采购商品的进货费用金额较小的，可以在发生时直接计入当期销售费用。

3. 存货的加工成本，包括直接人工以及按照一定方法分配的制造费用。

制造费用，是指企业为生产产品和提供劳务而发生的各项间接费用。企业应当根据制造费用的性质，合理地选择制造费用分配方法。

在同一生产过程中，同时生产两种或两种以上的产品，并且每种产品的加工成本不能直接区分的，其加工成本应当按照合理的方法在各种产品之间进行分配。

　💡〔注释〕

企业通过进一步加工取得的存货主要包括产成品、在产品、半成品、委托加工物资等，其成本由采购成本、加工成本构成。某些存货还包括使存货达到目前场所和状态所发生的其他成本，如可直接认定的产品设计费用等。通过进一步加工取得的存货的成本中采购成本是由所使用或消耗的原材料采购成本转移而来的，因此，计量加工取得的存货的成本，重点是要确定存货的加工成本。

存货加工成本，由直接人工和制造费用构成，其实质是企业在进一步加工存货的过程中追加发生的生产成本，因此，不包括直接由材料存货转移来的价值。其中，直接人工，是指企业在生产产品过程中直接从事产品生产的工人的职工薪酬。直接人工和间接人工的划分依据通常是生产工人是否与所生产的产品直接相关（即可否直接确定其服务的产品对象）。制造费用是指企业为生产产品和提供劳务而发生的各项间接费用。制造费用是一种间接生产成本，包括企业生产部门（如生产车间）管理人员的职工薪酬、折旧费、办公费、水电费、机物料消耗、劳动保护费、季节性和修理期间的停工损失等。

（1）存货加工成本的确定原则

企业在加工存货过程中发生的直接人工和制造费用，如果能够直接计入有关的成本核算对象，则应直接计入该成本核算对象。否则，应按照合理方法分配计入有关成本核算对象。分配方法一经确定，不得随意变更。存货加工成本在产品和完工产品之间的分配应通过成本核算方法进行计算确定。

（2）直接人工的分配

如果企业生产车间同时生产几种产品，则其发生的直接人工应采用合理方法分配计入各产品成本中。由于工资形成的方式不同，直接人工的分配方法也不同。比如，按计时工资或者按计件工资分配直接人工。

（3）制造费用的分配

由于企业各个生产车间或部门的生产任务、技术装备程度、管理水平和费用水准各不相同，因此，制造费用的分配一般应按生产车间或部门进行。

企业应当根据制造费用的性质，合理选择分配方法。也就是说，企业所选择的制造费用分配方法，必须与制造费用的发生具有较密切的相关性，并且使分配到每种产品上的制造费用金额科学合理，同时还应当适当考虑计算手续的简便。在各种产品之间分配制造费用的方法，通常有按生产工人工资、按生产工人工时、按机器工时、按耗用原材料的数量或成本、按直接成本（原材料、燃料、动力、生产工人工资等职工薪酬之和）及按产成品产量等。这些分配方法通常是对各月生产车间或部门的制造费用实际发生额进行分配的。

4. 存货的其他成本，是指除采购成本、加工成本以外的，使存货达到目前场所和状态所发生的其他支出。

5. 企业发生的下列费用应当在发生时确认为当期损益，不计入存货成本：

（1）非正常消耗的直接材料、直接人工和制造费用。

（2）仓储费用（不包括在生产过程中为达到下一个生产阶段所必需的费用）。

（3）不能归属于使存货达到目前场所和状态的其他支出。

💡〔注释〕

（1）非正常消耗的直接材料、直接人工及制造费用应计入当期损益，不得计入存货成本。例如，企业超定额的废品损失以及由自然灾害而发生的直接材料、直接人工及制造费用，由于这些费用的发生无助于使该存货达到目前场所和状态，不应计入存货成本，而应计入当期损益。

（2）仓储费用指企业在采购入库后发生的储存费用，应计入当期损益。但是，在生产过程中为达到下一个生产阶段所必需的仓储费用则应计入存货成本。例如，某种酒类产品生产企业为使生产的酒达到规定的产品质量标准，而必须发生的仓储费用，就应计入酒的成本，而不是计入当期损益。

（3）不能归属于使存货达到目前场所和状态的其他支出不符合存货的定义和确认条件，应在发生时计入当期损益，不得计入存货成本。

6. 应计入存货成本的借款费用，按照《企业会计准则第 17 号——借款费用》的规定进行处理。

🔍〔注释〕

符合借款费用资本化条件的存货，主要包括房地产开发企业开发的用于对外出售的房地产开发产品、机械制造企业制造的用于对外出售的大型机械设备等。这类存货通常需要经过相当长时间的建造或者生产过程，才能达到预定可销售状态。其中"相当长时间"，是指为资产的购建或者生产资产所必需的时间，通常为 1 年以上（包括 1 年）。

这并不是说任何企业为生产资产形成的存货，因借款所发生的借款费用都可以资本化，但是，只要企业生产某项资产的生产周期超过 1 年以上，其借款所发生的借款费用可以资本化。

7. 投资者投入存货的成本，应当按照投资合同或协议约定的价值确定，但合同或协议约定价值不公允的除外。

🔍〔注释〕

投资者投入的存货，如果合同或协议约定的价值不公允时，应该按照投资者投入存货的公允价值来入账，通常而言，关联方之间进行投资而投入的存货有可能是不公允的。

8. 非货币性资产交换、债务重组和企业合并取得的存货的成本，应当分别按照《企业会计准则第 5 号——生物资产》、《企业会计准则第 7 号——非货币性资产交换》、《企业会计准则第 12 号——债务重组》和《企业会计准则第 20 号——企业合并》确定。

9. 企业提供劳务的，所发生的从事劳务提供人员的直接人工和其他直接费用以及可归属的间接费用，计入存货成本。

🔍〔注释〕

企业提供劳务所发生的成本可以确认为存货。

（三）发出存货成本的确定

1. 企业应当采用先进先出法、加权平均法或者个别计价法确定发出存货的实际成本。

2. 对于性质和用途相似的存货，应当采用相同的成本计算方法确定发出存货的成本。

3. 对于不能替代使用的存货、为特定项目专门购入或制造的存货以及提供的劳务，通常采用个别计价法确定发出存货的成本。

4. 对于已售存货，应当将其成本结转为当期损益，相应的存货跌价准备也应当予以结转。

🔍〔注释〕

企业应当根据各类存货的实物流转方式、企业管理的要求、存货的性质等实际情况，合理地选择发出存货成本的计算方法，以合理确定当期发出存货的实际成本。

对于性质和用途相似的存货，应当采用相同的成本计算方法确定发出存货的成本。企业在确定发出存货的成本时，可以采用先进先出法、移动加权平均法、月末一次加权平均法和个别计价法四种方法。企业不得采用后进先出法确定发出存货的成本。

（1）先进先出法

先进先出法是以先购入的存货应先发出（销售或耗用）这样一种存货实物流动假设为前提，对发出存货进行计价。采用这种方法，先购入的存货成本在后购入存货成本之前转出，据此确定发出存货和期末存货的成本。

（2）移动加权平均法

移动加权平均法，是指以每次进货的成本加上原有库存存货的成本，除以每次进货数量与原有库存存货的数量之和，据以计算加权平均单位成本，作为在下次进货前计算各次发出存货成本的依据。

（3）月末一次加权平均法

月末一次加权平均法，是指以当月全部进货数量加上月初存货数量作为权数，去除当月全部进货成本加上月初存货成本，计算出存货的加权平均单位成本，以此为基础计算当月发出存货的成本和期末存货的成本的一种方法。

（4）个别计价法

个别计价法，亦称个别认定法、具体辨认法，其特征是注重所发出存货具体项目的实物流转与成本流转之间的联系，逐一辨认各批发出存货和期末存货所属的购进批别或生产批别，分别按其购入或生产时所确定的单位成本计算各批发出存货和期末存货的成本。即把每一种存货的实际成本作为计算发出存货成本和期末存货成本的基础。对于不能替代使用的存货、为特定项目专门购入或制造的存货以及提供的劳务，通常采用个别计价法确定发出存货的成本。在实际工作中，越来越多的企业采用计算机信息系统进行会计处理，个别计价法可以广泛应用于发出存货的计价，并且个别计价法确定的存货成本最为准确。

（四）存货跌价准备的计提

1. 资产负债表日，存货应当按照成本与可变现净值孰低计量。

2. 存货成本高于其可变现净值的，应当计提存货跌价准备，计入当期损益。

可变现净值，是指在日常活动中，存货的估计售价减去至完工时估计将要发生的成本、估计的销售费用以及相关税费后的金额。

💡〔注释〕

可变现净值，是指在日常活动中，存货的估计售价减去至完工时估计将要发生的成本、估计的销售费用以及相关税费后的金额。存货的可变现净值由存货的估计售价、至完工时将要发生的成本、估计的销售费用和估计的相关税费等内容构成。可变现净值具有以下基本特征：

（1）确定存货可变现净值的前提是企业在进行日常活动，即企业在进行正常的生产经营活动。如果企业不是在进行正常的生产经营活动，比如企业处于清算过程中，那么不能按照存货准则的规定确定存货的可变现净值。

（2）可变现净值特征表现为存货的预计未来净现金流量，而不是存货的售价或合同价。

企业预计的销售存货现金流量，并不完全等于存货的可变现净值。存货在销售过程中可能发生的销售费用和相关税费，以及为达到预定可销售状态还可能发生的加工成本等相关支出，构成现金流入的抵减项目。企业预计的销售存货现金流量，扣除这些抵减项目后，才能确定存货的可变现净值。

（3）不同存货可变现净值的构成不同。

①产成品、商品和用于出售的材料等直接用于出售的商品存货，在正常生产经营过程中，应当以该存货的估计售价减去估计的销售费用和相关税费后的金额确定其可变现净值。

②需要经过加工的材料存货，在正常生产经营过程中，应当以所生产的产成品的估计售价减去至完工时估计将要发生的成本、估计的销售费用和相关税费后的金额确定其可变现净值。

③资产负债表日，同一项存货中一部分有合同价格约定、其他部分不存在合同价格的，应当分别确定其可变现净值，并与其相对应的成本进行比较，分别确定存货跌价准备的计提或转回的金额。

3. 企业确定存货的可变现净值，应当以取得的确凿证据为基础，并且考虑持有存货的目的、资产负债表日后事项的影响等因素。

💡〔注释〕

（1）确定存货的可变现净值必须建立在取得的确凿证据的基础上。这里所讲的"确凿证据"是指对确定存货的可变现净值和成本有直接影响的客观证明。

①存货成本的确凿证据

存货的采购成本、加工成本和其他成本及以其他方式取得的存货的成本，应当以取得外来原始凭证、生产成本账簿记录等作为确凿证据。

②存货可变现净值的确凿证据

存货可变现净值的确凿证据，是指对确定存货的可变现净值有直接影响的确凿证明，如产成品或商品的市场销售价格、与产成品或商品相同或类似商品的市场销售价格、销货方提供的有关资料和生产成本资料等。

（2）确定存货的可变现净值应当考虑持有存货的目的

由于企业持有存货的目的不同，确定存货可变现净值的计算方法也不同。如用于出售的存货和用于继续加工的存货，其可变现净值的计算就不相同，因此，企业在确定存货的可变现净值时，应考虑持有存货的目的。企业持有存货的目的通常可以分为如下几种：

①持有以备出售，如商品、产成品，其中又分为有合同约定的存货和没有合同约定的存货。

②将在生产过程中或提供劳务过程中耗用，如材料等。

（3）确定存货的可变现净值应当考虑资产负债表日后事项等的影响

资产负债表日后事项应当能够确定资产负债表日存货的存在状况。即在确定资产负债表日存货的可变现净值时，不仅要考虑资产负债表日与该存货相关的价格与成本波动，而且还应考虑未来的相关事项。也就是说，不仅限于财务报告批准报出日之前发生的相关价格与成本波动，还应考虑以后期间发生的相关事项。

4. 为生产而持有的材料等，用其生产的产成品的可变现净值高于成本的，该材料仍然应当按照成本计量；材料价格的下降表明产成品的可变现净值低于成本的，该材料应当按照可变现净值计量。

5. 为执行销售合同或者劳务合同而持有的存货，其可变现净值应当以合同价格为基础计算。

企业持有存货的数量多于销售合同订购数量的，超出部分的存货的可变现净值应当以一般销售价格为基础计算。

6. 企业通常应当按照单个存货项目计提存货跌价准备。

（1）对于数量繁多、单价较低的存货，可以按照存货类别计提存货跌价准备。

（2）与在同一地区生产和销售的产品系列相关、具有相同或类似最终用途或目的，且难以与其他项目分开计量的存货，可以合并计提存货跌价准备。

7. 资产负债表日，企业应当确定存货的可变现净值。以前减记存货价值的影响因素已经消失的，减记的金额应当予以恢复，并在原已计提的存货跌价准备金额内转回，转回的金额计入当期损益。

💡〔注释〕

存货跌价准备的转回条件是以前减记存货价值的影响因素已经消失。并且转回的金额必须是在该存货原已计提的存货跌价准备金额内，超出部分不能转回。

（五）存货清查

1. 企业发生的存货毁损，应当将处置收入扣除账面价值和相关税费后的金额计入当期损益。存货的账面价值是存货成本扣减累计跌价准备后的金额。

2. 存货盘亏造成的损失，应当计入当期损益。

💡〔注释〕

（1）盘盈的存货应按其重置成本作为入账价值，并通过"待处理财产损溢"科目进行会计处理，按管理权限报经批准后冲减当期管理费用。

（2）存货发生的盘亏或毁损，应作为待处理财产损溢进行核算。按管理权限报经批准后，根据造成存货盘亏或毁损的原因，分别以下情况进行处理：

①属于计量收发差错和管理不善等原因造成的存货短缺，应先扣除残料价值、可以收回的保险赔偿和过失人赔偿，将净损失计入"管理费用"。

②属于自然灾害等非常原因造成的存货毁损，应先扣除处置收入（如残料价值）、可以收回的保险赔偿和过失人赔偿，将净损失计入"营业外支出"。

（六）存货的披露

企业应当在附注中披露与存货有关的下列信息：

（1）各类存货的期初和期末账面价值。

（2）确定发出存货成本所采用的方法。

（3）存货可变现净值的确定依据，存货跌价准备的计提方法，当期计提的存货跌价准备的金额，当期转回的存货跌价准备的金额，以及计提和转回的有关情况。

（4）用于担保的存货账面价值。

二、存货有关业务核算

（一）物资采购

"在途物资"科目借方核算已支付或已开出、承兑商业汇票的材料、商品的采购成本，以及延期支付具有融资性质的购入材料的购买价款现值金额；贷方核算已验收入库的材料、商品的采购成本；期末余额在借方，反映企业已付款或已开出、承兑商业汇票，但尚未到达或尚未验收入库的在途材料、商品的采购成本。

1. 外购材料等物资

企业根据发票账单支付采购材料物资价款和运杂费时，按应计入物资采购成本的金额，借记"在途物资"科目，按专用发票上注明的增值税额，借记"应交税费——应交增值税——进项税额"科目，按实际支付的价款，贷记"银行存款"、"其他货币资金"等科目；采用商业汇票结算方式的，购入物资在开出、承兑商业汇票时，按应计入物资采购成本的金额，借记"在途物资"科目，按专用发票上注明的增值税额，借记"应交税费——应交增值税——进项税额"科目，按应付票据票面价值，贷记"应付票据"科目；企业购入材料超过正常信用条件延期支付（如分期付款购买材料），实质上具有融资性质的，应按购买价款的现值金额，借记"在途物资"科目，按可抵扣的增值税额，借记"应交税费——应交增值税——进项税额"科目，按应付金额，贷记"长期应付款"科目，按其差额，借记"未确认融资费用"科目。

（1）某公司 2007 年 5 月 11 日购入甲公司原材料一批，价款 12 000 元，其中货款 10 000 元、增值税专用发票注明的增值税 1 700 元、运费 300 元。款项已付，但材料未到。

借：在途物资——甲公司　　　　　　　　　　　　　　　　　10 279
　　应交税费——应交增值税——进项税额　　　　　　　　　　1 721
　　贷：银行存款　　　　　　　　　　　　　　　　　　　　　　　　12 000

（2）某公司 2007 年 5 月 15 日从乙公司购入原材料一批，价款 10 000 元，专用发票上注明的增值税额 1 700 元。公司开出期限 3 个月的银行承兑不带息汇票一张，同时以银行存款支付汇票承兑手续费 160 元，但材料未到。

①借：在途物资——乙公司　　　　　　　　　　　　　　　　　10 000
　　　应交税费——应交增值税——进项税额　　　　　　　　　　1 700
　　　贷：应付票据　　　　　　　　　　　　　　　　　　　　　　　11 700
②借：财务费用　　　　　　　　　　　　　　　　　　　　　　160
　　　贷：银行存款　　　　　　　　　　　　　　　　　　　　　　　160

2. 验收入库的材料物资

所购材料、商品到达验收入库，借记"原材料"、"库存商品"等科目，贷记

"在途物资"科目。

例如，上述企业 2007 年 5 月 15 日购入的乙公司原材料已验收入库。

借：原材料 10 000

　　贷：在途物资——乙公司 10 000

（二）原材料

"原材料"科目借方核算企业增加的各种材料的实际成本；贷方核算减少的原材料的实际成本；期末余额在借方，反映企业库存原材料的实际成本。

企业购入的低值易耗品以及库存、出租、出借的包装物，在"低值易耗品"和"包装物"科目核算，不包括在本科目的核算范围内。

企业对外进行来料加工装配业务而收到的原材料、零件等，应单独设置"受托加工物资"备查科目和有关的材料明细账，核算其收发结存数额，不包括在本科目核算范围内。

1. 外购材料物资

企业购入材料、商品，按应计入材料、商品采购成本的金额，借记"在途物资"科目，按实际支付或应支付的金额，贷记"银行存款"、"应付账款"、"应付票据"等科目。涉及增值税进项税额的，还应进行相应的处理。

所购材料、商品到达验收入库，借记"原材料"、"库存商品"等科目，贷记"在途物资"科目。

【例1】某公司 2007 年 1 月 10 日购入红光公司原材料一批，价款 120 000 元，其中货款 100 000 元、增值税专用发票注明的增值税 17 000 元、运费 3 000 元。款项已通过银行存款支付，但材料尚未收到。

借：在途物资——红光公司 102 790

　　应交税费——应交增值税——进项税额 17 210

　　贷：银行存款 120 000

【例2】某公司 2007 年 2 月 15 日从安达公司购入原材料一批，价款 200 000 元，专用发票上注明的增值税额 34 000 元。企业开出期限 3 个月的银行承兑不带息汇票一张，同时以银行存款支付汇票承兑手续费 200 元，但材料未到。

①借：在途物资——安达公司 200 000

　　应交税费——应交增值税——进项税额 34 000

　　贷：应付票据 234 000

②借：财务费用 200

　　贷：银行存款 200

【例3】某公司 2007 年 1 月 10 日购入的红光公司原材料已验收入库。

借：原材料 102 790

　　贷：在途物资——红光公司 102 790

2. 投资者投入的原材料

投资者投入的原材料，按确认的实际成本，借记"原材料"科目，按专用发票上注明的增值税额，借记"应交税费——应交增值税——进项税额"科目，按照投资合同或协议确认的价值加上投入材料的进项税额，贷记"实收资本（或股本）"科目，若投资者投入原材料的价值超过协议出资额的部分，贷记"资本公积"科目。

例如，某公司 2007 年 2 月 18 日接受安信公司投入的原材料，投资各方协议确认的投资者投入原材料价值为 2 000 000 元，专用发票上注明的增值税额为 340 000 元，假定投资协议约定的价值是公允的。东方公司协议的出资额 1 600 000 元，该批原材料已验收入库。

借：原材料——材料	2 000 000
应交税费——应交增值税——进项税额	340 000
贷：实收资本——法人资本	1 600 000
资本公积——资本溢价	740 000

3. 自制原材料

企业自制完成并已验收入库的原材料，按实际成本，借记"原材料"科目，贷记"生产成本"等科目。

例如，某公司 2007 年 5 月 26 日收到相关部门转来的自制原材料结算单 400 000 元。

借：原材料——材料	400 000
贷：生产成本——基本生产成本	400 000

4. 领用原材料

生产经营领用原材料，按实际成本，借记"生产成本"、"制造费用"、"销售费用"、"管理费用"等科目，贷记"原材料"科目。

发出委托外单位加工的材料，借记"委托加工物资"科目，贷记"原材料"科目。

在建工程、福利等部门领用的原材料，按实际成本加上不予抵扣的增值税额等，借记"在建工程"等科目，按实际成本，贷记"原材料"科目，按不予抵扣的增值税额，贷记"应交税费——应交增值税——进项税额转出"等科目。例如，某公司 2007 年 3 月 10 日领用原材料 1 000 000 元，其中第一基本生产车间生产用 680 000 元，车间设备维修用 320 000 元。

借：生产成本	680 000
制造费用	320 000
贷：原材料	1 000 000

5. 出售原材料

出售原材料时，按已收或应收的款项，借记"银行存款"或"应收账款"等科目，贷记"其他业务收入"科目，按应交的增值税额，贷记"应交税费——应交增值税——销项税额"科目；月度终了，按出售原材料的实际成本，借记"其他业务成本"科目，贷记"原材料"科目。

例如，某公司 2007 年 3 月 20 日出售不需用的原材料一批，售价 100 000 元，专用发票上注明的增值税 17 000 元，该批原材料的实际成本 120 000 元，款项已全部收到存入银行。

借：银行存款	117 000
贷：其他业务收入——材料销售	100 000
应交税费——应交增值税——销项税额	17 000
借：其他业务成本——材料销售	120 000
贷：原材料	120 000

6. 在建工程完工后剩余物资转为原材料

在建工程完工后剩余物资转为原材料时，应按实际成本借记"原材料"科目，按包含在工程物资实际成本中的进项税额，借记"应交税费——应交增值税——进项税额"科目，按工程物资的实际成本，贷记"工程物资"科目。

例如，某公司锅炉改造工程完工，剩余的钢管转为生产用的原材料，该批钢管的实际成本 11 700 元，其中进项税额 1 700 元，已验收入库。

借：原材料——材料	10 000
应交税费——应交增值税——进项税额	1 700
贷：工程物资——专用材料	11 700

（三）库存商品

库存商品是指企业库存的外购商品、自制商品产品、存放在门市部准备出售的商品、发出展览的商品以及寄存在外库或存放在仓库的商品等。库存商品按实际成本计价，经营批发商品的企业按商品进价进行核算，发出库存商品时按移动加权平均法计算发出商品的成本。

企业的在建工程领用自制半成品和产成品，应视同销售，按售价计算销项税额，连同自制半成品和产成品的生产成本一并计入工程成本。

工业企业接受外来原材料加工制造的代制品和为外来单位加工修理的代修品，在制造和修理完毕验收入库后，视同企业的产品，在"库存商品"科目核算；可以降价出售的不合格品，也在"库存商品"科目核算，但应当与合格商品分开记账。

委托外单位加工的商品，在"委托加工物资"科目核算，不在"库存商品"科目核算。

已经完成销售手续，但购买单位在月末未提取的库存商品，应作为代管商品处理，单独设置代管商品备查簿，不在"库存商品"科目核算。

"库存商品"科目借方核算企业增加的库存商品的实际成本；贷方核算企业减少的库存商品的实际成本；期末余额在借方，反映企业库存商品的实际成本。

1. 制造企业库存商品的收入与发出

制造企业的库存商品主要指产成品。产成品，是指企业已经完成全部生产过程并已验收入库合乎标准规格和技术条件，可以按照合同规定的条件送交订货单位，或者可以作为商品对外销售的产品。企业接受外来原材料加工制造的代制品和为外单位加工修理的代修品，制造和修理完成验收入库后，视同企业的产成品，所发生的支出，也在"库存商品"科目核算。

企业规定产成品按实际成本进行核算。在这种情况下，产成品的收入、发出和销售，平时只记数量不记金额；月度终了，计算入库产成品的实际成本；对发出和销售的产成品，采用移动加权平均法确定其实际成本。

企业生产完成验收入库的产成品，按实际成本，借记"库存商品"科目，贷记"生产成本"等科目。

对外销售产成品（包括采用分期收款方式销售产成品），结转销售成本时，借记"主营业务成本"科目，贷记"库存商品"科目；按供货合同发给客户的产成品，不符合收入确认条件的已发出商品，以及企业委托其他单位代销的商品，按实际成本借记"发出商品"科目，贷记"库存商品"科目。

（1）某公司 2007 年 5 月 30 日对本月生产完成的产成品按实际成本 8 000 000 元验收入库。

借：库存商品　　　　　　　　　　　　　　　　　　8 000 000
　　贷：生产成本——基本生产成本　　　　　　　　　　　8 000 000

（2）某公司 2007 年 6 月 3 日发出已订销售合同的商品，按移动加权平均法计算、结转已确认收入的发出商品的实际成本 530 000 元。

借：主营业务成本——商品销售成本　　　　　　　　530 000
　　贷：库存商品　　　　　　　　　　　　　　　　　　530 000

2. 商品流通企业库存商品的收入与发出

购入商品采用进价核算的，在商品到达验收入库后，按商品进价，借记"库存商品"科目，贷记"银行存款"、"在途物资"等科目。委托外单位加工收回的商品，按商品进价，借记"库存商品"科目，贷记"委托加工物资"科目。

购入商品采用售价核算的，在商品到达验收入库后，按商品售价，借记"库存商品"科目，按商品进价，贷记"银行存款"、"在途物资"等科目，按商品售价与进价的差额，贷记"商品进销差价"科目。委托外单位加工收回的商品，按商品售价，借记"库存商品"科目，按委托加工商品的账面余额，贷记"委托加工物资"科目，按商品售价与进价的差额，贷记"商品进销差价"科目。

对外销售商品（包括采用分期收款方式销售商品），结转销售成本时，借记"主营业务成本"科目，贷记"库存商品"科目。采用进价进行商品日常核算的，发出商品的实际成本，可以采用先进先出法、加权平均法或个别认定法计算确定。采用售价核算的，还应结转应分摊的商品进销差价。

【例 1】某公司 2007 年 2 月 10 日从新东方公司购进一批商品，商品的实际成本为 1 000 000 元，专用发票上注明的增值税 170 000 元，全部款项通过银行存款支付。商品已全部验收入库。

借：库存商品　　　　　　　　　　　　　　　　　　1 000 000

```
应交税费——应交增值税——进项税额        170 000
    贷：银行存款                              1 170 000
```

【例2】某公司2007年4月30日已确认销售收入的商品销售成本按移动加权平均法计算，确定已发出商品的销售成本为6 000 000元。

```
借：主营业务成本——商品销售成本          6 000 000
    贷：库存商品                              6 000 000
```

3. 在建工程领用库存商品

在建工程领用库存商品，应按库存商品的实际成本与售价计算的销项税额，借记"在建工程"科目，按领用库存商品的实际成本，贷记"库存商品"科目，按商品售价计算的销项税额，贷记"应交税费——应交增值税——销项税额"科目。

例如，某公司于2007年6月18日自营设备的技术改造工程领用公司的库存商品一批，成本8 000元，计税价格10 000元。

```
借：在建工程——技术改造工程              9 700
    贷：库存商品                              8 000
        应交税费——应交增值税——销项税额        1 700
```

（四）发出商品

"发出商品"科目借方核算不满足收入确认条件的发出商品以及委托其他单位代销的商品的实际成本；贷方核算企业商品销售中，已满足收入确认条件的发出商品以及委托其他单位售出的商品的实际成本；期末余额在借方，反映企业商品销售中，不满足收入确认条件的已发出商品的实际成本（或进价）。

1. 未满足收入确认条件发出的商品

对于未满足收入确认条件的发出商品，应按发出商品的实际成本（或进价）或计划成本（或售价），借记"发出商品"科目，贷记"库存商品"科目。

发出商品发生退回的，应按退回商品的实际成本（或进价）或计划成本（或售价），借记"库存商品"科目，贷记"发出商品"科目。

发出商品满足收入确认条件时，应结转销售成本，借记"主营业务成本"科目，贷记"发出商品"科目。采用计划成本或售价核算的，还应结转应分摊的产品成本差异或商品进销差价。

例如，某公司于2007年3月8日向红星公司销售产品一批，成本为500 000元，增值税专用发票上注明的售价600 000元，增值税102 000元。在销售时已得知红星公司资金周转发生暂时困难，但为促销以免存货积压，同时考虑到红星公司资金周转困难只是暂时性的，未来仍有可能收回货款，因此仍将商品销售给了红星公司。

```
借：发出商品                              500 000
    贷：库存商品                              500 000
```

2. 发出商品成本的结转

发出商品满足收入确认条件时，应结转销售成本，借记"主营业务成本"科目，贷记"发出商品"科目。

例如，承上例，2007 年 5 月 10 日收到红星公司支付的货款 702 000 元。

借：银行存款　　　　　　　　　　　　　　　　702 000

　　贷：主营业务收入　　　　　　　　　　　　　　　600 000

　　　　应交税费——应交增值税——销项税额　　　　102 000

借：主营业务成本　　　　　　　　　　　　　　　500 000

　　贷：发出商品　　　　　　　　　　　　　　　　　500 000

3. 委托代销商品

委托代销的商品，应在商品发交受托单位后，按实际成本，借记"发出商品"科目，贷记"库存商品"科目。收到代销单位报来的代销清单时，按应收金额，借记"应收账款"科目，按应确认的收入，贷记"主营业务收入"、"其他业务收入"科目，按应交的增值税额，贷记"应交税费——应交增值税——销项税额"科目；按应支付的代销手续费等，借记"销售费用"科目，贷记"应收账款"科目。同时按代销商品的实际成本，借记"主营业务成本"、"其他业务支出"科目，贷记"发出商品"科目。

【例1】 某公司 2007 年 1 月 1 日发交丁公司开关柜 200 台，委托其代销。单位成本 5 000 元。

借：发出商品　　　　　　　　　　　　　　　　1 000 000

　　贷：库存商品　　　　　　　　　　　　　　　　　1 000 000

【例2】 承上例，2007 年 1 月 24 日收到丁公司转来的代销清单，在清单上注明已销售 30 台，价款 600 000 元，增值税款 102 000 元，代销手续费 900 元。

①借：应收账款——丁公司　　　　　　　　　　　702 000

　　贷：主营业务收入——商品销售收入　　　　　　　600 000

　　　　应交税费——应交增值税——销项税额　　　　102 000

②支付手续费时：

借：销售费用——其他　　　　　　　　　　　　　900

　　贷：应收账款——丁公司　　　　　　　　　　　　　900

（五）委托加工物资

委托加工物资是指企业由于材料供应、工艺设备条件的限制等原因，将一些材料物资委托外单位加工改制成满足企业生产经营或销售需要的材料物资。

"委托加工物资"科目应按加工合同和受托加工单位设置明细科目，反映加工单位名称、加工合同号数，发出加工物资的名称、数量，发生的加工费用和运杂费，退回剩余物资的数量、实际成本，以及加工完成物资的实际成本等资料。

"委托加工物资"科目借方核算企业委托外单位加工各种物资的实际成本，包括发给受托单位加工材料物资的实际成本，支付的加工费用、运杂费和应计入委托加工物资成本的税金等；贷方核算收回的委托外单位加工各种物资和剩余物资的实际成本；期末余额在借方，反映企业委托外单位加工但尚未加工完成物资的实际成本。

1. 发出委托加工物资与支付加工费用

发给外单位加工的物资，按实际成本，借记"委托加工物资"科目，贷记"原材料"、"库存商品"等科目。

按支付加工费用、应负担的运杂费等，借记"委托加工物资"科目，贷记"银行存款"等科目；需要缴纳消费税的委托加工物资，由受托方代收代交的消费税，借记"委托加工物资"科目（收回后用于直接销售的）等科目，贷记"应付账款"、"银行存款"等科目；借记"应交税费——应交消费税"科目（收回后用于继续加工的），贷记"应付账款"、"银行存款"等科目。

【例1】 某公司2007年3月20日委托大地公司加工包装木箱一批，发出木材的实际成本为150 000元。

借：委托加工物资　　　　　　　　　　　　　　　150 000
　　贷：原材料——材料　　　　　　　　　　　　　　150 000

【例2】 承上例，2007年5月10日支付给大地公司加工费12 000元，专用发票上注明的增值税额为2 040元。

借：委托加工物资　　　　　　　　　　　　　　　12 000
　　应交税费——应交增值税——进项税额　　　　　2 040
　　贷：银行存款　　　　　　　　　　　　　　　　14 040

2. 收回委托加工物资

加工完成验收入库的物资和剩余的物资，按加工收回物资的实际成本和剩余物资的实际成本，借记"原材料"、"库存商品"等科目，贷记"委托加工物资"科目。

例如，某公司2007年5月16日将委托大地公司加工的包装木箱收回，按实际成本160 000元验收入库。受托加工单位退回一部分木材的实际成本2 600元，已验收入库。

①退回的木材：

借：原材料　　　　　　　　　　　　　　　　　　2 600
　　贷：委托加工物资　　　　　　　　　　　　　　2 600

②加工完成的包装物验收入库：

借：周转材料——包装物　　　　　　　　　　　　160 000
　　贷：委托加工物资　　　　　　　　　　　　　160 000

（六）周转材料

周转材料，是指企业能够多次使用、逐渐转移其价值但仍保持原有形态不确认为固定资产的材料，如包装物和低值易耗品，应当采用一次转销法或者"五五"摊销法进行摊销；企业（建造承包商）的钢模板、木模板、脚手架和其他周转材料等，可以采用一次转销法、"五五"摊销法或者分次摊销法进行摊销。

企业的包装物、低值易耗品，也可以单独设置"包装物"、"低值易耗品"总账科目进行核算。

"周转材料"科目核算企业周转材料的计划成本或实际成本，包括包装物、低值易耗品，以及企业（建筑承包商）的钢模板、木模板、脚手架等。"周转材料"科目应当按照周转材料的种类分别"在库"、"在用"和"摊销"设置二级明细科目。

"周转材料——在库"科目的借方核算购入、自制、委托外单位加工完成并已验收入库的周转材料、与债务人进行债务重组取得的周转材料、非货币性交易交换换入的周转材料，以及盘盈与退库的周转材料的实际成本；贷方核算领用的周转材料的实际成本。期末余额在借方，反映期末库存周转材料的实际成本。

"周转材料——在用"科目的借方核算领用周转材料的实际成本；贷方核算摊销或退回的周转材料的实际成本。期末余额在借方，反映期末在用周转材料的实际成本。

"周转材料——摊销"科目的贷方核算摊销的周转材料的实际成本；借方核算报废已提的摊销额。期末余额在贷方，反映周转材料累计的摊销额。

1. 取得周转材料

企业购入，自制、委托外单位加工完成并已经验收入库的周转材料等，比照前述"原材料"的相关规定进行账务处理。

2. 周转材料的领用与摊销

企业的周转材料如包装物和低值易耗品，应当采用一次转销法或者"五五"摊销法进行摊销；建筑承包商的钢模板、木模板、脚手架等其他周转材料，可以采用一次转销法、"五五"摊销法或者分次摊销法进行摊销。

企业应当采用一次转销法或者"五五"摊销法对包装物和低值易耗品进行摊销，计入相关资产的成本或者当期损益。如果对相关包装物或低值易耗品计提了存货跌价准备，还应结转已计提的存货跌价准备，冲减相关资产的成本或当期损益。

生产领用的包装物，应将其成本计入制造费用；随同商品出售但不单独计价的包装物，应将其成本计入当期销售费用；随同商品出售并单独计价的包装物，应将其成本计入当期其他业务成本。

出租或出借的包装物因不能使用而报废时回收的残料，应作为当月包装物摊销额的减少，冲减有关资产成本或当期损益。

（1）一次转销法

一次转销法，是指低值易耗品或包装物在领用时就将其全部账面价值计入相关资产成本或当期损益的方法。一次转销法通常适用于价值较低或极易损坏的管理用具和小型工具、卡具以及在单件小批生产方式下为制造某批订货所用的专用工具等低值易耗品以及生产领用的包装物和随同商品出售的包装物；数量不多、金额较小，且业务不频繁的出租或出借包装物，也可以采用一次转销法结转包装物的成本，但在以后收回使用过的出租和出借包装物时，应加强实物管理，并在备查簿上进行登记。

低值易耗品报废时回收的残料、出租或出借的包装物不能用作报废处理所取得的残料，应作为当月低值易耗品或包装物摊销额的减少，冲减有关资产成本或当期损益。

（2）"五五"摊销法

"五五"摊销法，是指低值易耗品在领用时或出租、出借包装物时先摊销其成本的一半，在报废时再摊销其成本的另一半。即低值易耗品或包装物分两次各按50%进行摊销。

（3）分次摊销法

分次摊销法，是指周转材料的成本应当按照使用次数分次摊入相关资产成本或当期损益的方法。

①企业采用一次转销法的，领用时按其账面价值，借记"管理费用"、"生产成本"、"销售费用"、"工程施工"等科目，贷记"周转材料"科目。

周转材料报废时，应按报废周转材料的残料价值，借记"原材料"等科目，贷记"管理费用"、"生产成本"、"销售费用"、"工程施工"等科目。

②企业采用其他摊销方法的，领用时应按其账面价值，借记"周转材料——在用"科目，贷记"周转材料——在库"科目。摊销时应按其摊销额，借记"管理费用"、"生产成本"、"销售费用"、"工程施工"等科目，贷记"周转材料——摊销"科目。

周转材料报废时应补提摊销额，借记"管理费用"、"生产成本"、"销售费用"、"工程施工"等科目，贷记"周转材料——摊销"科目；同时，按报废周转材料的残料价值，借记"原材料"等科目，贷记"管理费用"、"生产成本"、"销售费用"、"工程施工"等科目；并转销全部已提摊销额，借记"周转材料——摊销"科目，贷记"周转材料——在用"科目。

【例1】某施工企业2007年3月10日领用周转材料竹竿1 000根，做厂房脚手架，每根价格20元，金额20 000元于领用时一次计入工程施工成本。

借：工程施工——合同成本　　　　　　　　　　　　20 000
　　贷：周转材料（脚手架）　　　　　　　　　　　　　　20 000

【例2】某施工企业2007年4月1日领用周转材料木模板1 000块，每块价格200元，领用钢模板1 000块，每块价格360元，共计560 000元。

借：周转材料——在用（木模板）　　　　　　　　　200 000
　　贷：周转材料——在库（木模板）　　　　　　　　　　200 000
借：周转材料——在用（钢模板）　　　　　　　　　360 000
　　贷：周转材料——在库（钢模板）　　　　　　　　　　360 000

【例3】上述木模板按预计使用5次计算摊销额，2007年4月使用一次应摊销40 000元（200元×1 000块÷5次）。

借：工程施工——合同成本　　　　　　　　　　　　40 000
　　贷：周转材料——摊销　　　　　　　　　　　　　　　40 000

【例4】上述钢模板按预计使用期限3年计算摊销额，2007年4月应摊销10 000元（360元×1 000块÷36个月）。

借：工程施工——合同成本　　　　　　　　　　　　　　10 000
　　　贷：周转材料——摊销　　　　　　　　　　　　　　　　　　10 000

【例5】上述钢模板 500 块 2007 年 10 月 1 日退库，计 180 000 元。

借：周转材料——在库（钢模板）　　　　　　　　　　180 000
　　　贷：周转材料——在用（钢模板）　　　　　　　　　　　　　180 000

【例6】上述领用的竹竿 2007 年 10 月全部报废，报废后出售收回 500 元。

借：银行存款　　　　　　　　　　　　　　　　　　　　500
　　　贷：工程施工——合同成本　　　　　　　　　　　　　　　　　500

【例7】2007 年 10 月上述木模板有 600 块使用 4 次报废，应补提摊销额 32 000 元，收回残值 6 000 元。

A. 补提摊销额 ［200 元 × 600 块 × (1 - 4 次 ÷ 5 次)］：

借：工程施工——合同成本　　　　　　　　　　　　　24 000
　　　贷：周转材料——摊销　　　　　　　　　　　　　　　　　　24 000

B. 结转报废周转材料的残值：

借：原材料——其他　　　　　　　　　　　　　　　　6 000
　　　贷：工程施工——合同成本　　　　　　　　　　　　　　　　6 000

C. 转销全部已提摊销额：

借：周转材料——摊销　　　　　　　　　　　　　　　200 000
　　　贷：周转材料——在用　　　　　　　　　　　　　　　　　200 000

（七）存货跌价准备

"存货跌价准备"科目贷方核算企业应提取的存货跌价准备，借方核算应冲销的存货跌价准备；期末余额在贷方，反映企业已计提但尚未转销的存货跌价准备。

1. 存货可变现净值的确定

（1）为执行销售合同或者劳务合同而持有的存货，通常应当以产成品或商品的合同价格作为其可变现净值的计算基础。

如果企业与购买方签订了销售合同（或劳务合同，下同），并且销售合同订购的数量等于企业持有存货的数量，在这种情况下，在确定与该项销售合同直接相关存货的可变现净值时，应当以销售合同价格作为其可变现净值的计算基础。也就是说，如果企业就其产成品或商品签订了销售合同，则该批产成品或商品的可变现净值应当以合同价格作为计算基础；如果企业销售合同所规定的标的物还没有生产出来，但持有专门用于该标的物生产的原材料，其可变现净值也应当以合同价格作为计算基础。

例如，某公司 2007 年 10 月 6 日与南海公司签订了一份不可撤销的销售合同，双方约定，2008 年 2 月 15 日，该公司按每台 500 000 元的价格向南海公司提供 N 型仪器设备 15 台。2007 年 12 月 31 日，该公司 N 型仪器设备的账面成本为 6 000 000 元，数量为 15 台，单位成本为 400 000 元/台。2007 年 12 月 31 日，N 型仪器设备的市场销售价格为 450 000 元/台。假定不考虑相关税费和销售费用。

根据该公司与南海公司签订的销售合同规定，该批 N 型仪器设备的销售价格已由销售合同约定，并且其库存数量等于销售合同约定的数量，因此，在这种情况下，计算 N 型仪器设备的可变现净值应以销售合同约定的价格 7 500 000 元（500 000 × 15）作为计算基础。

（2）如果企业持有存货的数量多于销售合同订购数量，超出部分的存货可变现净值应当以产成品或商品的一般销售价格作为计算基础。

例如，某公司 2007 年 11 月 10 日与新光公司签订了一份不可撤销的销售合同，双方约定，2008 年 3 月 10 日，该公司按每辆 800 000 元的价格向新光公司提供 S 型运输设备 20 辆。2007 年 12 月 31 日，该公司 S 型运输设备的成本为 19 500 000 元，数量为 26 辆，单位成本为 750 000 元/辆。根据该公司销售部门提供的资料表明，向新光公司销售的 S 型运输设备的平均运杂费等销售费用为 1 500 元/辆；向其他客户销售 S 型运输设备的平均运杂费等销售费用为 1 200 元/辆。2007 年 12 月 31 日，S 型运输设备的市场销售价格为 820 000 元/辆。

确定 S 型运输设备可变现净值的确凿证据是该公司与新光公司签订的有关 S 型运输设备的销售合同、市场销售价格资料、账簿记录和公司销售部门提供的有关销售费用的资料等。

根据该销售合同规定，库存的 S 型运输设备中的 20 辆的销售价格已由销售合同约定，其余 6 辆并没有由销售合同约定。因此，在这种情况下，对于销售合同约定的数量（20 辆）的 S 型运输设备的可变现净值应以销售合同约定的价格 800 000 元/辆作为计算基础，而对于超出部分（6 辆）的 S 型运输设备的可变现净值应以市场销售价格 820 000 元/辆作为计算基础。

S 型运输设备的可变现净值 =（800 000 × 20 − 1 500 × 20）+（820 000 × 6 − 1 200 × 6）=（16 000 000 − 30 000）+（4 920 000 − 7 200）= 20 882 800（元）

（3）如果企业持有存货的数量少于销售合同订购数量，实际持有与该销售合同相关的存货应以销售合同所规定的价格作为可变现净值的计算基础。如果该合同为亏损合同，还应同时按照《企业会计准则第 13 号——或有事项》的规定确认预计负债。

（4）没有销售合同约定的存货（不包括用于出售的材料），其可变现净值应当以产成品或商品的一般销售价格（即市场销售价格）作为计算基础。

例如，某公司 2007 年 12 月 31 日，H 型动力设备的账面成本为 8 000 000 元，数量为 20 台，单位成本为 400 000 元/台。2007 年 12 月 31 日，H 型动力设备的市场销售价格为 380 000 元/台。预计发生的相关税费和销售费用合计为 15 000 元/台。该公司没有签订有关 H 型动力设备的销售合同。

由于该公司没有就 H 型动力设备签订销售合同，因此，在这种情况下，计算 H 型动力设备的可变现净值应以一般销售价格总额 7 600 000 元（380 000 × 20）作为计算基础。

（5）用于出售的材料等通常以市场价格作为其可变现净值的计算基础。这里的市场价格是指材料等的市场销售价格。如果用于出售的材料存在销售合同约定，应按合同价格作为其可变现净值的计算基础。

例如，某公司根据技术升级和市场需求的变化，于 2007 年 12 月 5 日，决定停止生产 M 型机械设备。为减少不必要的损失，决定将原材料中专门用于生产 M 型机械设备的外购原材料全部对外出售，2007 年 12 月 31 日其账面成本为 1 500 000 元，数量为 15 吨。据市场调查，该原材料的市场销售价格为 80 000 元/吨，同时可能发生销售费用及相关税费共计为 6 000 元。由于该公司已决定不再生产 M 型机械设备，因此，该批原材料的可变现净值不能再以 M 型机械设备的销售价格作为其计算基础，而应按其本身的市场销售价格作为计算基础。即：

该批原材料的可变现净值 = 80 000 × 15 − 6 000 = 1 194 000（元）

需要注意的是，资产负债表日同一项存货中一部分有合同价格约定、其他部分不存在合同价格的，应当分别确定其可变现净值，并与其相对应的成本进行比较，分别确定存货跌价准备的计提或转回的金额，由此计提的存货跌价准备不得相互抵销。

对于材料存货应当区分以下两种情况确定其期末价值：

①对于为生产而持有的材料等，如果用其生产的产成品的可变现净值预计高于成本，则该材料仍然应当按照成本计量。这里的"材料"指原材料、在产品、委托加工材料等。"可变现净值高于成本"中的成本是指成品的生产成本。

例如，某公司 2007 年 12 月 31 日，库存钢材的账面成本为 5 000 000 元，市场销售价格总额为 4 600 000 元（假定销售价格不含增值税），假定不发生其他销售费用。用该钢材生产的产成品——V 型设备的可变现净值高于成本。

根据上述资料可知，2007 年 12 月 31 日，库存钢材的账面成本高于其市场价格，但是由于用其生产的产成品——V 型设备的可变现净值高于成本，也就是说用该钢材生产的最终产品此时并没有发生价值减损，因而，该批库存钢材即使其账面成本高于市场价格，也不应计提存货跌价准备，仍应按 5 000 000 元列示在 2007 年 12 月 31 日的资产负债表的存货项目之中。

②如果材料价格的下降表明产成品的可变现净值低于成本，则该材料应当按可变现净值计量。

例如，某公司 2007 年 12 月 31 日，库存钢材的账面成本为 900 000 元，单位成本为 18 000 元/吨，数量为 50 吨，可用于生产 20 台 J 型设备。该批钢材的市场销售价格为 12 500 元/吨。假定不发生其他销售费用。

库存钢材市场销售价格下跌，导致用该库存钢材生产的 J 型设备的市场销售价格也下跌，由此造成 J 型设备的市场销售价格由 80 000 元/台降为 75 000 元/台，但生产成本仍为 78 000 元/台。将该批库存钢材加工成 J 型设备尚需投入 30 000 元/台，估计发生运杂费等销售费用 1 000 元/台。

根据上述资料，可按照以下步骤确定该库存钢材的可变现净值。

首先，计算用该库存钢材所生产的产成品的可变现净值：

J 型设备的可变现净值 = J 型设备估计售价 − 估计销售费用 − 估计相关税费 = 75 000 × 20 − 1 000 × 20 = 1 480 000（元）

其次，将用该库存钢材所生产的产成品的可变现净值与其成本进行比较：

J型设备的可变现净值 1 480 000 元小于其成本 1 560 000 元（78 000×20），即库存钢材价格的下降表明 J 型设备的可变现净值低于成本，因此该批库存钢材应当按可变现净值计量。

最后，计算该批库存钢材的可变现净值：

该库存钢材的可变现净值 = J 型设备的售价总额 − 将库存钢材加工成 J 型设备尚需投入的成本 − 估计销售费用 − 估计相关税费 = 75 000×20 − 30 000×20 − 1 000×20 = 880 000（元）

该库存钢材的可变现净值 880 000 元小于其成本 900 000 元，因此该库存钢材的期末价值应为其可变现净值 880 000 元，即该库存钢材应按 880 000 元列示在 2007 年 12 月 31 日资产负债表的存货项目之中。

2. 计提存货跌价准备的方法

（1）企业通常应当按照单个存货项目计提存货跌价准备。

企业通常应当按照单个存货项目计提存货跌价准备。在企业采用计算机信息系统进行会计处理的情况下，完全有可能做到按单个存货项目计提存货跌价准备。在这种方式下，企业应当将每个存货项目的成本与其可变现净值逐一进行比较，按较低者计量存货，并且按成本高于可变现净值的差额计提存货跌价准备。这就要求企业应当根据管理要求和存货的特点，明确规定存货项目的确定标准。比如，将某一型号和规格的材料作为一个存货项目、将某一品牌和规格的商品作为一个存货项目，等等。

（2）对于数量繁多、单价较低的存货，可以按照存货类别计提存货跌价准备。

如果某一类存货的数量繁多并且单价较低，企业可以按存货类别计量成本与可变现净值，即按存货类别的成本的总额与可变现净值的总额进行比较，每个存货类别均取较低者确定存货期末价值。

（3）与在同一地区生产和销售的产品系列相关、具有相同或类似最终用途或目的，且难以与其他项目分开计量的存货，可以合并计提存货跌价准备。

存货具有相同或类似最终用途或目的，并在同一地区生产和销售，意味着存货所处的经济环境、法律环境、市场环境等相同，具有相同的风险和报酬。因此在这种情况下，可以对该存货进行合并计提存货跌价准备。

（4）存货存在下列情形之一的，通常表明存货的可变现净值低于成本。

①该存货的市场价格持续下跌，并且在可预见的未来无回升的希望。

②企业使用该项原材料生产的产品的成本大于产品的销售价格。

③企业因产品更新换代，原有库存原材料已不适应新产品的需要，而该原材料的市场价格又低于其账面成本。

④因企业所提供的商品或劳务过时或消费者偏好改变而使市场的需求发生变化，导致市场价格逐渐下跌。

⑤其他足以证明该项存货实质上已经发生减值的情形。

（5）存货存在下列情形之一的，通常表明存货的可变现净值为零。

①已霉烂变质的存货。

②已过期且无转让价值的存货。

③生产中已不再需要，并且已无使用价值和转让价值的存货。

④其他足以证明已无使用价值和转让价值的存货。

3. 计提存货跌价准备

资产负债表日，存货发生减值的，按存货可变现净值低于成本的差额，借记"资产减值损失——存货跌价准备"科目，贷记"存货跌价准备"科目。

例如，某公司2007年12月31日对其存货按类别计提存货跌价准备，有关存货的资料见表2-3。假设该公司在此之前没有对存货计提跌价准备，并假设不考虑相关税费和销售费用。

表2-3　　　　　　　　　　按类别计提存货跌价准备

2007 年 12 月 31 日　　　　　　　　　　单位：元

商品	数量	成本		可变现净值		存货的账面价值	计提的存货跌价准备
		单价	总额	单价	总额		
第一组							
A 商品	600	15	9 000	14	8 400		
B 商品	800	10	8 000	12	9 600		
合计			17 000		18 000	17 000	0
第二组							
C 商品	500	30	15 000	28	14 000		
D 商品	300	40	12 000	36	10 800		
合计			27 000		24 800	24 800	2 200
第三组							
E 商品	1 200	80	96 000	78	93 600		
F 商品	700	75	52 500	76	53 200		
合计			148 500		146 800	146 800	1 700
总计			192 500		189 600	188 600	3 900

借：资产减值损失——存货跌价准备　　　　　　　　　　3 900

　　贷：存货跌价准备　　　　　　　　　　　　　　　　3 900

4. 存货跌价准备转回的处理

(1) 资产负债表日，企业应当确定存货的可变现净值。

企业应当在资产负债表日确定存货的可变现净值。企业确定存货的可变现净值应当以资产负债表日的状况为基础确定，既不能提前确定存货的可变现净值，也不能延后确定存货的可变现净值，并且在每一个资产负债表日都应当重新确定存货的可变现净值。

(2) 如果以前减记存货价值的影响因素已经消失，则减记的金额应当予以恢复，并在原已计提的存货跌价准备的金额内转回，转回的金额计入当期损益。

　　按照存货准则规定，企业的存货在符合条件的情况下可以转回计提的存货跌价准备。存货跌价准备转回的条件是以前减记存货价值的影响因素已经消失，而不是在当期造成存货可变现净值高于成本的其他影响因素。

　　当符合存货跌价准备转回的条件时，应在原已计提的存货跌价准备的金额内转回。即在对该项存货、该类存货或该合并存货已计提的存货跌价准备的金额内转回。转回的存货跌价准备与计提该准备的存货项目或类别应当存在直接对应关系，但转回的金额以将存货跌价准备的余额冲减至零为限。

　　企业已经计提了跌价准备的存货价值以后又得以恢复，应在原已计提的存货跌价准备金额内，按恢复增加的金额，借记"存货跌价准备"科目，贷记"资产减值损失——存货跌价准备"科目。

　　例如，某公司 2007 年 12 月 31 日，库存原材料钢管的账面成本为 3 000 000 元，由于钢管市场价格下跌，导致由钢管生产的 T 型设备的可变现净值低于其成本。该库存钢管的预计可变现净值为 2 800 000 元，由此计提存货跌价准备 200 000 元。

　　假定：（1）2008 年 6 月 30 日，库存钢管的账面成本为 3 000 000 元，由于钢管市场价格有所上升，使得该批库存钢管的预计可变现净值恢复为 2 920 000 元。

　　（2）2008 年 12 月 31 日，库存钢管的账面成本为 3 000 000 元，由于钢管材料市场价格进一步上升，预计该批库存钢管的可变现净值为 3 150 000 元。

　　2008 年 6 月 30 日，由于钢管市场价格上升，库存钢管的可变现净值有所恢复，应计提的存货跌价准备为 80 000 元（3 000 000 元 - 2 920 000 元），则当期应冲减已计提的存货跌价准备 120 000 元（200 000 元 - 80 000 元），冲减额小于已计提的存货跌价准备 200 000 元，因此，应转回的存货跌价准备为 120 000 元。

借：存货跌价准备　　　　　　　　　　　　　　　　　　120 000
　　贷：资产减值损失——存货跌价准备　　　　　　　　　　　120 000

　　2008 年 12 月 31 日，该批库存钢管的可变现净值又有所恢复，应冲减存货跌价准备为 150 000 元（3 150 000 元 - 3 000 000 元），但是对该批库存钢管已计提的存货跌价准备的余额仅为 80 000 元，因此，当期应转回的存货跌价准备为 80 000 元而不是 150 000 元（即以将对库存钢管已计提的"存货跌价准备"余额冲减至零为限）。

借：存货跌价准备　　　　　　　　　　　　　　　　　　　80 000
　　贷：资产减值损失——存货跌价准备　　　　　　　　　　　　80 000

（八）存货清查

　　由于存货属于流动资产，因此，存货清查的核算应通过"待处理流动资产损溢"明细科目进行核算。

　　"待处理财产损溢——待处理流动资产损溢"科目的借方核算三个方面的内容：①盘亏、毁损材料等存货的实际成本；②材料物资在运输途中的短缺与不合理损耗，尚待查明原因和需要按规定管理权限报经批准才能转销的损失；③按规定管理权限报经批准后或在年终结账前尚未经批准的盘盈存货的处理。

贷方核算两个方面的内容：①盘盈存货的入账价值；②按规定管理权限报经批准或在年终结账前尚未经批准而处理的盘亏或毁损存货的成本。

企业的财产损溢，应查明原因，在期末结账前处理完毕，处理后本科目应无余额。

1. 盘盈、盘亏、毁损的存货

盘盈的存货应按其重置成本作为入账价值。按管理权限报经批准后冲减当期管理费用。

盘盈的各种材料、产成品、库存商品等存货，借记"原材料"、"库存商品"等科目，贷记"待处理财产损溢——待处理流动资产损溢"科目。

盘亏、毁损的各种材料、产成品、商品等存货，借记"待处理财产损溢——待处理流动资产损溢"科目，贷记"原材料"、"库存商品"等科目。材料、产成品、商品采用计划成本（或售价）核算的，还应同时结转成本差异（或商品进销差价）。涉及增值税的，应借记"应交税费——应交增值税（进项税额转出）"科目。

例如，某公司2007年12月10日对库存原材料进行全面盘点，列出"库存材料盈亏明细表"，盘盈的材料按确定的实际成本5 600元入账，盘亏材料的实际成本为6 500元。

①借：原材料　　　　　　　　　　　　　　　　　　　　　　5 600

　　　贷：待处理财产损溢——待处理流动资产损溢　　　　　　　5 600

②借：待处理财产损溢——待处理流动资产损溢　　　　　　6 500

　　　贷：原材料　　　　　　　　　　　　　　　　　　　　　　6 500

2. 盘盈、盘亏、毁损的存货经批准后处理

存货发生的盘亏或毁损，应作为待处理财产损溢进行核算。按管理权限报经批准后，根据造成存货盘亏或毁损的原因，分别以下情况进行处理：

（1）属于计量收发差错和管理不善等原因造成的存货短缺，应先扣除残料价值、可以收回的保险赔偿和过失人赔偿，将净损失计入"管理费用"。

（2）属于自然灾害等非常原因造成的存货毁损，应先扣除处置收入（如残料价值）、可以收回的保险赔偿和过失人赔偿，将净损失计入"营业外支出"。

盘亏、毁损的存货，按管理权限报经批准后处理时，按残料价值，借记"原材料"等科目，按可收回的保险赔偿或过失人赔偿，借记"其他应收款"科目，按"待处理财产损溢——待处理流动资产损溢"科目余额，贷记"待处理财产损溢——待处理流动资产损溢"科目，按其借方差额，属于管理原因造成的，借记"管理费用"科目，属于非正常损失的，借记"营业外支出——非常损失"科目。

盘盈的存货，借记"待处理财产损溢——待处理流动资产损溢"科目，贷记"管理费用"科目。

【例1】某公司2007年12月31日按规定管理权限报经批准，对盘盈材料5 600元，冲减管理费用。

借：待处理财产损溢——待处理流动资产损溢　　　　　　5 600

　　贷：管理费用——存货盘亏与盘盈 5 600

【例2】某公司2007年12月10日盘亏材料6 500元，经查属于管理方面的原因，按规定的管理权限报经批准进行处理。

　　　　借：管理费用——存货盘亏与盘盈 6 500

　　　　　　贷：待处理财产损溢——待处理流动资产损溢 6 500

【例3】某公司于2007年6月20日由于自然灾害毁损的原材料实际成本10 000元，该批毁损原材料的进项税额为1 700元，其残值处置收入为2 000元。

　　①借：待处理财产损溢——待处理流动资产损溢 11 700

　　　　贷：原材料 10 000

　　　　　　应交税费——应交增值税——进项税额转出 1 700

　　②借：银行存款 2 000

　　　　贷：待处理财产损溢——待处理流动资产损溢 2 000

　　③借：营业外支出——非常损失 9 700

　　　　贷：待处理财产损溢——待处理流动资产损溢 9 700

3. 库存商品的盘盈与盘亏

库存商品的盘盈与盘亏比照原材料的盘盈与盘亏进行账务处理。

第四节　投资性房地产

一、投资性房地产核算的有关规定

（一）投资性房地产的概念

投资性房地产，是指为赚取租金或资本增值，或两者兼有而持有的房地产。投资性房地产应当能够单独计量和出售。

（二）投资性房地产的范围

1. 投资性房地产

（1）已出租的土地使用权

💡〔注释〕

已出租的土地使用权，是指企业通过出让或转让方式取得的、以经营租赁方式出租的土地使用权。企业取得的土地使用权通常包括在一级市场上以交纳土地出让金的方式取得的土地使用权，也包括在二级市场上接受其他单位转让的土地使用权。例如，甲公司与乙公司签署了土地使用权租赁协议，甲公司以年租金720万元租赁使用乙公司拥有的40万平方米土地使用权。那么，自租赁协议约定的租赁期开始日起，这项土地使用权属于乙公司的投资性房地产。

对于以经营租赁方式租入土地使用权再转租给其他单位的，不能确认为投资性房地产。

(2) 持有并准备增值后转让的土地使用权

💡〔注释〕

持有并准备增值后转让的土地使用权，是指企业取得的、准备增值后转让的土地使用权。这类土地使用权很可能给企业带来资本增值收益，符合投资性房地产的定义。例如，企业发生转产或厂址搬迁，部分土地使用权停止自用，管理层决定继续持有这部分土地使用权，待其增值后转让以赚取增值收益。

企业依法取得土地使用权后，应当按照国有土地有偿使用合同或建设用地批准书规定的期限动工开发建设。根据 1999 年 4 月 26 日国土资源部发布的《闲置土地处理办法》的规定，土地使用者依法取得土地使用权后，未经原批准用地的人民政府同意，超过规定的期限未动工开发建设的建设用地属于闲置土地。具有下列情形之一的，也可以认定为闲置土地：①国有土地有偿使用合同或者建设用地批准书未规定动工开发建设日期，自国有土地有偿使用合同生效或者土地行政主管部门建设用地批准书颁发之日起满 1 年未动工开发建设的；②已动工开发建设但开发建设的面积占应动工开发建设总面积不足 1/3 或者已投资额占总投资额不足 25% 且未经批准中止开发建设连续满 1 年的；③法律、行政法规规定的其他情形。《闲置土地处理办法》还规定，经法定程序批准，对闲置土地可以选择延长开发建设时间（不超过 1 年）、改变土地用途、办理有关手续后继续开发建设等方案。

按照国家有关规定认定的闲置土地，不属于持有并准备增值后转让的土地使用权，也就不属于投资性房地产。

(3) 已出租的建筑物

💡〔注释〕

已出租的建筑物是指企业拥有产权的、以经营租赁方式出租的建筑物，包括自行建造或开发活动完成后用于出租的建筑物。例如，甲公司将其拥有的某栋厂房整体出租给乙公司，租赁期 2 年。对于甲公司而言，自租赁期开始日起，该栋厂房属于投资性房地产。企业在判断和确认已出租的建筑物时，应当把握以下要点：

①用于出租的建筑物是指企业拥有产权的建筑物。企业以经营租赁方式租入再转租的建筑物不属于投资性房地产。例如，甲企业与乙企业签订了一项经营租赁合同，乙企业将其持有产权的一栋办公楼出租给甲企业，为期 5 年。甲企业一开始将该办公楼改装后用于自行经营餐馆。2 年后，由于连续亏损，甲企业将餐馆转租给丙公司，以赚取租金差价。这种情况下，对于甲企业而言，该栋楼不属于其投资性房地产。对于乙企业而言，则属于其投资性房地产。

②已出租的建筑物是企业已经与其他方签订了租赁协议，约定以经营租赁方式出租的建筑物。自租赁协议规定的租赁期开始日起，经营租出的建筑物才属于已出租的建筑物。企业计划用于出租但尚未出租的建筑物，不属于已出租的建筑物。例如，甲企业在当地房地产交易中心通过竞拍取得一块土地的使用权。甲企业按照合同规定对这块土地进行了开发，并在这块土地上建造了一栋商场，拟用于整体出租，但尚未找到合适的承租人。本例中，这栋商场不属于投资性房地产。直到甲企业与承租人签订

经营租赁合同，自租赁期开始日起，这栋商场才能转换为投资性房地产；同时，相应的土地使用权（无形资产）也应当转换为投资性房地产。

③企业将建筑物出租，按租赁协议向承租人提供的相关辅助服务在整个协议中不重大的，应当将该建筑物确认为投资性房地产。例如，企业将其办公楼出租，同时向承租人提供维护、保安等日常辅助服务，企业应当将其确认为投资性房地产。例如，甲企业在中关村购买了一栋写字楼，共 12 层。其中 1 层经营出租给某家大型超市，2～5 层经营出租给乙公司，6～12 层经营出租给丙公司。甲企业同时为该写字楼提供保安、维修等日常辅助服务。本例中，甲企业将写字楼出租，同时提供的辅助服务不重大。对于甲企业而言，这栋写字楼属于甲企业的投资性房地产。

2. 非投资性房地产

（1）自用房地产

💡〔注释〕

自用房地产是指为生产商品、提供劳务或者经营管理而持有的房地产，如企业生产经营用的厂房和办公楼属于固定资产，企业生产经营用的土地使用权属于无形资产。

自用房地产的特征在于服务于企业自身的生产经营，其价值会随着房地产的使用而逐渐转移到企业的产品或服务中去，通过销售商品或提供服务为企业带来经济利益，在产生现金流量的过程中与企业持有的其他资产密切相关。

例如，企业出租给本企业职工居住的宿舍，虽然也收取租金，但间接为企业自身的生产经营服务，因此具有自用房地产的性质。又如，企业拥有并自行经营的旅馆、饭店。旅馆、饭店的经营者在向顾客提供住宿服务的同时，还提供餐饮、娱乐等其他服务，其经营目的主要是通过向客户提供服务取得服务收入，因此，企业自行经营的旅馆、饭店是企业的经营场所，应当属于自用房地产。

（2）作为存货的房地产

💡〔注释〕

作为存货的房地产通常是指房地产开发企业在正常经营过程中销售的或为销售而正在开发的商品房和土地。这部分房地产属于房地产开发企业的存货，其生产、销售构成企业的主营业务活动，产生的现金流量也与企业的其他资产密切相关。因此，具有存货性质的房地产不属于投资性房地产。

从事房地产经营开发的企业依法取得的、用于开发后出售的土地使用权，属于房地产开发企业的存货，即使房地产开发企业决定待增值后再转让其开发的土地，也不得将其确认为投资性房地产。

实务中，存在某项房地产部分自用或作为存货出售、部分用于赚取租金或资本增值的情形。如某项投资性房地产不同用途的部分能够单独计量和出售的，应当分别确认为固定资产（或无形资产、存货）和投资性房地产。例如，甲开发商建造了一栋商住两用楼盘，一层出租给一家大型超市，已签订经营租赁合同；其余楼层均为普通住宅，正在公开销售中。这种情况下，如果一层商铺能够单独计量和出售，应当确认为甲企业的投资性房地产，其余楼层为甲企业的存货，即开发产品。

（三）投资性房地产的确认和初始计量

1. 投资性房地产同时满足下列条件的，才能予以确认：

（1）与该投资性房地产有关的经济利益很可能流入企业；

（2）该投资性房地产的成本能够可靠地计量。

2. 投资性房地产应当按照成本进行初始计量。

（1）外购投资性房地产的成本，包括购买价款、相关税费和可直接归属于该资产的其他支出。

（2）自行建造投资性房地产的成本，由建造该项资产达到预定可使用状态前所发生的必要支出构成。

（3）以其他方式取得的投资性房地产的成本，按照相关会计准则的规定确定。

💡〔注释〕

按照相关会计准则的规定予以确定，比如债务重组转入的投资性房地产就应按债务重组准则的规定进行确定；如投资者投入的土地使用权用于出租，按照长期股权投资准则的规定进行确定。

3. 与投资性房地产有关的后续支出，满足本准则第六条规定的确认条件的，应当计入投资性房地产成本；不满足本准则第六条规定的确认条件的，应当在发生时计入当期损益。

（四）投资性房地产的后续计量

1. 企业应当在资产负债表日采用成本模式对投资性房地产进行后续计量，但本准则第十条规定的除外。

💡〔注释〕

企业通常应当采用成本模式对投资性房地产进行后续计量，也可采用公允价值模式对投资性房地产进行后续计量。但同一企业只能采用一种模式对所有投资性房地产进行后续计量，不得同时采用两种计量模式。

采用成本模式计量的建筑物的后续计量，适用《企业会计准则第4号——固定资产》。采用成本模式计量的土地使用权的后续计量，适用《企业会计准则第6号——无形资产》。

在成本模式下，应当按照《企业会计准则第4号——固定资产》和《企业会计准则第6号——无形资产》的规定，对投资性房地产进行计量，计提折旧或摊销；存在减值迹象的，应当按照《企业会计准则第8号——资产减值》的规定进行处理。

2. 有确凿证据表明投资性房地产的公允价值能够持续可靠取得的，可以对投资性房地产采用公允价值模式进行后续计量。采用公允价值模式计量的，应当同时满足下列条件：

（1）投资性房地产所在地有活跃的房地产交易市场；

（2）企业能够从房地产交易市场上取得同类或类似房地产的市场价格及其他相关信息，从而对投资性房地产的公允价值作出合理的估计。

💡〔注释〕

采用公允价值计量的投资性房地产，应当同时满足以下条件：

（1）投资性房地产所在地有活跃的房地产交易市场。"所在地"一般是指投资性房地产所在的大中型城市的城区。

（2）企业能够从活跃的房地产交易市场上取得同类或类似房地产的市场价格及其他相关信息，从而对投资性房地产的公允价值作出合理的估计。"同类或类似的房地产"，对建筑物而言，是指所处地理位置和地理环境相同、性质相同、结构类型相同或相近、新旧程度相同或相近、可使用状况相同或相近的建筑物；对土地使用权而言，是指同一城区、同一位置区域、所处地理环境相同或相近、可使用状况相同或相近的土地。

不具备上述条件的，不得采用公允价值模式。

3. 采用公允价值模式计量的，不对投资性房地产计提折旧或进行摊销，应当以资产负债表日投资性房地产的公允价值为基础调整其账面价值，公允价值与原账面价值之间的差额计入当期损益（计入"公允价值变动损益"科目）。

4. 企业对投资性房地产的计量模式一经确定，不得随意变更。成本模式转为公允价值模式的，应当作为会计政策变更，按照《企业会计准则第 28 号——会计政策、会计估计变更和差错更正》处理。

已采用公允价值模式计量的投资性房地产，不得从公允价值模式转为成本模式。

（五）投资性房地产的转换

1. 企业有确凿证据表明房地产用途发生改变，满足下列条件之一的，应当将投资性房地产转换为其他资产或者将其他资产转换为投资性房地产：

（1）投资性房地产开始自用。

（2）作为存货的房地产，改为出租。

（3）自用土地使用权停止自用，用于赚取租金或资本增值。

（4）自用建筑物停止自用，改为出租。

💡〔注释〕

转换日的确定。

（1）投资性房地产开始自用，是指投资性房地产转为自用房地产。其转换日为房地产达到自用状态，企业开始将房地产用于生产商品、提供劳务或者经营管理的日期。

（2）作为存货的房地产改为出租，或者自用建筑物、自用土地使用权停止自用改为出租，其转换日为租赁期开始日。

2. 在成本模式下，应当将房地产转换前的账面价值作为转换后的入账价值。

3. 采用公允价值模式计量的投资性房地产转换为自用房地产时，应当以其转换当日的公允价值作为自用房地产的账面价值，公允价值与原账面价值的差额计入当期损益。

4. 自用房地产或存货转换为采用公允价值模式计量的投资性房地产时，投资性房地产按照转换当日的公允价值计价，转换当日的公允价值小于原账面价值的，其差额计入当期损益（计入"公允价值变动损益"科目）；转换当日的公允价值大于原账面价值的，其差额计入所有者权益。

💡〔注释〕

自用房地产或存货转换为采用公允价值模式计量的投资性房地产，该项投资性房地产应当按照转换日的公允价值计量。

转换日的公允价值小于原账面价值的，其差额计入当期损益。

转换日的公允价值大于原账面价值的，其差额作为资本公积（其他资本公积），计入所有者权益。处置该项投资性房地产时，原计入所有者权益的部分应当转入处置当期损益。

（六）投资性房地产的处置

1. 当投资性房地产被处置，或者永久退出使用且预计不能从其处置中取得经济利益时，应当终止确认该项投资性房地产。

2. 企业出售、转让、报废投资性房地产或者发生投资性房地产毁损，应当将处置收入扣除其账面价值和相关税费后的金额计入当期损益。

（七）投资性房地产的披露

企业应当在附注中披露与投资性房地产有关的下列信息：

（1）投资性房地产的种类、金额和计量模式。

（2）采用成本模式的，投资性房地产的折旧或摊销，以及减值准备的计提情况。

（3）采用公允价值模式的，公允价值的确定依据和方法，以及公允价值变动对损益的影响。

（4）房地产转换情况、理由，以及对损益或所有者权益的影响。

（5）当期处置的投资性房地产及其对损益的影响。

二、投资性房地产有关业务核算

"投资性房地产"科目核算企业采用成本模式计量的投资性房地产的成本。企业采用公允价值模式计量投资性房地产的，也通过本科目进行核算。"投资性房地产"科目借方核算外购、自行建造等取得的投资性房地产，以及将自用的建筑物、作为存货的房地产转换为投资性房地产；贷方核算投资性房地产转为自用与处置投资性房地产；期末借方余额，反映企业采用成本模式计量的投资性房地产成本。企业采用公允价值模式计量的投资性房地产，反映投资性房地产的公允价值。"投资性房地产"科目可按投资性房地产类别和项目进行明细核算。

"投资性房地产累计折旧（摊销）"科目核算企业计提的投资性房地产的累计折旧（摊销）。"投资性房地产累计折旧（摊销）"科目贷方核算资产负债表日企业计提的投资性房地产的累计折旧或累计摊销；借方核算处置投资性房地产时结转的已计提的投资性房地产的累计折旧或累计摊销；期末余额在贷方，反映已累计计提的投资性房地产的折旧额或摊销额。

"投资性房地产减值准备"科目核算企业按规定计提的投资性房地产的减值准备。"投资性房地产减值准备"科目贷方核算资产负债表日，根据资产减值准则确定的投资性房地产的减值金额；借方核算处置投资性房地产时结转的已计提的投资性房地产减值准备；期末余额在贷方，反映企业已计提但尚未转销的投资性房地产减值准备。

投资性房地产作为企业主营业务的，应通过"主营业务收入"和"主营业务成本"科目核算相关的损益。

（一）成本模式下的核算

1. 企业外购、自行建造等取得的投资性房地产，按应计入投资性房地产成本的金额，借记"投资性房地产"科目，贷记"银行存款"、"在建工程"等科目。

【例1】某公司于2007年1月1日以银行存款购入某栋办公楼作为投资性房地产，购置价为1 900万元，税费100万元，使用年限为10年，假设无残值，企业采取平均年限法计提折旧。该房地产出租年租金为300万元，于年末一次性结算。该公司采用成本模式对投资性房地产进行核算。

借：投资性房地产　　　　　　　　　　　　　　　20 000 000
　　贷：银行存款　　　　　　　　　　　　　　　　　20 000 000

【例2】某公司2007年3月10日考虑到大量资金闲置，房地产价格增值潜力较大，决定将闲置的1 000万元现金用于购置房地产，并对外出租。在购置房地产过程中支付相关税费100万元。该公司采用成本模式对投资性房地产进行核算。

借：投资性房地产　　　　　　　　　　　　　　　11 000 000
　　贷：银行存款　　　　　　　　　　　　　　　　　11 000 000

【例3】某公司2007年6月8日与红都公司协商，由红都公司以土地使用权进行投资，该土地使用权在红都公司的账面价值为3 000万元，投资合同约定的价格为2 500万元，但当地的市场公允价值为5 000万元。取得该土地使用权后，拟用于出租或者进行其他投资。该公司采用成本模式对投资性房地产进行核算。

借：投资性房地产　　　　　　　　　　　　　　　50 000 000
　　贷：实收资本（或股本）　　　　　　　　　　　　50 000 000

2. 将作为存货的房地产转换为投资性房地产的，应按其在转换日的账面余额，借记"投资性房地产"科目，贷记"开发产品"等科目。已计提跌价准备的，还应同时结转跌价准备。

将自用的建筑物等转换为投资性房地产的，应按其在转换日的原价、累计折旧、减值准备等，分别转入"投资性房地产"、"投资性房地产累计折旧（摊销）"、"投资性房地产减值准备"科目。

例如，某公司2006年12月31日在自有土地上建成一座厂房，此在建工程的账面成本为8 000 000元（摊销期限20年，按平均年限法摊销，预计无残值），建成初衷是作为自用的车间，但由于产品销路不畅于2008年1月1日将此厂房出租，租期为10年，出租时该厂房已计提减值准备100 000元。该公司采用成本模式对投资性房地产进行核算。

借：投资性房地产   8 000 000

  累计折旧   400 000

  固定资产减值准备   100 000

  贷：固定资产   8 000 000

    投资性房地产累计折旧（摊销）   400 000

    投资性房地产减值准备   100 000

3. 按期（月）对投资性房地产计提折旧或进行摊销，借记"其他业务成本"科目，贷记"投资性房地产累计折旧（摊销）"科目。

取得的租金收入，借记"银行存款"等科目，贷记"其他业务收入"科目。

例如，某公司于 2006 年 12 月 10 日以银行存款购入某栋商务楼作为投资性房地产，购置价为 1 400 万元，税费 100 万元，使用年限为 15 年，假设无残值，公司采取平均年限法计提折旧。该房地产出租年租金为 200 万元，于年末一次性结算。该公司采用成本模式对投资性房地产进行核算。

①购入投资性房地产时：

借：投资性房地产   15 000 000

  贷：银行存款   15 000 000

②2007 年应计提的折旧：

借：其他业务成本   1 000 000

  贷：投资性房地产累计折旧（摊销）   1 000 000

③收取租金时：

借：银行存款   2 000 000

  贷：其他业务收入   2 000 000

4. 将投资性房地产转为自用时，应按其在转换日的账面余额、累计折旧、减值准备等，分别转入"固定资产"、"累计折旧"、"固定资产减值准备"等科目。

例如，某公司 2007 年 6 月 30 日决定将投资性房地产转换为自用房地产。当日，该投资性房地产已计提累计折旧 1 500 000 元，已计提减值准备 500 000 元。假定投资性房地产账面原价为 6 000 000 元，不考虑其他因素。该公司采用成本模式对投资性房地产进行核算。

借：固定资产   6 000 000

  投资性房地产减值准备   500 000

  投资性房地产累计折旧（摊销）   1 500 000

  贷：固定资产减值准备   500 000

    累计折旧   1 500 000

    投资性房地产   6 000 000

5. 处置投资性房地产时，应按实际收到的金额，借记"银行存款"等科目，贷记"其他业务收入"科目。按该项投资性房地产的累计折旧或累计摊销，借记"投资性房地产累计折旧（摊销）"科目，按该项投资性房地产的账面余额，贷记"投资性房地产"科目，按其差额，借记"其他业务成本"科目。已计提减值准备的，还应同时结转减值准备。

💡〔注释〕

《企业会计应用指南》会计科目和主要账务处理"投资性房地产"科目核算部分，处置投资性房地产时对相关税费没有进行考虑。

例如，某公司于2006年12月10日以银行存款购入某栋商务楼作为投资性房地产，购置价为1 400万元，税费100万元，使用年限为15年，假设无残值，公司采取平均年限法计提折旧。该房地产出租年租金为200万元，于年末一次性结算。该公司采用成本模式对投资性房地产进行核算。2008年1月1日该公司以3 000万元的价格对外转让2006年12月10日购入的该栋商务楼，已通过银行转账收取转让价款。营业税税率为5%。

①取得投资性房地产处置收入：

借：银行存款　　　　　　　　　　　　　　　　　　30 000 000
　　贷：其他业务收入　　　　　　　　　　　　　　　　30 000 000

②结转投资性房地产成本：

借：投资性房地产累计折旧（摊销）　　　　　　　　　1 000 000
　　其他业务成本　　　　　　　　　　　　　　　　 15 500 000
　　贷：投资性房地产　　　　　　　　　　　　　　　15 000 000
　　　　应交税费——应交营业税　　　　　　　　　　 1 500 000

（二）公允价值模式下的核算

企业存在确凿证据表明投资性房地产的公允价值能够持续可靠取得的，可以采用公允价值计量模式。企业选择公允价值模式，就应当对其所有投资性房地产采用公允价值模式进行后续计量，不得对一部分投资性房地产采用成本模式进行后续计量，对另一部分投资性房地产采用公允价值模式进行后续计量。采用公允价值模式计量投资性房地产，应当同时满足以下两个条件：（1）投资性房地产所在地有活跃的房地产交易市场；（2）企业能够从房地产交易市场上取得同类或类似房地产的市场价格及其他相关信息，从而对投资性房地产的公允价值做出科学合理的估计。这两个条件必须同时具备，缺一不可。

在极少的情况下，采用公允价值对投资性房地产进行后续计量的企业，有证据表明，当企业首次取得某项投资性房地产（或某项现有房地产在完成建造或开发活动或改变用途后首次成为投资性房地产）时，该投资性房地产的公允价值不能持续可靠取得的，应当对该投资性房地产采用成本模式计量直至处置，并且假设无残值。但是，采用成本模式对投资性房地产进行后续计量的企业，即使有证据表明，企业首次取得某项投资性房地产时，该投资性房地产公允价值能够持续可靠取得，该企业仍应对该项投资性房地产采用成本模式进行后续计量。

　　投资性房地产的公允价值，是指在公平交易中，熟悉情况的当事人之间自愿进行房地产交换的价格。确定投资性房地产的公允价值时，应当参照活跃市场上同类或类似房地产的现行市场价格（市场公开报价）；无法取得同类或类似房地产现行市场价格的，应当参照活跃市场上同类或类似房地产的最近交易价格，并考虑交易情况、交易日期、所在区域等因素，从而对投资性房地产的公允价值作出合理的估计；也可以基于预计未来获得的租金收益和有关现金流量的现值计量。

　　上述"同类或类似"的房地产，对建筑物而言，是指所处地理位置和地理环境相同、性质相同、结构类型相同或相近、新旧程度相同或相近、可使用状况相同或相近的建筑物；对土地使用权而言，是指同一位置区域、所处地理环境相同或相近、可使用状况相同或相近的土地。

　　1. 企业外购、自行建造等取得的投资性房地产，按应计入投资性房地产成本的金额，借记"投资性房地产"科目（成本），贷记"银行存款"、"在建工程"等科目。

　　【例1】某公司2007年3月10日从万达地产公司购得繁华商业街的商务楼一栋用于出租，该楼的购买价为61 800 000元（含相关税费），款项以银行存款支付。该公司采用公允价值模式对投资性房地产进行核算。

　　　借：投资性房地产——成本　　　　　　　　　　　61 800 000
　　　　　贷：银行存款　　　　　　　　　　　　　　　　　　61 800 000

　　【例2】某公司2007年1月1日与英达公司协商，由英达公司向本企业投入房产，双方协商价为5 000万元。当日，该公司即将该房产出租给新航海公司，年租金600万元，年终一次性付清。2007年年底，该房产的公允价值为4 800万元，但2008年年底，该房产的公允价值升值至5 400万元。该公司采用公允价值模式对投资性房地产进行核算。

　　　借：投资性房地产——成本　　　　　　　　　　　50 000 000
　　　　　贷：实收资本（或股本）　　　　　　　　　　　　50 000 000

　　2. 非投资性房地产转换为投资性房地产。

　　（1）作为存货的房地产转换为投资性房地产

　　企业将作为存货的房地产转换为采用公允价值模式计量的投资性房地产时，应当按该项房地产在转换日的公允价值，借记"投资性房地产（成本）"科目；原已计提跌价准备的，借记"存货跌价准备"科目；按其账面余额，贷记"开发产品"等科目。同时，转换日的公允价值小于账面价值的，按其差额，借记"公允价值变动损益"科目；转换日的公允价值大于账面价值的，按其差额，贷记"资本公积——其他资本公积"科目。待该项投资性房地产处置时，因转换计入资本公积的部分应转入当期的其他业务收入，借记"资本公积——其他资本公积"科目，贷记"其他业务收入"科目。

　　（2）自用房地产转换为投资性房地产

　　企业将自用房地产转换为采用公允价值模式计量的投资性房地产时，应当按该项土地使用权或建筑物在转换日的公允价值，借记"投资性房地产（成本）"科目；按已计提的累计摊销或累计折旧，借记"累计摊销"或"累计折旧"科目；原已计提减值准备的，借记"无形资产减值准备"、"固定资产减值准备"科目；按其账面余额，贷记"固定资产"或"无形资产"科目。同时，转换日的公允价值小于账面价值的，按其差额，借记"公允价值变动损益"科目；转换日的公允价值大于账面价值的，按其差额，贷记"资本公积——其他资本公积"科目。待该项投资性房地产处置时，因转换计入资本公积的部分应转入当期损益，借记"资本公积——其他资本公积"科目，贷记"其他业务收入"科目。

【例1】某公司2007年6月30日决定将持有的自用建筑物用于出租，出租当日，该自用建筑物的账面原价为1 200万元，已累计折旧200万元，已计提减值准备60万元，公允价值为900万元。假定不考虑其他因素。该公司采用公允价值模式对投资性房地产进行核算。

借：投资性房地产　　　　　　　　　　　　　　　9 000 000
　　累计折旧　　　　　　　　　　　　　　　　　2 000 000
　　固定资产减值准备　　　　　　　　　　　　　600 000
　　公允价值变动损益　　　　　　　　　　　　　400 000
　　贷：固定资产　　　　　　　　　　　　　　　12 000 000

【例2】某公司2007年7月31日决定将持有的某土地使用权作为投资性房地产。出租当日，该土地使用权的账面原价为2 400万元，已累计摊销800万元，公允价值为2 000万元。假定不考虑其他因素。该公司采用公允价值模式对投资性房地产进行核算。

借：投资性房地产　　　　　　　　　　　　　　　20 000 000
　　累计摊销　　　　　　　　　　　　　　　　　8 000 000
　　贷：无形资产　　　　　　　　　　　　　　　24 000 000
　　　　资本公积——其他资本公积　　　　　　　4 000 000

3. 资产负债表日，投资性房地产的公允价值高于其账面余额的差额，借记"投资性房地产"科目（公允价值变动），贷记"公允价值变动损益"科目；公允价值低于其账面余额的差额做相反的会计分录。

取得的租金收入，借记"银行存款"等科目，贷记"其他业务收入"科目。

例如，某公司2007年1月1日与英达公司协商，由英达公司向该公司投入房产，双方协商价为5 000万元。当日，该公司即将该房产出租给新航海公司，年租金600万元，年终一次性付清。2007年年底，该房产的公允价值为4 800万元，但2008年年底，该房产的公允价值升值至5 400万元。该公司采用公允价值模式对投资性房地产进行核算。

①取得投资性房地产时：
借：投资性房地产——成本　　　　　　　　　　　50 000 000
　　贷：实收资本（或股本）　　　　　　　　　　50 000 000
②2007年年底收取租金时：
借：银行存款　　　　　　　　　　　　　　　　　6 000 000

贷：其他业务收入	6 000 000

③2007 年 12 月 31 日：

借：公允价值变动损益	2 000 000
贷：投资性房地产——公允价值变动	2 000 000

④2008 年年底收取租金时：

借：银行存款	6 000 000
贷：其他业务收入	6 000 000

⑤2008 年 12 月 31 日：

借：投资性房地产——公允价值变动	6 000 000
贷：公允价值变动损益	6 000 000

4. 投资性房地产转换为非投资性房地产

（1）投资性房地产转换为自用房地产

企业将采用公允价值模式计量的投资性房地产转换为自用房地产时，应当以其转换当日的公允价值作为自用房地产的账面价值，公允价值与原账面价值的差额计入当期损益。

转换日，按该项投资性房地产的公允价值，借记"固定资产"或"无形资产"科目，按该项投资性房地产的成本，贷记"投资性房地产——成本"科目；按该项投资性房地产的累计公允价值变动，贷记或借记"投资性房地产——公允价值变动"科目；按其差额，贷记或借记"公允价值变动损益"科目。

【例 1】某公司 2008 年 6 月 30 日决定将 2007 年 1 月 1 日出租的办公楼转为自用。当日，该投资性房地产的公允价值为 1 600 万元，该办公楼转为自用前成本为 1 000 万元，2007 年 12 月 31 日的公允价值为 1 200 万元。不考虑其他因素。该企业采用公允价值模式对投资性房地产进行核算。

借：固定资产	16 000 000
贷：投资性房地产——成本	10 000 000
——公允价值变动	2 000 000
公允价值变动损益	4 000 000

（2）投资性房地产转换为存货

企业将采用公允价值模式计量的投资性房地产转换为存货时，应当以其转换当日的公允价值作为存货的账面价值，公允价值与原账面价值的差额计入当期损益。

转换日，按该项投资性房地产的公允价值，借记"开发产品"等科目，按该项投资性房地产的成本，贷记"投资性房地产——成本"科目；按该项投资性房地产的累计公允价值变动，贷记或借记"投资性房地产——公允价值变动"科目；按其差额，贷记或借记"公允价值变动损益"科目。

【例 2】某房地产开发公司将其开发的部分写字楼用于对外经营租赁。2008 年 12 月 10 日，因租赁期满，该公司将出租的写字楼收回，并作出书面决议，将该写字楼重新开发用于对外销售，即由投资性房地产转换为存货，当日的公允价值为 8 500 万元。该项房地产在转换前采用公允价值模式计量，原账面价值为 8 200 万元，其中，成本为 7 000 万元，公允价值变动为 1 200 万元。

借：开发产品　　　　　　　　　　　　　　　　　　85 000 000
　　贷：投资性房地产——成本　　　　　　　　　　　　　70 000 000
　　　　　　　　——公允价值变动　　　　　　　　　　　12 000 000
　　　　公允价值变动损益　　　　　　　　　　　　　　　3 000 000

5. 处置采用公允价值模式计量的投资性房地产时，应当按实际收到的金额，借记"银行存款"等科目，贷记"其他业务收入"科目；按该项投资性房地产的账面余额，借记"其他业务成本"科目；按其成本，贷记"投资性房地产——成本"科目；按其累计公允价值变动，贷记或借记"投资性房地产——公允价值变动"科目。同时结转投资性房地产累计公允价值变动。若存在原转换日计入资本公积的金额，也一并结转。

💡〔注释〕

原转换日产生的资本公积转出时不调整"其他业务收入"，而是调整"其他业务成本"。

例如，某公司与英达公司签订租赁协议，将其原先自用的一栋写字楼出租给英达公司使用，租期为 1 年，租赁期开始日为 2007 年 6 月 10 日。2008 年 6 月 10 日，该写字楼的账面余额原价为 20 000 万元，已计提折旧 6 000 万元，公允价值为 22 000 万元。2007 年 12 月 31 日，该项投资性房地产的公允价值为 24 000 万元。2008 年 6 月 10 日租赁期届满，公司收回该项投资性房地产，并以 24 800 万元出售，出售款项已收讫。假设该公司采用公允价值模式计量，不考虑相关税费。

①2007 年 6 月 10 日，自用房地产转换为投资性房地产：

借：投资性房地产——成本　　　　　　　　　　　　220 000 000
　　累计折旧　　　　　　　　　　　　　　　　　　60 000 000
　　贷：固定资产　　　　　　　　　　　　　　　　　200 000 000
　　　　资本公积——其他资本公积　　　　　　　　　80 000 000

②2007 年 12 月 31 日，公允价值变动：

借：投资性房地产——公允价值变动　　　　　　　　20 000 000
　　贷：公允价值变动损益　　　　　　　　　　　　　20 000 000

③2008 年 6 月 10 日，收回并出售投资性房地产：

借：银行存款　　　　　　　　　　　　　　　　　　248 000 000
　　公允价值变动损益　　　　　　　　　　　　　　20 000 000
　　资本公积——其他资本公积　　　　　　　　　　80 000 000
　　其他业务成本　　　　　　　　　　　　　　　　140 000 000
　　贷：投资性房地产——成本　　　　　　　　　　　220 000 000
　　　　　　　　——公允价值变动　　　　　　　　　20 000 000
　　　　其他业务收入　　　　　　　　　　　　　　248 000 000

第五节　长期股权投资

一、长期股权投资核算有关规定

（一）本准则规范的范围

（1）企业持有的能够对被投资单位实施控制的权益性投资，即对子公司投资。

（2）企业持有的能够与其他合营方一同对被投资单位实施共同控制的权益性投资，即对合营企业投资。

（3）企业持有的能够对被投资单位施加重大影响的权益性投资，即对联营企业投资。

（4）企业对被投资单位不具有控制、共同控制或重大影响，且在活跃市场中没有报价、公允价值不能可靠计量的权益性投资。

除上述情况以外，企业持有的其他权益性投资，应当按照《企业会计准则第22号——金融工具确认和计量》的规定处理。

长期股权投资准则规范的权益性投资不包括风险投资机构、共同基金以及类似主体（如投资连结保险产品）持有的、在初始确认时按照《企业会计准则第22号——金融工具确认和计量》的规定指定为以公允价值计量且其变动计入当期损益的金融资产或者分类为交易性金融资产的投资。

💡〔注释〕

企业权益性投资的核算分类如下图所示。

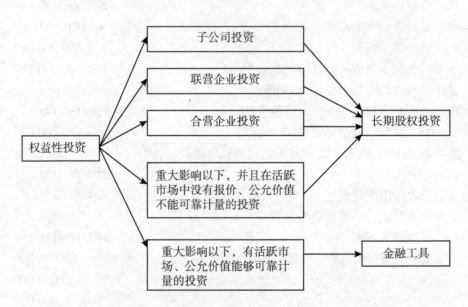

（二）共同控制资产及共同控制经营

1. 共同控制经营

共同控制经营，是指企业使用本企业的资产或其他经济资源与其他合营方共同进行某项经济活动（该经济活动不构成独立的会计主体），并且按照合同或协议约定对该经济活动实施共同控制。通过共同控制经营获取收益是共同控制经营的显著特征，每一合营者负担合营活动中本企业发生的费用，并按照合同约定确认本企业在合营产品销售收入中享有的份额。

共同控制经营的情况下，并不单独成立一个区别于各合营方的企业、合伙组织等（即不构成一个独立的会计主体），为了共同生产一项产品，各合营方分别运用自己的资产并且相应发生自身的费用。例如飞机的生产过程中，一个合营方可能负责生产机体，另外一个合营方负责安装发动机，其他的合营方可能分别负责组装飞机的某一组成部分，作为参与飞机生产的每一个合营方，其责任仅限于完成整个经济活动中的某一个组成部分，之后各合营方按照合同或协议的规定分享飞机销售所产生的收入。

在共同控制经营的情况下，合营方应作如下处理：

（1）确认其所控制的用于共同控制经营的资产及发生的负债。

在共同控制经营的情况下，合营方通常是通过运用本企业的资产及其他经济资源为共同控制经营提供必要的生产条件。按照合营合同或协议约定，合营方将本企业资产用于共同经营，合营期结束后合营方将该资产不再用于共同控制经营的，则合营方应将该资产作为本企业的资产确认。

（2）确认与共同控制经营有关的成本费用及共同控制经营产生的收入中本企业享有的份额。

合营方运用本企业的资产及其他经济资源进行合营活动，视共同控制经营的情况，应当对发生的与共同控制经营有关的支出进行归集。例如，在各合营方一起进行飞机制造的情况下，合营方应在生产成本中归集合营中发生的费用支出，借记"生产成本——共同控制经营"科目，贷记"库存现金"或"银行存款"等，对于合营中发生的某些支出需要各合营方共同负担的，合营方应将本企业应承担的份额计入生产成本。共同控制经营生产的产品对外出售时，所产生的收入中应由本企业享有的部分，应借记"库存现金"或"银行存款"等，贷记"主营业务收入"、"其他业务收入"等，同时应结转售出产品的成本，借记"主营业务成本"、"其他业务成本"等科目，贷记"库存商品"等科目。

2. 共同控制资产

共同控制资产，是指企业与其他合营方共同投入或出资购买一项或多项资产，按照合同或协议约定对有关的资产实施共同控制的情况。通过控制的资产获取收益是共同控制资产的显著特征。每一合营者按照合营合同的约定享有共同控制资产中的一定份额并据此确认为本企业的资产，享有该部分资产带来的未来经济利益。

各合营方一起共同使用一项或若干项资产、分享资产为企业带来的经济利益，如各合营方共同使用一条输油管线、一个通信网络或是在一个特定的时期内或特定的时间段内共同使用有关的资产。共同控制资产不需要单独设立区别于各合营方的企业或其他组织，仅仅是有关各方共同分享一项或多项资产的情况。

存在共同控制资产的情况下，作为合营方的企业应在自身的账簿及报表中确认共同控制的资产中本企业享有的份额，同时确认发生的负债、费用，或与有关合营方共同承担的负债、费用中应由本企业负担的份额。

（1）根据共同控制资产的性质，如固定资产、无形资产等，按合同或协议中约定的份额将本企业享有的部分确认为固定资产或无形资产等。该部分资产由实施共同控制的各方共同使用的情况下，并不改变相关资产的使用状态，不构成投资，合营方不应将其作为投资处理。

（2）确认与其他合营方共同承担的负债中应由本企业负担的部分以及本企业直接承担的与共同控制资产相关的负债。

本企业为共同控制资产发生的负债或共同控制资产在经营、使用过程中发生的负债，按照合同或协议约定应由本企业承担的部分，应作为本企业负债确认。

（3）确认共同控制资产产生的收入中应由本企业享有的部分。因各合营方共同拥有有关的资产，按照合营合同或协议的规定应分享有关资产产生的收益。如两个企业共同控制一栋出租的房屋，每一合营方均享有该房屋出租收入的一定份额，则各合营方在利润表中应确认本企业享有的收入份额。

（4）确认与其他合营方共同发生的费用中应由本企业负担的部分以及本企业直接发生的与共同控制资产相关的费用。

对于共同控制资产在经营、使用过程中发生的费用，包括有关直接费用以及应由本企业承担的共同控制资产发生的折旧费用、借款利息费用等，合营各方应当按照合同或协议的约定确定应由本企业承担的部分，作为本企业的费用确认。

（三）长期股权投资的初始计量

1. 企业合并形成的长期股权投资，应当按照下列规定确定其初始投资成本：

（1）同一控制下的企业合并，合并方以支付现金、转让非现金资产或承担债务方式作为合并对价的，应当在合并日按照取得被合并方所有者权益账面价值的份额作为长期股权投资的初始投资成本。长期股权投资初始投资成本与支付的现金、转让的非现金资产以及所承担债务账面价值之间的差额，应当调整资本公积；资本公积不足以冲减的，调整留存收益。

合并方以发行权益性证券作为合并对价的，应当在合并日按照取得被合并方所有者权益账面价值的份额作为长期股权投资的初始投资成本。按照发行股份的面值总额作为股本，长期股权投资初始投资成本与所发行股份面值总额之间的差额，应当调整资本公积；资本公积不足以冲减的，调整留存收益。

💡〔注释〕

上述在按照合并日应享有被合并方账面所有者权益的份额确定长期股权投资的初

始投资成本时，前提是合并前合并方与被合并方采用的会计政策应当一致。企业合并前合并方与被合并方采用的会计政策不同的，在以被合并方账面所有者权益为基础确定形成的长期股权投资成本时，首先应基于重要性原则，统一合并方与被合并方的会计政策。在按照合并方的会计政策对被合并方资产、负债的账面价值进行调整的基础上，计算确定形成长期股权投资的初始投资成本。

（2）非同一控制下的企业合并，购买方在购买日应当按照《企业会计准则第20号——企业合并》确定的合并成本作为长期股权投资的初始投资成本。

💡〔注释〕

非同一控制下长期股权投资的初始投资成本按以下规定确定：

①一次交换交易实现的企业合并，合并成本为购买方在购买日为取得对被购买方的控制权而付出的资产、发生或承担的负债以及发行的权益性证券的公允价值。

②通过多次交换交易分步实现的企业合并，合并成本为每一单项交易成本之和。

③购买方为进行企业合并发生的各项直接相关费用也应当计入企业合并成本。

④在合并合同或协议中对可能影响合并成本的未来事项作出约定的，购买日如果估计未来事项很可能发生并且对合并成本的影响金额能够可靠计量的，购买方应当将其计入合并成本。

比较初始投资成本与投资时占被投资单位可辨认净资产公允价值的份额：

初始投资成本大于时：差额部分作为商誉，但不调整初始投资成本；

初始投资成本小于时：差额部分经复核后计入当期损益。

2. 除企业合并形成的长期股权投资以外，其他方式取得的长期股权投资，应当按照下列规定确定其初始投资成本：

（1）以支付现金取得的长期股权投资，应当按照实际支付的购买价款作为初始投资成本。初始投资成本包括与取得长期股权投资直接相关的费用、税金及其他必要支出。

💡〔注释〕

所支付的价款中包含的被投资单位已宣告发放但尚未发放的现金股利或利润应作为应收项目核算，不构成取得长期股权投资的成本。

（2）以发行权益性证券取得的长期股权投资，应当按照发行权益性证券的公允价值作为初始投资成本。

💡〔注释〕

初始投资成本不包括应自被投资单位收取的已宣告但尚未发放的现金股利或利润。

确定发行的权益性证券的公允价值时，所发行的权益性证券存在公开市场，有明确市价可供遵循的，应以该证券的市价作为确定其公允价值的依据，同时应考虑该证券的交易量、是否存在限制性条款等因素的影响；所发行权益性证券不存在公开市场，没有明确市价可供遵循的，应考虑以被投资单位的公允价值为基础确定权益性证券的价值。

为发行权益性证券支付给有关证券承销机构等的手续费、佣金等与权益性证券发行直接相关的费用，不构成取得长期股权投资的成本。该部分费用应自权益性证券的溢价发行收入中扣除，权益性证券的溢价收入不足以冲减的，应冲减盈余公积和未分配利润。

（3）投资者投入的长期股权投资，应当按照投资合同或协议约定的价值作为初始投资成本，但合同或协议约定价值不公允的除外。

💡〔注释〕

投资者投入的长期股权投资，是指投资者以其持有的对第三方的投资作为出资投入企业，接受投资的企业原则上应当按照投资各方在投资合同或协议中约定的价值作为取得投资的初始投资成本，但有明确证据表明合同或协议中约定的价值不公允的除外。

在确定投资者投入的长期股权投资的公允价值时，有关权益性投资存在活跃市场的，应当参照活跃市场中的市价确定其公允价值；不存在活跃市场，无法按照市场信息确定其公允价值的情况下，应当将按照一定的估值技术等合理的方法确定的价值作为其公允价值。

（4）通过非货币性资产交换取得的长期股权投资，其初始投资成本应当按照《企业会计准则第 7 号——非货币性资产交换》确定。

（5）通过债务重组取得的长期股权投资，其初始投资成本应当按照《企业会计准则第 12 号——债务重组》确定。

（6）企业进行公司制改建，对资产、负债的账面价值按评估价值调整的，长期股权投资应以评估价值作为改制时的认定成本。

💡〔注释〕

企业无论是以何种方式取得长期股权投资，取得投资时，对于支付的对价中包含的应享有被投资单位已经宣告但尚未发放的现金股利或利润应作为应收项目单独核算，不构成取得长期股权投资的初始投资成本。即企业在支付对价取得长期股权投资时，实际支付的价款中包含的对方已经宣告但尚未发放的现金股利或利润，应作为应收款，构成企业的一项债权，其与取得的对被投资单位的投资应作为两项金融资产。

长期股权投资初始投资成本的确定如下图所示。

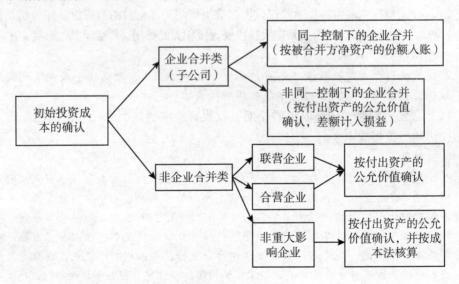

（四）长期股权投资的后续计量

1. 长期股权投资的成本法核算规定

（1）长期股权投资成本法的两种情形：

①投资企业能够对被投资单位实施控制的长期股权投资。

控制，是指有权决定一个企业的财务和经营政策，并能据以从该企业的经营活动中获取利益。投资企业能够对被投资单位实施控制的，被投资单位为其子公司，投资企业应当将子公司纳入合并财务报表的合并范围。

投资企业对子公司的长期股权投资，应当采用本准则规定的成本法核算，编制合并财务报表时按照权益法进行调整。

②投资企业对被投资单位不具有共同控制或重大影响，并且在活跃市场中没有报价、公允价值不能可靠计量的长期股权投资。

共同控制，是指按照合同约定对某项经济活动所共有的控制，仅在与该项经济活动相关的重要财务和经营决策需要分享控制权的投资方一致同意时存在。投资企业与其他方对被投资单位实施共同控制的，被投资单位为其合营企业。

重大影响，是指对一个企业的财务和经营政策有参与决策的权力，但并不能够控制或者与其他方一起共同控制这些政策的制定。投资企业能够对被投资单位施加重大影响的，被投资单位为其联营企业。

（2）在确定能否对被投资单位实施控制或施加重大影响时，应当考虑投资企业和其他方持有的被投资单位当期可转换公司债券、当期可执行认股权证等潜在表决权因素。

（3）采用成本法核算的长期股权投资应当按照初始投资成本计价。追加或收回投资应当调整长期股权投资的成本。被投资单位宣告分派的现金股利或利润，确认为当期投资收益。投资企业确认投资收益，仅限于被投资单位接受投资后产生的累积净利润的分配额，所获得的利润或现金股利超过上述数额的部分作为初始投资成本的收回。

2. 长期股权投资的权益法核算规定

（1）投资企业对被投资单位具有共同控制或重大影响的长期股权投资，采用权益法核算。

（2）长期股权投资的初始投资成本大于投资时应享有被投资单位可辨认净资产公允价值份额的，不调整长期股权投资的初始投资成本；长期股权投资的初始投资成本小于投资时应享有被投资单位可辨认净资产公允价值份额的，其差额应当计入当期损益，同时调整长期股权投资的成本。

被投资单位可辨认净资产的公允价值，应当比照《企业会计准则第20号——企业合并》的有关规定确定。

（3）投资企业取得长期股权投资后，应当按照应享有或应分担的被投资单位实现的净损益的份额确认投资损益，并调整长期股权投资的账面价值。投资企业按照被投资单位宣告分派的利润或现金股利计算应分得的部分，相应减少长期股权投资的账面价值。

（4）投资企业确认被投资单位发生的净亏损，应当以长期股权投资的账面价值以及其他实质上构成对被投资单位净投资的长期权益减记至零为限，投资企业负有承担额外损失义务的除外。

被投资单位以后实现净利润的，投资企业在其收益分享额弥补未确认的亏损分担额后，恢复确认收益分享额。

💡〔注释〕

其他实质上构成对被投资单位净投资的长期权益，通常是指长期应收项目。比如，企业对被投资单位的长期债权，该债权没有明确的清收计划且在可预见的未来期间不准备收回的，实质上构成对被投资单位的净投资。

在确认应分担被投资单位发生的亏损时，应当按照以下顺序进行处理：

首先，冲减长期股权投资的账面价值。

其次，长期股权投资的账面价值不足以冲减的，应当以其他实质上构成对被投资单位净投资的长期权益账面价值为限继续确认投资损失，冲减长期应收项目等的账面价值。

最后，经过上述处理，按照投资合同或协议约定企业仍承担额外义务的，应按预计承担的义务确认预计负债，计入当期投资损失。被投资单位以后期间实现盈利的，企业扣除未确认的亏损分担额后，应按与上述相反的顺序处理，减记已确认预计负债的账面余额、恢复其他实质上构成对被投资单位净投资的长期权益及长期股权投资的账面价值，同时确认投资收益。

（5）投资企业在确认应享有被投资单位净损益的份额时，应当以取得投资时被投资单位各项可辨认资产等的公允价值为基础，对被投资单位的净利润进行调整后确认。

被投资单位采用的会计政策及会计期间与投资企业不一致的，应当按照投资企业的会计政策及会计期间对被投资单位的财务报表进行调整，并据以确认投资损益。

💡〔注释〕

确认投资损益时，应当以取得投资时被投资单位各项可辨认资产等的公允价值为基础，对被投资单位的净利润进行调整后加以确定。比如，以取得投资时被投资单位固定资产、无形资产的公允价值为基础计提的折旧额或摊销额，相对于被投资单位已计提的折旧额、摊销额之间存在差额的，应按其差额对被投资单位净损益进行调整，并按调整后的净损益和持股比例计算确认投资损益。在进行有关调整时，应当考虑具有重要性的项目。

存在下列情况之一的，可以按照被投资单位的账面净损益与持股比例计算确认投资损益，但应当在附注中说明这一事实及其原因。

①无法可靠确定投资时被投资单位各项可辨认资产等的公允价值；

②投资时被投资单位可辨认资产等的公允价值与其账面价值之间的差额较小；

③其他原因导致无法对被投资单位净损益进行调整。

（6）投资企业对于被投资单位除净损益以外所有者权益的其他变动，应当调整长期股权投资的账面价值并计入所有者权益。

💡〔注释〕

对于被投资单位除净损益以外所有者权益的其他变动，在持股比例不变的情况下，企业按照持股比例计算应享有或承担的部分，调整长期股权投资的账面价值，同时增加或减少资本公积（其他资本公积）。

3. 长期股权投资成本法与权益法的相互结转

（1）投资企业因减少投资等原因对被投资单位不再具有共同控制或重大影响的，并且在活跃市场中没有报价、公允价值不能可靠计量的长期股权投资，应当改按成本法核算，并以权益法下长期股权投资的账面价值作为按照成本法核算的初始投资成本。

（2）因追加投资等原因能够对被投资单位实施共同控制或重大影响但不构成控制的，应当改按权益法核算，并以成本法下长期股权投资的账面价值或按照《企业会计准则第22号——金融工具确认和计量》确定的投资账面价值作为按照权益法核算的初始投资成本。

4. 长期股权投资的减值

按照本准则规定的成本法核算的、在活跃市场中没有报价、公允价值不能可靠计量的长期股权投资，其减值应当按照《企业会计准则第22号——金融工具确认和计量》处理；其他按照本准则核算的长期股权投资，其减值应当按照《企业会计准则第8号——资产减值》处理。

长期股权投资减值的处理如下图所示。

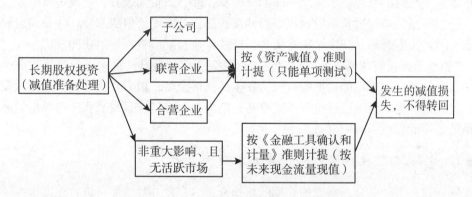

5. 长期股权投资的处置

处置长期股权投资，其账面价值与实际取得价款的差额，应当计入当期损益。采用权益法核算的长期股权投资，因被投资单位除净损益以外所有者权益的其他变动而计入所有者权益的，处置该项投资时应当将原计入所有者权益的部分按相应比例转入当期损益。

6. 长期股权投资的披露

投资企业应当在附注中披露与长期股权投资有关的下列信息：

（1）子公司、合营企业和联营企业清单，包括企业名称、注册地、业务性质、投资企业的持股比例和表决权比例。

（2）合营企业和联营企业当期的主要财务信息，包括资产、负债、收入、费用等合计金额。

（3）被投资单位向投资企业转移资金的能力受到严格限制的情况。

（4）当期及累计未确认的投资损失金额。

（5）与对子公司、合营企业及联营企业投资相关的或有负债。

二、长期股权投资有关业务核算

"长期股权投资"科目借方核算：①企业与其他企业进行企业合并、以支付现金、非现金资产等方式取得的长期股权投资的初始投资成本；②企业的长期股权投资采用权益法核算的，长期股权投资的初始投资成本小于投资时应享有被投资单位可辨认净资产公允价值份额的差额，而调增的投资成本；③资产负债表日，采用权益法核算的长期股权投资，根据被投资单位实现的净利润或经调整的净利润计算应享有的份额；④在持股比例不变的情况下，被投资单位除净损益以外所有者权益的其他变动，企业按持股比例计算应享有的份额；⑤将长期股权投资自成本法转为权益法核算时，应按转换时该项长期股权投资的账面价值作为权益法核算的初始投资成本，初始投资成本小于占被投资单位可辨认净资产公允价值份额的差额，而调增的投资成本。贷方核算：①长期股权投资采用成本法核算的，被投资单位宣告发放的现金股利或利润中属于本企业在取得投资前实现净利润的分配额；②资产负债表日，被投资单位发生亏损、分担亏损份额超过长期股权投资而冲减长期权益账面价值的部分；③长期股权投资出售时的账面余额；期末余额在借方，反映企业长期股权投资的账面价值。

"长期股权投资减值准备"科目贷方核算资产负债表日，根据资产减值或金融工具确认和计量准则确定的长期股权投资发生的减值金额；借方核算处置长期股权投资时结转的已计提的长期股权投资减值准备；期末余额在贷方，反映企业已计提但尚未转销的长期股权投资减值准备。

（一）长期股权投资初始投资成本确认

同一控制下企业合并形成的长期股权投资，应在合并日按取得被合并方所有者权益账面价值的份额，借记"长期股权投资"科目，按支付的合并对价的账面价值，贷记或借记有关资产、负债科目，按其差额，贷记"资本公积"科目；如为借方差额，借记"资本公积——资本溢价或股本溢价"科目，资本公积（资本溢价或股本溢价）不足以冲减的，应依次借记"盈余公积"、"利润分配——未分配利润"科目。

非同一控制下企业合并形成的长期股权投资，应在购买日按企业合并成本（不含应自被投资单位收取的现金股利或利润），借记"长期股权投资"科目，按享有被投资单位已宣告但尚未发放的现金股利或利润，借记"应收股利"科目，按支付合并对价的账面价值，贷记或借记有关资产、负债科目，按发生的直接相关费用，贷记"银行存款"等科目，按其差额，贷记"营业外收入"或借记"营业外支出"等科目。

非同一控制下企业合并涉及以库存商品等作为合并对价的，应按库存商品的公允价值，贷记"主营业务收入"科目，并同时结转相关的成本。涉及增值税的，还应进行相应的处理。

以支付现金、非现金资产等其他方式（非企业合并）形成的长期股权投资，比照非同一控制下企业合并形成的长期股权投资的相关规定进行处理。

投资者投入的长期股权投资，应按确定的长期股权投资成本，借记"长期股权投资"科目，贷记"实收资本"或"股本"科目。

1. 同一控制下的企业合并

例如，某公司与红火公司同属星光公司的子公司。该企业于 2007 年 2 月 10 日以货币资金 1 500 万元取得红火公司 60% 的股份。红火公司 2007 年 2 月 10 日所有者权益为 3 000 万元。

借：长期股权投资　　　　　　　　　　　　　　　　　18 000 000
　　贷：银行存款　　　　　　　　　　　　　　　　　　15 000 000
　　　　资本公积——资本溢价　　　　　　　　　　　　 3 000 000

2. 非同一控制下的企业合并

例如，某公司与新大地公司属非同一控制下的两个公司。该企业于 2007 年 5 月 1 日以固定资产对新大地公司投资，取得新大地公司 60% 的股份。该固定资产原值 1 500 万元，已计提折旧 400 万元，已计提减值准备 50 万元，在投资当日该设备的公允价值为 1 250 万元。乙公司 2007 年 3 月 1 日可辨认净资产公允价值的份额为 2 000 万元。

①按投出的固定资产：

借：固定资产清理　　　　　　　　　　　　　　　　　10 500 000
　　固定资产减值准备　　　　　　　　　　　　　　　　 500 000
　　累计折旧　　　　　　　　　　　　　　　　　　　 4 000 000
　　贷：固定资产　　　　　　　　　　　　　　　　　15 000 000

②按确定的投资成本：

借：长期股权投资　　　　　　　　　　　　　　　　　12 500 000
　　贷：固定资产清理　　　　　　　　　　　　　　　10 500 000
　　　　营业外收入——处置非流动资产利得　　　　　　 2 000 000

3. 多次交易实现的企业合并

通过多次交换交易，分步取得股权最终形成企业合并的，企业合并成本为每一单项交换交易的成本之和。其中，达到企业合并前对持有的长期股权投资采用成本法核算的，长期股权投资在购买日应为原账面余额加上购买日为取得进一步的股份新支付对价的公允价值之和；达到企业合并前对长期股权投资采用权益法等方法核算的，购买日应对权益法下长期股权投资的账面余额进行调整，将有关长期股权投资的账面余额调整至最初取得成本，在此基础上加上购买日新支付对价的公允价值作为购买日长期股权投资的成本。

通过多次交换交易分步实现的非同一控制下的企业合并，企业在每一单项交换交易发生时，应确认对被购买方的投资。投资企业在持有被投资单位的部分股权后，通过增加持股比例等达到对被投资单位形成控制的，应分别每一单项交易的成本与该交易发生时应享有被投资单位可辨认净资产公允价值的份额进行比较，确定每一单项交易中产生的商誉。达到企业合并时应确认的商誉（或合并财务报表中应确认的商誉）为每一单项交易中应确认的商誉之和。

通过多次交易分步实现的非同一控制下的企业合并，实务操作中，应按以下顺序处理：

①对长期股权投资的账面余额进行调整。达到企业合并前长期股权投资采用成本法核算的，其账面余额一般无须调整；达到企业合并前长期股权投资采用权益法核算的，应进行调整，将其账面价值调整至取得投资时的初始投资成本，相应调整留存收益等。

②比较每一单项交易的成本与交易时应享有被投资单位可辨认净资产公允价值份额，确定每一单项交易应予确认的商誉或是应计入当期损益的金额。

③对于被购买方在购买日与交易日之间可辨认净资产公允价值的变动，相对于原持股比例的部分，在合并财务报表（吸收合并是指购买方个别财务报表）中应调整所有者权益相关项目，其中属于原取得投资后被投资单位实现净损益增加的资产价值量，应调整留存收益，差额调整资本公积。

（1）两次交易实现的企业合并

例如，甲公司于2007年1月1日以银行存款12 000万元取得乙公司20%的股权，取得投资当日乙公司的可辨认资产公允价值为50 000万元。甲公司派人参与乙公司的生产经营决策，因此，甲公司对乙公司的长期股权投资按权益法进行核算，2007年12月31日，乙公司实现净利润3 000万元，在此期间，乙公司未宣告发放现金或利润，不考虑相关税费。2008年1月5日甲公司又以银行存款34 000万元购入乙公司50%的股份，购买日乙公司可辨认净资产公允价值为60 000万元。

①2007年1月1日投资时：

借：长期股权投资　　　　　　　　　　　　　　　120 000 000
　　贷：银行存款　　　　　　　　　　　　　　　　120 000 000

②2007年12月31日确认投资损益：

借：长期股权投资——损益调整　　　　　　　　　6 000 000
　　贷：投资收益　　　　　　　　　　　　　　　　6 000 000

③2008年1月5日再次投资时：

借：长期股权投资　　　　　　　　　　　　　　　320 000 000
　　贷：银行存款　　　　　　　　　　　　　　　　320 000 000

Ⅰ.对原按照权益法核算的长期股权投资进行追溯调整（按净利润的10%提取盈余公积）

借：盈余公积　　　　　　　　　　　　　　　　　600 000
　　利润分配——未分配利润　　　　　　　　　　5 400 000
　　贷：长期股权投资　　　　　　　　　　　　　　6 000 000

Ⅱ.商誉的计算：

取得20%股份时应确认的商誉 = 120 000 000 – 500 000 000 × 20% = 20 000 000（元）

再次追加投资50%股份时应确认的商誉 = 340 000 000 – 600 000 000 × 50% = 40 000 000（元）

两次投资应确认的商誉之和 = 20 000 000 + 40 000 000 = 60 000 000（元）

④资产增值的处理

原持有20%股份在购买日对应的可辨认净资产公允价值 = 600 000 000 × 20% = 120 000 000（元）

原取得投资时应享有被投资单位净资产公允价值的份额 = 500 000 000 × 20% = 100 000 000（元）

两者之间的差额20 000 000元（120 000 000 – 100 000 000）在合并财务报表中属于被投资单位在投资以后实现净利润的部分6 000 000元（30 000 000 × 20%），调整合并财务报表中的盈余公积和未分配利润，剩余部分14 000 000元（20 000 000 – 6 000 000）调整资本公积。

（2）两次以上交易实现的企业合并

例如，甲公司于2007年1月1日以20 000 000元购入乙公司股票，占乙公司实际发行在外股数的10%，另支付60 000元相关税费等。甲公司采用成本法核算。2007年1月1日乙公司可辨认净资产公允价值为150 000 000元，2007年4月6日乙公司宣告分派2006年度的股利，每股分派0.1元的现金股利，甲公司可以获得400 000元的现金股利。2008年1月1日甲公司再以68 000 000元购入乙公司实际发行在外股数的30%，另支付150 000元相关税费。至此持股比例达40%，改用权益法核算此项投资。2007年度乙公司实现的净利润为40 000 000元，2008年1月1日乙公司可辨认净资产公允价值为200 000 000元。2008年度实现净利润为50 000 000元。2009年1月5日，甲公司又以55 000 000元购入乙公司实际发行在外股数的20%，另支付100 000元相关税费。2009年1月5日乙公司可辨认净资产公允价值为260 000 000元。甲公司按净利润的10%提取盈余公积。甲公司对该项长期股权投资未计提任何减值准备。

整个交易过程如下图：

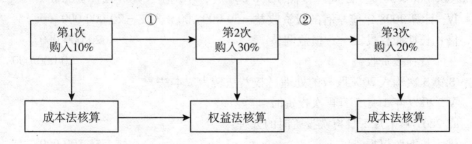

分析：第二次交易，涉及成本法转为权益法的核算，第三次交易，涉及权益法转为成本法的核算以及分步最终实现企业合并处理的问题。

①第 1 次购入 10% 股权的处理：

Ⅰ. 2007 年 1 月 1 日投资时

借：长期股权投资　　　　　　　　　　　　　　　　　　　　20 060 000
　　贷：银行存款　　　　　　　　　　　　　　　　　　　　　　20 060 000

Ⅱ. 2007 年宣告分派股利

借：应收股利　　　　　　　　　　　　　　　　　　　　　　　400 000
　　贷：长期股权投资　　　　　　　　　　　　　　　　　　　　400 000

此时，长期股权投资的账面余额为 20 060 000 – 400 000 = 19 660 000 （元）。

②第 2 次购入 30% 股权的处理（成本法转为权益法）

Ⅲ. 2008 年 1 月 1 日再次投资时

借：长期股权投资　　　　　　　　　　　　　　　　　　　　68 150 000
　　贷：银行存款　　　　　　　　　　　　　　　　　　　　　　68 150 000

a. 对于原 10% 股权的成本 20 000 000 元与投资时应享有被投资单位可辨认净资产公允价值份额 15 000 000 （150 000 000 × 10%）之间的差额 5 000 000 元，不调整长期股权投资的账面价值。

对于被投资单位可辨认净资产在原投资时至新增投资日之间公允价值的变动 50 000 000 元（200 000 000 – 150 000 000）相对于原持股比例的部分 5 000 000 元（50 000 000 × 10%），其中属于投资后被投资单位实现净利润部分 4 000 000 元（40 000 000 × 10%），应调整增加长期股权投资的账面余额，同时调整留存收益；除实现净损益以外其他原因导致的可辨认净资产公允价值的变动 1 000 000 元，应当调整增加长期股权投资的账面余额，同时计入"资本公积——其他资本公积"。

借：长期股权投资　　　　　　　　　　　　　　　　　　　　5 000 000
　　贷：资本公积——其他资本公积　　　　　　　　　　　　　　1 000 000
　　　　盈余公积　　　　　　　　　　　　　　　　　　　　　　400 000
　　　　利润分配——未分配利润　　　　　　　　　　　　　　　3 600 000

b. 对于新取得的 30% 股权，其成本为 68 150 000 元，与取得该投资时按照持股比例计算确定应享有被投资单位可辨认净资产公允价值的份额 60 000 000 元（200 000 000 × 30%）之间的差额 8 150 000 元，不调整长期股权投资的成本。

Ⅳ. 计算 2008 年应享有的投资收益 = 50 000 000 × 40% = 20 000 000 （元）

借：长期股权投资——损益调整　　　　　　　　　　　　　　20 000 000
　　贷：投资收益　　　　　　　　　　　　　　　　　　　　　　20 000 000

③第 3 次购入 20% 股权的处理（权益法转为成本法）

Ⅴ. 2009 年 1 月 5 日再次投资时

a. 2009 年 1 月 5 日再次投资时的处理：

借：长期股权投资　　　　　　　　　　　　　　　　　　　　55 100 000

贷：银行存款 55 100 000

b. 对原按照权益法核算的长期股权投资进行追溯调整：

对2008年权益法下确认损益的调整

借：盈余公积 2 000 000
　　利润分配——未分配利润 18 000 000
　　　贷：长期股权投资——损益调整 20 000 000

对2008年年初成本法转为权益法时增加长期股权投资的调整：

借：盈余公积 500 000
　　利润分配——未分配利润 4 500 000
　　　贷：长期股权投资——损益调整 5 000 000

c. 资产增值的处理

原持有10%股份在购买日对应的可辨认净资产公允价值 = 260 000 000 × 10% = 26 000 000（元）。

原取得投资时应享有被投资单位净资产公允价值的份额 = 150 000 000 × 10% = 15 000 000（元）。

两者之间的差额11 000 000元（26 000 000 - 15 000 000）在合并财务报表中属于被投资单位在投资以后实现净利润的部分9 000 000元 ｛(40 000 000 + 50 000 000) × 10%｝，调整合并财务报表中的盈余公积和未分配利润，剩余部分2 000 000元（11 000 000 - 9 000 000）调整资本公积。

d. 商誉的计算：

第1次投资10%股份时应确认的商誉 = 19 660 000 - 150 000 000 × 10% = 4 660 000（元）

第2次投资30%股份时应确认的商誉 = 68 150 000 - 200 000 000 × 30% = 8 150 000（元）

第3次投资20%股份时应确认的商誉 = 55 100 000 - 260 000 000 × 20% = 3 100 000（元）

3次投资共计应确认的商誉之和 = 4 660 000 + 8 150 000 + 3 100 000 = 15 910 000（元）

（二）长期股权投资的成本法

1. 长期股权投资账面价值的调整及投资损益的确认

采用成本法核算的长期股权投资，初始投资或追加投资时，按照初始投资或追加投资的成本增加长期股权投资的账面价值。被投资单位宣告分派的现金股利或利润中，投资企业按应享有的部分确认为当期投资收益；但投资企业确认的投资收益仅限于所获得的被投资单位在接受投资后产生的累积净利润的分配额。所获得的被投资单位宣告分派的利润或现金股利超过被投资单位在接受投资后产生的累积净利润的部分，应冲减长期股权投资的账面价值。

2. 应抵减初始投资成本金额的确定

按照成本法核算的长期股权投资，自被投资单位获得的现金股利或利润超过被投资单位在接受投资后产生的累积净利润的部分，应冲减投资的账面价值。

一般情况下，投资企业在取得投资当年自被投资单位分得的现金股利或利润应作为投资成本的收回。以后年度，被投资单位累积分派的现金股利或利润超过投资以后至上年末止被投资单位累积实现净损益的，投资企业按照持股比例计算应享有的部分作为投资成本的收回。具体可按以下公式计算：

应冲减初始投资成本的金额 = [投资后至本年末（或本期末）止被投资单位分派的现金股利或利润 − 投资后至上年末止被投资单位累积实现的净损益] × 投资企业的持股比例 − 投资企业已冲减的初始投资成本

应确认的投资收益 = 投资企业当年获得的利润或现金股利 − 应冲减初始投资成本的金额

如果投资后至本年末（或本期末）止被投资单位累积分派的现金股利或利润大于投资后至上年末止被投资单位累积实现的净损益，则按上述公式计算应冲减初始投资成本的金额；如果投资后至本年末（或本期末）止被投资单位累积分派的现金股利或利润等于或小于投资后至上年末止被投资单位累积实现的净损益，则被投资单位当期分派的利润或现金股利中应由投资企业享有的部分，应确认为投资收益。

长期股权投资采用成本法核算的，应按被投资单位宣告发放的现金股利或利润中属于本企业的部分，借记"应收股利"科目，贷记"投资收益"科目；属于被投资单位在取得投资前实现净利润的分配额，应作为投资成本的收回，借记"应收股利"科目，贷记"长期股权投资"科目。

【例1】某公司 2007 年 1 月 8 日以银行存款 155 600 000 元（含支付相关税费 600 000 元）购入非同一控制下的东大公司股份 10 000 000 股，每股价格 15.5 元。该企业购入东大公司股份，占东大公司有表决权资本的 60%，并准备长期持有，东大公司可辨认净资产的公允价值为 25 000 万元。

借：长期股权投资　　　　　　　　　　　　　　155 600 000

　　贷：银行存款　　　　　　　　　　　　　　　　　155 600 000

💡〔注释〕

长期股权投资的初始投资成本 = 155 600 000 元；可辨认净资产公允价值的份额为 250 000 000 × 60% = 150 000 000（元）；商誉 = 155 600 000 − 150 000 000 = 5 600 000（元）。

【例2】某公司 2007 年 1 月 1 日，以银行存款购入海航公司 60% 的股份，并准备长期持有。初始投资成本 20 000 万元，海航公司可辨认净资产公允价值为 30 000 万元。海航公司于 2007 年 4 月 20 日宣告分派 2006 年度的现金股利 2 000 万元。假设海航公司 2007 年 1 月 1 日股东权益合计为 24 000 万元，其中股本为 20 000 万元，未分配利润为 4 000 万元；2007 年实现净利润 80 000 000 元；2008 年 5 月 10 日宣告分派现金股利 3 000 万元。

① 2007 年 1 月 1 日投资时：

借：长期股权投资　　　　　　　　　　　　　　200 000 000

　　贷：银行存款　　　　　　　　　　　　　　　　200 000 000

🔍〔注释〕

长期股权投资的初始投资成本 = 200 000 000 元；可辨认净资产公允价值的份额为 300 000 000 × 60% = 180 000 000（元）；商誉 = 200 000 000 – 180 000 000 = 20 000 000（元）。

② 2007 年 4 月 20 日宣告发放 2006 年度的现金股利时：

借：应收股利（20 000 000 × 60%）　　　　　　12 000 000

　　贷：长期股权投资　　　　　　　　　　　　　　12 000 000

③ 2008 年 5 月 10 日宣告发放 2007 年度的现金股利时：

借：应收股利　　　　　　　　　　　　　　　　18 000 000

　　长期股权投资　　　　　　　　　　　　　　30 000 000

　　贷：投资收益——股利收入　　　　　　　　　　48 000 000

🔍〔注释〕

应冲减初始投资成本的金额 =（投资后至本年年末止被投资单位累积分派的利润或现金股利 – 投资后至上年末止被投资单位累计实现的净损益）× 投资企业持股比例 – 投资企业已冲减的初始投资成本 =（50 000 000 – 80 000 000）× 60% – 12 000 000 = – 30 000 000（元）；应确认的投资收益 = 投资企业当年获得的利润或现金股利 – 应冲减的初始投资成本 = 30 000 000 × 60% –（– 30 000 000）= 48 000 000（元）。

（三）长期股权投资的权益法

《长期股权投资》准则规定，应当采用权益法核算的长期股权投资包括两类：一是对合营企业投资；二是对联营企业投资。

1. 核算程序

按照权益法核算的长期股权投资，一般的核算程序为：

（1）初始投资或追加投资时，按照初始投资成本或追加投资的投资成本，增加长期股权投资的账面价值。

（2）比较初始投资成本与投资时应享有被投资单位可辨认净资产公允价值的份额，对于初始投资成本小于应享有被投资单位可辨认净资产公允价值份额的，应对长期股权投资的账面价值进行调整，计入取得投资当期的损益。

（3）持有投资期间，随着被投资单位所有者权益的变动相应调整增加或减少长期股权投资的账面价值，并分别情况处理：对属于因被投资单位实现净损益产生的所有者权益的变动，投资企业按照持股比例计算应享有的份额，增加或减少长期股权投资的账面价值，同时确认为当期投资损益；对被投资单位除净损益以外其他因素导致的所有者权益变动，在持股比例不变的情况下，按照持股比例计算应享有或应分担的份额，增加或减少长期股权投资的账面价值，同时确认为资本公积（其他资本公积）。

（4）被投资单位宣告分派利润或现金股利时，投资企业按持股比例计算应分得的部分，一般应冲减长期股权投资的账面价值。

2. 初始投资成本的调整

投资企业取得对联营企业或合营企业的投资以后，对于取得投资时初始投资成本与应享有被投资单位可辨认净资产公允价值份额之间的差额，应区别情况处理。

（1）初始投资成本大于取得投资时应享有被投资单位可辨认净资产公允价值份额的，该部分差额是投资企业在取得投资过程中通过作价体现出的与所取得股权份额相对应的商誉及不符合确认条件的资产价值，这种情况下不要求对长期股权投资的成本进行调整。

（2）初始投资成本小于取得投资时应享有被投资单位可辨认净资产公允价值份额的，两者之间的差额体现为双方在交易作价过程中转让方的让步，该部分经济利益流入应作为收益处理，计入取得投资当期的营业外收入，同时调整增加长期股权投资的账面价值。

3. 投资损益的确认

采用权益法核算的长期股权投资，在确认应享有或应分担被投资单位的净利润或净亏损时，在被投资单位账面净利润的基础上，应考虑以下因素的影响进行适当调整：

（1）被投资单位采用的会计政策及会计期间与投资企业不一致的，应按投资企业的会计政策及会计期间对被投资单位的财务报表进行调整。

权益法下，是将投资企业与被投资单位作为一个整体对待，作为一个整体其所产生的损益，应当在一致的会计政策基础上确定，被投资企业采用的会计政策与投资企业不同的，投资企业应当基于重要性原则，按照本企业的会计政策对被投资单位的损益进行调整。另外，投资企业与被投资单位采用的会计期间不同的，也应进行相关调整。

（2）以取得投资时被投资单位固定资产、无形资产的公允价值为基础计提的折旧额或摊销额，以及以投资企业取得投资时有关资产的公允价值为基础计算确定的资产减值准备金额等对被投资单位净利润的影响。

被投资单位个别利润表中的净利润是以其持有的资产、负债账面价值为基础持续计算的，而投资企业在取得投资时，是以被投资单位有关资产、负债的公允价值为基础确定投资成本，取得投资后应确认的投资收益代表的是被投资单位资产、负债在公允价值计量的情况下在未来期间通过经营产生的损益中归属于投资企业的部分。取得投资时有关资产、负债的公允价值与其账面价值不同的，未来期间，在计算归属于投资企业应享有的净利润或应承担的净亏损时，应考虑对被投资单位计提的折旧额、摊销额以及资产减值准备金额等进行调整。

在对被投资单位的净利润进行调整时，应考虑重要性原则，不具有重要性的项目可不予调整。符合下列条件之一的，投资企业可以被投资单位的账面净利润为基础，计算确认投资损益，同时应在附注中说明不能按照准则中规定进行核算的原因：

①投资企业无法合理确定取得投资时被投资单位各项可辨认资产等的公允价值。某些情况下，投资的作价可能因为受到一些因素的影响，不是完全以被投资单位可辨

认净资产的公允价值为基础，或者因为被投资单位持有的可辨认资产相对比较特殊，无法取得其公允价值。这种情况下，因被投资单位可辨认资产的公允价值无法取得，则无法以公允价值为基础对被投资单位的净损益进行调整。

②投资时被投资单位可辨认资产的公允价值与其账面价值相比，两者之间的差额不具重要性的。该种情况下，因为被投资单位可辨认资产的公允价值与其账面价值差额不大，要求进行调整不符合重要性原则及成本效益原则。

③其他原因导致无法取得被投资单位的有关资料，不能按照准则中规定的原则对被投资单位的净损益进行调整的。例如，要对被投资单位的净利润按照准则中规定进行调整，需要了解被投资单位的会计政策以及对有关资产价值量的判断等信息，在无法获得被投资单位相关信息的情况下，则无法对净利润进行调整。

（3）对于投资企业与其联营企业及合营企业之间发生的未实现内部交易损益应予抵销。即投资企业与联营企业及合营企业之间发生的未实现内部交易损益按照持股比例计算归属于投资企业的部分应当予以抵销，在此基础上确认投资损益。投资企业与被投资单位发生的未实现内部交易损失，按照《企业会计准则第8号——资产减值》等规定属于资产减值损失的，应当全额确认。

投资企业与联营企业及合营企业之间的未实现内部交易损益抵销与投资企业与子公司之间的未实现内部交易损益抵销有所不同，母子公司之间的未实现内部交易损益在合并财务报表中是全额抵销的，而投资企业与其联营企业及合营企业之间的未实现内部交易损益抵销仅仅是投资企业或是纳入投资企业合并财务报表范围的子公司享有联营企业或合营企业的权益份额。

应予注意的是，该未实现内部交易损益的抵销既包括顺流交易也包括逆流交易。其中顺流交易是指投资企业向联营企业或合营企业出售资产的交易，逆流交易是指联营企业或合营企业向投资企业出售资产的交易。当该未实现内部交易损益体现在投资方或其联营企业、合营企业持有的资产账面价值中时，相关的损益在计算确认投资损益时应予抵销。

①对于投资企业向联营企业或合营企业出售资产的顺流交易，在该交易存在未实现内部交易损益的情况下（即有关资产未对外部独立第三方出售），投资企业在采用权益法计算确认应享有联营企业或合营企业的投资损益时，应抵销该未实现内部交易损益的影响，同时调整对联营企业或合营企业长期股权投资的账面价值。当投资方向联营企业或合营企业出资或是将资产出售给联营企业或合营企业，同时有关资产由联营企业或合营企业持有时，投资方对于投出或出售资产产生的损益确认仅限于归属于联营企业或合营企业其他投资者的部分。即在顺流交易中，投资方投出资产或出售资产给其联营企业或合营企业产生的损益中，按照持股比例计算确定归属于本企业的部分不予确认。

例如，海欣公司2007年10月10日取得持有新都公司有表决权股份的30%，能够对新都公司生产经营决策施加重大影响。2008年6月20日，海欣公司将其账面价值为500万元的商品以600万元的价格出售给新都公司，新都公司将取得的商品作为管理用固定资产核算，预计使用寿命为10年，净残值为0。假定海欣公司在取得该项投资时，新都公司各项可辨认资产、负债的公允价值与其账面价值相同，两者在以前期间未发生过内部交易。新都公司 2008 年净利润为 1 000 万元。假定不考虑所得税影响。

海欣公司在该项交易中实现利润 100 万元，其中的 30 万元（1 000 000 × 30%）是针对海欣公司持有的对联营企业的权益份额，在采用权益法计算确认投资损益时应予抵销，同时应当考虑相关固定资产折旧额对损益的影响。

借：长期股权投资——损益调整　　　　　　　　　　　　　2 715 000
　　贷：投资收益　　　　　　　　　　　　　　　　　　　　2 715 000

💡〔注释〕

对新都公司净利润的调整：

（1）调减 100 万元的内部交易损益；

（2）调整固定资产折旧费用：1 000 000 ÷ 10 ÷ 2 = 50 000（元）；

调整后的净利润 = 10 000 000 − 1 000 000 + 50 000 = 9 050 000（元），应确认的投资损益 = 9 050 000 × 30% = 2 715 000（元）。

企业需要注意的是，海欣公司如果需要编制合并财务报表，则在合并财务报表中对该未实现内部交易损益应在个别报表已确认投资损益的基础上进行调整，在合并工作底稿中应编制以下调整分录：

借：营业收入（6 000 000 × 30%）　　　　　　　　　　　1 800 000
　　贷：营业成本（5 000 000 × 30%）　　　　　　　　　　1 500 000
　　　　投资收益　　　　　　　　　　　　　　　　　　　　300 000

②对于联营企业或合营企业向投资企业出售资产的逆流交易，在该交易存在未实现内部交易损益的情况下（即有关资产未对外部独立第三方出售），投资企业在采用权益法计算确认应享有联营企业或合营企业的投资损益时，应抵销该未实现内部交易损益的影响。当投资方自其联营企业或合营企业购买资产时，在将该资产出售给外部独立的第三方之前，不应确认联营企业或合营企业因该交易产生的损益中本企业应享有的部分。

因逆流交易产生的未实现内部交易损益，在未对外部独立第三方出售之前，体现在投资方持有资产的账面价值当中。投资企业对外编制合并财务报表的，应在合并财务报表中对长期股权投资及包含未实现内部交易损益的资产账面价值进行调整，抵销有关资产账面价值中包含的未实现内部交易损益，相应调整对联营企业或合营企业的长期股权投资。

例如，海欣公司于 2007 年 10 月 10 日取得新都公司 30% 有表决权股份，能够对新都公司施加重大影响。假定海欣公司在取得该项投资时，新都公司各项可辨认资产、负债的公允价值与其账面价值相同。2008 年 6 月 10 日，新都公司将其成本为 500 万元的某商品以 600 万元的价格出售给海欣公司。海欣公司将取得的商品作为固定资产，预计其使用寿命为 10 年，采用直线法计提折旧，净残值为 0。至 2008 年 12 月 31 日，海欣公司未对外出售该固定资产。新都公司 2008 年实现净利润为 1 200 万元。假定不考虑所得税因素影响。

借：长期股权投资——损益调整　　　　　　　　　　　3 315 000
　　贷：投资收益　　　　　　　　　　　　　　　　　　　　3 315 000

应确认的投资损益 = [（12 000 000 – 1 000 000 + 50 000）× 30%] = 3 315 000
（元）。

进行上述处理后，海欣公司如果需要编制合并财务报表的，在其 2008 年合并财务报表中，因该未实现内部交易损益体现在投资企业持有固定资产的账面价值当中，在合并工作底稿中应编制以下调整分录：

借：长期股权投资——损益调整　　　　　　　　　　　950 000
　　贷：固定资产　　　　　　　　　　　　　　　　　　　　950 000

应当说明的是，投资企业与其联营企业及合营企业之间无论顺流交易还是逆流交易产生的未实现内部交易损失，属于所转让资产发生减值损失的，有关的未实现内部交易损失不应予以抵销。

例如，海欣公司 2007 年 10 月 10 日取得新都公司 30% 有表决权股份，能够对新都公司生产经营决策施加重大影响。2008 年 5 月 20 日，海欣公司将其账面价值为 500 万元的商品以 460 万元的价格出售给新都公司。2008 年资产负债表日，该批商品尚未对外部独立第三方出售。假定海欣公司取得该项投资时，新都公司各项可辨认资产、负债的公允价值与其账面价值相同，两者在以前期间未发生过内部交易。新都公司 2008 年净利润为 1 000 万元。

上述海欣公司在确认应享有新都公司 2008 年净损益时，如果有证据表明交易价格 460 万元与海欣公司该商品账面价值 500 万元之间的差额是该资产发生了减值损失，则在确认投资损益时不应予以抵销。

借：长期股权投资——损益调整　　　　　　　　　　　3 000 000
　　贷：投资收益　　　　　　　　　　　　　　　　　　　　3 000 000

该种情况下，海欣公司在编制合并财务报表时，因向联营企业出售资产表明资产发生了减值损失，有关的损失应予确认，在合并财务报表中不予调整。

4. 取得现金股利或利润的处理

按照权益法核算的长期股权投资，投资企业自被投资单位取得的现金股利或利润，应区别以下情况分别处理：

（1）自被投资单位分得的现金股利或利润未超过已确认投资损益的，应抵减长期股权投资的账面价值。在被投资单位宣告分派现金股利或利润时，借记"应收股利"科目，贷记"长期股权投资（损益调整）"科目。

（2）自被投资单位取得的现金股利或利润超过已确认投资收益部分，但未超过投资以后被投资单位实现的账面净利润中本企业享有的份额，应作为投资收益处理。被投资单位宣告分派现金股利或利润时，按照应分得的现金股利或利润金额，借记"应收股利"科目，按照应分得的现金股利或利润未超过账面已确认投资收益的金额，贷记"长期股权投资（损益调整）"科目，上述借贷方差额贷记"投资收益"科目。

（3）自被投资单位取得的现金股利或利润超过已确认投资收益，同时也超过了投资以后被投资单位实现的账面净利润中本企业按持股比例计算应享有的部分，该部分金额应作为投资成本的收回。

5. 超额亏损的确认

《长期股权投资》准则规定，投资企业确认应分担被投资单位发生的损失，原则上应以长期股权投资及其他实质上构成对被投资单位净投资的长期权益减记至零为限，投资企业负有承担额外损失义务的除外。

这里所讲"其他实质上构成对被投资单位净投资的长期权益"通常是指长期应收项目，如企业对被投资单位的长期债权，该债权没有明确的清收计划且在可预见的未来期间不准备收回的，实质上构成对被投资单位的净投资。值得注意的是，该类长期权益不包括投资企业与被投资单位之间因销售商品、提供劳务等日常活动所产生的长期债权。

按照长期股权投资准则规定，投资企业在确认应分担被投资单位发生的亏损时，应将长期股权投资及其他实质上构成对被投资单位净投资的长期权益项目的账面价值综合起来考虑，在长期股权投资的账面价值减记至零的情况下，如果仍有未确认的投资损失，应以其他长期权益的账面价值为基础继续确认。另外，投资企业在确认应分担被投资单位的净损失时，除应考虑长期股权投资及其他长期权益的账面价值以外，如果在投资合同或协议中约定将履行其他额外的损失补偿义务，还应按照《企业会计准则第13号——或有事项》的规定确认预计将承担的损失金额。

企业在实务操作过程中，在发生投资损失时，应借记"投资收益"科目，贷记"长期股权投资（损益调整）"科目。在长期股权投资的账面价值减记至零以后，考虑其他实质上构成对被投资单位净投资的长期权益，继续确认的投资损失应借记"投资收益"科目，贷记"长期应收款"科目；因投资合同或协议约定导致投资企业需要承担额外义务的，按照或有事项准则的规定，对于符合确认条件的义务，应确认为当期损失，同时确认预计负债，借记"投资收益"科目，贷记"预计负债"科目。

在确认了有关的投资损失以后，被投资单位于以后期间实现盈利的，应按以上相反顺序分别减记已确认的预计负债、恢复其他长期权益及长期股权投资的账面价值，同时确认投资收益。即应当按顺序分别借记"预计负债"、"长期应收款"、"长期股权投资"科目，贷记"投资收益"科目。

6. 被投资单位除净损益以外所有者权益的其他变动

采用权益法核算时，投资企业对于被投资单位除净损益以外所有者权益的其他变动，在持股比例不变的情况下，应按照持股比例与被投资单位除净损益以外所有者权益的其他变动中归属于本企业的部分，相应调整长期股权投资的账面价值，同时增加或减少资本公积。

在持股比例不变的情况下，被投资单位除净损益以外所有者权益的其他变动，企业按持股比例计算应享有的份额，借记或贷记"长期股权投资"科目（其他权益变动），贷记或借记"资本公积——其他资本公积"科目。

7. 取得现金股利或利润的处理

按照权益法核算的长期股权投资，投资企业自被投资单位取得的现金股利或利润，应抵减长期股权投资的账面价值。在被投资单位宣告分派现金股利或利润时，借记"应收股利"科目，贷记"长期股权投资（损益调整）"科目；自被投资单位取得的现金股利或利润属于投资成本收回的部分，应冲减长期股权投资的成本。

8. 股票股利的处理

被投资单位分派的股票股利，投资企业不作账务处理，但应于除权日注明所增加的股数，以反映股份的变化情况。

9. 合营方向合营企业投出非货币性资产产生损益的处理

合营方向合营企业投出或出售非货币性资产的相关损益，应当按照以下原则处理：

（1）符合下列情况之一的，合营方不应确认该类交易的损益：

①与投出非货币性资产所有权有关的重大风险和报酬没有转移给合营企业。

②投出非货币性资产的损益无法可靠计量。

③投出非货币性资产交易不具有商业实质。

（2）合营方转移了与投出非货币性资产所有权有关的重大风险和报酬并且投出资产留给合营企业使用，应在该项交易中确认归属于合营企业其他合营方的利得和损失。交易表明投出或出售的非货币性资产发生减值损失的，合营方应当全额确认该部分损失。

（3）在投出非货币性资产的过程中，合营方除了取得合营企业的长期股权投资外还取得了其他货币性或非货币性资产，应当确认该项交易中与所取得其他货币性、非货币性资产相关的损益。

【例1】某公司于2007年1月1日以5 000万元投资南海公司普通股，占南海公司普通股的30%，并对南海公司有重大影响但不能控制南海公司。该公司按权益法核算对南海公司的投资。投资时南海公司所有者权益总额为15 000万元。假定南海公司的可辨认资产的公允价值无法确定。

借：长期股权投资——成本　　　　　　　　　　　　　　50 000 000
　　贷：银行存款　　　　　　　　　　　　　　　　　　　　50 000 000

【例2】某公司于2007年1月1日以4 000万元投资东风公司普通股，占东风公司普通股的20%，并对东风公司有重大影响但不能控制东风公司。该公司按权益法核算对东风公司的投资。投资时东风公司所有者权益总额为20 000万元。假定东风公司的可辨认净资产的公允价值为23 000万元。

借：长期股权投资——成本　　　　　　　　　　　　　　40 000 000
　　贷：银行存款　　　　　　　　　　　　　　　　　　　　40 000 000
借：长期股权投资——成本　　　　　　　　　　　　　　6 000 000
　　贷：营业外收入　　　　　　　　　　　　　　　　　　　6 000 000

〔注释〕
长期股权投资的初始投资成本＝40 000 000元；可辨认净资产公允价值的份额为

230 000 000 × 20% = 46 000 000（元）；计入当期损益 = 46 000 000 - 40 000 000 = 6 000 000（元）。

【例3】某公司于2007年1月10日向兰大科技公司投出如下资产（见表2-4）：

表2-4　　　　　　　　　　　　　　　　　　　　　　　　　　　　　　　　单位：元

项　　目	原值	累计折旧	账面价值
机床	8 000 000	2 000 000	6 000 000
汽车	5 000 000	2 500 000	2 500 000
土地使用权	—		1 500 000
合　　计	13 000 000	4 500 000	10 000 000

该公司的投资占兰大科技公司有表决权资本的40%，对兰大科技公司有重大影响但不能控制。投资协议规定以上述资产的账面价值作价投资，假设该公司投出资产的账面价值是公允的。2007年兰大科技公司全年实现净利润4 000 000元；2008年兰大科技公司全年净亏损30 000 000元，该公司实质上构成对兰大科技公司净投资的长期应收款为3 000 000元；2009年兰大科技公司全年实现净利润15 000 000元。假定不考虑相关税费。

①投资时

借：固定资产清理　　　　　　　　　　　　　　　　　　　　8 500 000

　　累计折旧　　　　　　　　　　　　　　　　　　　　　　4 500 000

　　贷：固定资产　　　　　　　　　　　　　　　　　　　　　　13 000 000

借：长期股权投资——成本　　　　　　　　　　　　　　　　10 000 000

　　贷：固定资产清理　　　　　　　　　　　　　　　　　　　　8 500 000

　　　　无形资产——土地使用权　　　　　　　　　　　　　　　1 500 000

② 2007年12月31日确认损益

借：长期股权投资——损益调整　　　　　　　　　　　　　　1 600 000

　　贷：投资收益　　　　　　　　　　　　　　　　　　　　　　1 600 000

③ 2008年12月31日确认亏损

借：投资收益　　　　　　　　　　　　　　　　　　　　　　12 000 000

　　贷：长期股权投资——成本　　　　　　　　　　　　　　　　10 000 000

　　　　　　　　　　——损益调整　　　　　　　　　　　　　　1 600 000

　　长期应收款　　　　　　　　　　　　　　　　　　　　　400 000

💡〔注释〕

2008年应分担的投资亏损 = -30 000 000 × 40% = -12 000 000（元）；长期股权投资的账面价值 = 10 000 000 + 1 600 000 = 11 600 000（元）；应分担的亏损余额1 600 000元再冲减实质上构成对兰大科技公司净投资的长期应收款。

④ 2009年12月31日确认投资收益

借：长期应收款　　　　　　　　　　　　　　　　　　　　400 000

　　长期股权投资——成本　　　　　　　　　　　　　　　　5 600 000

贷：投资收益　　　　　　　　　　　　　　　　　　　　　　　　6 000 000

【例4】 甲公司于2008年1月5日以银行存款3 500万元购入乙公司30%的股权，并自取得投资之日起派人参与乙公司的生产经营决策。取得投资当日，乙公司可辨认净资产公允价值为8 000万元。除下表所列项目外，乙公司其他资产、负债的公允价值与账面价值相同。

表2-5　　　　　　　　　　　　　　　　　　　　　　　　　　　　单位：万元

项目	账面原价	已提折旧或摊销	公允价值	乙公司预计使用年限	甲公司取得投资后剩余使用年限
固定资产	2 000	400	2 400	20	12
无形资产	1 000	200	1 500	10	6
合　计	3 000	600	3 900		

假定乙公司于2008年实现净利润1 500万元，固定资产、无形资产均按直线法提取折旧或摊销，预计净残值均为0。此外，甲公司对其投资性房地产采用成本模式进行后续计量，乙公司则采用公允价值模式计量投资性房地产，乙公司的投资性房地产2008年产生了200万元的公允价值变动收益，并且2008年乙公司向甲公司销售了一批产品，售价为620万元，生产成本为500万元。

甲公司在确定其应享有的投资收益时，应在乙公司实现净利润的基础上，根据规定进行全面调整：

（1）会计政策不一致的调整

乙公司的净利润应调减200万元。

这里企业需要注意的是，按照《投资性房地产》准则的规定，采用公允价值计量模式的企业，出租的房产不再计提折旧。投资企业在调整了公允价值变动损益后，不能再调整出租房屋的折旧费用了，因为在确定投资性房地产的公允价值时已经考虑了房屋的折旧因素。

（2）取得时公允价值与账面价值差额对净利润的影响

固定资产公允价值与账面价值的差额应调增的折旧额：$2\ 400 \div 12 - 2\ 000 \div 20 = 100$（万元）

无形资产公允价值与账面价值的差额应调增的摊销额：$1\ 500 \div 6 - 1\ 000 \div 10 = 150$（万元）

（3）内部交易损益抵销

甲公司与乙公司发生的内部交易产生了120万元的投资损益，因此甲公司在此确认投资损益时，应当予以抵销。

乙公司经过上述调整后的净利润 $= 1\ 500 - 200 - 100 - 150 - 120 = 930$（万元）

甲公司应享有份额 $= 930 \times 30\% = 279$（万元）

甲公司确认投资收益的账务处理为：

借：长期股权投资——损益调整　　　　　　　　　　　　2 790 000

　　贷：投资收益　　　　　　　　　　　　　　　　　　　　　2 790 000

（四）长期股权投资的成本法转为权益法

因追加投资等原因能够对被投资单位实施共同控制或重大影响但不构成控制的，应当改按权益法核算，并以成本法下长期股权投资的账面价值或按照《企业会计准则第 22 号——金融工具确认和计量》确定的投资账面价值作为按照权益法核算的初始投资成本。

由于转换为权益法核算涉及"投资差额的处理"，因此，成本法转换为权益法分两种情形处理：

1. 因追加投资导致持股比例上升，能够对被投资单位施加重大影响或共同控制的，在转换时，应区分原持有的长期股权投资和新增长期股权投资两部分分别处理。（具体处理时分三步）

（1）原持有长期股权投资账面余额与按照原持股比例计算确定应享有原取得投资时被投资单位可辨认净资产公允价值之间的差额：

大于时：不调整长期股权投资账面价值；

小于时：调整长期股权投资的账面价值，同时调整留存收益。

借：长期股权投资

　　贷：盈余公积

　　　　利润分配——未分配利润

（2）对于新取得的股权部分，应比较新增投资的成本与取得该部分投资时应享有被投资单位可辨认净资产公允价值的份额：

大于时：不调整长期股权投资账面价值；

小于时：调整长期股权投资的账面价值，同时确认为"营业外收入"。

借：长期股权投资

　　贷：营业外收入

（3）对于原取得投资后至新取得投资的交易日之间被投资单位可辨认净资产公允价值的变动相对于原持股比例的部分：

属于在此期间被投资单位实现净损益中应享有的部分，则：调整长期股权投资的账面价值，同时调整留存收益。（增加时，减少时则相反）

即：借：长期股权投资

　　　　贷：盈余公积

　　　　　　利润分配——未分配利润

属于其他原因导致的变动中应享有的份额，则：调整长期股权投资的账面价值，同时调整"资本公积——其他资本公积"。（增加时，减少时则相反）

即：借：长期股权投资

　　　　贷：资本公积——其他资本公积

例如，某公司 2006 年 3 月 1 日以银行存款 5 000 000 元取得恒信科技有限公司 10% 的股权，取得投资时恒信科技有限公司可辨认净资产的公允价值为 45 000 000 元。因对被投资单位不具有重大影响且无法可靠确定该项投资的公允价值，采用成本法进行核算。2007 年 3 月 1 日，公司又以银行存款 10 000 000 元取得恒信科技有限公司 15% 的股权，当日恒信科技有限公司可辨认净资产公允价值总额为 60 000 000 元。取得该部分股权后，按照恒信科技有限公司章程规定，该公司能够派人参与恒信科技有限公司的生产经营决策，对该项长期股权投资转为采用权益法核算。假设 2006 年 3 月 1 日至 2007 年 3 月 1 日恒信科技有限公司实现的净利润为 10 000 000 元，未派发现金股利或利润，除所实现净利润外，未发生其他计入资本公积的交易或者事项。

（1）2007 年 3 月 1 日，再次投资时：

借：长期股权投资　　　　　　　　　　　　　　　　　　　 10 000 000

　　贷：银行存款　　　　　　　　　　　　　　　　　　　　 10 000 000

（2）对长期股权投资账面价值进行调整：

确认该部分长期股权投资后，该公司对恒信科技有限公司投资的账面价值为 15 000 000 元。

①对于原 10% 股权的成本 5 000 000 元与投资时应享有被投资单位可辨认净资产公允价值份额 4 500 000 元（45 000 000 × 10%）之间的差额 500 000 元，不调整长期股权投资的账面价值。

对于被投资单位可辨认净资产在原投资时至新增投资日之间公允价值的变动 15 000 000 元（60 000 000 – 45 000 000）相对于原持股比例的部分 1 500 000 元（15 000 000 × 10%），其中属于投资后被投资单位实现净利润部分 1 000 000 元（10 000 000 × 10%），应调整增加长期股权投资的账面余额，同时调整留存收益；除实现净损益以外其他原因导致的可辨认净资产公允价值的变动 500 000 元，应当调整增加长期股权投资的账面余额，同时记入"资本公积——其他资本公积"科目。

借：长期股权投资　　　　　　　　　　　　　　　　　　　　 1 500 000

　　贷：资本公积——其他资本公积　　　　　　　　　　　　　 500 000

　　　　盈余公积　　　　　　　　　　　　　　　　　　　　　 100 000

　　　　利润分配——未分配利润　　　　　　　　　　　　　　 900 000

②对于新取得的股权，其成本为 10 000 000 元，与取得该投资时按照持股比例计算确定应享有被投资单位可辨认净资产公允价值的份额 9 000 000 元（60 000 000 × 15%）之间的差额 1 000 000 元，不调整长期股权投资的成本。

2. 因处置投资导致对被投资单位的影响能力由控制转为具有重大影响或共同控制的情况：

首先，应按处置或收回投资的比例结转应终止确认的长期股权投资；

其次，再比较剩余的长期股权投资与按照剩余持股比例计算原投资时应享有被投资单位可辨认净资产公允价值的份额：

大于时：不调整长期股权投资账面价值；

小于时：调整长期股权投资的账面价值，同时调整留存收益。

即：借：长期股权投资

　　　贷：盈余公积

　　　　　利润分配——未分配利润

最后，应当比较剩余的长期股权投资成本与按照剩余持股比例计算原投资时应享有被投资单位可辨认净资产公允价值的份额，属于投资作价中体现的商誉部分，不调整长期股权投资的账面价值；属于投资成本小于原投资时应享有被投资单位可辨认净资产公允价值份额的，在调整长期股权投资成本的同时，应调整留存收益。对于原取得投资后至因处置投资导致转变为权益法核算之间被投资单位实现的净损益中应享有的份额，一方面应调整长期股权投资的账面价值，同时对于原取得投资时至处置投资当期期初被投资单位实现的净损益（扣除已发放及已宣告发放的现金股利及利润）中应享有的份额，调整留存收益，对于处置投资当期期初至处置投资之日被投资单位实现的净损益中享有的份额，调整当期损益；其他原因导致被投资单位所有者权益变动中应享有的份额，在调整长期股权投资账面价值的同时，应当计入"资本公积——其他资本公积"。

例如，某公司 2007 年 5 月 10 日原持有金诚科技有限公司 60% 的股权，其账面余额为 50 000 000 元，未计提减值准备。2008 年 5 月 10 日，该公司将其持有的对金诚科技有限公司长期股权投资中的一半出售，出售取得价款 30 000 000 元，处置当日被投资单位可辨认净资产的公允价值为 120 000 000 元。2008 年 5 月 10 日投资时，金诚科技有限公司可辨认净资产公允价值为 80 000 000 元。假设 2007 年 5 月 10 日至 2008 年 5 月 10 日金诚科技有限公司共实现净利润 30 000 000 元，其中 2008 年 1 月 1 日至 5 月 10 日实现净利润 500 万元，期间未派发现金股利或利润，除所实现净利润外，未发生其他计入资本公积的交易或者事项。

在出售 30% 的股权后，该公司对金诚科技有限公司的持股比例为 30%，不再对被投资单位的生产经营决策实施控制。因此，对金诚科技有限公司的长期股权投资由成本法改为权益法进行核算。

（1）2008 年 5 月 10 日，处置投资时：

借：银行存款　　　　　　　　　　　　　　　　　　30 000 000

　　贷：长期股权投资　　　　　　　　　　　　　　　　25 000 000

　　　　投资收益　　　　　　　　　　　　　　　　　　5 000 000

（2）对长期股权投资账面价值进行调整

剩余长期股权投资的账面价值为 25 000 000 元，与原投资时应享有被投资单位可辨认净资产公允价值份额之间的差额 1 000 000 元（25 000 000 – 80 000 000 × 30%），不调整长期股权投资的账面价值。

处置投资以后按照持股比例计算享有被投资单位自购买日至处置投资日期间实现的净损益 9 000 000 元（30 000 000 × 30%），应调整增加长期股权投资的账面价值，同时调整留存收益和投资收益。

借：长期股权投资　　　　　　　　　　　　　　9 000 000
　　贷：盈余公积　　　　　　　　　　　　　　　　750 000
　　　　利润分配——未分配利润　　　　　　　　6 750 000
　　　　投资收益　　　　　　　　　　　　　　　1 500 000

（五）长期股权投资的权益法转为成本法

1. 因增加投资原因导致原持有的对联营企业或合营企业的投资转变为对子公司投资的。

则：按照通过多次交易，分步取得股权并最终形成企业合并的规定进行处理。

即：达到企业合并前对长期股权投资采用权益法核算的，在购买日应对权益法下长期股权投资的账面余额进行调整，将有关长期股权投资的账面余额调整至最初取得成本，在此基础上加上购买日新支付对价的公允价值作为购买日长期股权投资的成本。

例如，某公司于2007年1月1日以银行存款12 000万元取得星光公司20%的股权，取得投资当日星光公司的可辨认资产公允价值为50 000万元。该公司派人参与星光公司的生产经营决策，因此，该公司对星光公司的长期股权投资按权益法进行核算，2007年12月31日，星光公司实现净利润3 000万元，在此期间，星光公司未宣告发放现金或利润，不考虑相关税费。2008年1月6日该公司再以银行存款32 000万元购入星光公司50%的股份，购买日星光公司可辨认净资产公允价值为60 000万元。

（1）2007年1月1日投资时：
借：长期股权投资——成本　　　　　　　　　120 000 000
　　贷：银行存款　　　　　　　　　　　　　　120 000 000
（2）2007年12月31日确认投资损益：
借：长期股权投资——损益调整　　　　　　　　6 000 000
　　贷：投资收益　　　　　　　　　　　　　　　6 000 000
（3）2008年1月6日再次投资时：
①借：长期股权投资　　　　　　　　　　　　　320 000 000
　　贷：银行存款　　　　　　　　　　　　　　320 000 000
②对原按照权益法核算的长期股权投资进行追溯调整：
借：盈余公积　　　　　　　　　　　　　　　　600 000
　　利润分配——未分配利润　　　　　　　　　5 400 000
　　贷：长期股权投资　　　　　　　　　　　　6 000 000

2. 因减少投资等原因对被投资单位不再具有共同控制或重大影响的，并且在活跃市场中没有报价、公允价值不能可靠计量的长期股权投资，应当改按成本法核算。

则：长期股权投资自权益法转按成本法核算的，除构成企业合并的以外（即上述（1）情形），应按中止采用权益法时长期股权投资的账面价值作为成本法核算的初始投资成本。

后续期间，自被投资企业分得的现金股利或利润未超过转换时被投资单位账面留存收益中本企业享有份额的，分得的现金股利或利润应冲减长期股权投资的成本，不作为投资收益。

自被投资企业分得的现金股利或利润超过转换时被投资单位账面留存收益中本企业享有份额的部分，确认为投资收益。

例如，某公司 2007 年 1 月 1 日以银行存款 20 000 000 元对海航科技公司投资，占海航科技公司注册资本的 40%。海航科技公司的其他股份分别由其他三个企业平均持有。公司采用权益法核算对海航科技公司的投资，至 2008 年 12 月 31 日，对海航科技公司投资的账面价值为 30 000 000 元，其中，投资成本 20 000 000 元，损益调整 10 000 000 元。2009 年 1 月 1 日，海航科技公司的某一股东 A 企业收购了该公司对海航科技公司投资的 30%，款项为 25 000 000 元。因此，该公司持有海航科技公司 10% 的股份，并失去影响力。为此，该公司改按成本法核算。2009 年 3 月 1 日，海航科技公司宣告分派 2008 年度现金股利 5 000 000 元，该公司可获得现金股利 500 000 元。假设处置长期股权投资时海航科技公司的账面留存收益为 10 000 000 元。

（1）向 A 企业出售持有的海航科技公司部分股权

借：银行存款　　　　　　　　　　　　　　　　　25 000 000
　　贷：长期股权投资——成本　　　　　　　　　　15 000 000
　　　　　　　　——损益调整　　　　　　　　　　7 500 000
　　　　投资收益　　　　　　　　　　　　　　　　2 500 000

💡〔注释〕

该公司出售了其持有海航科技公司股权的 3/4，出售的长期股权投资成本为：20 000 000×3÷4＝15 000 000（元）。

（2）出售部分股权后长期股权投资的账面价值

借：长期股权投资——成本　　　　　　　　　　　7 500 000
　　贷：长期股权投资——成本　　　　　　　　　　5 000 000
　　　　　　　　——损益调整　　　　　　　　　　2 500 000

（3）2009 年 3 月 1 日，海航科技公司分派 2008 年度的现金股利

借：应收股利　　　　　　　　　　　　　　　　　500 000
　　贷：长期股权投资——成本　　　　　　　　　　500 000

💡〔注释〕

由于该公司取得的现金股利 500 000 元未超过处置时被投资单位账面留存收益中该企业享有的份额 1 000 000 元（10 000 000×10%），因此，分得的现金股利应冲减长期股权投资的成本，不作为投资收益。

（六）长期股权投资的处置

处置长期股权投资时，应按实际收到的金额，借记"银行存款"等科目，按其账面余额，贷记"长期股权投资"科目，按尚未领取的现金股利或利润，贷记"应收股利"科目，按其差额，贷记或借记"投资收益"科目。已计提减值准备的，还

应同时结转减值准备。

采用权益法核算长期股权投资的处置，除上述规定外，还应结转原计入资本公积的相关金额，借记或贷记"资本公积——其他资本公积"科目，贷记或借记"投资收益"科目。

例如，某公司拥有红光公司有表决权股份的30%，对红光公司有重大影响。2007年12月30日，该公司出售红光公司的全部股权，所得价款25 000 000元全部存入银行。出售时，该项长期股权投资的账面价值为20 000 000元，其中投资成本为15 000 000元。损益调整5 000 000元，其他权益变动4 000 000元，长期股权减值准备2 000 000元。假设不考虑相关税费。

①借：银行存款　　　　　　　　　　　　　　　　　25 000 000
　　长期股权投资减值准备　　　　　　　　　　　　 2 000 000
　　贷：长期股权投资——成本　　　　　　　　　　　　　　　15 000 000
　　　　　　　　——损益调整　　　　　　　　　　　　　　　 5 000 000
　　　　　　　　——其他权益变动　　　　　　　　　　　　　 4 000 000
　　　　投资收益　　　　　　　　　　　　　　　　　　　　　 3 000 000
②同时将原计入资本公积准备项目的转入投资收益
　　借：资本公积——其他资本公积　　　　　　　　　 4 000 000
　　　　贷：投资收益　　　　　　　　　　　　　　　　　　　 4 000 000

（七）长期股权投资的减值

资产负债表日，长期股权投资发生减值的，按应减记的金额，借记"资产减值损失"科目，贷记"长期股权投资减值准备"科目。

处置长期股权投资时，应同时结转已计提的长期股权投资减值准备。

例如，某公司2007年12月31日占乙公司有表决权股本的20%，该长期股权投资的账面价值为30 000 000元，根据相关资料分析得知，该长期股权投资目前的可收回金额为24 000 000元。

　　借：资产减值损失　　　　　　　　　　　　　　　 6 000 000
　　　　贷：长期股权投资减值准备　　　　　　　　　　　　　 6 000 000

第六节　固　定　资　产

一、固定资产核算有关规定

（一）固定资产定义及确认条件

1. 固定资产定义

固定资产，是指同时具有下列特征的有形资产：

（1）为生产商品、提供劳务、出租或经营管理而持有的；

（2）使用寿命超过一个会计年度。

使用寿命，是指企业使用固定资产的预计期间，或者该固定资产所能生产产品或提供劳务的数量。

2. 固定资产的确认条件

固定资产同时满足下列条件的，才能予以确认：

（1）与该固定资产有关的经济利益很可能流入企业；

（2）该固定资产的成本能够可靠地计量。

固定资产的各组成部分具有不同使用寿命或者以不同方式为企业提供经济利益，适用不同折旧率或折旧方法的，应当分别将各组成部分确认为单项固定资产。

与固定资产有关的后续支出，符合本准则第四条规定的确认条件的，应当计入固定资产成本；不符合本准则第四条规定的确认条件的，应当在发生时计入当期损益。

💡〔注释〕

固定资产的后续支出是指固定资产在使用过程中发生的更新改造支出、修理费用等。

（1）固定资产的更新改造等后续支出，满足本准则第四条规定确认条件的，应当计入固定资产成本，如有被替换的部分，应扣除其账面价值；不满足本准则第四条规定确认条件的固定资产修理费用等，应当在发生时计入当期损益。

（2）企业生产车间（部门）和行政管理部门等发生的固定资产修理费用等后续支出计入"管理费用"；企业专设销售机构的，其发生的与专设销售机构相关的固定资产修理费用等后续支出，计入"销售费用"。

（3）企业以经营租赁方式租入的固定资产发生的改良支出，应予资本化，作为长期待摊费用，合理进行摊销。注意这里所指的应予资本化不是计入固定资产成本，该资本化的含义是经营租赁方式租入的固定资产发生的改良支出不当期费用化，而是计入长期待摊费用，再分期摊销。

（4）备品备件和维修设备通常确认为存货，但符合固定资产定义和确认条件的，如企业（民用航空运输）的高价周转件等，应当确认为固定资产。

（二）固定资产的初始计量

1. 固定资产应当按照成本进行初始计量。

2. 外购固定资产的成本，包括购买价款、相关税费、使固定资产达到预定可使用状态前所发生的可归属于该项资产的运输费、装卸费、安装费和专业人员服务费等。

💡〔注释〕

企业收到税务机关退还的与所购买固定资产相关的增值税款，应当冲减固定资产的成本。

外购固定资产是否达到预定可使用状态，需要根据具体情况进行分析判断。如果购入不需安装的固定资产，购入后即可发挥作用，因此，购入后即可达到预定可使用状态。如果购入需安装的固定资产，只有安装调试后达到设计要求或合同规定的标准，该项固定资产才可发挥作用，才意味着达到预定可使用状态。

3. 以一笔款项购入多项没有单独标价的固定资产，应当按照各项固定资产公允价值比例对总成本进行分配，分别确定各项固定资产的成本。

💡〔注释〕

在实际工作中，企业可能以一笔款项购入多项没有单独标价的资产。如果这些资产均符合固定资产的定义，并满足固定资产的确认条件，则应将各项资产单独确认为固定资产，并按各项固定资产公允价值的比例对总成本进行分配，分别确定各项固定资产的成本。如果以一笔款项购入的多项资产中还包括固定资产以外的其他资产，也应按类似的方法予以处理。

4. 购买固定资产的价款超过正常信用条件延期支付，实质上具有融资性质的，固定资产的成本以购买价款的现值为基础确定。实际支付的价款与购买价款的现值之间的差额，除按照《企业会计准则第 17 号——借款费用》应予资本化的以外，应当在信用期间内计入当期损益。

💡〔注释〕

企业购买固定资产通常在正常信用条件期限内付款，但也会发生超过正常信用条件购买固定资产的经济业务事项，如采用分期付款方式购买资产，且在合同中规定的付款期限比较长，超过了正常信用条件，通常在 3 年以上。在这种情况下，该类购货合同实质上具有融资租赁性质，购入资产的成本不能以各期付款额之和确定，而应以各期付款额的现值之和确定。购入固定资产时，按购买价款的现值，借记“固定资产”或“在建工程”科目；按应支付的金额，贷记“长期应付款”科目；按其差额，借记“未确认融资费用”科目。固定资产购买价款的现值，应当按照各期支付的购买价款选择恰当的折现率进行折现后的金额加以确定。折现率是反映当前市场货币时间价值和延期付款债务特定风险的利率。该折现率实质上是供货企业的必要报酬率。各期实际支付的价款与购买价款的现值之间的差额，符合《企业会计准则第 17 号——借款费用》中规定的资本化条件的，应当计入固定资产成本，其余部分应当在信用期间内确认为财务费用，计入当期损益。

5. 自行建造固定资产的成本，由建造该项资产达到预定可使用状态前所发生的必要支出构成。

应计入固定资产成本的借款费用，按照《企业会计准则第 17 号——借款费用》处理。

💡〔注释〕

固定资产准则规定，自行建造固定资产的成本，由建造该项资产达到预定可使用状态前所发生的必要支出构成。包括工程用物资成本、人工成本、交纳的相关税费、应予资本化的借款费用以及应分摊的间接费用等。

企业自行建造固定资产包括自营建造和出包建造两种方式。无论采用何种方式，所建工程都应当按照实际发生的支出确定其工程成本并单独核算。

6. 投资者投入固定资产的成本，应当按照投资合同或协议约定的价值确定，但合同或协议约定价值不公允的除外。

　　 ◎〔注释〕

　　投资者投入的固定资产，投资合同或协议约定价值不公允时按公允价值确定固定
资产的成本。

　　7. 非货币性资产交换、债务重组、企业合并和融资租赁取得的固定资产的成本，
应当分别按照《企业会计准则第 7 号——非货币性资产交换》、《企业会计准则第 12
号——债务重组》、《企业会计准则第 20 号——企业合并》和《企业会计准则第 21
号——租赁》确定。

　　8. 确定固定资产成本时，应当考虑预计弃置费用因素。

　　 ◎〔注释〕

　　弃置费用通常是指根据国家法律和行政法规、国际公约等规定，企业承担的环境
保护和生态恢复等义务所确定的支出，如核电站核设施等的弃置和恢复环境义务等。
企业应当根据《企业会计准则第 13 号——或有事项》的规定，按照现值计算确定应
计入固定资产成本的金额和相应的预计负债。油气资产的弃置费用，应当按照《企
业会计准则第 27 号——石油天然气开采》及其应用指南的规定处理。

　　不属于弃置义务的固定资产报废清理费，应当在发生时作为固定资产处置费用
处理。

（三）固定资产的后续计量

　　1. 企业应当对所有固定资产计提折旧。但是，已提足折旧仍继续使用的固定资
产和单独计价入账的土地除外。

　　折旧，是指在固定资产使用寿命内，按照确定的方法对应计折旧额进行系统
分摊。

　　应计折旧额，是指应当计提折旧的固定资产的原价扣除其预计净残值后的金额。
已计提减值准备的固定资产，还应当扣除已计提的固定资产减值准备累计金额。

　　预计净残值，是指假定固定资产预计使用寿命已满并处于使用寿命终了时的预期
状态，企业目前从该项资产处置中获得的扣除预计处置费用后的金额。

　　 ◎〔注释〕

　　（1）固定资产应当按月计提折旧，当月增加的固定资产，当月不计提折旧，从
下月起计提折旧；当月减少的固定资产，当月仍计提折旧，从下月起不计提折旧。

　　（2）固定资产提足折旧后，不论能否继续使用，均不再计提折旧；提前报废的
固定资产，也不再补提折旧。提足折旧，是指已经提足该项固定资产的应计折旧额。

　　（3）已达到预定可使用状态但尚未办理竣工决算的固定资产，应当按照估计价
值确定其成本，并计提折旧；待办理竣工决算后，再按实际成本调整原来的暂估价
值，但不需要调整原已计提的折旧额。

　　2. 企业应当根据固定资产的性质和使用情况，合理确定固定资产的使用寿命和
预计净残值。

　　固定资产的使用寿命、预计净残值一经确定，不得随意变更。但是，符合本准则

第十九条规定的除外。

3. 企业确定固定资产使用寿命，应当考虑下列因素：

（1）预计生产能力或实物产量；

（2）预计有形损耗和无形损耗；

（3）法律或者类似规定对资产使用的限制。

4. 企业应当根据与固定资产有关的经济利益的预期实现方式，合理选择固定资产折旧方法。

可选用的折旧方法包括年限平均法、工作量法、双倍余额递减法和年数总和法等。

固定资产的折旧方法一经确定，不得随意变更。但是，符合本准则第十九条规定的除外。

5. 固定资产应当按月计提折旧，并根据用途计入相关资产的成本或者当期损益。

6. 企业至少应当于每年年度终了，对固定资产的使用寿命、预计净残值和折旧方法进行复核。

使用寿命预计数与原先估计数有差异的，应当调整固定资产使用寿命。

预计净残值预计数与原先估计数有差异的，应当调整预计净残值。

与固定资产有关的经济利益预期实现方式有重大改变的，应当改变固定资产折旧方法。

固定资产使用寿命、预计净残值和折旧方法的改变应当作为会计估计变更。

💡〔注释〕

新准则规定固定资产折旧方法的改变作为会计估计变更处理，采用未来适用法；原规定为会计政策变更，采用追溯调整法。

7. 固定资产的减值，应当按照《企业会计准则第8号——资产减值》处理。

（四）固定资产的处置

1. 固定资产满足下列条件之一的，应当予以终止确认：

（1）该固定资产处于处置状态。

💡〔注释〕

固定资产处置包括固定资产的出售、转让、报废或毁损、对外投资、非货币性资产交换、债务重组等。处于处置状态的固定资产不再用于生产商品、提供劳务、出租或经营管理，因此不再符合固定资产的定义，应予终止确认。

（2）该固定资产预期通过使用或处置不能产生经济利益。

💡〔注释〕

固定资产的确认条件之一是"与该固定资产有关的经济利益很可能流入企业"，如果一项固定资产预期通过使用或处置不能产生经济利益，那么它就不再符合固定资产的定义和确认条件，应予终止确认。

2. 企业持有待售的固定资产，应当对其预计净残值进行调整。

💡〔注释〕

同时满足下列条件的非流动资产应当划分为持有待售：一是企业已经就处置该非

流动资产作出决议；二是企业已经与受让方签订了不可撤销的转让协议；三是该项转让很可能在一年内完成。持有待售的非流动资产包括单项资产和处置组，处置组是指在一项交易中作为整体通过出售或其他方式一并处置的一组资产以及在该交易中转让的与这些资产直接相关的负债。处置组通常是一组资产组、一个资产组或某个资产组中的一部分。如果处置组是一个资产组，并且按照《企业会计准则第8号——资产减值》的规定将企业合并中取得的商誉分摊至该资产组，或者该处置组是这种资产组中的一项经营，则该处置组应当包括企业合并中取得的商誉。

企业对于持有待售的固定资产，应当调整该项固定资产的预计净残值，使该项固定资产的预计净残值能够反映其公允价值减去处置费用后的金额，但不得超过符合持有待售条件时该项固定资产的原账面价值，原账面价值高于调整后预计净残值的差额，应作为资产减值损失计入当期损益。企业应当在报表附注中披露持有待售的固定资产名称、账面价值、公允价值、预计处置费用和预计处置时间等。持有待售的固定资产不计折旧，按照账面价值与公允价值减去处置费用后的净额孰低进行计量。

某项资产或处置组被划归为持有待售，但后来不再满足持有待售的固定资产的确认条件，企业应当停止将其划归为持有待售，并按照下列两项金额中较低者计量：

（1）该资产或处置组被划归为持有待售之前的账面价值，按照其假定在没有被划归为持有待售的情况下原应确认的折旧、摊销或减值进行调整后的金额；

（2）决定不再出售之日的再收回金额。

3. 企业出售、转让、报废固定资产或发生固定资产毁损，应当将处置收入扣除账面价值和相关税费后的金额计入当期损益。固定资产的账面价值是固定资产成本扣减累计折旧和累计减值准备后的金额。

固定资产盘亏造成的损失，应当计入当期损益。

4. 企业根据本准则第六条的规定，将发生的固定资产后续支出计入固定资产成本的，应当终止确认被替换部分的账面价值。

（五）固定资产的披露

企业应当在附注中披露与固定资产有关的下列信息：

（1）固定资产的确认条件、分类、计量基础和折旧方法。

（2）各类固定资产的使用寿命、预计净残值和折旧率。

（3）各类固定资产的期初和期末原价、累计折旧额及固定资产减值准备累计金额。

（4）当期确认的折旧费用。

（5）对固定资产所有权的限制及其金额和用于担保的固定资产账面价值。

（6）准备处置的固定资产名称、账面价值、公允价值、预计处置费用和预计处置时间等。

（六）固定资产装修费

固定资产装修费用符合固定资产确认条件的，应当计入固定资产成本。

1. 企业发生的固定资产装修费用，应当在两次装修期间与固定资产剩余使用寿命两者中较短的时间期间内计提折旧。

2. 融资租赁方式租入的固定资产发生的装修费用，应当在两次装修期间、剩余租赁期与固定资产剩余使用寿命三者中较短的期间内计提折旧。

〔注释〕

这属于固定资产准则和应用指南没有涉及的核算内容，但企业实际上经常发生固定资产装修费用，如果不这么处理，每次发生的装修费用没有折旧完毕，则虚增了固定资产的价值和折旧额。

二、固定资产有关业务核算

"固定资产"科目的借方核算因购置、建造、盘盈、债务重组、融资租赁、非货币性资产交换等取得的固定资产原值的增加以及存在弃置义务的固定资产按预计弃置费用的现值而增加的固定资产价值；贷方核算因销售、盘亏和报废、债务重组、非货币性资产交换、对外投资等减少的固定资产原值。期末余额在借方，反映企业固定资产的账面原价。

"累计折旧"科目贷方核算固定资产按规定提取的折旧，借方核算固定资产清理、盘亏、对外投资而冲销的固定资产折旧；期末余额在贷方，反映企业固定资产的累计折旧额。

"固定资产减值准备"科目贷方核算计提的固定资产减值准备；借方核算处置固定资产时结转的已计提的固定资产减值准备；期末余额在贷方，反映企业已计提但尚未转销的固定资产减值准备。

"固定资产清理"科目借方核算因出售、报废和毁损，以及债务重组，非货币性资产交换等原因清理的固定资产的账面净额及其在清理过程中所发生的清理费用，以及结转固定资产清理的净收益等，贷方核算清理取得的收入及结转固定资产清理的净损失；期末借方余额，反映企业尚未清理完毕的固定资产清理净损失。

(一) 企业购入的固定资产

企业购入不需要安装的固定资产，按应计入固定资产成本的金额，借记"固定资产"科目，贷记"银行存款"等科目。

购入需要安装的固定资产，先记入"在建工程"科目，达到预定可使用状态时再转入"固定资产"科目。

【例1】某公司2007年2月15日购入复印机1台，价款10 000元，专用发票注明增值税税额1 700元，款项全部付清，复印机已由使用部门领用。

借：固定资产　　　　　　　　　　　　　　　　　　　　11 700

　　贷：银行存款　　　　　　　　　　　　　　　　　　　　11 700

【例2】某公司2007年2月20日购入需要安装设备1台，价款500 000元，专用发票注明增值税税额 85 000 元, 火车运费 6 500 元, 货款等已付清, 并直接运到安装现场, 已交付安装。

  借: 在建工程——在安装设备   591 500
    贷: 银行存款   591 500

【例3】某公司安装上述设备领用生产用钢材实际成本 100 000 元, 钢材的进项税额为 17 850 元。安装设备应支付民工工资 41 500 元。

  借: 在建工程——安装工程   159 350
    贷: 其他应付款——其他   41 500
      原材料——材料   100 000
      应交税费——应交增值税——进项税额转出 17 850

【例4】该项设备于 2007 年 12 月 31 日安装完毕, 并验收合格。经单项工程决算, 交付使用的价值共计 750 850 元。

  借: 固定资产   750 850
    贷: 在建工程——在安装设备   591 500
       ——安装工程   159 350

(二) 分期付款购入的固定资产

  购入固定资产超过正常信用条件延期支付价款、实质上具有融资性质的, 按应付购买价款的现值, 借记 "固定资产" 科目或 "在建工程" 科目, 按应支付的金额, 贷记 "长期应付款" 科目, 按其差额, 借记 "未确认融资费用" 科目。

  例如, 某公司 2007 年 1 月 1 日从东方公司购入 H 型机器作为固定资产使用, 该机器已经收到。购货合同约定, H 型机器的总价款为 1 000 万元, 分 3 年支付, 2007 年 12 月 31 日支付 500 万元, 2008 年 12 月 31 日支付 300 万元, 2009 年 12 月 31 日支付 200 万元。假定公司 3 年期银行贷款年利率为 6%。

  分析:

  第一步, 计算总价的现值。

  $500 \div (1 + 6\%) + 300 \div (1 + 6\%)^2 + 200 \div (1 + 6\%)^3 = 471.70 + 267.00 + 167.92 = 906.62$ (万元)

  第二步, 确定总价款与现值的差额。

  $1\ 000 - 906.62 = 93.38$ (万元)

  第三步, 账务处理。

  借: 固定资产   9 066 200
    未确认融资费用   933 800
    贷: 长期应付款   10 000 000

表 2 – 6　　　　　　　　　　未确认融资费用分配表　　　　　　　　单位：元

日　期	2007 年 1 月 1 日			
	每期付款额	确认的融资费用	差额的减少额	余　额
①	②	③ = 期初⑤×6%	④ = ② – ③	期末⑤ = ⑤ – ④
				9 066 200
2007.12.31	5 000 000	543 972	4 456 028	4 610 172
2008.12.31	3 000 000	276 610	2 723 390	1 886 782
2009.12.31	2 000 000	113 218	1 886 782	0
合　计	10 000 000	933 800	9 066 200	

2007 年 12 月 31 日分摊未确认融资费用：

借：财务费用　　　　　　　　　　　　　　　　　　　　543 972

　　贷：未确认融资费用　　　　　　　　　　　　　　　　　　　543 972

（三）自行建造的固定资产

自行建造达到预定可使用状态的固定资产，借记"固定资产"科目，贷记"在建工程"科目。

已达到预定可使用状态、但尚未办理竣工决算手续的固定资产，应按估计价值入账，待确定实际成本后再进行调整。

例如，某公司于 2007 年 12 月 30 日新建的仓库一栋，工程决算已经审核，总价值 1 850 000 元，经验收合格转作固定资产。

借：固定资产　　　　　　　　　　　　　　　　　　　1 850 000

　　贷：在建工程——建筑工程　　　　　　　　　　　　　　　1 850 000

（四）安全生产费用及类似性质各项费用的提取与使用

企业依照国家有关规定提取的安全生产费用以及具有类似性质的各项费用，应当在所有者权益中的"盈余公积"项下以"专项储备"项目单独反映。企业按规定标准提取安全生产费用等时，借记"利润分配——提取专项储备"科目，贷记"盈余公积——专项储备"科目。按规定范围使用安全生产储备购建安全防护设备、设施等资产时，按应计入相关资产成本的金额，借记"固定资产"等科目，贷记"银行存款"等科目。对于作为固定资产管理和核算的安全防护设备等，企业应当按规定计提折旧，计入有关成本费用。

按规定范围使用安全生产储备支付安全生产检查与评价支出、安全技能培训及进行应急救援演练支出等费用性支出时，应计入当期损益，借记"管理费用"等科目，贷记"银行存款"等科目。企业按上述规定将安全生产储备用于购建安全防护设备或与安全生产相关的费用性支出等时，应当按照实际使用金额在所有者权益内部进行结转，借记"盈余公积——专项储备"科目，贷记"利润分配——未分配利润"科目，但结转金额以"盈余公积——专项储备"科目余额冲减至零为限。企业未按上述规定进行会计处理的, 应当进行追溯调整。

(五) 固定资产弃置费用

对于特殊行业的特定固定资产, 确定其初始入账成本时, 还应考虑弃置费用。弃置费用通常是指根据国家法律和行政法规、国际公约等规定, 企业承担的环境保护和生态恢复等义务所确定的支出, 如核电站核设施等的弃置和恢复环境义务。弃置费用的金额与其现值比较, 通常相差较大, 需要考虑货币时间价值, 对于这些特殊行业的特定固定资产, 企业应当根据《企业会计准则第 13 号——或有事项》, 按照现值计算确定应计入固定资产成本的金额和相应的预计负债。在固定资产的使用寿命内按照预计负债的摊余成本和实际利率计算确定的利息费用应计入财务费用。一般工商企业的固定资产发生的报废清理费用不属于弃置费用, 应当在发生时作为固定资产处置费用处理。

固定资产存在弃置义务的, 应在取得固定资产时, 按预计弃置费用的现值, 借记 "固定资产" 科目, 贷记 "预计负债" 科目。在该项固定资产的使用寿命内, 计算确定各期应负担的利息费用, 借记 "财务费用" 科目, 贷记 "预计负债" 科目。

例如, 某公司 2007 年 1 月 1 日经国家发改委审批, 计划建造一个核电站, 其主体设备核反应堆将会对当地的生态环境产生一定的影响。根据法律规定, 该公司应在该项设备使用期满后将其拆除, 并对造成的污染进行整治。2007 年 1 月 1 日, 该项设备建造完成并交付使用, 建造成本共 200 000 000 元。预计使用寿命 10 年, 预计弃置费用为 5 000 000 元。假定折现率 (即为实际利率) 为 10%。

(1) 计算已完工的固定资产的成本

核反应堆属于特殊行业的特定固定资产, 确定其成本时应考虑弃置费用。

2007 年 1 月 1 日, 弃置费用的现值 = 5 000 000 × (P/F, 10%, 10) = 5 000 000 × 0. 3855 = 1 927 500 (元)

固定资产入账价值 = 200 000 000 + 1 927 500 = 201 927 500 (元)

借: 固定资产	201 927 500
贷: 在建工程	200 000 000
预计负债	1 927 500

(2) 计算第 1 年应负担的利息

借: 财务费用	192 750
贷: 预计负债	192 750

(3) 计算第 2 年应负担的利息 (按实际利率法计算) = (1 927 500 + 192 750) × 10% = 216 975 (元)

借: 财务费用	216 975
贷: 预计负债	216 975

(六) 报废、捐赠、无偿调出固定资产

固定资产报废而减少的固定资产应通过 "固定资产清理" 科目核算, 报废的固

定资产应由使用部门提出报废申请，经技术鉴定后，按审批权限报批，批准报废的固定资产转入固定资产清理，借记"固定资产清理"、"累计折旧"、"固定资产减值准备"等科目，贷记"固定资产"科目；发生清理费用，借记"固定资产清理"科目，贷记"银行存款"、"原材料"等科目；清理发生变价收入，借记"原材料"等科目，贷记"固定资产清理"科目，发生清理的净收益，借记"固定资产清理"科目，贷记"营业外收入——处置非流动资产利得"科目；如发生固定资产清理损失，应借记"营业外支出——处置非流动资产损失"科目，贷记"固定资产清理"科目。

捐赠转出的固定资产应通过"固定资产清理"科目核算。捐赠的固定资产按审批权限报批，批准捐赠的固定资产转入固定资产清理，借记"固定资产清理"、"累计折旧"、"固定资产减值准备"等科目，贷记"固定资产"科目，发生应支付的相关税费，借记"固定资产清理"科目，贷记"银行存款"等科目；捐赠资产交接完成后结转固定资产清理，借记"营业外支出——捐赠支出"科目，贷记"固定资产清理"科目。

无偿调出的固定资产应通过"固定资产清理"科目核算，调出的固定资产按审批权限报批，批准调出的固定资产转入固定资产清理，借记"固定资产清理"、"累计折旧"、"固定资产减值准备"等科目，贷记"固定资产"科目；发生清理费用，借记"固定资产清理"科目，贷记"银行存款"、"原材料"等科目。调入单位接受资产后，结转"固定资产清理"科目余额，借记"资本公积——其他资本公积"科目，贷记"固定资产清理"科目。

（1）某公司 2007 年 6 月 10 日捐赠社会福利院解放卡车一辆，该项固定资产原值 45 000 元，已提折旧 20 000 元，已提减值准备 4 500 元。

①捐赠的汽车转作清理

借：固定资产清理	20 500
累计折旧	20 000
固定资产减值准备	4 500
贷：固定资产	45 000

②结转清理损失

借：营业外支出——捐赠支出	20 500
贷：固定资产清理	20 500

（2）某公司 6 月 15 日经上级批准，无偿调拨给乙公司计算机 1 台，该项资产原值 8 000 元，已提折旧 5 000 元，未提减值准备。

①无偿调拨计算机转作清理

借：固定资产清理	3 000
累计折旧	5 000
贷：固定资产	8 000

②结转清理损失

借：资本公积——其他资本公积 3 000
　　贷：固定资产清理 3 000

（3）某公司的计算机 1 台，经技术鉴定已无使用价值，于 2007 年 6 月 15 日经批准报废。该项资产原值 10 000 元，已提折旧 2 000 元，已提减值准备 1 000 元，以现金支付清理费用 100 元。

①报废计算机转作清理

借：固定资产清理 7 000
　　累计折旧 2 000
　　固定资产减值准备 1 000
　　贷：固定资产 10 000

②支付清理费用

借：固定资产清理 100
　　贷：库存现金 100

③结转报废损失

借：营业外支出——处置非流动资产损失 7 100
　　贷：固定资产清理 7 100

（七）出售、对外投资固定资产

固定资产出售按审批权限审批后，借记"固定资产清理"、"累计折旧"、"固定资产减值准备"等科目，贷记"固定资产"科目；收到出售价款，借记"银行存款"科目，贷记"固定资产清理"科目；结转固定资产清理科目，若为净收益借记"固定资产清理"科目，贷记"营业外收入——处置非流动资产利得"科目；若为净损失，借记"营业外支出——处置非流动资产损失"科目，贷记"固定资产清理"科目。

投资转出固定资产，首先按照转出的固定资产净值，借记"固定资产清理"科目，按转出固定资产已提折旧，借记"累计折旧"科目，按该项固定资产已计提的减值准备，借记"固定资产减值准备"等科目，按投出固定资产的账面原价，贷记"固定资产"科目，按应支付的相关税费，贷记"银行存款"、"应交税费"等科目。然后按照投出固定资产的公允价值，借记"长期股权投资"，按转出的固定资产净值贷记"固定资产清理"科目，按照投出固定资产确认的清理损失，借记"营业外支出——处置非流动资产损失"科目，按确认的清理收益，贷记"营业外收入——处置非流动资产利得"。

（1）某公司 2007 年 8 月 10 日，出售甲设备一套，该设备原值 500 000 元，已提折旧 350 000 元，未提减值准备，收到出售款 200 000 元存入银行，按规定应交营业税 10 000 元。

①出售设备转作清理

借：固定资产清理 150 000

　　　累计折旧　　　　　　　　　　　　　　　　　　350 000
　　　贷：固定资产　　　　　　　　　　　　　　　　　　500 000
②收到款项
借：银行存款　　　　　　　　　　　　　　　　　200 000
　　　贷：固定资产清理　　　　　　　　　　　　　　　200 000
③应付营业税
借：固定资产清理　　　　　　　　　　　　　　　 10 000
　　　贷：应交税费——应交营业税　　　　　　　　　　 10 000
④结转净收益
借：固定资产清理　　　　　　　　　　　　　　　 40 000
　　　贷：营业外收入——处置非流动资产利得　　　　　 40 000

（2）某公司 2007 年 3 月 10 日，同甲公司签订合同，将一台设备作为对甲公司长期股权投资，对该投资单位按照成本法核算，该资产原值 150 000 元，已提折旧 50 000 元，未提取减值准备，支付清理费用 5 000 元，该设备的公允价值为 120 000 元。

①借：固定资产清理　　　　　　　　　　　　　　100 000
　　　累计折旧　　　　　　　　　　　　　　　　　 50 000
　　　贷：固定资产　　　　　　　　　　　　　　　　　150 000
②借：固定资产清理　　　　　　　　　　　　　　　5 000
　　　贷：银行存款　　　　　　　　　　　　　　　　　　5 000
③借：长期股权投资——其他股权投资　　　　　　120 000
　　　贷：固定资产清理　　　　　　　　　　　　　　　105 000
　　　　　营业外收入——处置非流动资产利得　　　　　 15 000

（八）固定资产折旧

1. 计提折旧的固定资产范围

《固定资产》准则规定，企业应对所有的固定资产计提折旧，但是，已提足折旧仍继续使用的固定资产和单独计价入账的土地除外。

在确定计提折旧的范围时还应注意以下几点：

（1）固定资产应当按月计提折旧。从理论上讲，当月增加的固定资产，当月应该计提折旧，当月减少的固定资产，当月不应再提折旧。为了简化核算，《固定资产应用指南》仍沿用了实务中的做法：当月增加的固定资产，当月不计提折旧，从下月起计提折旧；当月减少的固定资产，当月仍计提折旧，从下月起不计提折旧。

（2）固定资产提足折旧后，不论能否继续使用，均不再计提折旧，提前报废的固定资产也不再补提折旧。所谓提足折旧是指已经提足该项固定资产的应计折旧额。

（3）已达到预定可使用状态但尚未办理竣工决算的固定资产，应当按照估计价值确定其成本，并计提折旧；待办理竣工决算后再按实际成本调整原来的暂估价值，但不需要调整原已计提的折旧额。

2. 固定资产折旧方法

企业应当根据与固定资产有关的经济利益的预期实现方式合理选择折旧方法。可选用的折旧方法包括年限平均法、工作量法、双倍余额递减法和年数总和法等。企业选用不同的固定资产折旧方法，将影响固定资产使用寿命期间内不同时期的折旧费用，因此，固定资产的折旧方法一经确定，不得随意变更。

（1）年限平均法

年限平均法又称直线法，是指将固定资产的应计折旧额均衡地分摊到固定资产预计使用寿命内的一种方法。采用这种方法计算的每期折旧额均相等。计算公式如下：

年折旧率 =（1 - 预计净残值率）÷ 预计使用寿命（年）× 100%

月折旧率 = 年折旧率 ÷ 12

月折旧额 = 固定资产原价 × 月折旧率

（2）工作量法

工作量法，是根据实际工作量计算每期应提折旧额的一种方法。计算公式如下：

单位工作量折旧额 = 固定资产原价 ×（1 - 预计净残值率）÷ 预计总工作量

某项固定资产月折旧额 = 该项固定资产当月工作量 × 单位工作量折旧额

（3）双倍余额递减法

双倍余额递减法，是指在不考虑固定资产预计净残值的情况下，根据每期期初固定资产原价减去累计折旧后的金额和双倍的直线法折旧率计算固定资产折旧的一种方法。应用这种方法计算折旧额时，由于每年年初固定资产净值没有扣除预计净残值，所以在计算固定资产折旧额时，应在其折旧年限到期前两年内，将固定资产净值扣除预计净残值后的余额平均摊销。计算公式如下：

年折旧率 = 2 ÷ 预计使用寿命（年）× 100%

月折旧率 = 年折旧率 ÷ 12

月折旧额 = 每月月初固定资产账面净值 × 月折旧率

（4）年数总和法

年数总和法，又称年限合计法，是指将固定资产的原价减去预计净残值后的余额，乘以一个以固定资产尚可使用寿命为分子、以预计使用寿命逐年数字之和为分母的逐年递减的分数计算每年的折旧额。计算公式如下：

年折旧率 = 尚可使用年限 ÷ 预计使用寿命的年数总和 × 100%

月折旧率 = 年折旧率 ÷ 12

月折旧额 =（固定资产原价 - 预计净残值）× 月折旧率

固定资产应当按月计提折旧，计提的折旧应通过"累计折旧"科目核算，并根据用途计入相关资产的成本或者当期损益。例如，企业自行建造固定资产过程中使用的固定资产，其计提的折旧应计入"在建工程"成本；基本生产车间所使用的固定资产，其计提的折旧应计入"制造费用"；管理部门所使用的固定资产，其计提的折旧应计入"管理费用"；销售部门所使用的固定资产，其计提的折旧应计入"销售费用"；经营租出的固定资产，其应提的折旧额应计入"其他业务成本"。

3. 固定资产使用寿命、预计净残值和折旧方法的复核

固定资产准则规定，企业至少应当于每年年度终了，对固定资产的使用寿命、预计净残值和折旧方法进行复核。

在固定资产使用过程中，其所处的经济环境、技术环境以及其他环境有可能对固定资产使用寿命和预计净残值产生较大影响。例如，固定资产使用强度比正常情况大大加强，致使固定资产实际使用寿命大大缩短；替代该项固定资产的新产品的出现致使其实际使用寿命缩短，预计净残值减少等。为真实反映固定资产为企业提供经济利益的期间及每期实际的资产消耗，企业至少应当于每年年度终了，对固定资产使用寿命和预计净残值进行复核。如果固定资产使用寿命预计数与原先估计数有差异，应当调整固定资产使用寿命；如果固定资产预计净残值预计数与原先估计数有差异，应当调整预计净残值。

固定资产使用过程中所处经济环境、技术环境以及其他环境的变化也可能致使与固定资产有关的经济利益的预期实现方式发生重大改变，企业应相应改变固定资产折旧方法。例如，某采掘企业各期产量相对稳定，原来采用年限平均法计提折旧。年度复核中发现，由于该企业使用了先进技术，产量大幅增加，可采储量逐年减少，该项固定资产给企业带来经济利益的预期实现方式已发生重大改变，需要将年限平均法改为产量法。

固定资产使用寿命、预计净残值和折旧方法的改变应作为会计估计变更，按照《企业会计准则第28号——会计政策、会计估计变更和差错更正》处理。

企业按规定计提固定资产折旧时，借记"制造费用"、"管理费用"等科目，贷记"累计折旧"科目。

例如，2007年1月31日，某公司计提当月折旧，固定资产折旧计算见表2-7。

表2-7　　　　　　　　　固定资产折旧计算表

使用部门	固定资产类别	月分类折旧率	月初计提折旧原值	本月折旧额
生产车间	房屋	0.27%	5 000 000	13 500
	动力设备	0.4%	110 000 000	440 000
	小计		115 000 000	453 500
管理部门	房屋	0.23%	2 000 000	4 600
	小计		2 000 000	4 600
合计			117 000 000	458 100

借：生产成本　　　　　　　　　　　　　　　453 500
　管理费用——折旧费用　　　　　　　　　　4 600
　贷：累计折旧　　　　　　　　　　　　　　　　458 100

（九）固定资产装修

固定资产装修费用符合固定资产确认条件的，借记"固定资产"科目，贷记"银行存款"等科目。

例如，某公司同甲装修公司签订合同，装修办公大楼，合同金额 200 000 元。2007 年 10 月 1 日经验收合格，将装修费支付给甲装修公司。

借：固定资产——固定资产装修费　　　　　　　　　　　　　200 000
　　贷：银行存款　　　　　　　　　　　　　　　　　　　　　　200 000

（十）固定资产后续支出

1. 资本化的后续支出

企业发生的一些固定资产后续支出可能涉及替换原固定资产的某组成部分，当发生的后续支出符合固定资产确认条件时，应将其计入固定资产成本，同时将被替换部分的账面价值扣除。这样可以避免将替换部分的成本和被替换部分的成本同时计入固定资产成本，导致固定资产成本重复计算。企业对固定资产进行定期检查发生的大修理费用，有确凿证据表明符合固定资产确认条件的部分，可以计入固定资产成本，不符合固定资产确认条件的应当费用化，计入当期损益。固定资产在定期大修理间隔期间，照提折旧。

2. 费用化的后续支出

与固定资产有关的修理费用等后续支出，不符合固定资产确认条件的，应当根据不同情况分别在发生时计入当期管理费用或销售费用。

一般情况下，固定资产投入使用之后，由于固定资产磨损、各组成部分耐用程度不同，可能导致固定资产的局部损坏，为了维护固定资产的正常运转和使用，充分发挥其使用效能，企业将对固定资产进行必要的维护。固定资产的日常修理费用在发生时应直接计入当期损益。企业生产车间（部门）和行政管理部门等发生的固定资产修理费用等后续支出计入"管理费用"；企业专设销售机构的，其发生的与专设销售机构相关的固定资产修理费用等后续支出，计入"销售费用"。企业固定资产更新改造支出不满足固定资产确认条件的，在发生时直接计入当期损益。

例如，某公司的一套设备的原价 1 000 000 元，假定由甲、乙、丙三个部件构成，各部件的原价分别为 200 000 元、300 000 元、500 000 元。另假定该设备已提折旧 600 000 元。因该设备的乙部件老化，极大地影响该设备的效率与产品质量。该公司对该设备进行技术改造，购置一新的部件来替换乙部件。被替换的乙部件取得残值收入 10 000 元，发生的清理费用 2 000 元。新部件的购买价格为 400 000 元。设备改造过程中另发生相关费用 20 000 元。

（1）将被替换的乙部件转入清理

① 借：固定资产清理　　　　　　　　　　　　　　　　　　　120 000
　　　累计折旧　　　　　　　　　　　　　　　　　　　　　　180 000

　　　　　贷：固定资产　　　　　　　　　　　　　　　　　　　　　300 000
　借：固定资产清理　　　　　　　　　　　　　　　　　　　　2 000
　　　　　贷：应付职工薪酬　　　　　　　　　　　　　　　　　　　2 000
　借：银行存款　　　　　　　　　　　　　　　　　　　　　10 000
　　　　　贷：固定资产清理　　　　　　　　　　　　　　　　　　　10 000
②结转清理损失
　借：营业外支出　　　　　　　　　　　　　　　　　　　　112 000
　　　　　贷：固定资产清理　　　　　　　　　　　　　　　　　　　112 000
（2）将该设备转入在建工程
　借：在建工程——更改工程　　　　　　　　　　　　　　　280 000
　　　累计折旧　　　　　　　　　　　　　　　　　　　　　420 000
　　　　　贷：固定资产　　　　　　　　　　　　　　　　　　　　　700 000
（3）设备改造过程中发生的支出
　借：在建工程　　　　　　　　　　　　　　　　　　　　　420 000
　　　　　贷：工程物资　　　　　　　　　　　　　　　　　　　　　400 000
　　　　　　　银行存款　　　　　　　　　　　　　　　　　　　　　20 000
（注：若被替换部分的原始价值无法取得，可参考该被替换部分的市场同类部件
的市价或估计确定）

（十一）提取固定资产减值准备

　　企业提取减值准备时，借记"资产减值损失——固定资产减值准备"科目，贷
记"固定资产减值准备"科目。
　　例如，2007年6月30日，某公司对拥有的固定资产逐项进行检查，下列资产应计
提减值准备。在此之前下述固定资产未提减值准备。固定资产减值准备计算见表2-8。

表2-8　　　　　　　　　　固定资产减值准备计算表　　　　　　　　单位：元

名称	原值	折旧	市价或可收回价值	减值	备注
计算机	15 000	5 000	8 000	2 000	由于技术进步，原产品价格下降
车床	4 000	1 000	0	3 000	生产的产品不合格
库房	200 000	150 000	0	50 000	损坏，长期不用
货车	80 000	35 000	20 000	25 000	事故损坏，可使用年限比原来预计已缩短
合计	299 000	191 000	28 000	80 000	

　借：资产减值损失——固定资产减值准备　　　　　　　　80 000
　　　　贷：固定资产减值准备　　　　　　　　　　　　　　　　80 000

（十二）固定资产处置

企业出售、转让、报废固定资产或发生固定资产毁损，应当将处置收入扣除账面价值和相关税费后的金额计入当期损益。固定资产处置一般通过"固定资产清理"科目进行核算。

企业因出售、报废或毁损、对外投资、非货币性资产交换、债务重组等处置固定资产，其会计处理一般经过以下几个步骤：

（1）固定资产转入清理。固定资产转入清理时，按固定资产账面价值，借记"固定资产清理"科目，按已计提的累计折旧，借记"累计折旧"科目，按已计提的减值准备，借记"固定资产减值准备"科目，按固定资产账面余额，贷记"固定资产"科目。

（2）发生的清理费用。固定资产清理过程中发生的有关费用以及应支付的相关税费，借记"固定资产清理"科目，贷记"银行存款"、"应交税费"等科目。

（3）出售收入和残料等的处理。企业收回出售固定资产的价款、残料价值和变价收入等，应冲减清理支出。按实际收到的出售价款以及残料变价收入等，借记"银行存款"、"原材料"等科目，贷记"固定资产清理"科目。

（4）保险赔偿的处理。企业计算或收到的应由保险公司或过失人赔偿的损失，应冲减清理支出，借记"其他应收款"、"银行存款"等科目，贷记"固定资产清理"科目。

（5）清理净损益的处理。固定资产清理完成后的净损失，属于生产经营期间正常的处理损失，借记"营业外支出——处置非流动资产损失"科目，贷记"固定资产清理"科目；属于生产经营期间由于自然灾害等非正常原因造成的，借记"营业外支出——非常损失"科目，贷记"固定资产清理"科目。固定资产清理完成后的净收益，借记"固定资产清理"科目，贷记"营业外收入"科目。

（1）某公司2007年2月10日，出售推土机一台，该资产原值180 000元，已提折旧100 000元，出售收到银行存款90 000元，支付相关税费3 000元。

①出售推土机转作清理

借：固定资产清理	80 000	
累计折旧	100 000	
贷：固定资产		180 000

②支付相关税费

借：固定资产清理	3 000	
贷：银行存款		3 000

③收到价款

借：银行存款	90 000	
贷：固定资产清理		90 000

④结转出售推土机的净收益

借：固定资产清理　　　　　　　　　　　　　　　　　7 000
　　贷：营业外收入——处置非流动资产利得　　　　　　　　　7 000

（2）某公司 2007 年 5 月 10 日，因大风毁损车库一栋，原值 150 000 元，已提折旧 50 000 元，未提减值准备。清理时支付民工工资 5 000 元，回收材料 20 000 元。

①毁损的车库转作清理

借：固定资产清理　　　　　　　　　　　　　　　　100 000
　　累计折旧　　　　　　　　　　　　　　　　　　　50 000
　　贷：固定资产　　　　　　　　　　　　　　　　　　150 000

②支付清理费

借：固定资产清理　　　　　　　　　　　　　　　　　5 000
　　贷：银行存款　　　　　　　　　　　　　　　　　　5 000

③回收材料

借：原材料——材料　　　　　　　　　　　　　　　20 000
　　贷：固定资产清理　　　　　　　　　　　　　　　20 000

④结转毁损仓库的净损失

借：营业外支出——非常损失　　　　　　　　　　　85 000
　　贷：固定资产清理　　　　　　　　　　　　　　　85 000

（十三）固定资产的盘盈与盘亏

盘盈的固定资产，应作为前期差错记入"以前年度损益调整"科目，借记"固定资产"科目，贷记"以前年度损益调整"科目。

固定资产盘亏按审批权限报批，借记"待处理财产损溢——待处理非流动资产损溢"、"累计折旧"、"固定资产减值准备"等科目，贷记"固定资产"科目。经批准后，借记"营业外支出——固定资产盘亏"科目，贷记"待处理财产损溢——待处理非流动资产损溢"科目。

（1）某公司 2007 年 12 月 31 日，在清查中发现缺少一台打印机，该打印机原值 5 000 元，已提折旧 3 000 元，尚待查清原因，未提减值准备。

借：待处理财产损溢——待处理非流动资产损溢　　　2 000
　　累计折旧　　　　　　　　　　　　　　　　　　3 000
　　贷：固定资产　　　　　　　　　　　　　　　　　5 000

（2）某公司在 2007 年 12 月 27 日财产清查中盘盈固定资产运输设备一辆，其重置完全价值为 40 000 元，估计折旧 15 000 元，企业所得税税率为 25%。

①盘盈时：

借：固定资产　　　　　　　　　　　　　　　　　25 000
　　贷：以前年度损益调整　　　　　　　　　　　　25 000

②借：以前年度损益调整　　　　　　　　　　　　6 250
　　贷：递延所得税负债　　　　　　　　　　　　　6 250

借：以前年度损益调整   16 750

    贷：利润分配——未分配利润   16 750

第七节　工程物资与在建工程

一、工程物资

（一）工程物资核算有关规定

工程物资是指企业为基本建设和技术改造工程准备的专用材料、尚未交付安装的专用设备、为生产准备的工具及器具等。工程物资按实际成本计价，工程物资应按以下规定进行核算：

1. 企业为在建工程准备的各种物资，应当按照实际支付的买价、增值税额、运输费、保险费等相关费用，作为实际成本，并按照各种专项物资的种类进行明细核算。

2. 工程完工后剩余的工程物资转为企业的库存材料时，按其实际成本入账。

3. 工程完工后剩余的物资对外出售时，应先结转工程物资的进项税额，出售时应确认收入并结转相应的成本。

4. 盘亏、报废、毁损的工程物资，应当将处置收入扣除账面价值和相关税费后的金额计入当期损益。

5. 盘盈的工程物资，按规定报经批准后，工程尚未完工的，冲减在建工程的成本；工程已经完工的，计入当期营业外收入。

6. 会计期末工程物资按规定确认发生减值时，应按单项工程物资可收回金额低于其账面价值差额计提工程物资减值准备。

（二）工程物资有关业务核算

"工程物资"科目借方核算为工程采购物资的实际成本；贷方核算工程领用等原因而减少的工程物资的价值；期末余额在借方，反映企业为在建工程准备的各种物资的价值。

1. 购置工程物资

购入为工程准备的物资，按采购的实际成本，借记"工程物资"科目，贷记"银行存款"、"其他应付款"等科目。

（1）某公司 2007 年 1 月 10 日，从鞍钢购入钢管 22 吨，价款 60 000 元，专用发票注明增值税税额为 10 200 元，钢厂代付铁路运杂费 2 500 元。货款已从银行付出，专用材料仓库已经验收入库。

借：工程物资——专用材料   72 700

　　贷：银行存款　　　　　　　　　　　　　　　　　　　72 700

　　（2）某公司 2007 年 6 月 10 日收到甲公司圆钢 10 吨，已验收入库，发票未到，根据合同于 6 月 30 日按合同价 23 500 元入账。

　　借：工程物资——专用材料　　　　　　　　　　　　23 500

　　　　贷：应付账款（甲公司）　　　　　　　　　　　23 500

　　（3）2007 年 7 月 1 日，该企业收到上述圆钢的发票，价款 21 000 元，专用发票注明增值税税额 3 570 元。厂家代付铁路运杂费 1 500 元。款项已根据材料部采购付款申请，从银行支付。

　　①冲回原来估价入账价值

　　借：工程物资——专用材料　　　　　　　　　　　　－23 500

　　　　贷：应付账款（甲公司）　　　　　　　　　　　－23 500

　　②购入的圆钢按实际成本入账

　　借：工程物资——专用物资　　　　　　　　　　　　26 070

　　　　贷：银行存款　　　　　　　　　　　　　　　　26 070

2. 委托加工工程物资

　　企业领取工程物资委托外单位加工，按实际成本，借记"委托加工物资"科目，贷记"工程物资——专用材料"、"工程物资——专用设备"等科目；支付委托加工费和运杂费，借记"委托加工物资"科目，贷记"银行存款"科目；企业收到加工完工的材料，借记"工程物资——专用材料（或专用设备）"科目，贷记"委托加工物资"科目。加工退回剩余材料，借记"工程物资——专用材料（或专用设备）"科目，贷记"委托加工物资"科目。

　　（1）某公司 2007 年 2 月 10 日发出专用材料钢板 15 吨，委托甲公司加工大口径压力钢管。钢板每吨 3 000 元，共计 45 000 元。支付铁路运杂费 300 元。

　　发出专用材料（钢板）：

　　借：委托加工物资　　　　　　　　　　　　　　　　45 000

　　　　贷：工程物资——专用材料　　　　　　　　　　45 000

　　支付运费：

　　借：委托加工物资　　　　　　　　　　　　　　　　300

　　　　贷：银行存款　　　　　　　　　　　　　　　　300

　　（2）某公司 2007 年 7 月 10 日，根据委托加工合同和材料部付款申请，支付加工费 5 000 元，运杂费 500 元，款已从银行付出。

　　借：委托加工物资　　　　　　　　　　　　　　　　5 500

　　　　贷：银行存款　　　　　　　　　　　　　　　　5 500

　　（3）加工后剩余材料 0.5 吨，计 1 500 元，根据入库单作为专用材料计价入库。

　　借：工程物资——专用材料　　　　　　　　　　　　1 500

　　　　贷：委托加工物资　　　　　　　　　　　　　　1 500

　　（4）某公司 2007 年 7 月 20 日，委托加工的钢管已加工完成，实际成本 49 300

元，钢管已运抵专用材料仓库并验收入库。

  借：工程物资——专用材料　　　　　　　　　　49 300
    贷：委托加工物资　　　　　　　　　　　　　　　　49 300

3. 发出工程物资

  企业发出需安装设备，借记"在建工程——大型基建（在安装设备）"或"在建工程——小型基建（在安装设备）"科目，贷记"工程物资——专用设备"科目；拨给承包商抵作备料款的专用材料，借记"在建工程"科目，贷记"工程物资——专用材料"科目；自营工程领用工程物资，借记"在建工程"科目，贷记"工程物资——专用材料"科目。

  （1）某公司 2007 年 10 月 10 日，将锅炉交付安装，锅炉实际成本 1 170 000 元。

  借：在建工程——小型基建（在安装设备）　　　1 170 000
    贷：工程物资——专用设备　　　　　　　　　　　1 170 000

  （2）某公司 2007 年 8 月 10 日，从专用材料库发 150 毫米钢管 20 吨给承包商甲公司，该企业按合同抵作备料款，每吨 3 000 元，共计 60 000 元。

  借：在建工程——大型基建（安装工程）　　　　60 000
    贷：工程物资——专用材料　　　　　　　　　　　60 000

  （3）某公司 2007 年 6 月 10 日自营的小型基建——单身宿舍，从专用材料库领用水泥 20 吨，每吨 200 元，合计 4 000 元。

  借：在建工程——小型基建（建筑工程）　　　　4 000
    贷：工程物资——专用材料　　　　　　　　　　　4 000

4. 工程完工后剩余的工程物资退库及出售

  工程完工后剩余的工程物资退库，按退库的工程物资价值，借记"原材料"等科目，贷记"工程物资"科目。出售工程物资，应先结转工程物资的进项税额，借记"应交税费——应交增值税——进项税额"科目，贷记"工程物资——专用材料"科目。按出售的收入，借记"银行存款"、"应收账款"等科目，贷记"其他业务收入——材料销售"、"应交税费——应交增值税——销项税额"等科目，同时，借记"其他业务成本——销售材料的成本"科目，贷记"工程物资——专用材料"科目。

  （1）小型基建完工，剩余水泥 2 吨退专用材料库，根据入库单记账，共计 400 元。

  借：原材料　　　　　　　　　　　　　　　　　342
    应交税费——应交增值税——进项税　　　　58
    贷：工程物资——专用材料　　　　　　　　　　　400

  （2）某公司 2007 年 8 月 30 日出售工程剩余专用材料钢板 10 吨，每吨实际成本 3 000 元，开出增值税发票售价 35 000 元，增值税税额 5 950 元，当天收到全部款项 40 950 元存入银行。

  ①结转工程物资进项税额

  借：应交税费——应交增值税——进项税额　　　4 359
    贷：工程物资——专用材料　　　　　　　　　　　4 359

②收到出售物资价款

借：银行存款　　　　　　　　　　　　　　　　　　40 950

　　贷：其他业务收入——材料销售　　　　　　　　　　35 000

　　　　应交税费——应交增值税——销售税额　　　　　 5 950

③结转销售物资成本

借：其他业务成本——销售材料的成本　　　　　　　　25 641

　　贷：工程物资——专用材料　　　　　　　　　　　　25 641

5. 工程物资盘盈、盘亏及毁损

　　企业在财产清查时发现盘盈、盘亏及毁损的工程物资，按规定报经批准后分别不同情况进行处理。

　　工程项目尚未完工时，应将盘盈工程物资确定的实际成本，借记"工程物资"科目，贷记"在建工程"科目；盘亏工程物资的实际成本，借记"在建工程"科目，贷记"工程物资"科目；毁损的工程物资，应由保险公司或过失人赔偿的金额，借记"其他应收款"科目，将其净损失借记"在建工程"科目，按毁损工程物资的实际成本，贷记"工程物资"科目。

　　工程项目已完工时，应将盘盈工程物资确定的实际成本，借记"工程物资"科目，贷记"营业外收入"科目；盘亏工程物资的实际成本，借记"营业外支出"科目，贷记"工程物资"科目；毁损的工程物资，应由保险公司或过失人赔偿的金额，借记"其他应收款"科目，将其净损失，借记"营业外支出"科目，按毁损工程物资的实际成本，贷记"工程物资"科目。

　　（1）某公司锅炉设备安装工程尚未完工，2007年6月30日经盘点工程物资时，盘亏40毫米钢管1吨，实际成本4 000元，盘盈鼓风机1台，按市价15 000元确定实际成本。盘盈盘亏报告按规定报经批准进行处理。

①盘亏钢管

借：在建工程——安装工程——待摊支出　　　　　　 4 000

　　贷：工程物资——专用材料　　　　　　　　　　　　 4 000

②盘盈鼓风机

借：工程物资——专用设备　　　　　　　　　　　　 15 000

　　贷：在建工程——安装工程——待摊支出　　　　　　15 000

　　（2）某公司的一项建筑工程已经完工，盘点工程物资时，发现盘亏水泥10吨，实际成本2 000元，经查应由过失人李三赔偿500元，盘盈木材一批，按市价确认实际成本3 000元，盘盈盘亏报告按规定报经批准进行处理。

①盘亏的水泥

借：其他应收款（李三）　　　　　　　　　　　　　　 500

　　营业外支出——其他支出　　　　　　　　　　　　 1 500

　　贷：工程物资——专用材料　　　　　　　　　　　　 2 000

②盘盈的木材

借：工程物资——专用材料　　　　　　　　　　　　　3 000
　　贷：营业外收入——其他　　　　　　　　　　　　　　　3 000

二、在建工程

（一）在建工程核算有关规定

在建工程是指建造固定资产或者对固定资产进行技术改造，在未达到预定可使用状态前发生的实际支出。在建工程应按以下规定核算：

1. 在建工程应当按照工程的性质分别核算。

（1）建筑工程核算构成在建工程的建筑工程的实际成本。主要内容包括：①建造的各种房屋和建筑物，以及列入房屋工程预算内的暖气、卫生、通风、照明、煤气、消防等设施的价值及安装油饰工程，列入建筑工程预算内的各种管道、电力、电讯、电缆导线的敷设工程；②设备基础、支柱、工作台、梯子等；③为施工而进行建筑场地布置、原有建筑物和障碍物的拆除、土地平整、工程完工后的场地清理、绿化等；④水利工程，如水库、堤坝、灌渠等工程；⑤矿井开拓、铁路、公路、桥梁等工程；⑥防空、地下建筑等特殊工程。

（2）安装工程核算构成在建工程的安装工程的实际成本。主要内容包括：①生产、动力、起重、运输、传动和医疗、实验等需要安装设备的装置和装配工程及与设备相连的梯子、栏杆、工作台的装设工程，被安装设备的绝缘、防腐、保温、油漆等工程。②为测定工程质量，对单体设备、系统设备进行单机试运行和系统联动无负荷运行工作所发生的支出。

（3）在安装设备核算构成在建工程的已经交付安装的需要安装设备的实际成本。需要安装设备必须固定在一定位置或支架上就可使用的各种设备，如发电机、蒸汽锅炉、变压器、各种机床等。有的设备虽然不要设备基础，但必须进行组装，并在一定范围内使用，如塔式吊车、皮带运输机。

购入的需要安装的设备转作在安装设备必须具备设备基础和支架已经完成，安装设备所必需的图纸已经具备，设备的基础已经运到安装现场，开箱检验完毕，吊装就位，并继续安装。

（4）待摊支出是指在建设期间发生的，不能直接计入某项固定资产价值、而应由所建造固定资产共同负担的相关费用，包括为建造工程发生的管理费、征地费、可行性研究费、临时设施费、公证费、监理费、应负担的税金、符合资本化条件的借款费用、建设期间发生的工程物资盘亏、报废及毁损净损失以及负荷联合试车费等。其中，征地费是指企业通过划拨方式取得建设用地发生的青苗补偿费、地上建筑物、附着物补偿费等。企业为建造固定资产通过出让方式取得土地使用权而支付的土地出让金不计入在建工程成本，应确认为无形资产（土地使用权）。

2. 企业的在建工程采用自营建设和出包两种施工组织形式。采用自营方式的建筑安装工程支出，主要是在施工过程中实际发生的人工费、材料费、机械使用费、其他直接费和间接费；采用出包方式的建筑安装工程实际支出，主要是支付施工企业工程结算的工程价款。

3. 企业的在建工程项目在达到预定可使用状态前进行负荷试运转过程中形成的、能够对外销售的产品，其发生的成本，计入在建工程成本，销售或转为库存商品时，按实际销售收入或按预计售价冲减工程成本。

4. 建设期间发生的工程物资盘亏、报废及毁损净损失，计入在建工程成本；盘盈的工程物资或处置净收益冲减在建工程成本。

由于自然灾害等原因造成的在建工程报废或毁损，减去残料价值和过失人或保险公司等赔款后的净损失，直接计入营业外支出。

（二）在建工程有关业务核算

"在建工程"科目借方核算建筑工程、安装工程、在安装设备和技术改造工程的各项实际支出，贷方核算工程完工后结转的实际支出，期末余额在借方，反映企业尚未完工的在建工程发生的各项实际支出。

企业根据项目概算购入不需要安装的固定资产，为生产准备的工具、器具，购入的无形资产及发生的不属于工程支出的其他费用等不在本科目核算。

1. 发包的建筑工程

根据建造合同支付建筑工程承包商的工程款时，按实际支付的款项，借记"在建工程——建筑工程"科目，贷记"银行存款"科目，与承包商办理工程价款结算补付的工程款，借记"在建工程——建筑工程"科目，贷记"银行存款"、"应付账款"等科目，按建造合同扣除的质量保证金在"其他应付款"科目核算。

【例1】某公司2007年3月10日，根据与甲公司签订的厂房建造合同，将工程物资水泥100吨，抵作承建厂房的备料款，该批水泥全部价款为20 000元。

借：在建工程——小型基建——建筑工程　　　　　20 000
　　贷：工程物资——专用材料　　　　　　　　　　　　　20 000

【例2】某公司2007年4月10日，根据承包商提供的已完成工程月度表支付甲公司承建厂房的工程款500 000元。

借：在建工程——小型基建——建筑工程　　　　　500 000
　　贷：银行存款　　　　　　　　　　　　　　　　　　500 000

【例3】2007年12月30日，甲公司承建的厂房交付使用，根据建造合同及现场签证，经审核总造价1 200 000元，应补付工程款680 000元。预留10%质量保证金120 000元后，应补付的工程款当日全部付清。

借：在建工程——小型基建——建筑工程　　　　　680 000
　　贷：银行存款　　　　　　　　　　　　　　　　　　560 000
　　　　其他应付款——单位往来——甲公司　　　　　　120 000

2. 发包的安装工程

根据建造合同支付安装工程承包商的工程款时，按实际支付的款项，借记"在建工程——安装工程"科目，贷记"银行存款"科目，办理工程价款结算时，补付的工程价款，借记"在建工程"科目，贷记"银行存款"、"应付账款"等科目。按建造合同扣除的质量保证金在"其他应付款"科目核算。需要安装设备交付承包商安装，按实际成本借记"在建工程——在安装设备"科目，贷记"工程物资——专用设备"科目。

【例1】某公司2007年5月1日，根据与乙公司签订的锅炉安装建造合同（系小型基建），从专用材料仓库拨付乙公司钢管20吨，每吨实际成本4 000元，共计80 000元，作为乙公司承建厂房的锅炉安装的备料款。

借：在建工程——小型基建——安装工程　　　　　　　　　　80 000
　　贷：工程物资——专用材料　　　　　　　　　　　　　　　　80 000

【例2】某公司2007年5月10日将锅炉运抵现场交付安装，锅炉的实际成本1 170 000元。

借：在建工程——小型基建——在安装设备　　　　　　　1 170 000
　　贷：工程物资——专用设备　　　　　　　　　　　　　　　1 170 000

【例3】某公司2007年6月20日，根据建造合同及承包商提供的已完成工程月报表支付工程进度款100 000元。

借：在建工程——小型基建——安装工程　　　　　　　　　100 000
　　贷：银行存款　　　　　　　　　　　　　　　　　　　　　100 000

【例4】某公司2007年11月20日，锅炉安装工程全部完工，经试运行验收合格，根据合同和现场签证，经审核该项工程安装总费用300 000元，应补付的款项120 000元当日已全部付清。

借：在建工程——小型基建——安装工程　　　　　　　　　120 000
　　贷：银行存款　　　　　　　　　　　　　　　　　　　　　120 000

3. 自营工程

自营工程领用的工程物资应按实际成本，借记"在建工程"科目，贷记"工程物资"科目，自营工程领用原材料，应按原材料实际成本加上不能抵扣的增值税进项税额，借记"在建工程"科目，按原材料实际成本贷记"原材料"科目，按不能抵扣的增值税进项税额，贷记"应交税费——应交增值税——进项税额转出"科目。领用工程物资退料借记"在建工程"科目（红字），贷记"工程物资"科目（红字）。自营工程领用的商品产品时，按商品产品的实际成本加上按商品产品售价计算的增值税销项税额，借记"在建工程"科目，按商品产品的实际成本，贷记"库存商品"科目，按应交的销项税额，贷记"应交税费——应交增值税——销项税额"科目。自营工程应负担的生产工人工资，借记"在建工程"科目，贷记"应付职工薪酬"科目。

自营工程使用企业辅助生产单位提供的水、电及运输劳务，借记"在建工程"

科目，贷记"生产成本——辅助生产成本"科目。

（1）某公司自营建设职工公寓一栋，2007 年 3 月 1 日领用专用材料水泥预制件 100 吨，每吨 3 000 元，共计 300 000 元。

借：在建工程——大型基建——建筑工程　　　　　　　　　300 000
　　贷：工程物资——专用物资　　　　　　　　　　　　　　　　300 000

（2）某公司 2007 年 4 月 10 日，公寓楼工程领生产库原材料铜带 50 公斤做止水，该批铜带的实际成本 8 100 元，进项增值税税额 1 377 元。

借：在建工程——建筑工程　　　　　　　　　　　　　　　9 477
　　贷：原材料——材料　　　　　　　　　　　　　　　　　　　8 100
　　　　应交税费——应交增值税——进项税额转出　　　　　　　1 377

（3）某公司车队 2007 年 4 月为公寓楼运送材料等，使用 200 台班，每个台班 350 元，共计 70 000 元（该车队是辅助生产单位）。

借：在建工程——大型基建——建筑工程　　　　　　　　　70 000
　　贷：生产成本——辅助生产成本　　　　　　　　　　　　　　70 000

（4）某公司 2007 年 4 月 20 日支付建公寓的费用，应负担的工人工资 15 000 元，应负担的福利费 2 100 元。

借：在建工程——建筑工程　　　　　　　　　　　　　　　17 100
　　贷：应付职工薪酬　　　　　　　　　　　　　　　　　　　　17 100

（5）某公司 2007 年 4 月 28 日自营建设公寓领用本企业库存商品的成本共计 20 000 元，售价 25 000 元。

借：在建工程——大型基建——建筑工程　　　　　　　　　24 250
　　贷：库存商品　　　　　　　　　　　　　　　　　　　　　　20 000
　　　　应交税费——应交增值税——销项税额　　　　　　　　　4 250

4. 固定资产改良工程

固定资产改良支出属于固定资产后续支出，满足固定资产准则规定的固定资产确认条件的，计入固定资产成本；没有满足固定资产确认条件的，在发生时计入当期管理费用。发生可资本化的后续支出时，先将该固定资产的原价、已计提的累计折旧和减值准备转销，将固定资产的账面价值转入在建工程。固定资产发生的可资本化的后续支出，通过"在建工程"科目核算。固定资产改良工程中被替换部分的价值应终止确认。

（1）某公司 2007 年 9 月 10 日将一台机械设备进行改造，将设备价值转入"在建工程"科目。该设备原值 150 000 元，折旧 50 000 元。

借：在建工程——技改工程支出——设备　　　　　　　　　100 000
　　累计折旧　　　　　　　　　　　　　　　　　　　　　　50 000
　　贷：固定资产　　　　　　　　　　　　　　　　　　　　　150 000

（2）上述机组在技术改造过程中领专用材料钢材 10 吨，每吨 2 500 元，共计 25 000 元，支付民工工资 10 000 元。

借：在建工程——技改工程支出——材料　　　　　　　35 000
　　贷：银行存款　　　　　　　　　　　　　　　　　　10 000
　　　　工程物资——专用材料　　　　　　　　　　　　25 000

（3）在技术改造过程中更换水工机械设备一台，原值 20 000 元，已提折旧 10 000 元。新更换上的励磁机 35 000 元，技改的废旧物资回收 5 000 元。

①更换水工机械设备

借：在建工程——技改工程支出——水工机械设备　　35 000
　　贷：工程物资——专用设备　　　　　　　　　　　　35 000

②回收更换的材料物资

借：工程物资——专用材料　　　　　　　　　　　　　5 000
　　贷：在建工程——技改工程支出——水工机械设备　　5 000

（4）某公司 2007 年 11 月 10 日上述设备改造工程经试运行、验收后交付使用。

借：固定资产——生产经营用——水工机械设备　　　165 000
　　贷：在建工程——技改工程支出　　　　　　　　　165 000

5. 应计入在建工程的待摊支出

工程概算中包括不直接计入在建工程相关项目的各项支出，如工程管理费、筹资费、资产损失、负荷试运转费、征地费、可行性研究费、临时设施费、公证费、监理费等，借记"在建工程——大型基建（或小型基建）——待摊支出"科目，贷记"银行存款"等科目。

（1）某公司 2007 年 2 月，应支付大型基建的基建工作人员工资 8 500 元，应计提福利费 1 190 元，工会经费 170 元。

借：在建工程——大型基建——待摊支出　　　　　　9 860
　　贷：应付职工薪酬　　　　　　　　　　　　　　　9 860

（2）2007 年 3 月 1 日，某公司基建处报销大型基建复印纸款 1 650 元，以转账支票支付。

借：在建工程——大型基建——待摊支出　　　　　　1 650
　　贷：银行存款　　　　　　　　　　　　　　　　　1 650

（3）某公司 2007 年 4 月 1 日，根据大型基建征地合同和工程部用款申请，支付甲村土地征用费共 150 000 元。

借：在建工程——大型基建——待摊支出　　　　　　150 000
　　贷：银行存款　　　　　　　　　　　　　　　　　150 000

（4）某公司 2007 年 4 月 10 日根据技术部用款申请和相关合同，支付用于大型基建设计院可行性研究费 50 000 元，设计费 20 000 元。

借：在建工程——大型基建——待摊支出　　　　　　70 000
　　贷：银行存款　　　　　　　　　　　　　　　　　70 000

（5）某公司 2007 年 4 月 10 日，根据工程部用款申请和工程建造合同，支付甲公司大型基建临时设施费 80 000 元。

借: 在建工程——大型基建——待摊支出　　　　　　　　　　80 000
　　贷: 银行存款　　　　　　　　　　　　　　　　　　　　　　　80 000

（6）某公司 2007 年 4 月 20 日, 根据海关通知, 支付小型基建的进口机组商检费 100 000 元。

借: 在建工程——小型基建——待摊支出　　　　　　　　　100 000
　　贷: 银行存款　　　　　　　　　　　　　　　　　　　　　　100 000

（7）某公司 2007 年 6 月 15 日, 根据建造合同和工程部用款申请, 支付给甲公司小型基建施工机械转移费 50 000 元。

借: 在建工程——小型基建——待摊支出　　　　　　　　　　50 000
　　贷: 银行存款　　　　　　　　　　　　　　　　　　　　　　　50 000

（8）某公司 2007 年 11 月 25 日, 因泥石流将进厂路道冲毁, 该道路在建, 系小型基建, 已支出实际成本 35 000 元。上述损失按规定管理权限报经批准。

借: 在建工程——小型基建——待摊支出　　　　　　　　　　35 000
　　贷: 在建工程——建筑工程　　　　　　　　　　　　　　　　35 000

（9）某公司 2007 年 12 月 31 日, 计算小型基建应资本化借款费用 150 000 元。

借: 在建工程——小型基建——待摊支出　　　　　　　　　150 000
　　贷: 应付利息　　　　　　　　　　　　　　　　　　　　　150 000

6. 不应计入在建工程的其他支出

企业在固定资产购建期间购置的不需要安装设备、为生产准备的工器具, 购置现成的房屋建筑物、无形资产, 以及为生产准备提前进厂人员的费用, 分别借记 "固定资产"、"无形资产"、"包装物及低值易耗品" 等科目, 贷记 "银行存款" 等相关科目。因概算中包括上述支出, 为考核概算执行情况, 应设立 "在建工程——大型基建（或小型基建）——待摊支出" 备查簿, 专门登记构成项目概算内容但又不通过在建工程科目核算的这一部分支出。

7. 工程竣工

工程竣工应编制竣工决算报告, 确定其购建的固定资产价值: ①房屋建筑物、线路等固定资产价值包括建筑成本和应分摊的待摊支出; ②动力设备、生产设备固定资产的价值包括需要安装设备的实际成本、安装工程成本、设备基础、支柱等建筑物成本或砌筑锅炉建筑工程成本和应分摊的待摊支出。

编制竣工决算前, 要对 "预付工程款"、"预付备料款"、"预付大型设备款" 等相关明细账户进行清理, 如有余额应冲抵有关账户。对工程结余资金, 工程专用材料及设备进行清理, 并结清到相应账户。分摊 "在建工程——大型基建（或小型基建）——待摊支出" 科目的余额计入购建固定资产价值。

在建工程达到预定可使用状态时, 首先计算分配待摊支出, 待摊支出的分配率可按下列公式计算:

待摊支出分配率 = 累计发生的待摊支出 ÷（建筑工程支出 + 安装工程支出 + 在安装设备支出）× 100%

某工程应分配的待摊支出 = (某工程的建筑工程支出 + 安装工程支出 + 在安装设备支出) × 待摊支出分配率

其次，计算确定已完工的固定资产成本：

房屋、建筑物等固定资产成本 = 建筑工程支出 + 应分摊的待摊支出

需要安装设备的成本 = 设备成本 + 为设备安装发生的基础、支座等建筑工程支出 + 安装工程支出 + 应分摊的待摊支出

然后，进行相应的会计处理，借记"固定资产"科目，贷记"在建工程——建筑工程"、"在建工程——安装工程"、"在建工程——待摊支出"等科目。

（1）某公司 2007 年 12 月 31 日，建造的固定资产已全部完工，应分配的待摊支出 410 000 元。待摊支出分配表见表 2 - 9。

表 2 - 9　　　　　　　　　　待摊支出分配表　　　　　　　　　单位：元

项　目	建筑工程	安装工程	设备价值	合计	分摊其他费用
一、房屋					
1. 厂房	750 000			750 000	117 014
2. 宿舍	407 877			407 877	63 637
二、安装设备					
锅炉		300 000	1 170 000	1 470 000	229 349
合计	1 157 877	300 000	1 170 000	2 627 877	410 000

分配系数 = 410 000 ÷ 2 627 877 = 0.156019

借：在建工程——大型基建——建筑工程　　　　　　180 651

　　　　　　　　　　　　——安装工程　　　　　　229 349

　　贷：在建工程——大型基建——待摊支出　　　　　　　410 000

（2）工程经验收委员会验收，竣工决算编竣完成，购建固定资产总支出 20 000 000 元。按固定资产清册建立固定资产卡片，并结转记入"固定资产"总账科目。

借：固定资产　　　　　　　　　　　　　　　20 000 000

　　贷：在建工程——大型基建——建筑工程　　　　9 000 000

　　　　　　　　　　　　——安装工程　　　　　1 000 000

　　　　　　　　　　　　——在安装设备　　　10 000 000

8. 在建工程减值准备

在建工程减值准备是指在购建固定资产过程中，在建工程的可回收金额低于其账面价值，并经评估确认的在建工程减值损失。企业应于年度终了，对在建工程进行全面检查，有下列情况应计提减值准备：①该项目长期停建，而且在未来三年不会重新开工的在建工程；②所建的在建项目，无论在性能上和在技术上已经落后，并且给企业带来的经济利益具有很大的不确定性；③其他足以证明在建工程已经发生减值的情况。

企业计提的在建工程减值准备，借记"资产减值损失——在建工程减值准备"

科目，贷记"在建工程——减值准备"科目。

例如，某公司2007年12月31日，经对全部在建工程进行检查，在甲地建培训中心，由于当地整体开发推迟，目前已停建三年。已投入征地等前期建设费用2 800 000元，经评估应提减值准备700 000元。

借：资产减值损失——在建工程减值准备　　　　　　　　700 000

贷：在建工程——减值准备　　　　　　　　　　　　700 000

第八节 无 形 资 产

一、无形资产核算的有关规定

（一）无形资产定义

1. 无形资产定义

无形资产，是指企业拥有或者控制的没有实物形态的可辨认非货币性资产。

无形资产主要包括专利权、非专利技术、商标权、著作权、土地使用权、特许权等。

💡〔注释〕

土地使用权的处理。

企业取得的土地使用权通常应确认为无形资产。土地使用权用于自行开发建造厂房等地上建筑物时，土地使用权的账面价值不与地上建筑物合并计算其成本，而仍作为无形资产进行核算，土地使用权与地上建筑物分别进行摊销和提取折旧。但下列情况除外：

（1）房地产开发企业取得的土地使用权用于建造对外出售的房屋建筑物，相关的土地使用权应当计入所建造的房屋建筑物成本。

（2）企业外购的房屋建筑物，实际支付的价款中包括土地以及建筑物的价值，则应当对支付的价款按照合理的方法（如公允价值）在土地和地上建筑物之间进行分配；如果确实无法在地上建筑物与土地使用权之间进行合理分配的，应当全部作为固定资产核算。

企业改变土地使用权的用途，将其作为用于出租或增值目的时，应将其转为投资性房地产。

2. 无形资产不包括

（1）商誉的存在无法与企业自身分离，不具有可辨认性，不在本准则规范。

企业合并中形成的商誉，适用《企业会计准则第8号——资产减值》和《企业会计准则第20号——企业合并》。

（2）作为投资性房地产的土地使用权，适用《企业会计准则第3号——投资性房地产》。

3. 资产满足下列条件之一的，符合无形资产定义中的可辨认性标准：

（1）能够从企业中分离或者划分出来，并能单独或者与相关合同、资产或负债一起，用于出售、转移、授予许可、租赁或者交换。

（2）源自合同性权利或其他法定权利，无论这些权利是否可以从企业或其他权利和义务中转移或者分离。

（二）无形资产的确认

1. 无形资产同时满足下列条件的，才能予以确认：

（1）与该无形资产有关的经济利益很可能流入企业；

（2）该无形资产的成本能够可靠地计量。

企业在判断无形资产产生的经济利益是否很可能流入时，应当对无形资产在预计使用寿命内可能存在的各种经济因素作出合理估计，并且应当有明确证据支持。

2. 企业无形项目的支出，除下列情形外，均应于发生时计入当期损益：

（1）符合本准则规定的确认条件、构成无形资产成本的部分；

（2）非同一控制下企业合并中取得的、不能单独确认为无形资产、构成购买日确认的商誉的部分。

3. 企业内部研究开发项目的支出，应当区分研究阶段支出与开发阶段支出。

研究是指为获取并理解新的科学或技术知识而进行的独创性的有计划调查。

开发是指在进行商业性生产或使用前，将研究成果或其他知识应用于某项计划或设计，以生产出新的或具有实质性改进的材料、装置、产品等。

💡〔注释〕

本准则将研究开发项目区分为研究阶段与开发阶段。企业应当根据研究与开发的实际情况加以判断。

（1）研究阶段

研究阶段是探索性的，为进一步开发活动进行资料及相关方面的准备，已进行的研究活动将来是否会转入开发、开发后是否会形成无形资产等均具有较大的不确定性。

比如，意在获取知识而进行的活动，研究成果或其他知识的应用研究、评价和最终选择，材料、设备、产品、工序、系统或服务替代品的研究，新的或经改进的材料、设备、产品、工序、系统或服务的可能替代品的配制、设计、评价和最终选择等，均属于研究活动。

（2）开发阶段

相对于研究阶段而言，开发阶段应当是已完成研究阶段的工作，在很大程度上具备了形成一项新产品或新技术的基本条件。

比如，生产前或使用前的原型和模型的设计、建造和测试，不具有商业性生产经济规模的试生产设施的设计、建造和运营等，均属于开发活动。

4. 企业内部研究开发项目研究阶段的支出，应当于发生时计入当期损益。

5. 企业内部研究开发项目开发阶段的支出，同时满足下列条件的，才能确认为无形资产：

（1）完成该无形资产以使其能够使用或出售在技术上具有可行性；

💡〔注释〕

判断无形资产的开发在技术上是否具有可行性，应当以目前阶段的成果为基础，并提供相关证据和材料，证明企业进行开发所需的技术条件等已经具备，不存在技术上的障碍或其他不确定性。比如，企业已经完成了全部计划、设计和测试活动，这些活动是使资产能够达到设计规划书中的功能、特征和技术所必需的活动，或经过专家鉴定等。

（2）具有完成该无形资产并使用或出售的意图；

💡〔注释〕

企业能够说明其开发无形资产的目的。

（3）无形资产产生经济利益的方式，包括能够证明运用该无形资产生产的产品存在市场或无形资产自身存在市场，无形资产将在内部使用的，应当证明其有用性；

💡〔注释〕

无形资产是否能够为企业带来经济利益，应当对运用该无形资产生产产品的市场情况进行可靠预计，以证明所生产的产品存在市场并能够带来经济利益，或能够证明市场上存在对该无形资产的需求。

（4）有足够的技术、财务资源和其他资源支持，以完成该无形资产的开发，并有能力使用或出售该无形资产；

💡〔注释〕

企业能够证明可以取得无形资产开发所需的技术、财务和其他资源，以及获得这些资源的相关计划。企业自有资金不足以提供支持的，应能够证明存在外部其他方面的资金支持，如银行等金融机构声明愿意为该无形资产的开发提供所需资金等。

（5）归属于该无形资产开发阶段的支出能够可靠地计量。

企业对研究开发的支出应当单独核算，如直接发生的研发人员工资、材料费以及相关设备折旧费等。同时从事多项研究开发活动的，所发生的支出应当按照合理的标准在各项研究开发活动之间进行分配；无法合理分配的，应当计入当期损益。

6. 企业取得的已作为无形资产确认的正在进行中的研究开发项目，在取得后发生的支出应当按照本准则第七条至第九条的规定处理。

7. 企业自创商誉以及内部产生的品牌、报刊名等，不应确认为无形资产。

（三）无形资产的初始计量

1. 无形资产应当按照成本进行初始计量。

2. 外购无形资产的成本，包括购买价款、相关税费以及直接归属于使该项资产达到预定用途所发生的其他支出。

购买无形资产的价款超过正常信用条件延期支付，实质上具有融资性质的，无形资产的成本以购买价款的现值为基础确定。实际支付的价款与购买价款的现值之间的差额，除按照《企业会计准则第 17 号——借款费用》应予资本化的以外，应当在信用期间内计入当期损益。

3. 自行开发的无形资产，其成本包括自满足本准则第四条和第九条规定后至达到预定用途前所发生的支出总额，但是对于以前期间已经费用化的支出不再调整。

4. 投资者投入无形资产的成本，应当按照投资合同或协议约定的价值确定，但合同或协议约定价值不公允的除外。

💡〔注释〕

投资者投入的无形资产，投资合同或协议约定价值不公允时按公允价值确定无形资产的成本。

5. 非货币性资产交换、债务重组、政府补助和企业合并取得的无形资产的成本，应当分别按照《企业会计准则第 7 号——非货币性资产交换》、《企业会计准则第 12 号——债务重组》、《企业会计准则第 16 号——政府补助》和《企业会计准则第 20 号——企业合并》确定。

（四）无形资产的后续计量

1. 企业应当于取得无形资产时分析判断其使用寿命。

无形资产的使用寿命为有限的，应当估计该使用寿命的年限或者构成使用寿命的产量等类似计量单位数量；无法预见无形资产为企业带来经济利益期限的，应当视为使用寿命不确定的无形资产。

💡〔注释〕

估计无形资产使用寿命应当考虑的相关因素。

（1）企业持有的无形资产，通常来源于合同性权利或其他法定权利，且合同规定或法律规定有明确的使用年限。

来源于合同性权利或其他法定权利的无形资产，其使用寿命不应超过合同性权利或其他法定权利的期限；合同性权利或其他法定权利在到期时因续约等延续、且有证据表明企业续约不需要付出大额成本的，续约期应当计入使用寿命。合同或法律没有规定使用寿命的，企业应当综合各方面因素判断，以确定无形资产能为企业带来经济利益的期限。比如，与同行业的情况进行比较、参考历史经验，或聘请相关专家进行论证等。

按照上述方法仍无法合理确定无形资产为企业带来经济利益期限的，该项无形资产应作为使用寿命不确定的无形资产。

（2）企业确定无形资产使用寿命通常应当考虑的因素。

①运用该资产生产的产品通常的寿命周期、可获得的类似资产使用寿命的信息；

②技术、工艺等方面的现阶段情况及对未来发展趋势的估计；

③以该资产生产的产品或提供服务的市场需求情况；

④现在或潜在的竞争者预期采取的行动；

⑤为维持该资产带来经济利益能力的预期维护支出，以及企业预计支付有关支出的能力；

⑥对该资产控制期限的相关法律规定或类似限制，如特许使用期、租赁期等；

⑦与企业持有其他资产使用寿命的关联性等。

（3）估计无形资产使用寿命举例。

①企业以支付土地出让金方式取得一块土地50年的使用权，如果企业准备持续持有，在50年期间内没有计划出售，该项土地使用权预期为企业带来未来经济利益的期间为50年。

②企业取得一项专利技术，法律保护期间为20年，企业预计运用该专利生产的产品在未来15年内会为企业带来经济利益。就该项专利技术，第三方向企业承诺在5年内以其取得之日公允价值的60%购买该专利权，从企业管理层目前的持有计划来看，准备在5年内将其出售给第三方。该专利技术应在企业持有其5年内摊销，残值为该专利在取得之日公允价值的60%。

③企业通过公开拍卖取得一项出租车运营许可，按照所在地规定，以现有出租运营许可为限，不再授予新的运营许可，而且在旧的出租车报废以后，其运营许可可用于新的出租车。企业估计在有限的未来，其将持续经营出租车行业。对于该运营许可，其为企业带来未来经济利益的期限从目前情况看无法可靠估计，应视为使用寿命不确定的无形资产。

2. 使用寿命有限的无形资产，其应摊销金额应当在使用寿命内系统合理摊销。

企业摊销无形资产，应当自无形资产可供使用时起，至不再作为无形资产确认时止。

企业选择的无形资产摊销方法，应当反映与该项无形资产有关的经济利益的预期实现方式。无法可靠确定预期实现方式的，应当采用直线法摊销。

无形资产的摊销金额一般应当计入当期损益，其他会计准则另有规定的除外。

💡〔注释〕

无形资产的摊销金额一般应当计入当期损益。某项无形资产包含的经济利益通过所生产的产品或其他资产实现的，其摊销金额应当计入相关资产的成本。

3. 无形资产的应摊销金额为其成本扣除预计残值后的金额。已计提减值准备的无形资产，还应扣除已计提的无形资产减值准备累计金额。使用寿命有限的无形资产，其残值应当视为零，但下列情况除外：

（1）有第三方承诺在无形资产使用寿命结束时购买该无形资产。

（2）可以根据活跃市场得到预计残值信息，并且该市场在无形资产使用寿命结束时很可能存在。

4. 使用寿命不确定的无形资产不应摊销。

5. 无形资产的减值，应当按照《企业会计准则第8号——资产减值》处理。

6. 企业至少应当于每年年度终了，对使用寿命有限的无形资产的使用寿命及摊销方法进行复核。无形资产的使用寿命及摊销方法与以前估计不同的，应当改变摊销期限和摊销方法。

企业应当在每个会计期间对使用寿命不确定的无形资产的使用寿命进行复核。如果有证据表明无形资产的使用寿命是有限的，应当估计其使用寿命，并按本准则规定处理。

💡〔注释〕

企业至少应当于每年年度终了，对无形资产的使用寿命进行复核，如果有证据表明无形资产的使用寿命不同于以前的估计，由于合同的续约或无形资产应用条件的改善，延长了无形资产的使用寿命，对于使用寿命有限的无形资产应改变其摊销年限，并按照《企业会计准则第 28 号——会计政策、会计估计变更和差错更正》进行处理。

对于使用寿命不确定的无形资产，如果有证据表明其使用寿命是有限的，应当按照会计估计变更处理，并按照无形资产准则中关于使用寿命有限无形资产的处理原则进行处理。

（五）无形资产处置和报废

1. 企业出售无形资产，应当将取得的价款与该无形资产账面价值的差额计入当期损益。

2. 无形资产预期不能为企业带来经济利益的，应当将该无形资产的账面价值予以转销。

💡〔注释〕

无形资产预期不能为企业带来经济利益的，应将该无形资产转销。即转销该无形资产已计提的累计摊销、账面余额，已计提减值准备的，还应同时转销已计提的减值准备。

3. 企业拥有符合持有待售条件的无形资产，比照持有待售的固定资产相关规定进行处理。

（六）无形资产的披露

企业应当按照无形资产的类别在附注中披露与无形资产有关的下列信息：

（1）无形资产的期初和期末账面余额、累计摊销额及减值准备累计金额。

（2）使用寿命有限的无形资产，其使用寿命的估计情况；使用寿命不确定的无形资产，其使用寿命不确定的判断依据。

（3）无形资产的摊销方法。

（4）用于担保的无形资产账面价值、当期摊销额等情况。

（5）计入当期损益和确认为无形资产的研究开发支出金额。

二、无形资产有关业务核算

"无形资产"科目借方核算取得无形资产的实际成本，包括外购取得、投资者投入取得、债务重组取得、非货币性交易取得、自行开发取得的实际成本；贷方核算按规定摊销的无形资产价值、出售无形资产以及进行债务重组和非货币性交易而减少的无形资产的账面价值；期末余额在借方，反映无形资产的成本。

"无形资产减值准备"科目贷方核算按规定计提的无形资产减值准备；借方核算无形资产处置时结转的已计提的无形资产减值准备；期末余额在贷方，反映已计提但尚未转销的无形资产减值准备。

"累计摊销"科目贷方核算按月计提的无形资产摊销额；借方核算无形资产出售而冲销的无形资产累计摊销额；期末余额在贷方，反映企业无形资产累计摊销额。

（一）外购与自行开发取得的无形资产

外购的无形资产，其成本包括购买价款、相关税费以及直接归属于使该项资产达到预定用途所发生的其他支出。其中，直接归属于使该项资产达到预定用途所发生的其他支出包括使无形资产达到预定用途所发生的专业服务费用、测试无形资产是否能够正常发挥作用的费用等，但不包括为引入新产品进行宣传发生的广告费、管理费用及其他间接费用，也不包括在无形资产已经达到预定用途以后发生的费用。

无形资产达到预定用途后所发生的支出，不构成无形资产的成本。例如，在形成预定经济规模之前发生的初始运作损失，以及在无形资产达到预定用途之前发生的其他经营活动的支出，如果该经营活动并非是与无形资产达到预定用途必不可少的，则有关经营活动的损益应于发生时计入当期损益，而不构成无形资产的成本。

购买无形资产的价款超过正常信用条件延期支付（如付款期在3年以上），实际上具有融资性质的，即采用分期付款方式购买无形资产，无形资产的成本为购买价款的现值。这是因为，企业在发生这项业务的过程中，实际上可以区分为两项业务：一项业务是购买无形资产；另一项业务实质上是向销售方借款。因此，所支付的货款必须考虑货币的时间价值，根据无形资产准则的规定，要采用现值计价的模式，无形资产的成本为购买价款的现值。

企业外购的无形资产，按应计入无形资产成本的金额，借记"无形资产"科目，贷记"银行存款"等科目。

购入无形资产超过正常信用条件延期支付价款，实质上具有融资性质的，应按所购无形资产购买价款的现值，借记"无形资产"科目，按应支付的金额，贷记"长期应付款"科目，按其差额，借记"未确认融资费用"科目。

自行开发的无形资产，按应予资本化的支出，借记"无形资产"科目，贷记"研发支出"科目。

【例1】某公司于2007年3月1日从东软科技公司购入一项专利权，价格为1 500 000元，发生相关费用30 000元，款项以银行存款支付。

借：无形资产——专利权　　　　　　　　　　　　　1 530 000
　　贷：银行存款　　　　　　　　　　　　　　　　　　　1 530 000

【例2】某公司于2007年5月16日从中航科技公司购入一项专利权和相关设备，价格及相关费用共计6 000 000元。其中，专利权可以单独辨认，但相关设备的价格没有分别列明。专利权与相关设备公允价值的比例为5:1，该笔款项以银行存款支付，该设备已交付使用。

借：无形资产——专利权	5 000 000
固定资产	1 000 000
贷：银行存款	6 000 000

【例3】某公司 2007 年 1 月 6 日，从星光公司购买一项商标权，由于资金周转比较紧张，经与星光公司协议采用分期付款方式支付款项。合同规定，该项商标权总计 6 000 000 元，每年年末付款 3 000 000 元，两年付清，假定银行同期贷款利率为 6%，2 年期年金现值系数为 1.8334。

有关会计处理如下：

（1）无形资产现值 = 3 000 000 × 1.8334 = 5 500 200（元）

（2）未确认融资费用 = 6 000 000 − 5 500 200 = 499 800（元）

（3）第一年应确认的融资费用 = 5 500 200 × 6% = 330 012（元）

（4）第二年应确认的融资费用 = 499 800 − 330 012 = 169 788（元）

①确认无形资产时：

借：无形资产——商标权	5 500 200
未确认融资费用	499 800
贷：长期应付款	6 000 000

②第一年年底付款时：

借：长期应付款	3 000 000
贷：银行存款	3 000 000
借：财务费用	330 012
贷：未确认融资费用	330 012

③第二年年底付款时：

借：长期应付款	3 000 000
贷：银行存款	3 000 000
借：财务费用	169 788
贷：未确认融资费用	169 788

【例4】某公司 2007 年 2 月 5 日开始自行研发一项新产品专利技术，在研究开发过程中发生材料费 4 000 000 元、人工工资 1 200 000 元，以及其他费用 800 000 元，总计 6 000 000 元，其中，符合资本化条件的支出为 3 600 000 元，期末，该专利技术以及达到预定用途。

①借：研发支出——费用化支出	2 400 000
——资本化支出	3 600 000
贷：原材料	4 000 000
应付职工薪酬	1 200 000
银行存款	800 000

②期末：

借：管理费用   2 400 000
　　无形资产   3 600 000
　　贷：研发支出——费用化支出   2 400 000
　　　　　　　——资本化支出   3 600 000

（二）投资者投入的无形资产

投资者投入的无形资产，按照投资合同或协议约定的价值，借记"无形资产"科目，贷记"股本"或"实收资本"等科目。投资合同或协议约定的价值不公允时按公允价值确定无形资产的成本。

例如，某公司 2007 年 6 月 10 日接受新地科技公司以其所拥有的专利权作为出资，双方协议约定的价值为 30 000 000 元，按照市场情况估计其公允价值为 26 000 000 元，已经办妥相关手续。

借：无形资产   26 000 000
　　资本公积   4 000 000
　　贷：实收资本   30 000 000

（三）无形资产的摊销

使用寿命有限的无形资产，应在其预计的使用寿命内采用系统合理的方法对应摊销金额进行摊销。其中应摊销金额是指无形资产的成本扣除残值后的金额。

1. 摊销期和摊销方法

无形资产的摊销期自其可供使用时（即其达到预定用途）开始至终止确认时止。在无形资产的使用寿命内系统地分摊其应摊销金额，存在多种方法。这些方法包括直线法、生产总量法等。对某项无形资产摊销所使用的方法应依据从资产中获取的预期未来经济利益的预计消耗方式来选择，并一致地运用于不同会计期间，如受技术陈旧因素影响较大的专利权和专有技术等无形资产，可采用类似固定资产加速折旧的方法进行摊销；有特定产量限制的特许经营权或专利权，应采用产量法进行摊销。

无形资产的摊销一般应计入当期损益，但如果某项无形资产是专门用于生产某种产品的，其所包含的经济利益是通过转入到所生产的产品中体现的，无形资产的摊销费用应构成产品成本的一部分。

2. 残值的确定

无形资产的残值一般为零，除非有第三方承诺在无形资产使用寿命结束时愿意以一定的价格购买该项无形资产，或者存在活跃的市场，通过市场可以得到无形资产使用寿命结束时的残值信息，并且从目前情况看，在无形资产使用寿命结束时，该市场还可能存在的情况下，可以预计无形资产的残值。

无形资产的残值意味着在其经济寿命结束之前企业预计将会处置该无形资产，并且从该处置中取得利益。估计无形资产的残值应以资产处置时的可收回金额为基础，此时的可收回金额是指在预计出售日，出售一项使用寿命已满且处于类似使用状况下，同类无形资产预计的处置价格（扣除相关税费）。残值确定以后，在持有无形资产的期间，至少应于每年年末进行复核，预计其残值与原估计金额不同的，应按照会计估计变更进行处理。如果无形资产的残值重新估计以后高于其账面价值的，无形资产不再摊销，直至残值降至低于账面价值时再恢复摊销。

企业按期（月）计提无形资产的摊销，借记"管理费用"、"其他业务成本"等科目，贷记"累计摊销"科目。处置无形资产还应同时结转累计摊销。

例如，某公司于 2007 年 3 月 1 日从东软科技公司购入一项专利权，价格为 1 500 000 元，发生相关费用 30 000 元，款项以银行存款支付，预计使用年限为 10 年。

2007 年 3 月 31 日该无形资产应摊销：

借：管理费用——无形资产摊销　　　　　　　　　　　　12 750

　　贷：累计摊销　　　　　　　　　　　　　　　　　　　　12 750

〔注释〕

该专利权每月摊销额 = 1 530 000 ÷ 10 ÷ 12 = 12 750（元）。

（四）无形资产的减值

资产负债表日，无形资产发生减值的，按应减记的金额，借记"资产减值损失"科目，贷记"无形资产减值准备"科目。处置无形资产还应同时结转减值准备。

例如，某公司 2007 年 3 月 1 日从东软科技公司购入的一项专利权在 2007 年年末的摊余价值为 1 402 500 元，由于与该专利权相关的经济因素发生了不利变化，致使该专利权发生了减值。估计该专利权在 2007 年年末的可收回金额为 1 300 000 元，该项专利权在此之前未提减值准备。

借：资产减值损失——无形资产减值准备　　　　　　　　102 500

　　贷：无形资产减值准备　　　　　　　　　　　　　　　102 500

（五）无形资产的处置

无形资产的处置，主要是指无形资产出售、对外出租、对外捐赠，或者是无法为企业带来未来经济利益时，应予转销并终止确认。

1. 无形资产的出售

企业将无形资产出售，表明企业放弃无形资产的所有权。无形资产准则规定，企业出售无形资产时，应将所取得的价款与该无形资产账面价值的差额计入当期损益。

企业出售无形资产不属于《企业会计准则第 14 号——收入》的规范范围，但处置收入的确认时点应比照收入准则中的有关原则进行判断。

出售无形资产，应按实际收到的金额等，借记"银行存款"等科目，按已计提的累计摊销，借记"累计摊销"科目，按应支付的相关税费及其他费用，贷记"应交税费"、"银行存款"等科目，按其账面余额，贷记"无形资产"科目，按其差额，贷记"营业外收入——处置非流动资产利得"科目或借记"营业外支出——处置非流动资产损失"科目。已计提减值准备的，还应同时结转减值准备。

2. 无形资产的出租

企业将所拥有的无形资产的使用权让渡给他人，并收取租金，在满足收入准则规定的确认标准的情况下，应确认相关的收入及成本。

出租无形资产时，取得的租金收入，借记"银行存款"等科目，贷记"其他业务收入"等科目；摊销出租无形资产的成本并发生与转让有关的各种费用支出时，借记"其他业务成本"科目，贷记"无形资产"科目。

3. 无形资产的报废

如果无形资产预期不能为企业带来未来经济利益，不再符合无形资产的定义，应将其转销。例如，该无形资产已被其他新技术所替代，不能为企业带来经济利益；再如，无形资产不再受到法律保护，且不能给企业带来经济利益等。例如，甲企业的某项无形资产法律保护期限已过，用其生产的产品没有市场，则说明该无形资产无法为企业带来未来经济利益，应予转销。

无形资产预期不能为企业带来经济利益的，应按已计提的累计摊销，借记"累计摊销"科目，按其账面余额，贷记"无形资产"科目，按其差额，借记"营业外支出"科目。已计提减值准备的，还应同时结转减值准备。

【例1】某公司于2007年11月8日将其拥有的一项专利权作价1 200 000元转让给星海科技公司，该专利权的账面余额为2 000 000元，累计摊销额为900 000元，该专利权已计提减值准备100 000元。应交的营业税为60 000元。

借：银行存款	1 200 000
无形资产减值准备	100 000
累计摊销	900 000
贷：无形资产	2 000 000
应交税费——应交营业税	60 000
营业外收入——处置非流动资产利得	140 000

【例2】某公司2007年6月5日对一套5年前购入的计算机软件进行技术鉴定，经鉴定该软件已无使用价值，已不能为公司带来经济利益。该计算机软件原值200 000元，累计摊销150 000元，已提减值准备20 000元。

借：累计摊销	150 000
无形资产减值准备	20 000
营业外支出	30 000
贷：无形资产	200 000

（六）企业自行开发无形资产发生的研发支出

企业自行开发无形资产发生的研发支出，不满足资本化条件的，借记"研发支出"科目（费用化支出），满足资本化条件的，借记"研发支出"科目（资本化支出），贷记"原材料"、"银行存款"、"应付职工薪酬"等科目。

研究开发项目达到预定用途形成无形资产的，应按"研发支出"科目（资本化支出）的余额，借记"无形资产"科目，贷记"研发支出"科目（资本化支出）。

期（月）末，应将"研发支出"科目归集的费用化支出金额转入"管理费用"科目，借记"管理费用"科目，贷记"研发支出"科目（费用化支出）。

【例1】某公司2007年3月10日开始自行研究开发一项新产品专利技术，在研发过程中发生材料费4 000 000元，人工工资1 000 000元，其他费用2 000 000元，总计7 000 000元，其中符合资本化条件的支出5 000 000元。

借：研发支出——费用化支出　　　　　　　　　　　　2 000 000
　　　　——资本化支出　　　　　　　　　　　　　　5 000 000
　　贷：原材料　　　　　　　　　　　　　　　　　　4 000 000
　　　　应付职工薪酬　　　　　　　　　　　　　　　1 000 000
　　　　银行存款　　　　　　　　　　　　　　　　　2 000 000

【例2】承上例，2007年5月20日，该项专利技术开发完毕，达到预定用途研究开发项目达到预定用途形成无形资产的支出为5 000 000元。

借：无形资产　　　　　　　　　　　　　　　　　　　5 000 000
　　贷：研发支出——资本化支出　　　　　　　　　　5 000 000

【例3】2007年5月30日，某公司将费用化支出2 000 000元转入当期"管理费用"。

借：管理费用　　　　　　　　　　　　　　　　　　　2 000 000
　　贷：研发支出——费用化支出　　　　　　　　　　2 000 000

第九节　商誉与长期待摊费用

一、商誉

（一）商誉核算有关规定

1. 在非同一控制下的企业合并中，企业对合并成本大于合并中取得的被购买方可辨认净资产公允价值份额的差额，应当确认为商誉。初始确认后的商誉，应当以其成本扣除累计减值损失的金额计量。

2. 企业应当按照以下规定确认企业合并中取得的被购买方各项可辨认资产、负债及或有负债的公允价值。

（1）货币资金，按照购买日被购买方的原账面价值确定。

（2）有活跃市场的股票、债券、基金等金融工具，按照购买日活跃市场中的市场价值确定。

（3）应收款项，短期应收款项，因其折现后的价值与名义金额相差不大，可以直接运用其名义金额作为公允价值；对于收款期在 3 年以上的长期应收款项，应以适当的现行利率折现后的现值确定其公允价值。在确定应收款项的公允价值时，要考虑发生坏账的可能性及收款费用。

（4）存货，产成品和商品按其估计售价减去估计的销售费用、相关税费以及购买方通过自身的努力在销售过程中对于类似的产成品或商品可能实现的利润确定；在产品按完工产品的估计售价减去至完工仍将发生的成本、预计销售费用、相关税费以及基于同类或类似产成品的基础上估计可能实现的利润确定；原材料按现行重置成本确定。

（5）不存在活跃市场的金融工具如权益性投资等，采用估值技术确定其公允价值。

（6）房屋建筑物，存在活跃市场的，应以购买日的市场价格确定其公允价值；本身不存在活跃市场，但同类或类似房屋建筑物存在活跃市场的，应参照同类或类似房屋建筑物的市场价格确定其公允价值；同类或类似房屋建筑物也不存在活跃市场，无法取得有关市场信息的，应按照一定的估值技术确定其公允价值。

采用估值技术确定的公允价值估计数的变动区间很小，或者在公允价值估计数变动区间内，各种用于确定公允价值估计数的概率能够合理确定的，视为公允价值能够可靠计量。

（7）机器设备，存在活跃市场的，应按购买日的市场价值确定其公允价值；本身不存在活跃市场，但同类或类似机器设备存在活跃市场的，应参照同类或类似机器设备的市场价格确定其公允价值；同类或类似机器设备也不存在活跃市场，或因有关的机器设备具有专用性，在市场上很少出售、无法取得确定其公允价值的市场证据，可使用收益法或考虑该机器设备损耗后的重置成本估计其公允价值。

（8）无形资产，存在活跃市场的，参考市场价格确定其公允价值；不存在活跃市场的，应当基于可获得的最佳信息基础上，以估计熟悉情况的双方在公平的市场交易中为取得该项资产应支付的金额作为其公允价值。

（9）应付账款、应付票据、应付职工薪酬、应付债券、长期应付款，对于短期债务，因其折现后的价值与名义金额相差不大，可以名义金额作为公允价值；对于长期债务，应当按照适当的折现率折现后的现值作为其公允价值。

（10）取得的被购买方的或有负债，其公允价值在购买日能够可靠计量的，应单独确认为预计负债。此项负债应当按照假定第三方愿意代购买方承担该项义务，就其所承担义务需要购买方支付的金额计量。

（11）递延所得税资产和递延所得税负债，对于企业合并中取得的被购买方各项可辨认资产、负债及或有负债的公允价值与其计税基础之间存在差额的，应当按照所得税准则的相关规定确认相应的递延所得税资产或递延所得税负债，所确认的递延所得税资产或递延所得税负债的金额不应折现。

3. 商誉减值的处理。

（1）企业合并所形成的商誉，至少应当在每年年度终了进行减值测试。商誉难以独立于其他资产为企业单独产生现金流量，应当结合与其相关的资产组或者资产组组合进行减值测试。相关的资产组或者资产组组合应当是能够从企业合并的协同效应中收益的资产组或者资产组组合，不应当大于按照分部报告准则所确定的报告分部。

为了减值测试的目的，企业应当自购买日起将因企业合并形成的商誉的账面价值按照合理的方法分摊至相关的资产组；难以分摊至相关的资产组的，应当将其分摊至相关的资产组组合。

在将商誉的账面价值分摊至相关的资产组或者资产组组合时，应当按照各资产组或者资产组组合的公允价值占相关资产组或者资产组组合公允价值总额的比例进行分摊。公允价值难以可靠计量的，按照各资产组或者资产组组合的账面价值占相关资产组或者资产组组合账面价值总额的比例进行分摊。

企业因重组等原因改变了其报告结构，从而影响到已分摊商誉的一个或者若干个资产组或者资产组组合构成的，应当按照规定的相似的分摊方法，将商誉重新分摊至受影响的资产组或者资产组组合。

（2）在对包含商誉的相关资产组或者资产组组合进行减值测试时，如与商誉相关的资产组或者资产组组合存在减值迹象的，应当首先对不包含商誉的资产组或者资产组组合进行减值测试，计算可收回金额，并与相关账面价值相比较，确认相应的减值损失。然后，再对包含商誉的资产组或者资产组组合进行减值测试，比较这些相关资产组或者资产组组合的账面价值（包括所分摊的商誉的账面价值部分）与其可收回金额，如相关资产组或者资产组组合的可收回金额低于其账面价值的，应当确认减值损失。

（二）商誉有关业务核算

"商誉"科目的借方核算由非同一控制下的企业合并而取得的商誉价值；贷方核算商誉发生的减值金额；期末余额在借方，反映企业外购商誉的价值。

1. 商誉的取得

企业应按非同一控制下企业合并中确定的商誉价值，借记"商誉"科目，贷记有关科目。

例如，某公司于 2007 年 3 月 1 日通过发行普通股股票 8 000 000 股与甲公司股东进行交换并取得甲公司 100% 的股权。该股面值为每股 1 元，市场价格为每股 2.5 元，并支付相关费用 500 000 元，同日，甲公司可辨认的净资产公允价值为 18 000 000 元。该企业与甲公司为非同一控制下的企业。

借：长期股权投资——乙公司（投资成本）　　　　20 500 000
　　贷：股本　　　　　　　　　　　　　　　　　　8 000 000
　　　　资本公积——股本溢价　　　　　　　　　12 000 000
　　　　银行存款　　　　　　　　　　　　　　　　 500 000

〔注释〕

该公司通过购买甲公司取得的商誉＝合并成本－被购买方可辨认净资产公允价值

的份额 = 20 500 000 − 18 000 000 = 2 500 000（元）。

2. 商誉的减值

资产负债表日，企业根据资产减值准则确定商誉发生减值的，按应减记的金额，借记"资产减值损失"科目，贷记"商誉减值准备"科目。

例如，承上例，2007 年 12 月 31 日，该公司于 2007 年 3 月 1 日取得的商誉发生减值，经测试减值金额为 400 000 元。

借：资产减值损失　　　　　　　　　　　　　　　　　　400 000

　　贷：商誉减值准备　　　　　　　　　　　　　　　　　　400 000

二、长 期 待 摊 费 用

（一）长期待摊费用包括的内容

长期待摊费用是指企业已经发生但应由本期和以后各期负担的分摊期限在 1 年以上的各项费用，如以经营租赁方式租入的固定资产发生的改良支出等。

企业以经营租赁方式租入的固定资产发生的改良支出，应予资本化，作为长期待摊费用，合理进行摊销。

（二）长期待摊费用核算

长期待摊费用的借方核算企业发生的各种长期待摊费用，贷方核算已经摊销的各种长期待摊费用，期末余额在借方，反映企业尚未摊销完毕的长期待摊费用的摊余价值。

1. 企业发生的长期待摊费用

企业发生的长期待摊费用，借记"长期待摊费用"科目，贷记"银行存款"、"原材料"等科目。

例如，某公司 2007 年 1 月 1 日从某租赁公司以经营租赁的方式租入甲设备一套，以出包方式发生改良支出 2 000 000 元，租赁期限为 2 年。

借：长期待摊费用　　　　　　　　　　　　　　　　　　2 000 000

　　贷：银行存款　　　　　　　　　　　　　　　　　　　　2 000 000

2. 按规定摊销的长期待摊费用

企业摊销长期待摊费用时，借记"销售费用"、"管理费用"等科目，贷记"长期待摊费用"科目。

例如，某公司 2007 年 12 月 31 日，摊销经营租赁固定资产的改良支出 1 000 000 元。

借：管理费用——长期待摊费用摊销　　　　　　　　　　1 000 000

　　贷：长期待摊费用　　　　　　　　　　　　　　　　　　1 000 000

第三章　负　债

负债，是指企业过去的交易或者事项形成的、预期会导致经济利益流出企业的现时义务。企业的负债按其流动性分为流动负债和非流动负债。

现时义务，是指企业在现行条件下已承担的义务。未来发生的交易或者事项形成的义务，不属于现时义务，不应当确认为负债。

第一节　短期借款

短期借款，是指企业向银行或其他金融机构等借入的期限在 1 年以下（含 1 年）的各种借款。

一、短期借款核算有关规定

1. 短期借款应按实际发生额入账，即按取得短期借款的本金核算。
2. 如果短期借款属于企业为购建固定资产而借入的款项，其利息按照借款费用的规定进行处理。
3. 资产负债表日，应按实际利率计算确定短期借款的利息费用。实际利率与合同约定的名义利率差异不大的，也可以采用合同约定的名义利率计算确定利息费用。

二、短期借款有关业务核算

短期借款科目贷方核算借入短期借款的本金，借方核算归还的短期借款；期末余额在贷方，反映企业尚未偿还的短期借款的本金。

1. 短期借款的取得与归还

企业借入的各种短期借款，借记"银行存款"科目，贷记"短期借款"科目；归还借款时，借记"短期借款"科目，贷记"银行存款"科目。

资产负债表日，应按计算确定的短期借款利息费用，借记"财务费用"、"利息支出"等科目，贷记"银行存款"、"应付利息"等科目。

例如，某公司因生产经营的临时性需要，向所在地建设银行申请并于 2007 年 6

月 15 日取得一笔借款 6 000 000 元，期限 3 个月，到期一次还本付息。合同约定年利率为 5%。

①借入款项

借：银行存款　　　　　　　　　　　　　　　　　　6 000 000
　　贷：短期借款　　　　　　　　　　　　　　　　　　　6 000 000

②2007 年 6 月份计算应付利息费用

借：财务费用——利息支出　　　　　　　　　　　　　10 000
　　贷：应付利息——借款利息　　　　　　　　　　　　　　10 000

③2007 年 7 月、8 月分别计算应付利息费用

借：财务费用——利息支出　　　　　　　　　　　　　20 000
　　贷：应付利息——借款利息　　　　　　　　　　　　　　20 000

④2007 年 9 月 15 日偿还利息及本金

借：短期借款　　　　　　　　　　　　　　　　　　6 000 000
　　应付利息——借款利息　　　　　　　　　　　　　50 000
　　财务费用——利息支出　　　　　　　　　　　　　25 000
　　贷：银行存款　　　　　　　　　　　　　　　　　　6 075 000

2. 采取质押方式取得的短期借款

企业将其按照销售商品、提供劳务的销售合同所产生的应收债权提供给银行作为其向银行借款的质押，在此情况下，与应收债权有关的风险和报酬并未转移，仍由持有应收债权的企业向客户收款，并由企业自行承担应收债权可能产生的风险，同时企业应定期支付自银行等金融机构借入款项的本息。

在以应收债权取得质押借款的情况下，企业应按照实际收到的款项，借记"银行存款"科目，按银行贷款本金，贷记"短期借款"等科目。按实际支付的手续费，借记"财务费用"科目，贷记"银行存款"科目。

企业在收到客户偿还的款项时，借记"银行存款"等科目，贷记"应收账款"科目。

企业发生的借款利息及向银行等金融机构偿付借入款项本息时的会计处理，应按照关于借款的相关规定执行。

由于上述与用于质押的应收债权相关的风险和报酬并没有发生实质性变化，企业应根据债务单位的情况，按照规定合理计提用于质押的应收债权的坏账准备。对于发生的与用于质押的应收债权相关的销售退回、销售折让及坏账等，应按照规定处理。

企业应设置备查簿，详细记录质押的应收债权的账面金额、质押期限及回款情况等。

例如，某公司于 2007 年 7 月 1 日与工商银行达成贷款协议，以应收甲公司的 3 500 000 元的债权作为质押，取得贷款期限为 6 个月的短期借款 2 400 000 元，合同约定贷款年利率为 4%（实际年利率为 4%），按月支付利息，支付银行贷款手续费 5 000 元。

①取得短期借款

借：银行存款　　　　　　　　　　　　　　　　　　2 400 000

　　贷：短期借款　　　　　　　　　　　　　　　　　　　2 400 000

②支付银行贷款手续费

借：财务费用——手续费　　　　　　　　　　　　　　　5 000

　　贷：银行存款　　　　　　　　　　　　　　　　　　　　5 000

③8月1日支付利息

借：财务费用——利息支出　　　　　　　　　　　　　　8 000

　　贷：银行存款　　　　　　　　　　　　　　　　　　　　8 000

第二节　应 付 款 项

一、应付票据

（一）应付票据核算有关规定

应付票据，是指企业购买材料、商品和接受劳务供应等而开出、承兑的商业汇票，包括银行承兑汇票和商业承兑汇票。应付票据应按以下规定核算：

1. 企业购买材料物资和接受劳务供应而开出、承兑的商业汇票，无论是否带息，均按开出票据的面值入账。

2. 企业应当设置"应付票据备查簿"，详细登记每一商业汇票的种类、号数和出票日期、到期日、票面余额、交易合同号和收款人姓名或单位名称以及付款日期和金额等资料。应付票据到期结清时，应当在备查簿内逐笔注销。

（二）应付票据有关业务核算

"应付票据"科目贷方核算企业应付的商业承兑汇票或银行承兑汇票；借方核算到期实际支付的应付票据款或票据到期无力支付而转入"应付账款"的票据款；期末余额在贷方，反映企业持有的尚未到期应付票据本息。

1. 企业开出商业汇票

企业开出商业汇票或以商业承兑汇票抵付货款或应付账款时，借记"在途物资"、"库存商品"、"应付账款"、"应交税费——应交增值税——进项税额"等科目，贷记"应付票据"科目。

支付银行承兑汇票的手续费，借记"财务费用"科目，贷记"银行存款"科目。收到银行支付到期票据的付款通知，支付款项时，借记"应付票据"科目，贷记"银行存款"科目。

（1）某公司 2007 年 1 月 1 日从甲公司购入材料一批，价款 300 000 元，专用发票上注明的增值税税额 51 000 元。该企业开出期限 3 个月的银行承兑不带息的汇票一张，并以银行存款支付汇票承兑手续费 150 元。

①借：原材料　　　　　　　　　　　　　　　　　300 000
　　　应交税费——应交增值税——进项税额　　　　51 000
　　　贷：应付票据——商业承兑汇票　　　　　　　　　　　351 000
②借：财务费用——手续费　　　　　　　　　　　　150
　　　贷：银行存款　　　　　　　　　　　　　　　　　　　150

（2）某公司 2007 年 8 月 1 日，开出期限 6 个月的商业承兑汇票一张，面值 600 000 元，用以抵偿应付乙公司账款。

借：应付账款（乙公司）　　　　　　　　　　　600 000
　　贷：应付票据——银行承兑汇票　　　　　　　　　　　600 000

2. 应付票据到期

应付票据到期支付本息时，按应付票据账面余额，借记"应付票据"科目，按未计提的利息，借记"财务费用"科目，按实际支付的金额，贷记"银行存款"科目。

银行承兑汇票到期，如企业无力支付票款，按应付票据的票面价值，借记"应付票据"科目，贷记"短期借款"科目。

（1）某公司 2007 年 4 月 1 日，支付同年 1 月 1 日开出的不带息的商业承兑汇票。

借：应付票据——商业承兑汇票　　　　　　　　351 000
　　贷：银行存款　　　　　　　　　　　　　　　　　　　351 000

（2）某公司 2007 年 10 月 1 日，因资金紧缺无力支付同年 6 月 1 日开出给甲公司的银行承兑汇票。该票据面值 1 000 000 元，期限 4 个月。

借：应付票据——银行承兑汇票　　　　　　　1 000 000
　　贷：短期借款（甲公司）　　　　　　　　　　　　　1 000 000

二、应 付 账 款

（一）应付账款核算有关规定

应付账款，是指企业因购买材料、商品和接受劳务供应等经营活动应支付的款项。应付账款应按以下规定核算：

1. 企业在采购材料物资、接受劳务供应时，购销双方协议采用现金折扣方法时，应付账款采用总价法核算，以应付给供货商的全部款项入账，企业实际享受的现金折扣冲减当期财务费用。

2. 企业与债权人进行债务重组时，应按以下规定处理：

（1）以现金清偿债务的，支付的现金小于应付账款账面价值的差额，计入营业外收入。

（2）以非现金资产清偿债务的，应按应付账款的账面价值结转。应付债务的账面价值与用于抵偿债务的非现金资产公允价值和应支付的相关税费的差额，作为营业外收入，或者作为损失计入当期营业外支出。

（3）以债务转为资本的，应分别以下情况处理：

①股份有限公司，应按债权人放弃债权而享有股份的公允价值作为股本，按应付债务账面价值与转作股本金额的差额，作为营业外收入；

②其他企业，应按债权人放弃债权而享有的股权的公允价值作为实收资本，按债务账面价值与转作实收资本的差额，作为营业外收入。

（4）以修改其他债务条件进行债务重组的，债务重组前应付债务的账面余额与债务重组后的公允价值的差额，计入营业外收入。

3. 非现金资产公允价值与账面价值的差额，应当分别不同情况进行处理：

（1）非现金资产为存货的，应当作为销售处理，以其公允价值确认收入，同时结转相应的成本。

（2）非现金资产为固定资产、无形资产的，其公允价值和账面价值的差额，计入营业外收入或营业外支出。

（3）非现金资产为长期股权投资的，其公允价值和账面价值的差额，计入投资损益。

4. 以修改其他债务条件进行债务重组涉及或有应付金额，该或有应付金额符合有关预计负债确认条件的，债务人应将该或有应付金额确认为预计负债。

或有应付金额在随后会计期间没有发生的，企业应当冲销已确认的预计负债，同时确认营业外收入。

（二）应付账款核算

"应付账款"科目贷方核算企业因购买材料、商品、接受劳务供应等而应付给供应单位的款项，借方核算实际支付给供应单位的应付款项以及与债权人进行债务重组和确实无法支付而转为营业外收入的应付账款等；期末余额在贷方，反映企业尚未支付的应付账款。

企业按规定预付的货款应通过"预付账款"科目核算，不在本科目核算。

企业购入材料、商品等验收入库，但货款尚未支付，根据有关凭证（发票账单、随货同行发票上记载的实际价款或暂估价值），借记"在途物资"等科目，按专用发票上注明的增值税额，借记"应交税费——应交增值税——进项税额"等科目，按应付的价款，贷记"应付账款"科目。

企业接受供应单位提供劳务而发生的应付未付款项，根据供应单位的发票账单，借记"生产成本"、"管理费用"等科目，贷记"应付账款"科目。支付时，借记"应付账款"科目，贷记"银行存款"等科目。

【例1】某公司 2007 年 5 月 22 日，购入甲公司钢材 4 吨验收入库，专用发票上注明的价款为 100 000 元、增值税税额为 17 000 元，货款尚未支付。

　　借：原材料　　　　　　　　　　　　　　　　　　　100 000
　　　　应交税费——应交增值税——进项税额　　　　　17 000
　　　　贷：应付账款（甲公司）　　　　　　　　　　　　　　117 000

　　【例2】某公司 2007 年 5 月 30 日结算应付乙公司提供的劳务 9 000 元，其中生产劳务费 5 000 元、管理部门劳务费 4 000 元，但尚未付款。

　　借：生产成本　　　　　　　　　　　　　　　　　　5 000
　　　　管理费用——外部劳务费　　　　　　　　　　　4 000
　　　　贷：应付账款（乙公司）　　　　　　　　　　　　　9 000

　　【例3】某公司 2007 年 6 月 2 日，开转账支票偿还乙公司上月劳务欠款 9 000 元。

　　借：应付账款（乙公司）　　　　　　　　　　　　　9 000
　　　　贷：银行存款　　　　　　　　　　　　　　　　　9 000

三、预 收 账 款

　　预收账款是指企业按照合同规定向购货单位预收的款项。

　　"预收账款"科目贷方核算企业按照合同规定向购货单位预收的款项和补收的款项；借方核算企业发出商品应收的款项；期末余额在贷方，反映企业向购货单位预收的款项；期末如为借方余额，反映企业应由购货单位补付的款项。

　　企业发生的预收账款业务，均应通过"预收账款"科目核算，不在"应收账款"科目核算。

　　1. 预收购货单位款项

　　企业向购货单位预收款项时，借记"银行存款"科目，贷记"预收账款"科目。

　　例如，科技公司 2007 年 5 月 17 日，按合同预收甲公司的预付款 93 600 元。

　　借：银行存款　　　　　　　　　　　　　　　　　93 600
　　　　贷：预收账款（甲公司）　　　　　　　　　　　　　93 600

　　2. 收到购货单位货款

　　销售实现时，按实现的销售收入和应交的增值税销项税额，借记"预收账款"科目，按实现的营业收入，贷记"主营业务收入"科目，按专用发票上注明的增值税额，贷记"应交税费——应交增值税——销项税额"科目；购货单位补付的款项，借记"银行存款"科目，贷记"预收账款"科目；退回多付的款项，做相反会计分录。

　　例如，科技公司 2007 年 6 月 12 日，按合同期限，发货给甲公司，增值税专用发票上注明的价款为 200 000 元、增值税税额为 34 000 元。科技公司已于 2007 年 5 月 17 日预收货款 93 600 元，其余款项由甲公司补付存入银行。

　　借：预收账款（甲公司）　　　　　　　　　　　　　234 000
　　　　贷：主营业务收入——商品销售收入　　　　　　　　200 000

应交税费——应交增值税——销项税额	34 000

借：银行存款　　　　　　　　　　　　　　　　　　140 400

　　贷：预收账款（甲公司）　　　　　　　　　　　　　　140 400

四、应付职工薪酬

（一）应付职工薪酬核算有关规定

1. 职工薪酬的定义和范围

（1）职工薪酬，是指企业为获得职工提供的服务而给予各种形式的报酬以及其他相关支出。

（2）职工薪酬包括：

①职工工资、奖金、津贴和补贴；

②职工福利费；

③医疗保险费、养老保险费、失业保险费、工伤保险费和生育保险费等社会保险费；

④住房公积金；

⑤工会经费和职工教育经费；

⑥非货币性福利；

⑦因解除与职工的劳动关系给予的补偿；

⑧其他与获得职工提供的服务相关的支出。

💡〔注释〕

职工薪酬的范围。

本准则将企业因获得职工提供服务而给予职工的各种形式的报酬或对价，全部纳入职工薪酬的范围。由《企业会计准则第 11 号——股份支付》规范的对职工的股份支付，也属于职工薪酬。

（1）职工，是指与企业订立劳动合同的所有人员，含全职、兼职和临时职工；也包括虽未与企业订立劳动合同但由企业正式任命的人员，如董事会成员、监事会成员等。

在企业的计划和控制下，虽未与企业订立劳动合同或未由其正式任命，但为其提供与职工类似服务的人员，也纳入职工范畴，如劳务用工合同人员。

（2）职工薪酬，包括企业为职工在职期间和离职后提供的全部货币性薪酬和非货币性福利。提供给职工配偶、子女或其他被赡养人的福利等，也属于职工薪酬。

（3）养老保险费，包括根据国家规定的标准向社会保险经办机构缴纳的基本养老保险费，以及根据企业年金计划向企业年金基金相关管理人缴纳的补充养老保险费。

以购买商业保险形式提供给职工的各种保险待遇，也属于职工薪酬。

（4）非货币性福利，包括企业以自产产品发放给职工作为福利、将企业拥有的资产无偿提供给职工使用、为职工无偿提供医疗保健服务等。

2. 职工薪酬的确认和计量

（1）企业应当在职工为其提供服务的会计期间，将应付的职工薪酬确认为负债，除因解除与职工的劳动关系给予的补偿外，应当根据职工提供服务的受益对象，分别情况处理：

①应由生产产品、提供劳务负担的职工薪酬，计入产品成本或劳务成本。

②应由在建工程、无形资产负担的职工薪酬，计入建造固定资产或无形资产成本。

③上述①和②之外的其他职工薪酬，计入当期损益。

💡〔注释〕

职工薪酬的确认和计量。

1. 职工薪酬的确认

职工薪酬准则规定，企业应当在职工为其提供服务的会计期间，将应付的职工薪酬确认为负债，除因解除与职工的劳动关系给予的补偿外，应当根据职工提供服务的受益对象，分别情况处理：

（1）应由生产产品、提供劳务负担的职工薪酬，计入产品成本或劳务成本。生产产品、提供劳务中的直接生产人员和直接提供劳务人员发生的职工薪酬，根据《企业会计准则第1号——存货》的规定，计入存货成本，但非正常消耗的直接生产人员和直接提供劳务人员的职工薪酬，应当在发生时确认为当期损益。

（2）应由在建工程、无形资产负担的职工薪酬，计入固定资产或无形资产成本。自行建造固定资产和自行研究开发无形资产过程中发生的职工薪酬，能否计入固定资产或无形资产成本的原则，根据《企业会计准则第4号——固定资产》和《企业会计准则第6号——无形资产》确定。比如，企业在研究阶段发生的职工薪酬不能计入自行开发无形资产的成本，在开发阶段发生的职工薪酬，符合《企业会计准则第6号——无形资产》资本化条件的，应当计入自行开发无形资产的成本。

（3）上述两项之外的其他职工薪酬，计入当期损益。除直接生产人员、直接提供劳务人员、建造固定资产人员、开发无形资产人员以外的职工，包括公司总部管理人员、董事会成员、监事会成员等人员相关的职工薪酬，因难以确定直接对应的受益对象，均应当在发生时计入当期损益。

2. 职工薪酬的计量

（1）货币性职工薪酬

对于货币性薪酬，在确定应付职工薪酬和应当计入成本费用的职工薪酬金额时，企业应当区分两种情况：

一是具有明确计提标准的货币性薪酬。对于国务院有关部门、省、自治区、直辖市人民政府或经批准的企业年金计划规定了计提基础和计提比例的职工薪酬项目，企业应当按照规定的计提标准，计量企业承担的职工薪酬义务和计入成本费用的职工薪酬。其中：①"五险一金"，即医疗保险费、养老保险费、失业保险费、工伤保险费、生育保险费和住房公积金。企业应当按照国务院、所在地政府或企业年金计划规定的标准，计量应付职工薪酬义务和应相应计入成本费用的薪酬金额。②工会经费和职工教育经费。企业应当按照财务规则等相关规定，分别按照职工工资总额的2%和

1.5%的计提标准，计量应付职工薪酬（工会经费、职工教育经费）义务金额和应相应计入成本费用的薪酬金额；从业人员技术要求高、培训任务重、经济效益好的企业，可根据国家相关规定，按照职工工资总额的2.5%计量应计入成本费用的职工教育经费。按照明确标准计算确定应承担的职工薪酬义务后，再根据受益对象计入相关资产的成本或当期费用。

二是没有明确计提标准的货币性薪酬。对于国家（包括省、自治区、直辖市人民政府）相关法律法规没有明确规定计提基础和计提比例的职工薪酬，企业应当根据历史经验数据和自身实际情况，计算确定应付职工薪酬金额和应计入成本费用的薪酬金额。

（2）非货币性职工薪酬

企业向职工提供的非货币性职工薪酬，应当分别情况处理：

①以自产产品或外购商品发放给职工作为福利

企业以其生产的产品作为非货币性福利提供给职工的，应当按照该产品的公允价值和相关税费，计量应计入成本费用的职工薪酬金额，并确认为主营业务收入，其销售成本的结转和相关税费的处理，与正常商品销售相同。以外购商品作为非货币性福利提供给职工的，应当按照该商品的公允价值和相关税费，计量应计入成本费用的职工薪酬金额。

需要注意的是，在以自产产品或外购商品发放给职工作为福利的情况下，企业在进行账务处理时，应当先通过"应付职工薪酬"科目归集当期应计入成本费用的非货币性薪酬金额，以确定完整准确的企业人工成本金额。

②将拥有的房屋等资产无偿提供给职工使用或租赁住房等资产供职工无偿使用

企业将拥有的房屋等资产无偿提供给职工使用时，应计提的折旧计入相关资产成本或当期损益，同时确认应付职工薪酬。租赁住房等资产供职工无偿使用的，应当根据受益对象，将每期应付的租金计入相关资产成本或当期损益，并确认应付职工薪酬。难以认定受益对象的，直接计入当期损益，并确认应付职工薪酬。

③向职工提供企业支付了补贴的商品或服务

企业有时以低于企业取得资产或服务成本的价格向职工提供资产或服务，如以低于成本的价格向职工出售住房、以低于企业支付的价格向职工提供医疗保健服务。以提供包含补贴的住房为例，企业在出售住房等资产时，应当将出售价款与成本的差额（即相当于企业补贴的金额）分别情况处理：

（Ⅰ）如果出售住房的合同或协议中规定了职工在购得住房后至少应当提供服务的年限，企业应当将该项差额作为长期待摊费用处理，并在合同或协议规定的服务年限内平均摊销，根据受益对象分别计入相关资产成本或当期损益。

（Ⅱ）如果出售住房的合同或协议中未规定职工在购得住房后必须服务的年限，企业应当将该项差额直接计入出售住房当期损益，因为在这种情况下，该项差额相当于是对职工过去提供服务成本的一种补偿，不以职工的未来服务为前提，因此，应当立即确认为当期损益。

企业应当注意将以补贴后价格向职工提供商品或服务的非货币性福利，与企业直接向职工提供购房补贴、购车补贴等区分开来，后者属于货币性补贴，与其他货币性薪酬如工资一样，应当在职工提供服务的会计期间，按照企业各期预计补贴金额，确认企业应承担的薪酬义务，并根据受益对象计入相关资产的成本或当期损益。

（2）企业为职工缴纳的医疗保险费、养老保险费、失业保险费、工伤保险费、生育保险费等社会保险费和住房公积金，应当在职工为其提供服务的会计期间，根据工资总额的一定比例计算，并按照本准则第四条的规定处理。

（3）企业在职工劳动合同到期之前解除与职工的劳动关系，或者为鼓励职工自愿接受裁减而提出给予补偿的建议，同时满足下列条件的，应当确认因解除与职工的劳动关系给予补偿而产生的预计负债，同时计入当期损益：

①企业已经制定正式的解除劳动关系计划或提出自愿裁减建议，并即将实施。

该计划或建议应当包括拟解除劳动关系或裁减的职工所在部门、职位及数量；根据有关规定按工作类别或职位确定的解除劳动关系或裁减补偿金额；拟解除劳动关系或裁减的时间。

②企业不能单方面撤回解除劳动关系计划或裁减建议。

💡〔注释〕

（1）辞退福利是在职工劳动合同尚未到期前，企业决定解除与职工的劳动关系而给予的补偿，或为鼓励职工自愿接受裁减而给予的补偿。辞退福利必须同时满足下列条件，才能确认预计负债：

①企业已经制定正式的解除劳动关系计划或提出自愿裁减建议，并即将实施。该计划或建议应当包括：拟解除劳动关系或裁减的职工所在部门、职位及数量；根据有关规定按工作类别或职位确定的解除劳动关系或裁减补偿金额；拟解除劳动关系或裁减的时间等。

辞退计划或建议应当经过董事会或类似权力机构的批准，除因付款程序等原因使部分付款推迟至1年以上外，辞退工作一般应当在1年内实施完毕。

②企业不能单方面撤回解除劳动关系计划或裁减建议。

（2）企业如有实施的职工内部退休计划，虽然职工未与企业解除劳动关系，但由于这部分职工未来不能给企业带来经济利益，企业承诺提供实质上类似于辞退福利的补偿，符合上述辞退福利计划确认预计负债条件的，比照辞退福利处理。企业应当将自职工停止提供服务日至正常退休日的期间拟支付的内退人员工资和缴纳的社会保险费等，确认为应付职工薪酬（辞退福利），不得在职工内退后各期分期确认因支付内退职工工资和为其缴纳社会保险费而产生的义务。

（3）辞退工作在一年内实施完毕、补偿款项超过一年支付的辞退计划（含内退计划），企业应当选择恰当的折现率，以折现后的金额进行计量，计入当期管理费用。折现后的金额与实际应支付的辞退福利的差额，作为未确认融资费用，在以后各期实际支付辞退福利款项时计入财务费用。应付辞退福利款项与其折现后金额相差不大的，也可不予折现。

3. 职工薪酬的披露

（1）企业应当在附注中披露与职工薪酬有关的下列信息：

①应当支付给职工的工资、奖金、津贴和补贴，及其期末应付未付金额。

②应当为职工缴纳的医疗保险费、养老保险费、失业保险费、工伤保险费和生育保险费等社会保险费，及其期末应付而未付金额。

③应当为职工缴存的住房公积金，及其期末应付未付金额。

④为职工提供的非货币性福利，及其计算依据。

⑤应当支付的因解除劳动关系给予的补偿，及其期末应付未付金额。

⑥其他职工薪酬。

（2）因自愿接受裁减建议的职工数量、补偿标准等不确定而产生的或有负债，应当按照《企业会计准则第13号——或有事项》披露。

（二）应付职工薪酬有关业务核算

"应付职工薪酬"科目的贷方核算工效挂钩单位按工效挂钩办法提取的工资及其他职工薪酬，或按主管单位批准的工资总额提取的工资及其他职工薪酬；非工效挂钩单位按实发工资分配的工资额；借方核算企业按照有关规定向职工支付工资、奖金、津贴等、从应付职工薪酬中扣还的各种款项、向职工支付的职工福利费、支付工会经费和职工教育经费、按照国家有关规定缴纳社会保险费和住房公积金、因解除与职工的劳动关系向职工给予的补偿；期末余额在贷方，反映应付职工薪酬结余。

1. 应付职工薪酬的发生

（1）生产部门人员的职工薪酬，借记"生产成本"、"制造费用"、"劳务成本"等科目，贷记"应付职工薪酬"科目。应由在建工程、研发支出负担的职工薪酬，借记"在建工程"、"研发支出"等科目，贷记"应付职工薪酬"科目。管理部门人员、销售人员的职工薪酬，借记"管理费用"或"销售费用"科目，贷记"应付职工薪酬"科目。

【例1】公司财务部2007年3月10日发放本月应发工资860 000元，代扣个人所得税43 750元，实发工资额816 250元。

借：应付职工薪酬——工资　　　　　　　　　　　　　　860 000
　　贷：应交税费——应交个人所得税　　　　　　　　　　43 750
　　　　银行存款　　　　　　　　　　　　　　　　　　816 250

【例2】公司2007年3月31日将应付工资借方发生额进行分配。工资总额860 000元，其中生产成本670 000元，制造费用120 000元，管理费用70 000元。

借：生产成本　　　　　　　　　　　　　　　　　　　670 000
　　制造费用　　　　　　　　　　　　　　　　　　　120 000
　　管理费用　　　　　　　　　　　　　　　　　　　　70 000
　　贷：应付职工薪酬——工资　　　　　　　　　　　　860 000

（2）企业以其自产产品发放给职工作为职工薪酬的，借记"管理费用"、"生产成本"、"制造费用"等科目，贷记"应付职工薪酬"科目。

无偿向职工提供住房等固定资产使用的，按应计提的折旧额，借记"管理费用"、"生产成本"、"制造费用"等科目，贷记"应付职工薪酬"科目；同时，借记"应付职工薪酬"科目，贷记"累计折旧"科目。

租赁住房等资产供职工无偿使用的，按每期应支付的租金，借记"管理费用"、"生产成本"、"制造费用"等科目，贷记"应付职工薪酬"科目。

例如，公司 2007 年 3 月 1 日为了解决职工住房困难，从恒基房屋租赁公司租入一栋公寓楼无偿供公司职工使用，该公寓楼月租金为 100 000 元。

借：管理费用　　　　　　　　　　　　　　　　　　100 000
　　贷：应付职工薪酬——非货币性福利　　　　　　　　　100 000

（3）因解除与职工的劳动关系给予的补偿，借记"管理费用"科目，贷记"应付职工薪酬"科目。

例如，公司 2007 年 8 月 20 日因解除部分公司职员而给予经济补偿 1 200 000 元。

借：管理费用　　　　　　　　　　　　　　　　　　1 200 000
　　贷：应付职工薪酬——辞退福利　　　　　　　　　　　1 200 000

（4）企业以现金与职工结算的股份支付，在等待期内每个资产负债表日，按当期应确认的成本费用金额，借记"管理费用"、"生产成本"、"制造费用"等科目，贷记"应付职工薪酬"科目。在可行权日之后，以现金结算的股份支付当期公允价值的变动金额，借记或贷记"公允价值变动损益"科目，贷记或借记"应付职工薪酬"科目。

企业（外商）按规定从净利润中提取的职工奖励及福利基金，借记"利润分配——提取的职工奖励及福利基金"科目，贷记"应付职工薪酬"科目。

【例 1】2007 年 11 月，公司董事会批准了一项股份支付协议。协议规定，2008 年 1 月 1 日，公司为其 200 名中层以上管理人员每人授予 100 份现金股票增值权，这些管理人员必须在该公司连续服务 3 年，即可自 2010 年 12 月 31 日起根据股价的增长幅度可以行权获得现金。该股票增值权应在 2012 年 12 月 31 日之前行使完毕。公司估计，该股票增值权在负债结算之前每一个资产负债表日以及结算日的公允价值和可行权后的每份股票增值权现金支出额如表 3－1 所示。

表 3－1　　　　　　　　　　　　　　　　　　　　　　　　　单位：元

年　份	公允价值	支付现金
2008	14	
2009	15	
2010	18	16
2011	21	20
2012		25

第一年有 20 名管理人员离开 A 公司，B 公司估计 3 年中还将有 15 名管理人员离开；第二年又有 10 名管理人员离开公司，公司估计还将有 10 名管理人员离开；第三年又有 15 名管理人员离开。第三年年末，假定有 70 人行使股份增值权取得了现金。

（1）费用和应付职工薪酬计算过程如表 3－2 所示。

表 3 - 2　　　　　　　　　　　应付职工薪酬计算表　　　　　　　　　单位：元

年　份	负债计算（1）	支付现金（2）	当期费用（3）
2008	（200 - 35）× 100 × 14 × 1/3 = 77 000		77 000
2009	（200 - 40）× 100 × 15 × 2/3 = 160 000		83 000
2010	（200 - 45 - 70）× 100 × 18 = 153 000	70 × 100 × 16 = 112 000	105 000
2011	（200 - 45 - 70 - 50）× 100 × 21 = 73 500	50 × 100 × 20 = 100 000	20 500
2012	73 500 - 73 500 = 0	35 × 100 × 25 = 87 500	14 000
总　额		299 500	299 500

注：（3）=（2）- 上期（1）+ 本期（1）。

（2）账务处理：

① 2008 年 1 月 1 日

授予日不做处理。

② 2008 年 12 月 31 日

　　借：管理费用　　　　　　　　　　　　　　　　　　　　　77 000
　　　　贷：应付职工薪酬——股份支付　　　　　　　　　　　　　77 000

③ 2009 年 12 月 31 日

　　借：管理费用　　　　　　　　　　　　　　　　　　　　　83 000
　　　　贷：应付职工薪酬——股份支付　　　　　　　　　　　　　83 000

④ 2010 年 12 月 31 日

　　借：管理费用　　　　　　　　　　　　　　　　　　　　　105 000
　　　　贷：应付职工薪酬——股份支付　　　　　　　　　　　　　105 000

　　借：应付职工薪酬——股份支付　　　　　　　　　　　　　112 000
　　　　贷：银行存款　　　　　　　　　　　　　　　　　　　　112 000

【例 2】外商投资企业 2007 年 3 月 20 日按照确定的利润分配方案，从税后利润中提取职工奖励及福利基金 650 000 元。

　　借：利润分配——提取职工奖励及福利基金　　　　　　　　650 000
　　　　贷：应付职工薪酬——职工福利　　　　　　　　　　　　　650 000

2. 职工薪酬的发放

（1）向职工支付工资、奖金、津贴、福利费等，从应付职工薪酬中扣还的各种款项（代垫的家属药费、个人所得税等）等，借记"应付职工薪酬"科目，贷记"银行存款"、"库存现金"、"其他应收款"、"应交税费——应交个人所得税"等科目。

【例 1】公司财务部 2007 年 3 月 10 日发放本月应发工资 860 000 元，代扣个人所得税 43 750 元。

　　借：应付职工薪酬——工资　　　　　　　　　　　　　　　43 750
　　　　贷：应交税费——应交个人所得税　　　　　　　　　　　　43 750

【例2】公司2007年5月6日，用现金支付职工困难补助费20 000元；

借：应付职工薪酬——职工福利 20 000

  贷：库存现金 20 000

（2）支付工会经费和职工教育经费用于工会活动和职工培训，借记"应付职工薪酬"科目，贷记"银行存款"等科目。

例如，公司2007年3月10日按照全部职工工资总额的2%，向工会拨交当月份的工会经费，并按职工工资总额的1.5%支付职工教育经费。

借：应付职工薪酬——工会经费 17 200

     ——职工教育经费 12 900

  贷：银行存款 30 100

（3）按照国家有关规定缴纳社会保险费和住房公积金，借记"应付职工薪酬"科目，贷记"银行存款"科目。

例如，公司2007年3月10日按照国家有关规定为职工缴纳社会保险费和住房公积金共计258 000元，其中缴纳社会保险费172 000元，住房公积金86 000元。

借：应付职工薪酬——社会保险费 172 000

     ——住房公积金 86 000

  贷：银行存款 258 000

（4）企业以其自产产品发放给职工的，借记"应付职工薪酬"科目，贷记"主营业务收入"科目；同时，还应结转产成品的成本。涉及增值税销项税额的，还应进行相应的处理。

支付租赁住房等资产供职工无偿使用所发生的租金，借记"应付职工薪酬"科目，贷记"银行存款"等科目。

例如，公司2007年3月31日支付恒基房屋租赁公寓楼月租金为100 000元。

借：应付职工薪酬——非货币性福利 100 000

  贷：银行存款 100 000

（5）企业以现金与职工结算的股份支付，在行权日，借记"应付职工薪酬"科目，贷记"银行存款"、"库存现金"等科目。

企业因解除与职工的劳动关系给予职工的补偿，借记"应付职工薪酬"科目，贷记"银行存款"、"库存现金"等科目。

例如，公司2007年8月30日因解除部分公司职员而用银行存款支付经济补偿款1 200 000元。

借：应付职工薪酬——辞退福利 1 200 000

  贷：银行存款 1 200 000

3. 职工福利费的核算

（1）计提福利费

《企业会计准则应用》规定："没有规定计提基础和计提比例的，企业应当根据历史经验数据和实际情况，合理预计当期应付职工薪酬。当期实际发生金额大于预计金额的，应当补提应付职工薪酬；当期实际发生金额小于预计金额的，应当冲回多提的应付职工薪酬。"税法规定工资总额的14%属于税法规定的扣除比例，不属于国家规定的企业计提比例。因此，职工福利费属于没有规定计提比例的情况。企业可以根据历史经验和实际情况，合理计提职工福利费。通常，企业提取的职工福利费在会计年度终了经调整后应该没有余额，但这并不意味着职工福利费不允许存在余额，在会计年度中间允许职工福利费存在余额，如企业某月提取的福利费超过当月实际支出的福利费，则职工福利费就存在余额。

企业提取福利费时，借记"生产成本"、"制造费用"、"销售费用"、"管理费用"等科目，贷记"应付职工薪酬——职工福利"科目。

新会计准则下，虽然企业不能再按照工资总额的14%来计提福利费，改为据实列支。但是，按照《企业会计准则第9号——职工薪酬》准则及其应用指南的规定，企业可以根据以前年度福利费的支出情况来确定提取比例，即先提后用。

新准则下福利费通常据实列支，也就不存在余额的问题，但企业也可以先提后用。企业需注意的是，企业可以根据以前年度福利费的支出情况来确定计提比例，但不能再按照工资总额的14%来计提福利费。

例如，公司2008年7月，当月应发工资400万元，其中：生产部门直接生产人员工资120万元；生产部门管理人员工资30万元；公司管理部门人员工资80万元；公司专设产品销售机构人员工资50万元；建造厂房人员工资70万元；内部研究开发部门人员工资50万元。

公司根据2007年实际发生的职工福利费情况，预计2008年应承担的职工福利费义务金额为职工工资总额的3%，职工福利的受益对象为上述所有人员。

应计入生产成本的福利费金额 = 120 × 3% = 3.6（万元）
应计入制造费用的福利费金额 = 30 × 3% = 0.9（万元）
应计入管理费用的福利费金额 = 80 × 3% = 2.4（万元）
应计入销售费用的福利费金额 = 50 × 3% = 1.5（万元）
应计入在建工程成本的福利费金额 = 70 × 3% = 2.1（万元）
应计入研发支出的福利费金额 = 50 × 3% = 1.5（万元）

公司2008年7月账务处理：

借：生产成本　　　　　　　　　　　　　　　　36 000
　　制造费用　　　　　　　　　　　　　　　　 9 000
　　管理费用　　　　　　　　　　　　　　　　24 000
　　销售费用　　　　　　　　　　　　　　　　15 000
　　在建工程　　　　　　　　　　　　　　　　21 000
　　研发支出　　　　　　　　　　　　　　　　15 000
　　贷：应付职工薪酬——职工福利　　　　　　　　 120 000

（2）支付福利费

支付职工医疗卫生费用、职工困难补助和其他福利费以及应付的医务、福利人员工资等，借记"应付职工薪酬——职工福利"科目，贷记"银行存款"等科目。

例如，公司 2008 年 7 月 20 日，支付职工困难补助费 55 000 元；

借：应付职工薪酬——职工福利   55 000
　　贷：库存现金   55 000

（3）资产负债表日福利费的调整

企业应当根据历史经验数据和当期福利计划，预计当期应计入职工薪酬的福利费金额；每一个资产负债表日，企业应当对实际发生的福利费金额和预计金额进行调整。

福利费当期实际发生金额大于预计金额的，应当补提福利费，借记"管理费用"等科目，贷记"应付职工薪酬"科目；当期实际发生金额小于预计金额的，应当冲回多提的福利费，借记"应付职工薪酬"科目，贷记"管理费用"科目。

例如，公司 2008 年 12 月 31 日，累计发生的福利费支出为 3 250 000 元，已累计提取的福利费 3 450 000 元。

借：应付职工薪酬——职工福利   200 000
　　贷：管理费用   200 000

4. 辞退福利的核算

职工薪酬准则规定的辞退福利包括两方面的内容：一是在职工劳动合同尚未到期前，不论职工本人是否愿意，企业决定解除与职工的劳动关系而给予的补偿。二是在职工劳动合同尚未到期前，为鼓励职工自愿接受裁减而给予的补偿，职工有权利选择继续在职或接受补偿离职。辞退福利包括当公司控制权发生变动时，对辞退的管理层人员进行补偿的情况。

辞退福利类似于根据《中华人民共和国劳动法》规定，为保障职工权益，企业与其职工提前解除劳动关系时应当给予的经济补偿，属于企业的法定义务。辞退福利通常采取解除劳动关系时一次性支付补偿的方式，也有通过提高退休后养老金或其他离职后福利的标准，或者在职工不再为企业带来经济利益后，将职工工资支付到辞退后未来某一期间的方式。

在确定企业提供的经济补偿是否为辞退福利时，应当注意以下三个问题：

①辞退福利与正常退休养老金应当区分开来。辞退福利是在职工与企业签订的劳动合同到期前，企业根据法律与职工本人或职工代表（工会）签订的协议，或者基于商业惯例，承诺当其提前终止对职工的雇佣关系时支付的补偿，引发补偿的事项是辞退，因此，企业应当在辞退时进行确认和计量。

职工在正常退休时获得的养老金，是其与企业签订的劳动合同到期时，或者职工达到了国家规定的退休年龄时获得的退休后生活补偿金额，此种情况下给予补偿的事项是职工在职时提供的服务而不是退休本身，因此，企业应当在职工提供服务的会计期间确认和计量。

②职工虽然没有与企业解除劳动合同，但未来不再为企业带来经济利益，企业承诺提供实质上具有辞退福利性质的经济补偿，比照辞退福利处理。

③无论职工因何种原因离开都要支付的福利属于离职后福利，不是辞退福利。有

些企业对职工本人提出的自愿辞退比企业提出的要求职工非自愿辞退情况下支付较少的补偿，在这种情况下，非自愿辞退提供的补偿与职工本人要求辞退提供的补偿之间的差额，才属于职工薪酬准则所称的辞退福利。

（1）辞退福利的确认

职工薪酬准则规定，企业在职工劳动合同到期之前解除与职工的劳动关系，或者为鼓励职工自愿接受裁减而提出给予补偿的建议，同时满足下列条件的，应当确认因解除与职工的劳动关系给予补偿而产生的预计负债，同时计入当期管理费用：

①企业已经制定正式的解除劳动关系计划或提出自愿裁减建议，并即将实施。该计划或建议应当包括拟解除劳动关系或裁减的职工所在部门、职位及数量；根据有关规定按工作类别或职位确定的解除劳动关系或裁减补偿金额；拟解除劳动关系或裁减的时间。

这里所称"正式的辞退计划或建议"应当经过董事会或类似权力机构的批准；"即将实施"是指辞退工作一般应当在一年内实施完毕，但因付款程序等原因使部分付款推迟到一年后支付的，视为符合辞退福利预计负债确认条件。

②企业不能单方面撤回解除劳动关系计划或裁减建议。如果企业能够单方面撤回解除劳动关系计划或裁减建议，则表明未来经济利益流出不是很可能，因而不符合负债的确认条件。

由于被辞退的职工不再为企业带来未来经济利益，因此，对于所有辞退福利，均应当于辞退计划满足职工薪酬准则预计负债确认条件的当期计入费用，不计入资产成本。

在确认辞退福利时，需要注意以下两个方面：

（Ⅰ）对于分期或分阶段实施的解除劳动关系计划或自愿裁减建议，企业应当将整个计划看做是由一个个单项解除劳动关系计划或自愿裁减建议组成，在每期或每阶段计划符合预计负债确认条件时，将该期或该阶段计划中由提供辞退福利产生的预计负债予以确认，计入该部分计划满足预计负债确认条件的当期管理费用，不能等全部计划都符合确认条件时再予以确认。

（Ⅱ）对于企业实施的职工内部退休计划，由于这部分职工不再为企业带来经济利益，企业应当比照辞退福利处理。具体来说，在内退计划符合职工薪酬准则规定的确认条件时，按照内退计划规定，将自职工停止提供服务日至正常退休日之间期间、企业拟支付的内退人员工资和缴纳的社会保险费等，确认为预计负债，计入当期管理费用，不能在职工内退后各期分期确认因支付内退职工工资和为其缴纳社会保险费而产生的义务。

（2）辞退福利的计量

企业应当根据职工薪酬准则和《企业会计准则第13号——或有事项》，严格按照辞退计划条款的规定，合理预计并确认辞退福利产生的负债。辞退福利的计量因辞退计划中职工有无选择权而有所不同：

①对于职工没有选择权的辞退计划，应当根据计划条款规定拟解除劳动关系的职工数量、每一职位的辞退补偿等计提应付职工薪酬（预计负债）。

②对于自愿接受裁减的建议，因接受裁减的职工数量不确定，企业应当根据

《企业会计准则第 13 号——或有事项》规定，预计将会接受裁减建议的职工数量，根据预计的职工数量和每一职位的辞退补偿等计提应付职工薪酬（预计负债）。

③实质性辞退工作在一年内实施完毕但补偿款项超过一年支付的辞退计划，企业应当选择恰当的折现率，以折现后的金额计量应计入当期管理费用的辞退福利金额，该项金额与实际应支付的辞退福利款项之间的差额，作为未确认融资费用，在以后各期实际支付辞退福利款项时，计入财务费用。账务处理上，确认因辞退福利产生的预计负债时，借记"管理费用"、"未确认融资费用"科目，贷记"应付职工薪酬——辞退福利"科目；各期支付辞退福利款项时，借记"应付职工薪酬——辞退福利"科目，贷记"银行存款"科目；同时，借记"财务费用"科目，贷记"未确认融资费用"科目。

例如，某公司 2007 年 10 月 20 日出于经营战略的考虑制订了一项辞退计划，该辞退计划规定，从 2008 年 1 月 1 日起，公司将以职工自愿方式，辞退机床生产车间的职工。辞退计划的详细内容，包括拟辞退的职工所在部门、人数、各级别职工能够获得的补偿以及计划大体实施的时间等均已与职工沟通，并达成一致意见，辞退计划已于 2007 年 12 月 10 日经董事会正式批准，辞退计划将于下一个年度内实施完毕。该项辞退计划的详细内容如表 3 - 3 所示。

表 3 - 3　　　　　　　　某公司 2008 年辞退计划一览表

所属部门	职位	辞退人数	工龄（年）	每人补偿
机床生产车间	车间主任、副主任	5	1 ~ 10	50 000
			10 ~ 20	80 000
			20 ~ 30	150 000
	普通职工	80	1 ~ 10	40 000
			10 ~ 20	60 000
			20 ~ 30	100 000
合　计		85		

2007 年 12 月 31 日，公司预计拟接受辞退职工人数的最佳估计数（最可能发生数）及其应支付的补偿如表 3 - 4 所示。

表 3 - 4

所属部门	职位	辞退人数	工龄（年）	接受数量	每人补偿	补偿金额
机床生产车间	车间主任、副主任	5	1 ~ 10	2	50 000	100 000
			10 ~ 20	1	80 000	80 000
			20 ~ 30	1	150 000	150 000
	普通职工	80	1 ~ 10	20	40 000	800 000
			10 ~ 20	30	60 000	1 800 000
			20 ~ 30	15	100 000	1 500 000
合　计		85		69		4 430 000

2007 年 12 月 31 日账务处理如下：

借：管理费用　　　　　　　　　　　　　　　　　　4 430 000

　　贷：应付职工薪酬——辞退福利　　　　　　　　　　　　4 430 000

5. 其他形式的职工薪酬

（1）带薪缺勤

企业可能对各种原因产生的缺勤进行补偿，比如年休假、生病、短期伤残、婚假、产假、丧假、探亲假等。根据带薪权利能否结转下期使用，带薪缺勤可以分为两类：

①累积带薪缺勤，是指权利可以结转下期的带薪缺勤，如果本期的权利没有用完，可以在未来期间使用。有些累积带薪缺勤在职工离开企业时，对未行使的权利有权获得现金支付（《国际会计准则第 19 号——雇员福利》将其称为既定累积带薪缺勤）。

当职工提供了服务从而增加了其享有的未来带薪缺勤的权利时，企业就产生了一项义务，应当予以确认；职工累积未使用的权利在其离开企业时是否有权获得现金支付，不影响义务的确认，但影响计量的义务金额：如果职工在离开企业时不能获得现金支付，则企业应当根据资产负债表日因累积未使用权利而导致的预期支付的追加金额，作为累积带薪缺勤的预期费用计量，因为职工可能在使用累积非既定权利之前离开企业。如果职工在离开企业时能够获得现金支付，企业就应当确认企业必须支付的、职工全部累积未使用权利的金额。

例如，某公司从 2007 年 1 月 1 日起实行累积带薪缺勤制度，制度规定，该公司每名职工每年有权享受 12 个工作日的带薪休假，休假权利可以向后结转 3 个日历年度。在 3 年末，公司将对职工未使用的带薪休假权利支付现金。假定该公司每名职工平均每月工资 4 400 元，每名职工每月工作日为 22 个，每个工作日平均工资为 200元。以公司一名职工为例。

（Ⅰ）假定：2007 年 1 月，该名职工没有休假。公司应当在职工为其提供服务的当月，累积相当于 1 个工作日工资的带薪休假义务，并做如下账务处理：

借：生产成本　　　　　　　　　　　　　　　　　　4 600

　　贷：应付职工薪酬——工资　　　　　　　　　　　　　4 400

　　　　　　　　　　——累积带薪缺勤　　　　　　　　　　200

（Ⅱ）假定 2007 年 2 月，该名职工休了 1 天假。公司应当在职工为其提供服务的当月，累积相当于 1 个工作日工资的带薪休假义务，反映职工使用累积权利的情况，并做如下账务处理：

借：生产成本　　　　　　　　　　　　　　　　　　4 600

　　贷：应付职工薪酬——工资　　　　　　　　　　　　　4 400

　　　　　　　　　　——累积带薪缺勤　　　　　　　　　　200

借：应付职工薪酬——累积带薪缺勤　　　　　　　　200

　　贷：生产成本　　　　　　　　　　　　　　　　　　200

上述第 1 笔会计分录反映的是公司因职工提供服务而应付的工资和累积的带薪休假权利，第 2 笔分录反映的是该名职工使用上期累积的带薪休假权利。

（Ⅲ）假定：第 3 年末（2009 年 12 月 31 日），该名职工有 20 个工作日未使用的带薪休假，公司以现金支付了未使用的带薪休假。

借：应付职工薪酬——累积带薪缺勤 4 000
　　贷：现金 4 000

②非累积带薪缺勤，是指权利不能结转下期的带薪缺勤，即如果当期权利没有行使完，就予以取消，并且职工在离开企业时对未使用的权利无权获得现金支付。根据我国《劳动法》规定，国家实行带薪年休假制度，劳动者在法定休假日和婚丧假期间以及依法参加社会活动期间，用人单位应当依法支付工资。因此，我国企业职工休婚假、产假、丧假、探亲假、病假期间的工资通常属于非累积带薪缺勤。由于职工提供服务本身不能增加其能够享受的福利金额，企业应当在职工缺勤时确认负债和相关资产成本或当期损益。实务中，我国企业一般是在缺勤期间计提应付工资时一并处理。

（2）利润分享和奖金计划

为了鼓励职工长期留在企业提供服务，有的企业可能制定利润分享和奖金计划，规定当职工在企业工作了特定年限后，能够享有按照企业净利润的一定比例计算的奖金，如果职工在企业工作到特定期末，其提供的服务就会增加企业应付职工薪酬金额，尽管企业没有支付这类奖金的法定义务，但是如果有支付此类奖金的惯例，或者说企业除了支付奖金外没有其他现实的选择，这样的计划就使企业产生了一项推定义务。当且仅符合下列两个条件时，企业才应确认由利润分享和奖金计划所产生的应付职工薪酬义务：

①企业因过去事项现在负有作出支付的法定义务或推定义务；

②利润分享和奖金计划义务的金额能够可靠估计。属于以下三种情形之一的，视为义务金额能够可靠估计：

（Ⅰ）在财务报表批准报出之前企业已确定应支付的奖金金额。

（Ⅱ）该奖金计划的正式条款中包括确定奖金金额的公式。

（Ⅲ）过去的惯例为企业确定推定义务金额提供了明显证据。

实务中，实行工效挂钩的企业根据企业经济效益增长的实际情况提取的工资，类似于利润分享和奖金计划。但是，这类计划是按照企业实现净利润的一定比例确定享受的福利，与企业经营业绩挂钩，仍然是由于职工提供服务而产生的，不是由企业与其所有者之间的交易而产生，因此，企业应当将利润分享和奖金计划作为费用处理（或根据相关准则，作为资产成本的一部分），不能作为净利润的分配。

例如，某公司 2007 年 1 月 1 日起开始实行按照净利润的一定比例向总部高级管理人员发放奖金制度，该制度规定，在实行利润分享型奖金制度的年度，管理人员只要在公司工作满一整年即可获得奖金。如果 2008 年没有管理人员离开公司，企业应支付的奖金总额为当年净利润的 8%，公司根据管理人员当年的流动率，预计奖金总额将减少到净利润的6%，公司当年净利润为2 000万元。

分析：2008年12月31日，公司应当将1 200 000（20 000 000×6%）奖金计入当年损益。

借：管理费用　　　　　　　　　　　　　　　　　　1 200 000

　　贷：应付职工薪酬　　　　　　　　　　　　　　　　　　1 200 000

五、应交税费

应交税费，是指企业应交纳的各种税费，主要包括：增值税、消费税、营业税、所得税、土地增值税、城市维护建设税、房产税、土地使用税、车船使用税和教育费附加、代交的个人所得税等。

"应交税费"科目贷方核算按规定应予交纳的税费，借方核算实际交纳和需要抵扣的税费；期末余额在贷方，反映企业尚未交纳的税费，期末如为借方余额，反映企业多交或尚未抵扣的税费。

企业交纳的印花税、耕地占用税及其他不需要预计应交数所交纳的税费，不在"应交税费"科目核算。

"营业税金及附加"科目借方核算按规定计算确定的企业经营活动发生的营业税、消费税、城市维护建设税和教育费附加等相关税费；贷方核算企业收到的返还的消费税、营业税等原记入本科目的各种税金；期末，应将本科目余额转入"本年利润"科目，结转后本科目应无余额。

房产税、车船使用税、土地使用税、印花税在"管理费用"科目核算，不在"营业税金及附加"科目核算。

1. 应交增值税（购销业务）

企业应在"应交增值税"明细账内，设置"进项税额"、"已交税金"、"转出未交增值税"、"减免税款"、"销项税额"、"出口退税"、"进项税额转出"、"出口抵减内销产品应纳税额"、"转出多交增值税"等专栏，并按规定进行核算。

（1）国内采购的物资，按专用发票上注明的增值税，借记"应交税费——应交增值税——进项税额"科目，专用发票上记载的应计入采购成本的金额，借记"在途物资"等科目，按应付或实际支付的金额，贷记"应付账款"、"应付票据"、"银行存款"等科目。购入物资发生的退货，做相反会计分录。

购进免税农业产品，按购入农业产品的买价和规定的扣除率计算的进项税额，借记"应交税费——应交增值税——进项税额"科目，按买价减去按规定计算的进项税额后的差额，借记"在途物资"、"销售费用"等科目，按应付或实际支付的价款，贷记"应付账款"、"银行存款"等科目。

进口物资，按海关提供的完税凭证上注明的增值税，借记"应交税费——应交增值税——进项税额"科目，按进口物资应计入采购成本的金额，借记"在途物资"、"销售费用"等科目，按应付或实际支付的金额，贷记"应付账款"、"银行存款"等科目。

接受投资转入的物资，按专用发票上注明的增值税，借记"应交税费——应交增值税——进项税额"科目，按照投资合同或协议约定的价值，借记"原材料"等科目，按其在注册资本中所占的份额，贷记"股本"科目，按其差额，贷记"资本公积"科目。

例如，某公司2007年2月2日从乙公司购进原材料一批，价款总额300 000元，专用发票上注明的增值税额51 000元。货款已付，材料尚未验收入库。

借：在途物资——材料   300 000
　　应交税费——应交增值税——进项税额   51 000
　　贷：银行存款   351 000

（2）销售物资或提供应税劳务（包括将自产、委托加工或购买的货物分配给股东），按实现的营业收入和按规定收取的增值税额，借记"应收账款"、"应收票据"等科目，按专用发票上注明的增值税额，贷记"应交税费——应交增值税——销项税额"科目，按实现的营业收入，贷记"主营业务收入"、"其他业务收入"等科目。发生的销售退回，做相反会计分录。

例如，某公司2007年2月28日销售商品一批，销售收入为1 000 000元，专用发票上注明的增值税额为170 000元。

借：应收账款   1 170 000
　　贷：主营业务收入——商品销售收入   1 000 000
　　　　应交税费——应交增值税——销项税额   170 000

（3）企业的出口退税业务，若实行"免、抵、退"办法的，按规定计算的当期出口物资不予免征、抵扣和退税的税额，计入出口物资成本，借记"主营业务成本"科目，贷记"应交税费——应交增值税——进项税额转出"科目。按规定计算的当期应予抵扣的税额，借记"应交税费——应交增值税——出口抵减内销产品应纳税额"科目，贷记"应交税费——应交增值税——出口退税"科目。因应抵扣的税额大于应纳税额而未全部抵扣，按规定应予退回的税款，借记"其他应收款"科目，贷记"应交税费——应交增值税——出口退税"科目，收到退回的税款，借记"银行存款"科目，贷记"其他应收款"科目。

例如，某公司出口退税业务实行"免、抵、退"办法核算，出口货物的征税税率为17%，退税率为15%。2007年6月的有关经营业务为：购进原材料一批，取得的增值税专用发票注明的价款为2 000 000元，增值税额为340 000元，货已验收入库。上月末留抵税款30 000元；本月内销货物不含税销售额1 000 000元；收款1 170 000元存入银行；本月出口货物的销售额折合人民币2 000 000元，6月30日对当期的出口退税进行账务处理，7月6日收到退回的税款。

①将不予免征和抵扣的税额计入出口货物成本

借：主营业务成本   40 000
　　贷：应交税费——应交增值税——进项税额转出   40 000

②按规定计算的当期应予抵扣的税额

借：应交税费——应交增值税——出口抵减内销产品应纳税额

140 000

贷：应交税费——应交增值税——出口退税　　　　140 000

③按规定计算应予退回的税款

借：其他应收款　　　　　　　　　　　　　　　　160 000

贷：应交税费——应交增值税——出口退税　　　　160 000

④7 月 6 日收到退回的税款

借：银行存款　　　　　　　　　　　　　　　　　160 000

贷：其他应收款　　　　　　　　　　　　　　　　160 000

💡〔注释〕

当期免抵退税不得免征和抵扣税额 = 2 000 000 × (17% – 15%) = 40 000（元）；当期应纳税额 = 1 000 000 × 17% – (340 000 – 40 000) – 30 000 = – 160 000（元）；出口货物"免、抵、退"税额 = 2 000 000 × 15% = 300 000（元）；按规定，如当期期末留抵税额 ≤ 当期免抵退税额，当期应退税额 = 当期期末留抵税额，即该企业当期应退税额 = 160 000 元；当期免抵税额 = 当期免抵退税额 – 当期应退税额；当期免抵税额 = 300 000 – 160 000 = 140 000（元）。

（4）企业的出口退税业务，若未实行"免、抵、退"办法的，物资出口销售时，按当期出口物资应收的款项，借记"应收账款"等科目，按规定计算的应收出口退税，借记"其他应收款"科目，按规定计算的不予退回的税金，借记"主营业务成本"科目，按当期出口物资实现的营业收入，贷记"主营业务收入"科目，按规定计算的增值税，贷记"应交税费——应交增值税——销项税额"科目。收到退回的税款，借记"银行存款"科目，贷记"其他应收款"科目。

例如，某公司出口退税业务未实行"免、抵、退"办法，2007 年 8 月 8 日出口给海通公司货物一批，销售额折合人民币 1 000 000 元，增值税税率为 17%，退税率为 9%，销售已实现，9 月 2 日收到退回的税款。

①货物出口销售时

借：应收账款（海通公司）　　　　　　　　　　1 000 000

其他应收款　　　　　　　　　　　　　　　　90 000

主营业务成本——商品销售成本　　　　　　　80 000

贷：主营业务收入——商品销售收入　　　　　1 000 000

应交税费——应交增值税——销项税额　　　　170 000

②9 月 2 日收到退回的税款

借：银行存款　　　　　　　　　　　　　　　　90 000

贷：其他应收款　　　　　　　　　　　　　　　90 000

💡〔注释〕

其他应收款 = 1 000 000 × 9% = 90 000（元）；主营业务成本 = 1 000 000 × (17% – 9%) = 80 000（元）。

2. 应交增值税（视同销售业务）

企业将自产或委托加工的货物用于非应税项目、作为投资、集体福利消费、赠送他人等，应视同销售物资计算应交增值税，借记"在建工程"、"长期股权投资"、"应付职工薪酬"、"营业外支出——捐赠支出"等科目，贷记"应交税费——应交增值税——销项税额"、"库存商品"等科目。

【例1】 某公司 2007 年 3 月 3 日，以原材料对丙公司进行长期投资。该批原材料成本 4 000 000 元。计税价格 5 000 000 元，专用发票上注明的增值税额 850 000 元。

```
借：长期股权投资——其他股权投资——丙公司          5 850 000
    贷：其他业务收入                                       5 000 000
        应交税费——应交增值税——销项税额                     850 000
借：其他业务成本                                  4 000 000
    贷：原材料                                            4 000 000
```

【例2】 某公司 2007 年 4 月 30 日将生产的产品一批用于职工福利。产品应分摊成本 600 000 元，售价 700 000 元，增值税额为 119 000 元。

```
借：应付职工薪酬——职工福利                         819 000
    贷：其他业务收入                                       700 000
        应交税费——应交增值税——销项税额                     119 000
借：其他业务成本                                    600 000
    贷：原材料                                            600 000
```

3. 应交增值税（不予抵扣项目）

购进的物资、在产品、产成品发生非正常损失，以及购进物资改变用途等原因，其进项税额应相应转入有关科目，借记"待处理财产损溢"、"在建工程"等科目，贷记"应交税费——应交增值税——进项税额转出"科目。属于转作待处理财产损失的部分，应与遭受非正常损失的购进货物、在产品、产成品成本一并处理。

例如，某公司 2007 年 4 月 5 日购入原材料一批，增值税专用发票上注明的增值税额为 102 000 元，材料价款 600 000 元。材料已入库，货款也已支付。

```
①借：原材料                                       600 000
      应交税费——应交增值税——进项税额                   102 000
      贷：银行存款                                         702 000
```

②将该批材料全部用于在建工程项目。

```
借：在建工程——建筑工程                             702 000
    贷：原材料——材料                                     600 000
        应交税费——应交增值税——进项税额转出                 102 000
```

4. 应交增值税（转出多交增值税和未交增值税）

月份终了，将本月应交未交增值税自"应交税费——应交增值税——转出未交增值税"明细科目转入"应交税费——未交增值税"明细科目，借记"应交税费——应交增值税——转出未交增值税"科目，贷记"应交税费——未交增值税"科目；

将本月多交的增值税自"应交税费——应交增值税——转出多交增值税"明细科目转入"应交税费——未交增值税"明细科目，借记"应交税费——未交增值税"科目，贷记"应交税费——应交增值税——转出多交增值税"科目。本月上交上期应交未交的增值税，借记"应交税费——未交增值税"科目，贷记"银行存款"科目。

【例1】某公司2007年5月末，将本月应交未交的增值税165 000元转入"未交增值税"明细科目。

借：应交税费——应交增值税——转出未交增值税　　　　165 000
　　贷：应交税费——未交增值税　　　　　　　　　　　　　165 000

【例2】某公司2007年6月末，将本月多交的增值税170 000元转入"未交增值税"明细科目。

借：应交税费——未交增值税　　　　　　　　　　　　170 000
　　贷：应交税费——应交增值税——转出多交增值税　　　　170 000

5. 本月上交应交增值税

企业本月上交本月的应交增值税，借记"应交税费——应交增值税——已交税金"科目，贷记"银行存款"科目。

企业本月上交上期应交未交的增值税，借记"应交税费——未交增值税"科目，贷记"银行存款"科目。

（1）某公司2007年6月30日缴纳本月的应交增值税1 700 000元。

借：应交税费——应交增值税——已交税金　　　　1 700 000
　　贷：银行存款　　　　　　　　　　　　　　　　1 700 000

（2）某公司2007年7月15日缴纳上月应交未交的增值税3 400 000元。

借：应交税费——未交增值税　　　　　　　　　　3 400 000
　　贷：银行存款　　　　　　　　　　　　　　　　3 400 000

6. 应交土地增值税

企业转让土地使用权应交的土地增值税，土地使用权与地上建筑物及其附着物一并在"固定资产"等科目核算的，借记"固定资产清理"等科目，贷记"应交税费——应交土地增值税"科目。土地使用权在"无形资产"科目核算的，按实际收到的金额，借记"银行存款"科目，按应交的土地增值税，贷记"应交税费——应交土地增值税"科目，同时冲销土地使用权的账面价值，贷记"无形资产"科目，按其差额，借记"营业外支出"科目或贷记"营业外收入"科目。实际缴纳土地增值税时，借记"应交税费"科目，贷记"银行存款"等科目。

例如，某公司2007年10月15日转让土地使用权，该企业土地使用权与地上建筑物及其附着物一并在固定资产科目中核算，按规定应缴纳的土地增值税为2 000 000元。

借：固定资产清理　　　　　　　　　　　　　　2 000 000
　　贷：应交税费——应交土地增值税　　　　　　　2 000 000

7. 销售产品物资应交消费税

销售需要缴纳消费税的物资，借记"营业税金及附加"等科目，贷记"应交税费——应交消费税"科目。退税时做相反会计分录。

以生产的商品作为股权投资、用于在建工程、非生产机构等，按规定应缴纳的消费税，借记"长期股权投资"、"固定资产"、"在建工程"、"营业外支出"等科目，贷记"应交税费——应交消费税"科目。

同商品出售但单独计价的包装物，按规定应缴纳的消费税，借记"其他业务成本"科目，贷记"应交税费——应交消费税"科目。出租、出借包装物逾期未收回没收的押金应交的消费税，借记"其他业务成本"科目，贷记"应交税费——应交消费税"科目。

例如，某公司 2007 年 7 月，销售其生产的应税消费品一批，售价金额 360 000 元，产品成本 320 000 元，应交消费税 36 000 元。专用发票上注明的增值税额为 61 200 元。产品已发出，款项已收到。

①借：银行存款　　　　　　　　　　　　　　　　421 200
　　贷：主营业务收入——商品销售收入　　　　　　360 000
　　　　应交税费——应交增值税——销项税额　　　 61 200
②借：营业税金及附加　　　　　　　　　　　　　　 36 000
　　贷：应交税费——应交消费税　　　　　　　　　　36 000
③借：主营业务成本——商品销售成本　　　　　　　320 000
　　贷：库存商品　　　　　　　　　　　　　　　　320 000

8. 委托加工应税消费品应交消费税

需要缴纳消费税的委托加工物资，由受托方代收代交税款（除受托加工或翻新改制金银首饰按规定由受托方缴纳消费税外）。受托方按应扣税款金额，借记"应收账款"、"银行存款"等科目，贷记"应交税费——应交消费税"科目。委托加工物资收回后，直接用于销售的，将代收代交的消费税计入委托加工物资的成本，借记"委托加工物资"等科目，贷记"应付账款"、"银行存款"等科目；委托加工物资收回后用于连续生产的，按规定准予抵扣的，按代收代交的消费税，借记"应交税费——应交消费税"科目，贷记"应付账款"、"银行存款"等科目。

【例1】某公司 2007 年 8 月委托丁公司加工一批应税消费品。缴纳加工费时一并支付了应由丁公司代收代交的消费税 5 000 元。该委托加工物资收回后直接用于销售。

借：委托加工物资——材料　　　　　　　　　　　 5 000
　　贷：银行存款　　　　　　　　　　　　　　　　 5 000

【例2】在［例1］中，假定该企业收回委托加工物资后用于连续生产（该消费税按规定准予抵扣）。

借：应交税费——应交消费税　　　　　　　　　　 5 000
　　贷：银行存款　　　　　　　　　　　　　　　　 5 000

9. 应交营业税

按其营业额和规定的税率，计算应缴纳的营业税，借记"营业税金及附加"等科目，贷记"应交税费——应交营业税"科目。

销售不动产，按销售额计算的营业税，借记"固定资产清理"等科目，贷记"应交税费——应交营业税"科目。

缴纳的营业税，借记"应交税费——应交营业税"科目，贷记"银行存款"科目。

【例1】某高科技公司 2007 年 9 月 8 日转让无形资产使用权给甲公司，取得转让收入 200 000 元，应缴纳营业税 10 000 元。

①借：银行存款　　　　　　　　　　　　　　　　　　　200 000
　　贷：其他业务收入——无形资产出租　　　　　　　　　　200 000
②借：营业税金及附加　　　　　　　　　　　　　　　　　10 000
　　贷：应交税费——应交营业税　　　　　　　　　　　　　10 000

【例2】某公司对外提供运输服务（非主营业务），本月运输劳务收入 400 000 元，应缴纳营业税 20 000 元。

借：其他业务成本　　　　　　　　　　　　　　　　　　20 000
　　贷：应交税费——应交营业税　　　　　　　　　　　　　20 000

10. 应交所得税

企业按照税法规定计算应交的所得税，借记"所得税费用"等科目，贷记"应交税费——应交所得税"科目。

缴纳的所得税，借记"应交税费——应交所得税"科目，贷记"银行存款"等科目。

【例1】某公司 2007 年度应纳税所得额为 10 000 000 元，企业的所得税税率为 15%。

借：所得税费用　　　　　　　　　　　　　　　　　　1 500 000
　　贷：应交税费——应交所得税　　　　　　　　　　　　1 500 000

【例2】某公司 2007 年 3 月 6 日缴纳上年所得税款 1 200 000 元。

借：应交税费——应交所得税　　　　　　　　　　　　1 200 000
　　贷：银行存款　　　　　　　　　　　　　　　　　　1 200 000

11. 应交个人所得税

企业按规定计算应代扣代交的职工个人所得税，借记"应付职工薪酬"科目，贷记"应交税费——应交个人所得税"科目。

缴纳的个人所得税，借记"应交税费——应交个人所得税"科目，贷记"银行存款"科目。

【例1】某公司 2007 年 9 月 30 日，按规定计算本月应代扣代交的职工个人所得税共计 107 000 元。

借：应付职工薪酬——工资　　　　　　　　　　　　　107 000

　　　　贷：应交税费——应交个人所得税　　　　　　　　107 000

【例2】某公司2007年11月10日，缴纳上月个人所得税款216 000元。

　　借：应交税费——应交个人所得税　　　　　　　　216 000

　　　　贷：银行存款　　　　　　　　　　　　　　　　　　216 000

12. 应交城市维护建设税

　　企业按规定计算出应缴纳的城市维护建设税，借记"营业税金及附加"等科目，贷记"应交税费——应交城市维护建设税"科目。缴纳的城市维护建设税，借记"应交税费——应交城市维护建设税"科目，贷记"银行存款"科目。

　　例如，某公司2007年12月份，流转税应纳税额为500 000元。应缴纳城市维护建设税35 000元，城建税率7%。

　　借：营业税金及附加　　　　　　　　　　　　　　35 000

　　　　贷：应交税费——应交城市维护建设税　　　　　　35 000

13. 应交教育费附加

　　（1）企业按规定计算应交的教育费附加，借记"营业税金及附加"、"其他业务成本"、"管理费用"等科目，贷记"应交税费——应交教育费附加"科目。

　　（2）缴纳的教育费附加，借记"应交税费——应交教育费附加"科目，贷记"银行存款"等科目。

【例1】某公司2007年6月30日，按规定计提本月教育费附加40 000元。

　　借：营业税金及附加　　　　　　　　　　　　　　40 000

　　　　贷：应交税费——应交教育费附加　　　　　　　　40 000

【例2】高科技公司2007年8月10日，缴纳上月教育费附加款15 000元。

　　借：应交税费——应交教育费附加　　　　　　　　15 000

　　　　贷：银行存款　　　　　　　　　　　　　　　　　15 000

14. 其他应交税费

　　企业按规定计算应交的房产税、土地使用税、车船税、矿产资源补偿费，借记"管理费用"科目，贷记"应交税费"科目。实际缴纳时，借记"应交税费"科目，贷记"银行存款"等科目。

　　例如，某公司2007年12月份按规定计算应缴纳的房产税200 000元。

　　借：管理费用——房产税　　　　　　　　　　　　200 000

　　　　贷：应交税费——应交房产税　　　　　　　　　200 000

六、应付股利

　　应付股利，是指企业根据股东大会或类似机构审议批准分配的现金股利或利润。董事会或类似机构通过的利润分配方案中拟分配的现金股利或利润，不做账务处理，但应在附注中披露。

　　"应付股利"科目贷方核算企业经董事会或股东大会，或类似机构决议确定分配的现金股利或利润，借方核算实际支付的现金股利或利润，期末余额在贷方，反映企业尚未支付的现金股利或利润。企业分配的股票股利，不在本科目核算。

1. 分派股利

企业根据股东大会或类似机构审议批准的利润分配方案，按应支付的现金股利或利润，借记"利润分配"科目，贷记"应付股利"科目。董事会或类似机构通过的利润分配方案中拟分配的现金股利或利润，不做账务处理，但应在附注中披露。

例如，某公司 2007 年 4 月 25 日经股东大会批准，2007 年度的利润分配方案为每 10 股派发 1.30 元的现金股利，共计派发现金股利 8 000 000 元。

借：利润分配——应付现金股利或利润　　　　　　　　8 000 000

　　贷：应付股利　　　　　　　　　　　　　　　　　　　8 000 000

2. 支付股利

企业分配的现金股利或利润，在实际支付时，借记"应付股利"科目，贷记"银行存款"等科目。

例如，某公司 2007 年 5 月 11 日，支付现金股利 8 000 000 元。

借：应付股利　　　　　　　　　　　　　　　　　　　8 000 000

　　贷：银行存款　　　　　　　　　　　　　　　　　　　8 000 000

七、应付利息

应付利息，是指企业按照合同约定应支付的利息，包括分期付息到期还本的长期借款、企业债券等应支付的利息。

合同利率与实际利率差异较小的，采用合同利率计算确定利息费用。

"应付利息"科目贷方核算企业按照合同约定的名义利率或实际利率计算的利息，借方核算实际支付的利息，期末余额在贷方，反映企业按照合同约定应支付但尚未支付的利息。

1. 利息费用的确定

资产负债表日，应按摊余成本和实际利率计算确定的利息费用，借记"在建工程"、"财务费用"、"研发支出"等科目，按合同利率计算确定的应付未付利息，贷记"应付利息"科目，按其差额，借记或贷记"长期借款——利息调整"等科目。

合同利率与实际利率差异较小的，也可以采用合同利率计算确定利息费用。

例如，某公司于 2007 年 1 月 1 日专门为建造厂房而向工商银行借入一笔 1 000 000 元的借款，借款年利率为 5%，实际利率与合同约定的名义利率差异很小，借款期限为 2 年，每年年末计息，利息按单利计算，到期还本付息。该笔借款于 1 月 1 日全部投入使用，固定资产于 2007 年年末完成并投入使用，并办理了工程决算。

①收到借入的长期借款时：

借：银行存款　　　　　　　　　　　　　　　　　　　1 000 000

　　贷：长期借款——本金　　　　　　　　　　　　　　　1 000 000

② 2007 年年末计提利息：

借：在建工程——建筑工程　　　　　　　　　　　　 50 000

　　贷：应付利息——长期借款利息　　　　　　　　　　　 50 000

2. 利息的支付

实际支付利息时，借记"应付利息"科目，贷记"银行存款"等科目。

承上例，2008 年年末归还借款时：

借：长期借款——本金　　　　　　　　　　　　　　1 000 000

　　应付利息——长期借款利息　　　　　　　　　　　　 100 000

　　贷：银行存款　　　　　　　　　　　　　　　　　 1 100 000

八、其他应付款

其他应付款，是指企业除应付票据、应付账款、预收账款、应付职工薪酬、应付利息、应付股利、应交税费、长期应付款等以外的其他各项应付、暂收的款项。

"其他应付款"科目贷方核算企业应付经营租入固定资产和包装物的租金、其他单位存入的保证金和暂收其他单位或个人的款项，借方核算企业实际支付的应付及暂收其他单位或个人的款项；期末余额在贷方，反映企业尚未支付的其他应付款项。

1. 发生的应付或暂收款项

发生的各种应付、暂收款项，借记"银行存款"、"管理费用"等科目，贷记"其他应付款"科目。

【例 1】某公司 2007 年 1 月 1 日收到甲公司租用包装物押金 8 000 元。

借：银行存款　　　　　　　　　　　　　　　　　　　 8 000

　　贷：其他应付款——单位往来——甲公司　　　　　　　 8 000

【例 2】高科技公司 2007 年 2 月 1 日因生产临时需要，从爱乐公司租入一台吊车使用，协议租金 20 000 元尚未支付。

借：制造费用　　　　　　　　　　　　　　　　　　　 20 000

　　贷：其他应付款——单位往来——爱乐公司　　　　　　 20 000

2. 支付的应付或暂收款项

应付或暂收款项支付时，借记"其他应付款"科目，贷记"银行存款"等科目。

【例 1】某公司 2007 年 3 月 10 日将某职工上月未领工资 3 000 元付给该职工。

借：其他应付款——个人往来——某职工　　　　　　　　 3 000

　　贷：库存现金　　　　　　　　　　　　　　　　　　 3 000

【例 2】某公司 2007 年 4 月 1 日收到西方公司退回的包装物，将其存入的押金 8 000 元退回。

借：其他应付款——单位往来——西方公司　　　　　　　 8 000

　　贷：银行存款　　　　　　　　　　　　　　　　　　 8 000

九、长期应付款

长期应付款，是指企业除长期借款和企业债券以外的其他各种长期应付款项。包括以分期付款方式购入固定资产和无形资产发生的应付账款、应付融资租入固定资产的租赁费等。

"长期应付款"科目贷方核算购入有关资产超过正常信用条件延期支付价款、实质上具有融资性质的购买价款和融资租入固定资产的应付融资租赁款；借方核算按期支付的购买价款以及按期支付的融资租赁费；期末余额在贷方，反映尚未支付的各种长期应付款。

"未确认融资费用"科目贷方核算企业采用实际利率法计算确定当期的利息费用；借方核算以分期付款方式购入固定资产和无形资产以及融资租入固定资产产生的未确认融资费用；期末余额在借方，反映企业未确认融资费用的摊余价值。

1. 以分期付款方式购入资产

企业购入有关资产超过正常信用条件延期支付价款、实质上具有融资性质的，应按购买价款的现值，借记"固定资产"、"在建工程"、"无形资产"、"研发支出"等科目，按应支付的金额，贷记"长期应付款"科目，按其差额，借记"未确认融资费用"科目。

例如，某公司 2007 年 5 月 1 日采用分期付款方式购入一套计算机软件，整套计算机软件的售价为 15 000 000 元，合同约定分 3 年等额支付 5 000 000 元，同期银行市场利率为 5%，经计算购买价款的现值为 12 000 000 元。

借：无形资产	12 000 000
未确认融资费用	3 000 000
贷：长期应付款	15 000 000

2. 融资租入固定资产形成的长期应付款

在租赁期开始日，将租赁开始日租赁资产公允价值与最低租赁付款额现值两者中较低者作为租入资产的入账价值，将最低租赁付款额作为长期应付款的入账价值，其差额作为未确认融资费用。

在租赁谈判和签订租赁合同过程中发生的，可归属于租赁项目的手续费、律师费、差旅费、印花税等初始直接费用，计入租入资产价值。

融资租入固定资产，在租赁期开始日，应按租赁准则确定的应计入固定资产成本的金额，借记"在建工程"或"固定资产"科目，按最低租赁付款额，贷记"长期应付款——应付融资租入固定资产租赁费"科目，按发生的初始直接费用，贷记"银行存款"等科目，按其差额，借记"未确认融资费用"科目。

例如，某有限责任公司 2007 年 1 月 1 日与甲公司签订一份融资租赁合同：公司自合同签订之日起租用甲公司大型检修设备一套，期限 3 年，年利率 8%；从承租日起，公司每年年末向甲公司支付租金 1 000 000 元；该设备起租日公允价值 2 400 000

元；从 2007 年开始，公司须以设备年收入的 12% 向甲公司支付经营分享收入；合同到期日，该检修设备退还甲公司。

借：固定资产——融资租入　　　　　　　　　　　　　　2 400 000
　　未确认融资费用　　　　　　　　　　　　　　　　　　600 000
　　贷：长期应付款——应付融资租入固定资产租赁费　　　　　3 000 000

💡〔注释〕

最低租赁付款额 = 各期租金之和 + 承租人担保的资产余值 = 1 000 000 × 3 + 0 = 3 000 000（元）；最低租赁付款额的现值 = 1 000 000 × PA（3，8%）= 2 577 100（元），大于租赁资产的公允价值 2 400 000 元，根据孰低原则，租赁资产的入账价值应为 2 400 000 元；未确认融资费用 = 最低租赁付款额 − 租赁开始日租赁资产的入账价值 = 3 000 000 − 2 400 000 = 600 000（元）。

3. 支付购买价款和融资租赁费

按期支付融资租赁费时，借记"长期应付款——应付融资租入固定资产租赁费"科目，贷记"银行存款"科目。

或有租金，是指金额不固定、以时间长短以外的其他因素（如销售量、使用量、物价指数等）为依据计算的租金。

或有租金应当在实际发生时计入当期损益。

例如，某公司 2007 年 12 月 31 日支付同年 1 月 1 日融资租入资产的租金 1 000 000 元，该租入设备在 2007 年的收入为 10 000 000 元，对上述设备进行相关会计处理。

①支付融资租赁费

借：长期应付款——应付融资租入固定资产租赁费　　　　1 000 000
　　贷：银行存款　　　　　　　　　　　　　　　　　　　1 000 000

②计提或有租金

借：销售费用——其他　　　　　　　　　　　　　　　　1 200 000
　　贷：其他应付款——单位往来——甲公司　　　　　　　　1 200 000

4. 计提融资租赁资产折旧

企业采用与自有固定资产相一致的折旧政策计提租赁资产折旧。

能够合理确定租赁期届满时取得租赁资产所有权的，应当在租赁资产使用寿命内计提折旧。

无法合理确定租赁期届满时能够取得租赁资产所有权的，应当在租赁期与租赁资产使用寿命两者中较短的期间内计提折旧。

计提折旧时，借记"制造费用"、"生产成本"等科目，贷记"累计折旧"等科目。

按合同期限年限平均法摊销租入设备折旧

借：制造费用　　　　　　　　　　　　　　　　　　　　800 000
　　贷：累计折旧　　　　　　　　　　　　　　　　　　　　800 000

5. 未确认融资费用的摊销

融资租入固定资产，在租赁期开始日，应按租赁准则确定的应计入固定资产成本的金额，借记"在建工程"或"固定资产"科目，按最低租赁付款额，贷记"长期应付款——应付融资租入固定资产租赁费"科目，按发生的初始直接费用，贷记"银行存款"等科目，按其差额，借记"未确认融资费用"科目。

采用实际利率法计算确定的当期利息费用，借记"财务费用"或"在建工程"科目，贷记"未确认融资费用"科目。

例如，某公司 2007 年 1 月 1 日与甲公司签订一份融资租赁合同：自合同签订之日起租用甲公司设备一套，期限为 5 年，每年年末支付租金 118 708 元，期满该设备归该企业出租人内含利率为 6%；该设备起租日公允价值为 500 000 元。

借：固定资产——融资租入　　　　　　　　　　　　　500 000
　　未确认融资费用　　　　　　　　　　　　　　　　93 540
　　贷：长期应付款——应付融资租入固定资产租赁费　　　　　593 540

🔎 〔注释〕

最低租赁付款额的现值 = 118 708 × PA（5，6%）= 500 000（元），与租赁资产的公允价值 500 000 元相等，因此，租赁资产的入账价值为 500 000 元；最低租赁付款额 = 118 708 × 5 = 593 540（元）；未确认融资费用 = 最低租赁付款额 − 租赁开始日租赁资产的入账价值 = 593 540 − 500 000 = 93 540（元）。

支付租金并摊销融资费用的计算见表 3 − 5。

表 3 − 5　　　　　　　　　　　未确认融资费用摊销表　　　　　　　　　　单位：元

日期	年租金 ①	利息费用 ② = ④ × 6%	本金减少额 ③ = ① − ②	本金余额 ④ = 上年④ − ③
2007. 12. 31	118 708	30 000	88 708	500 000
2008. 12. 31	118 708	24 678	94 030	411 292
2009. 12. 31	118 708	19 036	99 672	317 262
2010. 12. 31	118 708	13 056	105 652	217 590
2011. 12. 31	118 708	6 770	111 938	111 938
合计	593 540	93 540	500 000	0

2007 年 12 月 31 日支付第一期租金并摊销融资费用：

借：长期应付款——应付融资租入固定资产租赁费　　　　　118 708
　　贷：银行存款　　　　　　　　　　　　　　　　　　　118 708
借：财务费用　　　　　　　　　　　　　　　　　　　　30 000
　　贷：未确认融资费用　　　　　　　　　　　　　　　　30 000

第三节 预计负债与递延收益

一、预计负债

预计负债，是指过去的交易或事项形成的现时义务但应付金额须根据一定的标准予以合理预计的流动负债，包括对外提供担保、未决诉讼、产品质量保证、重组义务以及固定资产和矿区权益弃置义务等产生的预计负债。

（一）预计负债核算有关规定

1. 或有事项的定义

或有事项，是指过去的交易或者事项形成的，其结果须由某些未来事项的发生或不发生才能决定的不确定事项。

〔注释〕

或有事项的特征：

（1）由过去交易或事项形成，是指或有事项的现存状况是过去交易或事项引起的客观存在。

比如，未决诉讼虽然是正在进行中的诉讼，但该诉讼是企业因过去的经济行为导致起诉其他单位或被其他单位起诉。这是现存的一种状况而不是未来将要发生的事项。未来可能发生的自然灾害、交通事故、经营亏损等，不属于或有事项。

（2）结果具有不确定性，是指或有事项的结果是否发生具有不确定性，或者或有事项的结果预计将会发生，但发生的具体时间或金额具有不确定性。

比如，债务担保事项的担保方到期是否承担和履行连带责任，需要根据债务到期时被担保方能否按时还款加以确定。这一事项的结果在担保协议达成时具有不确定性。

（3）由未来事项决定，是指或有事项的结果只能由未来不确定事项的发生或不发生才能决定。

比如，债务担保事项只有在被担保方到期无力还款时企业（担保方）才履行连带责任。

常见的或有事项主要包括：未决诉讼或仲裁、债务担保、产品质量保证（含产品安全保证）、承诺、亏损合同、重组义务、环境污染整治等。

2. 或有事项的确认和计量

（1）与或有事项相关的义务同时满足下列条件的，应当确认为预计负债：

①该义务是企业承担的现时义务；

②履行该义务很可能导致经济利益流出企业；

③该义务的金额能够可靠地计量。

💡〔注释〕

或有事项相关义务确认为预计负债的条件。

该义务是企业承担的现时义务。企业没有其他现实的选择，只能履行该义务，如法律要求企业必须履行、有关各方合理预期企业应当履行等。

履行该义务很可能导致经济利益流出企业，通常是指履行与或有事项相关的现时义务时，导致经济利益流出企业的可能性超过50%。

履行或有事项相关义务导致经济利益流出的可能性，通常按照下列情况加以判断：

结果的可能性	对应的概率区间
基本确定	大于95%但小于100%
很可能	大于50%但小于或等于95%
可能	大于5%但小于或等于50%
极少可能	大于0但小于或等于5%

该义务的金额能够可靠地计量。企业计量预计负债金额时，通常应当考虑下列情况：

①充分考虑与或有事项有关的风险和不确定性，在此基础上按照最佳估计数确定预计负债的金额。

②预计负债的金额通常等于未来应支付的金额，但未来应支付金额与其现值相差较大的，如油气井及相关设施或核电站的弃置费用等，应当按照未来应支付金额的现值确定。

③有确凿证据表明相关未来事项将会发生的，如未来技术进步、相关法规出台等，确定预计负债金额时应考虑相关未来事项的影响。

④确定预计负债的金额不应考虑预期处置相关资产形成的利得。

预计负债应当与应付账款、应计项目等其他负债进行严格区分。因为与预计负债相关的未来支出的时间或金额具有一定的不确定性。应付账款是为已收到或已提供的、并已开出发票或已与供应商达成正式协议的货物或劳务支付的负债；应计项目是为已收到或已提供的，但还未支付、未开出发票或未与供应商达成正式协议的货物或劳务支付的负债，尽管有时需要估计应计项目的金额或时间，但是其不确定性通常远小于预计负债。应计项目经常作为应付账款和其他应付款的一部分进行列报，而预计负债则单独列报。

（2）预计负债应当按照履行相关现时义务所需支出的最佳估计数进行初始计量。

所需支出存在一个连续范围，且该范围内各种结果发生的可能性是相同的，最佳估计数应当按照该范围内的中间值确定。

在其他情况下，最佳估计数应当分别处理如下：

①或有事项涉及单个项目的，按照最可能发生金额确定。

②或有事项涉及多个项目的，按照各种可能结果及相关概率计算确定。

（3）企业在确定最佳估计数时，应当综合考虑与或有事项有关的风险、不确定性和货币时间价值等因素。

货币时间价值影响重大的，应当通过对相关未来现金流出进行折现后确定最佳估计数。

（4）企业清偿预计负债所需支出全部或部分预期由第三方补偿的，补偿金额只有在基本确定能够收到时才能作为资产单独确认。确认的补偿金额不应当超过预计负债的账面价值。

💡〔注释〕

预期可获得的补偿。

企业清偿预计负债所需支出全部或部分预期由第三方补偿的，补偿金额只有在基本确定能够收到时才能作为资产单独确认。确认的补偿金额不应当超过预计负债的账面价值。

企业预期从第三方获得的补偿，是一种潜在资产，其最终是否真的会转化为企业真正的资产（即企业是否能够收到这项补偿）具有较大的不确定性，企业只能在基本确定能够收到补偿时才能对其进行确认。其次，根据资产和负债不能随意抵销的原则，预期可获得的补偿在基本确定能够收到时应当确认为一项资产，而不能作为预计负债金额的扣减。

补偿金额的确认涉及两个问题：一是确认时间，补偿只有在"基本确定"能够收到时予以确认；二是确认金额，确认的金额是基本确定能够收到的金额，而且不能超过相关预计负债的金额。例如，甲企业因或有事项确认了一项预计负债100万元，同时，因该或有事项，甲企业还可从乙企业获得60万元的赔偿，且这项金额基本确定能收到。在这种情况下，甲企业应分别确认一项预计负债100万元和一项资产60万元。

（5）待执行合同变成亏损合同的，该亏损合同产生的义务满足本准则第四条规定的，应当确认为预计负债。

待执行合同，是指合同各方尚未履行任何合同义务，或部分地履行了同等义务的合同。

亏损合同，是指履行合同义务不可避免会发生的成本超过预期经济利益的合同。

💡〔注释〕

该亏损合同产生的义务满足预计负债确认条件的，应当确认为预计负债。在履行合同义务过程中，发生的成本预期将超过与合同相关的未来流入经济利益的，待执行合同即变成了亏损合同。

企业与其他方签订的尚未履行或部分履行了同等义务的合同，如商品买卖合同、劳务合同、租赁合同等，均属于待执行合同。待执行合同不属于本准则规范的内容，但待执行合同变成亏损合同的，应当作为本准则规范的或有事项。

待执行合同变成亏损合同时，有合同标的资产的，应当先对标的资产进行减值测试并按规定确认减值损失，如预计亏损超过该减值损失，应将超过部分确认为预计负债；无合同标的资产的，亏损合同相关义务满足预计负债确认条件时，应当确认为预计负债。

（6）企业不应当就未来经营亏损确认预计负债。

（7）企业承担的重组义务满足本准则第四条规定的，应当确认预计负债。同时存在下列情况时，表明企业承担了重组义务：

①有详细、正式的重组计划，包括重组涉及的业务、主要地点、需要补偿的职工人数及其岗位性质、预计重组支出、计划实施时间等；

②该重组计划已对外公告。

重组，是指企业制定和控制的，将显著改变企业组织形式、经营范围或经营方式的计划实施行为。

💡〔注释〕

属于重组的事项主要包括：

①出售或终止企业的部分经营业务。

②对企业的组织结构进行较大调整。

③关闭企业的部分营业场所，或将营业活动由一个国家或地区迁移到其他国家或地区。

（8）企业应当按照与重组有关的直接支出确定预计负债金额。

直接支出不包括留用职工岗前培训、市场推广、新系统和营销网络投入等支出。

（9）企业应当在资产负债表日对预计负债的账面价值进行复核。有确凿证据表明该账面价值不能真实反映当前最佳估计数的，应当按照当前最佳估计数对该账面价值进行调整。

（10）企业不应当确认或有负债和或有资产。

或有负债，是指过去的交易或者事项形成的潜在义务，其存在须通过未来不确定事项的发生或不发生予以证实；或过去的交易或者事项形成的现时义务，履行该义务不是很可能导致经济利益流出企业或该义务的金额不能可靠计量。

或有资产，是指过去的交易或者事项形成的潜在资产，其存在须通过未来不确定事项的发生或不发生予以证实。

3. 或有事项的披露

企业应当在附注中披露与或有事项有关的下列信息：

（1）预计负债。

①预计负债的种类、形成原因以及经济利益流出不确定性的说明。

②各类预计负债的期初、期末余额和本期变动情况。

③与预计负债有关的预期补偿金额和本期已确认的预期补偿金额。

（2）或有负债（不包括极小可能导致经济利益流出企业的或有负债）。

①或有负债的种类及其形成原因，包括已贴现商业承兑汇票、未决诉讼、未决仲裁、对外提供担保等形成的或有负债。

②经济利益流出不确定性的说明。

③或有负债预计产生的财务影响，以及获得补偿的可能性；无法预计的，应当说明原因。

（3）企业通常不应当披露或有资产。但或有资产很可能会给企业带来经济利益的，应当披露其形成的原因、预计产生的财务影响等。

在涉及未决诉讼、未决仲裁的情况下，按照本准则第十四条披露全部或部分信息预期对企业造成重大不利影响的，企业无须披露这些信息，但应当披露该未决诉讼、未决仲裁的性质，以及没有披露这些信息的事实和原因。

（二）预计负债有关业务核算

"预计负债"科目贷方核算按规定的项目和金额确认的预计负债，借方核算实际偿付的负债；期末余额在贷方，反映企业已预计尚未清偿的债务。

1. 预计负债计量需要考虑的因素

（1）风险和不确定性

企业在确定最佳估计数时，应当综合考虑与或有事项有关的风险、不确定性和货币时间价值等因素。风险是对过去的交易或事项结果的变化可能性的一种描述。风险的变动可能增加预计负债的金额。企业在不确定的情况下进行判断需要谨慎，使得收益或资产不会被高估，费用或负债不会被低估。但是，不确定性并不说明应当确认过多的预计负债和故意夸大负债。

企业需要谨慎从事，充分考虑与或有事项有关的风险和不确定性，既不能忽略风险和不确定性对或有事项计量的影响，又要避免对风险和不确定性进行重复调整，从而在低估和高估预计负债金额之间寻找平衡点。

（2）货币时间价值

预计负债的金额通常应当等于未来应支付的金额，但未来应支付金额与其现值相差较大的，如油气井及相关的设施或核电站的弃置费用等，应当按照未来应支付金额的现值确定。因货币时间价值的影响，资产负债表日后不久发生的现金流出，要比一段时间之后发生的同样金额的现金流出负有更大的义务。所以，如果预计负债的确认时点距离实际清偿有较长的时间跨度，货币时间价值的影响重大（通常时间为3年以上且金额较大），那么在确定预计负债的金额时，应考虑采用现值计量，即通过对相关未来现金流出进行折现后确定最佳估计数。

将未来现金流出折算为现值时，需要注意以下三点：①用来计算现值的折现率，应当是反映货币时间价值的当前市场估计和相关负债特有风险的税前利率。②风险和不确定性既可以在计量未来现金流出时作为调整因素，也可以在确定折现率时予以考虑，但不能重复反映。③随着时间的推移，即使在未来现金流出和折现率均不改变的情况下，预计负债的现值将逐渐增长。企业应当在资产负债表日，对预计负债的现值进行重新计量。

（3）未来事项

在确定预计负债金额时，企业应当考虑可能影响履行现时义务所需金额的相关未来事项。也就是说，对于这些未来事项，如果有足够的客观证据表明它们将发生，则应当在预计负债计量中予以考虑相关未来事项的影响，但不应考虑预期处置相关资产形成的利得。

预期的未来事项可能对预计负债的计量较为重要。例如，某核电企业预计在生产结束时清理核废料的费用将因未来技术的变化而显著降低。那么，该企业因此确认的预计负债金额应当反映有关专家对技术发展以及清理费用减少作出的合理预测。但是，这种预计需要得到相当客观的证据予以支持。

2. 亏损合同

待执行合同变为亏损合同，同时该亏损合同产生的义务满足预计负债的确认条件，应当确认为预计负债。其中，待执行合同，是指合同各方尚未履行任何合同义务，或部分履行了同等义务的合同。企业与其他企业签订的商品销售合同、劳务合同、租赁合同等，均属于待执行合同，待执行合同不属于或有事项准则规范的内容。但是，待执行合同变为亏损合同的，应当作为或有事项准则规范的或有事项。亏损合同，是指在履行合同义务过程中，发生的成本预期将超过与合同相关的未来流入经济利益的合同。这里所称"发生的成本"，是指履行合同义务不可避免发生的成本，反映了退出该合同的最低净成本，即履行该合同的成本与未能履行该合同而发生的补偿或处罚两者之中的较低者。

企业对亏损合同进行会计处理，需要遵循以下两点：

（1）如果与亏损合同相关的义务不需支付任何补偿即可撤销，企业通常就不存在现时义务，不应确认预计负债；如果与亏损合同相关的义务不可撤销，企业就存在现时义务，同时满足该义务很可能导致经济利益流出企业和金额能够可靠地计量的，通常应当确认预计负债。

（2）待执行合同变为亏损合同时，合同存在标的资产的，应当对标的资产进行减值测试并按规定确认减值损失，如果预计亏损超过该减值损失，应将超过部分确认为预计负债；合同不存在标的资产的，亏损合同相关义务满足预计负债确认条件时，应当确认为预计负债。

3. 重组义务

重组是指企业制定和控制的，将显著改变企业组织形式、经营范围或经营方式的计划实施行为。属于重组的事项主要包括：（1）出售或终止企业的部分业务；（2）对企业的组织结构进行较大调整；（3）关闭企业的部分营业场所，或将营业活动由一个国家或地区迁移到其他国家或地区。

企业应当将重组与企业合并、债务重组区别开。因为重组通常是企业内部资源的调整和组合，谋求现有资产效能的最大化；企业合并是在不同企业之间的资本重组和规模扩张；债务重组是债权人对债务人作出让步，债务人减轻债务负担，债权人尽可能减少损失。

企业因重组而承担了重组义务，并且同时满足预计负债确认条件时，才能确认预计负债。首先，同时存在下列情况的，表明企业承担了重组义务：（1）有详细、正式的重组计划，包括重组涉及的业务、主要地点、需要补偿的职工人数、预计重组支出、计划实施时间等；（2）该重组计划已对外公告。其次，需要判断重组义务是否同时满足预计负债确认条件，即判断其承担的重组义务是否是现时义务、履行重组义务是否很可能导致经济利益流出企业、重组义务的金额是否能够可靠计量。只有同时满足这三个确认条件，才能将重组义务确认为预计负债。

例如，某公司出于经营战略的考虑，决定关闭一个事业部。如果有关决定尚未传达到受影响的各方，也未采取任何措施实施该项决定，该公司就没有开始承担重组义务，不应确认预计负债；如果有关决定已经传达到受影响的各方并使各方对企业将关闭事业部形成合理预期，通常表明企业开始承担重组义务，同时满足该义务很可能导致经济利益流出企业和金额能够可靠地计量的，应当确认预计负债。

企业应当按照与重组有关的直接支出确定预计负债金额。其中，直接支出是企业重组必须承担的直接支出，不包括留用职工岗前培训、市场推广、新系统和营销网络投入等支出。

由于企业在计量预计负债时不应当考虑预期处置相关资产的利得，在计量与重组义务相关的预计负债时，不考虑处置相关资产（厂房、店面，有时是一个事业部整体）可能形成的利得或损失，即使资产的出售构成重组的一部分也是如此。

4. 对预计负债账面价值的复核

企业应当在资产负债表日对预计负债的账面价值进行复核。有确凿证据表明该账面价值不能真实反映当前最佳估计数的，应当按照当前最佳估计数对该账面价值进行调整。例如，某化工企业对环境造成了污染，按照当时的法律规定，只需要对污染进行清理。随着国家对环境保护越来越重视，按照现在的法律规定，该企业不但需要对污染进行清理，还很可能要对居民进行赔偿。这种法律要求的变化，会对企业预计负债的计量产生影响。企业应当在资产负债表日对为此确认的预计负债金额进行复核，如有确凿证据表明预计负债金额不再能反映真实情况时，需要按照当前情况下企业清理和赔偿支出的最佳估计数对预计负债的账面价值进行相应的调整。

（1）企业发生的预计负债

企业由对外提供担保、未决诉讼、重组义务产生的预计负债，应按确定的金额，借记"营业外支出"等科目，贷记"预计负债"科目。

由产品质量保证产生的预计负债，应按确定的金额，借记"销售费用"科目，贷记"预计负债"科目。

由资产弃置义务产生的预计负债，应按确定的金额，借记"固定资产"或"油气资产"科目，贷记"预计负债"科目。在固定资产或油气资产的使用寿命内，按计算确定各期应负担的利息费用，借记"财务费用"科目，贷记"预计负债"科目。

【例1】公司生产并销售的某项产品，新航科技公司认为该产品的关键技术含有新航科技公司申请注册的专利技术，为此在2007年5月16日新航科技公司向法院提起诉讼，状告公司侵犯其专利权，要求赔偿损失1 500 000元。公司认为并未侵犯新航科技公司专利权，并于2007年6月15日向法院诉讼新航科技公司侵犯其名誉权，要求新航科技公司公开道歉，并要求赔偿损失1 000 000元。直到2007年10月31日两起诉讼未判决，均在审理当中。

2007年9月30日，根据有关分析，及公司法律顾问的意见，认为产品很可能侵犯了新航科技公司专利权，败诉可能性很大，估计要赔偿900 000元。

借：营业外支出　　　　　　　　　　　　　　　　　　900 000
　　贷：预计负债——预计未决诉讼损失　　　　　　　　　　　900 000

【例2】公司曾向中国工商银行借款10 000 000元，期限3年，该借款于2007年2月10日到期。公司由于经营困难等原因，无力偿还该笔到期借款，因此，2007年5月20日银行依法向当地人民法院提起了诉讼。到2007年12月31日法院尚未作出判决，但是经合理估计很可能败诉，须缴纳滞纳金、罚息共计1 200 000元。

借：营业外支出　　　　　　　　　　　　　　　　　1 200 000
　　贷：预计负债——预计未决诉讼损失　　　　　　　　　　1 200 000

【例3】公司向市场出售的产品作如下承诺，售出后一年出现非意外事故造成的产品故障和质量问题，公司免费负责保修。根据以往经验保修费一般在销售额0.5%～1%。公司2007年一季度销售产品5 000 000元。公司在2007年3月31日计提预计负债37 500元〔5 000 000×（0.5%＋1%）÷2〕。

借：销售费用　　　　　　　　　　　　　　　　　　　37 500
　　贷：预计负债——预计产品质量保证损失　　　　　　　　　37 500

【例4】公司3年前为中大公司向银行借款10 000 000元进行担保，2007年3月5日该笔借款到期，中大公司2007年2月份已经宣告破产，根据破产清算，银行得到归还的贷款8 000 000元。剩余的本金2 000 000元和利息1 500 000元无法偿付，银行于2007年3月20日向法院提起诉讼，相关的诉讼正在审理当中，公司经向法律顾问咨询，估计败诉的可能性非常大，为此公司为中大公司担保的银行借款尚未清偿的部分确认为预计负债。

借：营业外支出　　　　　　　　　　　　　　　　　3 500 000
　　贷：预计负债——预计担保损失　　　　　　　　　　　　3 500 000

【例5】公司2007年1月10日与美国的艾伦公司签订了一份进出口贸易合同，由公司在国内采购某大型机械设备，并将该设备出口给艾伦公司，出口合同规定，该设备的离岸价为2 000万美元，公司应于2007年6月20日至7月1日之间将该设备在大连港进行交付，艾伦公司将于收到提货单以后的三天内将货款2 000万美元电汇到公司在中国银行开设的账户，艾伦公司已经于2007年1月20日向公司出具了银行信用证，2007年1月10日合同签订时美元对人民币的汇率为1∶8.25，根据国际汇市的预测，在未来6个月人民币的汇率都将保持在1∶8.05左右，2007年1月10日该机械设备的国内市场采购价为16 250万元人民币，预计2006年7月份这项设备的国内采购价格不会发生什么变化。

借：营业外支出　　　　　　　　　　　　　　　　　1 500 000
　　贷：预计负债——预计亏损性合同损失　　　　　　　　　1 500 000

〔注释〕
因为国际汇率市场的变化导致了公司这项待执行合同变成了亏损合同，且该亏损合同将发生1 500 000元的亏损，则公司应将1 500 000元作为待执行合同的损失。

【例6】公司2007年3月10日经董事会批准对下属甲、乙两个分公司进行合并，甲、乙两公司业务模式基本相同，且都设在广州地区，所以2007年2月份公司着手计划将下属的甲、乙两个分公司进行合并，以便整合整个广州地区的相关资源，提高公司的运营效率。该重组计划于2007年5月20日制定完成，计划中详细解释了甲、乙两家公司业务重组的方案，并规定了重组的准备期是2007年5月到7月，重组的执行期是2007年8月10日，整个重组过程到2007年8月30日截止。该重组计划预计因重组需要对甲、乙公司裁员400人，预计需要支付职工辞退的补偿费用为20 000 000元，此外预计因重组发生的直接相关费用为8 000 000元。

借：营业外支出　　　　　　　　　　　　　　　　　28 000 000
　　贷：预计负债——预计重组义务损失　　　　　　　　　　28 000 000

（2）实际清偿的预计负债

企业实际清偿或冲减的预计负债，借记"预计负债"科目，贷记"银行存款"等科目。

【例1】承上例，公司生产并销售的某产品，侵犯新航科技公司专利技术一案，于2007年11月10日经法院判决，应赔偿新航科技公司损失800 000元，诉讼费30 000元。公司将多提的预计负债70 000元冲回，并将赔款支付给新航科技公司。

①支付赔偿款
借：预计负债——预计未决诉讼损失　　　　　　　　830 000
　　贷：银行存款　　　　　　　　　　　　　　　　　　830 000
②冲回多提预计负债
借：营业外支出　　　　　　　　　　　　　　　　　70 000
　　贷：预计负债——预计未决诉讼损失　　　　　　　　70 000

【例2】承上例，公司2007年4月15日，销售给新天公司的产品，由于出现停运转故障，公司派维修人员到新天公司维修，支付差旅费1 200元。

借：预计负债——预计产品质量保证损失　　　　　　1 200
　　贷：银行存款　　　　　　　　　　　　　　　　　　1 200

【例3】公司2007年8月30日完成对下属甲、乙两个公司的重组，该重组实际发生支出26 000 000元。

借：预计负债——预计重组义务损失　　　　　　　　26 000 000
　　贷：银行存款　　　　　　　　　　　　　　　　　　26 000 000
借：营业外支出　　　　　　　　　　　　　　　　　2 000 000
　　贷：预计负债——预计重组义务损失　　　　　　　　2 000 000

二、递延收益

递延收益，是指企业从政府无偿取得货币性资产或非货币性资产并按规定确认为递延收益的政府补助。

政府补助主要包括财政拨款的重大技术改造专项资金、研发补贴；财政贴息贷款；按照先征后退、即征即退的税款返还（直接免税、减税、抵免、增加计税抵扣额等不确认为政府补助），但不包括政府作为企业所有者投入的资本。

政府补助分为与资产相关的政府补助和与收益相关的政府补助。

与资产相关的政府补助，是指企业取得的、用于购建或以其他方式形成长期资产的政府补助。

与收益相关的政府补助，是指除与资产相关的政府补助之外的政府补助。

（一）递延收益核算有关规定

1. 与资产相关并以公允价值计量的政府补助，应当确认为递延收益，并在相关资产使用寿命内平均分配，计入当期损益。但是，按照名义金额计量的政府补助，直接计入当期损益。

2. 与收益相关的政府补助，应当作如下处理：

（1）用于补偿企业以后期间的相关费用或损失的，确认为递延收益，并在确认相关费用的期间，计入当期损益。

（2）用于补偿企业已发生的相关费用或损失的，直接计入当期损益。

3. 已确认的政府补助需要返还的，应当作如下处理：

（1）存在相关递延收益的，冲减相关递延收益账面余额，超出部分计入当期损益。

（2）不存在相关递延收益的，直接计入当期损益。

（二）递延收益有关业务核算

"递延收益"科目贷方核算应收或收到的政府补助，借方核算分配递延收益及返还政府补助；期末余额在贷方，反映企业应在以后期间计入当期损益的政府补助金额。

1. 应收或收到政府补助

收到或应收的与资产相关的政府补助，借记"银行存款"、"其他应收款"等科目，贷记"递延收益"科目。在相关资产使用寿命内分配递延收益，借记"递延收益"科目，贷记"营业外收入"科目。

与收益相关的政府补助，用于补偿企业以后期间相关费用或损失的，按收到或应收的金额，借记"银行存款"、"其他应收款"等科目，贷记"递延收益"科目。在发生相关费用或损失的未来期间，按应补偿的金额，借记"递延收益"科目，贷记"营业外收入"科目。用于补偿企业已发生的相关费用或损失的，按收到或应收的金额，借记"银行存款"、"其他应收款"等科目，贷记"营业外收入"科目。

例如，高科技公司于2007年3月1日收到当地政府签订一项环保新技术开发协议，由当地政府拨付研发资金1 000 000元，用于高科技公司的研发活动支出。高科技公司估计该项技术的研发时间为 5 个月。

①高科技公司收到政府财政拨款时：

借：银行存款   1 000 000

　　贷：递延收益   1 000 000

②每月分配递延收益时：

借：递延收益   200 000

　　贷：营业外收入——政府补助利得   200 000

2. 返还政府补助

返还政府补助时，按应返还的金额，借记"递延收益"科目、"营业外支出"科目，贷记"银行存款"、"其他应付款"等科目。

例如，承上例，2007 年 8 月 20 日，当地政府要求高科技公司返还拨付的研发资金 150 000 元，高科技公司当日将 150 000 元返还给了当地政府财政部门。

借：营业外支出——其他   150 000

　　贷：银行存款   150 000

第四节　长期借款与应付债券

一、长期借款

（一）长期借款核算有关规定

长期借款，是指公司向银行或其他金融机构借入的期限在 1 年以上（不含 1 年）的各项借款。长期借款应按以下规定核算：

1. 资产负债表日，应按摊余成本和实际利率计算确定的长期借款的利息费用，实际利率与合同约定的名义利率差异不大的，也可以采用合同约定的名义利率计算确定利息费用。

2. 公司与债权人进行债务重组，比照应付账款核算有关规定进行处理。

3. 长期借款所发生的利息支出，应计入在建工程成本或计入当期财务费用，长期借款专门用于购建固定资产的，则按借款费用的规定进行处理。

4. 长期外币借款所发生的外币汇兑差额，应按照外币业务核算的有关办法，按期计算汇兑损益，计入在建工程成本或当期损益。长期外币借款专门所发生的外币汇兑差额，按借款费用的规定予以资本化。

（二）长期借款有关业务核算

长期借款贷方核算借入的长期借款的本金，以及长期外币借款汇兑差额，借方核算归还的长期借款的本金；期末余额在贷方，反映企业尚未偿还的长期借款的摊余成本。

1. 长期借款的借入与使用

企业借入长期借款，应按实际收到的金额，借记"银行存款"科目，贷记"长期借款（本金）"科目。

资产负债表日，应按摊余成本和实际利率计算确定的长期借款的利息费用，借记"在建工程"、"制造费用"、"财务费用"、"研发支出"等科目，按合同约定的名义利率计算确定的应付利息金额，贷记"应付利息——长期借款利息"科目，按其差额，贷记"长期借款（利息调整）"科目。

实际利率与合同约定的名义利率差异很小的，也可以采用合同约定的名义利率计算确定利息费用。

例如，某公司于2007年1月1日专门为建造厂房而向工商银行借入一笔1 200 000元的借款，借款年利率为5%，实际利率与合同约定的名义利率差异很小，借款期限为2年，每年年末计息，利息按单利计算，到期还本付息。该笔借款于1月1日全部投入使用，固定资产于2007年年末完成并投入使用，并办理了工程决算。

①收到借入的长期借款时：

借：银行存款　　　　　　　　　　　　　　　　　1 200 000
　　贷：长期借款——本金　　　　　　　　　　　　1 200 000

②支出款项时：

借：在建工程——建筑工程　　　　　　　　　　　1 200 000
　　贷：银行存款　　　　　　　　　　　　　　　　1 200 000

③2007年年末计提利息：

借：在建工程——建筑工程　　　　　　　　　　　60 000
　　贷：应付利息——长期借款利息　　　　　　　　60 000

💡〔注释〕

由于实际利率与合同约定的名义利率差异不大，因此采用合同约定的名义利率计算确定利息费用。

④2007年年末固定资产完工：

借：固定资产——生产经营用——生产及管理用房屋　1 260 000
　　贷：在建工程——建筑工程　　　　　　　　　　1 260 000

⑤2008年年末计提利息：

借：财务费用——利息支出　　　　　　　　　　　60 000
　　贷：应付利息——长期借款利息　　　　　　　　60 000

2. 长期借款的归还

归还长期借款本金时，借记"长期借款（本金）"科目，贷记"银行存款"科目。同时，按应转销的利息调整、应计利息金额，借记"应付利息——长期借款利息"、"在建工程"、"制造费用"、"财务费用"、"研发支出"等科目，贷记或借记"长期借款（利息调整）"科目。

例如，承上例，2008 年年末归还借款时：

借：长期借款——本金　　　　　　　　　　　　　　　1 200 000
　　应付利息——长期借款利息　　　　　　　　　　　　120 000
　　　贷：银行存款　　　　　　　　　　　　　　　　　　　　　1 320 000

二、应付债券

（一）应付债券核算有关规定

应付债券是企业为筹集长期资金而发行的债券。应付债券应按以下规定核算：

1. 应付债券按实际发行债券的价格总额入账。

2. 发行债券的企业，应当按照实际的发行价格总额作负债处理；债券发行价格总额与债券面值总额的差额，作为利息调整，在债券的存续期间内按实际利率法于计提利息时调整利息费用。

3. 企业应设置"公司债券备查簿"，详细登记每一公司债券的票面金额、债券票面利率、还本付息期限与方式、发行总额、发行日期和编号、委托代售单位、转换股份等资料。公司债券到期结清时，应在备查簿内逐笔注销。

（二）应付债券有关业务核算

"应付债券"科目贷方核算发行债券的面值、到期一次还本付息确认的应计利息、按实际利率法计算确定的利息费用的借方调整金额；借方核算按实际利率法计算确定的利息费用的贷方调整金额、债券到期支付的债券本息；期末余额在贷方，反映尚未偿还债券的账面价值。

1. 债券的发行

企业发行债券，应按实际收到的金额，借记"银行存款"等科目，按债券票面金额，贷记"应付债券（面值）"科目。存在差额的，还应借记或贷记"应付债券（利息调整）"科目。

（1）某公司 2007 年 1 月 1 日平价发行面值 10 000 000 元的 3 年期债券。发行款项存入银行。

借：银行存款　　　　　　　　　　　　　　　　　　　10 000 000
　　贷：应付债券——面值　　　　　　　　　　　　　　　　　10 000 000

（2）某公司 2007 年 1 月 1 日溢价发行面值 40 000 000 元的 5 年期债券，用于购建大型机械设备一套。债券票面年利率 5%，实际发行价格 41 800 000 元，每年年末计息一次利息，到期一次还本付息。发行款项存入银行。

借：银行存款　　　　　　　　　　　　　　　　　　　41 800 000
　　贷：应付债券——面值　　　　　　　　　　　　　　　　　40 000 000
　　　　　　　——利息调整　　　　　　　　　　　　　　　　　1 800 000

（3）某公司 2007 年 3 月 5 日折价发行面值 30 000 000 元的 3 年期债券，用于生产经营周转。债券票面年利率 3%，实际发行价格 27 500 000 元，支付债券发行费用 800 000 元，债券本息到期一次支付。发行款项存入银行。

借：银行存款   27 500 000

    应付债券——利息调整   3 300 000

    贷：应付债券——面值   30 000 000

        银行存款   800 000

2. 债券应计利息与利息费用的调整

资产负债表日，对于分期付息、一次还本的债券，应按摊余成本和实际利率计算确定的债券利息费用，借记"在建工程"、"制造费用"、"财务费用"、"研发支出"等科目，按票面利率计算确定的应付未付利息，贷记"应付利息"科目，按其差额，借记或贷记"应付债券（利息调整）"科目。

对于一次还本付息的债券，应于资产负债表日按摊余成本和实际利率计算确定的债券利息费用，借记"在建工程"、"制造费用"、"财务费用"、"研发支出"等科目，按票面利率计算确定的应付未付利息，贷记"应付债券（应计利息）"科目，按其差额，借记或贷记"应付债券（利息调整）"科目。

实际利率与票面利率差异较小的，也可以采用票面利率计算确定利息费用。

承上例（2），该企业 2007 年 1 月 1 日溢价发行面值 40 000 000 元的 5 年期债券，用于购建生产车间。债券票面年利率 5%，实际发行价格 41 800 000 元，每年年末计付一次利息。

（1）计算债券实际利率 r

每年利息费用 = 40 000 000 × 5% = 2 000 000（元）

$41\ 800\ 000 = 2\ 000\ 000 \times (1+r)^{-1} + 2\ 000\ 000 \times (1+r)^{-2} + 2\ 000\ 000 \times (1+r)^{-3} + 2\ 000\ 000 \times (1+r)^{-4} + (2\ 000\ 000 + 40\ 000\ 000) \times (1+r)^{-5}$

查现值计算表，用插值法计算得出 r = 4%

（2）利息费用的调整计算（见表 3 - 6）

表 3 - 6   应付债券摊余成本计算表

年份	期初债券余额（a）	实际利息费用（b）	每年支付利息（c）	期末债券摊余成本 d = a + (b - c)
2007	41 800 000	1 672 000	2 000 000	41 472 000
2008	41 472 000	1 658 880	2 000 000	41 130 880
2009	41 130 880	1 645 235	2 000 000	40 776 115
2010	40 776 115	1 631 045	2 000 000	40 407 160
2011	40 407 160	1 592 840	2 000 000	40 000 000

借：在建工程   1 672 000

应付债券——利息调整	328 000
贷：应付债券——应计利息	2 000 000

3. 债券到期

应付债券到期，支付债券本息，借记"应付债券（面值、应计利息）"科目、"应付利息"等科目，贷记"银行存款"等科目。同时，存在利息调整余额的，借记或贷记"应付债券（利息调整）"科目，贷记或借记"在建工程"、"制造费用"、"财务费用"、"研发支出"等科目。

承上例，该企业 2007 年 1 月 1 日溢价发行的债券于 2011 年 12 月 31 日到期。

①借：财务费用　　　　　　　　　　　　　　　1 592 840
　　　应付债券——利息调整　　　　　　　　　　407 160
　　　贷：应付债券——应计利息　　　　　　　　　　　2 000 000

②债券到期：
　　借：应付债券——面值　　　　　　　　　　　40 000 000
　　　　　　　　——应计利息　　　　　　　　　　2 000 000
　　　贷：银行存款　　　　　　　　　　　　　　　　42 000 000

4. 可转换公司债券

发行的可转换公司债券，应按实际收到的金额，借记"银行存款"等科目，按该项可转换公司债券包含的负债成分的面值，贷记"应付债券——可转换公司债券——面值"科目，按权益成分的公允价值，贷记"资本公积——其他资本公积"科目，按其差额，借记或贷记"应付债券（利息调整）"科目。

可转换公司债券持有人行使转换权利，将其持有的债券转换为股票，按可转换公司债券的余额，借记"应付债券——可转换公司债券（面值、利息调整）"科目，按其权益成分的金额，借记"资本公积——其他资本公积"科目，按股票面值和转换的股数计算的股票面值总额，贷记"股本"科目，按其差额，贷记"资本公积——股本溢价"科目。如用现金支付不可转换股票的部分，还应贷记"银行存款"等科目。

例如，2007 年 12 月 31 日，南方公司将持有的票面价值 3 000 000 元的债券按规定转换为公司面值 1 元的普通股股票，转换价格 1.5 元。该可转换公司债券发行时的权益成分的公允价值为 500 000 元，至转换日，债券尚未调整的利息金额为 18 650 元，应计利息 150 000 元。

　　借：应付债券——可转换债券——面值　　　　3 000 000
　　　　　　　　　　　　　——应计利息　　　　　150 000
　　　　资本公积——其他资本公积　　　　　　　　500 000
　　　贷：股本——法人股本　　　　　　　　　　　　2 000 000
　　　　　资本公积——其他资本公积　　　　　　　　　1 631 350
　　　　　应付债券——可转换债券——利息调整　　　　　18 650

第四章 股东权益（所有者权益）

所有者权益是指企业资产扣除负债后由所有者享有的剩余权益。企业的所有者权益又称为股东权益。

所有者权益的来源包括所有者投入的资本、直接计入所有者权益的利得和损失、留存收益等。直接计入所有者权益的利得和损失，是指不应计入当期损益、会导致所有者权益发生增减变动的、与所有者投入资本或者向所有者分配利润无关的利得或者损失。利得是指由企业非日常活动所形成的、会导致所有者权益增加的、与所有者投入资本无关的经济利益的流入。损失是指由企业非日常活动所发生的、会导致所有者权益减少的、与向所有者分配利润无关的经济利益的流出。

第一节 股本（实收资本）

一、股本

（一）股本核算有关规定

1. 股本是指股份公司通过股份集资而形成的资本，企业的股本应当在核定的股本总额及核定的股份总额范围内通过发行股票取得。股份有限公司注册资本的最低限额为人民币 10 000 000 元，其资本划分为等额股份。企业发行的股票，应按其面值总额作为股本入账。

2. 企业股本除下列情况外，不得随意变动：

（1）符合增资条件，并经有关部门批准增资的，在实际取得投资者的投资时，登记入账。

（2）企业按法定程序报经批准减少注册资本的，在实际发还投资时登记入账。采用收购本企业股票方式减资的，在实际购入本企业股票时，登记入账。

企业应当将因减资而注销股份、发还股款，以及因减资需更新股票的变动情况，在股本账户的明细账及有关备查簿中详细记录。

投资者按规定转让出资的，企业应当于有关的转让手续办理完毕时，将出让方所转让的出资额，在股本账户的明细账户及各备查登记簿中转为受让方。

3. 企业派发股票股利，一方面会相应的减少留存收益，另一方面会相应的增加股本，股东权益总额不会发生任何变化，在核算上，应在办理增资手续后，直接按股票的面值，借记"利润分配"科目，贷记"股本"科目。

（二）股本有关业务核算

"股本"科目的贷方核算企业股本的取得或增加，股本的取得或增加主要包括在境内与境外发行股票、用资本公积或盈余公积转增股本、发放股票股利、可转换债券转为股本等；借方核算企业股本的减少，主要包括股本的注销和股票的回购；期末余额在贷方，反映企业实有的股本总额。

企业收到投资者超过其在注册资本或股本中所占份额的部分，作为资本溢价或股本溢价，在"资本公积"科目核算。

1. 股票发行

企业发行的股票，在收到现金等资产时，按实际收到的金额，借记"银行存款"等科目，按股票面值和核定股份总额的乘积计算的金额，贷记"股本"科目，按其差额，贷记"资本公积——股本溢价"科目。

与发行权益性证券直接相关的手续费、佣金等交易费用，借记"资本公积——股本溢价"科目等，贷记"银行存款"等科目。

境外上市公司以及在境内发行外资股的公司，收到股款时，按收到股款当日的汇率折合的人民币金额，借记"银行存款"等科目，按股票面值与核定股份总额的乘积计算的金额，贷记"股本"科目，按收到股款当日的汇率折合的人民币金额与按人民币计算的股票面值总额的差额，贷记"资本公积——股本溢价"科目。

以认购方式发行股票，按收到的股款，借记"银行存款"等科目，按认购股票的面值总额，贷记"股本"科目，按其差额，贷记"资本公积——股本溢价"科目。

（1）某公司2007年1月2日按面值1元发行普通股股票1 000 000股。

借：银行存款　　　　　　　　　　　　　　　　　　1 000 000
　　贷：股本——个人股本　　　　　　　　　　　　　　　1 000 000

（2）某公司2007年1月6日委托证券公司代理发行普通股股票1 000 000股，每股面值1元，按每股3元溢价发行，证券公司按发行收入的1%收取手续费。

借：银行存款　　　　　　　　　　　　　　　　　　3 000 000
　　贷：股本——个人股本　　　　　　　　　　　　　　　1 000 000
　　　　资本公积——股本溢价　　　　　　　　　　　　　2 000 000
借：资本公积——股本溢价　　　　　　　　　　　　　　30 000
　　贷：银行存款　　　　　　　　　　　　　　　　　　　30 000

（3）某公司2007年1月8日发行N股100 000股，每股面值10美元，发行价为每股12美元，当日的即期汇率为1美元＝8元人民币。

借：银行存款——外币　　　　　　　　　　　　　　　9 600 000
　　贷：股本——个人股本　　　　　　　　　　　　　　　8 000 000

　　资本公积——股本溢价　　　　　　　　　　　　　　　　1 600 000

2. 股本增加

　　企业股本的增加，主要包括投资者投入的资本、资本公积转增股本、盈余公积转增股本、发放股票股利和可转换公司债券转为股本等。企业用资本公积或盈余公积转增股本时，借记"资本公积"、"盈余公积"科目，贷记"股本"科目；股东大会批准的利润分配方案中应分配的股票股利，应在办理增资手续后，按企业规定的核算办法，借记"利润分配"科目，贷记"股本"科目。

　　可转换公司债券持有人行使转换权利，将其持有的债券转换为股票，按可转换公司债券的余额，借记"应付债券——可转换公司债券（面值、利息调整）"科目，按其权益成分的金额，借记"资本公积——其他资本公积"科目，按股票面值和转换的股数计算的股票面值总额，贷记"股本"科目，按其差额，贷记"资本公积——股本溢价"科目。如用现金支付不可转换股票的部分，还应贷记"银行存款"等科目。

　　企业将重组债务转为资本的，应按重组债务的账面价值，借记"应付账款"等科目，按债权人放弃债权而享有本企业股份的面值总额，贷记"股本"科目，按股份的公允价值总额与相应的实收资本或股本之间的差额，贷记或借记"资本公积——资本溢价或股本溢价"科目，按重组债务的账面价值与股份的公允价值总额之间的差额，贷记"营业外收入——债务重组利得"科目。

　　企业以权益结算的股份支付换取职工或其他方提供服务的，应在行权日，按实际行权的权益工具数量计算确定的金额，借记"资本公积——其他资本公积"科目，按应计入实收资本或股本的金额，贷记"股本"科目，按其差额，贷记"资本公积——资本溢价或股本溢价"科目。

　　（1）某公司2007年1月20日经股东大会批准，用公积金中的股本溢价款5 000 000元转增资本。

　　借：资本公积——股本溢价　　　　　　　　　　5 000 000
　　　　贷：股本　　　　　　　　　　　　　　　　　　5 000 000

　　（2）某公司2007年1月22日经股东大会批准，将法定盈余公积15 000 000元转增资本。

　　借：盈余公积——法定盈余公积　　　　　　　　15 000 000
　　　　贷：股本　　　　　　　　　　　　　　　　　　15 000 000

　　（3）某公司2007年1月26日将发行在外的面值为50元的普通股10 000 000股。实施10送2的股票股利分配方案。

　　借：利润分配——转作股本的普通股股利　　　　100 000 000
　　　　贷：股本　　　　　　　　　　　　　　　　　　100 000 000

　　（注：股本的入账价值 = 50 × 10 000 000 × 20% = 100 000 000）

　　（4）某公司2007年2月1日同意债券持有人将30 000张可转换债券转换成普通股，每张债券的面值为100元，股票的每股面值为1元。规定的转换比率为1∶5（即

1 张债券转换 5 张股票），该批债券的发行日为 2006 年 2 月 1 日，到期日为 2007 年 2 月 1 日，票面利率为 8%，当时的债券发行价格为每张 110 元，溢价采用实际利率法每年摊销一次。

借：应付债券——可转换债券——债券面值　　　　　　3 000 000
　　　　　　　　　　　　　——利息调整　　　　　　　　100 000
　　　　　　　　　　　　　——应计利息　　　　　　　　480 000
　　贷：股本　　　　　　　　　　　　　　　　　　　　150 000
　　资本公积——股本溢价　　　　　　　　　　　　　3 430 000

（5）2007 年 12 月 1 日应付东方公司账款的账面余额为 8 000 000 元。由于公司发生财务困难无法按期偿还，经双方协商，公司以 1 000 000 股普通股股票（面值每股 1 元）抵偿该项债务，股票市价为每股 6.7 元，印花税税率为 0.1%，不考虑其他税费。

①借：应付账款（东方公司）　　　　　　　　　　　　8 000 000
　　贷：股本　　　　　　　　　　　　　　　　　　　1 000 000
　　资本公积——股本溢价　　　　　　　　　　　　　5 700 000
　　营业外收入——债务重组利得　　　　　　　　　　1 300 000
②借：管理费用——印花税　　　　　　　　　　　　　　6 700
　　贷：银行存款　　　　　　　　　　　　　　　　　　6 700

（6）公司 2007 年 12 月 5 日，经董事会批准了一项股份支付协议。协议规定，2008 年 1 月 1 日，公司向 200 名管理人员每人授予 1 000 份股票期权，这些管理人员必须从 2008 年起在公司连续服务 3 年，服务期满时才能够以每股 4 元的价格购买 1 000 股公司股票。公司估计该股票期权在授予日的公允价值为每股 15 元。

第一年有 10 名管理人员离开公司，公司估计三年中还将有 10 名管理人员离开；第二年又有 20 名管理人员离开公司，公司估计还将有 10 名管理人员离开；第三年又有 15 名管理人员离开；第四年年末管理人员全部行权。公司股票面值为 1 元。有关计算见表 4－1。

表 4－1　　　　　　　　　费用和资本公积计算表　　　　　　　　单位：元

年份	计　算	当期费用	累计费用
2008	$(200-20)\times1\,000\times15\times1/3$	900 000	900 000
2009	$(200-40)\times1\,000\times15\times2/3-900\,000$	700 000	1 600 000
2010	$(200-45)\times1\,000\times15-1\,600\,000$	725 000	2 325 000

2008 年 1 月 1 日授予日不做账务处理。
① 2008 年 12 月 31 日：
借：管理费用　　　　　　　　　　　　　　　　　　900 000
　　贷：资本公积——其他资本公积　　　　　　　　　900 000

② 2009 年 12 月 31 日：

借：管理费用 700 000

　　贷：资本公积——其他资本公积 700 000

③ 2010 年 12 月 31 日：

借：管理费用 725 000

　　贷：资本公积——其他资本公积 725 000

④ 2011 年 12 月 31 日：

借：银行存款 620 000

　　资本公积——其他资本公积 2 325 000

　　贷：股本 155 000

　　资本公积——股本溢价 2 790 000

3. 按法定程序报经批准减少股本

企业按法定程序报经批准减少注册资本的，借记"股本"科目，贷记"银行存款"等科目。

股份有限公司采用收购本企业股票方式减资的，按注销股票的面值总额减少股本，购回股票支付的价款超过面值总额的部分，应依次冲减资本公积和留存收益，借记"股本"科目、"资本公积"、"盈余公积"、"利润分配——未分配利润"科目，贷记"银行存款"科目；购回股票支付的价款低于面值总额的，应按股票面值总额，借记"股本"科目，按实际支付的金额，贷记"银行存款"科目，按其差额，贷记"资本公积——股本溢价"科目。

（1）公司 2007 年 2 月 8 日由于经营规模缩小，资本过剩，经批准采用收购本公司股票方式缩减资本 500 000 股，公司原发行股票每股面值 1 元，发行价为每股 2 元，公司以每股 4 元的价格收购该股票，至缩减资本时，公司已提取的盈余公积结余为 400 000 元，未分配利润结余为 800 000 元。

借：股本 500 000

　　资本公积——股本溢价 500 000

　　盈余公积——法定盈余公积 400 000

　　利润分配——未分配利润 600 000

　　贷：银行存款 2 000 000

（2）公司 2007 年 2 月 18 日由于经营规模缩小，资本过剩，经批准采用收购本公司股票方式缩减资本 100 000 股，公司原发行股票每股面值 10 元，公司以每股 8 元的价格收购该股票。

借：股本 1 000 000

　　贷：银行存款 800 000

　　资本公积——股本溢价 200 000

二、实收资本

（一）实收资本核算有关规定

实收资本是指投资者按照公司章程或合同、协议的约定，实际投入公司的资本。投资者可以用现金投资，也可以用非现金资产投资，投资者向公司投入的资本，在一般情况下无须偿还，可以长期周转使用。投资者投入的实收资本按其在注册资本中所占的份额入账，超过的部分计入资本公积。实收资本按以下规定进行核算：

投资者以现金投入的资本，以实际收到或存入企业开户银行的金额作为实收资本入账。实际收到或者存入企业开户银行的金额超过其在该企业注册资本中所占份额的部分，计入资本公积。

投资者以非现金资产投入的资本，按照投资合同或协议约定的价值作为实收资本入账。

外币投入资本属于外币非货币性项目，企业收到投资者以外币投入的资本，采用交易日即期汇率折算成人民币，确认为实收资本。

（二）实收资本有关业务核算

"实收资本"科目的贷方核算收到各投资者按投资章程规定的出资额，借方核算按规定减少投资或归还投资的数额，期末余额在贷方，反映企业实有的资本数额。

1. 投资者投入资本

投资者以现金投入的资本，应以实际收到或者存入企业开户银行的金额，借记"银行存款"科目，贷记"实收资本"或"资本公积"科目。

投资者以非现金资产投入的资本，应按投资协议（或合同）确认的价值，借记"原材料"等有关资产科目，贷记"实收资本"科目，投资者投入资产的价值超过协议出资额的差额，贷记"资本公积"科目。

外币投入资本属于外币非货币性项目，企业收到投资者以外币投入的资本，采用交易日即期汇率折算成人民币，确认为实收资本。借记"银行存款"科目，贷记"实收资本"科目。

【例1】 某公司2007年3月8日收到甲公司投入的货币资金50 000 000元，甲公司在该企业注册资本中协议的份额为46 000 000元，款项已存入银行。

借：银行存款　　　　　　　　　　　　　　　　　　50 000 000
　　贷：实收资本——法人资本　　　　　　　　　　　　46 000 000
　　　　资本公积——资本溢价　　　　　　　　　　　　 4 000 000

【例2】 公司2007年3月18日收到乙公司投入的运输设备，投资协议确认的价值为3 000 000元，增值税为510 000元。

借：固定资产——生产经营用——运输设备　　　　　 3 510 000

      贷：实收资本——法人资本   3 510 000

【例3】 某高科技公司2007年3月20日收到外商投入的外币1 000 000美元，当日的即期场汇率为1美元=8.3元人民币。

    借：银行存款——美元户   8 300 000

      贷：实收资本——外商资本   8 300 000

2. 按法定程序报经批准减少资本

实收资本减少，按其减少的金额，借记"实收资本"科目，贷记"银行存款"等科目。

例如，科技公司2007年3月28日由于经营规模缩小，资本过剩，经批准减资800 000元。

    借：实收资本——法人资本   800 000

      贷：银行存款   800 000

第二节　资本公积与留存收益

一、资本公积

（一）资本公积核算有关规定

资本公积是指由股东（或所有者）投入但不能构成股本（或实收资本），或者从其他来源取得而由股东（或所有者）享有的资金，资本公积的用途是按规定转增资本。资本公积包括股本（资本）溢价、其他资本公积等。

股本溢价，是指在股票溢价发行的情况下，股东所缴股款超过所购股票面值总额以上的溢价收入，发行股票发生的相关手续费、佣金、股票印制成本等支出从溢价收入中抵销，抵销后剩余的溢价收入作为股本溢价。

资本溢价，是指公司投资者投入的资金超过其在注册资本中所占份额的部分。

企业按照原制度核算的资本公积，执行新准则后应当分别下列情况进行处理：

（1）原资本公积中的资本溢价或股本溢价，执行新准则后仍应作为资本公积（资本溢价或股本溢价）进行核算。

（2）原资本公积中因被投资单位除净损益外其他所有者权益项目的变动产生的股权投资准备，执行新准则后应当转入新准则下按照权益法核算的长期股权投资产生的资本公积（其他资本公积）。

（3）原资本公积中除上述以外的项目，包括债务重组收益、接受捐赠的非现金资产、关联交易差价、按照权益法核算的长期股权投资因初始投资成本小于应享有被投资单位账面净资产的份额计入资本公积的金额等，执行新准则后应在资本公积

（其他资本公积）中单设"原制度资本公积转入"进行核算，该部分金额在执行新准则后，可用于增资、冲减同一控制下企业合并产生的合并差额等。

（二）资本公积有关业务核算

"资本公积"科目贷方核算由于拨款转入和公允价值变动等原因引起的资本公积的增加，借方核算由于资本公积转增资本等原因引起的资本公积的减少，期末余额在贷方，反映企业资本公积的余额。

1. 股本（或资本）溢价

企业收到投资者投入的资本，借记"银行存款"、"其他应收款"、"固定资产"、"无形资产"等科目，按其在注册资本或股本中所占份额，贷记"实收资本"或"股本"科目，按其差额，贷记"资本公积——资本溢价或股本溢价"科目。

与发行权益性证券直接相关的手续费、佣金等交易费用，借记"资本公积——股本溢价"科目，贷记"银行存款"等科目。

企业发行的可转换公司债券按规定转为股本时，应按"应付债券——可转换公司债券"科目余额，借记"应付债券——可转换公司债券"科目，按"资本公积——其他资本公积"科目中属于该项可转换公司债券的权益成分的金额，借记"资本公积——其他资本公积"科目，按股票面值和转换的股数计算的股票面值总额，贷记"股本"科目，按实际用现金支付的不可转换为股票的部分，贷记"银行存款"等科目，按其差额，贷记"资本公积——股本溢价"科目。

企业将重组债务转为资本的，应按重组债务的账面价值，借记"应付账款"等科目，按债权人放弃债权而享有本企业股份的面值总额，贷记"股本"科目，按股份的公允价值总额与相应的实收资本或股本之间的差额，贷记或借记"资本公积——资本溢价或股本溢价"科目，按重组债务的账面价值与股份的公允价值总额之间的差额，贷记"营业外收入——债务重组利得"科目。

股份有限公司采用收购本企业股票方式减资的，按股票面值和注销股数计算的股票面值总额，借记"股本"科目，按所注销的库存股的账面余额，贷记"库存股"科目，按其差额，借记"资本公积——股本溢价"科目，股本溢价不足冲减的，应借记"盈余公积"、"利润分配——未分配利润"科目；购回股票支付的价款低于面值总额的，应按股票面值总额，借记"股本"科目，按所注销的库存股的账面余额，贷记"库存股"科目，按其差额，贷记"资本公积——股本溢价"科目。

同一控制下控股合并形成的长期股权投资，应在合并日按取得被合并方所有者权益账面价值的份额，借记"长期股权投资"科目，按享有被投资单位已宣告但尚未发放的现金股利或利润，借记"应收股利"科目，按支付的合并对价的账面价值，贷记有关资产科目或借记有关负债科目，按其差额，贷记"资本公积——资本溢价或股本溢价"科目；为借方差额的，借记"资本公积——资本溢价或股本溢价"科目，资本公积不足冲减的，借记"盈余公积"、"利润分配——未分配利润"科目。

【例1】某公司2007年4月10日委托广发证券公司代理发行普通股10 000 000

股，每股面值 1 元，按每股 3.5 元的价格发行，公司与广发证券公司约定，按发行收入的 3% 收取手续费，并从发行收入中扣除，收到的股款已存入银行。

借：银行存款　　　　　　　　　　　　　　　　　　33 950 000

　　贷：股本——个人股本　　　　　　　　　　　　10 000 000

　　　　资本公积——股本溢价　　　　　　　　　　23 950 000

〔注释〕

发行手续费 = 3.5 × 10 000 000 × 3% = 1 050 000（元），银行存款的入账价值 = 10 000 000 × 3.5 - 1 050 000 = 33 950 000（元），资本公积的入账价值 = 溢价收入 - 手续费 = 25 000 000 - 1 050 000 = 23 950 000（元）。

【例 2】某高科技公司原由甲、乙、丙投资者各自出资 1 000 000 元设立，设立时的实收资本为 3 000 000 元，2007 年 4 月 18 日，丁投资者加入该公司，出资 1 800 000 元取得该公司 25% 的股权。

借：银行存款　　　　　　　　　　　　　　　　　　1 800 000

　　贷：实收资本——个人资本　　　　　　　　　　1 000 000

　　　　资本公积——资本溢价　　　　　　　　　　　800 000

2. 其他资本公积

（1）公司的长期股权投资采用权益法核算的，在持股比例不变的情况下，被投资单位除净损益以外所有者权益的其他变动，公司按持股比例计算应享有的份额，借记"长期股权投资——所有者权益其他变动"科目，贷记"资本公积——其他资本公积"科目。

（2）公司以权益结算的股份支付换取职工或其他方提供服务的，应按权益工具授予日的公允价值，借记"管理费用"等相关成本费用科目，贷记"资本公积——其他资本公积"科目。

在行权日，应按实际行权的权益工具数量计算确定的金额，借记"资本公积——其他资本公积"科目，按计入实收资本或股本的金额，贷记"实收资本"或"股本"科目，按其差额，贷记"资本公积——资本溢价或股本溢价"科目。

（3）资产负债表日，可供出售金融资产的公允价值高于其账面余额的差额，借记"可供出售金融资产"科目，贷记"资本公积——其他资本公积"科目；公允价值低于其账面余额的差额，做相反的会计分录。

根据金融工具确认和计量准则确定可供出售金融资产发生减值的，按应减记的金额，借记"资产减值损失"科目，贷记"可供出售金融资产"科目。同时，按应从所有者权益中转出的累计损失，借记"资产减值损失"科目，贷记"资本公积——其他资本公积"科目。

已确认减值损失的可供出售权益工具在随后的会计期间公允价值上升的，应在原已计提的减值准备金额内，按恢复增加的金额，借记"可供出售金融资产"科目，贷记"资本公积——其他资本公积"科目。

如转销后的损失资金以后又收回，按实际收回的金额，借记"资本公积——其他资本公积"科目，贷记"资产减值损失"科目；同时，借记"银行存款"等科目，贷记"资本公积——其他资本公积"科目。

（4）将持有至到期投资重分类为可供出售金融资产，或将可供出售金融资产重分类为持有至到期投资的，按照"持有至到期投资"、"可供出售金融资产"等科目的相关规定进行处理，相应调整资本公积。

将可供出售金融资产重分类为采用成本或摊余成本计量的金融资产的，对于原记入资本公积的相关金额，还应分别不同情况进行处理：有固定到期日的，应在该项金融资产的剩余期限内，在资产负债表日，按采用实际利率法计算确定的摊销金额，借记或贷记"资本公积——其他资本公积"科目，贷记或借记"投资收益"科目；没有固定到期日的，应在处置该项金融资产时，借记或贷记"资本公积——其他资本公积"科目，贷记或借记"投资收益"科目。

可供出售金融资产的后续计量，按照"可供出售金融资产"科目的相关规定进行处理，相应调整资本公积。

（5）资产负债表日，满足运用套期会计方法条件的现金流量套期和境外经营净投资套期产生的利得或损失，属于有效套期的，借记或贷记有关科目，贷记或借记"资本公积——其他资本公积"科目；属于无效套期的，借记或贷记有关科目，贷记或借记"公允价值变动损益"科目。

转出现金流量套期和境外经营净投资套期产生的利得或损失中属于有效套期的部分，借记或贷记"资本公积——其他资本公积"科目，贷记或借记相关资产、负债科目或"公允价值变动损益"科目。

例如，公司2007年5月1日，以银行存款购入乙公司40%的股份且计划长期持有。实际投资成本50 000 000元。2007年10月20日，乙公司因可供出售金融资产公允价值变动其所有者权益增加了2 000 000元。

借：长期股权投资——所有者权益其他变动　　　　　　800 000
　　贷：资本公积——其他资本公积　　　　　　　　　　　　800 000

3. 资本公积转增资本

企业经股东大会或类似机构决议，用资本公积转增资本，借记"资本公积——资本溢价或股本溢价"科目，贷记"实收资本"或"股本"科目。

例如，某公司2008年10月22日经股东大会批准，用资本公积中的股本溢价12 000 000元转增资本。

借：资本公积——股本溢价　　　　　　　　　　　12 000 000
　　贷：股本　　　　　　　　　　　　　　　　　　　　12 000 000

二、留存收益

留存收益是指企业通过生产经营活动而创造的积累，尚未分配给股东的净收益。包括盈余公积与未分配利润。

（一）盈余公积核算有关规定

盈余公积是指企业按照规定从净利润中提取的各种积累资金。一般盈余公积还可分为法定盈余公积和任意盈余公积两种。企业按照净利润的一定比例（一般为10%）提取法定盈余公积，但法定盈余公积累计金额达到注册资本的50%时，可以不再提取；任意盈余公积由股东大会或类似机构批准，按照规定的比例从净利润中提取。

外商投资企业的盈余公积包括储备基金、企业发展基金。储备基金是指按照法律、行政法规规定从净利润中提取的、经批准用于弥补亏损和增加资本的储备基金；企业发展基金是指按照法律、行政法规规定从净利润中提取的、用于企业生产发展和经批准用于增加资本的发展基金。

（二）盈余公积有关业务核算

"盈余公积"科目的贷方核算提取的盈余公积，借方核算使用的盈余公积，期末余额在贷方，反映企业提取的盈余公积余额。

1. 按规定提取的盈余公积

企业提取盈余公积时，借记"利润分配——提取法定盈余公积"、"利润分配——提取任意盈余公积"科目，贷记"盈余公积——法定盈余公积"、"盈余公积——任意盈余公积"科目。

外商投资企业提取的储备基金、企业发展基金，借记"利润分配——提取储备基金"、"利润分配——提取企业发展基金"科目，贷记"盈余公积——储备基金"、"盈余公积——企业发展基金"、"应付职工薪酬"等科目。

【例1】某公司2007年度实现净利润50 000 000元，公司董事会决定提取10%的净利润作为法定盈余公积，8%的净利润作为任意盈余公积。

借：利润分配——提取法定盈余公积　　　　　　　5 000 000
　　　　　——提取任意盈余公积　　　　　　　　4 000 000
　　贷：盈余公积——法定盈余公积　　　　　　　5 000 000
　　　　　——任意盈余公积　　　　　　　　　　4 000 000

【例2】外商投资企业，2007年度实现净利润20 000 000元，按净利润的10%和5%分别提取储备基金和企业发展基金。

借：利润分配——提取储备基金　　　　　　　　　2 000 000
　　　　　——提取企业发展基金　　　　　　　　1 000 000
　　贷：盈余公积——储备基金　　　　　　　　　2 000 000
　　　　　——企业发展基金　　　　　　　　　　1 000 000

2. 用盈余公积弥补亏损

企业经股东大会或类似机构决议，用盈余公积弥补亏损时，借记"盈余公积"科目，贷记"利润分配——盈余公积补亏"、"实收资本"、"股本"科目。外商投资企业经批准用储备基金弥补亏损时，借记"盈余公积——储备基金"科目，贷记

"利润分配——其他转入"科目。

（1）某公司2007年8月18日经股东大会批准，用法定盈余公积8 000 000元弥补以前年度亏损。

借：盈余公积——法定盈余公积　　　　　　　　　　　8 000 000
　　贷：利润分配——盈余公积补亏　　　　　　　　　　　　　8 000 000

（2）外商投资企业，2007年12月8日经批准用储备基金6 000 000元弥补亏损。

借：盈余公积——储备基金　　　　　　　　　　　　　6 000 000
　　贷：利润分配——盈余公积补亏　　　　　　　　　　　　　6 000 000

3. 用盈余公积派送新股或分派股利

企业经股东大会决议，用盈余公积派送新股时，按派送新股计算的金额，借记"盈余公积"科目，按股票面值和派送新股总数计算的金额，贷记"股本"科目，如有差额，贷记"资本公积——股本溢价"科目。

企业经股东大会或类似机构决议，用盈余公积分配现金股利或利润时，借记"盈余公积"科目，贷记"应付股利"科目；用盈余公积分配股票股利或转增资本，应当于实际分配股票股利或转增资本时，借记"盈余公积"科目，贷记"股本"或"实收资本"科目。

（1）某公司2007年10月18日按10送1的方案用盈余公积派送新股，参照股票市价确定的派送价格为每股13元，股票面值为1元，派送前的普通股总数为10 000 000股，在派送新股所需的资金中，8 000 000元动用的是法定盈余公积，另5 000 000元动用的是任意盈余公积。

借：盈余公积——法定盈余公积　　　　　　　　　　　8 000 000
　　　　　　——任意盈余公积　　　　　　　　　　　　5 000 000
　　贷：股本　　　　　　　　　　　　　　　　　　　　　　1 000 000
　　　　资本公积——股本溢价　　　　　　　　　　　　　　12 000 000

（2）某公司2007年11月8日经股东大会批准，决定用任意盈余公积分派现金股利4 000 000元。

借：盈余公积——任意盈余公积　　　　　　　　　　　4 000 000
　　贷：应付股利——现金股利　　　　　　　　　　　　　　　4 000 000

4. 用盈余公积转增资本

企业经股东大会或董事会的批准将盈余公积转赠资本，借记"盈余公积"科目，贷记"股本"或"实收资本"科目；外商投资企业经批准将盈余公积用于转增资本，借记"盈余公积"科目，贷记"实收资本"科目。

（1）某公司于2007年11月20日经批准将盈余公积10 000 000元转增资本。

借：盈余公积——法定盈余公积　　　　　　　　　　　10 000 000
　　贷：股本　　　　　　　　　　　　　　　　　　　　　　10 000 000

（2）外商投资企业，2007年12月16日经批准用企业发展基金4 000 000元转增资本。

借：盈余公积——企业发展基金　　　　　　　　　　　　4 000 000
　　贷：实收资本　　　　　　　　　　　　　　　　　　　　4 000 000

（三）未分配利润

1. 未分配利润的确认

未分配利润是企业留待以后年度进行分配的结存利润，也是企业股东权益的组成部分。相对于股东权益的其他部分来说，企业对于未分配利润的使用分配有较大的自主权，从数量上来说，未分配利润是期初未分配利润，加上本期实现的税后利润，减去提取的各种盈余公积和分出利润后的余额。

2. 未分配利润的核算

企业未分配利润的核算，是通过"利润分配——未分配利润"科目进行的。企业在生产经营过程中取得的收入和发生的成本费用，最终通过"本年利润"科目进行归集，计算出当年盈利，然后转入"利润分配——未分配利润"科目进行分配，其结存于"利润分配——未分配利润"科目的贷方余额，则为未分配利润；如为借方余额，则为未弥补亏损。年度终了，再将"利润分配"科目下的其他明细科目（盈余公积转入、提取法定盈余公积、应付优先股股利、提取任意盈余公积、应付普通股股利、转作股本的普通股股利）的余额，转入"未分配利润"明细科目。结转后，"未分配利润"明细科目的贷方余额，就是未分配利润的数额。如为借方余额，则表示未弥补亏损的数额。未分配利润核算的账务处理见利润分配核算部分。

第三节　库　存　股

库存股是指企业收购的尚未转让或注销的本企业股份金额。

"库存股"科目的贷方核算企业将收购的股份奖励给本企业职工以及转让或注销的库存股，借方核算企业收购本企业的股份，期末余额在借方，反映企业持有本企业股份的金额。

一、公司回购股票

企业为奖励本企业职工而收购本企业股份，应按实际支付的金额，借记"库存股"科目，贷记"银行存款"等科目。同时，在备查簿进行登记。

将收购的股份奖励给本企业职工属于以权益结算的股份支付，如有实际收到的金额，借记"银行存款"科目，按根据职工获取奖励股份的实际情况确定的金额，借记"资本公积——其他资本公积"科目，按奖励库存股的账面余额，贷记"库存股"科目，按其差额，贷记或借记"资本公积——股本溢价"科目。

股东因对股东大会作出的公司合并、分立决议持有异议而要求公司收购其股份的，企业应按实际支付的金额，借记"库存股"科目，贷记"银行存款"等科目。

企业与持有本企业股份的其他企业合并而导致股份回购，属于同一控制下企业合并的，应按其他公司持有本公司股份的原账面价值，借记"库存股"科目，贷记有关科目。

属于非同一控制下企业合并的，应按其他公司持有本公司股份的公允价值，借记"库存股"科目，贷记有关科目。

例如，某公司2007年4月10日为奖励本企业职工而收购本企业股票1 000 000股，实际支付了7 200 000元。

借：库存股　　　　　　　　　　　　　　　　　7 200 000
　　贷：银行存款　　　　　　　　　　　　　　　　　　7 200 000

承上例，2007年7月10日将收购的股票全部奖励给本企业的职工，公司没有收取其他任何费用。

借：资本公积——其他资本公积　　　　　　　　　7 200 000
　　贷：库存股　　　　　　　　　　　　　　　　　　　7 200 000

二、库存股的转让与注销

企业转让库存股，应按实际收到的金额，借记"银行存款"等科目，按转让库存股的账面余额，贷记"库存股"科目，按其差额，贷记"资本公积——股本溢价"科目；如为借方差额的，借记"资本公积——股本溢价"科目，股本溢价不足冲减的，应依次冲减盈余公积、未分配利润，借记"盈余公积"、"利润分配——未分配利润"科目。

企业注销库存股，应按股票面值和注销股数计算的股票面值总额，借记"股本"科目，按注销库存股的账面余额，贷记"库存股"科目，按其差额，借记"资本公积——股本溢价"科目，股本溢价不足冲减的，应依次冲减盈余公积、未分配利润，借记"盈余公积"、"利润分配——未分配利润"科目。

（1）某公司于2007年10月5日将剩余的20 000股库存股转让，该库存股的账面余额为136 000元，转让股票实际收到150 000元。

借：银行存款　　　　　　　　　　　　　　　　150 000
　　贷：库存股　　　　　　　　　　　　　　　　　　136 000
　　　　资本公积——股本溢价　　　　　　　　　　　14 000

（2）某公司于2007年11月10日将剩余的5 000股库存股注销，该库存股的账面余额为33 000元，该批股票面值为每股1元。

借：股本　　　　　　　　　　　　　　　　　　5 000
　　资本公积——股本溢价　　　　　　　　　　28 000
　　贷：库存股　　　　　　　　　　　　　　　　　　33 000

第五章 收 入

收入是指企业在日常活动中形成的、会导致所有者权益增加的、与所有者投入资本无关的经济利益的总流入，包括主营业务收入和其他业务收入。收入不包括为第三方或者客户代收的款项。企业应当根据收入的性质，按照收入确认的原则，合理地确认和计量各项收入。在确认收入时，还应考虑价款收回的可能性，估计价款不能收回的，不应确认收入；已经收回部分价款的，只将收回的部分确认为收入。

第一节 主营业务收入

主营业务收入是指经营主营业务而取得的收入，一般包括销售商品、提供劳务及建造合同收入。

一、主营业务收入的确认

（一）商品销售收入的确认

1. 销售商品收入同时满足下列条件的，才能予以确认：
（1）企业已将商品所有权上的主要风险和报酬转移给购货方；
（2）企业既没有保留通常与所有权相联系的继续管理权，也没有对已售出的商品实施有效控制；
（3）收入的金额能够可靠计量；
（4）相关经济利益很可能流入企业；
（5）相关的、已发生的或将发生的成本能够可靠计量。

🔑〔注释〕

通常情况下，企业售出商品后不再保留与商品所有权相联系的继续管理权，也不再对售出商品实施有效控制，表明商品所有权上的主要风险和报酬已经转移给购货方，应在发出商品时确认收入。

例如，甲公司主要从事软件开发及维护。甲公司销售一组软件给某客户，并接受客户的委托对软件进行日常有偿维护管理，其中包括更新软件等。

根据本例的资料，甲公司将软件销售给客户后，该客户是软件的受益者，该软件产生的经济利益归客户享有，相关的风险也由客户承担，与该软件相关的风险和报酬已经转移给客户，甲公司在满足收入确认的其他条件时，应当确认销售软件的收入。甲公司接受客户委托对软件进行日常管理等，是与软件销售独立的另一项提供劳务的交易。虽然甲公司仍对售出的软件拥有继续管理权，但这与软件的所有权无关，甲公司应当在满足提供劳务收入的确认条件时确认提供劳务收入。

在有的情况下，企业售出商品后，由于各种原因仍保留与商品所有权相联系的继续管理权，或仍对商品可以实施有效控制，如售后回购、售后租回等，则说明此项销售交易没有完成，销售不能成立，不应确认销售商品收入。

例如，甲公司采用售后租回方式将一栋办公楼销售给乙公司，租回的办公楼仍作为本公司的办公用房。

根据本例的资料，甲公司将办公楼销售给乙公司后，又将其租回仍作为办公用房，表明甲公司能够继续对该办公楼实施有效控制，甲公司不能确认与销售该办公楼有关的收入，销售价款与该办公楼账面价值的差额应当确认为递延收益，并按照该办公楼的折旧进度进行分摊，作为办公楼折旧费用的调整。

2. 销售商品收入确认条件的具体应用：

（1）下列商品销售，通常按规定的时点确认为收入，有证据表明不满足收入确认条件的除外：

①销售商品采用托收承付方式的，在办妥托收手续时确认收入。

②销售商品采用预收款方式的，在发出商品时确认收入，预收的货款应确认为负债。

③销售商品需要安装和检验的，在购买方接受商品以及安装和检验完毕前，不确认收入，待安装和检验完毕时确认收入。如果安装程序比较简单，可在发出商品时确认收入。

④销售商品采用以旧换新方式的，销售的商品应当按照销售商品收入确认条件确认收入，回收的商品作为购进商品处理。

⑤销售商品采用支付手续费方式委托代销的，在收到代销清单时确认收入。

（2）采用售后回购方式销售商品的，收到的款项应确认为负债；回购价格大于原售价的，差额应在回购期间按期计提利息，计入财务费用。有确凿证据表明售后回购交易满足销售商品收入确认条件的，销售的商品按售价确认收入，回购的商品作为购进商品处理。

（3）采用售后租回方式销售商品的，收到的款项应确认为负债；售价与资产账面价值之间的差额，应当采用合理的方法进行分摊，作为折旧费用或租金费用的调整。有确凿证据表明认定为经营租赁的售后租回交易是按照公允价值达成的，销售的商品按售价确认收入，并按账面价值结转成本。

3. 企业按照从购货方已收或应收的合同或协议价款确定销售商品收入金额，但已收或应收的合同或协议价款不公允的除外。

应收的合同或协议价款的收取采用递延方式（如分期收款销售商品），实际上具有融资性质的，按照应收的合同或协议价款的公允价值确定销售商品收入金额。应收的合同或协议价款与其公允价值之间差额，确认为未实现融资收益，在合同或协议期间内采用实际利率法进行摊销，计入当期损益。如按照实际利率法摊销与直线法摊销结果相差不大的，也可采用直线法进行摊销。

4. 企业与其他企业签订的合同或协议包括销售商品和提供劳务时，销售商品部分和提供劳务部分能够区分且能够单独计量的，将销售商品的部分作为销售商品处理，将提供劳务部分作为提供劳务处理。

销售商品部分和提供劳务部分不能够区分，或虽能区分但不能够单独计量的。将销售商品部分和提供劳务部分全部作为销售商品处理。

5. 销售商品涉及现金折扣的，按照扣除现金折扣前的金额确定销售商品收入金额。现金折扣在实际发生时计入当期损益。

现金折扣，是指债权人为鼓励债务人在规定的期限内付款而向债务人提供的债务扣除。

(1) 销售商品涉及商业折扣的，按照扣除商业折扣后的金额确定销售商品收入金额。

商业折扣，是指企业为促进商品销售而在商品标价上给予的价格扣除。

(2) 企业已经确认销售商品收入的售出商品发生销售折让的，在发生时冲减当期销售商品收入。

销售折让属于资产负债表日后事项的，适用资产负债表日后事项准则的有关规定。

销售折让，是指企业因售出商品的质量不合格等原因而在售价上给予的减让。

(3) 企业已经确认销售商品收入的售出商品发生销售退回的，在发生时冲减当期销售商品收入。

销售退回属于资产负债表日后事项的，适用资产负债表日后事项准则的有关规定。

销售退回，是指企业售出的商品由于质量、品种不符合要求等原因而发生的退货。

(二) 劳务收入的确认

1. 企业应当按照从接受劳务方已收或应收的合同或协议价款确定提供劳务收入总额，但已收或应收的合同或协议价款不公允的除外。企业在资产负债表日按照提供劳务收入总额乘以完工进度扣除以前会计期间累计已确认提供劳务收入后的金额，确认当期提供劳务收入；同时，按照提供劳务估计总成本乘以完工进度扣除以前会计期间累计已确认劳务成本后的金额，结转当期劳务成本。

2. 企业对外提供劳务，其收入按以下方法确认：

(1) 在资产负债表日提供劳务交易的结果能够可靠估计的，采用完工百分比法确认提供劳务收入。

完工百分比法，是指按照提供劳务交易的完工进度确认收入与费用的方法。

（2）在资产负债表日提供劳务交易结果不能够可靠估计的，应当分别下列情况处理：

①已经发生的劳务成本预计能够得到补偿的，按照已经发生的劳务成本金额确认提供劳务收入，并按相同金额结转劳务成本。

②已经发生的劳务成本预计不能够得到补偿的，应当将已经发生的劳务成本计入当期损益，不确认提供劳务收入。

3. 提供劳务收入确认条件的具体应用。

下列提供劳务满足收入确认条件的，应按规定确认收入：

（1）安装费，在资产负债表日根据安装的完工进度确认收入。

安装工作是商品销售附带条件的，安装费在确认商品销售实现时确认收入。

（2）为特定客户开发软件的收费，在资产负债表日根据开发的完工进度确认收入。

（3）包括在商品售价内可区分的服务费，在提供服务的期间内分期确认收入。

（4）属于提供设备和其他有形资产的特许权费，在交付资产或转移资产所有权时确认收入；属于提供初始及后续服务的特许权费，在提供服务时确认收入。

（5）长期为客户提供重复的劳务收取的劳务费，在相关劳务活动发生时确认收入。

4. 确定提供劳务交易的完工进度，可以选用下列方法：

（1）已完工作的测量。

（2）已经提供的劳务占应提供劳务总量的比例。

（3）已经发生的成本占估计总成本的比例。

（三）建造合同收入的确认

建造合同是指为建造一项资产或者在设计、技术、功能、最终用途等方面密切相关的数项资产而订立的合同。建造合同收入包括合同中规定的初始收入和因合同变更、索赔、奖励等形成的收入。如果建造合同的结果能够可靠地估计，企业应根据完工百分比法在资产负债表日确认合同收入。

1. 固定造价合同的结果能够可靠估计是指同时具备下列条件：

（1）合同总收入能够可靠地计量；

（2）与合同相关的经济利益能够流入企业；

（3）合同完工进度和为完成合同尚需发生的成本能够可靠地确定；

（4）为完成合同已经实际发生的合同成本能够清楚地区分和可靠地计量，以便实际合同成本能够与以前的预计成本相比较。

2. 成本加成合同的结果能够可靠估计是指同时具备下列条件：

（1）与合同相关的经济利益能够流入企业；

（2）实际发生的合同成本，能够清楚地区分并且能够可靠地计量。

3. 企业确定合同完工进度可以选用下列方法：

（1）累计实际发生的合同成本占合同预计总成本的比例；

（2）已经完成的合同工作量占合同预计总工作量的比例；

（3）实际测定的完工进度。

4. 如果建造合同的结果不能可靠地估计，应区别以下情况处理：

（1）合同成本能够收回的，合同收入根据能够收回的实际合同成本加以确认，合同成本在其发生的当期确认为合同费用；

（2）合同成本不可能收回的，应在发生时立即确认为合同费用，不确认合同收入。

5. 合同预计总成本超过合同总收入的，应当将预计损失确认为当期费用。

二、主营业务收入有关业务核算

（一）主营业务收入

"主营业务收入"科目贷方核算企业销售商品或提供劳务实现的收入，借方核算已结转的主营业务收入以及发生的销售退回或销售折让冲减的营业收入；期末，应将"主营业务收入"科目的余额转入"本年利润"科目，结转后"主营业务收入"科目应无余额。

企业销售商品或提供劳务实现的收入，应按实际收到或应收的金额，借记"银行存款"、"应收账款"、"应收票据"等科目，按确认的营业收入，贷记"主营业务收入"科目。

采用递延方式分期收款、具有融资性质的销售商品或提供劳务满足收入确认条件的，按应收合同或协议价款，借记"长期应收款"科目，按应收合同或协议价款的公允价值（折现值），贷记"主营业务收入"科目，按其差额，贷记"未实现融资收益"科目。

以库存商品进行非货币性资产交换（非货币性资产交换具有商业实质且公允价值能够可靠计量）、债务重组的，应按该产成品、商品的公允价值，借记有关科目，贷记"主营业务收入"科目。

本期（月）发生的销售退回或销售折让，按应冲减的营业收入，借记"主营业务收入"科目，按实际支付或应退还的金额，贷记"银行存款"、"应收账款"等科目。

上述销售业务涉及增值税销项税额的，还应进行相应的处理。

确认建造合同收入，按应确认的合同费用，借记"主营业务成本"科目，按应确认的合同收入，贷记"主营业务收入"科目，按其差额，借记或贷记"工程施工——合同毛利"科目。

1. 销售商品涉及现金折扣

例如，公司 2007 年 3 月 1 日销售一批商品 1 000 件，增值税发票上注明售价 100 000 元，增值税额 17 000 元。公司为了及时收回货款，在合同中承诺给予购货方如下现金折扣条件：2/10、1/20、n/30。

公司 2007 年 3 月 1 日，按总售价确认收入：

借：应收账款   117 000

    贷：主营业务收入   100 000

        应交税费——应交增值税——销项税额   17 000

①如 3 月 9 日买方付清货款，则按售价 100 000 元的 2% 享受 2 000（100 000 × 2%）元的现金折扣，实际付款 115 000（117 000 – 2 000）元。

    借：银行存款   115 000

        财务费用   2 000

        贷：应收账款   117 000

②如 3 月 16 日买方付清货款，则应享受的现金折扣为 1 000（100 000 × 1%）元，实际付款 116 000 元。

    借：银行存款   116 000

        财务费用   1 000

        贷：应收账款   117 000

③如买方在 4 月 5 日才付款，则应按全额付款，相关的会计分录如下：

    借：银行存款   117 000

        贷：应收账款   117 000

2. 销售商品涉及商业折扣

例如，公司 2007 年 4 月 10 日销售 5 000 件商品，售价 1 000 000 元，买方认为购货金额较大要求在价格上给予 5% 的折扣。

    借：应收账款   1 111 500

        贷：主营业务收入   950 000

        应交税费——应交增值税——销项税额   161 500

3. 销售商品发生销售折让

例如，公司 2007 年 5 月 8 日销售一批商品，增值税发票上注明的售价为 80 000 元，增值税额 13 600 元，货到后买方发现商品质量不合格，要求在价格上给予 5% 的折让。经查明，买方提出的销售折让要求符合原合同的约定，公司同意给予折让，并办妥了有关手续。假定此前甲企业已确认该批商品的销售收入。

①销售实现时：

    借：应收账款   93 600

        贷：主营业务收入   80 000

        应交税费——应交增值税——销项税额   13 600

②发生销售折让时：

    借：主营业务收入   4 000

        应交税费——应交增值税——销项税额   680

        贷：应收账款   4 680

③实际收到款项时：

    借：银行存款   88 920

        贷：应收账款   88 920

4. 销售商品发生销售退回

例如，公司 2007 年 5 月 12 日销售一批商品，售价 500 000 元，增值税额 85 000 元，成本 300 000 元。合同规定的现金折扣条件为：2/10、1/20、n/30。买方于 5 月 20 日付款，享受现金折扣 10 000 元。2007 年 5 月 23 日该批产品因质量严重不合格被退回。

①销售商品时：

借：应收账款		585 000
贷：主营业务收入		500 000
应交税费——应交增值税——销项税额		85 000
借：主营业务成本		300 000
贷：库存商品		300 000

②收回货款时：

借：银行存款		575 000
财务费用		10 000
贷：应收账款		585 000

③销售退回时：

借：主营业务收入		500 000
应交税费——应交增值税——销项税额		85 000
贷：银行存款		575 000
财务费用		10 000
借：库存商品		300 000
贷：主营业务成本		300 000

5. 劳务收入

例如，公司 2007 年 11 月 5 日为客户订制一套软件，工期大约 4 个月，合同总收入 4 000 000 元，至 2007 年 12 月 31 日发生成本 1 500 000 元（假定均为开发人员工资），预收账款 2 000 000 元。预计开发完整软件还将发生成本 700 000 元。2007 年 12 月 31 日软件的开发完成程度为 60%。

2007 年确认收入 = 劳务总收入 × 劳务的完成程度 – 以前年度已确认的收入 = 4 000 000 × 60% – 0 = 2 400 000（元）

2007 年确认费用 = 劳务总成本 × 劳务的完成程度 – 以前年度已确认的费用 = (1 500 000 + 700 000) × 60% – 0 = 1 320 000（元）

①发生成本时：

借：劳务成本	1 500 000
贷：应付职工薪酬	1 500 000

②预收款项时：

借：银行存款	2 000 000
贷：预收账款	2 000 000

③确认劳务收入：

借：预收账款　2 400 000

　　贷：主营业务收入——劳务收入　2 400 000

④结转劳务成本：

借：主营业务成本——劳务成本　1 320 000

　　贷：劳务成本　1 320 000

6. 具有融资性质的分期收款销售

例如，公司 2007 年 1 月 1 日从东方公司购入 H 型机器作为固定资产使用，该机器已经收到。购货合同约定，H 型机器的总价款为 1 000 万元，分 3 年支付，2007 年 12 月 31 日支付 500 万元，2008 年 12 月 31 日支付 300 万元，2009 年 12 月 31 日支付 200 万元。假定公司 3 年期银行贷款年利率为 6%。

（1）公司账务处理如下：

第一步，计算总价款的现值。

$500/(1+6\%)+300/(1+6\%)^2+200/(1+6\%)^3=471.70+267.00+167.92=906.62$（万元）

第二步，确定总价款与现值的差额。

$1\ 000-906.62=93.38$（万元）

第三步，账务处理。

借：固定资产　9 066 200

　　未确认融资费用　933 800

　　贷：长期应付款　10 000 000

表 5 - 1　　　　　　　　　　未确认融资费用分摊表　　　　　　　　　　单位：元

日　期	2007 年 1 月 1 日			
	每期付款额	确认的融资费用	差额的减少额	余　额
①	②	③ = 期初⑤×6%	④ = ② - ③	期末⑤ = ⑤ - ④
				9 066 200
2007.12.31	5 000 000	543 972	4 456 028	4 610 172
2008.12.31	3 000 000	276 610	2 723 390	1 886 782
2009.12.31	2 000 000	113 218	1 886 782	0
合　计	10 000 000	933 800	9 066 200	

2007 年 12 月 31 日支付货款及分摊未确认融资费用：

借：长期应付款　5 000 000

　　贷：银行存款　5 000 000

借：财务费用　543 972

　　贷：未确认融资费用　543 972

2008 年 12 月 31 日支付货款及分摊未确认融资费用：

借：长期应付款　3 000 000

　　　　贷：银行存款　　　　　　　　　　　　　　　　　　　3 000 000
　　借：财务费用　　　　　　　　　　　　　　　　276 610
　　　　贷：未确认融资费用　　　　　　　　　　　　　　　　276 610
2009 年 12 月 31 日支付货款及分摊未确认融资费用：
　　借：长期应付款　　　　　　　　　　　　　　　　2 000 000
　　　　贷：银行存款　　　　　　　　　　　　　　　　　　　2 000 000
　　借：财务费用　　　　　　　　　　　　　　　　113 218
　　　　贷：未确认融资费用　　　　　　　　　　　　　　　　113 218

（2）东方公司账务处理如下（见表 5 - 2）：

表 5 - 2　　　　　　　　　　　　未实现融资收益分配表　　　　　　　　　　　单位：元

日　期	2007 年 1 月 1 日			
	总价款	财务费用	本金收现	未收本金
①	②	③ = 期初⑤×6%	④ = ②-③	期末⑤ = ⑤-④
				9 066 200
2007.12.31	5 000 000	543 972	4 456 028	4 610 172
2008.12.31	3 000 000	276 610	2 723 390	1 886 782
2009.12.31	2 000 000	113 218	1 886 782	0
合　计	10 000 000	933 800	9 066 200	

　　借：长期应收款　　　　　　　　　　　　　　　　10 000 000
　　　　贷：主营业务收入　　　　　　　　　　　　　　9 066 200
　　　　　　未实现融资收益　　　　　　　　　　　　　　933 800
2007 年 12 月 31 日收取货款及分配未实现融资收益：
　　借：银行存款　　　　　　　　　　　　　　　　5 000 000
　　　　贷：长期应收款　　　　　　　　　　　　　　　5 000 000
　　借：未实现融资收益　　　　　　　　　　　　　543 972
　　　　贷：财务费用　　　　　　　　　　　　　　　　543 972
2008 年 12 月 31 日收取货款及分配未实现融资收益：
　　借：银行存款　　　　　　　　　　　　　　　　3 000 000
　　　　贷：长期应收款　　　　　　　　　　　　　　　3 000 000
　　借：未实现融资收益　　　　　　　　　　　　276 610
　　　　贷：财务费用　　　　　　　　　　　　　　　　276 610
2009 年 12 月 31 日收取货款及分配未实现融资收益：
　　借：银行存款　　　　　　　　　　　　　　　　2 000 000
　　　　贷：长期应收款　　　　　　　　　　　　　　　2 000 000
　　借：未实现融资收益　　　　　　　　　　　　113 218
　　　　贷：财务费用　　　　　　　　　　　　　　　　113 218

7. 债务重组

例如，公司 2007 年 5 月 1 日从华天公司购进产品一批，金额为 1 000 000 元，专用发票上注明的增值税额为 170 000 元；公司由于发生财务困难而无法偿还该项债务，同年 11 月 15 日公司与华天公司达成债务重组协议，协议规定，公司用产品一批抵偿该应付款项。该产品的成本为 800 000 元，市价为 900 000 元，专用发票上注明的增值税额为 153 000 元。该产品计提了存货跌价准备 5 000 元。

①借：应付账款　　　　　　　　　　　　　　　　　1 170 000
　　存货跌价准备　　　　　　　　　　　　　　　　　 5 000
　　贷：主营业务收入　　　　　　　　　　　　　　　　　 900 000
　　　　应交税费——应交增值税——销项税额　　　　　 153 000
　　　　营业外收入——债务重组利得　　　　　　　　　 122 000
②借：主营业务成本　　　　　　　　　　　　　　　　 800 000
　　贷：库存商品　　　　　　　　　　　　　　　　　　 800 000

8. 售后回购方式销售商品

企业采用售后回购方式融入资金的，应按实际收到的金额，借记"银行存款"科目，贷记"其他应付款"科目。回购价格与原销售价格之间的差额，应在售后回购期间内按期计提利息费用，借记"财务费用"科目，贷记"其他应付款"科目。按照合同约定购回该项商品时，应按实际支付的金额，借记"其他应付款"科目，贷记"银行存款"科目。

例如，公司 2007 年 3 月 1 日将一批商品销售给海信公司，销售价格为 1 000 000 元，增值税为 170 000 元，商品销售成本为 700 000 元，按照双方的协议，将该商品销售给海信公司之后公司应于 8 月 1 日以 1 100 000 元的价格再购回，海信公司按照协议于 2007 年 3 月 1 日支付了购货款，公司于 2007 年 8 月 1 日以 1 100 000 元的价格购回了该商品，款项于当日支付。

①2007 年 3 月 1 日销售时：
借：银行存款　　　　　　　　　　　　　　　　　1 170 000
　　贷：库存商品　　　　　　　　　　　　　　　　　 700 000
　　　　应交税费——应交增值税——销项税额　　　　　 170 000
　　　　其他应付款　　　　　　　　　　　　　　　　　 300 000
②2007 年 3~6 月份每月的财务费用：
借：财务费用　　　　　　　　　　　　　　　　　　 20 000
　　贷：其他应付款　　　　　　　　　　　　　　　　　 20 000

〔注释〕
回购价格大于原售价的，差额应在回购期间按期计提利息，计入财务费用，因此财务费用 = 回购价 − 售价 = 1 100 000 − 1 000 000 = 100 000（元），分 5 个月进行分摊。
③2007 年 8 月 1 日回购时：
借：库存商品　　　　　　　　　　　　　　　　　1 100 000

应交税费——应交增值税——进项税额	187 000
贷：银行存款	1 287 000
借：其他应付款	380 000
财务费用	20 000
贷：库存商品	400 000

9. 售后租回方式销售

例如，公司 2007 年 6 月 30 日以售后租回方式出售给丽友公司一栋办公楼，双方约定售价 800 万元，租期 10 年，每年租金 100 万元，该办公楼的账面原值为 700 万元，已提折旧 70 万元，减值准备 30 万元，假定该售后租回交易是按照公允价值达成的，该办公楼的公允价值为 800 万元。

借：固定资产清理	6 000 000
累计折旧	700 000
固定资产减值准备	300 000
贷：固定资产	7 000 000
借：银行存款	8 000 000
贷：固定资产清理	6 000 000
营业外收入——处置非流动资产利得	2 000 000

（二）劳务收入

符合收入确认条件确认的本期劳务收入，按实际收到或应收的价款，借记"银行存款"、"应收账款"、"应收票据"等科目，按实现的劳务收入，贷记"主营业务收入"等科目，按专用发票上注明的增值税额，贷记"应交税费——应交增值税——销项税额"科目。

（1）公司 2007 年 1 月 30 日收到甲公司转来转账支票一张金额 400 000 元，用以支付订制的财务软件开发费，公司已开出普通发票一张。

借：银行存款	400 000
贷：主营业务收入——劳务收入	380 000
应交税费——应交营业税	20 000

（2）高科技公司 2007 年 1 月 24 日销售给立新公司空调设备一批，增值税发货票上注明货款 5 200 000 元，增值税款为 884 000 元，销售货款中包括：售后服务费 52 000 元，服务期为 2 年。

①1 月 24 日确认商品销售收入

借：应收账款	6 032 000
贷：主营业务收入——商品销售收入	5 148 000
应交税费——应交增值税——销项税额	884 000

②2007 年 12 月 31 日确认劳务收入

借：应收账款	26 000

贷：主营业务收入——劳务收入   26 000

（三）建造合同收入

1. 建造合同收入确认

企业承建的工程施工合同已经全部完工，企业应根据合同总收入和合同实际总成本，扣除以前年度确认的收入和成本来确认当期的合同收入和合同成本。

资产负债表日企业承建的施工合同尚未全部完工，对已经完成部分的合同收入和合同成本的确认，区分两种情况：

（1）建造合同的结果能够可靠的估计，合同收入和合同成本的确认可采用完工百分比法。完工百分比法计算步骤：

①确定建造合同的完工进度。

完工进度＝累计实际发生的合同成本/合同预计总成本×100%

或者：

完工进度＝已经完成的合同工作量/合同预计总工作量×100%

②根据完工百分比确认合同收入和合同成本。

报告期确认的合同收入＝合同总收入×完工百分比－以前年度累计已确认的收入

报告期确认的合同毛利＝（合同总收入－合同预计总成本）×完工百分比－以前年度累计已确认的毛利

报告期确认的合同成本＝报告期确认的合同收入－报告期确认的合同毛利－以前年度预计损失准备

（2）建造合同的结果不能可靠地估计，但合同成本能够收回，合同收入按能够收回的实际合同成本确认。合同成本在其发生的当期确认为合同费用。

（3）建造合同的结果不能可靠地估计，而且合同成本不能收回，则不确认收入。合同成本在发生期即确认为费用。

2. 建造合同结果能可靠估计时的合同收入

确认合同收入和成本，借记"主营业务成本——建造合同成本"、"工程施工——毛利"科目，贷记"主营业务收入——建造合同收入"科目。

公司2007年承建甲公司办公楼工程，到2009年年底完工，合同全部金额及实际发生的成本等资料见表5-3（为简化起见，有关纳税业务会计分录略）。

表5-3   单位：元

	2007 年	2008 年	2009 年	合 计
合同总金额				25 000 000
实际发生成本	8 050 000	10 850 000	6 600 000	25 500 000
估计至完工尚须投入成本	15 000 000	9 000 000		
开出账单金额	7 000 000	10 000 000	8 000 000	25 000 000
实际收到款额	7 000 000	9 500 000	8 500 000	25 000 000

完工百分比法的有关计算资料见表5-4。

表5-4   单位：元，%

年　份	2007	2008	2009
①合同总金额	25 000 000	25 000 000	25 000 000
②至本期实际发生成本	8 050 000	18 900 000	25 500 000
③估计至完工尚须投入成本	14 950 000	8 100 000	
④估计合同总成本②＋③	23 000 000	27 000 000	25 500 000
⑤估计合同毛利①－④	2 000 000	－2 000 000	－500 000
⑥完工百分比②÷④	35	70	100
⑦至本期累计确认毛利⑤×⑥	700 000	－1 400 000	－500 000
⑧至本期累计确认收入①×⑥	8 750 000	17 500 000	25 000 000
⑨本期应确认收入	8 750 000	8 750 000	7 500 000
⑩本期应确认毛利	700 000	－2 100 000	900 000

2007年当年的会计处理如下：

（1）公司2007年12月开出建筑业专用发票，计7 000 000元。

借：应收账款——甲公司　　　　　　　　　　　　　　7 000 000

　　贷：工程结算　　　　　　　　　　　　　　　　　　7 000 000

（2）公司2007年发生实际成本8 050 000元，其中材料费7 700 000元，应付工资350 000元。

借：工程施工——合同成本——材料费　　　　　　　　7 700 000

　　　　　　　　　　　　——人工费　　　　　　　　　　350 000

　　贷：原材料——材料　　　　　　　　　　　　　　　7 700 000

　　　　应付职工薪酬——工资——应付职工工资　　　　　350 000

（3）公司2007年12月30日收到甲公司汇来工程款7 000 000元。

借：银行存款　　　　　　　　　　　　　　　　　　　7 000 000

　　贷：应收账款（甲公司）　　　　　　　　　　　　　7 000 000

（4）公司2007年12月31日确认合同收入和成本

借：主营业务成本——建造合同成本　　　　　　　　　8 050 000

　　工程施工——合同毛利　　　　　　　　　　　　　　700 000

　　贷：主营业务收入——建造合同收入　　　　　　　　8 750 000

2008年当年的会计处理：

（1）公司2008年发生的实际成本10 850 000元，其中材料费9 300 000元，应付工资1 550 000元。

借：工程施工——合同成本——材料费　　　　　　　　9 300 000

　　　　　　　　　　　　——人工费　　　　　　　　　1 550 000

　　贷：原材料——材料　　　　　　　　　　　　　　　9 300 000

      应付职工薪酬——工资——应付职工工资   1 550 000

（2）公司 2008 年 12 月 25 日开出建筑业专用发票 10 000 000 元。

  借：应收账款（甲公司）   10 000 000

      贷：工程结算   10 000 000

（3）公司 2008 年 12 月 25 日收到甲公司汇来工程款 9 500 000 元。

  借：银行存款   9 500 000

      贷：应收账款（甲公司）   9 500 000

（4）公司 2008 年 12 月 31 日确认合同收入和成本。

  借：主营业务成本——建造合同成本   10 850 000

      贷：主营业务收入——建造合同收入   8 750 000

          工程施工——合同毛利   2 100 000

（5）公司 2008 年 12 月 31 日预计合同损失 600 000 元。

  借：资产减值损失——合同预计损失   600 000

      贷：存货跌价准备——合同预计损失准备   600 000

💡〔注释〕

本期应预计的损失 = 本期预计合同总损失 - 已经确认的损失 = 2 000 000 - 1 400 000 = 600 000（元）。

2009 年会计处理：

（1）公司 2009 年发生实际成本 6 600 000 元，其中材料费 6 100 000 元，应付工资 500 000 元。

  借：工程施工——合同成本——材料费   6 100 000

                ——人工费   500 000

    贷：原材料——材料   6 100 000

       应付职工薪酬——工资——应付职工工资   500 000

（2）公司 2009 年 12 月 25 日开出建筑业专用发票 8 000 000 元。

  借：应收账款（甲公司）   8 000 000

      贷：工程结算   8 000 000

（3）公司 2009 年 12 月 25 日收到甲公司汇来工程款 8 500 000 元。

  借：银行存款   8 500 000

      贷：应收账款（甲公司）   8 500 000

（4）公司承包的甲公司办公楼工程全部完工，办理工程价款结算单，2009 年 12 月 31 日确认完工工程收入和成本。

  借：主营业务成本——建造合同成本   6 000 000

    存货跌价准备——预计损失准备   600 000

    工程施工——合同毛利   900 000

      贷：主营业务收入   7 500 000

结转"工程施工"科目。

借: 工程结算　　　　　　　　　　　　　　　　　　25 000 000
　　工程施工——合同毛利　　　　　　　　　　　　　　500 000
　　贷: 工程施工——合同成本　　　　　　　　　　　　　　25 500 000

3. 建造合同的结果不能可靠估计时的合同收入

建造合同的结果不能可靠的估计, 但成本能收回, 可按当期发生的实际成本确认为合同收入和合同成本。如果实际发生的成本已收不回来, 不确认收入, 发生的实际成本在发生时即可确认为费用。

(1) 公司 2007 年承建甲公司宿舍一栋, 2009 年全部完工, 2007 年实际发生成本 500 000 元。到 2007 年 12 月 31 日该项合同的完工进度无法确定, 工程款项已收到。公司按实际发生的成本确认收入和成本。

借: 主营业务成本——建造合同成本　　　　　　　　　500 000
　　贷: 主营业务收入——建造合同收入　　　　　　　　　　500 000

(2) 公司 2007 年承建甲公司厂房一栋, 2009 年全部完工, 2007 年实际发生成本 1 800 000 元。该工程已经发生的合同成本由于甲公司无法持续经营, 只能收回 1 500 000 元。

借: 主营业务成本——建造合同成本　　　　　　　　1 800 000
　　贷: 主营业务收入——建造合同收入　　　　　　　　　1 500 000
　　　　工程施工——合同毛利　　　　　　　　　　　　　300 000

4. 期末结转主营业务收入

期末将主营业务收入进行结转, 借记 "主营业务收入" 科目, 贷记 "本年利润" 科目。

例如, 公司 2007 年 1 月末将主营业务收入 15 000 000 元进行结转。

借: 主营业务收入　　　　　　　　　　　　　　　　15 000 000
　　贷: 本年利润　　　　　　　　　　　　　　　　　　15 000 000

(四) 建设经营移交方式参与公共基础设施建设业务

建设经营移交方式 (BOT) 参与公共基础设施建设业务, 应当同时满足下列条件: (1) 合同授予方为政府及其有关部门或政府授权进行招标的企业。(2) 合同投资方为按照有关程序取得该特许经营权合同的企业 (合同投资方)。合同投资方按照规定设立项目公司 (项目公司) 进行项目建设和运营。项目单位除取得建造有关基础设施的权利以外, 在基础设施建造完成以后的一定期间内负责提供后续经营服务。(3) 特许经营权合同中对所建造基础设施的质量标准、工期、开始经营后提供服务的对象、收费标准及后续调整作出约定, 同时在合同期满, 合同投资方负有将有关基础设施移交给合同授予方的义务, 并对基础设施在移交时的性能、状态等作出规定。

某些情况下, 合同投资方为了服务协议目的建造或从第三方购买的基础设施, 或合同授予方基于服务协议目的提供给合同投资方经营的现有基础设施, 也应比照 BOT 业务的原则处理。

1. 与 BOT 业务相关收入的确认。

（1）建造期间，项目公司对于所提供的建造服务应当按照《企业会计准则第15号——建造合同》确认相关的收入和费用。基础设施建成后，项目公司应当按照《企业会计准则第14号——收入》确认与后续经营服务相关的收入和费用。

建造合同收入应当按照收取或应收对价的公允价值计量，并视以下情况在确认收入的同时，分别确认金融资产或无形资产：

①合同规定基础设施建成后的一定期间内，项目公司可以无条件地自合同授予方收取确定金额的货币资金或其他金融资产，或在项目公司提供经营服务的收费低于某一限定金额的情况下，合同授予方按照合同规定负责将有关差价补偿给项目公司的，应当在确认收入的同时确认金融资产，所形成金融资产按照《企业会计准则第22号——金融工具确认和计量》规定进行处理。项目公司应根据已收取或应收取对价的公允价值，借记"银行存款"、"应收账款"等科目，贷记"工程结算"科目。

②合同规定项目公司在有关基础设施建成后，从事经营的一定期间内有权利向获取服务的对象收取费用，但收费金额不确定的，该权利不构成一项无条件收取现金的权利，项目公司应当在确认收入的同时确认无形资产。建造过程如发生借款利息，应当按照《企业会计准则第17号——借款费用》的规定处理。项目公司应根据应收取对价的公允价值，借记"无形资产"科目，贷记"工程结算"科目。

（2）项目公司未提供实际建造服务，将基础设施建造发包给其他方的，不应确认建造服务收入，应当按照建造过程中支付的工程价款等考虑合同规定，分别确认为金融资产或无形资产。

2. 按照合同规定，企业为使有关基础设施保持一定的服务能力或在移交给合同授予方之前保持一定的使用状态，预计将发生的支出，应当按照《企业会计准则第13号——或有事项》的规定处理。

3. 按照特许经营权合同规定，项目公司应提供不止一项服务（如既提供基础设施建造服务又提供建成后经营服务）的，各项服务能够单独区分时，其收取或应收的对价应当按照各项服务的相对公允价值比例分配给所提供的各项服务。

4. BOT 业务所建造基础设施不应确认为项目公司的固定资产。

5. 在 BOT 业务中，授予方可能向项目公司提供除基础设施以外的其他资产，如果该资产构成授予方应付合同价款的一部分，不应作为政府补助处理。项目公司自授予方取得资产时，应以其公允价值确认，未提供与获取该资产相关的服务前应确认为一项负债。

第二节　其他业务收入

其他业务收入是指除主营业务收入以外的其他销售或其他业务的收入，如材料销售收入、代购代销收入、无形资产与包装物出租等收入。其他业务收入的确认，与主营业务收入确认相同。

"其他业务收入"科目贷方核算实际取得的其他业务收入，借方核算已结转的其他业务收入，期末结转后无余额。

一、确认的其他业务收入

发生的其他业务收入，如材料销售、技术转让、固定资产出租、运输业务等，按售价和应交的税金，借记"银行存款"、"应收账款"等科目，按实现的营业收入，贷记"其他业务收入"科目，按应交税费，贷记"应交税费"科目。

（1）公司 2007 年 8 月 16 日出售钢材 4 吨价款 16 000 元，增值税税款 2 720 元，款已全部收妥入账。该批钢材的实际成本为 15 000 元。

借：银行存款　　　　　　　　　　　　　　　18 720
　　贷：其他业务收入——材料销售　　　　　　　16 000
　　　　应交税费——应交增值税——销项税额　　 2 720
借：其他业务成本——材料销售　　　　　　　　15 000
　　贷：原材料——材料　　　　　　　　　　　　15 000

（2）公司 2007 年 8 月 25 日出租经营性固定资产收到租金 14 040 元，应缴纳的营业税为 702 元。

借：银行存款　　　　　　　　　　　　　　　14 040
　　贷：其他业务收入——固定资产出租　　　　　13 338
　　　　应交税费——应交营业税　　　　　　　　 702

（3）公司 2007 年 8 月 30 日应收取代甲公司销售商品的手续费 30 000 元。

借：应收账款——甲公司　　　　　　　　　　30 000
　　贷：其他业务收入——其他　　　　　　　　　30 000

（4）公司 2007 年 8 月 18 日以银行存款收取丙公司技术转让费 600 000 元。

借：银行存款　　　　　　　　　　　　　　702 000
　　贷：其他业务收入——技术转让　　　　　　672 000
　　　　应交税费——应交营业税　　　　　　　30 000

（5）公司 2007 年 4 月 10 日从京信公司购进产品一批，金额为 2 000 000 元，专用发票上注明的增值税额为 340 000 元；公司由于发生财务困难而无法偿还该项债务，同年 11 月 5 日公司与京信公司达成债务重组协议，协议规定，公司用库存原材料抵偿该应付款项。该材料的账面价值为 1 500 000 元，市价为 1 600 000 元，专用发票上注明的增值税额为 272 000 元。该项原材料未计提存货跌价准备。

①借：应付账款　　　　　　　　　　　　　2 340 000
　　贷：其他业务收入　　　　　　　　　　1 600 000
　　　　应交税费——应交增值税——销项税额　272 000
　　　　营业外收入——债务重组利得　　　　468 000

②借：其他业务成本   1 500 000

  贷：原材料   1 500 000

（6）公司2007年6月15日以账面价值为1 800 000元、公允价值为2 000 000元的库存材料，与天都公司账面价值为2 200 000元，公允价值为2 000 000元的原材料进行交换。假设增值税率均为17%，且双方交易具有商业实质。

①借：原材料   2 000 000

  应交税费——应交增值税——进项税额   340 000

  贷：其他业务收入   2 000 000

    应交税金——应交增值税——销项税额   340 000

②借：其他业务成本   1 800 000

  贷：原材料   1 800 000

二、期末结转其他业务收入

期末将其他业务收入进行结转，借记"其他业务收入"科目，贷记"本年利润"科目。

例如，公司2007年8月末将其他业务收入658 000元结转到本年利润。

借：其他业务收入   658 000

  贷：本年利润   658 000

第六章　成本和费用

费用是指企业在日常活动中发生的、会导致所有者权益减少的、与向所有者分配利润无关的经济利益的总流出。费用只有在经济利益很可能流出从而导致企业资产减少或者负债增加且经济利益的流出额能够可靠计量时才能予以确认。

企业为生产产品、提供劳务等发生的可归属于产品成本、劳务成本等的费用，应当在确认产品销售收入、劳务收入等时，将已销售产品、已提供劳务的成本等计入当期损益。企业发生的支出不产生经济利益的，或者即使能够产生经济利益但不符合或者不再符合资产确认条件的，应当在发生时确认为费用，计入当期损益。企业发生的交易或事项导致其承担了一项负债而又不确认为一项资产的，应当在发生时确认为费用，计入当期损益。

第一节　成　本

一、生产成本

生产成本，是指企业生产各种产品（包括产成品、自制半成品、自制材料、自制工具、自制设备等）和对外提供劳务所发生的各项生产费用。

企业应当根据本企业的生产经营特点和管理要求，确定适合本企业的成本核算对象、成本项目和成本计算方法。成本核算对象、成本项目及成本计算方法一经确定，不得随意变更。

"生产成本"科目借方核算企业实际发生的生产成本，贷方核算已完工结转的生产成本，期末余额在借方，反映尚未完工的在产品生产成本。

（一）基本生产成本

基本生产成本是指制造企业基本生产车间发生的直接材料费、直接人工费和其他直接费。基本生产车间发生各项直接生产费用，借记"生产成本——基本生产成本"科目，贷记"银行存款"、"应付职工薪酬"、"原材料"等科目。各生产车间应负担的制造费用，借记"生产成本——基本生产成本"科目，贷记"制造费用"科目。辅助生产车间为基本生产车间提供劳务，借记"生产成本——基本生产成本"科目，贷记"生产成本——辅助生产成本"科目。

期末将归集的产品生产成本，采用一定的方法计算出期末在产品与完工产成品的成本，已完工产成品办理验收入库时，按其实际成本，借记"库存商品"科目，贷记"生产成本——基本生产成本"科目。

（1）公司生产甲产品，2007年4月15日基本生产车间从仓库领用原材料钢材286 620元。

　　借：生产成本——基本生产成本　　　　　　　　　286 620
　　　　贷：原材料——材料　　　　　　　　　　　　　　　　286 620

（2）公司2007年4月25日进行工资分配，工资总额300 000元，其中，基本生产车间工人工资275 000元，基本生产车间管理人员工资25 000元。

　　借：生产成本——基本生产成本　　　　　　　　　275 000
　　　　制造费用　　　　　　　　　　　　　　　　　 25 000
　　　　贷：应付职工薪酬——工资　　　　　　　　　　　　 300 000

（3）公司2007年4月25日，计提职工福利费42 000元，其中，基本生产车间生产工人福利费38 500元，车间管理人员福利费3 500元。

　　借：生产成本——基本生产成本　　　　　　　　　 38 500
　　　　制造费用　　　　　　　　　　　　　　　　　　3 500
　　　　贷：应付职工薪酬——职工福利　　　　　　　　　　 42 000

（4）公司2007年4月26日基本生产车间的管理人员领用低值易耗品实际成本21 000元。

　　借：制造费用　　　　　　　　　　　　　　　　　 21 000
　　　　贷：周转材料——低值易耗品　　　　　　　　　　　 21 000

（5）公司2007年4月27日计提固定资产折旧100 000元，其中，基本生产车间80 000元，管理部门20 000元。

　　借：制造费用　　　　　　　　　　　　　　　　　 80 000
　　　　管理费用——折旧费　　　　　　　　　　　　 20 000
　　　　贷：累计折旧　　　　　　　　　　　　　　　　　　 100 000

（6）公司2007年4月30日用银行存款支付基本生产车间外包固定资产修理费90 000元。

　　借：制造费用　　　　　　　　　　　　　　　　　 90 000
　　　　贷：银行存款　　　　　　　　　　　　　　　　　　 90 000

（7）公司2007年4月30日用银行存款支付基本生产车间水费10 000元。

　　借：制造费用　　　　　　　　　　　　　　　　　 10 000
　　　　贷：银行存款　　　　　　　　　　　　　　　　　　 10 000

（8）公司2007年4月13日以转账支票支付电费24 000元，其中，基本生产车间21 000元，行政管理部门3 000元。

　　借：制造费用　　　　　　　　　　　　　　　　　 21 000

　　　　管理费用——水电费　　　　　　　　　　　　　　　　　3 000
　　　　　贷：银行存款　　　　　　　　　　　　　　　　　　　24 000
　　（9）公司 2007 年 4 月末结转基本生产车间制造费用 249 500 元。
　　借：生产成本——基本生产成本　　　　　　　　　　　　249 500
　　　　贷：制造费用　　　　　　　　　　　　　　　　　　249 500
　　（10）公司 2007 年 4 月末分配辅助生产成本 195 740 元，其中，分配给基本生产车间 110 000 元，分配给在建工程 50 000 元，分配给管理费 25 000 元，分配给其他业务成本 10 740 元。
　　借：生产成本——基本生产成本　　　　　　　　　　　110 000
　　　　在建工程——大型基建　　　　　　　　　　　　　　50 000
　　　　管理费用——修理费　　　　　　　　　　　　　　　25 000
　　　　其他业务成本　　　　　　　　　　　　　　　　　　10 740
　　　　贷：生产成本——辅助生产成本　　　　　　　　　195 740
　　（11）公司 2007 年 4 月末结转完工产成品的成本 959 620 元。
　　借：库存商品　　　　　　　　　　　　　　　　　　　959 620
　　　　贷：生产成本——基本生产成本　　　　　　　　　959 620

（二）辅助生产成本

　　辅助生产成本是指制造企业辅助生产车间发生的直接材料费、直接人工费和其他直接费。辅助生产车间发生的各项直接生产费用，借记"生产成本——辅助生产成本"科目，贷记"银行存款"、"应付职工薪酬"、"原材料"等科目。各生产车间应负担的制造费用，借记"生产成本——辅助生产成本"科目，贷记"制造费用"科目。

　　企业辅助生产车间为基本生产车间、企业管理部门和其他部门提供的劳务和产品，月度终了，应按一定的分配方法分配给各受益对象，借记"生产成本——基本生产成本"、"管理费用"、"营业费用"、"其他业务成本"、"在建工程"等科目，贷记"生产成本——辅助生产成本"科目。

　　（1）公司辅助生产车间 2007 年 5 月 8 日从仓库领用生产原材料实际成本 250 000 元。
　　借：生产成本——辅助生产成本　　　　　　　　　　250 000
　　　　贷：原材料——材料　　　　　　　　　　　　　　250 000
　　（2）公司 2007 年 5 月末工资分配，其中辅助生产车间工资生产工人工资 65 000 元。
　　借：生产成本——辅助生产成本　　　　　　　　　　　65 000
　　　　贷：应付职工薪酬——工资　　　　　　　　　　　　65 000
　　（3）公司 2007 年 5 月份计提职工福利费，其中辅助生产车间 9 100 元。
　　借：生产成本——辅助生产成本　　　　　　　　　　　　9 100

　　　　贷：应付职工薪酬——职工福利　　　　　　　　　　　　　　9 100

　　（4）公司 2007 年 5 月计提固定资产折旧，其中辅助生产车间 50 000 元，行政管理部门 10 000 元。

　　　　借：制造费用　　　　　　　　　　　　　　　　　　　　　 50 000
　　　　　　管理费用——折旧费　　　　　　　　　　　　　　　　 10 000
　　　　　　贷：累计折旧　　　　　　　　　　　　　　　　　　　　　60 000

　　（5）公司 2007 年 5 月 20 日用银行存款支付辅助生产车间修理费 40 000 元。

　　　　借：制造费用　　　　　　　　　　　　　　　　　　　　　 40 000
　　　　　　贷：银行存款　　　　　　　　　　　　　　　　　　　　　40 000

　　（6）公司 2007 年 5 月 26 日以转账支票支付电费 12 000 元，其中辅助生产车间 10 000 元，行政管理部门 2 000 元。

　　　　借：制造费用　　　　　　　　　　　　　　　　　　　　　 10 000
　　　　　　管理费用——水电费　　　　　　　　　　　　　　　　 2 000
　　　　　　贷：银行存款　　　　　　　　　　　　　　　　　　　　　12 000

　　（7）公司 2007 年 5 月 30 日以银行存款支付辅助生产车间水费 15 000 元。

　　　　借：制造费用　　　　　　　　　　　　　　　　　　　　　 15 000
　　　　　　贷：银行存款　　　　　　　　　　　　　　　　　　　　　15 000

　　（8）公司 2007 年 5 月 30 日将辅助生产车间的制造费用 115 000 元进行结转。

　　　　借：生产成本——辅助生产成本　　　　　　　　　　　　 115 000
　　　　　　贷：制造费用　　　　　　　　　　　　　　　　　　　　 115 000

　　（9）公司 2007 年 5 月末将辅助生产成本 440 000 元进行分配，其中基本生产车间 400 000 元，在建工程 20 000 元，其他业务成本 15 000 元，管理费 5 000 元。

　　　　借：生产成本——基本生产成本　　　　　　　　　　　　 400 000
　　　　　　在建工程——建筑工程　　　　　　　　　　　　　　 20 000
　　　　　　其他业务成本　　　　　　　　　　　　　　　　　　 15 000
　　　　　　管理费用——修理费　　　　　　　　　　　　　　　 5 000
　　　　　　贷：生产成本——辅助生产成本　　　　　　　　　　　 440 000

二、制 造 费 用

　　制造费用是企业生产车间为生产产品和提供劳务而发生的各项间接费用，包括工资、福利费、折旧费、修理费、办公费、水电费、机物料消耗、劳动保护费、季节性和修理期间的停工损失等。

　　“制造费用”科目借方核算实际发生的制造费用，贷方核算分配结转的制造费用，除季节性生产企业外，期末结转后无余额。

（一）发生各项制造费用

　　车间发生的机物料消耗，借记“制造费用”科目，贷记“原材料”科目。发生的车间管理人员的工资及福利费，借记"制造费用"科目，贷记"应付职工薪酬"科目。车间支付的办公费、修理费、水电费等，借记"制造费用"科目，贷记"银行存款"等科目。如发生季节性和修理期间的停工损失，借记"制造费用"科目，贷记"原材料"、"应付职工薪酬"、"银行存款"等科目。

（1）公司 2007 年 7 月末分配工资，其中，发生在第二生产车间管理人员的工资 10 000 元，计提福利费 1 400 元。

```
借：制造费用                                    11 400
    贷：应付职工薪酬——工资                          10 000
                  ——职工福利                        1 400
```

（2）公司 2007 年 7 月计提固定资产折旧，其中第二生产车间折旧为 50 000 元。

```
借：制造费用                                    50 000
    贷：累计折旧                                     50 000
```

（3）公司第二生产车间 2007 年 7 月 18 日以银行存款支付固定资产修理费 2 500 元。

```
借：制造费用                                     2 500
    贷：银行存款                                      2 500
```

（4）公司第二生产车间 2007 年 7 月 18 日从材料库领用机物料成本 6 200 元。

```
借：制造费用                                     6 200
    贷：原材料                                        6 200
```

（5）公司第二生产车间 2007 年 7 月 19 日从仓库领用劳动保护用品，成本 780 元。

```
借：制造费用                                       780
    贷：原材料                                          780
```

（6）公司第二生产车间 2007 年 7 月 28 日开出转账支票一张 1 480 元，用以支付该车间的水费。

```
借：制造费用                                     1 480
    贷：银行存款                                      1 480
```

（7）公司第二生产车间 2007 年 7 月 29 日购买计算机打印纸，支付现金 560 元。

```
借：制造费用                                       560
    贷：库存现金                                        560
```

（8）公司第二生产车间 2007 年 7 月 22 ~ 28 日因机器修理造成生产停工，发生停工损失 13 200 元，其中生产工人的工资 11 579 元，应提取的福利费为 1 621 元。

```
借：制造费用                                    13 200
    贷：应付职工薪酬——工资                          11 579
                  ——职工福利                        1 621
```

（二）制造费用分配与结转

会计期末时，应将归集的制造费用采用一定的分配方法分配计入有关成本核算对象，借记"生产成本（基本生产成本、辅助生产成本）"、"劳务成本"等科目，贷记"制造费用"科目。

例如，制造公司第二生产车间生产甲、乙两种产品，甲产品生产工人工时为600小时，乙产品生产工人工时为400小时，2007年7月末按生产工人工时比例分配本月发生的制造费用86 306元。

借：生产成本——基本生产成本（甲产品）　　　　51 784
　　　　　　——基本生产成本（乙产品）　　　　34 522
　　贷：制造费用　　　　　　　　　　　　　　　　　　　　86 306

三、劳务成本

劳务成本是企业对外提供劳务所发生的各种耗费。

"劳务成本"科目借方核算企业实际发生的各项劳务成本，贷方核算已完成结转的劳务成本。期末余额在借方，反映未完成劳务成本或未结转的劳务成本。

（一）发生各项劳务成本

企业发生各项劳务支出，借记"劳务成本"科目，贷记"原材料"、"银行存款"、"应付职工薪酬"等科目。

（1）公司2007年8月2日接受一项设备检修任务，检修期为1个月。8月10日领用检修材料成本7 000元。

借：劳务成本　　　　　　　　　　　　　　　　　7 000
　　贷：原材料　　　　　　　　　　　　　　　　　　　　7 000

（2）公司2007年8月4日以银行存款为检修人员购买劳保用品2 100元。

借：劳务成本　　　　　　　　　　　　　　　　　2 100
　　贷：银行存款　　　　　　　　　　　　　　　　　　　2 100

（3）公司2007年8月30日工资分配，其中提供劳务人员工资12 000元。

借：劳务成本　　　　　　　　　　　　　　　　　12 000
　　贷：应付职工薪酬——工资　　　　　　　　　　　　　12 000

（4）公司2007年8月份计提职工福利费，其中提供劳务人员福利1 680元。

借：劳务成本　　　　　　　　　　　　　　　　　1 680
　　贷：应付职工薪酬——职工福利　　　　　　　　　　　1 680

（二）期末结转劳务成本

期末结转劳务成本时，借记"主营业务成本"、"其他业务成本"科目，贷记"劳务成本"科目。

例如，公司所承担的上述检修任务于2007年8月25日完工，结转本月劳务成本22 780元。

借：主营业务成本——劳务成本　　　　　　　　　　　22 780
　　　贷：劳务成本　　　　　　　　　　　　　　　　　22 780

💡〔注释〕

上例劳务成本是指主营业务，如属其他业务，月末应结转到"其他业务成本"科目。

四、研发支出

研发支出是指企业进行研究与开发无形资产过程中发生的各项支出。

"研发支出"科目借方核算企业自行开发无形资产、以其他方式取得的正在进行中的研究开发项目以及以后发生的研发支出；贷方核算研究开发项目按规定形成无形资产而结转的研发支出；期末借方余额反映企业正在进行中的研究开发项目中满足资本化条件的支出。

(一) 公司自行开发无形资产

企业自行开发无形资产发生的研发支出，不满足资本化条件的，借记"研发支出——费用化支出"科目，满足资本化条件的，借记"研发支出——资本化支出"科目，贷记"原材料"、"银行存款"、"应付职工薪酬"等科目。

例如，公司自行研究开发一项新产品专利技术，在研发过程中发生材料费5 000 000元，人工工资1 000 000元，其他费用3 000 000元，总计9 000 000元，其中符合资本化条件的支出7 000 000元。

借：研发支出——费用化支出　　　　　　　　　　　2 000 000
　　　　　　——资本化支出　　　　　　　　　　　7 000 000
　　贷：原材料　　　　　　　　　　　　　　　　　5 000 000
　　　　应付职工薪酬　　　　　　　　　　　　　　1 000 000
　　　　银行存款　　　　　　　　　　　　　　　　3 000 000

(二) 公司以其他方式取得正在进行中研究开发项目

企业以其他方式取得正在进行中研究开发项目，按确定的金额，借记"研发支出——资本化支出"科目，贷记"银行存款"等科目。以后发生的研发支出，比照自行开发无形资产处理。

例如，假定上例所述专利技术前期非自行开发，为3月15日购入B公司正在进行中的研发项目，购买价4 000 000元，购入后发生上述费用。

借：研发支出——资本化支出　　　　　　　　　　　4 000 000
　　　　　　——费用化支出　　　　　　　　　　　2 000 000
　　　　　　——资本化支出　　　　　　　　　　　7 000 000
　　贷：原材料　　　　　　　　　　　　　　　　　5 000 000
　　　　应付职工薪酬　　　　　　　　　　　　　　1 000 000

银行存款 7 000 000

（三）研究开发项目达到预定用途形成无形资产

研究开发项目达到预定用途形成无形资产的，按照"研发支出——资本化支出"科目的余额，借记"无形资产"科目，贷记"研发支出——资本化支出"科目。

期末，按"研发支出——费用化支出"科目归集的金额，借记"管理费用"科目，贷记"研发支出——费用化支出"科目。

（1）上例所述专利技术在 3 月 31 日尚未开发完毕。

借：管理费用 2 000 000
  贷：研发支出——费用化支出 2 000 000

（2）4 月 12 日，发生符合资本化条件的支出 500 000 元，4 月 21 日该项专利技术开发完毕，达到预定用途。

借：研发支出——资本化支出 500 000
  贷：银行存款 500 000
借：无形资产 11 500 000
  贷：研发支出——资本化支出 11 500 000

五、建造合同成本

（一）建造合同成本核算对象及成本项目

建造合同成本是指企业在合同建造过程中所发生的各项耗费。

1. 建造合同的成本核算对象，一般应以单项建造合同为成本核算对象。如果建造合同包括数项资产，并同时具备以下条件，可将该合同分立为每项资产作为成本核算对象：①每项资产均有独立的建造计划，独立的施工图预算；②在签订合同时建造承包商和客户就每次资产单独进行谈判，双方能够接受或拒绝与每项资产有关的合同条款；③建造每项资产的收入和成本可以单独辨认。

如果一组建造合同同时具备以下条件，可将该组合同合并作为一个建造合同成本核算对象：①该组合同按一揽子交易签订；②该组合同密切相关，每项合同实际上已构成一项综合利润率工程的组成部分；③该组合同同时或依次履行。

2. 建造合同成本包括直接费用和间接费用。

（1）直接费用项目：①人工费用。包括企业直接从事建造合同施工人员的工资、奖金、职工福利费、工资性津贴、劳动保护费等。发生人工费支出借记"工程施工"，贷记"应付职工薪酬"等科目。②材料费。包括企业在建造合同施工过程中耗用的构成工程实体的原材料及辅助材料、机械零配件、周转使用材料摊销、水费等预算定额中包括的物料消耗。发生支出借记"工程施工"，贷记"原材料"、"银行存款"等科目。③施工机械使用费。包括企业在施工过程中使用自有机械发生的费用，租赁施工机械的租赁费和施工机械安装费、拆卸和进场费等。发生支出借记"工程施工",贷记"累计折旧"、"原材料"、"银行存款"等科目。④其他直接费。包括生产领用工器具使用费;材料的二次倒运费;检验试验费;工程点交;场地清理费;临时设施摊销等。发生支出借记"工程施工",贷记"原材料"等科目。

（2）间接费用项目:包括施工现场的管理机构及工作人员、为组织和管理建造合同施工而发生的全部支出以及季节性停工工资、窝工损失等。发生支出借记"工程施工",贷记"应付职工薪酬"、"银行存款"等科目。

（二）建造合同成本核算

"工程施工"科目的借方核算企业在建造合同施工过程中实际发生的合同成本和合同毛利,并按建造合同和成本项目进行归集。贷方核算合同亏损和工程完工后结转的合同成本。期末余额在借方,反映未完工的建造合同成本和合同毛利。

"工程结算"科目贷方核算已结算的工程价款,借方核算合同竣工后结转的合同成本和合同毛利;期末余额在贷方,反映企业尚未完工建造合同已办理结算的累计金额。工程竣工结转施工成本和毛利后期末无余额。

"机械作业"科目借方核算企业发生的机械作业支出;贷方核算进行分配和结转的机械作业成本;本科目期末无余额。企业及其内部独立核算的施工单位,从外单位或本企业其他内部独立核算的机械站租入的施工机械发生的机械租赁费,在"工程施工"科目核算,不通过本科目核算。

1. 建造合同发生的直接费用

直接费用如能直接计入受益对象可直接计入,如几个成本核算对象共同受益,应在受益的核算对象中分摊。

耗用的材料,若是几个成本核算对象共同发生的,按各受益对象分摊。分摊方法:①耗用材料能够计量的按受益对象所耗用材料数量分摊;②不能计量的按受益对象定额耗用量分摊,如大堆材料。

施工人员工资如不能直接计入成本核算对象,可按各成本核算对象使用的工日数或工时数分摊。

施工机械租金如不能直接计入各成本核算对象,可以按使用的台班或完成的工作量及各成本核算对象已完成的预算成本比例分摊。

企业自有机械发生的费用可先在"辅助生产"科目归集,再分配到各成本核算对象。

其他直接费可按各成本核算对象的施工工日数或各成本核算对象的工、料、机成本合计的比例或各成本核算对象已完成的预算成本数比例分配。

上述各种直接费用所采用的分配方法由企业自行确定,一经确定,不得随意变更。

（1）公司2007年6月6日从仓库领用施工用材料,成本17 600元,其中甲工程应分配的材料费6 380元,乙工程应分配的材料费11 220元。

借：工程施工——甲工程——合同成本（材料费）　　　　　6 380
　　　　　　——乙工程——合同成本（材料费）　　　　　11 220
　　贷：原材料　　　　　　　　　　　　　　　　　　　　　　17 600

（2）公司2007年6月发生施工人员工资12 000元，其中甲工程应分配的工资为7 000元，乙工程应分配的工资为5 000元，施工现场管理人员工资1 600元，公司管理人员工资1 400元。

借：工程施工——甲工程——合同成本（人工费）　　　　　7 000
　　　　　　——乙工程——合同成本（人工费）　　　　　5 000
　　　　　　——间接费用（人工费）　　　　　　　　　　1 600
　　管理费用——职工薪酬　　　　　　　　　　　　　　　1 400
　　贷：应付职工薪酬——工资　　　　　　　　　　　　　　　15 000

（3）公司2007年7月18日支付推土机租费14 000元。其中甲工程使用了20个台班，乙工程使用了15个台班。

借：工程施工——甲工程——合同成本（施工机械使用费）　8 000
　　　　　　——乙工程——合同成本（施工机械使用费）　6 000
　　贷：银行存款　　　　　　　　　　　　　　　　　　　　14 000

（4）公司2007年7月25日，机械队领用备品备件20 000元。

借：辅助生产——机械队　　　　　　　　　　　　　　　　20 000
　　贷：原材料　　　　　　　　　　　　　　　　　　　　　20 000

（5）分配辅助生产成本19 600元，其中甲工程10 000元、乙工程9 600元。

借：工程施工——甲工程——合同成本（施工机械使用费）　10 000
　　　　　　——乙工程——合同成本（施工机械使用费）　9 600
　　贷：辅助生产——机械队　　　　　　　　　　　　　　　19 600

（6）公司2007年8月10日施工现场领用一般材料成本18 000元，其中甲工程应分配10 000元，乙工程应分配8 000元。

借：工程施工——甲工程——合同成本（其他直接费）　　10 000
　　　　　　——乙工程——合同成本（其他直接费）　　8 000
　　贷：原材料　　　　　　　　　　　　　　　　　　　　18 000

2. 建造合同施工发生的间接费用

间接费可先在“工程施工——间接费用”科目中归集，期末按各成本核算对象当期发生的人工费或直接费比例分配到各成本核算对象。

（1）公司2007年11月领取劳保用品12 000元。

借：工程施工——间接费　　　　　　　　　　　　　　　　12 000
　　贷：原材料——材料　　　　　　　　　　　　　　　　　12 000

（2）分配间接费14 500元，其中甲工程10 000元，乙工程4 500元。

借：工程施工——甲工程——合同成本（间接费）　　　　10 000
　　　　　　——乙工程——合同成本（间接费）　　　　4 500

　　　　贷：工程施工——间接费用　　　　　　　　　　　　　　14 500
　　3. 机械作业
　　企业发生的机械作业支出借记"机械作业"科目，贷记"原材料"、"应付职工薪酬"、"累计折旧"等科目。
　　月末分别下列情况进行分配和结转：企业及其内部独立核算的施工单位、机械站和运输队为本单位承包的工程进行机械化作业和运输作业的成本，应转入承包工程的成本，借记"工程施工"科目，贷记"机械作业"科目；对外单位、专项工程等提供机械作业的成本，借记"劳务成本"科目，贷记"机械作业"科目。
　　4. 建造合同全部完工结转工程施工成本
　　工程完工后结转工程施工成本，借记"工程结算"科目，贷记"工程施工"科目。
　　例如，公司 2007 年 10 月承建的工程全部完工，共发生实际施工成本 1 000 000元，其中甲工程 700 000 元，乙工程 300 000 元，办理竣工结算后结转施工成本。
　　借：工程结算　　　　　　　　　　　　　　　　　　1 000 000
　　　　贷：工程施工——甲工程——合同成本　　　　　　　　700 000
　　　　　　　　　　——乙工程——合同成本　　　　　　　　300 000

六、主营业务成本

　　"主营业务成本"科目借方核算根据销售各种商品、提供的各种劳务等实际成本以及根据建造合同准则确认合同收入时应确认的合同费用；贷方核算结转至"本年利润"科目的余额，结转后本科目无余额。
　　1. 销售商品、提供劳务成本的结转
　　月末，根据销售商品、提供劳务的实际成本，计算结转的主营业务成本，借记"主营业务成本"，贷记"生产成本"、"库存商品"、"劳务成本"等科目。
　　例如，某企业 2007 年 11 月份产品销售成本 3 000 000 元，月末结转销售成本。
　　借：主营业务成本——商品销售成本　　　　　　　　　3 000 000
　　　　贷：库存商品　　　　　　　　　　　　　　　　　　3 000 000
　　2. 建造合同成本的结转
　　根据建造合同准则确认合同收入时，按确认的合同费用，借记"主营业务成本"科目，贷记"主营业务收入"科目，按两者之间的差额，借记或贷记"工程施工——合同毛利"科目。
　　合同完工时，按相关建造合同已计提的预计损失准备，借记"存货跌价准备——合同预计损失准备"科目，贷记"主营业务成本"科目。
　　例如，某建筑公司与客户签订了一项总金额为 2 000 000 元的建造合同，预计合同成本 1 600 000 元。第一年发生工程成本 850 000 元，公司按完工百分比法确认合同收入，按规定的方法确定工程的完工进度为 50%，第一年确认合同收入和成本时：

借：主营业务成本——××建造合同　　　　　　　　　　　800 000
　　工程施工——合同毛利　　　　　　　　　　　　　　　200 000
　　贷：主营业务收入——××建造合同　　　　　　　　　　　1 000 000

第二节　销售费用、管理费用与财务费用

一、销售费用

销售费用是指企业在销售商品和材料、提供劳务的过程中发生的各项费用，包括运输费、装卸费、包装费、保险费、展览费、广告费、商品维修费、预计产品质量保证损失以及为销售本企业商品而专设的销售机构发生的职工薪酬、业务费、折旧费等经营费用。

"销售费用"科目借方核算企业实际发生的各项销售费用，贷方核算已结转的销售费用，期末结转后无余额。

1. 日常发生的销售费用

企业在销售商品过程中发生的运输费、装卸费、包装费、保险费、展览费和广告费等，借记"销售费用"科目，贷记"银行存款"等科目。

企业发生的为销售本企业商品而专设的销售机构的职工工资、福利费、业务费等费用，借记"销售费用"科目，贷记"应付职工薪酬"、"银行存款"等科目。

（1）公司2007年5月份分配工资，其中专设销售机构销售人员工资4 750元，提取的福利费665元。

借：销售费用——职工薪酬——工资　　　　　　　　　　　4 750
　　　　　　　　　　　　——职工福利　　　　　　　　　　665
　　贷：应付职工薪酬——工资　　　　　　　　　　　　　　4 750
　　　　　　　　　　——职工福利　　　　　　　　　　　　665

（2）工程公司2007年5月12日以银行存款支付商品运输费7 650元，装卸费850元。

借：销售费用——运输费　　　　　　　　　　　　　　　　7 650
　　　　　　——装卸费　　　　　　　　　　　　　　　　850
　　贷：银行存款　　　　　　　　　　　　　　　　　　　　8 500

（3）公司2007年5月18日发生以现金支付商品包装费470元。

借：销售费用——包装费　　　　　　　　　　　　　　　　470
　　贷：库存现金　　　　　　　　　　　　　　　　　　　　470

（4）公司2007年5月20日为甲商品办理货物保险开出转账支票一张，金额8 760元。

借：销售费用——保险费　　　　　　　　　　　　　　　　　　8 760
　　贷：银行存款　　　　　　　　　　　　　　　　　　　　　　　8 760

（5）公司 2007 年 5 月 15 日为乙产品支付展览费 10 000 元，为甲产品做宣传广告支付 5 000 元，均以银行存款支付。

借：销售费用——展览费　　　　　　　　　　　　　　　　　10 000
　　　　　　——广告费　　　　　　　　　　　　　　　　　　5 000
　　贷：银行存款　　　　　　　　　　　　　　　　　　　　　15 000

（6）公司 2007 年 5 月 27 日发生业务费 7 340 元，用转账支票支付。

借：销售费用——业务费　　　　　　　　　　　　　　　　　7 340
　　贷：银行存款　　　　　　　　　　　　　　　　　　　　　7 340

2. 期末结转销售费用

期末结转销售费用时，借记"本年利润"科目，贷记"销售费用"科目。

例如，高科技公司 2007 年 12 月末结转本月销售费用 200 000 元。

借：本年利润　　　　　　　　　　　　　　　　　　　　　200 000
　　贷：销售费用　　　　　　　　　　　　　　　　　　　　200 000

二、管理费用

管理费用是指企业为组织和管理生产经营所发生的管理费用，包括企业在筹建期间内发生的开办费、董事会和行政管理部门在企业的经营管理中发生的或者应由企业统一负担的公司经费（包括行政管理部门职工工资及福利费、物料消耗、低值易耗品摊销、办公费和差旅费等）、工会经费、董事会费（包括董事会成员津贴、会议费和差旅费等）、聘请中介机构费、咨询费（含顾问费）、诉讼费、业务招待费、房产税、车船税、土地使用税、印花税、技术转让费、矿产资源补偿费、研究费用、排污费等。

"管理费用"科目借方核算企业实际发生的各项管理费用，贷方核算已结转的管理费用，期末结转后无余额。

1. 筹建期间发生的开办费

企业在筹建期间内发生的开办费，包括人员工资、办公费、培训费、差旅费、印刷费、注册登记费以及不计入固定资产成本的借款费用等在实际发生时，借记"管理费用"科目（开办费），贷记"银行存款"等科目。

例如，公司 2007 年 3 月 19 日以银行存款支付筹建期间发生的人员工资 385 000 元、培训费 70 000 元、印刷费 12 200 元，合计金额 467 200 元。

借：管理费用——开办费　　　　　　　　　　　　　　　　467 200
　　贷：银行存款　　　　　　　　　　　　　　　　　　　　467 200

2. 公司经费

公司经费包括管理部门职工薪酬、折旧及修理费、领用的低值易耗品、办公费、差旅费等。借记"管理费用"科目，贷记"应付职工薪酬"、"累计折旧"、"原材料"等科目。

（1）公司 2007 年 10 月份分配工资，其中行政管理部人员的工资 15 000 元。

借：管理费用——职工薪酬——工资 15 000
　　贷：应付职工薪酬——工资 15 000

（2）公司 2007 年 10 月份计提行政管理部门固定资产折旧费 24 000 元。

借：管理费用——折旧 24 000
　　贷：累计折旧 24 000

（3）公司 2007 年 10 月 25 日以银行存款支付复印机等修理费 1 400 元。

借：管理费用——修理费 1 400
　　贷：银行存款 1 400

（4）公司 2007 年 10 月 29 日摊销无形资产专利权 12 000 元。

借：管理费用——无形资产摊销 12 000
　　贷：累计摊销 12 000

（5）公司 2007 年 10 月 10 日以现金 200 元购买办公用品。

借：管理费用——办公费 200
　　贷：库存现金 200

（6）公司管理人员王辉 2007 年 10 月 18 日报销公出差旅费 584 元，以现金支付。

借：管理费用——差旅费 584
　　贷：库存现金 584

3. 提取的工会经费、职工教育经费、各种保险和住房公积金

企业应付给行政管理部门职工的待业保险、劳动保险等，借记"管理费用"科目，贷记"应付职工薪酬"科目。

按规定计提的应交给工会的工会经费与职工教育经费，借记"管理费用"科目，贷记"应付职工薪酬"科目。

按规定计提的住房公积金，借记"管理费用"等科目，贷记"应付职工薪酬"科目。

（1）公司 2007 年 10 月份计提待业保险费 300 000 元。

借：管理费用——职工薪酬——待业保险费 300 000
　　贷：应付职工薪酬——待业保险费 300 000

（2）公司 2007 年 10 月份计提基本养老保险费 30 000 元。

借：管理费用——职工薪酬——劳动保险费 30 000
　　贷：应付职工薪酬——劳动保险费 30 000

（3）公司 2007 年 10 月份计提工会经费 20 000 元、职工教育经费 15 000 元。

借：管理费用——职工薪酬——工会经费 20 000
　　　　　　　　　　——职工教育经费 15 000
　　贷：应付职工薪酬——工会经费 20 000

　　　　应付职工薪酬——职工教育经费　　　　　　　　　　　15 000

（4）公司 2007 年 10 月份计提职工住房公积金 120 000 元。

借：管理费用——职工薪酬——住房公积金　　　　　　120 000

　　贷：应付职工薪酬——住房公积金　　　　　　　　　　120 000

4. 董事会费

企业发生的董事会会费主要包括董事会成员津贴、会议费和差旅费等，发生董事会费时，借记"管理费用"科目，贷记"银行存款"等科目。

例如，公司 2007 年 10 月 16 日用银行存款支付董事会会议费 20 000 元。

借：管理费用——董事会费　　　　　　　　　　　　　20 000

　　贷：银行存款　　　　　　　　　　　　　　　　　　　20 000

5. 应计入管理费用的税金

企业按规定计算出应交的房产税、车船税、土地使用税，借记"管理费用"科目，贷记"应交税费"科目，缴纳的印花税，借记"管理费用"科目，贷记"银行存款"科目。

（1）公司 2007 年 10 月 18 日用银行存款购印花税票 2 000 元。

借：管理费用——印花税　　　　　　　　　　　　　　2 000

　　贷：银行存款　　　　　　　　　　　　　　　　　　　2 000

（2）公司 2007 年 10 月末应缴纳的房产税 6 000 元、车船税 1 000 元、土地使用税 800 元。

借：管理费用——房产税　　　　　　　　　　　　　　6 000

　　　　　　——车船税　　　　　　　　　　　　　　1 000

　　　　　　——土地使用税　　　　　　　　　　　　800

　　贷：应交税费——应交房产税　　　　　　　　　　　6 000

　　　　　　　　——应交车船税　　　　　　　　　　　1 000

　　　　　　　　——应交土地使用税　　　　　　　　　800

6. 经批准处理的存货盘盈与盘亏

经批准处理盘盈的存货，属于管理方面的原因，应冲减当期的管理费用，借记"待处理财产损溢——待处理流动资产损溢"科目，贷记"管理费用"科目，盘亏的存货，在减去过失人或者保险公司等赔款和残料价值之后，计入当期管理费用，借记"管理费用"科目，贷记"待处理财产损溢——待处理流动资产损溢"。

例如，公司 2007 年 12 月末按规定管理权限报经批准对盘盈、盘亏的库存材料进行处理，盘盈的甲种材料 8 000 元，盘亏的乙种材料 5 000 元，原材料的盘盈、盘亏都是由于计量的错误所造成。

（1）盘盈的材料

借：待处理财产损溢——待处理流动资产损溢　　　　　8 000

　　贷：管理费用——存货盘亏与盘盈　　　　　　　　　8 000

（2）盘亏的材料

借：管理费用——存货盘亏与盘盈　　　　　　　　5 000
　　贷：待处理财产损溢——待处理流动资产损溢　　　　5 000

7. 管理费用中的其他支出

支付业务招待费、聘请中介机构费、咨询费、诉讼费、技术转让费、研制开发费等费用时，借记"管理费用"科目，贷记"银行存款"等科目。

（1）公司 2007 年 10 月 18 日用银行存款支出 11 790 元，其中，支付业务招待费 1 790 元，支付技术咨询费 10 000 元。

借：管理费用——业务招待费　　　　　　　　　1 790
　　　　　　——咨询费　　　　　　　　　　　10 000
　　贷：银行存款　　　　　　　　　　　　　　　　11 790

（2）公司 2007 年 10 月 19 日，开出转账支票一张，金额 8 000 元用于支付诉讼费。

借：管理费用——诉讼费　　　　　　　　　　　8 000
　　贷：银行存款　　　　　　　　　　　　　　　　8 000

（3）公司 2007 年 10 月 24 日以银行存款支付技术转让费 9 000 元。

借：管理费用——技术转让费　　　　　　　　　9 000
　　贷：银行存款　　　　　　　　　　　　　　　　9 000

8. 期末结转管理费用

期末结转管理费用时，借记"本年利润"科目，贷记"管理费用"科目。

例如，高科技公司 2007 年 12 月末结转本月管理费 24 870 元。

借：本年利润　　　　　　　　　　　　　　　24 870
　　贷：管理费用　　　　　　　　　　　　　　　　24 870

三、财务费用

财务费用，是指企业为筹集生产经营所需资金而发生的费用，包括应当作为期间费用的利息支出（减利息收入）、汇兑损失（减汇兑收益）以及相关的手续费、企业发生的现金折扣或收到的现金折扣等。

为购建或生产满足资本化条件的资产发生的应予资本化的借款费用，如"在建工程"、"制造费用"等科目核算。

"财务费用"科目借方核算利息费用、银行手续费以及汇兑损失等，贷方核算利息收入、汇兑收益等；期末结转后无余额。

1. 利息支出与利息收入

企业发生的利息支出，借记"财务费用"、"未确认融资费用"等科目，贷记"银行存款"等科目。

发生的应冲减财务费用的利息收入、汇兑损益、现金折扣，借记"银行存款"、"应付账款"等科目，贷记"财务费用"科目。

（1）公司 2007 年 12 月 30 日计算短期借款利息 21 500 元。

借：财务费用——利息支出   21 500

  贷：应付利息   21 500

（2）公司 2007 年 12 月 21 日收到银行转来的银行存款利息 13 000 元。

借：银行存款   13 000

  贷：财务费用——利息收入   13 000

2. 支付银行的手续费

公司办理银行业务而应支付银行的手续费，借记"财务费用"科目，贷记"银行存款"等科目。

例如，公司 2007 年 12 月 22 日以银行存款支付银行承兑汇票手续费 1 450 元。

借：财务费用——银行手续费   1 450

  贷：银行存款   1 450

3. 期末结转财务费用

期末结转财务费用时，借记"本年利润"科目，贷记"财务费用"科目。

例如，高科技公司 2007 年 12 月末结转本月财务费用 256 000 元。

借：本年利润   256 000

  贷：财务费用   256 000

第七章　利　　润

利润是指企业在一定会计期间的经营成果。利润包括收入减去费用后的净额、直接计入当期利润的利得和损失等。

直接计入当期利润的利得和损失，是指应当计入当期损益、会导致所有者权益发生增减变动的、与所有者投入资本或者向所有者分配利润无关的利得或者损失。

利润金额取决于收入和费用、直接计入当期利润的利得和损失金额的计量。

第一节　营业外收入与营业外支出

一、营业外收入

营业外收入主要包括非流动资产处置利得、非货币性资产交换利得、债务重组利得、政府补助、盘盈利得、捐赠利得等。

"营业外收入"科目贷方核算企业发生的各项营业外收入，借方核算期末结转至"本年利润"科目的营业外收入，结转后期末无余额。

1. 处置固定资产的净收益

企业在生产经营期间，固定资产清理所取得的收益，借记"固定资产清理"科目，贷记"营业外收入——处置非流动资产利得"科目。

例如，公司 2007 年 8 月 2 日出售固定资产净收益 8 000 元，转入营业外收入。

借：固定资产清理　　　　　　　　　　　　　　　　　　8 000
　　贷：营业外收入——处置非流动资产利得　　　　　　　　　8 000

2. 教育费附加返回与罚款净收入

企业收到的教育费附加返还，借记"银行存款"科目，贷记"营业外收入——政府补助利得"。

企业取得的罚款净收入，借记"银行存款"等科目，贷记"营业外收入——罚没利得"科目。

例如，公司 2007 年 8 月 18 日取得罚款净收入 5 000 元。

借：银行存款　　　　　　　　　　　　　　　　　　　　5 000
　　贷：营业外收入——罚没利得　　　　　　　　　　　　　　5 000

3. 出售无形资产净收益

出售无形资产时，应按实际收到的金额，借记"银行存款"等科目，按已计提的累计摊销，借记"累计摊销"科目，原已计提减值准备的，借记"无形资产减值准备"科目，按应支付的相关税费，贷记"应交税费"等科目，按其账面余额，贷记"无形资产"科目，按其差额，贷记"营业外收入——处置非流动资产利得"科目。

例如，公司 2007 年 8 月 22 日将拥有的一项专利权出售，取得收入 150 000 元，应交的营业税为 7 500 元。该专利权的账面余额为 123 760 元，已计提的减值准备为 4 500 元。

借：银行存款　　　　　　　　　　　　　　　　150 000
　　无形资产减值准备　　　　　　　　　　　　　4 500
　　贷：无形资产——专利权　　　　　　　　　　　　123 760
　　　　营业外收入——处置非流动资产利得　　　　　23 240
　　　　应交税费——应交营业税　　　　　　　　　　7 500

4. 月末结转营业外收入

企业月末结转营业外收入时，借记"营业外收入"科目，贷记"本年利润"科目。

例如，公司 2007 年 8 月末将营业外收入 61 240 元转入本年利润。

借：营业外收入　　　　　　　　　　　　　　　61 240
　　贷：本年利润　　　　　　　　　　　　　　　　61 240

二、营业外支出

营业外支出包括非流动资产处置损失、非货币性资产交换损失、债务重组损失、公益性捐赠支出、非常损失、盘亏损失等。

"营业外支出"科目借方核算企业发生的各项营业外支出，贷方核算期末结转至"本年利润"科目的营业外支出，结转后期末无余额。

1. 处置固定资产与盘亏固定资产的净损失

企业在生产经营期间，固定资产清理所发生的净损失，借记"营业外支出——处置非流动资产损失"科目，贷记"固定资产清理"科目。

企业在清查财产过程中，查明固定资产盘亏，按规定管理权限报经批准后，借记"营业外支出——其他"科目，贷记"待处理财产损溢——待处理非流动资产损溢"科目。

（1）公司 2007 年 9 月 2 日报废的固定资产处理后产生净损失 3 200 元，按规定管理权限报经批准后予以转销。

借：营业外支出——处置非流动资产损失　　　　3 200
　　贷：固定资产清理　　　　　　　　　　　　　　3 200

（2）公司 2007 年 9 月 6 日固定资产盘亏净损失 4 500 元，按规定管理权限报经批准后予以转销。

借：营业外支出——其他　　　　　　　　　　　　　　　　　4 500

　　贷：待处理财产损溢——待处理非流动资产损溢　　　　　　　　4 500

2. 出售无形资产净损失

出售无形资产时，应按实际收到的金额，借记"银行存款"等科目，按已计提的累计摊销，借记"累计摊销"科目，原已计提减值准备的，借记"无形资产减值准备"科目，按应支付的相关税费，贷记"应交税费"等科目，按其账面余额，贷记"无形资产"科目，按其差额，借记"营业外支出——处置非流动资产损失"科目。

例如，公司 2007 年 9 月 8 日将拥有的一项专利权出售，取得收入 100 000 元，应交的营业税为 5 000 元。该专利权的账面余额为 123 760 元，已计提的减值准备为 4 500 元。

借：银行存款　　　　　　　　　　　　　　　　　　　　100 000

　　无形资产减值准备　　　　　　　　　　　　　　　　　　4 500

　　营业外支出——处置非流动资产损失　　　　　　　　　24 260

　　贷：无形资产——专利权　　　　　　　　　　　　　　　　123 760

　　　　应交税费——应交营业税　　　　　　　　　　　　　　5 000

3. 公益性捐赠支出与罚款支出

企业发生的公益性捐赠支出、罚款支出，借记"营业外支出"科目，贷记"银行存款"等科目。

(1) 公司 2007 年 9 月 18 日支援希望工程，由银行信汇 380 000 元，补助光明村小学建设教学房屋。

借：营业外支出——公益性捐赠支出　　　　　　　　　　380 000

　　贷：银行存款　　　　　　　　　　　　　　　　　　　　380 000

(2) 公司 2007 年 9 月 20 日因非法经营某种商品按规定被处以罚款 5 000 元。

借：营业外支出——罚款支出　　　　　　　　　　　　　　5 000

　　贷：银行存款　　　　　　　　　　　　　　　　　　　　5 000

4. 存货的非常损失

存货发生的非常损失，按规定管理权限报经批准后，借记"营业外支出——非常损失"科目，贷记"待处理财产损溢——待处理流动资产损溢"科目。

例如，公司 2007 年 9 月 20 日经批准将运输途中发生的非常损失 5 850 元（其中包括进项税额 850 元），计入营业外支出。

借：营业外支出——非常损失　　　　　　　　　　　　　　5 850

　　贷：待处理财产损溢——待处理流动资产损溢　　　　　　　5 850

5. 月末结转营业外支出

月末结转营业外支出时，借记"本年利润"科目，贷记"营业外支出"科目。

例如，公司 2007 年 9 月末将营业外支出 127 460 元转入本年利润。

借：本年利润　　　　　　　　　　　　　　　　　　　　127 460

　　贷：营业外支出　　　　　　　　　　　　　　　　　　　127 460

第二节 本年利润

一、利润的确认

利润是指企业在一定会计期间的经营成果。利润包括收入减去费用后的净额、直接计入当期利润的利得和损失等。

计算公式如下:

营业利润＝营业收入－营业成本－营业税金及附加－销售费用－管理费用－财务费用－资产减值损失＋公允价值变动净收益＋投资净收益

利润总额＝营业利润＋营业外收入－营业外支出

净利润＝利润总额－所得税费用

二、本年利润结转

本年利润是指企业当年实现的净利润（或净亏损）。

"本年利润"科目贷方核算转入的各项收入与收益,借方核算转入的各项成本、费用和支出,余额在贷方,反映本年累计实现的利润,余额在借方,反映本年累计发生的亏损。年度终了,将其余额转入"利润分配——未分配利润"科目,结转后期末无余额。

1. 本年各项收入、收益的结转

期末结转利润时,应将"主营业务收入"、"其他业务收入"、"营业外收入"等科目的期末余额,分别转入本科目,借记"主营业务收入"、"其他业务收入"、"公允价值变动损益"、"营业外收入"、"投资收益"等科目,贷记"本年利润"科目。

例如,公司 2007 年 12 月末将主营业务收入 350 000 000 元,公允价值变动损益 200 000 元,其他业务收入 90 000 元,营业外收入 2 300 000 元,投资收益 25 000 000 元转入本年利润。

借:主营业务收入　　　　　　　　　　　　　　　　350 000 000
　　公允价值变动损益　　　　　　　　　　　　　　　　　200 000
　　其他业务收入　　　　　　　　　　　　　　　　　　　90 000
　　营业外收入　　　　　　　　　　　　　　　　　　2 300 000
　　投资收益　　　　　　　　　　　　　　　　　　25 000 000
　　贷:本年利润　　　　　　　　　　　　　　　　377 590 000

2. 本年各项成本、费用与支出的结转

期末结转利润时,应将"主营业务成本"、"营业税金及附加"、"其他业务成

本"、"销售费用"、"管理费用"、"财务费用"、"资产减值损失"、"营业外支出"、"所得税费用" 等科目的期末余额，分别转入本科目，借记 "本年利润" 科目，贷记 "主营业务成本"、"营业税金及附加"、"其他业务成本"、"销售费用"、"管理费用"、"财务费用"、"资产减值损失"、"营业外支出"、"所得税费用" 等科目。如投资与公允价值变动存在净损失，借记 "本年利润" 科目，贷记 "投资收益"、"公允价值变动损益" 科目。

例如，公司 2007 年 12 月 31 日将主营业务成本 250 000 000 元，营业税金及附加 2 300 000 元，其他业务成本 50 000 元，销售费用 250 000 元，管理费用 4 000 000 元，财务费用 7 000 000 元，资产减值损失 500 000 元，营业外支出 1 500 000 元，所得税费用 4 500 000 元转入本年利润。

借：本年利润　　　　　　　　　　　　270 100 000
　　贷：主营业务成本　　　　　　　　　250 000 000
　　　　营业税金及附加　　　　　　　　　2 300 000
　　　　其他业务成本　　　　　　　　　　　50 000
　　　　销售费用　　　　　　　　　　　　250 000
　　　　管理费用　　　　　　　　　　　4 000 000
　　　　财务费用　　　　　　　　　　　7 000 000
　　　　资产减值损失　　　　　　　　　　500 000
　　　　营业外支出　　　　　　　　　　1 500 000
　　　　所得税费用　　　　　　　　　　4 500 000

3. 年末结转本年利润

年度终了，应将本年收入和支出相抵后结出的本年实现的净利润，转入 "利润分配" 科目，借记 "本年利润" 科目，贷记 "利润分配——未分配利润" 科目；如为净亏损，做相反的会计分录。结转后 "本年利润" 科目应无余额。

例如，公司 2007 年 12 月 31 日将本年利润 107 490 000 元转入利润分配。

借：本年利润　　　　　　　　　　　　107 490 000
　　贷：利润分配——未分配利润　　　　107 490 000

第三节　利 润 分 配

一、利润分配的规定

企业当期实现的净利润，加上年初未分配利润（或减去年初未弥补亏损）和其他转入后的余额，为可供分配的利润。可供分配的利润减去提取的法定盈余公积后，为可供投资者分配的利润。可供投资者分配的利润，按下列顺序分配：

（1）提取法定盈余公积。

（2）提取任意盈余公积，是指企业按规定提取的任意盈余公积。

（3）应付股东或投资者的普通股股利或利润，是指企业按照利润分配方案分配给普通股股东的现金股利或利润。

（4）转作股本（或资本）的普通股股利，是指企业按照利润分配方案以分派股票股利的形式转作的股本（或资本）。

可供投资者分配的利润，经过上述分配后，为未分配利润（或未弥补亏损）。未分配利润可留待以后年度进行分配。企业如发生亏损，可以按规定由以后年度利润进行弥补。

企业未分配的利润（或未弥补的亏损）应当在资产负债表的所有者权益项目中单独反映。

二、利润分配核算

"利润分配"科目借方核算按规定进行分配的利润，如提取法定盈余公积和分配股利等，贷方核算本年利润的结转及用盈余公积弥补的亏损等；期末余额在贷方，反映企业历年积存的未分配利润，年末余额在借方，反映企业历年积存的未弥补亏损。

1. 利润分配

（1）企业用盈余公积弥补亏损，借记"盈余公积——盈余公积补亏"科目，贷记"利润分配——盈余公积补亏"科目；

（2）按规定从净利润中提取法定盈余公积时，借记"利润分配——提取法定盈余公积"科目，贷记"盈余公积——法定盈余公积"科目；

（3）企业应分配给优先股股东的股利，借记"利润分配——应付优先股股利"科目，贷记"应付股利"科目；

（4）企业应提取的任意盈余公积，借记"利润分配——提取任意盈余公积"科目，贷记"盈余公积——任意盈余公积"科目；

（5）应当分配给普通股股东的现金股利，借记"利润分配——应付现金股利"科目，贷记"应付股利"科目；

（6）应当分配给投资者的利润，借记"利润分配——应付利润"科目，贷记"应付股利"科目；

（7）企业经股东大会或类似机构批准分派股票股利，应在办理增资手续后，借记"利润分配——转作股本的股利"科目，贷记"股本"科目。如实际发放的股票股利的金额与股票票面金额不一致，应按其差额，贷记"资本公积——股本溢价"科目。

外商投资企业从净利润中提取的职工奖励及福利基金，借记"利润分配——提取职工奖励及福利基金"科目，贷记"应付职工薪酬"科目；外商投资企业提取的储备基金，借记"利润分配——提取储备基金"科目，贷记"盈余公积——提取储备基金"科目；外商投资企业提取的企业发展基金，借记"利润分配——企业发展基金"科目，贷记"盈余公积——企业发展基金"科目。

（1）公司 2007 年 12 月 31 日从税后利润中提取 10% 的法定盈余公积 10 749 000 元。

借：利润分配——提取法定盈余公积　　　　　　　　　10 749 000

　　贷：盈余公积——法定盈余公积　　　　　　　　　　　　10 749 000

（2）公司 2008 年 4 月 5 日根据股东大会决议，分派普通股股利 350 000 元，提取任意盈余公积金 3 000 000 元。

借：利润分配——应付现金股利　　　　　　　　　　　3 500 000

　　　　　　——提取任意盈余公积　　　　　　　　　　　3 000 000

　　贷：应付股利　　　　　　　　　　　　　　　　　　　3 500 000

　　　　盈余公积——任意盈余公积　　　　　　　　　　　　3 000 000

2. 年终已分配利润的结转

年度终了，企业应将"利润分配"科目下的各明细科目的余额转入"利润分配——未分配利润"明细科目。结转后，除"利润分配——未分配利润"明细科目外，本科目的其他明细科目应无余额。

例如，公司 2007 年 12 月 31 日将"利润分配"各明细科目的余额全部转入"利润分配——未分配利润"明细科目。

借：利润分配——未分配利润　　　　　　　　　　　17 249 000

　　贷：利润分配——提取法定盈余公积　　　　　　　　　10 749 000

　　　　　　　　——应付现金股利　　　　　　　　　　　3 500 000

　　　　　　　　——提取任意盈余公积　　　　　　　　　3 000 000

第四节　以前年度损益调整

一、以前年度损益调整事项

以前年度损益调整事项指企业本年度发生的调整以前年度损益的事项与本年度发现的重要前期差错更正涉及调整以前年度损益的事项，以及企业在资产负债表日至财务报告批准报出日之间发生的需要调整报告年度损益的事项。主要包括已证实资产发生了减损、销售退回、已确定获得或支付的赔偿等事项。

已证实资产发生了减损是指在年度资产负债表日或资产负债表日，根据当时资料判断某项资产可能发生了损失或永久性减值，但没有最后确定是否会发生，因而按照当时最好的估计金额反映在会计报表中。但在年度资产负债表日至财务报告批准报出日之间，所取得新的或进一步的证据能证明该事实成立，即某项资产已经发生了损失或永久性减值，则应对资产负债表日所作的估计予以修正。

资产负债表日及之前售出的商品在资产负债表日至财务会计报告批准报出日之间发生退回的，应当作为资产负债表日后事项的调整事项处理，调整报告年度的收入、成本等。如果该项销售在资产负债表日及之前已经发生现金折扣的，还应同时冲减报告年度的现金折扣。

已确定获得或支付的赔偿是指在资产负债表日以前，或资产负债表日已经存在的赔偿事项，资产负债表日至财务报告批准报出日之间提供了新的证据，表明企业能够收到赔偿款或需要支付赔偿款，这一新的证据如果对资产负债表日所作的估计需要调整的，应对会计报表进行调整。

二、以前年度损益调整的核算

"以前年度损益调整"科目贷方核算企业调整增加以前年度的利润或调整减少以前年度的亏损，借方核算企业调整减少以前年度的利润或调整增加以前年度的亏损，期末余额转入"利润分配——未分配利润"科目，结转后无余额。不涉及损益调整的事项与需调整利润分配的事项，不通过本科目核算。

1. 调整增加的以前年度利润或调整减少的以前年度亏损

企业调整增加的以前年度利润或调整减少的以前年度亏损，借记有关科目，贷记"以前年度损益调整"科目；由于调整增加或减少以前年度利润或亏损而相应增加的所得税费用，借记"以前年度损益调整"科目，贷记"应交税费——应交所得税"科目。

例如，高科技公司对 2007 年的年报进行审计后发现多提坏账准备 100 000 元，2008 年 1 月 20 日对该事项进行处理。

借：坏账准备　　　　　　　　　　　　　　　　　　　100 000
　　贷：以前年度损益调整　　　　　　　　　　　　　　　　100 000
借：以前年度损益调整　　　　　　　　　　　　　　　　 33 000
　　贷：应交税费——应交所得税　　　　　　　　　　　　　 33 000

2. 调整减少的以前年度利润或调整增加的以前年度亏损

企业调整减少的以前年度利润或调整增加的以前年度亏损，借记"以前年度损益调整"科目，贷记有关科目。由于调整减少或增加以前年度利润或亏损而相应减少的所得税费用，借记"应交税费——应交所得税"科目，贷记"以前年度损益调整"科目。

例如，高科技公司对 2007 年的年报进行审计后发现少提固定资产折旧 100 000元，2008 年 1 月 20 日对该事项进行处理。

借：以前年度损益调整　　　　　　　　　　　　　　　　100 000
　　贷：累计折旧　　　　　　　　　　　　　　　　　　　100 000
借：应交税费——应交所得税　　　　　　　　　　　　　 33 000
　　贷：以前年度损益调整　　　　　　　　　　　　　　　　 33 000

3. 转以前年度损益调整的余额

经过调整后，应将"以前年度损益调整"科目的余额转入"利润分配——未分配利润"科目。本科目如为贷方余额，借记"以前年度损益调整"科目，贷记"利润分配——未分配利润"科目；如为借方余额，借记"利润分配——未分配利润"科目，贷记"以前年度损益调整"科目。

企业本年度发生的调整以前年度损益的事项，应当调整本年度会计报表相关项目的年初数或上年实际数；企业在年度资产负债表日至财务会计报告批准报出日之间发生的调整报告年度损益的事项，应当调整报告年度会计报表相关项目的数字，具体的调整见会计调整部分。

例如，高科技公司将"以前年度损益调整"科目的余额 60 300 元转入未分配利润。

借：利润分配——未分配利润　　　　　　　　　　　　　　60 300
　　贷：以前年度损益调整　　　　　　　　　　　　　　　　　　60 300

第八章　会计调整

会计调整，是指企业因按照国家法律、行政法规和会计制度的要求，或者因特定情况下按照会计准则规定对企业原采用的会计政策、会计估计，以及前期差错、发生的资产负债表日后事项等所作的调整。

会计政策，是指企业在会计确认、计量和报告中所采用的原则、基础和会计处理方法。

会计估计变更，是指由于资产和负债的当前状况及预期经济利益和义务发生了变化，从而对资产或负债的账面价值或者资产的定期消耗金额进行调整。

前期差错，是指由于没有运用或错误运用下列两种信息，而对前期财务报表造成省略或错报。

1. 编报前期财务报表时预期能够取得并加以考虑的可靠信息。

2. 前期财务报告批准报出时能够取得的可靠信息。

前期差错通常包括计算错误、应用会计政策错误、疏忽或曲解事实以及舞弊产生的影响以及存货、固定资产盘盈等。

资产负债表日后事项，是指资产负债表日至财务报告批准报出日之间发生的有利或不利事项。财务报告批准报出日，是指董事会或类似机构批准财务报告报出的日期。

资产负债表日后事项包括资产负债表日后调整事项和资产负债表日后非调整事项。

资产负债表日后调整事项，是指对资产负债表日已经存在的情况提供了新的或进一步证据的事项。企业发生的资产负债表日后调整事项，调整资产负债表日的财务报表。

资产负债表日后非调整事项，是指表明资产负债表日后发生的情况的事项。企业发生的资产负债表日后非调整事项，不调整资产负债表日的财务报表。

第一节　会计政策变更、会计估计
变更与前期差错更正

一、会计政策变更

会计政策变更是指企业对相同的交易或事项由原来采用的会计政策改用另一会计

政策的行为。也就是说，在不同的会计期间执行不同的会计政策，如长期股权投资核算由成本法改为权益法，发出存货实际成本的计价由先进先出法改为加权平均法等。

（一）会计政策变更核算有关规定

1. 会计政策变更的条件

企业采用的会计政策，在每一会计期间和前后各期应当保持一致，不得随意变更。但是，满足下列条件之一的，可以变更会计政策：

（1）法律、行政法规或者国家统一的会计制度等要求变更。

（2）会计政策变更能够提供更可靠、更相关的会计信息。

在会计实务中，企业应当分清哪些情形属于会计政策变更，哪些情形不属于会计政策变更。

下列各项不属于会计政策变更：

（1）本期发生的交易或者事项与以前相比具有本质差别而采用新的会计政策。

（2）对初次发生的或不重要的交易或者事项采用新的会计政策。

企业应当对相同或者相似的交易或者事项采用相同的会计政策进行处理。但是，其他会计准则另有规定的除外。

2. 会计政策的判断

原则、基础和会计处理方法构成了会计政策相互关联的有机整体，对会计政策的判断通常应当考虑从会计要素的确认出发，根据各项资产、负债、所有者权益、收入、费用等会计要素的确认条件、计量属性以及两者相关的处理方法、列报要求等确定相应的会计政策。比如：在资产方面，存货的取得、发出和期末计价的处理方法，长期股权投资的取得及后续计量中的成本法或权益法，投资性房地产的确认及其后续计量模式，固定资产、无形资产的确认条件及其减值政策、金融资产的分类、非货币性资产交换商业实质的判断等，属于资产要素的会计政策。

在负债方面，借款费用资本化的条件、债务重组的确认和计量、预计负债的确认条件、应付职工薪酬和股份支付的确认和计量、金融负债的分类等，属于负债要素的会计政策。

在所有者权益方面，权益工具的确认和计量、混合金融工具的分析等，属于所有者权益要素的会计政策。

在收入方面，商品销售收入和提供劳务收入的确认条件、建造合同、租赁合同、保险合同、贷款合同等合同收入的确认与计量方法，属于收入要素的会计政策。

在费用方面，商品销售成本及劳务成本的结转、期间费用的划分等，属于费用要素的会计政策。

除会计要素相关会计政策外，财务报表列报方面所涉及的编制现金流量表直接法和间接法、合并财务报表合并范围的判断、分部报告中报告分部的确定，也属于会计政策。

3. 会计政策变更的累积影响数

会计政策变更能够提供更可靠、更相关的会计信息的，应当采用追溯调整法处理，将会计政策变更累积影响数调整列报前期最早期初留存收益，其他相关项目的期初余额和列报前期披露的其他比较数据也应当一并调整，但确定该项会计政策变更累积影响数不切实可行的除外。

追溯调整法，是指对某项交易或事项变更会计政策，视同该项交易或事项初次发生时即采用变更后的会计政策，并以此对财务报表相关项目进行调整的方法。

会计政策变更累积影响数，是指按照变更后的会计政策对以前各期追溯计算的列报前期最早期初留存收益应有金额与现有金额之间的差额。

累积影响数的计算步骤：

第一步，根据新的会计政策重新计算受影响的前期交易或事项；

第二步，计算两种会计政策的差异；

第三步，计算差异的所得税影响金额；

第四步，确定前期中的每一期的税后差异；

第五步，计算会计政策变更的累积影响数。

（二）会计政策变更的会计处理

企业发生会计变更时，有两种会计处理方法，即追溯调整法和未来适用法，这两种方法适用于不同情形。

1. 追溯调整法

追溯调整法是指对某项交易或事项变更会计政策时，如同该交易或事项初次发生时就开始采用新的会计政策，并以此对相关项目进行调整的方法。即应当计算会计政策变更的累积影响数，并相应调整变更年度的期初留存收益以及会计报表的相关项目。

在编制比较会计报表时，对于比较会计报表期间的会计政策变更，应调整各该期间的净损益和其他相关项目，视同该政策在比较会计报表期间一直采用。对于比较会计报表可比期间以前的会计政策变更的累积影响数，应调整比较会计报表最早期间的期初留存收益，会计报表其他相关项目的数字也应一并调整。

追溯调整法的运用通常由以下几步构成：

第一步，计算会计政策变更的累积影响数；

第二步，进行相关的账务处理；

第三步，调整会计报表相关项目；

第四步，附注说明。

（1）公司在 2007 年 1 月 1 日对乙公司的长期股权投资，占乙公司有表决权股份的 18%，公司于 2010 年 1 月 1 日开始对乙公司的财务和经营决策具有重大影响，因而采用的核算方法由原来的成本法变更为权益法。公司与乙公司适用的所得税税率均为 25%。公司按净利润的 10% 提取法定盈余公积，乙公司除净利润外，无其他股东权益变动事项。

假定乙公司 2007 年、2008 年、2009 年的净利润以及公司于 2008 年、2009 年从乙公司分得的现金股利见表 8 - 1。

表 8 - 1　　　　　　　　　　　　　现金股利　　　　　　　　　　　　　单位：元

年份	乙公司税后利润	公司从乙公司分得的现金股利
2007	400 000	0
2008	300 000	50 000
2009	500 000	80 000
合计	1 200 000	130 000

公司 2007 年对乙公司长期股权投资的会计政策变更会计处理如下：

第一步，计算确定会计政策变更的累积影响数，会计政策变更的累积影响数列表计算见表 8 - 2。

表 8 - 2　　　　　　　　　　　　累积影响数计算表　　　　　　　　　　　单位：元

年份	成本法确认的投资收益	权益法确认的投资收益	所得税前差异	所得税影响	累积影响数
2007	0	72 000	72 000	0	72 000
2008	50 000	54 000	4 000	0	4 000
2009	80 000	90 000	10 000	0	10 000
合计	130 000	216 000	86 000	0	86 000

第二步，进行相关的账务处理。

借：长期股权投资——其他股权投资——损益调整　　　　　　86 000
　　贷：利润分配——未分配利润　　　　　　　　　　　　　　　　86 000
借：利润分配——未分配利润　　　　　　（86 000×10%）8 600
　　贷：盈余公积——法定盈余公积　　　　　　　　　　　　　　　8 600

第三步，调整会计报表相关项目。

公司在编制 2010 年度会计报表时，应当调增资产负债表年初（2009 年年末）留存收益数、长期股权投资数，即调增盈余公积 8 600 元，调增未分配利润 77 400 元，调增长期股权投资 86 000 元。同时调增上年利润及所有者权益变动表（2009 年）中的投资收益、会计政策变更影响数，即调增投资收益 10 000 元，调增未分配利润项目下会计政策变更影响数 68 400 元〔(72 000 + 4 000) × (1 - 10%)〕。

公司在会计报表附注中应作如下披露说明：

公司对乙公司的投资，根据《企业会计准则》的规定，2010 年起由于对乙公司的财务和经营决策具有重大影响，因而对这项投资改用权益法进行核算，对该会计政策变更采用追溯调整法进行会计处理。

这项会计政策变更的累积影响数为 86 000 元，因此调增了 2009 年年度的净利润 10 000 元，2009 年年初留存收益 76 000 元，其中，调整未分配利润 68 400 元；调增 2010 年所有者权益变动表中未分配利润项目下的会计政策变更影响数 86 000 元；调增 2010 年资产负债表年初数栏中的盈余公积 8 600 元、未分配利润 77 400 元、长期股权投资 86 000 元。

（2）公司于 2009 年 1 月 1 日起对建造合同收入确认由原来按完成合同法改为按完工百分比法确认收入，公司保存的会计资料比较齐备，可以通过会计资料追溯调整计算。公司 2008 年适用的所得税税率为 25%，税法按完工百分比法计算收入并计入应纳税所得额。公司按净利润的 10% 提取法定盈余公积。

两种方法计算的税前会计利润如下（见表 8 - 3）：

表 8 - 3　　　　　　　　　　　　　　　　　　　　　　　　　　　　单位：元

	完工百分比法	完成合同法
2005 年以前	8 000 000	6 500 000
2006 年	6 000 000	5 000 000
2007 年	4 500 000	5 500 000
2008 年	7 000 000	6 000 000

公司 2009 年对建造合同的会计政策变更会计处理如下：

第一步，计算确定会计政策变更的累积影响数，会计政策变更的累积影响数列表计算见表 8 - 4。

表 8 - 4　　　　　　　　　　累积影响数计算表　　　　　　　　　　单位：元

年度	完工百分比法	完成合同法	税前差异	所得税影响	累积影响数
2005 年以前	8 000 000	6 500 000	1 500 000	375 000	1 125 000
2006	6 000 000	4 800 000	1 200 000	300 000	900 000
2007	4 500 000	5 500 000	- 1 000 000	- 250 000	- 750 000
2008	7 000 000	6 000 000	1 000 000	250 000	750 000
合计	25 500 000	22 800 000	2 700 000	675 000	2 025 000

第二步，进行相关的账务处理。

借：工程施工　　　　　　　　　　　　　　　　　　　　　2 700 000
　　贷：利润分配——未分配利润　　　　　　　　　　　　　　　2 025 000
　　　　递延所得税负债　　　　　　　　　　　　　　　　　　　675 000
借：利润分配——未分配利润（2 025 000 × 10%）　　　　　202 500
　　贷：盈余公积——法定盈余公积　　　　　　　　　　　　　　202 500

第三步，调整会计报表相关项目。

公司在编制 2009 年度会计报表时，应当调增资产负债表年初（2008 年年末）留

存收益、工程施工、递延所得税负债，即调增盈余公积 202 500 元，调增未分配利润
1 822 500 元 [2 025 000 ×（1 - 10%）]，调增工程施工 2 700 000 元，调增递延所得税
负债 675 000 元。

同时在利润表及所有者权益变动表上，根据账簿的记录，公司重新调整了 2008
年的主营业务收入和主营业务成本，分别调增 1 500 000 元和 500 000 元，主营业务
利润调增 1 000 000 元，所得税费用调增 250 000 元，净利润调增 750 000 元。2008 年
所有者权益变动表中的未分配利润项目下会计政策变更影响数调增 1 147 500 元
[（1 500 000 + 1 200 000 - 1 000 000）×（1 - 25%）×（1 - 10%）]。

公司应在会计报表附注中作如下披露说明：

公司于 2009 年 1 月 1 日起按照《企业会计准则》的规定对建造合同收入确认由
原来按完成合同法改为按完工百分比法确认收入，对该会计政策变更采用追溯调整法
进行会计处理。

这项会计政策变更的累积影响数为 2 025 000 元，因此调增了 2008 年度的净利润
750 000 元，2008 年年初留存收益 1 275 000 元，其中，调整未分配利润 1 147 500 元；
调增 2008 年所有者权益变动表中的未分配利润项目下会计政策变更影响数 1 147 500
元；调增 2009 年资产负债表年初数栏中的递延所得税负债 675 000 元、盈余公积
202 500 元、未分配利润 1 822 500 元、工程施工（存货）2 700 000 元。

2. 未来适用法

确定会计政策变更对列报前期影响数不切实可行的，应当从可追溯调整的最早期
间期初开始应用变更后的会计政策。

在当期期初确定会计政策变更对以前各期累积影响数不切实可行的，应当采用未
来适用法处理。

未来适用法，是指将变更后的会计政策应用于变更日及以后发生的交易或者事
项，或者在会计估计变更当期和未来期间确认会计估计变更影响数的方法。

二、会计估计变更

会计估计变更，是指由于资产和负债的当前状况及预期经济利益和义务发生了变
化，从而对资产或负债的账面价值或者资产的定期消耗金额进行调整。

（一）会计估计变更核算有关规定

企业据以进行估计的基础发生了变化，或者由于取得新信息、积累更多经验以及
后来的发展变化，可能需要对会计估计进行修订。会计估计变更的依据应当真实、
可靠。

企业对会计估计变更应当采用未来适用法处理。

会计估计变更仅影响变更当期的，其影响数应当在变更当期予以确认；既影响变
更当期又影响未来期间的，其影响数应当在变更当期和未来期间予以确认。

企业难以对某项变更区分为会计政策变更或会计估计变更的，应当将其作为会计估计变更处理。

（二）会计估计的判断

会计估计的判断，应当考虑与会计估计相关项目的性质和金额，通常情况下，下列属于会计估计：

1. 存货可变现净值的确定。

2. 采用公允价值模式下投资性房地产公允价值的确定。

3. 固定资产的使用寿命、预计净残值和折旧方法、弃置费用的确定。

4. 消耗性生物资产可变现净值的确定、生产性生物资产的使用寿命、预计净残值和折旧方法。

5. 使用寿命有限的无形资产的预计使用寿命、残值、摊销方法。

6. 非货币性资产公允价值的确定。

7. 固定资产、无形资产、长期股权投资等非流动资产可收回金额的确定。

8. 职工薪酬金额的确定。

9. 与股份支付相关的公允价值的确定。

10. 与债务重组相关的公允价值的确定。

11. 预计负债金额的确定。

12. 收入金额的确定、提供劳务完工进度的确定。

13. 建造合同完工进度的确定。

14. 与政府补助相关的公允价值的确定。

15. 一般借款资本化金额的确定。

16. 应纳税暂时性差异和可抵扣暂时性差异的确定。

17. 与非同一控制下的企业合并相关的公允价值的确定。

18. 租赁资产公允价值的确定、最低租赁付款额现值的确定、承租人融资租赁折现率的确定、融资费用和融资收入的确定、未担保余值的确定。

19. 与金融工具相关的公允价值的确定、摊余成本的确定、金融减值损失的确定。

20. 继续涉入所转移金融资产程度的确定、金融资产所有权上风险和报酬转移程度的确定。

21. 套期工具和被套期项目公允价值的确定。

22. 保险合同准备金的计算及充足性测试。

23. 探明矿区权益、井及相关设施的折耗计提方法，与油气开采活动相关的辅助设备及设施的折旧方法，弃置费用的确定。

（三）会计估计变更的会计处理

会计估计变更应采用未来适用法，其处理方法为：

1. 如果会计估计的变更仅影响变更当期，有关估计变更的影响应于当期确认。

例如，公司2005年购入的一项专利技术，原按10年的受益年限摊销，2007年由于该专利技术更新升级迅速，公司改按5年对其进行摊销。

2. 如果会计估计的变更既影响变更当期又影响未来期间，有关估计变更的影响在当期及以后各期确认。例如，可计提折旧固定资产，其有效使用年限或预计净残值的估计发生的变更，常影响变更当期及资产以后使用年限内各个期间的折旧费用。因此，这类会计估计的变更，应于变更当期及以后各期确认。

会计估计变更的影响数应计入变更当期与前期相同的项目中。为了保证不同期间的会计报表具有可比性，会计估计变更的影响如果以前包括在企业日常经营活动的损益中，则以后也应包括在相应的损益类项目中，如果会计估计变更的影响数以前包括在特殊项目中，则以后也相应作为特殊项目反映。

例如，科技公司于2003年1月1日起计提折旧的管理用设备一台，价值94 000元，估计使用年限为9年，净残值为4 000元，按年限平均法计提折旧。至2007年1月1日，由于新技术的发展等原因，需要对原估计的使用年限和净残值作出修正，修改后该设备的耐用年限为6年，净残值为2 000元。

公司对上述估计变更的处理方式如下：

（1）不调整以前各期折旧，也不计算累积影响数；

（2）变更日以后发生的经济业务改按新估计使用年限提取折旧；

按原估计，每年折旧额为10 000元，已提折旧4年，共计40 000元，固定资产净值为54 000元，则第五年相关科目的期初余额如下：

固定资产   94 000
累计折旧   40 000
固定资产净值   54 000

改变估计使用年限后，2007年起每年计提的折旧费用为26 000元 [（54 000 − 2 000）÷（6 − 4）]。2007年不必对以前年度已提折旧进行调整，只需按重新预计的使用年限和净残值计算确定的年折旧费用，编制会计分录如下：

借：管理费用——折旧   26 000
　　贷：累计折旧   26 000

公司在会计报表附注中的说明如下：

本公司一台管理用设备，原始价值94 000元，原估计使用年限为9年，预计净残值4 000元，按年限平均法计提折旧。由于新技术的发展，该设备已不能按原估计使用年限计提折旧，本公司于2007年1月1日变更该设备的耐用年限为6年，预计净残值为2 000元，以反映该设备的真实耐用年限和净残值。此估计变更影响本年度净利润减少数为10 720元 [（26 000 − 10 000）×（1 − 33%）]。

三、前期差错更正

1. "前期差错"，是指重要的前期差错以及虽然不重要但故意造成的前期差错。

前期差错通常包括计算错误、应用会计政策错误、疏忽或曲解事实以及舞弊产生的影响以及存货、固定资产盘盈等。

2. 前期差错重要性的判断。

如果财务报表项目的遗漏或错误表述可能影响财务报表使用者根据财务报表所做出的经济决策，则该项目的遗漏或错误是重要的。

重要的前期差错，是指足以影响财务报表使用者对企业财务状况、经营成果和现金流量做出正确判断的前期差错。不重要的前期差错，是指不足以影响财务报表使用者对企业财务状况、经营成果和现金流量做出正确判断的前期差错。

前期差错的重要性取决于在相关环境下对遗漏或错误表述的规模和性质的判断。前期差错所影响的财务报表项目的金额或性质，是判断该前期差错是否具有重要性的决定性因素。一般来说，前期差错所影响的财务报表项目的金额越大、性质越严重，其重要性水平越高。

企业应当严格区分会计估计变更和前期差错更正，对于前期根据当时的信息、假设等作了合理估计，在当期按照新的信息、假设等需要对前期估计金额作出变更的，应当作为会计估计变更处理，不应作为前期差错更正处理。

（一）前期差错更正核算有关规定

1. 前期差错的重要程度，应根据差错的性质和金额加以具体判断。例如，企业的存货盘盈，应将盘盈的存货计入当期损益。对于固定资产盘盈，应当查明原因，采用追溯重述法进行更正。

2. 企业采用追溯重述法更正重要的前期差错，但确定前期差错累积影响数不切实可行的除外。

追溯重述法，是指在发现前期差错时，视同该项前期差错从未发生过，从而对财务报表相关项目进行更正的方法。追溯重述法的会计处理与追溯调整法相同。

3. 对于不重要且非故意造成的前期差错，可以采用未来适用法。

4. 确定前期差错影响数不切实可行的，可以从可追溯重述的最早期间开始调整留存收益的期初余额，财务报表其他相关项目的期初余额也应当一并调整，也可以采用未来适用法。

企业应当在重要的前期差错发现当期的财务报表中，调整前期比较数据。

（二）前期差错更正的会计处理

会计差错产生于财务报表项目的确认、计量、列报或披露的会计处理过程中，如果财务报表中包含重要差错，或者差错不重要但是故意造成的（以便形成对企业财务状况、经营成果和现金流量等会计信息某种特定形式的列报），即应认为该财务报表未遵循企业会计准则的规定进行编报。在当期发现的当期差错应当在财务报表发布之前予以更正。当重要差错直到下一期间才被发现，就形成了前期差错。

企业应当采用追溯重述法更正重要的前期差错，但确定前期差错累积影响数不切实可行的除外。追溯重述法，是指在发现前期差错时，视同该项前期差错从未发生过，从而对财务报表相关项目进行更正的方法。

1. 不重要的前期差错的处理

对于不重要的前期差错，企业不需调整财务报表相关项目的期初数，但应调整发现当期与前期相同的相关项目。属于影响损益的，应直接计入本期与上期相同的净损益项目；属于不影响损益的，应调整本期与前期相同的相关项目。

2. 重要的前期差错的处理

对于重要的前期差错，企业应当在其发现当期的财务报表中，调整前期比较数据。具体地说，企业应当在重要的前期差错发现当期的财务报表中，通过下述处理对其进行追溯更正：（1）追溯重述差错发生期间列报的前期比较金额；（2）如果前期差错发生在列报的最早前期之前，则追溯重述列报的最早前期的资产、负债和所有者权益相关项目的期初余额。

对于发生的重要前期差错，如影响损益，应将其对损益的影响数调整发现当期的期初留存收益，财务报表其他相关项目的期初数也应一并调整；如不影响损益，应调整财务报表相关项目的期初数。

在编制比较财务报表时，对于比较财务报表期间的重要的前期差错，应调整各该期间的净损益和其他相关项目，视同该差错在产生的当期已经更正；对于比较财务报表期间以前重要的前期差错，应调整比较财务报表最早期间的期初留存收益，财务报表其他相关项目的数字也应一并调整。

确定前期差错影响数不切实可行的，可以从可追溯重述的最早期间开始调整留存收益的期初余额，财务报表其他相关项目的期初余额也应当一并调整，也可以采用未来适用法。当企业确定前期差错对列报的一个或者多个前期比较信息的特定期间的累积影响数不切实可行时，应当追溯重述切实可行的最早期间的资产、负债和所有者权益相关项目的期初余额（可能是当期）；当企业在当期期初确定前期差错对所有前期的累积影响数不切实可行时，应当从确定前期差错影响数切实可行的最早日期开始采用未来适用法追溯重述比较信息；当企业确定所有前期差错（如采用错误的会计政策）累积影响数不切实可行时，应当从确定前期差错影响数切实可行的最早日期开始采用未来适用法追溯重述比较信息，为此在该日期之前的资产、负债和所有者权益相关项目的累积重述部分可以忽略不计。

需要注意的是，为了保证经营活动的正常进行，企业应当建立健全内部稽核制度，保证会计资料的真实、完整。但是，在日常会计核算中也可能由于各种原因造成会计差错，如抄写差错、可能对事实的疏忽和误解以及对会计政策的误用。企业发现会计差错时，应当根据差错的性质及时纠正。对于当期发现的、属于当期的会计差错，应调整本期相关项目。例如，企业将本年度在建工程人员的工资计入了管理费用，则应将计入管理费用的在建工程人员工资调整计入工程成本。对于年度资产负债表日至财务报告批准报出日之间发现的报告年度的会计差错及报告年度前不重要的前期差错，应按照《企业会计准则第29号——资产负债表日后事项》的规定进行处理。

3. 不重要且非故意造成的前期差错更正

（1）某科技公司于 2007 年 3 月 15 日发现，当年 1 月 1 日购入的一项管理用低值易耗品，价值 1 500 元，误记为固定资产，并已计提折旧 150 元。

①借：周转材料——低值易耗品   1 500

  贷：固定资产——非生产经营用——其他   1 500

②借：累计折旧   150

  贷：管理费用——折旧   150

（2）某科技公司在 2007 年 4 月 5 日发现 2006 年 3 月 1 日漏记了管理人员工资 1 500 元。

借：管理费用——工资   1 500

  贷：应付职工薪酬——应付职工工资   1 500

（3）某公司在 2007 年 12 月 31 日发现，一台管理用设备价值为 8 000 元，公司误将该设备价值一次性计入 2006 年的当期管理费用。该设备估计使用年限为 4 年，净残值为零，该设备 2006 年 1 月 1 日开始计提折旧。

①借：固定资产   8 000

  贷：管理费用——办公费   8 000

②借：管理费用——折旧   2 000

  贷：累计折旧   2 000

4. 重要的前期差错更正

（1）公司于 2008 年 2 月 1 日发现，2007 年公司漏记一项固定资产的折旧费用 200 000 元，但在所得税申报表中扣除了该项折旧，假设公司 2007 年适用所得税税率为 33%，该公司按净利润的 10% 提取法定盈余公积。

①补提折旧

借：以前年度损益调整   200 000

  贷：累计折旧   200 000

②调整应交所得税

借：应交税费——应交所得税   66 000

  贷：以前年度损益调整   66 000

③将"以前年度损益调整"科目的余额转入利润分配

借：利润分配——未分配利润   134 000

  贷：以前年度损益调整   134 000

④调整利润分配有关数字

借：盈余公积   13 400

  贷：利润分配——未分配利润   13 400

⑤财务报表的调整和重述（略）

本例在会计报表附注中的说明如下：

2007 年漏记固定资产折旧 200 000 元,在编制 2008 年与 2007 年可比的会计报表时,已对该项差错进行了更正。由于此项错误的影响,2007 年虚增净利润及留存收益 134 000 元,少记累计折旧 200 000 元。

(2) 公司于 2008 年 4 月 10 日发现在 2007 年已经出售的一批商品,没有结转销售成本,金额为 500 000 元。假设公司 2007 年适用的所得税税率为 33%,该公司按净利润的 10% 提取法定盈余公积。

①补转成本

借:以前年度损益调整　　　　　　　　　　　　500 000
　　贷:库存商品　　　　　　　　　　　　　　　　　500 000

②调整应交所得税

借:应交税费——应交所得税　　　　　　　　　165 000
　　贷:以前年度损益调整　　　　　　　　　　　　　165 000

③将"以前年度损益调整"科目的余额转入利润分配

借:利润分配——未分配利润　　　　　　　　　335 000
　　贷:以前年度损益调整　　　　　　　　　　　　　335 000

④调整利润分配有关数字

借:盈余公积　　　　　　　　　　　　　　　　33 500
　　贷:利润分配——未分配利润　　　　　　　　　　33 500

⑤财务报表的调整和重述(略)

本例在会计报表附注中的说明如下:

本年度发现 2007 年年末结转主营业务成本 500 000 元,在编制 2008 年与 2007 年可比会计报表时,已对该项差错进行了更正。由于此项错误的影响,2007 年虚增净利润及留存收益 335 000 元,虚增存货 500 000 元。

第二节　资产负债表日后事项

资产负债表日后事项,是指资产负债表日至财务报告批准报出日之间发生的有利或不利事项。财务报告批准报出日,是指董事会或类似机构批准财务报告报出的日期。

企业发生的资产负债表日后调整事项,通常包括下列各项:

(1) 资产负债表日后诉讼案件结案,法院判决证实了企业在资产负债表日已经存在现时义务,需要调整原先确认的与该诉讼案件相关的预计负债,或确认一项新负债。

(2) 资产负债表日后取得确凿证据,表明某项资产在资产负债表日发生了减值或者需要调整该项资产原先确认的减值金额。

(3) 资产负债表日后进一步确定了资产负债表日前购入资产的成本或售出资产的收入。

（4）资产负债表日后发现了财务报表舞弊或差错。

资产负债表日后，企业利润分配方案中拟分配的以及经审议批准宣告发放的股利或利润，不确认为资产负债表日的负债，但应当在附注中单独披露。

一、资产负债表日后事项核算有关规定

1. 资产负债表日后发生的调整事项，应当如同资产负债表所属期间发生的事项一样，作出相关账务处理，并对资产负债表日已编制的会计报表作相应的调整。这里的会计报表包括资产负债表、利润表及其相关附表和现金流量表的补充资料内容，但不包括现金流量表正表。资产负债表日后发生的调整事项，应当分别以下情况进行账务处理：

（1）涉及损益的事项，通过"以前年度损益调整"科目核算。调整增加以前年度收益或调整减少以前年度亏损的事项，以及调整减少的所得税，记入"以前年度损益调整"科目的贷方；调整减少以前年度收益或调整增加以前年度亏损的事项，以及调整增加的所得税，记入"以前年度损益调整"科目的借方。"以前年度损益调整"科目的贷方或借方余额，转入"利润分配——未分配利润"科目。

（2）涉及利润分配调整的事项，直接在"利润分配——未分配利润"科目核算。

（3）不涉及损益以及利润分配的事项，调整相关科目。

（4）通过上述账务处理后，还应同时调整会计报表相关项目的数字，包括：

①资产负债表日编制的会计报表相关项目的数字；

②当期编制的会计报表相关项目的年初数；

③提供比较会计报表时，还应调整相关会计报表的上年数；

④经过上述调整后，如果涉及会计报表附注内容的，还应当调整会计报表附注相关项目的数字。

2. 企业发生的资产负债表日后非调整事项，通常包括下列各项：

（1）资产负债表日后发生重大诉讼、仲裁、承诺。

（2）资产负债表日后资产价格、税收政策、外汇汇率发生重大变化。

（3）资产负债表日后因自然灾害导致资产发生重大损失。

（4）资产负债表日后发行股票和债券以及其他巨额举债。

（5）资产负债表日后资本公积转增资本。

（6）资产负债表日后发生巨额亏损。

（7）资产负债表日后发生企业合并或处置子公司。

二、资产负债表日后事项的会计处理

1. 资产负债表日后调整事项

（1）公司于 2007 年 11 月销售给丁公司一批产品，销售收入 200 000 元（不含应

向购买方收取的增值税额），销售成本 150 000 元，货款于当年 12 月 31 日尚未收到。
2007 年 12 月 26 日接到丁公司通知，丁公司在验收物资时，发现该批产品存在严重
的质量问题需要退货。公司希望通过协商解决问题，并与丁公司协商解决办法。公司
在 12 月 31 日编制资产负债表时，将该应收账款 234 000 元（包括向购买方收取的增
值额）列示于资产负债表的"应收账款"项目内，公司对该应收账款计提了 11 700
元的坏账准备。2008 年 4 月 15 日双方协商未成，公司收到丁公司通知，该批产品已
经全部退回。公司于 2008 年 4 月 16 日收到退回的产品，以及购货方退回的增值税专
用发票的发票联和税款抵扣联。

①调整销售收入

借：以前年度损益调整　　　　　　　　　　　　　　　200 000
　　应交税费——应交增值税——销项税额　　　　　　　34 000
　　　贷：应收账款　　　　　　　　　　　　　　　　　　　　234 000

②调整坏账准备余额

借：坏账准备　　　　　　　　　　　　　　　　　　　 11 700
　　　贷：以前年度损益调整　　　　　　　　　　　　　　　　11 700

③调整销售成本

借：库存商品　　　　　　　　　　　　　　　　　　　150 000
　　　贷：以前年度损益调整　　　　　　　　　　　　　　　150 000

④调整已确认的递延所得税资产

借：以前年度损益调整　　　　　　　　　　　　　　　　3 861
　　　贷：递延所得税资产　　　　　　　　　　　　　　　　　3 861

⑤调整应交所得税

借：应交税费——应交所得税　　　　　　　　　　　　 16 500
　　　贷：以前年度损益调整　　［（200 000 – 150 000）×33%］16 500

⑥将"以前年度损益调整"科目余额转入利润分配

借：利润分配——未分配利润　　　　　　　　　　　　 25 661
　　　贷：以前年度损益调整
　　　　（200 000 – 150 000 – 11 700 + 3 861 – 16 500）25 661

⑦调整利润分配有关数字

借：盈余公积——提取法定盈余公积　　　　　　　　　 2 566.1
　　　贷：利润分配——未分配利润　　　　　　　　　　　　2 566.1

调整相关会计报表项目：

①调整资产负债表相关项目：应收账款调减 234 000 元，并调增坏账准备 11 700
元；存货调增 150 000 元；调减递延所得税资产 3 861 元；盈余公积调减 2 566.1 元，
未分配利润调减 23 094.9 元（25 661 – 2 566.1）。

②调整利润表相关项目：营业收入调减 200 000 元；营业成本调减 150 000 元；
管理费用调减 11 700 元；营业利润调减 38 300 元；利润总额调减 38 300 元；所得税

费用调减 12 639 元；净利润调减 25 661 元。

③调整所有者权益变动表相关项目：净利润调减 25 661 元；提取法定盈余公积调减 2 566.1 元；未分配利润调减 23 094.9 元。

（2）公司于 2007 年 4 月 1 日销售给乙公司一批产品，价款为 1 170 000 元（含应向购货方收取的增值税额），乙公司于 5 月份收到所购物资并验收入库。按合同规定乙公司应于收到所购物资后一个月内付款。由于乙公司财务状况不佳，到 2007 年 12 月 31 日仍未付款。公司于 12 月 31 日编制 2007 年度会计报表时，已为该项应收账款提取坏账准备 58 500 元；该项应收账款已按 1 170 000 元列入资产负债表"应收账款"项目内。公司于 2008 年 2 月 2 日收到乙公司通知，乙公司已进行破产清算，无力偿还所欠部分货款，预计公司可收回应收账款的 40%。

①补提坏账准备

应补提的坏账准备 = 1 170 000 × 60% − 58 500 = 643 500（元）

借：以前年度损益调整　　　　　　　　　　　　　　　　643 500

　　贷：坏账准备　　　　　　　　　　　　　　　　　　　　643 500

②调整应交所得税

借：递延所得税资产　　　　　　　　　　　　　　　　　212 355

　　贷：以前年度损益调整　　　　　　　　　　　　　　　　212 355

③将"以前年度损益调整"科目的余额转入利润分配

借：利润分配——未分配利润　　　　　　　　　　　　　431 145

　　贷：以前年度损益调整　　　　　　　　　　　　　　　　431 145

④调整利润分配有关数字

借：盈余公积　　　　　　　　　　　　　　　　　　　　43 114.5

　　贷：利润分配——未分配利润　　　　　　　　　　　　　43 114.5

2. 资产负债表日后非调整事项

（1）公司于 2008 年 2 月 10 日经批准发行 3 年期债券 50 000 000 元，面值 100 元，年利率为 6%，公司按 110 元的价格发行，并于 2008 年 3 月 18 日发行结束。公司应在 2007 年度会计报表附注中对这一非调整事项进行披露。

（2）公司于 2008 年 2 月 15 日，经董事会决定以 10 000 000 元购买两家高科技公司作为全资子公司，购买工作于 2008 年 3 月 15 日结束。公司应在 2007 年度会计报表附注中对这一非调整事项进行披露。

（3）公司于 2007 年 8 月销售给乙公司一批产品，货款为 5 000 000 元，乙公司收到物资验收入库后开出 6 个月承兑的商业汇票。公司于 2007 年 12 月 31 日编制 2007 年度会计报表时，将这笔应收票据列入资产负债表"应收票据"项目内。公司 2008 年 2 月 20 日收到乙公司通知，乙公司由于发生火灾，烧毁了大部分厂房和设备，已无力偿付所欠货款。对于这一非调整事项，公司应在 2007 年度会计报表附注中进行披露。

第九章　特殊业务核算

第一节　债务重组业务核算

一、债务重组核算有关规定

（一）债务重组定义及重组方式

1. 债务重组，是指在债务人发生财务困难的情况下，债权人按照其与债务人达成的协议或者法院的裁定作出让步的事项。

2. 债务重组的方式主要包括：

（1）以资产清偿债务；

（2）将债务转为资本；

（3）修改其他债务条件，如减少债务本金、减少债务利息等，不包括上述（1）和（2）两种方式；

（4）以上三种方式的组合等。

💡〔注释〕

债务重组的基本特征。

"债务人发生财务困难"，是指因债务人出现资金周转困难、经营陷入困境或者其他方面的原因等，导致其无法或者没有能力按原定条件偿还债务的情况。

"债权人作出让步"，是指债权人同意发生财务困难的债务人现在或者将来以低于重组债务账面价值的金额或者价值偿还债务。"债权人作出让步"的情形主要包括：债权人减免债务人部分债务本金或者利息、降低债务人应付债务的利率等。

在认定债务重组时，应当遵循实质重于形式的原则，综合考虑债权人和债务人是否在自愿基础上达成重组协议、是否有法院作出裁定、债权人和债务人是否相互独立、是否构成关联方关系或者关联方关系是否对债务重组产生实质影响等情形加以判断。

（二）债务人的会计处理

1. 以现金清偿债务的，债务人应当将重组债务的账面价值与实际支付现金之间的差额，计入当期损益。

2. 以非现金资产清偿债务的，债务人应当将重组债务的账面价值与转让的非现金资产公允价值之间的差额，计入当期损益。

转让的非现金资产公允价值与其账面价值之间的差额，计入当期损益。

💡〔注释〕

用以清偿债务的非现金资产的公允价值计量。

债务重组采用非现金资产清偿债务的，非现金资产的公允价值应当按照下列规定进行计量：

（1）非现金资产属于企业持有的股票、债券、基金等金融资产，且该金融资产存在活跃市场的，应当以金融资产的市价作为非现金资产的公允价值；

（2）非现金资产属于金融资产但该金融资产不存在活跃市场的，应当采用《企业会计准则第22号——金融工具确认和计量》规定的估值技术等合理的方法确定其公允价值。

（3）非现金资产属于存货、固定资产、无形资产等其他资产，且存在活跃市场的，应当以其市场价格为基础确定其公允价值；该资产不存在活跃市场、但与其类似资产存在活跃市场的，应当以类似资产的市场价格为基础作适当调整后，确定其公允价值；在上述两种情况下仍不能确定非现金资产公允价值的，应当根据交易双方自愿进行的、公允的资产交易金额为依据确定其公允价值，交易双方协议的价格不公允的除外。

3. 将债务转为资本的，债务人应当将债权人放弃债权而享有股份的面值总额确认为股本（或者实收资本），股份的公允价值总额与股本（或者实收资本）之间的差额确认为资本公积。

重组债务的账面价值与股份的公允价值总额之间的差额，计入当期损益。

4. 修改其他债务条件的，债务人应当将修改其他债务条件后债务的公允价值作为重组后债务的入账价值。重组债务的账面价值与重组后债务的入账价值之间的差额，计入当期损益。

修改后的债务条款如涉及或有应付金额，且该或有应付金额符合《企业会计准则第13号——或有事项》中有关预计负债确认条件的，债务人应当将该或有应付金额确认为预计负债。重组债务的账面价值，与重组后债务的入账价值和预计负债金额之和的差额，计入当期损益。

或有应付金额，是指需要根据未来某种事项出现而发生的应付金额，而且该未来事项的出现具有不确定性。

💡〔注释〕

修改其他债务条件涉及的或有应付金额根据本准则第七条的规定，以修改其他债务条件进行的债务重组涉及或有应付金额，该或有应付金额符合《企业会计准则第13号——或有事项》中有关预计负债确认条件的，债务人应将该或有应付金额确认为预计负债。

比如，债务重组协议规定，债务人在债务重组后一定时间里，其业绩改善到一定程度或者符合一定要求（如扭亏为盈、摆脱财务困境等），债务人需要向债权人额外支付一定金额，债务人承担的或有应付金额符合预计负债确认条件的，应当将该或有应付金额确认为预计负债。

5. 债务重组以现金清偿债务、非现金资产清偿债务、债务转为资本、修改其他债务条件等方式的组合进行的，债务人应当依次以支付的现金、转让的非现金资产公允价值、债权人享有股份的公允价值冲减重组债务的账面价值，再按照本准则第七条的规定处理。

🔍〔注释〕

对于债务人而言，发生债务重组时，应当将重组债务的账面价值超过抵债资产的公允价值、所转股份的公允价值、或者重组后债务账面价值之间的差额，确认为债务重组利得计入营业外收入。

抵债资产公允价值与账面价值的差额，应当分别下列情况进行处理：

（1）抵债资产为存货的，应当视同销售处理，根据《企业会计准则第 14 号——收入》按其公允价值确认商品销售收入，同时结转商品销售成本。

注意存货应该区分为原材料与库存商品，抵债资产为原材料时，通过"其他业务收入"、"其他业务成本"科目核算；抵债资产为库存商品时，通过"主营业务收入"、"主营业务成本"科目核算。

（2）抵债资产为固定资产、无形资产的，其公允价值和账面价值的差额，计入营业外收入或营业外支出。

（3）抵债资产为长期股权投资的，其公允价值和账面价值的差额，计入投资收益。

（三）债权人的会计处理

1. 以现金清偿债务的，债权人应当将重组债权的账面余额与收到的现金之间的差额，计入当期损益。债权人已对债权计提减值准备的，应当先将该差额冲减减值准备，减值准备不足以冲减的部分，计入当期损益。

2. 以非现金资产清偿债务的，债权人应当对受让的非现金资产按其公允价值入账，重组债权的账面余额与受让的非现金资产的公允价值之间的差额，比照本准则第九条的规定处理。

3. 将债务转为资本的，债权人应当将享有股份的公允价值确认为对债务人的投资，重组债权的账面余额与股份的公允价值之间的差额，比照本准则第九条的规定处理。

4. 修改其他债务条件的，债权人应当将修改其他债务条件后债权的公允价值作为重组后债权的账面价值，重组债权的账面余额与重组后债权的账面价值之间的差额，比照本准则第九条的规定处理。

修改后的债务条款中涉及或有应收金额的，债权人不应当确认或有应收金额，不得将其计入重组后债权的账面价值。

或有应收金额，是指需要根据未来某种事项出现而发生的应收金额，而且该未来事项的出现具有不确定性。

🔘 〔注释〕

修改其他债务条件涉及的或有应收金额的，该或有应收金额属于或有资产，由于或有资产不予确认，债权人不应确认或有应收金额。

5. 债务重组采用以现金清偿债务、非现金资产清偿债务、债务转为资本、修改其他债务条件等方式的组合进行的，债权人应当依次以收到的现金、接受的非现金资产公允价值、债权人享有股份的公允价值冲减重组债权的账面余额，再按照本准则第十二条的规定处理。

🔘 〔注释〕

债权人的处理。

对于债权人而言，应当将重组债权的账面余额与受让资产的公允价值、所转股份的公允价值、或者重组后债权的账面价值之间的差额，确认为债务重组损失计入营业外支出。重组债权已经计提了减值准备的，应当先将上述差额冲减减值准备，以冲减后的余额，作为债务重组损失，计入营业外支出。

债权人收到存货、固定资产、无形资产、长期股权投资等抵债资产的，应当以其公允价值入账。

（四）债务重组的披露

1. 债务人应当在附注中披露与债务重组有关的下列信息：

（1）债务重组方式。

（2）确认的债务重组利得总额。

（3）将债务转为资本所导致的股本（或者实收资本）增加额。

（4）或有应付金额。

（5）债务重组中转让的非现金资产的公允价值、由债务转成股份的公允价值和修改其他债务条件后债务的公允价值的确定方法及依据。

2. 债权人应当在附注中披露与债务重组有关的下列信息：

（1）债务重组方式。

（2）确认的债务重组损失总额。

（3）债权转为股份所导致的投资增加额及该投资占债务人股份总额的比例。

（4）或有应收金额。

（5）债务重组中受让的非现金资产的公允价值、由债权转成股份的公允价值和修改其他债务条件后债权的公允价值的确定方法及依据。

二、债务重组有关业务核算

（一）债务人的会计处理

1. 以现金清偿债务

企业以低于重组债务账面价值的款项清偿债务的，应按应付债务的账面余额，借记"应付账款"等科目，按实际支付的金额，贷记"银行存款"科目，按其差额，贷记"营业外收入——债务重组利得"科目。

例如，公司于 2007 年 3 月 6 日购买南海公司产品一批，价税合计 1 170 000 元，公司由于发生财务困难而无法偿还该项债务，2007 年 10 月 15 日公司与南海公司达成债务重组协议，协议规定，南海公司同意减免公司债务 500 000 元，余额用现金偿清。

借：应付账款　　　　　　　　　　　　　　　　　　1 170 000
　　贷：银行存款　　　　　　　　　　　　　　　　　　　　670 000
　　　　营业外收入——债务重组利得　　　　　　　　　　　500 000

2. 以非现金资产清偿债务

企业以非现金资产清偿债务的，应按应付债务的账面余额，借记"应付账款"等科目，按用于清偿债务的非现金资产的公允价值，贷记"主营业务收入"、"其他业务收入"、"固定资产清理"、"无形资产"、"长期股权投资"等科目，按应支付的相关税费和其他费用，贷记"应交税费"、"银行存款"等科目，按其差额，贷记"营业外收入——债务重组利得"科目。

抵债资产为存货的，还应同时结转成本，记入"主营业务成本"、"其他业务成本"等科目；抵债资产为固定资产、无形资产的，其公允价值和账面价值的差额，记入"营业外收入——处置非流动资产利得"或"营业外支出——处置非流动资产损失"科目；抵债资产为可供出售金融资产、持有至到期投资、长期股权投资等的，其公允价值和账面价值的差额，记入"投资收益"科目。

【例1】 公司 2007 年 4 月 10 日从京信公司购进产品一批，金额为 2 000 000 元，专用发票上注明的增值税额为 340 000 元；公司由于发生财务困难而无法偿还该项债务，同年 11 月 5 日公司与京信公司达成债务重组协议，协议规定，公司用库存原材料抵偿该应付款项。该材料的账面价值为 1 500 000 元，市价为 1 600 000 元，专用发票上注明的增值税额为 272 000 元。该项原材料未计提存货跌价准备。

①借：应付账款　　　　　　　　　　　　　　　　　　2 340 000
　　贷：其他业务收入　　　　　　　　　　　　　　　　　1 600 000
　　　　应交税费——应交增值税——销项税额　　　　　　　272 000
　　　　营业外收入——债务重组利得　　　　　　　　　　　468 000
②借：其他业务成本　　　　　　　　　　　　　　　　　1 500 000
　　贷：原材料　　　　　　　　　　　　　　　　　　　　1 500 000

【例2】 公司 2007 年 5 月 1 日从华天公司购进产品一批，金额为 1 000 000 元，专用发票上注明的增值税额为 170 000 元；公司由于发生财务困难而无法偿还该项债务，同年 11 月 15 日公司与华天公司达成债务重组协议，协议规定，公司用产品一批抵偿该应付款项。该产品的成本为 800 000 元，市价为 900 000 元，专用发票上注明的增值税额为 153 000 元。该产品计提了存货跌价准备 5 000 元。

①借：应付账款　　　　　　　　　　　　　　　　　　1 170 000

存货跌价准备		5 000
贷：主营业务收入		900 000
应交税费——应交增值税——销项税额		153 000
营业外收入——债务重组利得		122 000
②借：主营业务成本		800 000
贷：库存商品		800 000

【例3】 公司 2007 年 5 月 15 日购买新天公司原材料一批，价税合计 3 510 000 元，公司由于发生财务困难而无法偿还该项债务，同年 12 月 10 日公司与新天公司达成债务重组协议，协议规定，新天公司同意公司以运输设备偿还该笔债务，该设备的公允价值为 3 000 000 元，账面原值为 4 500 000 元，已计提累计折旧 1 000 000 元，并已计提固定资产减值准备 200 000 元。以银行存款支付相关税费 200 000 元。

①借：固定资产清理	3 300 000
累计折旧	1 000 000
固定资产减值准备	200 000
贷：固定资产	4 500 000
②借：固定资产清理	200 000
贷：银行存款	200 000
③借：应付账款	3 510 000
营业外支出——处置非流动资产损失	500 000
贷：固定资产清理	3 500 000
营业外收入——债务重组利得	510 000

3. 以债务转为资本的方式清偿公司债务

以债务转为资本，应按应付债务的账面余额，借记"应付账款"等科目，按债权人因放弃债权而享有股权的公允价值，贷记"实收资本"或"股本"、"资本公积——资本溢价或股本溢价"科目，按其差额，贷记"营业外收入——债务重组利得"科目。

例如，公司 2007 年 5 月 10 日应付恒信公司账款的账面余额为 8 000 000 元。由于公司发生财务困难无法按期偿还，2007 年 10 月 16 日与恒信公司达成债务重组协议，协议规定，公司以 1 000 000 股普通股股票（面值每股 1 元）抵偿该项债务，当日股票市价为每股 6.7 元，印花税税率为 0.1%，不考虑其他税费。

①借：应付账款	8 000 000
贷：股本	1 000 000
资本公积——股本溢价	5 700 000
营业外收入——债务重组利得	1 300 000
②借：管理费用——印花税	6 700
贷：银行存款	6 700

4. 以修改债务条件方式清偿公司债务

以修改其他债务条件进行清偿的，应将重组债务的账面余额与重组后债务的公允价值的差额，借记"应付账款"等科目，贷记"营业外收入——债务重组利得"科目。

【例1】公司2004年6月30日从建设银行取得年利率5%、三年期的贷款10 000 000元，到期一次还本付息。2007年6月30日该笔借款到期，现因公司财务困难，公司2007年6月30日与银行达成债务重组协议，建设银行同意延长到期日至2009年6月30日，利率降至4%，免除积欠利息1 500 000元，本金减至8 000 000元。债务重组附有一条件：债务重组后，如公司自第二年起有盈利，则利率回复至5%，若无盈利，仍维持4%，假设贴现率为6%。

借：长期借款　　　　　　　　　　　　　　　　　　11 500 000
　　贷：长期借款　　　　　　　　　　　　　　　　　 7 688 736
　　　　预计负债　　　　　　　　　　　　　　　　　　 80 000
　　　　营业外收入——债务重组利得　　　　　　　　 3 731 264

💭〔注释〕

将来应付金额 = 8 000 000 + 8 000 000 × 4% × 2 = 8 640 000（元）；

将来应付金额的现值 = 8 640 000 × 0.8899 = 7 688 736（元）（查表得现值系数0.8899）；

重组后债务的公允价值 = 将来应付金额的现值 = 7 688 736（元）；

长期借款的账面价值 = 10 000 000 × 5% × 3 = 11 500 000（元）；

或有应付金额 = 8 000 000 × (5% − 4%) × 1 = 80 000（元）。

【例2】承上例，公司2008年全年亏损，则借款的利率仍维持4%。

借：预计负债　　　　　　　　　　　　　　　　　　　80 000
　　贷：营业外收入——债务重组利得　　　　　　　　　 80 000

5. 以组合方式清偿公司债务

例如，公司2007年6月5日应付大华公司账款的账面余额为5 850 000元，由于公司财务陷入困境，同年8月10日经与大华公司达成债务重组协议，公司以银行存款支付1 200 000元，同时转让一项专利权以清偿该项债务。该项无形资产的账面原价为5 000 000元，累计摊销为1 000 000元，已计提减值准备400 000元，该无形资产的公允价值为3 000 000元，公司因债务重组应缴纳的营业税为150 000元。假设不考虑其他税费。

借：应付账款　　　　　　　　　　　　　　　　　　5 850 000
　　累计摊销　　　　　　　　　　　　　　　　　　1 000 000
　　无形资产减值准备　　　　　　　　　　　　　　　400 000
　　营业外支出——处置非流动资产损失　　　　　　　750 000
　　贷：银行存款　　　　　　　　　　　　　　　　　1 200 000
　　　　无形资产　　　　　　　　　　　　　　　　　5 000 000

应交税费——应交营业税	150 000
营业外收入——债务重组利得	1 650 000

（二）债权人的会计处理

1. 收到现金小于应收账款账面价值的情况

企业收到债务人清偿债务的款项小于该项应收账款账面价值的，应按实际收到的金额，借记"银行存款"等科目，按重组债权已计提的坏账准备，借记"坏账准备"科目，按重组债权的账面余额，贷记"应收账款"科目，按其差额，借记"营业外支出"科目。

例如，公司 2006 年 1 月 6 日销售给新地公司产品一批，售价金额 10 000 000 元，专用发票上注明的增值税额为 1 700 000 元。新地公司因发生财务困难而无法偿还该债务。2007 年 9 月 10 日公司与新地公司达成债务重组协议，公司同意减免新地公司债务 2 000 000 元，余额用现金偿清。公司已对该债权计提坏账准备 500 000 元。

借：银行存款	9 700 000
坏账准备	500 000
营业外支出——债务重组损失	1 500 000
贷：应收账款	11 700 000

💡〔注释〕

收到现金 = 11 700 000 - 2 000 000 = 9 700 000（元）；

应收账款账面价值 = 11 700 000 - 500 000 = 11 200 000（元）。

因此，收到现金小于应收账款账面价值。

2. 收到现金大于应收账款账面价值的情况

企业收到债务人清偿债务的款项大于该项应收账款账面价值的，应按实际收到的金额，借记"银行存款"等科目，按重组债权已计提的坏账准备，借记"坏账准备"科目，按重组债权的账面余额，贷记"应收账款"科目，按其差额，贷记"资产减值损失"科目。

例如，公司 2005 年 1 月 10 日销售给南通公司产品一批，售价金额 10 000 000 元，专用发票上注明的增值税额为 1 700 000 元。南通公司因发生财务困难而无法偿还该债务。2007 年 10 月 26 日公司与南通公司达成债务重组协议，公司同意减免南通公司债务 1 000 000 元，余额用现金偿清。公司已对该债权计提坏账准备 1 500 000 元。

借：银行存款	10 700 000
坏账准备	1 500 000
贷：应收账款	11 700 000
资产减值损失	500 000

💡〔注释〕

收到现金 = 11 700 000 - 1 000 000 = 10 700 000（元）；

应收账款账面价值 = 11 700 000 - 1 500 000 = 10 200 000（元）。

因此，收到现金大于应收账款账面价值。

3. 以非现金资产清偿债务

（1）非现金资产公允价值小于应收账款账面价值的情况

企业接受债务人用于清偿债务的非现金资产的公允价值小于该项应收账款账面价值的，应按该项非现金资产的公允价值，借记"原材料"、"库存商品"、"固定资产"、"无形资产"等科目，按重组债权的账面余额，贷记"应收账款"科目，按应支付的相关税费和其他费用，贷记"银行存款"、"应交税费"等科目，按其差额，借记"营业外支出"科目。涉及增值税进项税额的，还应进行相应的处理。

例如，公司 2007 年 1 月 15 日销售一批材料给海通公司，价税合计为 2 340 000 元。由于海通公司发生财务困难，无法偿还该债务，2007 年 9 月 5 日公司与海通公司达成债务重组协议，协议规定海通公司用产品一批抵偿该债务，公司将该批产品作为原材料管理。该产品市价为 1 200 000 元，增值税税率为 17%，公司对该笔债权计提了 100 000 元的坏账准备。

借：原材料　　　　　　　　　　　　　　　　　　　1 200 000
　　应交税费——应交增值税——进项税额　　　　　204 000
　　坏账准备　　　　　　　　　　　　　　　　　　100 000
　　营业外支出——债务重组损失　　　　　　　　　836 000
　　贷：应收账款　　　　　　　　　　　　　　　　　　2 340 000

💡〔注释〕

非现金资产公允价值 = 1 200 000 + 204 000 = 1 404 000（元）；

应收账款账面价值 = 2 340 000 - 100 000 = 2 240 000（元）；

因此，非现金资产公允价值小于应收账款账面价值。

（2）非现金资产公允价值大于应收账款账面价值的情况

企业接受债务人用于清偿债务的非现金资产的公允价值大于该项应收账款账面价值的，应按该项非现金资产的公允价值，借记"原材料"、"库存商品"、"固定资产"、"无形资产"等科目，按重组债权的账面余额，贷记"应收账款"科目，按应支付的相关税费和其他费用，贷记"银行存款"、"应交税费"等科目，按其差额，贷记"资产减值损失"科目。涉及增值税进项税额的，还应进行相应的处理。

例如，公司 2006 年 1 月 16 日销售一批材料给京奥公司，价税合计为 5 850 000 元。由于京奥公司发生财务困难而无法偿还该债务，2007 年 7 月 15 日公司与京奥公司达成债务重组协议，协议规定京奥公司用其一台大型机械设备抵偿该债务，公司将该机械设备作为固定资产进行管理。该设备经评估后的公允价值为 5 400 000 元，公司对该笔债权计提了 500 000 元的坏账准备。

借：固定资产　　　　　　　　　　　　　　　　　　5 400 000
　　坏账准备　　　　　　　　　　　　　　　　　　500 000

贷：应收账款 5 850 000

资产减值损失 50 000

💡〔注释〕

非现金资产公允价值＝5 400 000（元）；应收账款账面价值＝5 850 000－500 000＝5 350 000（元）。因此，非现金资产公允价值大于应收账款账面价值。

第二节　非货币性资产交换业务核算

一、非货币性资产交换核算有关规定

（一）非货币性资产交换定义

非货币性资产交换，是指交易双方主要以存货、固定资产、无形资产和长期股权投资等非货币性资产进行的交换。该交换不涉及或只涉及少量的货币性资产（即补价）。

货币性资产，是指企业持有的货币资金和将以固定或可确定的金额收取的资产，包括现金、银行存款、应收账款和应收票据以及准备持有至到期的债券投资等。

非货币性资产，是指货币性资产以外的资产。

💡〔注释〕

非货币性资产交换的认定。

非货币性资产交换是指交易双方通过存货、固定资产、无形资产和长期股权投资等非货币性资产进行的交换，有时也涉及少量货币性资产（即补价）。认定涉及少量货币性资产的交换为非货币性资产交换，通常以补价占整个资产交换金额的比例低于25%作为参考。

支付的货币性资产占换入资产公允价值（或占换出资产公允价值与支付的货币性资产之和）的比例，或者收到的货币性资产占换出资产公允价值（或占换入资产公允价值和收到的货币性资产之和）的比例低于25%的，视为非货币性资产交换，适用本准则；高于25%（含25%）的，视为以货币性资产取得非货币性资产，适用其他相关准则。

（二）非货币性资产交换的确认和计量

1. 非货币性资产交换同时满足下列条件的，应当以公允价值和应支付的相关税费作为换入资产的成本，公允价值与换出资产账面价值的差额计入当期损益：

（1）该项交换具有商业实质；

（2）换入资产或换出资产的公允价值能够可靠地计量。

换入资产和换出资产公允价值均能够可靠计量的，应当以换出资产的公允价值作为确定换入资产成本的基础，但有确凿证据表明换入资产的公允价值更加可靠的除外。

💡〔注释〕

换入资产或换出资产公允价值的可靠计量符合下列情形之一的，表明换入资产或换出资产的公允价值能够可靠地计量。

（1）换入资产或换出资产存在活跃市场。对于存在活跃市场的存货、长期股权投资、固定资产、无形资产等非货币性资产，应当以该资产的市场价格为基础确定其公允价值。

（2）换入资产或换出资产不存在活跃市场、但同类或类似资产存在活跃市场。对于同类或类似资产存在活跃市场的存货、长期股权投资、固定资产、无形资产等非货币性资产，应当以同类或类似资产市场价格为基础确定其公允价值。

（3）换入资产或换出资产不存在同类或类似资产的可比市场交易，应当采用估值技术确定其公允价值。该公允价值估计数的变动区间很小，或者在公允价值估计数变动区间内，各种用于确定公允价值估计数的概率能够合理确定的，视为公允价值能够可靠计量。

2. 满足下列条件之一的非货币性资产交换具有商业实质：

（1）换入资产的未来现金流量在风险、时间和金额方面与换出资产显著不同。

（2）换入资产与换出资产的预计未来现金流量现值不同，且其差额与换入资产和换出资产的公允价值相比是重大的。

3. 在确定非货币性资产交换是否具有商业实质时，企业应当关注交易各方之间是否存在关联方关系。关联方关系的存在可能导致发生的非货币性资产交换不具有商业实质。

💡〔注释〕

商业实质的判断。

企业应当遵循实质重于形式的要求判断非货币性资产交换是否具有商业实质。根据换入资产的性质和换入企业经营活动的特征等，换入资产与换入企业其他现有资产相结合能够产生更大的效用，从而导致换入企业受该换入资产影响产生的现金流量与换出资产明显不同，表明该项资产交换具有商业实质。

根据本准则第四条规定，满足下列条件之一的非货币性资产交换具有商业实质：

（1）换入资产的未来现金流量在风险、时间和金额方面与换出资产显著不同。

这种情况通常包括下列情形：

①未来现金流量的风险、金额相同，时间不同。此种情形是指换入资产和换出资产产生的未来现金流量总额相同，获得这些现金流量的风险相同，但现金流量流入企业的时间明显不同。

②未来现金流量的时间、金额相同，风险不同。此种情形是指换入资产和换出资产产生的未来现金流量时间和金额相同，但企业获得现金流量的不确定性程度存在明显差异。

③未来现金流量的风险、时间相同，金额不同。此种情形是指换入资产和换出资产产生的未来现金流量总额相同，预计为企业带来现金流量的时间跨度相同，风险也相同，但各年产生的现金流量金额存在明显差异。

（2）换入资产与换出资产的预计未来现金流量现值不同，且其差额与换入资产和换出资产的公允价值相比是重大的。

这种情况是指换入资产对换入企业的特定价值（即预计未来现金流量现值）与换出资产存在明显差异。本准则所指资产的预计未来现金流量现值，应当按照资产在持续使用过程中和最终处置时所产生的预计税后未来现金流量，根据企业自身而不是市场参与者对资产特定风险的评价，选择恰当的折现率对其进行折现后的金额加以确定。

4. 未同时满足本准则第三条规定条件的非货币性资产交换，应当以换出资产的账面价值和应支付的相关税费作为换入资产的成本，不确认损益。

5. 企业在按照公允价值和应支付的相关税费作为换入资产成本的情况下，发生补价的，应当分别下列情况处理：

（1）支付补价的，换入资产成本与换出资产账面价值加支付的补价、应支付的相关税费之和的差额，应当计入当期损益。

（2）收到补价的，换入资产成本加收到的补价之和与换出资产账面价值加应支付的相关税费之和的差额，应当计入当期损益。

💡〔注释〕

非货币性资产交换具有商业实质且公允价值能够可靠计量的，在发生补价的情况下，支付补价方，应当以换出资产的公允价值加上支付的补价（或换入资产的公允价值）和应支付的相关税费，作为换入资产的成本；收到补价方，应当以换出资产的公允价值减去补价（或换入资产的公允价值）加上应支付的相关税费，作为换入资产的成本。

换出资产公允价值与其账面价值的差额，应当分别不同情况处理：

（1）换出资产为存货的，应当作为销售处理，按照《企业会计准则第14号——收入》以其公允价值确认收入，同时结转相应的成本。

注意存货应该区分为原材料与库存商品，换出资产为原材料时，通过"其他业务收入"、"其他业务成本"科目核算；换入资产为库存商品时，通过"主营业务收入"、"主营业务成本"科目核算。

（2）换出资产为固定资产、无形资产的，换出资产公允价值与其账面价值的差额，计入营业外收入或营业外支出。

（3）换出资产为长期股权投资的，换出资产公允价值与其账面价值的差额，计入投资损益。

6. 企业在按照换出资产的账面价值和应支付的相关税费作为换入资产成本的情况下，发生补价的，应当分别下列情况处理：

（1）支付补价的，应当以换出资产的账面价值，加上支付的补价和应支付的相关税费，作为换入资产的成本，不确认损益。

（2）收到补价的，应当以换出资产的账面价值，减去收到的补价并加上应支付的相关税费，作为换入资产的成本，不确认损益。

7. 非货币性资产交换同时换入多项资产的，在确定各项换入资产的成本时，应当分别下列情况处理：

（1）非货币性资产交换具有商业实质，且换入资产的公允价值能够可靠计量的，应当按照换入各项资产的公允价值占换入资产公允价值总额的比例，对换入资产的成本总额进行分配，确定各项换入资产的成本。

（2）非货币性资产交换不具有商业实质，或者虽具有商业实质但换入资产的公允价值不能可靠计量的，应当按照换入各项资产的原账面价值占换入资产原账面价值总额的比例，对换入资产的成本总额进行分配，确定各项换入资产的成本。

（三）非货币性资产交换的披露

企业应当在附注中披露与非货币性资产交换有关的下列信息：
（1）换入资产、换出资产的类别。
（2）换入资产成本的确定方式。
（3）换入资产、换出资产的公允价值以及换出资产的账面价值。
（4）非货币性资产交换确认的损益。

二、新旧准则的主要区别

1. 计量基础不同。原准则只允许采用账面价值；新准则允许以公允价值为基础确认换入资产的成本，并确认产生的损益。

新准则采用公允价值计价的判断。新准则规定，非货币性交易同时满足两个条件时，以公允价值计量。两个条件为：一是该交易具有商业性质；二是换入或换出资产至少两者之一的公允价值能够可靠计量。

上述两个条件均不符合的非货币性资产交换，以换出资产的账面价值计量。

2. 损益的确认条件不同。原准则损益的确认取决于是否支付补价；新准则损益的确认取决于是否以公允价值确认换入资产的成本。

符合商业性质且公允价值能够可靠计量条件的非货币性交易以公允价值计价，不符合条件的，以换出资产的账面价值计量；不管以何种基础计价，不核算收到补价所含收益或损失的确认，而是确认换出资产公允价值与其账面价值之间的差额，直接计入损益。

3. 新准则引入了"商业实质"的重要概念。

三、非货币性资产交换有关业务核算

（一）单项非货币性资产交换的处理

1. 公允价值计量模式下换入资产入账价值的确定

不涉及补价时：换入资产的入账价值＝换出资产的公允价值＋应支付的相关税费；

支付补价时：换入资产的入账价值＝换出资产的公允价值＋补价＋应支付的相关

税费；

收到补价时：换入资产的入账价值 = 换出资产的公允价值 − 补价 + 应支付的相关税费。

2. 账面价值计量模式下换入资产入账价值的确定

不涉及补价时：换入资产的入账价值 = 换出资产的账面价值 + 应支付的相关税费；

支付补价时：换入资产的入账价值 = 换出资产的账面价值 + 补价 + 应支付的相关税费；

收到补价时：换入资产的入账价值 = 换出资产的账面价值 − 补价 + 应支付的相关税费。

【例1】公司 2007 年 6 月 15 日以账面价值为 1 800 000 元、公允价值为 2 000 000 元的库存材料，与天都公司账面价值为 2 200 000 元，公允价值为 2 000 000 元的原材料进行交换。假设增值税税率均为 17%，且双方交易具有商业实质。

(1) 借：原材料　　　　　　　　　　　　　　　　　　　　　2 000 000

　　　应交税费——应交增值税——进项税额　　　　　　　　340 000

　　贷：其他业务收入　　　　　　　　　　　　　　　　　　　　2 000 000

　　　　应交税费——应交增值税——销项税额　　　　　　　　　340 000

(2) 借：其他业务成本　　　　　　　　　　　　　　　　　　　1 800 000

　　贷：原材料　　　　　　　　　　　　　　　　　　　　　　　1 800 000

【例2】公司 2007 年 9 月 1 日，用对新天地公司的长期股权投资，换取南海公司机械设备一套。该项投资的账面余额 10 000 000 元，公允价值 7 500 000 元，已计提减值准备 1 000 000 元。公司将换入的机械设备作为生产经营用固定资产进行管理，该机械设备公允价值为 7 800 000 元。经判断该项交易具有商业实质。交易双方在交易中未发生其他相关税费。

(1) 假定该非货币性资产交换不涉及补价。

借：固定资产　　　　　　　　　　　　　　　　　　　　　　7 500 000

　　长期股权投资减值准备　　　　　　　　　　　　　　　　1 000 000

　　投资收益　　　　　　　　　　　　　　　　　　　　　　1 500 000

　　贷：长期股权投资　　　　　　　　　　　　　　　　　　　　10 000 000

(2) 假定公司在该项非货币性资产交换中，支付补价 300 000 元。

借：固定资产　　　　　　　　　　　　　　　　　　　　　　7 800 000

　　长期股权投资减值准备　　　　　　　　　　　　　　　　1 000 000

　　投资收益　　　　　　　　　　　　　　　　　　　　　　1 500 000

　　贷：长期股权投资　　　　　　　　　　　　　　　　　　　　10 000 000

　　　　银行存款　　　　　　　　　　　　　　　　　　　　　　300 000

(3) 假定公司在该项非货币性资产交换中，收到补价 100 000 元。

借：固定资产　　　　　　　　　　　　　　　　　　　　　　7 400 000

长期股权投资减值准备	1 000 000	
银行存款	100 000	
投资收益	1 500 000	
贷：长期股权投资		10 000 000

【例3】公司 2007 年 6 月 10 日以一台塔吊与新兴公司进行非货币性资产交换，换入检修专用工具一批。假定换出的设备与换入的专用工具的公允价值均能可靠计量。换出设备的账面价值原价为 200 万元，累计折旧为 10 万元，未计提减值准备，假定换出资产的公允价值为 150 万元，换入资产的公允价值为 160 万元。公司并支付该专用工具运杂费 2 000 元。

（1）假定该非货币性资产交换不涉及补价。

借：固定资产清理	1 900 000	
累计折旧	100 000	
贷：固定资产		2 000 000
借：周转材料——低值易耗品	1 502 000	
应交税费——应交增值税——进项税额	272 000	
营业外支出——非货币性资产交换损失	128 000	
贷：固定资产清理		1 900 000
银行存款		2 000

（2）假定公司在该项非货币性资产交换中，支付补价 48 000 元。

借：周转材料——低值易耗品	1 550 000	
应交税费——应交增值税——进项税额	272 000	
营业外支出——非货币性资产交换损失	128 000	
贷：固定资产清理		1 900 000
银行存款		50 000

（3）假定公司在该项非货币性资产交换中收到补价 42 000 元。

借：周转材料——低值易耗品	1 460 000	
银行存款	42 000	
应交税费——应交增值税——进项税额	272 000	
营业外支出——非货币性资产交换损失	128 000	
贷：固定资产清理		1 900 000
银行存款		2 000

【例4】公司 2007 年 2 月 10 日以一辆小轿车与中旅公司一辆中巴车进行交换，公司小轿车的账面原值为 160 000 元，累计折旧为 40 000 元，已计提减值准备 10 000 元，该小轿车公允价值为 100 000 元，中旅公司中巴车的账面原值为 200 000 元，累计折旧为 120 000 元，公允价值为 60 000 元，公司并支付了 40 000 元的现金。不考虑相关税费。（经分析，该交换具有商业实质）

借：固定资产清理	110 000	

固定资产减值准备	10 000	
累计折旧	40 000	
贷：固定资产		160 000
借：固定资产	140 000	
营业外支出——非货币性资产交换损失	10 000	
贷：固定资产清理		110 000
库存现金		40 000

【例5】承上例，假定两辆车的公允价值均不能可靠计量，公司按照两者账面价值的差额支付了 40 000 元的现金（不考虑相关税费）

(1) 借：固定资产清理　　　　　　　　　　110 000
　　　固定资产减值准备　　　　　　　　　 10 000
　　　累计折旧　　　　　　　　　　　　　 40 000
　　　贷：固定资产　　　　　　　　　　　　　　160 000
(2) 借：固定资产　　　　　　　　　　　　150 000
　　　贷：固定资产清理　　　　　　　　　　　　110 000
　　　　库存现金　　　　　　　　　　　　　　　 40 000

（二）涉及多项非货币性资产交换的处理

涉及多项非货币性资产交换的情况包括企业以一项非货币性资产同时换入另一企业的多项非货币性资产，或同时以多项非货币性资产换入另一企业的一项非货币性资产，或以多项非货币性资产同时换入多项非货币性资产，也可能涉及补价。在涉及多项非货币性资产的交换中，企业无法将换出的某一资产与换入的某一特定资产相对应。

与单项非货币性资产之间的交换一样，涉及多项非货币性资产交换的计量，企业也应当首先判断是否符合非货币性资产交换准则以公允价值计量的两个条件，再分别情况确定各项换入资产的成本。

涉及多项非货币性资产的交换一般可以分为以下几种情况：

1. 资产交换具有商业实质，且各项换出资产和各项换入资产的公允价值均能够可靠计量。在这种情况下，换入资产的总成本应当按照换出资产的公允价值总额为基础确定，除非有确凿证据证明换入资产的公允价值总额更可靠。各项换入资产的成本，应当按照各项换入资产的公允价值占换入资产公允价值总额的比例，对换入资产总成本进行分配，确定各项换入资产的成本。

2. 资产交换具有商业实质、且换入资产的公允价值能够可靠计量、换出资产的公允价值不能可靠计量。在这种情况下，换入资产的总成本应当按照换入资产的公允价值总额为基础确定，各项换入资产的成本，应当按照各项换入资产的公允价值占换入资产公允价值总额的比例，对换入资产总成本进行分配，确定各项换入资产的成本。

3. 资产交换具有商业实质、换出资产的公允价值能够可靠计量、但换入资产的公允价值不能可靠计量。在这种情况下，换入资产的总成本应当按照换出资产的公允价值总额为基础确定，各项换入资产的成本，应当按照各项换入资产的原账面价值占换入资产原账面价值总额的比例，对按照换出资产公允价值总额确定的换入资产总成本进行分配，确定各项换入资产的成本。

4. 资产交换不具有商业实质、或换入资产和换出资产的公允价值均不能可靠计量。在这种情况下，换入资产的总成本应当按照换出资产原账面价值总额为基础确定，各项换入资产的成本，应当按照各项换入资产的原账面价值占换入资产原账面价值总额的比例，对按照换出资产账面价值总额为基础确定的换入资产总成本进行分配，确定各项换入资产的成本。

实际上，上述第 1、2、3 种情况，换入资产总成本都是按照公允价值计量，但各单项换入资产成本的确定，视各单项换入资产的公允价值能否可靠计量而分别情况处理；第 4 种情况属于不符合公允价值计量的条件，换入资产总成本按照换出资产账面价值总额确定，各单项换入资产成本的确定，按照各单项换入资产的原账面价值占换入资产原账面价值总额的比例确定。

例如，公司 2007 年 1 月 16 日以其持有的一项长期股权投资，换入中兴公司一辆小轿车以及产品一批，小轿车的账面价值为 600 000 元，公允价值为 500 000 元，该批产品的账面价值为 1 600 000 元，公允价值为 1 500 000 元；换出的长期股权投资账务余额为 3 000 000 元，计提减值准备 400 000 元，公允价值为 2 000 000 元。此外，公司向中兴公司支付补价 100 000 元，并支付相关运费 5 000 元。假设不考虑其他税费。

（1）分析：支付补价 100 000 元占换出资产公允价值与支付补价之和 2 100 000 元（2 000 000 + 100 000）的 4.76%，小于 25%，则按照《非货币性资产交换》准则核算。

（2）换入资产入账价值总额 = 2 000 000 + 100 000 + 5 000 = 2 105 000（元）

小轿车公允价值的比例 = 500 000 ÷（500 000 + 1 500 000）= 25%

则：换入资产小轿车的入账价值 = 2 105 000 × 25% = 526 250（元）

（3）产品公允价值的比例 = 150 ÷（50 + 150）= 75%

则：换入资产库存商品的入账价值 = 2 105 000 × 75% = 1 578 750（元）

（4）账务处理：

借：固定资产	526 250	
库存商品	1 578 750	
长期股权投资减值准备	400 000	
营业外支出——非货币性资产交换损失	600 000	
贷：长期股权投资		3 000 000
银行存款		105 000

第三节 资产减值业务核算

一、资产减值核算有关规定

（一）资产减值定义与减值的认定

1. 资产减值，是指资产的可收回金额低于其账面价值。

本准则中的资产，除了特别规定外，包括单项资产和资产组。

2. 资产组，是指企业可以认定的最小资产组合，其产生的现金流入应当基本上独立于其他资产或者资产组产生的现金流入。

3. 《资产减值》准则的规定不适用以下资产的减值：

（1）存货的减值，适用《企业会计准则第 1 号——存货》。

（2）采用公允价值模式计量的投资性房地产的减值，适用《企业会计准则第 3 号——投资性房地产》。

（3）建造合同形成的资产的减值，适用《企业会计准则第 15 号——建造合同》。

（4）递延所得税资产的减值，适用《企业会计准则第 18 号——所得税》。

（5）融资租赁中出租人未担保余值的减值，适用《企业会计准则第 21 号——租赁》。

（6）《企业会计准则第 22 号——金融工具确认和计量》规范的金融资产的减值，适用《企业会计准则第 22 号——金融工具确认和计量》。

4. 可能发生减值资产的认定。

（1）企业应当在资产负债表日判断资产是否存在可能发生减值的迹象。

（2）因企业合并所形成的商誉和使用寿命不确定的无形资产，无论是否存在减值迹象，每年都应当进行减值测试。

（3）存在下列迹象的，表明资产可能发生了减值：

①资产的市价当期大幅度下跌，其跌幅明显高于因时间的推移或者正常使用而预计的下跌。

②企业经营所处的经济、技术或者法律等环境以及资产所处的市场在当期或者将在近期发生重大变化，从而对企业产生不利影响。

③市场利率或者其他市场投资报酬率在当期已经提高，从而影响企业计算资产预计未来现金流量现值的折现率，导致资产可收回金额大幅度降低。

④有证据表明资产已经陈旧过时或者其实体已经损坏。

⑤资产已经或者将被闲置、终止使用或者计划提前处置。

⑥企业内部报告的证据表明资产的经济绩效已经低于或者将低于预期，如资产所

创造的净现金流量或者实现的营业利润（或者亏损）远远低于（或者高于）预计金额等。

⑦其他表明资产可能已经发生减值的迹象。

（二）资产可收回金额的计量

1. 资产存在减值迹象的，应当估计其可收回金额。

可收回金额应当根据资产的公允价值减去处置费用后的净额与资产预计未来现金流量的现值两者之间较高者确定。

处置费用包括与资产处置有关的法律费用、相关税费、搬运费以及为使资产达到可销售状态所发生的直接费用等。

2. 资产的公允价值减去处置费用后的净额与资产预计未来现金流量的现值，只要有一项超过了资产的账面价值，就表明资产没有发生减值，不需再估计另一项金额。

💡〔注释〕

这条规定构成了判断一项资产是否减值的标准。即只要资产的公允价值减去处置费用后的净额大于资产的账面价值，或者资产预计未来现金流量的现值大于资产的账面价值，就可以判断该资产没有发生减值。

3. 资产的公允价值减去处置费用后的净额，应当根据公平交易中销售协议价格减去可直接归属于该资产处置费用的金额确定。

不存在销售协议但存在资产活跃市场的，应当按照该资产的市场价格减去处置费用后的金额确定。资产的市场价格通常应当根据资产的买方出价确定。

在不存在销售协议和资产活跃市场的情况下，应当以可获取的最佳信息为基础，估计资产的公允价值减去处置费用后的净额，该净额可以参考同行业类似资产的最近交易价格或者结果进行估计。

企业按照上述规定仍然无法可靠估计资产的公允价值减去处置费用后的净额的，应当以该资产预计未来现金流量的现值作为其可收回金额。

💡〔注释〕

即企业无法可靠估计资产的公允价值减去处置费用后的净额时，就以该资产预计未来现金流量的现值作为其可收回金额。也就不存在两者进行比较，以较高者作为资产的可收回金额问题。

4. 资产预计未来现金流量的现值，应当按照资产在持续使用过程中和最终处置时所产生的预计未来现金流量，选择恰当的折现率对其进行折现后的金额加以确定。

预计资产未来现金流量的现值，应当综合考虑资产的预计未来现金流量、使用寿命和折现率等因素。

5. 预计的资产未来现金流量应当包括下列各项：

（1）资产持续使用过程中预计产生的现金流入。

（2）为实现资产持续使用过程中产生的现金流入所必需的预计现金流出（包括

为使资产达到预定可使用状态所发生的现金流出）。

该现金流出应当是可直接归属于或者可通过合理和一致的基础分配到资产中的现金流出。

（3）资产使用寿命结束时，处置资产所收到或者支付的净现金流量。该现金流量应当是在公平交易中，熟悉情况的交易双方自愿进行交易时，企业预期可从资产的处置中获取或者支付的、减去预计处置费用后的金额。

6. 预计资产未来现金流量时，企业管理层应当在合理和有依据的基础上对资产剩余使用寿命内整个经济状况进行最佳估计。

预计资产的未来现金流量，应当以经企业管理层批准的最近财务预算或者预测数据，以及该预算或者预测期之后年份稳定的或者递减的增长率为基础。企业管理层如能证明递增的增长率是合理的，可以以递增的增长率为基础。

建立在预算或者预测基础上的预计现金流量最多涵盖5年，企业管理层如能证明更长的期间是合理的，可以涵盖更长的期间。

在对预算或者预测期之后年份的现金流量进行预计时，所使用的增长率除了企业能够证明更高的增长率是合理的之外，不应当超过企业经营的产品、市场、所处的行业或者所在国家或者地区的长期平均增长率，或者该资产所处市场的长期平均增长率。

7. 预计资产的未来现金流量，应当以资产的当前状况为基础，不应当包括与将来可能会发生的、尚未作出承诺的重组事项或者与资产改良有关的预计未来现金流量。

预计资产的未来现金流量也不应当包括筹资活动产生的现金流入或者流出以及与所得税收付有关的现金流量。

企业已经承诺重组的，在确定资产的未来现金流量的现值时，预计的未来现金流入和流出数，应当反映重组所能节约的费用和由重组所带来的其他利益，以及因重组所导致的估计未来现金流出数。其中重组所能节约的费用和由重组所带来的其他利益，通常应当根据企业管理层批准的最近财务预算或者预测数据进行估计；因重组所导致的估计未来现金流出数应当根据《企业会计准则第13号——或有事项》所确认的因重组所发生的预计负债金额进行估计。

8. 折现率是反映当前市场货币时间价值和资产特定风险的税前利率。该折现率是企业在购置或者投资资产时所要求的必要报酬率。

在预计资产的未来现金流量时已经对资产特定风险的影响作了调整的，估计折现率不需要考虑这些特定风险。如果用于估计折现率的基础是税后的，应当将其调整为税前的折现率。

9. 预计资产的未来现金流量涉及外币的，应当以该资产所产生的未来现金流量的结算货币为基础，按照该货币适用的折现率计算资产的现值；然后将该外币现值按照计算资产未来现金流量现值当日的即期汇率进行折算。

🔎〔注释〕

1. 估计资产可收回金额应当遵循重要性要求

企业应当在资产负债表日判断资产是否存在可能发生减值的迹象。资产存在减值迹象的，应当进行减值测试，估计资产的可收回金额。在估计资产可收回金额时，应当遵循重要性要求。

（1）以前报告期间的计算结果表明，资产可收回金额显著高于其账面价值，之后又没有发生消除这一差异的交易或者事项的，资产负债表日可以不重新估计该资产的可收回金额。

（2）以前报告期间的计算与分析表明，资产可收回金额相对于某种减值迹象反应不敏感，在本报告期间又发生了该减值迹象的，可以不因该减值迹象的出现而重新估计该资产的可收回金额。比如，当期市场利率或市场投资报酬率上升，对计算资产未来现金流量现值采用的折现率影响不大的，可以不重新估计资产的可收回金额。

2. 预计资产未来现金流量应当考虑的因素

（1）预计资产未来现金流量和折现率，应当在一致的基础上考虑因一般通货膨胀而导致物价上涨等因素的影响。如果折现率考虑了这一影响因素，资产预计未来现金流量也应当考虑；折现率没有考虑这一影响因素的，预计未来现金流量则不予考虑。

（2）预计资产未来现金流量，应当分析以前期间现金流量预计数与实际数的差异情况，以评判预计当期现金流量所依据的假设的合理性。通常应当确保当期预计现金流量所依据假设与前期实际结果相一致。

（3）预计资产未来现金流量应当以资产的当前状况为基础，不应包括与将来可能会发生的、尚未作出承诺的重组事项有关或者与资产改良有关的预计未来现金流量。未来发生的现金流出是为了维持资产正常运转或者原定正常产出水平所必需的，预计资产未来现金流量时应当将其考虑在内。

（4）预计在建工程、开发过程中的无形资产等的未来现金流量，应当包括预期为使该资产达到预定可使用或可销售状态而发生的全部现金流出。

（5）资产的未来现金流量受内部转移价格影响的，应当采用在公平交易前提下企业管理层能够达成的最佳价格估计数进行预计。

3. 预计资产未来现金流量的方法

预计资产未来现金流量，通常应当根据资产未来期间最有可能产生的现金流量进行预测。采用期望现金流量法更为合理的，应当采用期望现金流量法预计资产未来现金流量。

采用期望现金流量法，资产未来现金流量应当根据每期现金流量期望值进行预计，每期现金流量期望值按照各种可能情况下的现金流量乘以相应的发生概率加总计算。

4. 折现率的确定方法

折现率的确定通常应当以该资产的市场利率为依据。无法从市场获得的，可以使用替代利率估计折现率。

替代利率可以根据加权平均资金成本、增量借款利率或者其他相关市场借款利率作适当调整后确定。调整时，应当考虑与资产预计未来现金流量有关的特定风险以及其他有关货币风险和价格风险等。

估计资产未来现金流量现值时，通常应当使用单一的折现率；资产未来现金流量的现值对未来不同期间的风险差异或者利率的期限结构反应敏感的，应当使用不同的折现率。

（三）资产减值损失的确定

1. 可收回金额的计量结果表明，资产的可收回金额低于其账面价值的，应当将资产的账面价值减记至可收回金额，减记的金额确认为资产减值损失，计入当期损益，同时计提相应的资产减值准备。

2. 资产减值损失确认后，减值资产的折旧或者摊销费用应当在未来期间作相应调整，以使该资产在剩余使用寿命内，系统地分摊调整后的资产账面价值（扣除预计净残值）。

3. 资产减值损失一经确认，在以后会计期间不得转回。

（四）资产组的认定及减值处理

1. 迹象表明一项资产可能发生减值的，企业应当以单项资产为基础估计其可收回金额。企业难以对单项资产的可收回金额进行估计的，应当以该资产所属的资产组为基础确定资产组的可收回金额。

资产组的认定，应当以资产组产生的主要现金流入是否独立于其他资产或者资产组的现金流入为依据。同时，在认定资产组时，应当考虑企业管理层管理生产经营活动的方式（如是按照生产线、业务种类还是按照地区或者区域等）和对资产的持续使用或者处置的决策方式等。

几项资产的组合生产的产品（或者其他产出）存在活跃市场的，即使部分或者所有这些产品（或者其他产出）均供内部使用，也应当在符合前款规定的情况下，将这几项资产的组合认定为一个资产组。

如果该资产组的现金流入受内部转移价格的影响，应当按照企业管理层在公平交易中对未来价格的最佳估计数来确定资产组的未来现金流量。

资产组一经确定，各个会计期间应当保持一致，不得随意变更。

如需变更，企业管理层应当证明该变更是合理的，并根据本准则第二十七条的规定在附注中作相应说明。

2. 资产组账面价值的确定基础应当与其可收回金额的确定方式相一致。

资产组的账面价值包括可直接归属于资产组与可以合理和一致地分摊至资产组的资产账面价值，通常不应当包括已确认负债的账面价值，但如不考虑该负债金额就无法确定资产组可收回金额的除外。

资产组的可收回金额应当按照该资产组的公允价值减去处置费用后的净额与其预计未来现金流量的现值两者之间较高者确定。

资产组在处置时如要求购买者承担一项负债（如环境恢复负债等）、该负债金额已经确认并计入相关资产账面价值，而且企业只能取得包括上述资产和负债在内的单一公允价值减去处置费用后的净额的，为了比较资产组的账面价值和可收回金额，在确定资产组的账面价值及其预计未来现金流量的现值时，应当将已确认的负债金额从中扣除。

💡〔注释〕

如某资产组中的一项固定资产存在弃置义务的，企业按照《企业会计准则第13号——或有事项》的规定，将承担的环境保护和生态恢复等义务所确定支出的现值计算确定应计入固定资产成本的金额和相应的预计负债。此时，在估计该固定资产所属资产组的预计未来现金流量现值时，应当将已确认的预计负债金额从中扣除。

3. 企业总部资产包括企业集团或其事业部的办公楼、电子数据处理设备等资产。总部资产的显著特征是难以脱离其他资产或者资产组产生独立的现金流入，而且其账面价值难以完全归属于某一资产组。

有迹象表明某项总部资产可能发生减值的，企业应当计算确定该总部资产所归属的资产组或者资产组组合的可收回金额，然后将其与相应的账面价值相比较，据以判断是否需要确认减值损失。

资产组组合，是指由若干个资产组组成的最小资产组组合，包括资产组或者资产组组合，以及按合理方法分摊的总部资产部分。

4. 企业对某一资产组进行减值测试，应当先认定所有与该资产组相关的总部资产，再根据相关总部资产能否按照合理和一致的基础分摊至该资产组分别下列情况处理。

（1）对于相关总部资产能够按照合理和一致的基础分摊至该资产组的部分，应当将该部分总部资产的账面价值分摊至该资产组，再据以比较该资产组的账面价值（包括已分摊的总部资产的账面价值部分）和可收回金额，并按照本准则第二十二条的规定处理。

（2）对于相关总部资产中有部分资产难以按照合理和一致的基础分摊至该资产组的，应当按照下列步骤处理：

首先，在不考虑相关总部资产的情况下，估计和比较资产组的账面价值和可收回金额，并按照本准则第二十二条的规定处理。

其次，认定由若干个资产组组成最小的资产组组合，该资产组组合应当包括所测试的资产组与可以按照合理和一致的基础将该部分总部资产的账面价值分摊其上的部分。

最后，比较所认定的资产组组合的账面价值（包括已分摊的总部资产的账面价值部分）和可收回金额，并按照本准则第二十二条的规定处理。

5. 资产组或者资产组组合的可收回金额低于其账面价值的（总部资产和商誉分摊至某资产组或者资产组组合的，该资产组或者资产组组合的账面价值应当包括相关总部资产和商誉的分摊额），应当确认相应的减值损失。减值损失金额应当先抵减分摊至资产组或者资产组组合中商誉的账面价值，再根据资产组或者资产组组合中除商誉之外的其他各项资产的账面价值所占比重，按比例抵减其他各项资产的账面价值。

以上资产账面价值的抵减，应当作为各单项资产（包括商誉）的减值损失处理，计入当期损益。抵减后的各资产的账面价值不得低于以下三者之中最高者：该资产的公允价值减去处置费用后的净额（如可确定的）、该资产预计未来现金流量的现值（如可确定的）和零。

因此而导致的未能分摊的减值损失金额，应当按照相关资产组或者资产组组合中其他各项资产的账面价值所占比重进行分摊。

🔎 〔注释〕

资产组的认定。

资产组是企业可以认定的最小资产组合，其产生的现金流入应当基本上独立于其他资产或者资产组。资产组应当由创造现金流入相关的资产组成。

（1）认定资产组最关键的因素是该资产组能否独立产生现金流入。企业的某一生产线、营业网点、业务部门等，如果能够独立于其他部门或者单位等形成收入、产生现金流入，或者其形成的收入和现金流入绝大部分独立于其他部门或者单位、且属于可认定的最小资产组合的，通常应将该生产线、营业网点、业务部门等认定为一个资产组。

几项资产的组合生产的产品（或者其他产出）存在活跃市场的，无论这些产品（或者其他产出）是用于对外出售还是仅供企业内部使用，均表明这几项资产的组合能够独立产生现金流入，应当将这些资产的组合认定为资产组。

（2）企业对生产经营活动的管理或者监控方式以及对资产使用或者处置的决策方式等，也是认定资产组应考虑的重要因素。

比如，某服装企业有童装、西装、衬衫三个工厂，每个工厂在核算、考核和管理等方面都相对独立，在这种情况下，每个工厂通常为一个资产组。

再如，某家具制造商有 A 车间和 B 车间，A 车间专门生产家具部件（该家具部件不存在活跃市场），生产完后由 B 车间负责组装，该企业对 A 车间和 B 车间资产的使用和处置等决策是一体的，在这种情况下，A 车间和 B 车间通常应当认定为一个资产组。

（五）商誉减值的处理

1. 企业合并所形成的商誉，至少应当在每年年度终了进行减值测试。商誉应当结合与其相关的资产组或者资产组组合进行减值测试。

相关的资产组或者资产组组合应当是能够从企业合并的协同效应中受益的资产组或者资产组组合，不应当大于按照《企业会计准则第 35 号——分部报告》所确定的报告分部。

2. 企业进行资产减值测试，对于因企业合并形成的商誉的账面价值，应当自购买日起按照合理的方法分摊至相关的资产组；难以分摊至相关的资产组的，应当将其分摊至相关的资产组组合。

在将商誉的账面价值分摊至相关的资产组或者资产组组合时，应当按照各资产组或者资产组组合的公允价值占相关资产组或者资产组组合公允价值总额的比例进行分摊。公允价值难以可靠计量的，按照各资产组或者资产组组合的账面价值占相关资产组或者资产组组合账面价值总额的比例进行分摊。

企业因重组等原因改变了其报告结构，从而影响到已分摊商誉的一个或者若干个资产组或者资产组组合构成的，应当按照与本条前款规定相似的分摊方法，将商誉重新分摊至受影响的资产组或者资产组组合。

3. 在对包含商誉的相关资产组或者资产组组合进行减值测试时，如与商誉相关的资产组或者资产组组合存在减值迹象的，应当先对不包含商誉的资产组或者资产组组合进行减值测试，计算可收回金额，并与相关账面价值相比较，确认相应的减值损失。再对包含商誉的资产组或者资产组组合进行减值测试，比较这些相关资产组或者资产组组合的账面价值（包括所分摊的商誉的账面价值部分）与其可收回金额，如相关资产组或者资产组组合的可收回金额低于其账面价值的，应当确认商誉的减值损失，按照本准则第二十二条的规定处理。

💡〔注释〕

存在少数股东权益情况下的商誉减值测试。

根据《企业会计准则第20号——企业合并》的规定，在合并财务报表中反映的商誉，不包括子公司归属于少数股东权益的商誉。但对相关的资产组（或者资产组组合，下同）进行减值测试时，应当将归属于少数股东权益的商誉包括在内，调整资产组的账面价值，然后根据调整后的资产组账面价值与其可收回金额进行比较，以确定资产组（包括商誉）是否发生了减值。

上述资产组发生减值的，应当按照本准则第二十二条规定进行处理，但由于根据上述步骤计算的商誉减值损失包括了应由少数股东权益承担的部分，应当将该损失在可归属于母公司和少数股东权益之间按比例进行分摊，以确认归属于母公司的商誉减值损失。

（六）资产减值的披露

1. 企业应当在附注中披露与资产减值有关的下列信息：
（1）当期确认的各项资产减值损失金额。
（2）计提的各项资产减值准备累计金额。
（3）提供分部报告信息的，应当披露每个报告分部当期确认的减值损失金额。
2. 发生重大资产减值损失的，应当在附注中披露导致每项重大资产减值损失的原因和当期确认的重大资产减值损失的金额。
（1）发生重大减值损失的资产是单项资产的，应当披露该单项资产的性质。提供分部报告信息的，还应披露该项资产所属的主要报告分部。
（2）发生重大减值损失的资产是资产组（或者资产组组合，下同）的，应当披露：
①资产组的基本情况。
②资产组中所包括的各项资产于当期确认的减值损失金额。
③资产组的组成与前期相比发生变化的，应当披露变化的原因以及前期和当期资

产组组成情况。

3. 对于重大资产减值，应当在附注中披露资产（或者资产组，下同）可收回金额的确定方法。

（1）可收回金额按资产的公允价值减去处置费用后的净额确定的，还应当披露公允价值减去处置费用后的净额的估计基础。

（2）可收回金额按资产预计未来现金流量的现值确定的，还应当披露估计其现值时所采用的折现率，以及该资产前期可收回金额也按照其预计未来现金流量的现值确定的情况下，前期所采用的折现率。

第二十九条 第二十六条（一）、（二）和第二十七条（二）第 2 项信息应当按照资产类别予以披露。资产类别应当以资产在企业生产经营活动中的性质或者功能是否相同或者相似为基础确定。

4. 分摊到某资产组的商誉（或者使用寿命不确定的无形资产，下同）的账面价值占商誉账面价值总额的比例重大的，应当在附注中披露下列信息：

（1）分摊到该资产组的商誉的账面价值。

（2）该资产组可收回金额的确定方法。

5. 可收回金额按照资产组公允价值减去处置费用后的净额确定的，还应当披露确定公允价值减去处置费用后的净额的方法。资产组的公允价值减去处置费用后的净额不是按照市场价格确定的，应当披露：

（1）企业管理层在确定公允价值减去处置费用后的净额时所采用的各关键假设及其依据。

（2）企业管理层在确定各关键假设相关的价值时，是否与企业历史经验或者外部信息来源相一致；如不一致，应当说明理由。

6. 可收回金额按照资产组预计未来现金流量的现值确定的，应当披露：

（1）企业管理层预计未来现金流量的各关键假设及其依据。

（2）企业管理层在确定各关键假设相关的价值时，是否与企业历史经验或者外部信息来源相一致；如不一致，应当说明理由。

（3）估计现值时所采用的折现率。

7. 商誉的全部或者部分账面价值分摊到多个资产组且分摊到每个资产组的商誉的账面价值占商誉账面价值总额的比例不重大的，企业应当在附注中说明这一情况以及分摊到上述资产组的商誉合计金额。

商誉账面价值按照相同的关键假设分摊到上述多个资产组且分摊的商誉合计金额占商誉账面价值总额的比例重大的，企业应当在附注中说明这一情况，并披露下列信息：

（1）分摊到上述资产组的商誉的账面价值合计。

（2）采用的关键假设及其依据。

（3）企业管理层在确定各关键假设相关的价值时，是否与企业历史经验或者外部信息来源相一致；如不一致，应当说明理由。

二、资产减值有关业务核算

(一) 资产减值迹象的判断

企业在资产负债表日应当判断资产是否存在可能发生减值的迹象，主要可从外部信息来源和内部信息来源两方面加以判断：

从企业外部信息来源来看，如果出现了资产的市价在当期大幅度下跌，其跌幅明显高于因时间的推移或者正常使用而预计的下跌；企业经营所处的经济、技术或者法律等环境以及资产所处的市场在当期或者将在近期发生重大变化，从而对企业产生不利影响；市场利率或者其他市场投资报酬率在当期已经提高，从而影响企业计算资产预计未来现金流量现值的折现率，导致资产可收回金额大幅度降低等，均属于资产可能发生减值的迹象，企业需要据此估计资产的可收回金额，决定是否需要确认减值损失。

从企业内部信息来源来看，如果有证据表明资产已经陈旧过时或者其实体已经损坏；资产已经或者将被闲置、终止使用或者计划提前处置；企业内部报告的证据表明资产的经济绩效已经低于或者将低于预期，如资产所创造的净现金流量或者实现的营业利润远远低于原来的预算或者预计金额、资产发生的营业损失远远高于原来的预算或者预计金额、资产在建造或者收购时所需的现金支出远远高于最初的预算、资产在经营或者维护中所需的现金支出远远高于最初的预算等，均属于资产可能发生减值的迹象。

上述列举的资产减值迹象并不能穷尽所有的减值迹象，企业应当根据实际情况来认定资产可能发生减值的迹象。有确凿证据表明资产存在减值迹象的，应当在资产负债表日进行减值测试，估计资产的可收回金额。资产存在减值迹象是资产是否需要进行减值测试的必要前提，但是有两项资产除外，即因企业合并形成的商誉和使用寿命不确定的无形资产，根据《企业会计准则第 20 号——企业合并》和《企业会计准则第 6 号——无形资产》的规定，因企业合并所形成的商誉和使用寿命不确定的无形资产在后续计量中不再进行摊销，但是考虑到这两类资产的价值和产生的未来经济利益有较大的不确定性，为了避免资产价值高估，及时确认商誉和使用寿命不确定的无形资产的减值损失，如实反映企业财务状况和经营成果，对于这两类资产，企业至少应当于每年年度终了进行减值测试。

(二) 估计资产可收回金额的基本方法

根据资产减值准则的规定，资产存在减值迹象的，应当估计其可收回金额，然后将所估计的资产可收回金额与其账面价值相比较，以确定资产是否发生了减值，以及是否需要计提资产减值准备并确认相应的减值损失。在估计资产可收回金额时，原则上应当以单项资产为基础，如果企业难以对单项资产的可收回金额进行估计的，应当以该资产所属的资产组为基础确定资产组的可收回金额。

资产可收回金额的估计，应当根据其公允价值减去处置费用后的净额与资产预计未来现金流量的现值两者之间较高者确定。因此，要估计资产的可收回金额，通常需要同时估计该资产的公允价值减去处置费用后的净额和资产预计未来现金流量的现值，但是在下列情况下，可以有例外或者做特殊考虑：

（1）资产的公允价值减去处置费用后的净额与资产预计未来现金流量的现值，只要有一项超过了资产的账面价值，就表明资产没有发生减值，不需再估计另一项金额。

（2）没有确凿证据或者理由表明，资产预计未来现金流量现值显著高于其公允价值减去处置费用后的净额的，可以将资产的公允价值减去处置费用后的净额视为资产的可收回金额。企业持有待售的资产往往属于这种情况，即该资产在持有期间（处置之前）所产生的现金流量可能很少，其最终取得的未来现金流量往往就是资产的处置净收入，在这种情况下，以资产公允价值减去处置费用后的净额作为其可收回金额是适宜的，因为资产的未来现金流量现值不大会显著高于其公允价值减去处置费用后的净额。

（3）资产的公允价值减去处置费用后的净额如果无法可靠估计的，应当以该资产预计未来现金流量的现值作为其可收回金额。

（三）资产的公允价值减去处置费用后的净额的估计

资产的公允价值减去处置费用后的净额，通常反映的是资产如果被出售或者处置时可以收回的净现金收入。其中，资产的公允价值是指在公平交易中，熟悉情况的交易双方自愿进行资产交换的金额；处置费用是指可以直接归属于资产处置的增量成本，包括与资产处置有关的法律费用、相关税费、搬运费以及为使资产达到可销售状态所发生的直接费用等，但是财务费用和所得税费用等不包括在内。

企业在估计资产的公允价值减去处置费用后的净额时，应当按照下列顺序进行：

首先，应当根据公平交易中资产的销售协议价格减去可直接归属于该资产处置费用的金额确定资产的公允价值减去处置费用后的净额。这是估计资产的公允价值减去处置费用后的净额的最佳方法，企业应当优先采用这一方法。但是在实务中，企业的资产往往都是内部持续使用的，取得资产的销售协议价格并不容易，为此，需要采用其他方法估计资产的公允价值减去处置费用后的净额。

其次，在资产不存在销售协议但存在活跃市场的情况下，应当根据该资产的市场价格减去处置费用后的金额确定。资产的市场价格通常应当按照资产的买方出价确定。但是如果难以获得资产在估计日的买方出价的，企业可以以资产最近的交易价格作为其公允价值减去处置费用后的净额的估计基础，其前提是资产的交易日和估计日之间，有关经济、市场环境等没有发生重大变化。

再次，在既不存在资产销售协议又不存在资产活跃市场的情况下，企业应当以可获取的最佳信息为基础，根据在资产负债表日如果处置资产的话，熟悉情况的交易双方自愿进行公平交易愿意提供的交易价格减去资产处置费用后的金额，估计资产的公允价值减去处置费用后的净额。在实务中，该金额可以参考同行业类似资产的最近交易价格或者结果进行估计。

如果企业按照上述要求仍然无法可靠估计资产的公允价值减去处置费用后的净额的，应当以该资产预计未来现金流量的现值作为其可收回金额。

（四）资产预计未来现金流量的现值估计

资产预计未来现金流量的现值，应当按照资产在持续使用过程中和最终处置时所产生的预计未来现金流量，选择恰当的折现率对其进行折现后的金额加以确定。

预计资产未来现金流量现值应当综合考虑以下因素：

（1）企业预计从资产中获取的未来现金流量（在复杂情况下．可能是一组未来现金量）的估计；

（2）上述现金流量金额或时间的可能变化的预计；

（3）反映现行市场无风险利率的货币时间价值；

（4）资产内在不确定性的定价；

（5）市场参与者将反映在其对企业从资产中获取的未来现金流量的定价中的其他因素（比如非流动性因素）。

需要说明的是，企业估计未来现金流量和利率的技术可能依据资产所处情形或者环境有所不同，但是企业在应用现值技术计量资产价值时一般应遵循以下要求：

（1）用于折现未来现金流量的利率应当反映与内含在预计现金流量中的假设相一致的假设；

（2）预计现金流量和折现率应当是无偏的，不应当考虑与资产无关的因素；

（3）预计现金流量和折现率应当反映可能结果的范围。

根据上述因素和要求，企业在预计资产未来现金流量现值时，主要涉及以下三个方面：（1）资产的预计未来现金流量；（2）资产的使用寿命；（3）折现率。其中，资产使用寿命的预计与《企业会计准则第4号——固定资产》、《企业会计准则第6号——无形资产》等相关准则规定的使用寿命预计方法相同。

1. 资产未来现金流量的预计

（1）预计资产未来现金流量的基础

为了估计资产未来现金流量的现值，需要首先预计资产的未来现金流量，为此，企业管理层应当在合理和有依据的基础上对资产剩余使用寿命内整个经济状况进行最佳估计，并将资产未来现金流量的预计，建立在经企业管理层批准的最近财务预算或者预测数据之上。但是出于数据可靠性和便于操作等方面的考虑，建立在该预算或者预测基础上的预计现金流量最多涵盖5年，企业管理层如能证明更长的期间是合理的，可以涵盖更长的期间。

如果资产未来现金流量的预计还包括最近财务预算或者预测期之后的现金流量，企业应当以该预算或者预测期之后年份稳定的或者递减的增长率为基础进行估计。但是，企业管理层如能证明递增的增长率是合理的，可以以递增的增长率为基础进行估计。同时，所使用的增长率除了企业能够证明更高的增长率是合理的之外，不应当超过企业经营的产品、市场、所处的行业或者所在国家或者地区的长期平均增长率，或者该资产所处市场的长期平均增长率。在恰当、合理的情况下，该增长率可以是零或者负数。

由于经济环境随时都在变化，资产的实际现金流量往往会与预计数有出入，而且预计资产未来现金流量时的假设也有可能发生变化，因此，企业管理层在每次预计资产未来现金流量时，应当首先分析以前期间现金流量预计数与现金流量实际数出现差异的情况，以评判当期现金流量预计所依据的假设的合理性。通常情况下，企业管理层应当确保当期现金流量预计所依据的假设与前期实际结果相一致。

（2）预计资产未来现金流量应当包括的内容

①资产持续使用过程中预计产生的现金流入。

②为实现资产持续使用过程中产生的现金流入所必需的预计现金流出（包括为使资产达到预定可使用状态所发生的现金流出）。该现金流出应当是可直接归属于或者可通过合理和一致的基础分配到资产中的现金流出，后者通常是指那些与资产直接相关的间接费用。

对于在建工程、开发过程中的无形资产等，企业在预计其未来现金流量时，就应当包括预期为使该类资产达到预定可使用（或者可销售状态）而发生的全部现金流出数。

③资产使用寿命结束时，处置资产所收到或者支付的净现金流量。该现金流量应当是在公平交易中，熟悉情况的交易双方自愿进行交易时，企业预期可从资产的处置中获取或者支付的、减去预计处置费用后的金额。

（3）预计资产未来现金流量应当考虑的因素

①以资产的当前状况为基础预计资产未来现金流量

企业资产在使用过程中有时会因为改良、重组等原因而发生变化，因此，在预计资产未来现金流量时，企业应当以资产的当前状况为基础，不应当包括与将来可能会发生的、尚未作出承诺的重组事项或者与资产改良有关的预计未来现金流量。具体包括以下几层意思：

（Ⅰ）企业已经承诺重组的，在确定资产的未来现金流量的现值时，预计的未来现金流入和流出数，应当反映重组所能节约的费用和由重组所带来的其他利益，以及因重组所导致的估计未来现金流出数。其中重组所能节约的费用和由重组所带来的其他利益，通常应当根据企业管理层批准的最近财务预算或者预测数据进行估计；因重组所导致的估计未来现金流出数应当根据《企业会计准则第13号——或有事项》所确认的因重组所发生的预计负债金额进行估计。

（Ⅱ）企业在发生与资产改良（包括提高资产的营运绩效）有关的现金流出之前，预计的资产未来现金流量仍然应当以资产的当前状况为基础，不应当包括因与该现金流出相关的未来经济利益增加而导致的预计未来现金流入金额。

（Ⅲ）企业未来发生的现金流出如果是为了维持资产正常运转或者资产正常产出水平而必要的支出或者属于资产维护支出，应当在预计资产未来现金流量时将其考虑在内。

②预计资产未来现金流量不应当包括筹资活动和所得税收付产生的现金流量

企业预计的资产未来现金流量，不应当包括筹资活动产生的现金流入或者流出以及与所得税收付有关的现金流量。其原因：一是所筹集资金的货币时间价值已经通过折现因素予以考虑；二是折现率要求是以税前基础计算确定的，因此，现金流量的预计也必须建立在税前基础之上，这样可以有效避免在资产未来现金流量现值的计算过程中可能出现的重复计算等问题，以保证现值计算的正确性。

③对通货膨胀因素的考虑应当和折现率相一致

企业在预计资产未来现金流量和折现率时，考虑因一般通货膨胀而导致物价上涨的因素，应当采用一致的基础。如果折现率考虑了因一般通货膨胀而导致的物价上涨影响因素，资产预计未来现金流量也应予以考虑；反之，如果折现率没有考虑因一般通货膨胀而导致的物价上涨影响因素，资产预计未来现金流量也应当剔除这一影响因素。总之，在考虑通货膨胀因素的问题上，资产未来现金流量的预计和折现率的预计，应当保持一致。

④内部转移价格应当予以调整

在一些企业集团里，出于集团整体战略发展的考虑，某些资产生产的产品或者其他产出可能是供其集团内部其他企业使用或者对外销售的，所确定的交易价格或者结算价格基于内部转移价格，而内部转移价格很可能与市场交易价格不同，在这种情况下，为了如实测算企业资产的价值，就不应当简单地以内部转移价格为基础预计资产未来现金流量，而应当采用在公平交易中企业管理层能够达成的最佳的未来价格估计数进行预计。

（4）预计资产未来现金流量的方法

预计资产未来现金流量，通常应当根据资产未来每期最有可能产生的现金流量进行预测。这种方法通常叫做传统法，它使用单一的未来每期预计现金流量和单一的折现率计算资产未来现金流量的现值。

2. 折现率的预计

为了资产减值测试的目的，计算资产未来现金流量现值时所使用的折现率应当是反映当前市场货币时间价值和资产特定风险的税前利率。该折现率是企业在购置或者投资资产时所要求的必要报酬率。需要说明的是，如果在预计资产的未来现金流量时已经对资产特定风险的影响作了调整的，折现率的估计不需要考虑这些特定风险。如果用于估计折现率的基础是税后的，应当将其调整为税前的折现率，以便于与资产未来现金流量的估计基础相一致。

企业在确定折现率时，应当首先以该资产的市场利率为依据。如果该资产的利率无法从市场获得的，可以使用替代利率估计。在估计替代利率时，企业应当充分考虑资产剩余寿命期间的货币时间价值和其他相关因素，比如资产未来现金流量金额及其时间的预计离散程度、资产内在不确定性的定价等，如果资产预计未来现金流量已经对这些因素作了有关调整的，应当予以剔除。

替代利率在估计时，可以根据企业加权平均资金成本、增量借款利率或者其他相关市场借款利率作适当调整后确定。调整时，应当考虑与资产预计现金流量有关的特定风险以及其他有关政治风险、货币风险和价格风险等。

企业在估计资产未来现金流量现值时，通常应当使用单一的折现率。但是，如果资产未来现金流量的现值对未来不同期间的风险差异或者利率的期间结构反应敏感的，企业应当在未来各不同期间采用不同的折现率。

3. 资产未来现金流量现值的预计

在预计资产未来现金流量和折现率的基础之上，资产未来现金流量的现值只需将该资产的预计未来现金流量按照预计的折现率在预计期限内加以折现即可确定。其计算公式如下：

资产未来现金流量的现值（PV）＝ $\sum$ ［第 t 年预计资产未来现金流量（NCF$_t$）÷ $(1 + 折现率 R)^t$］

4. 外币未来现金流量及其现值的预计

随着我国企业日益融入世界经济体系和国际贸易的大幅度增加，企业使用资产所收到的未来现金流量有可能为外币，在这种情况下，企业应当按照以下顺序确定资产未来现金流量的现值：

首先应当以该资产所产生的未来现金流量的结算货币为基础预计其未来现金流量，并按照该货币适用的折现率计算资产的现值。

然后将该外币现值按照计算资产未来现金流量现值当日的即期汇率进行折算，从而折现成按照记账本位币表示的资产未来现金流量的现值。

最后在该现值基础上，将其与资产公允价值减去处置费用后的净额相比较，确定其可收回金额，根据可收回金额与资产账面价值相比较，确定是否需要确认减值损失以及确认多少减值损失。

（五）资产减值损失的确认与计量

1. 资产减值损失确认与计量的一般原则

企业在对资产进行减值测试并计算了资产可收回金额后，如果资产的可收回金额低于其账面价值的，应当将资产的账面价值减记至可收回金额，减记的金额确认为资产减值损失，计入当期损益，同时计提相应的资产减值准备。这样，企业当期确认的减值损失应当反映在其利润表中，而计提的资产减值准备应当作为相关资产的备抵项目，反映于资产负债表中，从而夯实企业资产价值，避免利润虚增，如实反映企业的财务状况和经营成果。

资产减值损失确认后，减值资产的折旧或者摊销费用应当在未来期间作相应调整，以使该资产在剩余使用寿命内，系统地分摊调整后的资产账面价值（扣除预计净残值）。比如，固定资产计提了减值准备后，固定资产账面价值将根据计提的减值准备相应抵减，因此，固定资产在未来计提折旧时，应当按照新的固定资产账面价值为基础计提每期折旧。

考虑到固定资产、无形资产、商誉等资产发生减值后，一方面价值回升的可能性比较小，通常属于永久性减值；另一方面从会计信息谨慎性要求考虑，为了避免确认资产重估增值和操纵利润，资产减值准则规定，资产减值损失一经确认，在以后会计期间不得转回。以前期间计提的资产减值准备，在资产处置、出售、对外投资、以非货币性资产交换方式换出、在债务重组中抵偿债务等时，才可予以转出。

2. 资产减值损失的账务处理

为了正确核算企业确认的资产减值损失和计提的资产减值准备，企业应当设置"资产减值损失"科目，按照资产类别进行明细核算，反映各类资产在当期确认的资产减值损失金额；同时，应当根据不同的资产类别，分别设置"固定资产减值准备"、"在建工程减值准备"、"投资性房地产减值准备"、"无形资产减值准备"、"商誉减值准备"、"长期股权投资减值准备"、"生产性生物资产减值准备"等科目。

当企业根据资产减值准则规定确定资产发生了减值的，应当根据所确认的资产减值金额，借记"资产减值损失"科目，贷记"固定资产减值准备"、"在建工程减值准备"、"投资性房地产减值准备"、"无形资产减值准备"、"商誉减值准备"、"长期股权投资减值准备"、"生产性生物资产减值准备"等科目。在期末，企业应当将"资产减值损失"科目余额转入"本年利润"科目，结转后该科目应当没有余额。各资产减值准备科目累积每期计提的资产减值准备，直至相关资产被处置等时才予以转出。

（六）资产组的认定及减值处理

1. 资产组的认定

资产减值准则规定，如果有迹象表明一项资产可能发生减值的，企业应当以单项资产为基础估计其可收回金额。但是在企业难以对单项资产的可收回金额进行估计的情况下，应当以该资产所属的资产组为基础确定资产组的可收回金额。因此，资产组的认定十分重要。

（1）资产组的概念

资产组是企业可以认定的最小资产组合，其产生的现金流入应当基本上独立于其他资产或者资产组。资产组应当由创造现金流入相关的资产组成。

（2）认定资产组应当考虑的因素

①资产组的认定，应当以资产组产生的主要现金流入是否独立于其他资产或者资产组的现金流入为依据。因此，资产组能否独立产生现金流入是认定资产组的最关键因素。比如，企业的某一生产线、营业网点、业务部门等，如果能够独立于其他部门或者单位等创造收入、产生现金流，或者其创造的收入和现金流入绝大部分独立于其他部门或者单位的，并且属于可认定的最小的资产组合的，通常应将该生产线、营业网点、业务部门等认定为一个资产组。

　　在资产组的认定中，企业几项资产的组合生产的产品（或者其他产出）存在活跃市场的，无论这些产品或者其他产出是用于对外出售还是仅供企业内部使用，均表明这几项资产的组合能够独立创造现金流入，在符合其他相关条件的情况下，应当将这些资产的组合认定为资产组。

　　②资产组的认定，应当考虑企业管理层对生产经营活动的管理或者监控方式（如是按照生产线、业务种类还是按照地区或者区域等）和对资产的持续使用或者处置的决策方式等。比如企业各生产线都是独立生产、管理和监控的，那么各生产线很可能应当认定为单独的资产组；如果某些机器设备是相互关联、互相依存的，其使用和处置是一体化决策的，那么这些机器设备很可能应当认定为一个资产组。

　　（3）资产组认定后不得随意变更

　　资产组一经确定后，在各个会计期间应当保持一致，不得随意变更。即资产组的各项资产构成通常不能随意变更。但是，如果由于企业重组、变更资产用途等原因，导致资产组构成确需变更的，企业可以进行变更，但企业管理层应当证明该变更是合理的，并应当在附注中作相应说明。

　　2. 资产组减值测试

　　资产组减值测试的原理和单项资产是一致的，即企业需要预计资产组的可收回金额和计算资产组的账面价值，并将两者进行比较，如果资产组的可收回金额低于其账面价值的，表明资产组发生了减值损失，应当予以确认。

　　（1）资产组账面价值和可收回金额的确定基础

　　资产组账面价值的确定基础应当与其可收回金额的确定方式相一致。因为这样的比较才有意义，否则如果两者在不同的基础上进行估计和比较，就难以正确估算资产组的减值损失。

　　资产组的可收回金额在确定时，应当按照该资产组的公允价值减去处置费用后的净额与其预计未来现金流量的现值两者之间较高者确定。

　　资产组的账面价值则应当包括可直接归属于资产组并可以合理和一致地分摊至资产组的资产账面价值，通常不应当包括已确认负债的账面价值，但如不考虑该负债金额就无法确定资产组可收回金额的除外。这是因为在预计资产组的可收回金额时，既不包括与该资产组的资产无关的现金流量，也不包括与已在财务报表中确认的负债有关的现金流量。因此，为了与资产组可收回金额的确定基础相一致，资产组的账面价值也不应当包括这些项目。

　　资产组在处置时如要求购买者承担一项负债（如环境恢复负债等）、该负债金额已经确认并计入相关资产账面价值，而且企业只能取得包括上述资产和负债在内的单一公允价值减去处置费用后的净额的，为了比较资产组的账面价值和可收回金额，在确定资产组的账面价值及其预计未来现金流量的现值时，应当将已确认的负债金额从中扣除。

　　（2）资产组减值的会计处理

　　根据减值测试的结果，资产组（包括资产组组合，在后述有关总部资产或者商誉的减值测试时涉及）的可收回金额如低于其账面价值的，应当确认相应的减值损失。减值损失金额应当按照以下顺序进行分摊：

首先抵减分摊至资产组中商誉的账面价值。

然后根据资产组中除商誉之外的其他各项资产的账面价值所占比重，按比例抵减其他各项资产的账面价值。

以上资产账面价值的抵减，应当作为各单项资产（包括商誉）的减值损失处理，计入当期损益。抵减后的各资产的账面价值不得低于以下三者之中最高者：该资产的公允价值减去处置费用后的净额（如可确定的）、该资产预计未来现金流量的现值（如可确定的）和零。因此而导致的未能分摊的减值损失金额，应当按照相关资产组中其他各项资产的账面价值所占比重进行分摊。

（七）总部资产的减值测试

企业总部资产包括企业集团或其事业部的办公楼、电子数据处理设备、研发中心等资产。总部资产的显著特征是难以脱离其他资产或者资产组产生独立的现金流入，而且其账面价值难以完全归属于某一资产组。因此，总部资产通常难以单独进行减值测试，需要结合其他相关资产组或者资产组组合进行。资产组组合，是指由若干个资产组组成的最小资产组组合，包括资产组或者资产组组合，以及按合理方法分摊的总部资产部分。

在资产负债表日，如果有迹象表明某项总部资产可能发生减值的，企业应当计算确定该总部资产所归属的资产组或者资产组组合的可收回金额，然后将其与相应的账面价值相比较，据以判断是否需要确认减值损失。

企业对某一资产组进行减值测试时，应当先认定所有与该资产组相关的总部资产，再根据相关总部资产能否按照合理和一致的基础分摊至该资产组分别下列情况处理：

1. 对于相关总部资产能够按照合理和一致的基础分摊至该资产组的部分，应当将该部分总部资产的账面价值分摊至该资产组，再据以比较该资产组的账面价值（包括已分摊的总部资产的账面价值部分）和可收回金额，并按照前述有关资产组减值测试的顺序和方法处理。

2. 对于相关总部资产中有部分资产难以按照合理和一致的基础分摊至该资产组的，应当按照下列步骤处理：

（1）在不考虑相关总部资产的情况下，估计和比较资产组的账面价值和可收回金额，并按照前述有关资产组减值测试的顺序和方法处理。

（2）认定由若干个资产组组成的最小的资产组组合，该资产组组合应当包括所测试的资产组与可以按照合理和一致的基础将该部分总部资产的账面价值分摊其上的部分。

（3）比较所认定的资产组组合的账面价值（包括已分摊的总部资产的账面价值部分）和可收回金额，并按照前述有关资产组减值测试的顺序和方法处理。

（八）资产减值核算举例

1. 一般长期资产减值的处理

【例1】公司 2007 年 12 月 31 日对一艘远洋运输船只进行减值测试。该船舶原值为 30 000 万元，累计折旧 14 000 万元，2007 年末账面价值为 16 000 万元，预计尚可使用 8 年。假定该船舶的公允价值减去处置费用后的净额难以确定，该公司通过计算其未来现金流量的现值确定可收回金额。

公司在考虑了与该船舶资产有关的货币时间价值和特定风险因素后，确定 10% 为该资产的最低必要报酬率，并将其作为计算未来现金流量现值时使用的折现率。

公司根据有关部门提供的该船舶历史营运记录、船舶性能状况和未来每年运量发展趋势，预计未来每年营运收入和相关人工费用、燃料费用、安全费用、港口码头费用以及日常维护费用等支出，在此基础上估计该船舶在 2008~2015 年每年预计未来现金流量分别为：2 500 万元、2 460 万元、2 380 万元、2 360 万元、2 390 万元、2 470 万元、2 500 万元和 2 510 万元。

根据上述预计未来现金流量和折现率，公司计算船舶预计未来现金流量的现值为 13 038 万元，计算过程如表 9-1 所示。

表 9-1

年份	预计未来现金流量 （万元）	现值系数 （折现率为 10%）	预计未来现金流量的 现值（万元）
2008	2 500	0.9091	2 273
2009	2 460	0.8264	2 033
2010	2 380	0.7513	1 788
2011	2 360	0.6830	1 612
2012	2 390	0.6209	1 484
2013	2 470	0.5645	1 394
2014	2 500	0.5132	1 283
2015	2 510	0.4665	1 171
合计			13 038

资产未来现金流量的现值，应当根据该资产预计的未来现金流量和折现率在资产剩余使用寿命内予以折现后的金额确定。

计算公式如下：

资产预计未来现金流量的现值 $=\sum[$ 第 t 年预计资产未来现金流量 $\div(1+$ 折现率$)^t]$

由于船舶的账面价值为 16 000 万元，可收回金额为 13 038 万元，其账面价值高于可收回金额 2 962（16 000 - 13 038）万元。公司 2007 年 12 月 31 日应将账面价值高于可收回金额的差额确认为当期资产减值损失，并计提相应的减值准备。

2007 年 12 月 31 日账务处理：

借：资产减值损失　　　　　　　　　　　　　　29 620 000

　　贷：固定资产减值准备　　　　　　　　　　　　　　29 620 000

【例2】2007年12月31日，公司对一辆汽车进行检查时发现该汽车可能发生因市场环境变化可能发生减值。该汽车的账面原值为350 000元，已计提累计折旧100 000元，该汽车以前未计提减值准备。该汽车的公允价值为200 000元，可归属于该汽车的处置费用为6 000元；预计尚可使用3年，预计其在未来2年内每年年末产生的现金流量分别为：48 000元、40 000元；第3年产生的现金流量以及使用寿命结束时处置形成的现金流量合计为45 000元。综合考虑货币时间价值及相关风险确定折现率为10%。则可收回金额计算如下：

①汽车的公允价值减去处置费用后的净额 = 200 000 - 6 000 = 194 000（元）；

②汽车预计未来现金流量现值 = $48\ 000 \div (1 + 10\%) + 40\ 000 \div (1 + 10)^2 + 45\ 000 \div (1 + 10\%)^3 = 43\ 600 + 33\ 100 + 33\ 800 = 110\ 500$（元）；

③根据孰高原则，该汽车的可收回金额为194 000（元）；

④该汽车应计提的减值准备为 = 350 000 - 100 000 - 194 000 = 56 000（元）。

借：资产减值损失　　　　　　　　　　　　　　56 000

　　贷：固定资产减值准备　　　　　　　　　　　　　　56 000

【例3】某公司拥有一条机电设备生产线，该生产线由M型、N型、J型、W型四部机器构成，其初始成本分别为8 000 000元、5 000 000元、6 000 000元和1 000 000元。这四部机器的使用年限均为20年，预计净残值为零，以年限平均法计提折旧。假设这四部机器均无法单独产生现金流量，但整条生产线构成完整的产销单位，能够产生独立的现金流，因此，公司将该生产线确定为一个资产组。2007年该生产线所生产的机电设备有替代产品上市，到年底导致公司机电设备销路锐减45%，因此，公司于年末对该条生产线进行减值测试。

2007年12月31日M型、N型、J型、W型四部机器的账面价值分别为2 000 000元、1 250 000元、1 500 000元和250 000元。M型机器的公允价值减去处置费用后的净额为1 600 000元，N型、J型、W型三部机器都无法合理估计其公允价值减去处置费用后的净额以及未来现金流量的现值。

整条生产线预计尚可使用5年。经估计其未来5年的现金流量及其恰当的折现率后，得到该生产线预计未来现金流量的现值为3 500 000元。由于公司无法估计该生产线的公允价值减去处置费用后的净额，因此，公司以该生产线预计未来现金流量的现值确定为可收回金额。由于2007年12月31日，该生产线的账面价值总额为5 000 000元，而其可收回金额为3 500 000元，生产线的账面价值高于其可收回金额，因此，该生产线已经发生了减值，公司应当确认减值损失1 500 000元，并将该减值损失分摊到构成生产线的四部机器中。由于M型机器的公允价值减去处置费用后的净额为1 600 000元，因此，M型机器分摊了资产组减值损失后的账面价值不应低于1 600 000元。具体分摊过程如表9 - 2所示。

表 9 - 2　　　　　　　　　　　　　　　　　　　　　　　　　　　　单位: 元, %

	M 型机器	N 型机器	J 型机器	W 型机器	整个生产线
账面价值	2 000 000	1 250 000	1 500 000	250 000	5 000 000
可收回金额					3 500 000
减值损失					1 500 000
减值损失分摊比例	40	25	30	5	
分摊的减值损失	400 000	375 000	450 000	75 000	1 300 000
分摊后账面价值	1 600 000	875 000	1 050 000	175 000	
尚未分摊的减值损失					200 000
二次分摊比例		41. 67	50	8. 33	
二次分摊的减值损失		83 340	100 000	16 660	200 000
二次分摊后应确认减值损失总额		458 340	550 000	91 660	
二次分摊后账面价值	1 600 000	791 660	950 000	158 340	3 500 000

　　根据上述计算和分摊结果, 构成整个机电设备生产线的 M 型、N 型、J 型、W 型四部机器应当分别确认减值损失: 400 000 元、458 340 元、550 000 元和 91 660 元。有关账务处理如下:

　　　　借: 资产减值损失——M 型机器　　　　　　　　　　　　400 000
　　　　　　　　　　——N 型机器　　　　　　　　　　　　458 340
　　　　　　　　　　——J 型机器　　　　　　　　　　　　550 000
　　　　　　　　　　——W 型机器　　　　　　　　　　　　91 660
　　　　　　贷: 固定资产减值准备——M 型机器　　　　　　　400 000
　　　　　　　　　　——N 型机器　　　　　　　　　　　　458 340
　　　　　　　　　　——J 型机器　　　　　　　　　　　　550 000
　　　　　　　　　　——W 型机器　　　　　　　　　　　　91 660

　　【例 4】公司在上海、深圳、青岛三地拥有三家分公司, 其中, 青岛分公司是上年吸收合并的公司。这三家分公司的经营活动由设在北京的总部负责运作。由于上海、深圳、青岛三家分公司均能产生独立于其他分公司的现金流入, 所以公司将这三家分公司确定为三个资产组。2007 年 12 月 31 日, 公司考虑到其经营所处的环境发生了重大不利变化, 出现减值迹象, 需要进行减值测试。现假设北京总部资产的账面价值为 5 000 000 元, 能够按照各资产组账面价值的比例进行合理分摊, 上海分公司的资产的使用寿命为 10 年, 深圳、青岛分公司和总部资产的使用寿命为 20 年。减值测试时, 上海、深圳、青岛三个资产组的账面价值分别为 5 000 000 元、6 000 000 元和 4 000 000 元 (其中含因合并形成的商誉 500 000 元)。该公司计算得出上海分公司资产的可收回金额为 6 500 000 元, 深圳分公司资产的可收回金额为 7 000 000 元, 青岛分公司资产的可收回金额为 4 960 000 元。

　　进行该公司的减值测试。首先要将总部资产采用合理的方法分配至各资产组, 然后比较各资产组的可收回金额与账面价值, 最后将各资产组的资产减值额在总部资产和各资产组之间分配。

（1）将总部资产分配至各资产组

由于各资产组的使用寿命不同，不能直接按其账面价值分配总部资产，而应根据各资产组使用寿命对各资产组的账面价值进行调整，按各资产组调整后的账面价值来分配总部资产。深圳、青岛分公司资产组的使用寿命是上海分公司资产组使用寿命的两倍，换言之，深圳、青岛分公司1元资产的账面价值相当于2元上海分公司资产的账面价值。所以分配总部资产时的账面价值应为5 000 000 + 2 × 6 000 000 + 2 × 4 000 000 = 25 000 000（元）。

总部资产应分配给上海分公司资产组的数额 = 5 000 000 × 5 000 000 ÷ 25 000 000 = 1 000 000（元）；

总部资产应分配给深圳分公司资产组的数额 = 5 000 000 × 12 000 000 ÷ 2 500 000 = 2 400 000（元）；

总部资产应分配给青岛分公司资产组的数额 = 5 000 000 × 8 000 000 ÷ 2 500 000 = 1 600 000（元）。

分配后各资产组的账面价值为：

上海分公司资产组的账面价值 = 5 000 000 + 1 000 000 = 6 000 000（元）；

深圳分公司资产组的账面价值 = 6 000 000 + 2 400 000 = 8 400 000（元）；

青岛分公司资产组的账面价值 = 4 000 000 + 1 600 000 = 5 600 000（元）。

（2）进行减值测试

上海分公司资产组的账面价值 = 6 000 000元，可收回金额 = 6 500 000元，没有发生减值；

深圳分公司资产组的账面价值 = 8 400 000元，可收回金额 = 7 000 000元，发生减值1 400 000元；

青岛分公司资产组的账面价值 = 5 600 000元，可收回金额 = 4 960 000元，发生减值640 000元。

（3）将各资产组的减值额在总部资产和各资产组之间分配

深圳分公司资产组减值额分配给总部资产的数额 = 1 400 000 × 2 400 000 ÷ 8 400 000 = 400 000（元），分配给深圳分公司资产组本身的数额 = 1 400 000 × 6 000 000 ÷ 8 400 000 = 1 000 000（元）；青岛分公司资产组中的减值额640 000元先冲减商誉500 000元，余下的140 000元减值额分配给总部和青岛分公司资产组。分配给总部的资产减值 = 140 000 × 1 600 000 ÷ 5 600 000 = 40 000（元），分配给青岛分公司资产组本身的数额 140 000 × 4 000 000 ÷ 5 600 000 = 100 000（元）。

2. 商誉减值的测试与处理

（1）商誉减值测试的基本要求

企业合并所形成的商誉，至少应当在每年年度终了进行减值测试。由于商誉难以独立产生现金流量，因此，商誉应当结合与其相关的资产组或者资产组组合进行减值测试。

这些相关的资产组或者资产组组合应当是能够从企业合并的协同效应中受益的资产组或者资产组组合，但不应当大于按照《企业会计准则第 35 号——分部报告》所确定的报告分部。

为了资产减值测试的目的，对于因企业合并形成的商誉的账面价值，应当自购买日起按照合理的方法分摊至相关的资产组；难以分摊至相关的资产组的，应当将其分摊至相关的资产组组合。

企业因重组等原因改变了其报告结构，从而影响到已分摊商誉的一个或者若干个资产组或者资产组组合构成的，应当按照合理的方法，将商誉重新分摊至受影响的资产组或者资产组组合。

（2）商誉减值测试的方法与会计处理

企业在对包含商誉的相关资产组或者资产组组合进行减值测试时，如与商誉相关的资产组或者资产组组合存在减值迹象的，应当首先对不包含商誉的资产组或者资产组组合进行减值测试，计算可收回金额，并与相关账面价值相比较，确认相应的减值损失。然后再对包含商誉的资产组或者资产组组合进行减值测试，比较这些相关资产组或者资产组组合的账面价值（包括所分摊的商誉的账面价值部分）与其可收回金额，如相关资产组或者资产组组合的可收回金额低于其账面价值的，应当就其差额确认减值损失，减值损失金额应当首先抵减分摊至资产组或者资产组组合中商誉的账面价值；再根据资产组或者资产组组合中除商誉之外的其他各项资产的账面价值所占比重，按比例抵减其他各项资产的账面价值。和资产减值测试的处理一样，以上资产账面价值的抵减，也都应当作为各单项资产（包括商誉）的减值损失处理，计入当期损益。抵减后的各资产的账面价值不得低于以下三者之中最高者：该资产的公允价值减去处置费用后的净额（如可确定的）、该资产预计未来现金流量的现值（如可确定的）和零。因此而导致的未能分摊的减值损失金额，应当按照相关资产组或者资产组组合中其他各项资产的账面价值所占比重进行分摊。

由于按照《企业会计准则第 20 号——企业合并》的规定，因企业合并所形成的商誉是母公司根据其在子公司所拥有的权益而确认的商誉，子公司中归属于少数股东的商誉并没有在合并财务报表中予以确认。因此，在对与商誉相关的资产组或者资产组组合进行减值测试时，由于其可收回金额的预计包括归属于少数股东的商誉价值部分，因此为了使减值测试建立在一致的基础上，企业应当调整资产组的账面价值，将归属于少数股东权益的商誉包括在内，然后根据调整后的资产组账面价值与其可收回金额进行比较，以确定资产组（包括商誉）是否发生了减值。

上述资产组如发生减值的，应当首先抵减商誉的账面价值，但由于根据上述方法计算的商誉减值损失包括了应由少数股东权益承担的部分，而少数股东权益拥有的商誉价值及其减值损失都不在合并财务报表中反映，合并财务报表只反映归属于母公司的商誉减值损失，因此应当将商誉减值损失在可归属于母公司和少数股东权益部分之间按比例进行分摊，以确认归属于母公司的商誉减值损失。

例如，某公司在 2007 年 1 月 1 日以 1 600 万元的价格收购了新航科技公司 80%

股权。在购买日，新航科技公司可辨认资产的公允价值为 1 500 万元，没有负债和或有负债。因此，该企业在购买日编制的合并资产负债表中确认商誉 400 万元（1 600 − 1 500 × 80%）、新航科技公司可辨认净资产 1 500 万元和少数股东权益 300 万元（1 500 × 20%）。

假定新航科技公司的所有资产被认定为一个资产组。由于该资产组包括商誉，因此，它至少应当于每年年度终了进行减值测试。

在 2007 年末，该公司确定该资产组的可收回金额为 1 000 万元，可辨认净资产的账面价值为 1 350 万元。由于新航科技公司作为一个单独的资产组的可收回金额 1 000 万元中，包括归属于少数股东权益在商誉价值中享有的部分。因此，出于减值测试的目的，在与资产组的可收回金额进行比较之前，必须对资产组的账面价值进行调整，使其包括归属于少数股东权益的商誉价值 100 万元 [（1 600 ÷ 80% − 1 500）× 20%]。然后再据以比较该资产组的账面价值和可收回金额，确定是否发生了减值损失。其测试过程如表 9 − 3 所示。

表 9 − 3　　　　　　　　　　　　　　　　　　　　　　　　　　单位：万元

2007 年年末	商誉	可辨认资产	合计
账面价值	400	1 350	1 750
未确认归属于少数股东权益的商誉价值	100	—	100
调整后账面价值	500	1 350	1 850
可收回金额			1 000
减值损失			850

根据上述计算结果，资产组发生减值损失 850 万元，应当首先冲减商誉的账面价值，然后再将剩余部分分摊至资产组中的其他资产。在本例中，850 万元减值损失中有 500 万元应当属于商誉减值损失，其中由于在合并财务报表中确认的商誉仅限于该公司持有新航科技公司 80% 股权部分，因此，只需要在合并报表中确认归属于该公司的商誉减值损失，即 500 万元商誉减值损失的 80%，为 400 万元。剩余的 350 万元（850 − 500）减值损失应当冲减新航科技公司的可辨认资产的账面价值，作为新航科技公司可辨认资产的减值损失。减值损失的分摊过程如表 9 − 4 所示。

表 9 − 4　　　　　　　　　　　　　　　　　　　　　　　　　　单位：万元

2007 年年末	商誉	可辨认资产	合计
账面价值	400	1 350	1 750
确认的减值损失	−400	−350	−750
确认减值损失后的账面价值		1 000	1 000

如果商誉已经分摊到某一资产组而且企业处置该资产组中的一项经营，与该处置

经营相关的商誉应当：（1）在确定处置损益时，将其包括在该经营的账面价值中；（2）按照该项处置经营和该资产组的剩余部分价值的比例为基础进行分摊，除非企业能够表明有其他更好的方法来反映与处置经营相关的商誉。

第四节　股份支付业务核算

一、股份支付核算有关规定

（一）股份支付的定义与内容

1. 股份支付，是指企业为获取职工和其他方提供服务而授予权益工具或者承担以权益工具为基础确定的负债的交易。

🔎〔注释〕

企业授予职工期权、认股权证等衍生工具或其他权益工具，对职工进行激励或补偿，以换取职工提供的服务，实质上属于职工薪酬的组成部分，但由于股份支付是以权益工具的公允价值为计量基础，因此由本准则进行规范。

2. 股份支付分为以权益结算的股份支付和以现金结算的股份支付。

（1）以权益结算的股份支付，是指企业为获取服务以股份或其他权益工具作为对价进行结算的交易。

（2）以现金结算的股份支付，是指企业为获取服务承担以股份或其他权益工具为基础计算确定的交付现金或其他资产义务的交易。

本准则所指的权益工具是企业自身权益工具。

3. 下列各项适用其他相关会计准则：

（1）企业合并中发行权益工具取得其他企业净资产的交易，适用《企业会计准则第 20 号——企业合并》。

（2）以权益工具作为对价取得其他金融工具等交易，适用《企业会计准则第 22 号——金融工具确认和计量》。

（二）以权益结算的股份支付

1. 以权益结算的股份支付换取职工提供服务的，应当以授予职工权益工具的公允价值计量。

权益工具的公允价值，应当按照《企业会计准则第 22 号——金融工具确认和计量》确定。

2. 授予后立即可行权的换取职工服务的以权益结算的股份支付，应当在授予日按照权益工具的公允价值计入相关成本或费用，相应增加资本公积。

授予日，是指股份支付协议获得批准的日期。

3. 完成等待期内的服务或达到规定业绩条件才可行权的换取职工服务的以权益结算的股份支付，在等待期内的每个资产负债表日，应当以对可行权权益工具数量的最佳估计为基础，按照权益工具授予日的公允价值，将当期取得的服务计入相关成本或费用和资本公积。

在资产负债表日，后续信息表明可行权权益工具的数量与以前估计不同的，应当进行调整，并在可行权日调整至实际可行权的权益工具数量。

等待期，是指可行权条件得到满足的期间。

对于可行权条件为规定服务期间的股份支付，等待期为授予日至可行权日的期间；对于可行权条件为规定业绩的股份支付，应当在授予日根据最可能的业绩结果预计等待期的长度。

可行权日，是指可行权条件得到满足、职工和其他方具有从企业取得权益工具或现金的权利的日期。

4. 企业在可行权日之后不再对已确认的相关成本或费用和所有者权益总额进行调整。

5. 以权益结算的股份支付换取其他方服务的，应当分别下列情况处理：

（1）其他方服务的公允价值能够可靠计量的，应当按照其他方服务在取得日的公允价值，计入相关成本或费用，相应增加所有者权益。

（2）其他方服务的公允价值不能可靠计量但权益工具公允价值能够可靠计量的，应当按照权益工具在服务取得日的公允价值，计入相关成本或费用，相应增加所有者权益。

6. 在行权日，企业根据实际行权的权益工具数量，计算确定应转入实收资本或股本的金额，将其转入实收资本或股本。

行权日，是指职工和其他方行使权利、获取现金或权益工具的日期。

（三）以现金结算的股份支付

1. 以现金结算的股份支付，应当按照企业承担的以股份或其他权益工具为基础计算确定的负债的公允价值计量。

2. 授予后立即可行权的以现金结算的股份支付，应当在授予日以企业承担负债的公允价值计入相关成本或费用，相应增加负债。

3. 完成等待期内的服务或达到规定业绩条件以后才可行权的以现金结算的股份支付，在等待期内的每个资产负债表日，应当以对可行权情况的最佳估计为基础，按照企业承担负债的公允价值金额，将当期取得的服务计入成本或费用和相应的负债。

在资产负债表日，后续信息表明企业当期承担债务的公允价值与以前估计不同的，应当进行调整，并在可行权日调整至实际可行权水平。

4. 企业应当在相关负债结算前的每个资产负债表日以及结算日，对负债的公允价值重新计量，其变动计入当期损益。

💡〔注释〕

股份支付的处理。

股份支付的确认和计量，应当以真实、完整、有效的股份支付协议为基础。

1. 授予日

除了立即可行权的股份支付外，无论权益结算的股份支付或者现金结算的股份支付，企业在授予日都不进行会计处理。

授予日是指股份支付协议获得批准的日期。其中"获得批准"，是指企业与职工或其他方就股份支付的协议条款和条件已达成一致，该协议获得股东大会或类似机构的批准。

2. 等待期内的每个资产负债表日

股份支付在授予后通常不可立即行权，一般需要在职工或其他方履行一定期限的服务或在企业达到一定业绩条件之后才可行权。

业绩条件分为市场条件和非市场条件。市场条件是指行权价格、可行权条件以及行权可能性与权益工具的市场价格相关的业绩条件，如股份支付协议中关于股价至少上升至何种水平才可行权的规定。非市场条件是指除市场条件之外的其他业绩条件，如股份支付协议中关于达到最低盈利目标或销售目标才可行权的规定。

等待期长度确定后，业绩条件为非市场条件的，如果后续信息表明需要调整等待期长度，应对前期确定的等待期长度进行修改；业绩条件为市场条件的，不应因此改变等待期长度。对于可行权条件为业绩条件的股份支付，在确定权益工具的公允价值时，应考虑市场条件的影响，只要职工满足了其他所有非市场条件，企业就应当确认已取得的服务。

（1）等待期内每个资产负债表日，企业应将取得的职工提供的服务计入成本费用，计入成本费用的金额应当按照权益工具的公允价值计量。

对于权益结算的涉及职工的股份支付，应当按照授予日权益工具的公允价值计入成本费用和资本公积（其他资本公积），不确认其后续公允价值变动；对于现金结算的涉及职工的股份支付，应当按照每个资产负债表日权益工具的公允价值重新计量，确定成本费用和应付职工薪酬。

对于授予的存在活跃市场的期权等权益工具，应当按照活跃市场中的报价确定其公允价值。对于授予的不存在活跃市场的期权等权益工具，应当采用期权定价模型等确定其公允价值，选用的期权定价模型至少应当考虑以下因素：①期权的行权价格；②期权的有效期；③标的股份的现行价格；④股价预计波动率；⑤股份的预计股利；⑥期权有效期内的无风险利率。

（2）等待期内每个资产负债表日，企业应当根据最新取得的可行权职工人数变动等后续信息作出最佳估计，修正预计可行权的权益工具数量。在可行权日，最终预计可行权权益工具的数量应当与实际可行权数量一致。

根据上述权益工具的公允价值和预计可行权的权益工具数量，计算截至当期累计应确认的成本费用金额，再减去前期累计已确认金额，作为当期应确认的成本费用金额。

3. 可行权日之后

（1）对于权益结算的股份支付，在可行权日之后不再对已确认的成本费用和所有者权益总额进行调整。企业应在行权日根据行权情况，确认股本和股本溢价，同时结转等待期内确认的资本公积（其他资本公积）。

（2）对于现金结算的股份支付，企业在可行权日之后不再确认成本费用，负债（应付职工薪酬）公允价值的变动应当计入当期损益（公允价值变动损益）。

💡〔注释〕

回购股份进行职工期权激励。

企业以回购股份形式奖励本企业职工的，属于权益结算的股份支付，应当进行以下处理：

1. 回购股份

企业回购股份时，应当按照回购股份的全部支出作为库存股处理，同时进行备查登记。

2. 确认成本费用

按照本准则对职工权益结算股份支付的规定，企业应当在等待期内每个资产负债表日按照权益工具在授予日的公允价值，将取得的职工服务计入成本费用，同时增加资本公积（其他资本公积）。

3. 职工行权

企业应于职工行权购买本企业股份收到价款时，转销交付职工的库存股成本和等待期内资本公积（其他资本公积）累计金额，同时，按照其差额调整资本公积（股本溢价）。

（四）权益工具公允价值的确定

本部分关于权益工具公允价值确定的规定，既适用于接受职工服务并授予股份或期权的情况，也适用于从职工之外的其他方取得服务的情况。

1. 股份

对于授予职工的股份，其公允价值应按企业股份的市场价格计量，同时考虑授予股份所依据的条款和条件（不包括市场条件之外的可行权条件）进行调整。如果企业股份未公开交易，则应按估计的市场价格计量，并考虑授予股份所依据的条款和条件进行调整。

有些授予条款和条件规定职工无权在等待期内取得股利的，则在估计所授予股份的公允价值时就应予以考虑。有些授予条款和条件规定股份的转让在可行权日后受到限制，则在估计所授予股份的公允价值时，也应考虑此因素，但不应超出熟悉情况并自愿的市场参与者愿意为该股份支付的价格受到可行权限制的影响程度。在估计所授予股份在授予日的公允价值时，不应考虑在等待期内转让的限制或其他限制，因为这些限制是可行权条件中的非市场条件规定的。

2. 股票期权

对于授予职工的股票期权，因其通常受到一些不同于交易期权的条款和条件的限制，因而在许多情况下难以获得其市场价格。如果不存在条款和条件相似的交易期权，就应通过期权定价模型来估计所授予的期权的公允价值。

在选择适用的期权定价模型时，企业应考虑熟悉情况和自愿的市场参与者将会考虑的因素。对于一些企业来说，这将限制"布莱克—斯科尔斯—默顿"期权定价公式的适用性。因为该公式未考虑在期权到期日之前行权的可能性，故无法充分反映预计提前行权对授予职工的期权在授予日公允价值的影响。类似地，该公式也未考虑在期权期限内企业股价预计波动率和该模型其他输入变量发生变动的可能性。

对于期限相对较短的期权以及那些在授予日后很短时间内就行权的期权来说，一般不用考虑上面的限制因素。在此类情况下，采用"布莱克—斯科尔斯—默顿"公式能得出与采用其他期权定价模型基本相同的公允价值结果。所有适用于估计授予职工期权的定价模型至少应考虑以下因素：①期权的行权价格；②期权期限；③基础股份的现行价格；④股价的预计波动率；⑤股份的预计股利；⑥期权期限内的无风险利率。

此外，企业选择的期权定价模型还应考虑熟悉情况和自愿的市场参与者在确定期权价格时会考虑的其他因素，但不包括那些在确定期权公允价值时不考虑的可行权条件和再授予特征因素。确定授予职工的股票期权的公允价值，还需要考虑提早行权的可能性。有时，因为期权不能自由转让，或因为职工必须在终止劳动合同关系前行使所有可行权期权，在这种情况下必须考虑预计提前行权的影响。

在估计授予的期权（或其他权益工具）的公允价值时，不应考虑熟悉情况和自愿的市场参与者在确定股票期权（或其他权益工具）价格时不会考虑的因素。例如，对于授予职工的股票期权，那些仅从单个职工的角度影响期权价值的因素，并不影响熟悉情况和自愿的市场参与者确定期权的价格。

下面进一步具体说明估计授予职工的期权价格所应考虑的因素：

（1）期权定价模型的输入变量的估计

在估计基础股份的预计波动率和股利时，目标是尽可能接近当前市场或协议交换价格所反映的价格预期。类似地，在估计职工股票期权提早行权时，目标是尽可能接近外部人基于授予日所掌握信息做出的预期，这些信息包括职工行权行为的详细信息。在通常情况下，对于未来波动率、股利和行权行为的预期存在一个合理的区间。这时，应将区间内的每项可能数额乘以其发生概率，加权计算上述输入变量的期望值。

一般情况下，对未来的预期建立在历史经验基础上，但如果能够合理预期未来与历史经验的不同，则应对该预期进行修正。未经上述调整的历史经验对未来的预测价值很有限，而且有时可能难以获取历史信息。因此，企业在估计期权定价模型的输入变量时，应充分考虑历史经验合理预测未来的程度和能力，而不能简单地根据历史信息估计波动率、行权行为和股利。

（2）预计提早行权

出于各种原因，职工经常提前行使股票期权。提前行权时要考虑以下因素：①等待期的长度；②以往发行在外的类似期权的平均存续时间；③基础股份的价格（有时根据历史经验，职工在股价超过行权价格达到特定水平时倾向于行使期权）；④职工在企业中所处的层级（有时根据历史经验，高层职工倾向于较晚行权）；⑤基础股份的预计波动率（一般而言，职工倾向于更早地行使高波动率的股份的期权）。

如前述，将对期权预计期限的估计作为期权定价模型的输入变量，可以在确定期权公允价值时考虑提早行权的影响。其中，在估计授予一个职工群体的期权的预计期限时，企业可用加权平均方法估计该群职工的整体预计期权期限。、如果能根据职工行权行为的更详细数据在该职工群内恰当分组，则企业可将估计建立在群内各职工组预计期权期限的加权平均基础上，即应将具有相对类似行权行为的职工分为一组，在此基础上将授予的期权分不同组别进行估计。

在有些情况下，上述分组方法很重要。期权价值不是期权期限的线性函数，随着期权期限的延长，期权价值以递减的速度增长。例如，如果所有其他假设相同，虽然一份两年期的期权要比一份一年期的期权值钱，但达不到后者价值的两倍。这意味着，如果估计期权授予的职工群中各个职工之间存在巨大的行权行为差异，此时以职工个人期限预计为基础加权平均计算出来的总期权价值，将高估授予整群职工的期权的公允价值总额。如果将授予的期权依照行权行为分为不同组别，因为行权行为类似，所以每个组别的加权平均期限都只包含相对较小的期限范围，就将减少对授予整群职工的期权的公允价值总额的高估。

采用二项模型或其他类似模型时，也应做类似考虑。例如，对于向各层级职工普遍授予期权的企业，有时其历史经验表明，高级管理人员倾向持有期权的时间要比中层管理人员更长，而最基层职工则倾向最早行使期权。在此类情况下，以具有相对类似行权行为的职工组为基础划分期权授予，将更准确地估计授予期权的公允价值总额。

（3）预计波动率

预计波动率是对预期股份价格在一个期间内可能发生的波动金额的度量。期权定价模型中所用的波动率的量度，是一段时间内股份的连续复利回报率的年度标准差。波动率通常以年度表示，而不管计算时使用的是何种时间跨度基础上的价格，如每日、每周或每月的价格。

一个期间股份的回报率（可能是正值也可能是负值）衡量了股东从股份的股利和价格涨跌中受益的多少。股份的预计年波动率是指一个范围（置信区间），连续复利年回报率预期处在这个范围内的概率大约为2/3（置信水平）。下例例示了上述规定的会计意义：

例如，A公司预计年度连续复利回报率为12%的普通股的波动率为30%，年初股价是10元/股，且未支付股利，请问年末股价在什么范围的概率大约为2/3？

根据概率论知识，公司普通股年度连续复利回报率的均值为12%，标准差为30%，意味着该普通股一年期的回报率在 -18%（12% - 30%）和42%（12% + 30%）之间的概率约为2/3。年初股价为10元/股，则年末股价处在8.353元/股（$10 \times e^{-0.18}$）到15.22元/股（$10 \times e^{0.42}$）之间（常数 $e = 2.71828$）的概率约为2/3。

估计预计波动率要考虑以下因素：

①如果企业有股票期权或其他包含期权特征的交易工具（如可转换公司债券）

的买卖，则应考虑这些交易工具所内含的企业股价波动率。

②在与期权的预计期限（考虑期权剩余期限和预计提早行权的影响）大体相当的最近一个期间内企业股价的历史波动率。

③企业股份公开交易的时间。与上市时间更久的类似企业相比，新上市企业的历史波动率可能更大。

④波动率向其均值（即其长期平均水平）回归的趋势，以及表明预计未来波动率可能不同于以往波动率的其他因素。有时，企业股价在某一特定期间因为特定原因剧烈波动，例如因收购要约或重大重组失败，则在计算历史平均年度波动率时，可剔除这个特殊期间。

⑤获取价格要有恰当且规则的间隔。价格的获取在各期应保持一贯性。例如，企业可用每周收盘价或每周最高价，但不应在某些周用收盘价、某些周用最高价。再如，获取价格时应使用与行权价格相同的货币来表示。

除了上述考虑因素，如果企业因新近上市而没有关于历史波动率的充分信息，应按可获得交易活动数据的最长期间计算其历史波动率，也可考虑类似企业在类似阶段可比期间的历史波动率。如果企业是非上市企业，在估计预计波动率时没有历史信息可循，可考虑以下替代因素：

①在某些情况下，定期向其职工（或其他方）发行期权或股份的非上市企业，可能已为其股份设立了一个内部"市场"。估计预计波动率时可以考虑这些"股价"的波动率。

②如果上面的方法不适用，而企业以类似上市企业股价为基础估计其自身股份的价值，企业可考虑类似上市企业股价的历史或内含波动率。

③如果企业未以类似上市企业股价为基础估计其自身股份价值，而是采用了其他估价方法对自身股份进行估价，则企业可推导出一个与该估价方法基础一致的预计波动率估计数。例如，企业以净资产或净利润为基础对其股份进行估价，那么可以考虑以净资产价值或净利润的预计波动率为基础对其股份价格的波动率进行估计。

（4）预计股利

计量所授予的股份或期权的公允价值时是否应当考虑预计股利，取决于被授予方是否有权取得股利或股利等价物。

如果职工被授予期权，并有权在授予日和行权日之间取得基础股份的股利或股利等价物（可现金支付，也可抵减行权价格），所授予的期权应当像不支付基础股份的股利那样进行估价，即预计股利的输入变量应为零。类似地，如果职工有权取得在等待期内支付的股利，在估计授予职工的股份在授予日的公允价值时，也不应因预计股利而进行调整。

相反，如果职工对等待期内或行权前的股利或股利等价物没有要求权，对股份或期权在授予日公允价值的估计就应考虑预计股利因素。在估计所授予期权的公允价值时，期权定价模型的输入变量中应包含预计股利，即从估价中扣除预计会在等待期内支付的股利现值。期权定价模型通常使用预计股利率，但也可能对模型进行修正后使用预计股利金额。如果企业使用股利金额，应根据历史经验考虑股利的增长模式。

一般来说，预计股利应以公开可获得的信息为基础。不支付股利且没有支付股利计划的企业应假设预计股利收益率为零。如果无股利支付历史的新企业被预期在其职工股票期权期限内开始支付股利，可使用其历史股利收益率（零）与大致可比的同类企业的股利收益率均值的平均数。

（5）无风险利率

无风险利率一般是指，期权行权价格以该货币表示的、剩余期限等于被估价期权的预计期限（基于期权的剩余合同期限，并考虑预计提早行权的影响）的零息国债当前可获得的内含收益率。如果没有此类国债，或环境表明零息国债的内含收益率不能代表无风险利率，应使用适当的替代利率。同样，在估计一份有效期与被估价期权的预计期限相等的其他期权的公允价值时，如果市场参与者们一般使用某种适当的替代利率而不是零息国债的内含收益率来确定无风险利率，则企业也应使用这个适当的替代利率。

（6）资本结构的影响

通常情况下，交易期权是由第三方而不是企业签出的。当这些股票期权行权时，签出人将股份交付给期权持有者。这些股份是从现有股东手中取得的。因此，交易期权的行权不会有稀释效应。

如果股票期权是从企业签出的，在行权时需要增加已发行在外的股份数量（要么正式增发，要么使用先前回购的库存股）。假定股份将按行权价格而不是行权日的市场价格发行，这种现实或潜在的稀释效应可能会降低股价，因此期权持有者行权时，无法获得像行使其他方面类似但不稀释股价的交易期权一样多的利益。这一问题能否对企业授予股票期权的价值产生显著影响，取决于各种因素，包括行权时增加的股份数量（相对于已发行在外股份数量）。如果市场已预期企业将会授予期权，则可能已将潜在稀释效应体现在了授予日的股价中。企业应考虑所授予的股票期权未来行权的潜在稀释效应，是否可能对股票期权在授予日的公允价值构成影响。企业可修改期权定价模型，以将潜在稀释效应纳入考虑范围。

对于具有再授予特征的股票期权，确定其公允价值时不应考虑其再授予特征。当发生再授予期权的后续授予时，应作为一项新授予的股份期权进行处理。再授予特征是指，只要期权持有人用企业的股份而不是现金来支付行权价格以行使原先授予的期权，就自动授予额外股份期权。

（五）条款和条件的修改

通常情况下，股份支付协议生效后，不应对其条款和条件随意修改。但在某些情况下，可能需要修改授予权益工具的股份支付协议中的条款和条件。例如，股票除权、除息或其他原因需要调整行权价格或股票期权数量。此外，为取得更佳的激励效果，有关法规也允许企业依据股份支付协议的规定，调整行权价格或股票期权数量，但应当由董事会做出决议并经股东大会审议批准，或者由股东大会授权董事会决定。《上市公司股权激励管理办法（试行）》对此做出了严格的限定，必须按照批准股份支付计划的原则和方式进行调整。

在会计上，无论已授予的权益工具的条款和条件如何修改，甚至取消权益工具的授予或结算该权益工具，企业都应至少确认按照所授予的权益工具在授予日的公允价值来计量获取的相应服务，除非因不能满足权益工具的可行权条件（除市场条件外）而无法可行权。

1. 条款和条件的有利修改

企业应当分别以下情况，确认导致股份支付公允价值总额升高以及其他对职工有利的修改的影响：

（1）如果修改增加了所授予的权益工具的公允价值，企业应按照权益工具公允价值的增加相应地确认取得服务的增加。权益工具公允价值的增加是指，修改前后的权益工具在修改日的公允价值之间的差额。

如果修改发生在等待期内，在确认修改日至修改后的可行权日之间取得服务的公允价值时，应当既包括在剩余原等待期内以原权益工具授予日公允价值为基础确定的服务金额，也包括权益工具公允价值的增加。如果修改发生在可行权日之后，企业应当立即确认权益工具公允价值的增加。如果股份支付协议要求职工只有先完成更长期间的服务才能取得修改后的权益工具，则企业应在整个等待期内确认权益工具公允价值的增加。

（2）如果修改增加了所授予的权益工具的数量，企业应将增加的权益工具的公允价值相应地确认为取得服务的增加。

如果修改发生在等待期内，在确认修改日至增加的权益工具可行权日之间取得服务的公允价值时，应当既包括在剩余原等待期内以原权益工具授予日公允价值为基础确定的服务金额，也包括增加的权益工具的公允价值。

（3）如果企业按照有利于职工的方式修改可行权条件，如缩短等待期、变更或取消业绩条件（而非市场条件），企业在处理可行权条件时，应当考虑修改后的可行权条件。

2. 条款和条件的不利修改

如果企业以减少股份支付公允价值总额的方式或其他不利于职工的方式修改条款和条件，企业仍应继续对取得的服务进行会计处理，如同该变更从未发生，除非企业取消了部分或全部已授予的权益工具。具体包括如下几种情况：

（1）如果修改减少了授予的权益工具的公允价值，企业应当继续以权益工具在授予日的公允价值为基础，确认取得服务的金额，而不应考摩权益工具公允价值的减少。

（2）如果修改减少了授予的权益工具的数量，企业应当将减少部分作为已授予的权益工具的取消来进行处理。

（3）如果企业以不利于职工的方式修改了可行权条件，如延长等待期、增加或变更业绩条件（非市场条件），企业在处理可行权条件时，不应考虑修改后的可行权条件。

3. 取消或结算

如果企业在等待期内取消了所授予的权益工具或结算了所授予的权益工具（因未满足可行权条件而被取消的除外），企业应当：

（1）将取消或结算作为加速可行权处理，立即确认原本应在剩余等待期内确认的金额。

（2）在取消或结算时支付给职工的所有款项均应作为权益的回购处理，回购支付的金额高于该权益工具在回购日公允价值的部分，计入当期费用。

（3）如果向职工授予新的权益工具，并在新权益工具授予日认定所授予的新权益工具是用于替代被取消的权益工具的，企业应以与处理原权益工具条款和条件修改相同的方式，对所授予的替代权益工具进行处理。权益工具公允价值的增加是指，在替代权益工具的授予日，替代权益工具公允价值与被取消的权益工具净公允价值之间的差额。被取消的权益工具的净公允价值是指，其在取消前立即计量的公允价值减去因取消原权益工具而作为权益回购支付给职工的款项。如果企业未将新授予的权益工具认定为替代权益工具，则应将其作为一项新授予的股份支付进行处理。

企业如果回购其职工已可行权的权益工具，应当借记所有者权益，回购支付的金高于该权益工具在回购日公允价值的部分，计入当期费用。

（六）股份支付的披露

1. 企业应当在附注中披露与股份支付有关的下列信息：

（1）当期授予、行权和失效的各项权益工具总额。

（2）期末发行在外的股份期权或其他权益工具行权价格的范围和合同剩余期限。

（3）当期行权的股份期权或其他权益工具以其行权日价格计算的加权平均价格。

（4）权益工具公允价值的确定方法。

企业对性质相似的股份支付信息可以合并披露。

2. 企业应当在附注中披露股份支付交易对当期财务状况和经营成果的影响，至少包括下列信息：

（1）当期因以权益结算的股份支付而确认的费用总额。

（2）当期因以现金结算的股份支付而确认的费用总额。

（3）当期以股份支付换取的职工服务总额及其他方服务总额。

二、股份支付有关业务核算

（一）以权益结算的股份支付

1. 授予后立即可行权的股份支付

例如，公司 2007 年 2 月 1 日，经公司董事会批准了一份股份支付协议，该协议决定向公司 200 名管理人员每名授予 5 000 股，股份授予当日的市价为 4.8 元/股。股权授予日公司管理人员即可行权。

授予日 2007 年 2 月 1 日：

借：管理费用　　　　　　　　　　　　　　　　　　　　4 800 000

　　贷：资本公积——其他资本公积　　　　　　　　　　　4 800 000

2. 附服务年限条件的权益结算股份支付

例如，2006 年 12 月 5 日，公司董事会批准了一项股份支付协议。协议规定，2007 年 1 月 1 日，公司向其 200 名管理人员每人授予 100 份股票期权，这些管理人员必须从 2007 年 1 月 1 日起在公司连续服务 3 年，服务期满时才能够以每股 4 元购买 100 股公司股票。公司估计该期权在授予日（2007 年 1 月 1 日）的公允价值为每股 15 元。

2007 年有 20 名管理人员离开公司，公司估计三年中离开的管理人员比例将达到 20%；2008 年又有 10 名管理人员离开公司，公司将估计的管理人员离开比例修正为 15%；2009 年又有 15 名管理人员离开。2010 年 12 月 31 日，公司有 10 名管理人员放弃了该股票期权，2011 年 12 月 31 日，剩余 145 名全部行权，公司股票面值为 1 元。

（1）费用和资本公积计算过程见表 9 - 5。

表 9 - 5　　　　　　　　　　　　　　　　　　　　　　　　　　　　单位：元

年份	计　　算	当期费用	累计费用
2007	$200 \times 100(1 - 20\%) \times 15 \times 1 \div 3$	80 000	80 000
2008	$200 \times 100(1 - 15\%) \times 15 \times 2 \div 3 - 80\ 000$	90 000	170 000
2009	$155 \times 100 \times 15 - 170\ 000$	62 500	232 500

（2）会计处理：

① 2007 年 1 月 1 日

授予日不做处理。

② 2007 年 12 月 31 日

借：管理费用　　　　　　　　　　　　　　　　　　　　80 000

　　贷：资本公积——其他资本公积　　　　　　　　　　　80 000

③ 2008 年 12 月 31 日

借：管理费用　　　　　　　　　　　　　　　　　　　　90 000

　　贷：资本公积——其他资本公积　　　　　　　　　　　90 000

④ 2009 年 12 月 31 日

借：管理费用　　　　　　　　　　　　　　　　　　　　62 500

　　贷：资本公积——其他资本公积　　　　　　　　　　　62 500

⑤ 2010 年 12 月 31 日

不调整成本费用和资本公积。

⑥ 2011 年 12 月 31 日

借：银行存款		58 000
资本公积——其他资本公积		2 325 500
贷：股本		14 500
资本公积——资本溢价		2 369 000

（二）以现金结算的股份支付

1. 授予后立即可行权的股份支付

例如，公司 2007 年 12 月 1 日，公司董事会批准了一项股份支付协议，该协议决定向公司高级管理人员授予相当于公司 500 000 股股票价值的现金奖励，授予日即可行权。公司当日股票市价为 6.5 元/股。

2007 年 12 月 1 日授予日：

借：管理费用	3 250 000
贷：应付职工薪酬	3 250 000

2. 等待期满后可行权的股份支付

例如，2007 年 11 月，公司董事会批准了一项股份支付协议。协议规定，2008 年 1 月 1 日，公司为其 200 名中层以上管理人员每人授予 100 份现金股票增值权，这些管理人员必须在该公司连续服务 3 年，即可自 2010 年 12 月 31 日起根据股价的增长幅度可以行权获得现金。该股票增值权应在 2012 年 12 月 31 日之前行使完毕。公司估计，该股票增值权在负债结算之前每一个资产负债表日以及结算日的公允价值和可行权后的每份股票增值权现金支出额如表 9-6 所示。

表 9-6　　　　　　　　　　　　　　　　　　　　　　　　单位：元

年份	公允价值	支付现金
2008	14	
2009	15	
2010	18	16
2011	21	20
2012		25

2008 年有 20 名管理人员离开公司，公司估计三年中还将有 15 名管理人员离开；2009 年又有 10 名管理人员离开公司，公司估计还将有 10 名管理人员离开；2010 年又有 15 名管理人员离开。2010 年年末，假定有 70 人行使股份增值权取得了现金。2011 年 12 月 31 日，有 50 人行使了股份增值权。2012 年 12 月 31 日，剩余 35 人全部行使了股份增值权。

（1）费用和应付职工薪酬计算过程见表 9-7。

表 9 - 7

年份	负债计算（1）	支付现金（2）	当期费用（3）
2008	$(200-35) \times 100 \times 14 \times 1/3 = 77\,000$		77 000
2009	$(200-40) \times 100 \times 15 \times 2/3 = 160\,000$		83 000
2010	$(200-45-70) \times 100 \times 18 = 153\,000$	$70 \times 100 \times 16 = 112\,000$	105 000
2011	$(200-45-70-50) \times 100 \times 21 = 73\,500$	$50 \times 100 \times 20 = 100\,000$	20 500
2012	$73\,500 - 73\,500 = 0$	$35 \times 100 \times 25 = 87\,500$	14 000
总额		299 500	299 500

注：（3）=（2）-上期（1）+本期（1）。

（2）账务处理：

① 2008 年 1 月 1 日

授予日不做处理。

② 2008 年 12 月 31 日

借：管理费用　　　　　　　　　　　　　　　　　　　　　77 000

　　贷：应付职工薪酬——股份支付　　　　　　　　　　　　　77 000

③ 2009 年 12 月 31 日

借：管理费用　　　　　　　　　　　　　　　　　　　　　83 000

　　贷：应付职工薪酬——股份支付　　　　　　　　　　　　　83 000

④ 2010 年 12 月 31 日

借：管理费用　　　　　　　　　　　　　　　　　　　　　105 000

　　贷：应付职工薪酬——股份支付　　　　　　　　　　　　　105 000

借：应付职工薪酬——股份支付　　　　　　　　　　　　　112 000

　　贷：银行存款　　　　　　　　　　　　　　　　　　　　112 000

⑤ 2011 年 12 月 31 日

借：公允价值变动损益　　　　　　　　　　　　　　　　　20 500

　　贷：应付职工薪酬——股份支付　　　　　　　　　　　　　20 500

借：应付职工薪酬——股份支付　　　　　　　　　　　　　100 000

　　贷：银行存款　　　　　　　　　　　　　　　　　　　　100 000

⑥ 2012 年 12 月 31 日

借：公允价值变动损益　　　　　　　　　　　　　　　　　14 000

　　贷：应付职工薪酬——股份支付　　　　　　　　　　　　　14 000

借：应付职工薪酬——股份支付　　　　　　　　　　　　　87 500

　　贷：银行存款　　　　　　　　　　　　　　　　　　　　87 500

第五节 政府补助业务核算

一、政府补助核算有关规定

(一) 政府补助的定义与内容

1. 政府补助，是指企业从政府无偿取得货币性资产或非货币性资产，但不包括政府作为企业所有者投入的资本。

💡〔注释〕

政府补助的特征。

本准则第二条规定，政府补助是指企业从政府无偿取得货币性资产或非货币性资产，但不包括政府作为企业所有者投入的资本。政府包括各级政府及其所属机构，国际类似组织也在此范围之内。

(1) 政府补助是无偿的、有条件的。

政府向企业提供补助具有无偿性的特点。政府并不因此而享有企业的所有权，企业未来也不需要以提供服务、转让资产等方式偿还。

政府补助通常附有一定的条件，主要包括：①政策条件。企业只有符合政府补助政策的规定，才有资格申请政府补助。符合政策规定不一定都能够取得政府补助；不符合政策规定、不具备申请政府补助资格的，不能取得政府补助。②使用条件。企业已获批准取得政府补助的，应当按照政府规定的用途使用。

(2) 政府资本性投入不属于政府补助。

政府以投资者身份向企业投入资本，享有企业相应的所有权，企业有义务向投资者分配利润，政府与企业之间是投资者与被投资者的关系。政府拨入的投资补助等专项拨款中，国家相关文件规定作为"资本公积"处理的，也属于资本性投入的性质。政府的资本性投入无论采用何种形式，均不属于政府补助。

2. 政府补助分为与资产相关的政府补助和与收益相关的政府补助。

(1) 与资产相关的政府补助，是指企业取得的、用于购建或以其他方式形成长期资产的政府补助。

(2) 与收益相关的政府补助，是指除与资产相关的政府补助之外的政府补助。

3. 下列各项适用其他相关会计准则：

(1) 债务豁免，适用《企业会计准则第 12 号——债务重组》。

(2) 所得税减免，适用《企业会计准则第 18 号——所得税》。

💡〔注释〕

政府补助的主要形式。

政府补助表现为政府向企业转移资产，通常为货币性资产，也可能为非货币性资产。政府补助主要有以下形式：

（1）财政拨款。财政拨款是政府无偿拨付给企业的资金，通常在拨款时明确规定了资金用途。

比如，财政部门拨付给企业用于购建固定资产或进行技术改造的专项资金，鼓励企业安置职工就业而给予的奖励款项，拨付企业的粮食定额补贴，拨付企业开展研发活动的研发经费等，均属于财政拨款。

（2）财政贴息。财政贴息是政府为支持特定领域或区域发展，根据国家宏观经济形势和政策目标，对承贷企业的银行贷款利息给予的补贴。

财政贴息主要有两种方式：①财政将贴息资金直接拨付给受益企业；②财政将贴息资金拨付给贷款银行，由贷款银行以政策性优惠利率向企业提供贷款，受益企业按照实际发生的利率计算和确认利息费用。

（3）税收返还。税收返还是政府按照国家有关规定采取先征后返（退）、即征即退等办法向企业返还的税款，属于以税收优惠形式给予的一种政府补助。增值税出口退税不属于政府补助。

除税收返还外，税收优惠还包括直接减征、免征、增加计税抵扣额、抵免部分税额等形式。这类税收优惠并未直接向企业无偿提供资产，不作为本准则规范的政府补助。如企业利用"三废"生产的产品，5 年内减征或免征所得税。

向出口企业退还的增值税不属于政府补助。税法规定，企业出口货物增值税实行零税率，因此，出口企业退还的增值税属于出口环节免征增值税以及退回出口货物前道环节所征进项税额。

（4）无偿划拨非货币性资产。比如，行政划拨土地使用权、天然起源的天然林等。

（二）政府补助的确认和计量

1. 政府补助同时满足下列条件的，才能予以确认：

（1）企业能够满足政府补助所附条件；

（2）企业能够收到政府补助。

2. 政府补助为货币性资产的，应当按照收到或应收的金额计量。

政府补助为非货币性资产的，应当按照公允价值计量；公允价值不能可靠取得的，按照名义金额计量。

💡〔注释〕

企业取得的各种政府补助为货币性资产的，如通过银行转账等方式拨付的补助，通常按照实际收到的金额计量；存在确凿证据表明该项补助是按照固定的定额标准拨付的，如按照实际销量或储备量与单位补贴定额计算的补助等，可以按照应收的金额计量。

政府补助为非货币性资产的，如该资产附带有关文件、协议、发票、报关单等凭证注明的价值与公允价值差异不大的，应当以有关凭证中注明的价值作为公允价值；如没有注明价值或注明价值与公允价值差异较大但有活跃市场的，应当根据有确凿证据表明的同类或类似资产市场价格作为公允价值；如没有注明价值且没有活跃市场、不能可靠取得公允价值的，应当按照名义金额计量，名义金额为 1 元。

3. 与资产相关的政府补助，应当确认为递延收益，并在相关资产使用寿命内平均分配，计入当期损益。但是，按照名义金额计量的政府补助，直接计入当期损益。

💡〔注释〕

企业取得与资产相关的政府补助，不能直接确认为当期损益，应当确认为递延收益，自相关资产达到预定可使用状态时起，在该资产使用寿命内平均分配，分次计入以后各期的损益（营业外收入）。

相关资产在使用寿命结束前被出售、转让、报废或发生毁损的，应将尚未分配的递延收益余额一次性转入资产处置当期的损益（营业外收入）。

4. 与收益相关的政府补助，应当分别下列情况处理：

（1）用于补偿企业以后期间的相关费用或损失的，确认为递延收益，并在确认相关费用的期间，计入当期损益。

（2）用于补偿企业已发生的相关费用或损失的，直接计入当期损益。

💡〔注释〕

与收益相关的政府补助，用于补偿企业以后期间的相关费用或损失的，取得时确认为递延收益，在确认相关费用的期间计入当期损益（营业外收入）；用于补偿企业已发生的相关费用或损失的，取得时直接计入当期损益（营业外收入）。

5. 已确认的政府补助需要返还的，应当分别下列情况处理：

（1）存在相关递延收益的，冲减相关递延收益账面余额，超出部分计入当期损益。

（2）不存在相关递延收益的，直接计入当期损益。

（三）政府补助的披露

企业应当在附注中披露与政府补助有关的下列信息：

（1）政府补助的种类及金额。

（2）计入当期损益的政府补助金额。

（3）本期返还的政府补助金额及原因。

二、政府补助有关业务核算

企业收到或应收的与资产相关的政府补助，借记"银行存款"、"其他应收款"等科目，贷记"递延收益"科目。在相关资产使用寿命内分配递延收益，借记"递延收益"科目，贷记"营业外收入"科目。

与收益相关的政府补助，用于补偿企业以后期间相关费用或损失的，按收到或应收的金额，借记"银行存款"、"其他应收款"等科目，贷记"递延收益"科目。在发生相关费用或损失的未来期间，按应补偿的金额，借记"递延收益"科目，贷记"营业外收入"科目。用于补偿企业已发生的相关费用或损失的，按收到或应收的金额，借记"银行存款"、"其他应收款"等科目，贷记"营业外收入"科目。

【例1】公司 2007 年 3 月 10 日接受一项政府补贴 1 000 000 元，要求用于治理当地污染，该公司购建了专门设施并于 6 月 15 日达到可使用状态。该专门设施入账金额为 1 200 000 元，预计使用 4 年，预计净残值为 0 元。

（1）2007 年 3 月 10 日收到补贴时：

借：银行存款   1 000 000

  贷：递延收益   1 000 000

（2）2007 年 6 月 15 日达到预定可使用状态时：

借：固定资产   1 200 000

  贷：在建工程   1 200 000

（3）2007 年 12 月 31 日计提折旧与转销收益时：

借：递延收益   125 000

  贷：营业外收入   125 000

借：管理费用   150 000

  贷：累计折旧   150 000

【例2】 华信科技公司 2007 年 11 月 1 日与当地政府签订一项环保新技术开发协议，由当地政府拨付研发资金 2 000 000 元，用于公司的研发活动支出。公司估计该项环保新技术的研发时间为 10 个月。

（1）高科技公司收到政府财政拨款时：

借：银行存款   2 000 000

  贷：递延收益   2 000 000

（2）每月分配递延收益时：

借：递延收益   200 000

  贷：营业外收入   200 000

【例3】 公司 2007 年 2 月 6 日因产品特点其零售价受到政府限制，在本期末收到政府给予的 1 000 000 元财政补助，其中 600 000 元用于该公司本期补贴亏损，400 000 元用于下一年度补贴。公司已将款项存入银行。

借：银行存款   1 000 000

  贷：营业外收入   600 000

    递延收益   400 000

【例4】 新地科技公司 2007 年 8 月 20 日接受政府专项资金审计后，当地政府发现公司存在资金使用混乱问题，因此要求公司返还拨付的研发资金 150 000 元，高科技公司当日将 150 000 元返还给了当地政府财政部门。该笔拨款产生的递延收益账面余额为 120 000 元。

借：递延收益   120 000

  营业外支出   30 000

  贷：银行存款   150 000

【例5】 2007 年 1 月 5 日，公司收到 5 000 000 元的政府补助，作为企业 2006 年 12 月投入使用的一项污水处置设备的补偿，条件是公司必须使用此装置 5 年，如果使用期限不满 5 年，则返还剩余年份的补助款，每差一年返还 1 000 000 元。该污水装置账面价值 15 000 000 元，预计使用寿命 10 年，采用平均年限法提取折旧（不考虑残值）。

2009年3月25日，该污水处置因成本太高，停止使用。公司因此需要返还政府补助3 000 000元。

该政府补助为与资产相关的政府补助，应当确认为递延收益，并在污水处置使用寿命10年内平均摊销，每年500 000元计入当期损益。

（1）2007年1月5日：

借：银行存款　　　　　　　　　　　　　　　　　5 000 000

　　贷：递延收益　　　　　　　　　　　　　　　　　　5 000 000

（2）2007年12月31日：

借：递延收益　　　　　　　　　　　　　　　　　500 000

　　贷：营业外收入　　　　　　　　　　　　　　　　　500 000

借：管理费用　　　　　　　　　　　　　　　　　1 500 000

　　贷：累计折旧　　　　　　　　　　　　　　　　　1 500 000

（3）2008年12月31日：

借：递延收益　　　　　　　　　　　　　　　　　500 000

　　贷：营业外收入　　　　　　　　　　　　　　　　　500 000

借：管理费用　　　　　　　　　　　　　　　　　1 500 000

　　贷：累计折旧　　　　　　　　　　　　　　　　　1 500 000

（4）2009年的会计处理：

2009年3月公司返还政府补助3 000 000元，2009年递延收益平均摊销125 000万元。

借：递延收益　　　　　　　　　　　　　　　　　125 000

　　贷：营业外收入　　　　　　　　　　　　　　　　　125 000

借：递延收益　　　　　　　　　　　　　　　　　3 875 000

　　贷：银行存款　　　　　　　　　　　　　　　　　3 000 000

　　　　营业外支出　　　　　　　　　　　　　　　　　875 000

〔注释〕

递延收益账面余额为5 000 000－500 000×2－125 000＝3 875 000（元）；政府补助返还3 000 000元与递延收益账面余额3 875 000元的差额875 000元计入当期损益。

第六节　借款费用业务核算

一、借款费用核算有关规定

（一）借款费用定义

借款费用，是指企业因借款而发生的利息及其他相关成本。

借款费用包括借款利息、折价或者溢价的摊销、辅助费用以及因外币借款而发生的汇兑差额等。

💡〔注释〕

《企业会计准则应用指南》取消了应付债券折价或者溢价的提法，改为利息调整。资产负债表日按摊余成本和实际利率计算确定应付债券的利息费用作为应付债券借款费用资本化的金额，计入在建工程。

（二）借款费用的确认和计量

1. 企业发生的借款费用，可直接归属于符合资本化条件的资产的购建或者生产的，应当予以资本化，计入相关资产成本；其他借款费用，应当在发生时根据其发生额确认为费用，计入当期损益。符合资本化条件的资产，是指需要经过相当长时间的购建或者生产活动才能达到预定可使用或者可销售状态的固定资产、投资性房地产和存货等资产。

💡〔注释〕

符合借款费用资本化条件的存货。

根据本准则规定，企业借款购建或者生产的存货中，符合借款费用资本化条件的，应当将符合资本化条件的借款费用予以资本化。

符合借款费用资本化条件的存货，主要包括企业（房地产开发）开发的用于对外出售的房地产开发产品、企业制造的用于对外出售的大型机械设备等。这类存货通常需要经过相当长时间的建造或者生产过程，才能达到预定可销售状态。其中"相当长时间"，是指为资产的购建或者生产所必需的时间，通常为 1 年以上（含 1 年）。

2. 借款费用同时满足下列条件的，才能开始资本化：

（1）资产支出已经发生，资产支出包括为购建或者生产符合资本化条件的资产而以支付现金、转移非现金资产或者承担带息债务形式发生的支出；

（2）借款费用已经发生；

（3）为使资产达到预定可使用或者可销售状态所必要的购建或者生产活动已经开始。

3. 在资本化期间内，每一会计期间的利息（包括折价或溢价的摊销）资本化金额，应当按照下列规定确定：

（1）为购建或者生产符合资本化条件的资产而借入专门借款的，应当以专门借款当期实际发生的利息费用，减去将尚未动用的借款资金存入银行取得的利息收入或进行暂时性投资取得的投资收益后的金额确定。

专门借款，是指为购建或者生产符合资本化条件的资产而专门借入的款项。

💡〔注释〕

专门借款应当有明确的专门用途，即为购建或者生产某项符合资本化条件的资产而专门借入的款项，通常应有标明专门用途的借款合同。

（2）为购建或者生产符合资本化条件的资产而占用了一般借款的，企业应当根据累计资产支出超过专门借款部分的资产支出加权平均数乘以所占用一般借款的资本化率，计算确定一般借款应予资本化的利息金额。资本化率应当根据一般借款加权平均利率计算确定。资本化期间，是指从借款费用开始资本化时点到停止资本化时点的期间，借款费用暂停资本化的期间不包括在内。

💡〔注释〕

一般借款利息费用的资本化金额。

一般借款是指除专门借款以外的其他借款。

在借款费用资本化期间内，为购建或者生产符合资本化条件的资产占用了一般借款的，一般借款应予资本化的利息金额应当按照下列公式计算：

一般借款利息费用资本化金额 = 累计资产支出超过专门借款部分的资产支出加权平均数 × 所占用一般借款的资本化率

所占用一般借款的资本化率 = 所占用一般借款加权平均利率 = 所占用一般借款当期实际发生的利息之和 ÷ 所占用一般借款本金加权平均数

所占用一般借款本金加权平均数 = $\sum$（所占用每笔一般借款本金 × 每笔一般借款在当期所占用的天数 ÷ 当期天数）

4. 借款存在折价或者溢价的，应当按照实际利率法确定每一会计期间应摊销的折价或者溢价金额，调整每期利息金额。

5. 在资本化期间内，每一会计期间的利息资本化金额不应当超过当期相关借款实际发生的利息金额。

6. 在资本化期间内，外币专门借款本金及利息的汇兑差额，应当予以资本化，计入符合资本化条件的资产的成本。

7. 专门借款发生的辅助费用，在所购建或者生产的符合资本化条件的资产达到预定可使用或者可销售状态之前发生的，应当在发生时根据其发生额予以资本化，计入符合资本化条件的资产的成本；在所购建或者生产的符合资本化条件的资产达到预定可使用或者可销售状态之后发生的，应当在发生时根据其发生额确认为费用，计入当期损益。

一般借款发生的辅助费用，应当在发生时根据其发生额确认为费用，计入当期损益。

💡〔注释〕

借款辅助费用资本化金额的确定。

辅助费用是企业为了安排借款而发生的必要费用，包括借款手续费（如发行债券手续费）、佣金等。如果企业不发生这些费用，就无法取得借款，因此辅助费用是企业借入款项所付出的一种代价，是借款费用的有机组成部分。

对于企业发生的专门借款辅助费用，在所购建或者生产的符合资本化条件的资产达到预定可使用或者可销售状态之前发生的，应当在发生时根据其发生额予以资本化；在所购建或者生产的符合资本化条件的资产达到预定可使用或者可销售状态之后所发生的，应当在发生时根据其发生额确认为费用，计入当期损益。

上述资本化或计入当期损益的辅助费用的发生额，是指根据《企业会计准则第22号——金融工具确认和计量》，按照实际利率法所确定的金融负债交易费用对每期利息费用的调整额。借款实际利率与合同利率差异较小的，也可以采用合同利率计算确定利息费用。一般借款发生的辅助费用，也应当按照上述原则确定其发生额并进行处理。

考虑到借款辅助费用与金融负债交易费用是一致的，其会计处理也应当保持一致。根据《企业会计准则第 22 号——金融工具确认和计量》的规定，除以公允价值计量且其变动计入当期损益的金融负债之外，其他金融负债相关的交易费用应当计入金融负债的初始确认金额。为购建或者生产符合资本化条件的资产的专门借款或者一般借款，通常都属于除以公允价值计量且其变动计入当期损益的金融负债之外的其他金融负债。对于这些金融负债所发生的辅助费用需要计入借款的初始确认金额，即抵减相关借款的初始金额，从而影响以后各期实际利息的计算。换句话说，由于辅助费用的发生将导致相关借款实际利率的上升，从而需要对各期利息费用作相应调整，在确定借款辅助费用资本化金额时可以结合借款利息资本化金额一起计算。

8. 符合资本化条件的资产在购建或者生产过程中发生非正常中断，且中断时间连续超过 3 个月的，应当暂停借款费用的资本化。在中断期间发生的借款费用应当确认为费用，计入当期损益，直至资产的购建或者生产活动重新开始。如果中断是所购建或者生产的符合资本化条件的资产达到预定可使用或者可销售状态必要的程序，借款费用的资本化应当继续进行。

🔍〔注释〕

借款费用资本化的暂停。

符合资本化条件的资产在购建或者生产过程中发生非正常中断，且中断时间连续超过 3 个月的，应当暂停借款费用的资本化。正常中断期间的借款费用应当继续资本化。

非正常中断，通常是由于企业管理决策上的原因或者其他不可预见的原因等所导致的中断。比如，企业因与施工方发生了质量纠纷，或者工程、生产用料没有及时供应，或者资金周转发生了困难，或者施工、生产发生了安全事故，或者发生了与资产购建、生产有关的劳动纠纷等原因，导致资产购建或者生产活动发生中断，均属于非正常中断。

非正常中断与正常中断显著不同。正常中断通常仅限于因购建或者生产符合资本化条件的资产达到预定可使用或者可销售状态所必要的程序，或者事先可预见的不可抗力因素导致的中断。比如，某些工程建造到一定阶段必须暂停下来进行质量或者安全检查，检查通过后才可继续下一阶段的建造工作，这类中断是在施工前可以预见的，而且是工程建造必须经过的程序，属于正常中断。

某些地区的工程在建造过程中，由于可预见的不可抗力因素（如雨季或冰冻季节等原因）导致施工出现停顿，也属于正常中断。比如，某企业在北方某地建造某工程期间，正遇冰冻季节，工程施工因此中断，待冰冻季节过后方能继续施工。由于该地区在施工期间出现较长时间的冰冻为正常情况，由此导致的施工中断是可预见的不可抗力因素导致的中断，属于正常中断。

9. 购建或者生产符合资本化条件的资产达到预定可使用或者可销售状态时，借款费用应当停止资本化。在符合资本化条件的资产达到预定可使用或者可销售状态之后所发生的借款费用，应当在发生时根据其发生额确认为费用，计入当期损益。

10. 购建或者生产符合资本化条件的资产达到预定可使用或者可销售状态，可从下列几个方面进行判断：

（1）符合资本化条件的资产的实体建造（包括安装）或者生产工作已经全部完成或者实质上已经完成。

（2）所购建或者生产的符合资本化条件的资产与设计要求、合同规定或者生产要求相符或者基本相符，即使有极个别与设计、合同或者生产要求不相符的地方，也不影响其正常使用或者销售。

（3）继续发生在所购建或生产的符合资本化条件的资产上的支出金额很少或者几乎不再发生。

购建或者生产符合资本化条件的资产需要试生产或者试运行的，在试生产结果表明资产能够正常生产出合格产品，或者试运行结果表明资产能够正常运转或者营业时，应当认为该资产已经达到预定可使用或者可销售状态。

11. 购建或者生产的符合资本化条件的资产的各部分分别完工，且每部分在其他部分继续建造过程中可供使用或者可对外销售，且为使该部分资产达到预定可使用或可销售状态所必要的购建或者生产活动实质上已经完成的，应当停止与该部分资产相关的借款费用的资本化。

购建或者生产的资产的各部分分别完工，但必须等到整体完工后才可使用或者可对外销售的，应当在该资产整体完工时停止借款费用的资本化。

（三）借款费用的披露

企业应当在附注中披露与借款费用有关的下列信息：

（1）当期资本化的借款费用金额。

（2）当期用于计算确定借款费用资本化金额的资本化率。

二、借款费用有关业务核算

（一）人民币借款费用资本化的处理

【例1】公司于 2007 年 1 月 1 日为扩大生产规模决定新建厂房一栋，工期为 1 年，工程采用出包方式，公司为建造该厂房而向建设银行专门借入了一笔借款，即 2007 年 1 月 1 日发生的专门借款 30 000 000 元，年利率为 5%，实际利率与合同约定的名义利率差异很小，借款期限为 2 年，按单利计算利息，到期一次还本付息。期间发生的资产支出如下：

1 月 1 日，支出 10 000 000 元；

7 月 15 日，支出 25 000 000 元；

12 月 10 日，支出 12 000 000 元。

专门借款闲置资金用于短期债券投资，且该短期债券投资月收益率为 0.5%。公司为建造厂房占用了公司的一般借款 17 000 000 元，所占用的一般借款有两笔，分别为 2006 年 7 月 1 日借入的期限为 3 年的 10 000 000 元借款，年利率为 6%，利息按年支付；公司 2006 年 11 月 1 日借入的期限为 2 年的 15 000 000 元借款，年利率为 6%，按年支付利息。公司按月计算利息的资本化金额，按月度计提利息。该厂房于 2007 年年底建造完工，办理了竣工决算并投入使用。

（1）专门借款利息费用资本化金额的计算

专门借款利息费用资本化金额 = 专门借款当期实际发生的利息费用 – 将闲置借款资金用于短期债券投资的投资收益

（2）一般借款利息费用资本化金额的计算

一般借款利息费用资本化金额 = 累计资产支出超过专门借款部分的资产支出加权平均数 × 所占用一般借款的资本化率

一般借款的资本化率 = （所占用一般借款当期实际发生的利息费用之和）÷（所占用一般借款本金加权平均数）

（3）由于 1～6 月份没有占用一般借款。因此 1～6 月份每月专门借款利息费用资本化金额 = 30 000 000 × 5% × 1 ÷ 12 – 20 000 000 × 0.5% × 1 = 25 000（元）。

借：在建工程　　　　　　　　　　　　　　　　　　　25 000
　　财务费用　　　　　　　　　　　　　　　　　　　100 000
　　　贷：应付利息——长期借款利息　　　　　　　　　　　125 000

（4）由于从 7 月份开始占用了一般借款。因此 7 月份利息费用资本化计算及账务处理如下：

专门借款利息费用的资本化金额 = 30 000 000 × 5% × 1 ÷ 12 = 125 000（元）

一般借款利息费用资本化金额的计算：

累计资产支出超过专门借款部分的资产支出加权平均数 = （10 000 000 + 25 000 000 – 30 000 000）× 15 ÷ 30 = 2 500 000（元）

一般借款的资本化率 = （10 000 000 × 6% × 1 ÷ 12 + 15 000 000 × 6% × 1 ÷ 12）÷（10 000 000 × 15 ÷ 30 + 15 000 000 × 15 ÷ 30）= 1%

一般借款利息费用的资本化金额 = 2 500 000 × 1% = 25 000（元）

7 月份利息费用的资本化金额 = 125 000 + 25 000 = 150 000（元）

借：在建工程　　　　　　　　　　　　　　　　　　　150 000
　　财务费用　　　　　　　　　　　　　　　　　　　100 000
　　　贷：应付利息——长期借款利息　　　　　　　　　　　250 000

💡〔注释〕

7 月份发生利息费用 = 30 000 000 × 5% × 1 ÷ 12 + 10 000 000 × 6% × 1 ÷ 12 + 15 000 000 × 6% × 1 ÷ 12 = 250 000（元）

（5）由于 8～11 月份占用了一般借款。其利息费用资本化计算及账务处理如下：

专门借款利息费用的资本化金额 = 30 000 000 × 5% × 1 ÷ 12 = 125 000（元）

一般借款利息费用资本化金额的计算：

累计资产支出超过专门借款部分的资产支出加权平均数 = （10 000 000 + 25 000 000 – 30 000 000）× 30 ÷ 30 = 5 000 000（元）

一般借款的资本化率 = (10 000 000 × 6% × 1 ÷ 12 + 15 000 000 × 6% × 1 ÷ 12) ÷ (10 000 000 × 30 ÷ 30 + 15 000 000 × 30 ÷ 30) = 0.5%

一般借款利息费用的资本化金额 = 5 000 000 × 0.5% = 25 000（元）

8~11月份每月利息费用资本化金额 = 125 000 + 25 000 = 150 000（元）

借：在建工程　　　　　　　　　　　　　150 000
　　财务费用　　　　　　　　　　　　　100 000
　　　贷：应付利息——长期借款利息　　　　　　　　250 000

（6）12月份也占用了一般借款。其利息费用资本化计算及账务处理如下：

专门借款利息费用的资本化金额 = 30 000 000 × 5% × 1 ÷ 12 = 125 000（元）

一般借款利息费用资本化金额的计算：

累计资产支出超过专门借款部分的资产支出加权平均数 = (10 000 000 + 25 000 000 − 30 000 000) × 30 ÷ 30 + 12 000 000 × 20 ÷ 30 = 13 000 000（元）

一般借款的资本化率 = (10 000 000 × 6% × 1 ÷ 12 + 15 000 000 × 6% × 1 ÷ 12) ÷ (10 000 000 × 30 ÷ 30 + 15 000 000 × 20 ÷ 30) = 0.625%

一般借款利息费用的资本化金额 = 13 000 000 × 0.625% = 81 250（元）

12月份利息费用资本化金额 = 125 000 + 81 250 = 206 250（元）

借：在建工程　　　　　　　　　　　　　206 250
　　财务费用　　　　　　　　　　　　　 43 750
　　　贷：应付利息——长期借款利息　　　　　　　　250 000

【例2】公司2007年1月1日为了扩大装机容量动工建设一座水库大坝，工程采用出包方式，每半年支付一次工程进度款。工程于2008年6月30日完工，达到预定可使用状态。建造工程资产支出如下：

2007年1月1日，支出1 500万元；

2007年7月1日，支出2 500万元，累计支出4 000万元；

2008年1月1日，支出1 500万元，累计支出5 500万元。

公司为建设大坝于2007年1月1日专门借款2 000万元，借款期限为3年，年利率为8%。除此之外，无其他专门借款。

此外，该大坝的建设还占用两笔一般借款：

（1）2006年12月1日从中国建设银行借入的3年期借款2 000万元，年利率为6%，按年支付利息。

（2）公司2006年1月1日按面值发行的债券1亿元，期限为5年，年利率为8%，按年支付利息。

专门借款资金闲置用于固定收益债券短期投资，假定短期投资月收益率为0.5%。公司按年计算利息的资本化金额，假定全年按360天计。

1. 计算2007年利息资本化金额

（1）专门借款利息资本化金额：

2007年专门借款利息资本化金额 = 2 000 × 8% − 500 × 0.5% × 6 = 145（万元）

（2）一般借款利息资本化金额：

2007 年累计资产支出超过专门借款部分的资产支出加权平均数 = 2 000 × 180 ÷ 360 = 1 000（万元）。

2007 年一般借款资本化率 = （2 000 × 6% + 10 000 × 8%）÷ （2 000 + 10 000） = 7.67%

2007 年一般借款利息资本化金额 = 1 000 × 7.67% = 76.70（万元）

2007 年利息资本化金额 = 145 + 76.7 = 221.7（万元）

2007 年账务处理：

借：在建工程　　　　　　　　　　　　　　　　　　　2 217 000
　　财务费用　　　　　　　　　　　　　　　　　　　　8 583 000
　　贷：应付利息——长期借款利息　　　　　　　　　　　　2 800 000
　　　　　　　　——应计利息　　　　　　　　　　　　　　8 000 000

💭〔注释〕

长期借款的利息费用 = 20 000 000 × 8% + 20 000 000 × 6% = 2 800 000（元）；应付债券利息 = 100 000 000 × 8% = 8 000 000（万元）。

2. 计算 2008 年利息资本化金额

（1）专门借款利息资本化金额：

2008 年专门借款利息资本化金额 = 2 000 × 8% × 180 ÷ 360 = 80（万元）

（2）一般借款利息资本化金额：

2008 年累计资产支出超过专门借款部分的资产支出加权平均数 = （2 000 + 1 500）× 180 ÷ 360 = 1 750（万元）

2008 年一般借款资本化率 = （2 000 × 6% × 180 ÷ 360 + 10 000 × 8% × 180 ÷ 360）/ （2 000 × 180 ÷ 360 + 10 000 × 180 ÷ 360） = 7.67%

2008 年一般借款利息资本化金额 = 1 750 × 7.67% = 134.23（万元）

2008 年利息资本化金额 = 80 + 134.23 = 214.23（万元）

2008 年 6 月 30 日账务处理：

借：在建工程　　　　　　　　　　　　　　　　　　　2 142 300
　　财务费用　　　　　　　　　　　　　　　　　　　　3 257 700
　　贷：应付利息——长期借款利息　　　　　　　　　　　　1 400 000
　　　　　　　　——应计利息　　　　　　　　　　　　　　4 000 000

【例 3】公司 2007 年 1 月 1 日为新建一栋办公楼发行了面值 40 000 000 元的 5 年期债券。债券票面年利率 5%，实际发行价格 41 800 000 元，每年末计息一次利息，到期一次还本付息。发行款项存入银行。该办公楼于 2007 年 1 月 1 日起开始建设，于 2008 年底完工，达到预定可使用状态。

（1）计算公司债券实际利率 r：

每年利息费用 = 40 000 000 × 5% = 2 000 000（元）

$$41\ 800\ 000 = 2\ 000\ 000 \times (1+r)^{-1} + 2\ 000\ 000 \times (1+r)^{-2} + 2\ 000\ 000 \times (1+r)^{-3}$$

$+2\ 000\ 000\times(1+r)^{-4}+(2\ 000\ 000+40\ 000\ 000)\times(1+r)^{-5}$

查现值计算表，用插值法计算得出 r = 4%。

（2）利息费用的调整计算见表 9-8。

表 9-8　　　　　　　　　　应付债券摊余成本计算表　　　　　　　单位：元

年　份	期初债券余额 (a)	实际利息费用 (b)	每年支付利息 (c)	期末债券摊余成本 d = a + (b - c)
2007	41 800 000	1 672 000	2 000 000	41 472 000
2008	41 472 000	1 658 880	2 000 000	41 130 880
2009	41 130 880	1 645 235	2 000 000	40 776 115
2010	40 776 115	1 631 045	2 000 000	40 407 160
2011	40 407 160	1 592 840	2 000 000	40 000 000

公司 2007 年、2008 年每年应予资本化的利息费用分别为 1 672 000 元和 1 658 880 元，其余年份发生的债券利息费用应当计入当期损益，不应再予资本化。

①2007 年 1 月 1 日发行债券：

借：银行存款　　　　　　　　　　　　　　　　　　41 800 000

　　贷：应付债券——面值　　　　　　　　　　　　　40 000 000

　　　　　　——利息调整　　　　　　　　　　　　　1 800 000

②2007 年 12 月 31 日账务处理：

借：在建工程　　　　　　　　　　　　　　　　　　1 672 000

　　应付债券——利息调整　　　　　　　　　　　　　328 000

　　贷：应付债券——应计利息　　　　　　　　　　　2 000 000

③2008 年 12 月 31 日账务处理：

借：在建工程　　　　　　　　　　　　　　　　　　1 658 880

　　应付债券——利息调整　　　　　　　　　　　　　341 120

　　贷：应付债券——应计利息　　　　　　　　　　　2 000 000

【例4】例如，公司于 2007 年 1 月 1 日发行了 5 年期面值为 1 250 万元公司债券，发行价格为 1 000 万元，票面利率为 4.72%，每年年末支付利息（即 1 250 × 4.72% = 59 万元），到期一次还本。公司发行该批债券募集的资金专门用于建造一条生产线，生产线从 2007 年 1 月 1 日开始建设，于 2009 年底完工，达到预定可使用状态。

（1）计算该公司债券实际利率 r 为：

由于 $1\ 000 = 59\times(1+r)^{-1}+59\times(1+r)^{-2}+59\times(1+r)^{-3}+59\times(1+r)^{-4}+(59+1\ 250)\times(1+r)^{-5}$，由此计算得出 r = 10%。

（2）利息费用的调整计算见表 9-9。

表 9 - 9　　　　　　　　　　应付债券摊余成本计算表　　　　　　　单位：元

年　份	期初债券余额 （a）	实际利息费用 （b）	每年支付利息 （c）	期末债券摊余成本 d = a + (b - c)
2007	10 000 000	1 000 000	590 000	10 410 000
2008	10 410 000	1 040 000	590 000	10 860 000
2009	10 860 000	1 090 000	590 000	11 360 000
2010	11 360 000	1 130 000	590 000	11 900 000
2011	11 900 000	1 190 000	590 000	12 500 000

公司在 2007 年至 2009 年间每年应予资本化的利息费用为 100 万元、104 万元和 109 万元，2010 年和 2011 年发生的 113 万元和 119 万元利息费用应当计入当期损益，不应再予资本化。

① 2007 年 1 月 1 日发行债券：

借：银行存款　　　　　　　　　　　　　　　　　　　　　10 000 000

　　应付债券——利息调整　　　　　　　　　　　　　　　 2 500 000

　　贷：应付债券——面值　　　　　　　　　　　　　　　　　　　12 500 000

② 2007 年 12 月 31 日账务处理：

借：在建工程　　　　　　　　　　　　　　　　　　　　　 1 000 000

　　贷：应付债券——应计利息　　　　　　　　　　　　　　　　　590 000

　　　　　　　——利息调整　　　　　　　　　　　　　　　　　　410 000

③ 2008 年 12 月 31 日账务处理：

借：在建工程　　　　　　　　　　　　　　　　　　　　　 1 040 000

　　贷：应付债券——应计利息　　　　　　　　　　　　　　　　　590 000

　　　　　　　——利息调整　　　　　　　　　　　　　　　　　　450 000

④ 2008 年 12 月 31 日账务处理：

借：在建工程　　　　　　　　　　　　　　　　　　　　　 1 090 000

　　贷：应付债券——应计利息　　　　　　　　　　　　　　　　　590 000

　　　　　　　——利息调整　　　　　　　　　　　　　　　　　　500 000

（二）外币专门借款汇兑差额资本化金额的确定

当企业为购建或者生产符合资本化条件的资产所借入的专门借款为外币借款时，由于企业取得外币借款日、使用外币借款日和会计结算日往往并不一致，而外汇汇率又在随时发生变化，因此，外币借款会产生汇兑差额。相应的，在借款费用资本化期间内，为购建固定资产而专门借入的外币借款所产生的汇兑差额，是购建固定资产的一项代价，应当予以资本化，计入固定资产成本。出于简化核算的考虑，借款费用准则规定，在资本化期间内，外币专门借款本金及其利息的汇兑差额，应当予以资本化，计入符合资本化条件的资产的成本。而除外币专门借款之外的其他外币借款本金及其利息所产生的汇兑差额应当作为财务费用，计入当期损益。

例如，公司于 2006 年 7 月 1 日为建造某项工程从中国银行专门借入一笔 4 000 000 美元的借款，年利率为 6%，实际利率与合同约定的名义利率差异很小，借款期限为 3 年，按单利计算利息，每年 12 月 31 日支付利息。2006 年 7 月 1 日的市场汇率为 1 美元 = 8.20 元人民币。工程于 2007 年 7 月 1 日开始实体建造，年底完工，达到预定可使用状态。期间发生的资产支出如下：

7 月 1 日，支出 1 000 000 美元；

9 月 1 日，支出 2 400 000 美元；

12 月 1 日，支出 600 000 美元。

公司的记账本位币为人民币，外币业务按外币业务发生时当日的市场汇率核算。公司按季度计算利息的资本化金额，按季度计提利息。相关汇率如下：

10 月 1 日，市场汇率 1 美元 = 8.25 元人民币；

12 月 31 日，市场汇率 1 美元 = 8.30 元人民币。

第三季度长期外币借款利息与汇兑差额资本化的处理：

借：在建工程		695 000
贷：长期借款——本金（4 000 000 美元）		200 000
应付利息——长期借款利息		495 000

💡〔注释〕

第三季度长期借款利息资本化计算：第三季度长期借款利息费用 = 4 000 000 × 6% × 3 ÷ 12 = 60 000（美元）；折合为人民币利息 = 60 000 × 8.25 = 495 000（元）。第三季度长期借款汇兑差额资本化的计算：第三季度长期借款应计利息 = 4 000 000 × 6% × 3 ÷ 12 = 60 000（美元）；第三季度长期借款本金及利息汇兑差额 = 4 000 000 × (8.25 − 8.20) + 60 000 × (8.25 − 8.25) = 200 000（元）；第三季度长期借款汇兑差额资本化金额 = 200 000 元，因此，第三季度应予资本化的借款费用金额 = 495 000 + 200 000 = 695 000（元）。

第七节　所得税业务核算

一、所得税核算有关规定

（一）所得税的含义

1. 本准则所得税包括企业以应纳税所得额为基础的各种境内和境外税额。

2. 本准则不涉及政府补助的确认和计量，但因政府补助产生暂时性差异的所得税影响，应当按照本准则进行确认和计量。

（二）计税基础

1. 企业在取得资产、负债时，应当确定其计税基础。资产、负债的账面价值与其计税基础存在差异的，应当按照本准则规定确认所产生的递延所得税资产或递延所得税负债。

2. 资产的计税基础，是指企业收回资产账面价值过程中，计算应纳税所得额时按照税法规定可以自应税经济利益中抵扣的金额。

3. 负债的计税基础，是指负债的账面价值减去未来期间计算应纳税所得额时按照税法规定可予抵扣的金额。

💡〔注释〕

资产、负债的计税基础。

资产的账面价值大于其计税基础或者负债的账面价值小于其计税基础的，产生应纳税暂时性差异；资产的账面价值小于其计税基础或者负债的账面价值大于其计税基础的，产生可抵扣暂时性差异。

（1）资产的计税基础

本准则第五条规定，资产的计税基础是指企业收回资产账面价值过程中，计算应纳税所得额时按照税法规定可以自应税经济利益中抵扣的金额。

通常情况下，资产在取得时其入账价值与计税基础是相同的，后续计量过程中因企业会计准则规定与税法规定不同，可能产生资产的账面价值与其计税基础的差异。

比如，交易性金融资产的公允价值变动。按照企业会计准则规定，交易性金融资产期末应以公允价值计量，公允价值的变动计入当期损益。如果按照税法规定，交易性金融资产在持有期间公允价值变动不计入应纳税所得额，即其计税基础保持不变，则产生了交易性金融资产的账面价值与计税基础之间的差异。假定某企业持有一项交易性金融资产，成本为 1 000 万元，期末公允价值为 1 500 万元，如计税基础仍维持 1 000 万元不变，该计税基础与其账面价值之间的差额 500 万元即为应纳税暂时性差异。

（2）负债的计税基础

本准则第六条规定，负债的计税基础是指负债的账面价值减去未来期间计算应纳税所得额时按照税法规定可予抵扣的金额。

短期借款、应付票据、应付账款等负债的确认和偿还，通常不会对当期损益和应纳税所得额产生影响，其计税基础即为账面价值。但在某些情况下，负债的确认可能会影响损益，并影响不同期间的应纳税所得额，使其计税基础与账面价值之间产生差额。比如，上述企业因某事项在当期确认了 100 万元负债，计入当期损益。假定按照税法规定，与确认该负债相关的费用，在实际发生时准予税前扣除，该负债的计税基础为零，其账面价值与计税基础之间形成可抵扣暂时性差异。

企业应于资产负债表日，分析比较资产、负债的账面价值与其计税基础，两者之间存在差异的，确认递延所得税资产、递延所得税负债及相应的递延所得税费用（或收益）。企业合并等特殊交易或事项中取得的资产和负债，应于购买日比较其入账价值与计税基础，按照本准则规定计算确认相关的递延所得税资产或递延所得税负债。

（三）暂时性差异

1. 暂时性差异，是指资产或负债的账面价值与其计税基础之间的差额；未作为资产和负债确认的项目，按照税法规定可以确定其计税基础的，该计税基础与其账面价值之间的差额也属于暂时性差异。

按照暂时性差异对未来期间应税金额的影响，分为应纳税暂时性差异和可抵扣暂时性差异。

2. 应纳税暂时性差异，是指在确定未来收回资产或清偿负债期间的应纳税所得额时，将导致产生应税金额的暂时性差异。

3. 可抵扣暂时性差异，是指在确定未来收回资产或清偿负债期间的应纳税所得额时，将导致产生可抵扣金额的暂时性差异。

〔注释〕

暂时性差异涵盖了所有的时间性差异，且比原来的时间性差异范围更广泛。暂时性差异除了包括所有的时间性差异以外，还包括计入所有者权益的交易或事项以及企业合并产生的差异。但是，暂时性差异不包括任何永久性差异。应纳税暂时性差异：将导致未来期间产生应税所得和应交所得税的增加。可抵扣暂时性差异：将导致未来期间应税所得和应交所得税的减少。

（四）确认

1. 企业应当将当期和以前期间应交未交的所得税确认为负债，将已支付的所得税超过应支付的部分确认为资产。

存在应纳税暂时性差异或可抵扣暂时性差异的，应当按照本准则规定确认递延所得税负债或递延所得税资产。

2. 除下列交易中产生的递延所得税负债以外，企业应当确认所有应纳税暂时性差异产生的递延所得税负债：

（1）商誉的初始确认。

（2）同时具有下列特征的交易中产生的资产或负债的初始确认：

①该项交易不是企业合并；

②交易发生时既不影响会计利润也不影响应纳税所得额（或可抵扣亏损）。

与子公司、联营企业及合营企业的投资相关的应纳税暂时性差异产生的递延所得税负债，应当按照本准则第十二条的规定确认。

3. 企业对与子公司、联营企业及合营企业投资相关的应纳税暂时性差异，应当确认相应的递延所得税负债。但是，同时满足下列条件的除外：

（1）投资企业能够控制暂时性差异转回的时间；

（2）该暂时性差异在可预见的未来很可能不会转回。

4. 企业应当以很可能取得用来抵扣可抵扣暂时性差异的应纳税所得额为限，确认由可抵扣暂时性差异产生的递延所得税资产。但是，同时具有下列特征的交易中因资产或负债的初始确认所产生的递延所得税资产不予确认：

（1）该项交易不是企业合并；

（2）交易发生时既不影响会计利润也不影响应纳税所得额（或可抵扣亏损）。

资产负债表日，有确凿证据表明未来期间很可能获得足够的应纳税所得额用来抵扣可抵扣暂时性差异的，应当确认以前期间未确认的递延所得税资产。

💡〔注释〕

递延所得税资产的确认应以未来期间很可能取得的用来抵扣可抵扣暂时性差异的应纳税所得额为限。在可抵扣暂时性差异转回的未来期间内，企业无法产生足够的应纳税所得额用以利用可抵扣暂时性差异的影响，使得与可抵扣暂时性差异相关的经济利益无法实现的，不应确认递延所得税资产；企业有明确的证据表明其于可抵扣暂时性差异转回的未来期间能够产生足够的应纳税所得额，进而利用可抵扣暂时性差异的，则应以很可能取得的应纳税所得额为限，确认相关的递延所得税资产。

在判断企业于可抵扣暂时性差异转回的未来期间是否能够产生足够的应纳税所得额时，应考虑以下两个方面的影响：

一是通过正常的生产经营活动能够实现的应纳税所得额，如企业通过销售商品、提供劳务等所实现的收入，扣除有关的成本费用等支出后的金额。该部分情况的预测应当以经企业管理层批准的最近财务预算或预测数据以及该预算或者预测期之后年份稳定的或者递减的增长率为基础。

二是以前期间产生的应纳税暂时性差异在未来期间转回时将增加的应纳税所得额。

考虑到可抵扣暂时性差异转回的期间内可能取得应纳税所得额的限制，因无法取得足够的应纳税所得额而未确认相关的递延所得税资产的，应在会计报表附注中进行披露。

5. 企业对与子公司、联营企业及合营企业投资相关的可抵扣暂时性差异，同时满足下列条件的，应当确认相应的递延所得税资产：

（1）暂时性差异在可预见的未来很可能转回；

（2）未来很可能获得用来抵扣可抵扣暂时性差异的应纳税所得额。

💡〔注释〕

递延所得税资产和递延所得税负债。

资产负债表日，企业应当按照暂时性差异与适用所得税税率计算的结果，确认递延所得税负债、递延所得税资产以及相应的递延所得税费用（或收益），本准则第十一条至第十三条规定不确认递延所得税负债或递延所得税资产的情况除外。沿用上述举例，假定该企业适用的所得税税率为33%，递延所得税资产和递延所得税负债不存在期初余额，对于交易性金融资产产生的 500 万元应纳税暂时性差异，应确认 165 万元递延所得税负债；对于负债产生的 100 万元可抵扣暂时性差异，应确认 33 万元递延所得税资产。

确认由可抵扣暂时性差异产生的递延所得税资产，应当以未来期间很可能取得用以抵扣可抵扣暂时性差异的应纳税所得额为限。企业在确定未来期间很可能取得的应纳税所得额时，应当包括未来期间正常生产经营活动实现的应纳税所得额，以及在可抵扣暂时性差异转回期间因应纳税暂时性差异的转回而增加的应纳税所得额，并应提供相关的证据。

6. 企业对于能够结转以后年度的可抵扣亏损和税款抵减，应当以很可能获得用来抵扣可抵扣亏损和税款抵减的未来应纳税所得额为限，确认相应的递延所得税资产。

〔注释〕

我国现行税法允许企业亏损时递延弥补亏损5年。《企业会计准则第18号——所得税》规定企业能够结转以后年度的可抵扣亏损，应当以很可能获得用来抵扣可抵扣亏损的未来应纳税所得额为限，确认为"递延所得税资产"。企业应当对5年内该可抵扣暂时性差异是否能够在以后经营期内的应纳税所得额充分转回作出判断，如果不能转回，则企业不能将可抵扣亏损确认为"递延所得税资产"。

（五）计量

1. 资产负债表日，对于当期和以前期间形成的当期所得税负债（或资产），应当按照税法规定计算的预期应缴纳（或返还）的所得税金额计量。

2. 资产负债表日，对于递延所得税资产和递延所得税负债，应当根据税法规定，按照预期收回该资产或清偿该负债期间的适用税率计量。

适用税率发生变化的，应对已确认的递延所得税资产和递延所得税负债进行重新计量，除直接在所有者权益中确认的交易或者事项产生的递延所得税资产和递延所得税负债以外，应当将其影响数计入变化当期的所得税费用。

〔注释〕

递延所得税资产和递延所得税负债应当按照预期收回该资产或清偿该负债期间的适用税率计量。适用税率是指按照税法规定，在暂时性差异预计转回期间执行的税率。

《中华人民共和国企业所得税法》已于2007年3月16日通过，自2008年1月1日起实施。企业在进行所得税会计处理时，资产、负债的账面价值与其计税基础之间产生暂时性差异，这些暂时性差异预计在2008年1月1日以后转回的，应当按照新税法规定的适用税率对原已确认的递延所得税资产和递延所得税负债进行重新计量，除原确认时产生于直接计入所有者权益的交易或事项应当调整所有者权益（资本公积）以外，其他情况下产生的递延所得税资产和递延所得税负债的调整金额，应当计入当期所得税费用。

3. 递延所得税资产和递延所得税负债的计量，应当反映资产负债表日企业预期收回资产或清偿负债方式的所得税影响，即在计量递延所得税资产和递延所得税负债时，应当采用与收回资产或清偿债务的预期方式相一致的税率和计税基础。

4. 企业不应当对递延所得税资产和递延所得税负债进行折现。

5. 资产负债表日，企业应当对递延所得税资产的账面价值进行复核。如果未来期间很可能无法获得足够的应纳税所得额用以抵扣递延所得税资产的利益，应当减记递延所得税资产的账面价值。

在很可能获得足够的应纳税所得额时，减记的金额应当转回。

6. 企业当期所得税和递延所得税应当作为所得税费用或收益计入当期损益，但不包括下列情况产生的所得税：

（1）企业合并。

（2）直接在所有者权益中确认的交易或者事项。

7. 与直接计入所有者权益的交易或者事项相关的当期所得税和递延所得税，应当计入所有者权益。

💡〔注释〕

1. 所得税费用的确认和计量

企业在计算确定当期所得税（即当期应交所得税）以及递延所得税费用（或收益）的基础上，应将两者之和确认为利润表中的所得税费用（或收益），但不包括直接计入所有者权益的交易或事项的所得税影响。即：

所得税费用（或收益）＝当期所得税＋递延所得税费用（－递延所得税收益）

例如，某公司 2007 年 1 月 1 日持有一项交易性金融资产，取得成本为 1 000 万元，2007 年 12 月 31 日该交易性金融资产的公允价值为 1 500 万元；2007 年 3 月 10 日因产品质量担保确认了一笔预计负债 100 万元，2007 年没有发生产品保修费用。假定 2007 年该公司适用的所得税税率为 33%，则该公司 2007 年 12 月 31 日资产负债表中有关项目账面价值及其计税基础如表 9 - 10。

表 9 - 10　　　　　　　　　　　　　　　　　　　　　　　　　　　单位：万元

序号	项　目	账面价值	计税基础	暂时性差异	
				应纳税暂时性差异	可抵扣暂时性差异
1	交易性金融资产	1 500	1 000	500	
2	负债	100	0		100
	合　计			500	100

假定除上述项目外，该企业其他资产、负债的账面价值与其计税基础不存在差异，也不存在可抵扣亏损和税款抵减；该企业当期按照税法规定计算确定的应交所得税为 600 万元；该企业预计在未来期间能够产生足够的应纳税所得额用以抵扣可抵扣暂时性差异。

该企业计算确认的递延所得税负债、递延所得税资产、递延所得税费用以及所得税费用如下：

递延所得税负债 ＝500 ×33% ＝165 （万元）

递延所得税资产 ＝100 ×33% ＝33 （万元）

递延所得税费用 ＝165 －33 ＝132 （万元）

当期所得税费用 ＝600 万元

所得税费用 ＝600 ＋132 ＝732 （万元）

2. 递延所得税的特殊处理

（1）直接计入所有者权益的交易或事项产生的递延所得税根据本准则第二十二

条规定，直接计入所有者权益的交易或事项，如可供出售金融资产公允价值的变动，相关资产、负债的账面价值与计税基础之间形成暂时性差异的，应当按照本准则规定确认递延所得税资产或递延所得税负债，计入资本公积（其他资本公积）。

（2）企业合并中产生的递延所得税。

由于企业会计准则规定与税法规定对企业合并的处理不同，可能会造成企业合并中取得资产、负债的入账价值与其计税基础的差异。

比如，非同一控制下企业合并产生的应纳税暂时性差异或可抵扣暂时性差异，在确认递延所得税负债或递延所得税资产的同时，相关的递延所得税费用（或收益），通常应调整企业合并中所确认的商誉。

（3）按照税法规定允许用以后年度所得弥补的可抵扣亏损以及可结转以后年度的税款抵减，比照可抵扣暂时性差异的原则处理。

（六）列报

1. 递延所得税资产和递延所得税负债应当分别作为非流动资产和非流动负债在资产负债表中列示。

2. 所得税费用应当在利润表中单独列示。

3. 企业应当在附注中披露与所得税有关的下列信息：

（1）所得税费用（收益）的主要组成部分。

（2）所得税费用（收益）与会计利润关系的说明。

（3）未确认递延所得税资产的可抵扣暂时性差异、可抵扣亏损的金额（如果存在到期日，还应披露到期日）。

（4）对每一类暂时性差异和可抵扣亏损，在列报期间确认的递延所得税资产或递延所得税负债的金额，确认递延所得税资产的依据。

（5）未确认递延所得税负债的，与对子公司、联营企业及合营企业投资相关的暂时性差异金额。

二、《所得税》准则详细讲解

（一）资产负债表债务法

所得税会计是会计与税收规定之间的差异在所得税会计核算中的具体体现。《所得税》准则采用资产负债表债务法核算所得税。

资产负债表债务法较为完全地体现了资产负债观，在所得税的会计核算方面贯彻了资产、负债的界定。从资产负债表角度考虑，资产的账面价值代表的是企业在持续持有及最终处置某项资产的一定期间内，该项资产为企业带来的未来经济利益，而其计税基础代表的是在这一期间内，就该项资产按照税法规定可以税前扣除的金额。一项资产的账面价值小于其计税基础的，表明该项资产于未来期间产生的经济利益流入低于按照税法规定允许税前扣除的金额，产生可抵减未来期间应纳税所得额的因素，减少未来期间以应交所得税的方式流出企业的经济利益，从其产生时点来看，应确认为资产。反之，一项资产的账面价值大于其计税基础的，两者之间的差额将会于未来期间产生应税金额，增加未来期间的应纳税所得额及应交所得税，对企业形成经济利益流出的义务，应确认为负债。

（二）所得税会计核算的一般程序

采用资产负债表债务法核算所得税的情况下，企业一般应于每一资产负债表日进行所得税的核算。发生特殊交易或事项时，如企业合并，在确认因交易或事项取得的资产、负债时即应确认相关的所得税影响。企业进行所得税核算一般应遵循以下程序：

（1）按照相关会计准则规定确定资产负债表中除递延所得税资产和递延所得税负债以外的其他资产和负债项目的账面价值。其中资产、负债的账面价值，是指企业按照相关会计准则的规定进行核算后在资产负债表中列示的金额。例如，企业持有的应收账款账面余额为 2 000 万元，企业对该应收账款计提了 100 万元的坏账准备，其账面价值为 1 900 万元，为该应收账款在资产负债表中的列示金额。

（2）按照准则中对于资产和负债计税基础的确定方法，以适用的税收法规为基础，确定资产负债表中有关资产、负债项目的计税基础。

（3）比较资产、负债的账面价值与其计税基础，对于两者之间存在差异的，分析其性质，除准则中规定的特殊情况外，分别应纳税暂时性差异与可抵扣暂时性差异并乘以所得税税率，确定资产负债表日递延所得税负债和递延所得税资产的应有金额，并与期初递延所得税负债和递延所得税资产的余额相比，确定当期应予进一步确认的递延所得税资产和递延所得税负债金额或应予转销的金额，作为构成利润表中所得税费用的其中一个组成部分——递延所得税。

（4）按照适用的税法规定计算确定当期应纳税所得额，将应纳税所得额与适用的所得税税率计算的结果确认为当期应交所得税，作为利润表中应予确认的所得税费用的另外一个组成部分——当期所得税。

（5）确定利润表中的所得税费用。利润表中的所得税费用包括当期所得税和递延所得税两个组成部分，企业在计算确定了当期所得税和递延所得税后，两者之和（或之差），是利润表中的所得税费用。

（三）《所得税》准则涉及的有关概念

1. 会计利润

会计利润是指一个期间内扣除所得税费用前的损益。

2. 应纳税所得额

应纳税所得额指根据有关税法的规定计算的一个期间内应当缴纳所得税的所得额。

3. 当期所得税费用

当期所得税费用指根据一个期间的应纳税所得额计算的当期应交所得税金额。

当期所得税费用 = 当期应纳税所得额 × 税率

4. 所得税费用

所得税费用指计入当期损益的当期所得税费用和递延所得税费用的总金额。

所得税费用 = 当期所得税费用 + 递延所得税费用

5. 计税基础

一项资产或负债的计税基础指在计税时确认的资产或负债金额。

（1）资产的计税基础

资产的计税基础指企业收回资产账面价值过程中，计算应纳税所得额时按照税法规定可以自应税经济利益中抵扣的金额。

资产的计税基础 = 未来可税前列支的金额

某一资产负债表日的计税基础 = 成本 - 以前期间已经税前列支的金额

（2）负债的计税基础

负债的计税基础指负债的账面价值减去未来期间计算应纳税所得额时按照税法规定可予抵扣的金额。

负债的计税基础 = 账面价值 - 未来可税前列支的金额

6. 暂时性差异

暂时性差异指资产或负债的账面价值与其计税基础之间的差额；未作为资产和负债确认的项目，按照税法规定可以确定其计税基础的，该计税基础与其账面价值之间的差额也属于暂时性差异。

暂时性差异 = 账面价值 - 计税基础

暂时性差异包括以下两种：

（1）应纳税暂时性差异；

（2）可抵扣暂时性差异。

7. 应纳税暂时性差异

应纳税暂时性差异指在确定未来收回资产或清偿负债期间的应纳税所得额时，将导致产生应税金额的暂时性差异（即：在未来计税时的可抵扣金额将小于其账面价值，因此将增加未来的应纳税所得额）。

8. 可抵扣暂时性差异

可抵扣暂时性差异指在确定未来收回资产或清偿负债期间的应纳税所得额时，将导致产生可抵扣金额的暂时性差异（即：在未来计税时的可抵扣金额将大于其账面价值，因此将减少未来的应纳税所得额）。

9. 递延所得税资产

递延所得税资产指根据以下各项计算的未来期间可收回的所得税金额：

（1）可抵扣暂时性差异；

（2）结转后期的未利用的可抵扣亏损；

（3）结转后期的未利用的税款抵减。

可抵扣暂时性差异×未来适用税率

或

递延所得税资产＝未利用可抵扣亏损×未来适用税率

或

未利用税款抵减

10. 递延所得税负债

递延所得税负债指根据应税暂时性差异计算的未来期间应交所得税金额。

递延所得税负债＝应纳税暂时性差异×未来适用税率

（四）有关概念辨析

1. 时间性差异。应税收益和会计收益的差额，在一个期间内形成，可在随后的一个或几个期间内转回。其成因是由于会计准则或会计制度与税法在收入与费用确认和计量的时间上存在差异。

2. 暂时性差异。从资产和负债看，是一项资产或一项负债的计税基础和其在资产负债表中的账面价值之间的差额，随时间推移将会消除。该项差异在以后年度资产收回或负债清偿时，会产生应税利润或可抵扣金额。

时间性差异一定是暂时性差异，但暂时性差异并不都是时间性差异。以下情况将产生暂时性差异而不产生时间性差异：

（1）子公司、联营企业或合营企业没有向母公司分配全部利润；

（2）重估资产而在计税时不予调整；

（3）非同一控制下的企业合并，根据所取得的可辨认资产和负债的公允价值分配计入这些可辨认资产和负债，而在计税时不作相应调整。

3. 永久性差异。某一期间发生，以后各期不能转回或消除，即该项差异不影响其他会计期间。其成因是由于会计准则或会计制度与税法在收入与费用确认和计量的口径上存在差异。

4. 暂时性差异、时间性差异与永久性差异三者的联系与区别。

所有的时间性差异（纳税影响会计法）都将产生暂时性差异（资产负债表债务法），暂时性差异除了所有的时间性差异以外，还包括计入所有者权益的交易或事项以及企业合并。但是，暂时性差异不包括任何永久性差异。

（五）资产负债表债务法核算基本要求

1. 确认时点：

一般在资产负债表日确认递延所得税资产、递延所得税负债以及所得税费用。

特殊交易或事项在确认资产、负债时。

2. 基本核算程序：

（1）确定资产、负债的账面价值；

（2）确定资产、负债的计税基础；

（3）比较资产、负债的账面价值与计税基础，确定暂时性差异；

（4）确认递延所得税资产与递延所得税负债；

（5）确定利润表中的所得税费用。

（六）资产、负债的计税基础

1. 递延所得税负债和递延所得税资产的确认

递延所得税负债和递延所得税资产的确认见表9－11。

表9－11

暂时性差异	资　产	负　债
账面价值＞计税基础	应纳税暂时性差异 （递延所得税负债）	可抵扣暂时性差异 （递延所得税资产）
账面价值＜计税基础	可抵扣暂时性差异 （递延所得税资产）	应纳税暂时性差异 （递延所得税负债）

（1）资产账面价值＞计税基础

例如，一项资产的账面价值为500万元，计税基础为400万元。

未来纳税义务增加——产生"应纳税暂时性差异"，并确认为"递延所得税负债"。

（2）资产账面价值＜计税基础

例如，一项资产的账面价值为400万元，计税基础为500万元。

未来纳税义务减少——产生"可抵扣暂时性差异"，并确认为"递延所得税资产"。

2. 资产的计税基础

资产的计税基础是指企业收回资产账面价值过程中，计算应纳税所得额时按照税法规定可以自应税经济利益中抵扣的金额。即该项资产在未来使用或最终处置时，允许作为成本或费用于税前列支的金额。

资产在初始确认时，其计税基础一般为取得成本，即企业为取得某项资产支付的成本在未来期间准予税前扣除。在资产持续持有的过程中，其计税基础是指资产的取得成本减去以前期间按照税法规定已经税前扣除的金额后的余额，该余额代表的是按照税法规定，就涉及的资产在未来期间计税时仍然可以税前扣除的金额。如固定资产、无形资产等长期资产在某一资产负债表日的计税基础是指其成本扣除按照税法规定已在以前期间税前扣除的累计折旧额或累计摊销额后的金额。

即：资产的计税基础＝未来可税前列支的金额

某一资产负债表日的计税基础＝成本－以前期间已税前列支的金额

如果有关的经济利益不纳税，则资产的计税基础与其账面价值一致。通常情况下，资产取得时其入账价值与计税基础是相同的，后续计量因会计准则规定与税法规定不同，可能造成账面价值与计税基础的差异。

资产账面价值和计税基础之间可能存在差异的情况：

（1）以公允价值计量且其变动计入当期损益的金融资产

按照《企业会计准则第 22 号——金融工具确认和计量》的规定，对于以公允价值计量且其变动计入当期损益的金融资产，其于某一会计期末的账面价值为该时点的公允价值。税法规定，企业以公允价值计量的金融资产、金融负债以及投资性房地产等，持有期间公允价值的变动不计入应纳税所得额，在实际处置或结算时，处置取得的价款扣除其历史成本或以历史成本为基础确定的处置成本后的差额应计入处置或结算期间的应纳税所得额。按照该规定，以公允价值计量的金融资产在持有期间公允价值的波动在计税时不予考虑，有关金融资产在某一会计期末的计税基础为其取得成本，从而造成在公允价值变动的情况下，对以公允价值计量的金融资产账面价值与计税基础之间的差异。

例如，企业支付 800 万元取得一项交易性金融资产，当期期末市价为 850 万元。（假设企业适用的所得税税率为 25%）

交易性金融资产账面价值 = 850 万元

交易性金融资产计税基础 = 800 万元（税法，实现时再确认）

交易性金融资产账面价值 > 计税基础，产生应纳税暂时性差异 = 850 – 800 = 50（万元）；递延所得税负债 = 50 × 25% = 12.5（万元）。

（2）可供出售金融资产

例如，企业可供出售金融资产成本为 1 000 万元，资产负债表日市价为 1 050 万元。

资产负债表日可供出售金融资产的账面价值 = 1 050 万元。

资产负债表日可供出售金融资产的计税基础 = 1 000 万元。

可供出售金融资产账面价值 > 计税基础，产生应纳税暂时性差异 = 1 050 – 1 000 = 50（万元）；递延所得税负债 = 50 × 25% = 12.5（万元）。

💡〔注释〕

可供出售金融资产公允价值变动 50 万元计入所有者权益，即"资本公积"（见《企业会计准则第 22 号——金融工具确认和计量》第三十八条第 2 项）。因此，可供出售金融资产公允价值变动产生的递延所得税资产或递延所得税负债不包括在当期递延所得税费用中。

（3）固定资产

以各种方式取得的固定资产，初始确认时按照会计准则规定确定的入账价值基本上是被税法认可的，即取得时其账面价值一般等于计税基础。

固定资产在持有期间进行后续计量时，会计准则规定按照"成本——累计折旧——固定资产减值准备"进行计量，税收是按照"成本——按照税法规定已在以前期间税前扣除的折旧额"进行计量。由于会计与税收处理规定的不同，固定资产的账面价值与计税基础的差异主要产生于折旧方法、折旧年限的不同以及固定资产减值准备的提取。

①折旧方法、折旧年限的差异。会计准则规定，企业应当根据与固定资产有关的经济利益的预期实现方式合理选择折旧方法，如可以按直线法计提折旧，也可以按双

倍余额递减法、年数总和法等计提折旧，前提是有关的方法能够反映固定资产为企业带来经济利益的消耗情况。税法一般会规定固定资产的折旧方法，除某些按照规定可以加速折旧的情况外，基本上可以税前扣除的是按照直线法计提的折旧。

另外税法还就每一类固定资产的折旧年限作出了规定，而会计处理时按照准则规定折旧年限是由企业根据固定资产的性质和使用情况合理确定的。会计处理时确定的折旧年限与税法规定不同，也会产生固定资产持有期间账面价值与计税基础的差异。

②因计提固定资产减值准备产生的差异。持有固定资产的期间内，在对固定资产计提了减值准备以后，因税法规定按照会计准则规定计提的资产减值准备在资产发生实质性损失前不允许税前扣除，也会造成固定资产的账面价值与计税基础的差异。

固定资产账面价值 = 实际成本 - 累计折旧 - 减值准备

固定资产计税基础 = 实际成本 - 累计折旧

例如，企业某机械设备，原价为 1 000 万元，使用年限 10 年，会计处理时按年限平均法计提折旧，税收处理允许加速折旧，企业计税时对该项资产按双倍余额递减法，净残值为 0，使用了 2 年之后，会计期末，企业对该项固定资产计提了 80 万元的减值准备。

账面价值 = 1 000 - 200 - 80 = 720（万元）

计税基础 = 1 000 - 360 = 640（万元）

该固定资产账面价值 > 计税基础，产生应纳税暂时性差异 = 720 - 640 = 80（万元）；递延所得税负债 = 80 × 25% = 20（万元）。

（4）无形资产

除内部研究开发形成的无形资产以外，以其他方式取得的无形资产，初始确认时按照会计准则规定确定的入账价值与按照税法规定确定的成本之间一般不存在差异。无形资产的账面价值与计税基础之间的差异主要产生于内部研究开发形成的无形资产以及使用寿命不确定的无形资产。

①对于内部研究开发形成的无形资产，会计准则规定有关内部研究开发活动区分两个阶段，研究阶段的支出应当费用化计入当期损益，开发阶段符合资本化条件以后至达到预定用途前发生的支出应当资本化作为无形资产的成本。对于研究开发费用的税前扣除，税法中规定企业为开发新技术、新产品、新工艺发生的研究开发费用，未形成无形资产计入当期损益的，在按照规定据实扣除的基础上，按照研究开发费用的50%加计扣除；形成无形资产的，按照无形资产成本的150%计算每期摊销额。如该无形资产的确认不是产生于企业合并交易，同时在确认时既不影响会计利润也不影响应纳税所得额，则按照所得税准则的规定，不确认有关暂时性差异的所得税影响。

②无形资产在后续计量时，会计与税收的差异主要产生于对无形资产是否需要摊销及无形资产减值准备的提取。

会计准则规定，无形资产在取得以后，应根据其使用寿命情况，区分为使用寿命有限的无形资产与使用寿命不确定的无形资产。对于使用寿命不确定的无形资产，不要求摊销，但持有期间每年应进行减值测试。税法规定，企业取得的无形资产成本，应在一定期限内摊销。即税法中没有界定使用寿命不确定的无形资产，所有的无形资产成本均应在一定期间内摊销。

对于使用寿命不确定的无形资产，会计处理时不予摊销，但计税时其按照税法规定确定的摊销额允许税前扣除，造成该类无形资产的账面价值与计税基础的差异。

在对无形资产计提减值准备的情况下，因税法对按照会计准则规定计提的无形资产减值准备在形成实质性损失前不允许税前扣除，即无形资产的计税基础不会随减值准备的提取发生变化，但其账面价值会因资产减值准备的提取而下降，从而造成无形资产的账面价值与计税基础的差异。

无形资产账面价值 = 实际成本 − 累计摊销 − 减值准备

（使用寿命不确定的，账面价值 = 实际成本 − 减值准备）

无形资产计税基础 = 实际成本 − 累计摊销

【例1】甲公司当期发生研究开发支出计1 500万元，其中，研究阶段支出200万元，开发阶段符合资本化条件前发生的支出为300万元，符合资本化条件后至达到预定用途前发生的支出为1 000万元。税法规定，研究开发支出未形成无形资产计入当期损益的，按照研究开发费用的50%加计扣除；形成无形资产的，按照无形资产成本的150%摊销。假定开发形成的无形资产在当期期末已达到预定用途（尚未开始摊销）。

甲公司当期发生的研究开发支出中，按照会计准则规定应予费用化的金额为500万元，形成无形资产的成本为1 000万元，即期末所形成无形资产的账面价值为1 000万元。

甲公司当期发生的1 500万元研究开发支出，按照税法规定可在当期税前扣除的金额为750万元。所形成无形资产在未来期间可予税前扣除的金额为1 500万元，其计税基础为1 500万元，形成暂时性差异500万元。

该内部开发形成无形资产的账面价值与其计税基础之间产生的500万元暂时性差异系资产初始确认时产生，确认该资产时既不影响会计利润也不影响应纳税所得额，按照准则规定，不确认该暂时性差异的所得税影响。

【例2】公司2007年1月1日以150万元购入某专利权，因使用寿命无法合理估计，会计上视为使用寿命不确定的无形资产，不予摊销，但税法规定按不短于10年期限摊销。则2007年12月31日该无形资产：

账面价值 = 150万元

计税基础 = 135万元

该无形资产账面价值 > 计税基础，产生应纳税暂时性差异 = 150 − 135 = 15（万元）；递延所得税负债 = 15 × 25% = 3.75（万元）。

【例3】企业当期发生研发支出1 000万元，其中资本化形成无形资产为600万元。

无形资产成本 = 600万元

无形资产计税基础 = 0

该无形资产账面价值＞计税基础，产生应纳税暂时性差异＝600－0＝600（万元）；递延所得税负债＝600×25%＝150（万元）。

（5）应收账款

会计：账面价值为扣除坏账准备后的金额。

税收：计税基础为扣除按照税法规定允许税前抵扣的坏账后的金额。

例如，公司2007年年末应收账款账面余额为1 500万元，计提了坏账准备450万元。按照税法规定允许税前抵扣的坏账损失为90万元。

应收账款的账面价值＝1 500－450＝1 050（万元）

应收账款的计税基础＝1 500－90＝1 410（万元）

可抵扣暂时性差异＝1 050－1 410＝360（万元）

递延所得税资产＝360×25%＝90（万元）

（6）应收股利

会计：被投资单位宣告分派时确认。

税收：被投资单位董事会等类似机构作出利润分配方案时确认，但是否征税，视投资企业适用所得税税率是否高于被投资单位。

例如，公司持有的某项投资，被投资单位宣告分派现金股利，公司按持股比例计算可分得100万元。该投资企业与被投资单位适用的所得税税率均为25%，则该项应收股利的账面价值为100万元；其计税基础为可从未来期间经济利益中抵扣的金额100万元，由于双方适用所得税税率相同，该部分股利性收入是免税的，其计税基础等同于账面价值。

（7）投资性房地产

①采用成本模式计量的投资性房地产

采用成本模式进行后续计量的投资性房地产，其产生的暂时性差异与固定资产、无形资产一样。

例如，公司一项用于出租的房屋，取得成本为1 000万元，资产负债表日按照成本模式进行计量。公司会计处理按照双倍余额递减法计提折旧，税法规定按直线法计提折旧，使用年限为10年，净残值为0。

则计提了一年的折旧后：

投资性房地产的账面价值＝1 000－200＝800（万元）

投资性房地产的计税基础＝1 000－100＝900（万元）

投资性房地产的账面价值＜计税基础，产生可抵扣暂时性差异＝800－900＝100（万元）

递延所得税资产＝100×25%＝25（万元）

②采用公允价值模式计量的投资性房地产

会计：账面价值为公允价值，公允价值变动计入损益。

税收：以取得时的成本为基础，分期计提折旧或摊销。

例如，公司2007年1月1日取得某块土地，实际支付的土地出让金为3 000万元，公司取得该土地使用权以后将其作为投资性房地产核算，并在资产负债表日按照公允价值进行计量。土地使用权的使用年限为 50 年。2007 年 12 月 31 日该土地使用权的公允价值为 4 000 万元。

投资性房地产的账面价值 = 4 000（万元）

投资性房地产的计税基础 = 3 000 - 60 = 2 940（万元）

投资性房地产的账面价值 > 计税基础，产生应纳税暂时性差异 = 4 000 - 2 940 = 1 060（万元）

递延所得税负债 = 1 060 × 25% = 265（万元）

（8）长期股权投资

企业持有的长期股权投资，按照会计准则规定应区别对被投资单位的影响程度及是否存在活跃市场、公允价值能否可靠取得等分别采用成本法及权益法进行核算。

税法中对于投资资产的处理，要求按规定确定其成本后，在转让或处置投资资产时，其成本准予扣除。因此，税法中对于长期股权投资并没有权益法的概念。长期股权投资取得以后，如果按照会计准则规定采用权益法核算，则一般情况下在持有过程中随着应享有被投资单位净资产份额的变化，其账面价值与计税基础会产生差异，该差异主要源于以下三种情况：

①初始投资成本的调整。采用权益法核算的长期股权投资，取得时应比较其初始投资成本与按照持股比例计算应享有被投资单位可辨认净资产公允价值的份额，在初始投资成本小于按照持股比例计算应享有被投资单位可辨认净资产公允价值份额的情况下，应当调整长期股权投资的账面价值，同时确认为当期损益。因该种情况下在确定了长期股权投资的初始投资成本以后，按照税法规定并不要求对其成本进行调整，计税基础维持原取得成本不变，其账面价值与计税基础会产生差异。

②投资损益的确认。对于采用权益法核算的长期股权投资，持有投资期间在被投资单位实现净利润或发生净损失时，投资企业按照持股比例计算应享有的部分，一方面应调整长期股权投资的账面价值，同时确认为各期损益。在长期股权投资的账面价值因确认投资损益变化的同时，其计税基础并不会随之发生变化。按照税法规定，居民企业直接投资于其他居民企业取得的投资收益免税，即作为投资企业，其在未来期间自被投资单位分得有关现金股利或利润时，该部分现金股利或利润免税，在持续持有的情况下，该部分差额对未来期间不会产生计税影响。

③应享有被投资单位其他权益的变化。采用权益法核算的长期股权投资，除确认应享有被投资单位的净损益外，对于应享有被投资单位的其他权益变化，也应调整长期股权投资的账面价值，但其计税基础不会发生变化。

例如，某公司于 2008 年 1 月 1 日以 8 000 万元投资东风公司普通股，占东风公司普通股的 30%，并对东风公司有重大影响但不能控制东风公司。该企业按权益法核算对东风公司的投资。投资时东风公司所有者权益总额为 20 000 万元。假定东风公司的可辨认净资产的公允价值为 25 000 万元。东方公司 2008 年实现净利润为 5 000 万元，未发生影响权益变动的其他交易或事项。

借：长期股权投资—成本　　　　　　　　　　　　　　40 000 000
　　贷：银行存款　　　　　　　　　　　　　　　　　　　　　40 000 000

因该项长期股权投资的初始投资成本（8 000 万元）大于按照持股比例计算应享有东风公司可辨认净资产公允价值的份额（7 500 万元），其初始投资成本无须调整。

该项长期股权投资的计税基础确定如下：

①取得时成本为 8 000 万元；

②期末因税法中没有权益法的概念，对于应享有被投资单位的净损益不影响长期股权投资的计税基础，其于 2008 年 12 月 31 日的计税基础仍为 8 000 万元。

（9）账面价值与计税基础可能存在差异的资产

资产负债表日账面价值与计税基础可能存在差异的资产主要有：

①交易性金融资产；

②以公允价值计量的投资性房地产；

③固定资产；

④无形资产；

⑤可供出售金融资产；

⑥持有至到期投资；

⑦长期股权投资（权益法，未实现的利润）；

⑧其他计提减值准备的资产（如应收账款、存货、工程物资、在建工程等资产）。

3. 负债的计税基础

负债的计税基础是指负债的账面价值减去未来期间计算应纳税所得额时按照税法规定可予抵扣的金额。即：

负债的计税基础 = 账面价值 − 未来可税前列支的金额

负债的确认与偿还一般不会影响企业的损益，也不会影响其应纳税所得额，未来期间计算应纳税所得额时按照税法规定可予抵扣的金额为 0，计税基础即为账面价值。例如企业的短期借款、应付账款等。但是，某些情况下，负债的确认可能会影响企业的损益，进而影响不同期间的应纳税所得额，使得其计税基础与账面价值之间产生差额，如按照会计规定确认的某些预计负债。

（1）预计负债

按照或有事项准则规定，企业对于预计提供售后服务将发生的支出在满足有关确认条件时，销售当期即应确认为费用，同时确认预计负债。税法规定，与销售产品相关的支出应于发生时税前扣除。因该类事项产生的预计负债在期末的计税基础为其账面价值与未来期间可税前扣除的金额之间的差额，因有关的支出实际发生时可全部税前扣除，其计税基础为 0。

因其他事项确认的预计负债，应按照税法规定的计税原则确定其计税基础。某些情况下，因有些事项确认的预计负债，税法规定其支出无论是否实际发生均不允许税前扣除，即未来期间按照税法规定可予抵扣的金额为 0，账面价值等于计税基础。

【例1】企业因销售商品提供售后服务等原因于当期确认了 100 万元的预计负债。

按照税法规定，有关产品售后服务等与取得经营收入直接相关的费用于实际发生时允许税前列支。假定企业在确认预计负债的当期未发生售后服务费用。

预计负债账面价值 = 100 万元；

预计负债计税基础 = 账面价值 100 万元 – 可从未来经济利益中扣除的金额 100 万元 = 0。

预计负债账面价值 > 计税基础，产生可抵扣暂时性差异 = 100 – 0 = 100（万元）；递延所得税资产 = 100 × 25% = 25（万元）。

【例2】假设企业因债务担保确认了预计负债 1 000 万元，但担保发生在关联方之间，担保方并未就该项担保收取与相应责任相关的费用。

会计：按照或有事项准则的规定，确认预计负债 1 000 万元。

税法：与该预计负债相关的费用不允许税前扣除。

预计负债账面价值 = 1 000 万元。

预计负债计税基础 = 账面价值 1 000 万元 – 可从未来经济利益中扣除的金额 0 = 1 000 万元。

预计负债账面价值 = 计税基础，因此不存在暂时性差异。

（2）预收账款

企业在收到客户预付的款项时，因不符合收入确认条件，会计上将其确认为负债，税法中对于收入的确认原则一般与会计规定相同，即会计上未确认收入时，计税时一般亦不计入应纳税所得额，该部分经济利益在未来期间计税时可予税前扣除的金额为 0，计税基础等于账面价值。

某些情况下，因不符合会计准则规定的收入确认条件，未确认为收入的预收款项，按照税法规定应计入当期应纳税所得额时，有关预收账款的计税基础为 0，即因其产生时已经计算缴纳所得税，未来期间可全额税前扣除。

例如，公司于 2007 年 10 月 18 日收到一笔合同预付款，金额为 500 万元，因不符合收入确认条件，将其作为预收账款核算。假定按照适用税法规定，该款项应计入取得当期应纳税所得额计算缴纳所得税。

该预收账款的账面价值为 500 万元。

因假定按照税法规定，该项预收款应计入取得当期的应纳税所得额计算缴纳所得税，与该项负债相关的经济利益已在取得当期计算缴纳所得税，未来期间按照会计准则规定应确认收入时，不再计入应纳税所得额，即其于未来期间计算应纳税所得额时可予税前扣除的金额为 500 万元。

计税基础 = 账面价值 500 万元 – 未来期间计算应纳税所得额时按照税法规定可予抵扣的金额 500 万元 = 0。

预收账款账面价值 > 计税基础，产生可抵扣暂时性差异 = 500 – 0 = 500（万元）；递延所得税资产 = 500 × 25% = 125（万元）。

（3）应付职工薪酬

会计准则规定，企业为获得职工提供的服务给予的各种形式的报酬以及其他相关支出均应作为企业的成本费用，在未支付之前确认为负债。税法中对于合理的职工薪酬基本允许税前扣除，但税法中如果规定了税前扣除标准的，按照会计准则规定计入成本费用的金额超过规定标准部分，应进行纳税调整。因超过部分在发生当期不允许税前扣除，在以后期间也不允许税前扣除，即该部分差额对未来期间计税不产生影响，所产生应付职工薪酬负债的账面价值等于计税基础。

例如，某公司 2008 年计入成本费用的职工工资总额为 2 600 万元，至 2008 年 12 月 31 日尚未支付，体现为资产负债表中的应付职工薪酬负债。假定按照适用税法规定，当期计入成本费用的 2 600 万元工资支出中，可予税前扣除的合理部分为 2 000 万元。

会计准则规定，企业为获得职工提供的服务给予的各种形式的报酬以及其他相关支出均应作为成本费用，在未支付之前确认为负债。该项应付职工薪酬负债的账面价值为 2 600 万元。

企业实际发生的工资支出 2 600 万元与允许税前扣除的金额 2 000 万元之间所产生的 600 万元差额在发生当期即应进行纳税调整，并且在以后期间不能再税前扣除，该项应付职工薪酬负债的计税基础 = 账面价值 2 600 万元 – 未来期间计算应纳税所得额时按照税法规定可予抵扣的金额 0 = 2 600（万元）。

该项负债的账面价值 2 600 万元与其计税基础 2 600 万元相同，不形成暂时性差异。

会计处理：所有与取得职工服务相关的支出均计入成本，同时确认负债。

税法规定：新《企业所得税法》规定企业发生的合理的工资薪金支出可以税前扣除。

例如，某企业当期确认应支付的职工工资及其他薪金性质支出共计 3 000 万元，尚未支付。按照税法规定可以于当期扣除的工资费用为 3 000 万元。

应付职工薪酬账面价值 = 3 000 万元。

应付职工薪酬计税基础 = 账面价值 3 000 万元 – 可从未来应税利益中扣除的金额 0 = 3 000 万元。

应付职工薪酬账面价值 = 计税基础，因此不产生暂时性差异。

（4）其他负债

企业的其他负债项目，如应交的罚款和滞纳金等，在尚未支付之前按照会计规定确认为费用，同时作为负债反映。税法规定，罚款和滞纳金不能税前扣除，即该部分费用无论是在发生当期还是在以后期间均不允许税前扣除，其计税基础为账面价值减去未来期间计税时可予税前扣除的金额 0 之间的差额，即计税基础等于账面价值。

其他交易或事项产生的负债，其计税基础应当按照适用税法的相关规定确定。

（七）特殊交易或事项中产生资产、负债计税基础的确定

除企业在正常生产经营活动过程中取得的资产和负债以外，对于某些特殊交易中产生的资产、负债，其计税基础的确定应遵从税法规定，如企业合并过程中取得资

产、负债计税基础的确定。

《企业会计准则第 20 号——企业合并》中，视参与合并各方在合并前及合并后是否为同一方或相同的多方最终控制，分为同一控制下的企业合并与非同一控制下的企业合并两种类型。对于同一控制下的企业合并，合并中取得的有关资产、负债基本上维持其原账面价值不变，合并中不产生新的资产和负债；对于非同一控制下的企业合并，合并中取得的有关资产、负债应按其在购买日的公允价值计量，企业合并成本大于合并中取得可辨认净资产公允价值的份额部分确认为商誉，企业合并成本小于合并中取得可辨认净资产公允价值的份额部分计入合并当期损益。

对于企业合并的税收处理，通常情况下，被合并企业应视为按公允价值转让、处置全部资产，计算资产的转让所得，依法缴纳所得税。合并企业接受被合并企业的有关资产，计税时可以按经评估确认的价值确定计税成本。另外，在考虑有关企业合并是应税合并还是免税合并时，还需要考虑在合并中涉及的非股权支付额的比例，具体划分标准和条件应遵从税法规定。

由于会计准则与税收法规对企业合并的划分标准不同，处理原则不同，某些情况下，会造成企业合并中取得的有关资产、负债的入账价值与其计税基础的差异。

（八）特殊项目产生的暂时性差异

1. 未作为资产、负债确认的项目产生的暂时性差异

某些交易或事项发生以后，因为不符合资产、负债的确认条件而未体现为资产负债表中的资产或负债，但按照税法规定能够确定其计税基础的，其账面价值 0 与计税基础之间的差异也构成暂时性差异。如企业发生的符合条件的广告费和业务宣传费支出，除另有规定外，不超过销售收入 15% 的部分准予扣除；超过部分准予向以后纳税年度结转扣除。该类费用在发生时按照会计准则规定即计入当期损益，不形成资产负债表中的资产，但按照税法规定可以确定其计税基础的，两者之间的差异也形成暂时性差异。

例如，甲公司 2008 年发生了 3 500 万元广告费支出，发生时已作为销售费用计入当期损益。税法规定，该类支出不超过当年销售收入 15% 的部分允许当期税前扣除，超过部分允许向以后纳税年度结转税前扣除。甲公司 2008 年实现销售收入 20 000 万元。

该广告费支出因按照会计准则规定在发生时已计入当期损益，不体现为期末资产负债表中的资产，如果将其视为资产，其账面价值为 0。

因按照税法规定，该类支出税前列支有一定的标准限制，根据当期甲公司销售收入 15% 计算，当期可予税前扣除 3 000 万元（20 000×15%），当期未予税前扣除的 500 万元可以向以后纳税年度结转扣除，其计税基础为 500 万元。

该项资产的账面价值 0 与其计税基础 500 万元之间产生了 500 万元的暂时性差异，该暂时性差异在未来期间可减少企业的应纳税所得额，为可抵扣暂时性差异，符合确认条件时，应确认相关的递延所得税资产。

2. 可抵扣亏损及税款抵减产生的暂时性差异

对于按照税法规定可以结转以后年度的未弥补亏损及税款抵减，虽不是因资产、负债的账面价值与计税基础不同产生的，但本质上可抵扣亏损和税款抵减与可抵扣暂时性差异具有同样的作用，均能够减少未来期间的应纳税所得额和应交所得税，视同可抵扣暂时性差异，在符合确认条件的情况下，应确认与其相关的递延所得税资产。

对于按照税法规定可以结转以后年度的未弥补亏损（可抵扣亏损）和税款抵减，应视同可抵扣暂时性差异处理。在预计可利用可弥补亏损或税款抵减的未来期间内很可能取得足够的应纳税所得额时，应当以很可能取得的应纳税所得额为限，确认相应的递延所得税资产，同时减少确认当期的所得税费用。

应予说明的是，可抵扣亏损是指企业按照税法规定计算确定准予用以后年度的应纳税所得弥补的亏损。在确定可抵扣亏损时，一般应以适当方式与税务部门沟通，取得税务部门的认可。与可抵扣亏损和税款抵减相关的递延所得税资产，其确认条件与其他可抵扣暂时性差异产生的递延所得税资产相同，在估计未来期间是否能够产生足够的应纳税所得额用以利用该部分可抵扣亏损或税款抵减时，应考虑以下相关因素的影响：

（1）在可抵扣亏损到期前，企业是否会因以前期间产生的应纳税暂时性差异转回而产生足够的应纳税所得额；

（2）在可抵扣亏损到期前，企业是否可能通过正常的生产经营活动产生足够的应纳税所得额；

（3）可抵扣亏损是否产生于一些在未来期间不可能重复发生的特殊原因；

（4）是否存在其他的证据表明在可抵扣亏损到期前能够取得足够的应纳税所得额。

企业在确认与可抵扣亏损和税款抵减相关的递延所得税资产时，应当在会计报表附注中说明在可抵扣亏损和税款抵减到期前，企业能够产生足够的应纳税所得额的估计基础。

例如，企业2006年因政策性原因发生经营亏损2 000万元，按照税法规定，该亏损可用于抵减以后5个年度的应纳税所得额。该公司预计其于未来5年期间能够产生足够的应纳税所得额利用该经营亏损。

该经营亏损虽不是因比较资产、负债的账面价值与其计税基础产生的，但从其性质上来看可以减少未来期间的应纳税所得额和应交所得税，视同可抵扣暂时性差异。在企业预计未来期间能够产生足够的应纳税所得额利用该可抵扣亏损时，应确认相关的递延所得税资产。

3. 对与子公司、联营企业及合营企业投资相关的暂时性差异

（1）与子公司、联营企业、合营企业投资等相关的应纳税暂时性差异，一般应确认相关的递延所得税负债，但同时满足以下两个条件的除外：一是投资企业能够控制暂时性差异转回的时间；二是该暂时性差异在可预见的未来很可能不会转回。满足上述条件时，投资企业可以运用自身的影响力决定暂时性差异的转回，如果不希望其转回，则在可预见的未来该项暂时性差异即不会转回，从而对未来期间不会产生所得税影响，无须确认相应的递延所得税负债。

　　企业在运用上述条件不确认与联营企业、合营企业等投资相关的递延所得税负债时，应有明确的证据表明其能够控制有关暂时性差异转回的时间。一般情况下，企业对联营企业的生产经营决策仅能够实施重大影响，并不能够主导被投资单位包括利润分配政策在内的主要生产经营决策的制定。满足所得税准则规定的能够控制暂时性差异转回时间的条件一般是通过与其他投资者签订协议等，达到能够控制被投资单位利润分配政策等情况下。

　　对于采用权益法核算的长期股权投资，其账面价值与计税基础产生的有关暂时性差异是否应确认相关的所得税影响，应当考虑该项投资的持有意图。

　　（1）如果企业拟长期持有该项投资，则因初始投资成本的调整产生的暂时性差异预计未来期间不会转回，对未来期间没有所得税影响；因确认投资损益产生的暂时性差异，如果在未来期间逐期分回现金股利或利润时免税，也不存在对未来期间的所得税影响；因确认应享有被投资单位其他权益变动而产生的暂时性差异，在长期持有的情况下预计未来期间也不会转回。因此，在准备长期持有的情况下，对于采用权益法核算的长期股权投资账面价值与计税基础之间的差异一般不确认相关的所得税影响。

　　（2）对于采用权益法核算的长期股权投资，如果投资企业改变持有意图拟对外出售的情况下，按照税法规定，企业在转让或者处置投资资产时，投资资产的成本准予扣除。在持有意图由长期持有转变为拟近期出售的情况下，因长期股权投资的账面价值与计税基础不同产生的有关暂时性差异，均应确认相关的所得税影响。

　　例如，公司持有东方科技公司30%的股权，因能够参与东方科技公司的生产经营决策，对该项投资采用权益法核算。购入投资时，实际支付价款3 000万元，取得投资当年年末，东方科技公司实现净利润850万元，假定不考虑相关的调整因素，公司按其持股比例计算应享有255万元。公司适用的所得税税率为25%，东方科技公司适用的所得税税率为15%。东方科技公司在会计期末未制定任何利润分配方案，除该事项外，不存在其他会计与税收的差异。递延所得税资产及负债均不存在期初余额。

　　①按照权益法的核算原则，取得投资当年年末，公司长期股权投资账面价值增加255万元，确认投资收益255万元。税法规定长期股权投资的计税基础在持有期间不变，产生应纳税暂时性差异255万元。公司应按适用税率的差额确认相应的递延所得税负债30万元〔850÷（1－15%）×30%×（25%－15%）〕。

　　借：所得税费用　　　　　　　　　　　　　　　　　　　300 000
　　　　贷：递延所得税负债　　　　　　　　　　　　　　　　　300 000

　　②如果公司取得东方科技公司股权的目的并非为从东方科技公司分得利润，而是希望从东方科技公司持续得到原材料供应，同时与其他投资者签订协议，在被投资单位制订利润分配方案时作相同的意思表示，控制被投资单位利润分配的时间，从各方

的协议情况看，不希望被投资单位在可预见的未来进行利润分配。因符合不确认递延所得税负债的条件，对该部分255万元的应纳税暂时性差异不确认相关的递延所得税负债。

（2）对与子公司、联营企业、合营企业的投资相关的可抵扣暂时性差异，同时满足下列条件的，应当确认相关的递延所得税资产：一是暂时性差异在可预见的未来很可能转回；二是未来很可能获得用来抵扣可抵扣暂时性差异的应纳税所得额。

对联营企业和合营企业等的投资产生的可抵扣暂时性差异，主要产生于权益法下被投资单位发生亏损时，投资企业按照持股比例确认应予承担的部分相应减少长期股权投资的账面价值，但税法规定长期股权投资的成本在持有期间不发生变化，造成长期股权投资的账面价值小于其计税基础，产生可抵扣暂时性差异。可抵扣暂时性差异还产生于对长期股权投资计提减值准备的情况下。

4. 与股份支付相关的当期及递延所得税

与股份支付相关的支出在按照会计准则规定确认为成本费用时，其相关的所得税影响应区别于税法的规定进行处理：如果税法规定与股份支付相关的支出不允许税前扣除，则不形成暂时性差异；如果税法规定与股份支付相关的支出允许税前扣除，在按照会计准则规定确认成本费用的期间内，企业应当根据会计期末取得的信息估计可税前扣除的金额计算确定其计税基础及由此产生的暂时性差异，符合确认条件的情况下应当确认相关的递延所得税。其中预计未来期间可税前扣除的金额超过按照会计准则规定确认的与股份支付相关的成本费用，超过部分的所得税影响应直接计入所有者权益。

（九）不确认递延所得税负债或资产的情况

除所得税准则中明确规定可不确认递延所得税负债的情况以外，企业对于所有的应纳税暂时性差异均应确认相关的递延所得税负债。

基于谨慎性原则，为了充分反映交易或事项发生后对未来期间的计税影响，除特殊情况可不确认相关的递延所得税负债外，企业应尽可能地确认与应纳税暂时性差异相关的递延所得税负债。

1. 不确认递延所得税负债的情况

有些情况下，虽然资产、负债的账面价值与其计税基础不同，产生了应纳税暂时性差异，但出于各方面考虑，所得税准则中规定不确认相应的递延所得税负债，主要包括：

（1）商誉的初始确认。非同一控制下的企业合并中，企业合并成本大于合并中取得的被购买方可辨认净资产公允价值份额的差额，按照会计准则规定应确认为商誉。因会计与税收的划分标准不同，按照税收法规规定作为免税合并的情况下，计税时不认可商誉的价值，即从税法角度，商誉的计税基础为0，两者之间的差额形成应纳税暂时性差异。对于商誉的账面价值与其计税基础不同产生的该应纳税暂时性差异，准则中规定不确认与其相关的递延所得税负债，原因在于：

一是确认该部分暂时性差异产生的递延所得税负债，则意味着购买方在企业合并中获得的可辨认净资产的价值量下降，企业应增加商誉的价值，商誉的账面价值增加以后，可能很快就要计提减值准备，同时其账面价值的增加还会进一步产生应纳税暂时性差异，使得递延所得税负债和商誉价值量的变化不断循环。

二是商誉本身即是企业合并成本在取得的被购买方可辨认资产、负债之间进行分配后的剩余价值，确认递延所得税负债进一步增加其账面价值会影响到会计信息的可靠性。

应予说明的是，按照会计准则规定在非同一控制下企业合并中确认了商誉，并且按照所得税法规的规定该商誉在初始确认时计税基础等于账面价值的，该商誉在后续计量过程中因会计准则规定与税法规定不同产生暂时性差异的，应当确认相关的所得税影响。

（2）除企业合并以外的其他交易或事项中，如果该项交易或事项发生时既不影响会计利润，也不影响应纳税所得额，则所产生的资产、负债的初始确认金额与其计税基础不同，形成应纳税暂时性差异的，交易或事项发生时不确认相应的递延所得税负债。

该规定主要是考虑到由于交易发生时既不影响会计利润，也不影响应纳税所得额，确认递延所得税负债的直接结果是增加有关资产的账面价值或是降低所确认负债的账面价值，使得资产、负债在初始确认时，违背历史成本原则，影响会计信息的可靠性。

该类交易或事项在我国企业实务中并不多见，一般情况下有关资产、负债的初始确认金额均会为税法所认可，不会产生两者之间的差异。

2. 不确认递延所得税资产的情况

某些情况下，如果企业发生的某项交易或事项不属于企业合并，并且交易发生时既不影响会计利润也不影响应纳税所得额，且该项交易中产生的资产、负债的初始确认金额与其计税基础不同，产生可抵扣暂时性差异的，所得税准则中规定在交易或事项发生时不确认相关的递延所得税资产。其原因同该种情况下不确认递延所得税负债相同，如果确认递延所得税资产，则需调整资产、负债的入账价值，对实际成本进行调整将有违会计核算中的历史成本原则，影响会计信息的可靠性。

例如，企业当期以融资租赁方式租入一项固定资产，该项固定资产在租赁日的公允价值为 4 000 万元，最低租赁付款额的现值为 3 920 万元。租赁合同中约定，租赁期内总的付款额为 4 400 万元。假定不考虑在租入资产过程中发生的相关费用。

《租赁》准则中规定，承租人应当将租赁开始日租赁资产的公允价值与最低租赁付款额现值两者中较低者作为租入资产的入账价值，即该企业融资租入固定资产的入账价值应为 3 920 万元。税法规定融资租入资产应当按照租赁合同或协议约定的付款额以及在取得租赁资产过程中支付的有关费用作为其计税成本，即其计税成本应为 4 400 万元。

租入资产的入账价值 3 920 万元与其计税基础 4 400 万元之间的差额，在取得资产时既不影响会计利润，也不影响应纳税所得额，如果确认相应的所得税影响，直接结果是减记资产的初始计量金额，所得税准则中规定该种情况下不确认相应的递延所得税资产。

（十）递延所得税资产的减值

《所得税》准则规定，资产负债表日，企业应当对递延所得税资产的账面价值进行复核。如果未来期间很可能无法取得足够的应纳税所得额用以利用可抵扣暂时性差异带来的经济利益，应当减记递延所得税资产的账面价值。

同其他资产的确认和计量原则相一致，递延所得税资产的账面价值应当代表其为企业带来未来经济利益的能力。企业在确认了递延所得税资产以后，因各方面情况变化，导致按照新的情况估计，在有关可抵扣暂时性差异转回的期间内，无法产生足够的应纳税所得额用以利用可抵扣暂时性差异，使得与递延所得税资产相关的经济利益无法全部实现的，对于预期无法实现的部分，应当减记递延所得税资产的账面价值。除原确认时计入所有者权益的递延所得税资产，其减记金额亦应计入所有者权益外，其他的情况应增加减记当期的所得税费用。

因无法取得足够的应纳税所得额利用可抵扣暂时性差异而减记递延所得税资产账面价值的，继后期间根据新的环境和情况判断能够产生足够的应纳税所得额利用可抵扣暂时性差异，使得递延所得税资产包含的经济利益能够实现的，应相应恢复递延所得税资产的账面价值。

另外，应当说明的是，无论是递延所得税资产还是递延所得税负债的计量，均应考虑资产负债表日企业预期收回资产或清偿负债方式的所得税影响，在计量递延所得税资产和递延所得税负债时，应当采用与收回资产或清偿债务的预期方式相一致的税率和计税基础。

（十一）适用税率发生变化的处理

因适用税收法规的变化，导致企业在某一会计期间适用的所得税税率发生变化的，企业应对已确认的递延所得税资产和递延所得税负债按照新的税率进行重新计量。递延所得税资产和递延所得税负债的金额代表的是有关可抵扣暂时性差异或应纳税暂时性差异于未来期间转回时，导致应交所得税金额的减少或增加的情况。因国家税收法律法规等的变化导致适用税率变化的，必然导致应纳税暂时性差异或可抵扣暂时性差异在未来期间转回时产生应交所得税金额的变化，在适用税率变动的情况下，应对原已确认的递延所得税资产及递延所得税负债的金额进行调整，反映税率变化带来的影响。

除直接计入所有者权益的交易或事项产生的递延所得税资产及递延所得税负债，相关的调整金额应计入所有者权益以外，其他情况下产生的递延所得税资产及递延所得税负债的调整金额应确认为变化当期的所得税费用（或收益）。

（十二）所得税费用的确认与计量

企业核算所得税，主要是为确定当期应交所得税以及利润表中应确认的所得税费用。按照资产负债表债务法核算所得税费用的情况下，利润表中的所得税费用或收益由当期所得税和递延所得税两个部分组成。

所得税费用计算有关公式：

所得税费用（或收益）＝当期所得税＋递延所得税费用－（递延所得税收益）

当期所得税＝应纳税所得额×适用税率

递延所得税费用＝当期递延所得税负债的增加－（减少）－当期所得税资产的增加＋（减少）

适用税率发生变化的，应对已确认的递延所得税资产和递延所得税负债进行重新计量，除直接在所有者权益中确认的交易或者事项产生的递延所得税资产和递延所得税负债以外，应当将其影响数计入变化当期的所得税费用。

注意：并不是所得的递延所得税资产或递延所得税负债都包括在递延所得税费用中并作为所得税费用的一部分。

（1）一般情况下递延所得税资产或递延所得税负债包括在递延所得税费用中并计入企业当期所得税费用。

（2）非同一控制下的企业合并，子公司由于资产、负债公允价值与账面价值差额而产生的递延所得税资产与递延所得税负债，调整"商誉"，因此母公司不能将因企业合并产生的递延所得税资产与递延所得税负债，作为母公司递延所得税费用的一部分。

（3）确认时直接计入权益的交易或事项（如可供出售金融资产公允价值变动，产生递延所得税资产或递延所得税负债，但它产生的递延所得税资产或负债计入所有者权益，不确认为递延所得税费用。借记"递延所得税资产"科目，贷记"资本公积——其他资本公积"科目）。

（十三）所得税的列报

企业对所得税的核算结果，除利润表中列示的所得税费用以外，在资产负债表中形成的应交税费（应交所得税）以及递延所得税资产和递延所得税负债应当遵循准则规定进行列报。其中，递延所得税资产和递延所得税负债一般应当分别作为非流动资产和非流动负债在资产负债表中列示，所得税费用应当在利润表中单独列示，同时还应在附注中披露与所得税有关的信息。

1. 同时满足以下条件时，企业应当将当期所得税资产及当期所得税负债以抵销后的净额列示：

①企业拥有以净额结算的法定权利；

②意图以净额结算或取得资产、清偿负债同时进行。

对于当期所得税资产及当期所得税负债以净额列示是指，当企业实际交纳的所得税税款大于按照税法规定计算的应交税时，超过部分在资产负债表中应当列示为

"其他流动资产"；当企业实际交纳的所得税税款小于按照税法规定确定的应交税时，差额部分应当作为资产负债表中的"应交税费"项目列示。

2. 同时满足以下条件时，企业应当将递延所得税资产及递延所得税负债以抵销后的净额列示：

①企业拥有以净额结算当期所得税资产及当期所得税负债的法定权利；

②递延所得税资产及递延所得税负债是与同一税收征管部门对同一纳税主体征收的所得税相关或者是对不同的纳税主体相关，但在未来每一具有重要性的递延所得税资产及负债转回的期间内，涉及的纳税主体意图以净额结算当期所得税资产和负债或是同时取得资产、清偿负债。

一般情况下，在个别财务报表中，当期所得税资产与负债及递延所得税资产及递延所得税负债可以以抵销后的净额列示。在合并财务报表中，纳入合并范围的企业中，一方的当期所得税资产或递延所得税资产与另一方的当期所得税负债或递延所得税负债一般不能予以抵销，除非所涉及的企业具有以净额结算的法定权利并且意图以净额结算。

三、所得税费用核算举例

（一）递延所得税资产的主要账务处理

1. 资产负债表日，企业确认的递延所得税资产，借记"递延所得税资产"科目，贷记"所得税费用——递延所得税费用"科目。资产负债表日递延所得税资产的应有余额大于其账面余额的，应按其差额确认，借记"递延所得税资产"科目，贷记"所得税费用——递延所得税费用"等科目；资产负债表日递延所得税资产的应有余额小于其账面余额的差额做相反的会计分录。

企业合并中取得资产、负债的入账价值与其计税基础不同形成可抵扣暂时性差异的，应于购买日确认递延所得税资产，借记"递延所得税资产"科目，贷记"商誉"等科目。

与直接计入所有者权益的交易或事项相关的递延所得税资产，借记"递延所得税资产"科目，贷记"资本公积——其他资本公积"科目。

2. 资产负债表日，预计未来期间很可能无法获得足够的应纳税所得额用以抵扣可抵扣暂时性差异的，按原已确认的递延所得税资产中应减记的金额，借记"所得税费用——递延所得税费用"、"资本公积——其他资本公积"等科目，贷记"递延所得税资产"科目。

（二）递延所得税负债的主要账务处理

资产负债表日，企业确认的递延所得税负债，借记"所得税费用——递延所得税费用"科目，贷记"递延所得税负债"科目。资产负债表日递延所得税负债的应有余额大于其账面余额的，应按其差额确认，借记"所得税费用——递延所得税费用"科目，贷记"递延所得税负债"科目；资产负债表日递延所得税负债的应有余额小于其账面余额的做相反的会计分录。

与直接计入所有者权益的交易或事项相关的递延所得税负债，借记"资本公积——其他资本公积"科目，贷记"递延所得税负债"科目。

企业合并中取得资产、负债的入账价值与其计税基础不同形成应纳税暂时性差异的，应于购买日确认递延所得税负债，同时调整商誉，借记"商誉"等科目，贷记"递延所得税负债"科目。

1. 递延所得税适用税率的确定

例如，某公司按照税法规定享有如下税收优惠政策，自首个获利年度起的两年内全额免除所得税，而此后的 3 年内所得税按 15% 征收。税收优惠期满，企业正常税率为 25%。

2007 年 1 月 1 日，该企业购入一项成本为 120 000 元的设备，以直线法对该设备进行折旧，会计上的折旧年限为 6 年，而税法规定的折旧年限为 3 年。2007 年为该企业首个获利年度。

由于会计折旧和税法折旧不同而产生的暂时性差异将于 2010 年、2011 年和 2012 年间转回，具体情况如表 9 - 12 所示。

表 9 - 12

年份	账面价值	计税基础	暂时性差异	暂时性差异的转回	税率（%）	递延所得税负债
2007	100 000	80 000	20 000	N/A	0	3 000（20 000 × 15%）
2008	80 000	40 000	40 000	N/A	0	6 000（40 000 × 15%）
2009	60 000	0	60 000	N/A	15	11 000（40 000 × 15%）+（20 000 × 25%）
2010	40 000	0	40 000	2 000	15	8 000（20 000 × 15%）+（20 000 × 25%）
2011	20 000	0	20 000	2 000	15	5 000（20 000 × 25%）
2012	0	0	—	2 000	25	—

表 9 - 12 表明，税率不同时，需要对暂时性差异转回时所适用的税率进行估计。上例中，可预见 2007 年产生的暂时性差异将于 2010 年转回，因此计算递延所得税负债时适用的税率为 15% 而非 0。同样，2008 年和 2009 年产生的暂时性差异将于 2011 年和 2012 年转回，因此 2008 年和 2009 年产生的暂时性差异的适用税率分别为 15% 和 25%。

2. 非同一控制下企业合并购买日公允价值调整产生的递延所得税

例如，某公司 2007 年 9 月 1 日以银行存款 10 000 000 元购买了非同一控制下的新兴公司 100% 的股权，购买日新兴公司的所有者权益分别为：股本 2 000 000 元；资本公积 1 500 000 元；盈余公积 1 500 000 元；未分配利润 3 000 000 元。假设，经专门评估机构评估后，新兴公司拥有的一栋账面价值为 5 000 000 元的办公楼公允价值为 5 600 000 元，其他资产与负债的公允价值与其账面价值相等，因此，新兴公司可辨认净资产的公允价值为 8 600 000 元。该公司适用的税率为 25%。

根据上述资料分析如下：

（1）计算购买日公允价值调整产生的递延所得税

项目	账面价值	公允价值	计税基础	暂时性差异	税率（%）	递延所得税负债
办公楼	5 000 000	5 600 000	5 000 000	600 000	25	150 000

（2）计算购买日产生的商誉

商誉 = 合并成本 - 被购买单位可辨认净资产公允价值的份额 = 10 000 000 - 8 600 000 = 1 400 000（元）。

（3）确认长期股权投资的初始投资成本

借：长期股权投资　　　　　　　　　　　　　　　10 000 000
　　贷：银行存款　　　　　　　　　　　　　　　　　10 000 000

（4）购买日的抵销处理

借：固定资产——办公楼　　　　　　　　　　　　600 000
　　股本　　　　　　　　　　　　　　　　　　　2 000 000
　　资本公积　　　　　　　　　　　　　　　　　1 500 000
　　盈余公积　　　　　　　　　　　　　　　　　1 500 000
　　未分配利润　　　　　　　　　　　　　　　　3 000 000
　　商誉　　　　　　　　　　　　　　　　　　　1 550 000
　　贷：长期股权投资　　　　　　　　　　　　　　　10 000 000
　　　　递延所得税负债　　　　　　　　　　　　　　　150 000

〔注释〕

购买日在合并资产负债表中列示的商誉 = 1 400 000 + 150 000 = 1 550 000（元）。

3. 可抵扣亏损的递延所得税资产

例如，企业在 2007 年至 2010 年之间每年的应纳税所得额为 -1 000 万元、300 万元、400 万元、500 万元，企业适用所得税税率为 33%，假设不考虑其他暂时性差异，预计未来期间内能够获得足够的应纳税所得额用以抵扣该可抵扣亏损产生的递延所得税资产。

2007 年账务处理：

借：递延所得税资产   3 300 000

  贷：所得税费用   3 300 000

2008 年账务处理：

借：所得税费用   990 000

  贷：递延所得税资产   990 000

2009 年账务处理：

借：所得税费用   1 320 000

  贷：递延所得税资产   1 320 000

2010 年账务处理：

借：所得税费用   1 650 000

  贷：递延所得税资产   990 000

    应交税费——应交所得税   660 000

4. 其他所得税费用的核算

【例 1】公司 2006 年 12 月 20 日，从新世纪公司购入一台价值 800 000 元不需要安装的设备。该设备预计使用期限为 4 年，会计上采用年限平均法计提折旧，无残值。假定税法规定采用年数总和法计提折旧，也无残值。假定公司每年的利润总额均为 1 000 000 元，且公司无其他纳税调整项目及其他暂时性差异，公司所得税适用税率为 20%。

（1）2007 年 12 月 31 日账务处理：

会计处理：2007 年，会计上计提折旧 200 000 元（800 000 ÷ 4），该设备的账面价值为 600 000 元（800 000 – 200 000）；

税法规定：计提折旧 320 000 元［800 000 × 4 ÷ (1 + 2 + 3 + 4)］，该设备的计税基础为 480 000 元（800 000 – 320 000）。

该设备的账面价值 > 计税基础，因此产生应纳税暂时性差异 = 600 000 – 480 000 = 120 000（元），应确认递延所得税负债 = 120 000 × 20% = 24 000（元）。

2007 年，公司应交所得税 176 000 元 ｛［1 000 000 – (320 000 – 200 000)］× 20%｝。

借：所得税费用   200 000

  贷：应交税费——应交所得税   176 000

    递延所得税负债   24 000

（2）2008 年 12 月 31 日账务处理：

会计处理：计提折旧 200 000 元，该设备的账面价值为 400 000 元（600 000 – 200 000）；

税法规定：计提折旧 240 000 元［800 000 × 3 ÷ (1 + 2 + 3 + 4)］，该设备的计税基础为 240 000 元（480 000 – 240 000）。

该设备的账面价值 > 计税基础，因此产生应纳税暂时性差异 = 400 000 – 240 000

= 160 000（元），应确认递延所得税负债 = 160 000 × 20% = 32 000（元）。2008 年 12 月 31 日，资产负债表上的递延所得税负债余额为 32 000 元（160 000 × 20%），年初余额为 24 000 元，因此，2008 年应确认递延所得税负债 8 000 元（32 000 - 24 000）。

2008 年，公司应交所得税 192 000 元｛[1 000 000 -（240 000 - 200 000）] × 20%｝。

借：所得税费用   200 000

    贷：应交税费——应交所得税   192 000

           递延所得税负债   8 000

（3）2009 年 12 月 31 日账务处理：

会计处理：计提折旧 200 000 元，该设备的账面价值为 200 000 元（400 000 - 200 000）；

税法规定：计提折旧 160 000 元 [800 000 × 2 ÷（1 + 2 + 3 + 4）]，该设备的计税基础为 80 000 元（240 000 - 160 000）。

该设备的账面价值 > 计税基础，因此产生应纳税暂时性差异 = 200 000 - 80 000 = 120 000（元），应确认递延所得税负债 = 120 000 × 20% = 24 000（元）。2009 年 12 月 31 日，资产负债表上的递延所得税负债余额为 24 000 元（120 000 × 20%），年初余额为 32 000 元，应转回递延所得税负债 8 000 元（32 000 - 24 000）。

2009 年，公司应交所得税 208 000 元｛[1 000 000 +（200 000 - 160 000）] × 20%｝。

借：所得税费用   200 000

    递延所得税负债   8 000

      贷：应交税费——应交所得税   208 000

（4）2010 年 12 月 31 日账务处理：

会计处理：计提折旧 200 000 元，设备的账面价值为 0（200 000 - 200 000）；

税法规定：计提折旧 80 000 元 [800 000 × 1 ÷（1 + 2 + 3 + 4）]，设备的计税基础为 0（80 000 - 80 000）。

该设备的账面价值等于计税基础，2010 年 12 月 31 日，资产负债表上的递延所得税负债余额也为 0，年初余额为 24 000 元，应转回递延所得税负债 24 000 元。

2010 年，公司应交所得税 224 000 元｛[1 000 000 +（200 000 - 80 000）] × 20%｝

借：所得税费用   200 000

    递延所得税负债   24 000

      贷：应交税费——应交所得税   224 000

【例 2】假定公司 2007 年 12 月 31 日有关资料如下：

存货的账面价值 1 000 万元，计提的存货跌价准备 100 万元；

确认为无形资产的开发支出 500 万元；

预计负债 200 万元；

资产负债表上其他负债的账面价值与计税基础不存在差异；

资产负债表上递延所得税资产与递延所得税负债无余额；

公司本年度计税利润为 2 000 万元，假设所得税税率为 30%。

计算：

公司应纳所得税额 $= 2\,000 \times 30\% = 600$（万元）

公司递延所得税负债 $= 500 \times 30\% = 150$（万元）

公司递延所得税资产 $= 300 \times 30\% = 90$（万元）

公司递延所得税费用 $= 150 - 90 = 60$（万元）

公司的所得税费用 $= 600 + 60 = 660$（万元）

（1）账务处理

借：所得税费用——当期所得税费用		6 000 000
——递延所得税费用		600 000
递延所得税资产		900 000
贷：应交税费——应交所得税		6 000 000
递延所得税负债		1 500 000

（2）递延所得税资产与递延所得税负债的调整

①若公司的资产负债表上有递延所得税资产年初余额 10 万元。

借：递延所得税资产	800 000
贷：所得税费用——递延所得税费用	800 000

②若公司的资产负债表上有递延所得税负债年初余额 10 万元。

借：所得税费用——递延所得税费用	1 400 000
贷：递延所得税负债	1 400 000

【例3】某企业 2007 年 12 月 31 日资产负债表中部分项目情况如表 9－13 所示。

表 9－13   单位：元

项　目	账面价值	计税基础	暂时性差异	
			应纳税差异	可抵扣差异
交易性金融资产	2 600 000	2 000 000	600 000	
存货	20 000 000	22 000 000		2 000 000
预计负债	1 000 000	0		1 000 000
总计			600 000	3 000 000

假定该企业适用的所得税税率为 33%，2007 年按照税法规定应纳税所得额为 1 000 万元，预计企业会持续盈利，能够获得足够的应纳税所得额。

确认递延所得税资产 $= 300 \times 33\% = 99$（万元）

确认递延所得税负债 $= 60 \times 33\% = 19.8$（万元）

应交所得税 $= 1\,000 \times 33\% = 330$（万元）

2007 年确认所得税费用的会计处理：

借：所得税费用	2 508 000
递延所得税资产	990 000
贷：应交税费——应交所得税	3 300 000
递延所得税负债	198 000

2008 年 12 月 31 日资产负债表中部分项目情况如表 9 - 14 所示。

表 9 - 14　　　　　　　　　　　　　　　　　　　　　　　　　　　　单位：元

项　　　目	账面价值	计税基础	暂时性差异	
			应纳税差异	可抵扣差异
交易性金融资产	2 800 000	3 800 000		1 000 000
存货	26 000 000	26 000 000		
预计负债	600 000	0		600 000
无形资产	2 000 000	0	2 000 000	
总计			2 000 000	1 600 000

分析：

1. 期末应纳税暂时性差异 200 万元

期末递延所得税负债（200 ×33%）	66
期初递延所得税负债	19.8
递延所得税负债增加	46.2

2. 期末可抵扣暂时性差异 160 万元

期末递延所得税资产（160 ×33%）	52.8
期初递延所得税资产	99
递延所得税资产减少	46.2

假定 2008 年按照税法规定应纳税所得额为 2 000 万元，则：

应交所得税 = 2 000 ×33% = 660（万元）

2008 年确认所得税费用的会计处理：

借：所得税费用	7 524 000
贷：应交税费——应交所得税	6 600 000
递延所得税资产	462 000
递延所得税负债	462 000

第八节 外币折算业务核算

一、外币交易核算有关规定

（一）外币交易定义

1. 外币交易，是指以外币计价或者结算的交易。外币是企业记账本位币以外的货币。外币交易包括：

（1）买入或者卖出以外币计价的商品或者劳务；

（2）借入或者借出外币资金；

（3）其他以外币计价或者结算的交易。

2. 下列各项适用其他相关会计准则：

（1）与购建或生产符合资本化条件的资产相关的外币借款产生的汇兑差额，适用《企业会计准则第 17 号——借款费用》。

（2）外币项目的套期，适用《企业会计准则第 24 号——套期保值》。

（3）现金流量表中的外币折算，适用《企业会计准则第 31 号——现金流量表》。

（二）记账本位币的确定

1. 记账本位币，是指企业经营所处的主要经济环境中的货币。

企业通常应选择人民币作为记账本位币。业务收支以人民币以外的货币为主的企业，可以按照本准则第五条规定选定其中一种货币作为记账本位币。但是，编报的财务报表应当折算为人民币。

2. 企业选定记账本位币，应当考虑下列因素：

（1）该货币主要影响商品和劳务的销售价格，通常以该货币进行商品和劳务的计价和结算；

（2）该货币主要影响商品和劳务所需人工、材料和其他费用，通常以该货币进行上述费用的计价和结算；

（3）融资活动获得的货币以及保存从经营活动中收取款项所使用的货币。

3. 企业选定境外经营的记账本位币，还应当考虑下列因素：

（1）境外经营对其所从事的活动是否拥有很强的自主性；

（2）境外经营活动中与企业的交易是否在境外经营活动中占有较大比重；

（3）境外经营活动产生的现金流量是否直接影响企业的现金流量、是否可以随时汇回；

（4）境外经营活动产生的现金流量是否足以偿还其现有债务和可预期的债务。

4. 境外经营，是指企业在境外的子公司、合营企业、联营企业、分支机构。在境内的子公司、合营企业、联营企业、分支机构，采用不同于企业记账本位币的，也视同境外经营。

5. 企业记账本位币一经确定，不得随意变更，除非企业经营所处的主要经济环境发生重大变化。

企业因经营所处的主要经济环境发生重大变化，确须变更记账本位币的，应当采用变更当日的即期汇率将所有项目折算为变更后的记账本位币。

（三）外币交易的会计处理

1. 企业对于发生的外币交易，应当将外币金额折算为记账本位币金额。

2. 外币交易应当在初始确认时，采用交易发生日的即期汇率将外币金额折算为记账本位币金额；也可以采用按照系统合理的方法确定的、与交易发生日即期汇率近似的汇率折算。

   💡〔注释〕

即期汇率，通常是指中国人民银行公布的当日人民币外汇牌价的中间价。企业发生的外币兑换业务或涉及外币兑换的交易事项，应当按照交易实际采用的汇率（即银行买入价或卖出价）折算。

即期汇率的近似汇率，是指按照系统合理的方法确定的、与交易发生日即期汇率近似的汇率，通常采用当期平均汇率或加权平均汇率等。

企业通常应当采用即期汇率进行折算。汇率变动不大的，也可以采用即期汇率的近似汇率进行折算。

3. 企业在资产负债表日，应当按照下列规定对外币货币性项目和外币非货币性项目进行处理：

（1）外币货币性项目，采用资产负债表日即期汇率折算。因资产负债表日即期汇率与初始确认时或者前一资产负债表日即期汇率不同而产生的汇兑差额，计入当期损益。

（2）以历史成本计量的外币非货币性项目，仍采用交易发生日的即期汇率折算，不改变其记账本位币金额。

货币性项目，是指企业持有的货币资金和将以固定或可确定的金额收取的资产或者偿付的负债。

非货币性项目，是指货币性项目以外的项目。

   💡〔注释〕

汇兑差额的处理。

（1）外币货币性项目

货币性项目，是指企业持有的货币资金和将以固定或可确定的金额收取的资产或者偿付的负债。货币性项目分为货币性资产和货币性负债。货币性资产包括库存现金、银行存款、应收账款、其他应收款、长期应收款等；货币性负债包括短期借款、应付账款、其他应付款、长期借款、应付债券、长期应付款等。

对于外币货币性项目，因结算或采用资产负债表日的即期汇率折算而产生的汇兑差额，计入当期损益，同时调增或调减外币货币性项目的记账本位币金额。

（2）外币非货币性项目

非货币性项目，是指货币性项目以外的项目，包括存货、长期股权投资、固定资产、无形资产等。

①以历史成本计量的外币非货币性项目，由于已在交易发生日按当日即期汇率折算，资产负债表日不应改变其原记账本位币金额，不产生汇兑差额。

②以公允价值计量的外币非货币性项目，如交易性金融资产（股票、基金等），采用公允价值确定日的即期汇率折算，折算后的记账本位币金额与原记账本位币金额的差额，作为公允价值变动（含汇率变动）处理，计入当期损益。

（3）外币投入资本

企业收到投资者以外币投入的资本，应当采用交易发生日即期汇率折算，不得采用合同约定汇率和即期汇率的近似汇率折算，外币投入资本与相应的货币性项目的记账本位币金额之间不产生外币资本折算差额。

（4）实质上构成对境外经营净投资的外币货币性项目

企业编制合并财务报表涉及境外经营的，如有实质上构成对境外经营净投资的外币货币性项目，因汇率变动而产生的汇兑差额，应列入所有者权益"外币报表折算差额"项目；处置境外经营时，计入处置当期损益。

（四）外币财务报表的折算

1. 企业对境外经营的财务报表进行折算时，应当遵循下列规定：

（1）资产负债表中的资产和负债项目，采用资产负债表日的即期汇率折算，所有者权益项目除"未分配利润"项目外，其他项目采用发生时的即期汇率折算。

（2）利润表中的收入和费用项目，采用交易发生日的即期汇率折算；也可以采用按照系统合理的方法确定的、与交易发生日即期汇率近似的汇率折算。

按照上述（1）、（2）折算产生的外币财务报表折算差额，在资产负债表中所有者权益项目下单独列示。比较财务报表的折算比照上述规定处理。

2. 企业对处于恶性通货膨胀经济中的境外经营的财务报表，应当按照下列规定进行折算：

对资产负债表项目运用一般物价指数予以重述，对利润表项目运用一般物价指数变动予以重述，再按照最近资产负债表日的即期汇率进行折算。

在境外经营不再处于恶性通货膨胀经济中时，应当停止重述，按照停止之日的价格水平重述的财务报表进行折算。

💡〔注释〕

境外经营处于恶性通货膨胀经济的判断。

恶性通货膨胀经济通常按照以下特征进行判断：

（1）最近3年累计通货膨胀率接近或超过100%；

（2）利率、工资和物价与物价指数挂钩；

（3）公众不是以当地货币而是以相对稳定的外币为单位作为衡量货币金额的

基础；

（4）公众倾向于以非货币性资产或相对稳定的外币来保存自己的财富，持有的当地货币立即用于投资以保持购买力；

（5）即使信用期限很短，赊销、赊购交易仍按补偿信用期预计购买力损失的价格成交。

3. 企业在处置境外经营时，应当将资产负债表中所有者权益项目下列示的、与该境外经营相关的外币财务报表折算差额，自所有者权益项目转入处置当期损益；部分处置境外经营的，应当按处置的比例计算处置部分的外币财务报表折算差额，转入处置当期损益。

4. 企业选定的记账本位币不是人民币的，应当按照本准则第十二条规定将其财务报表折算为人民币财务报表。

（五）外币折算的披露

企业应当在附注中披露与外币折算有关的下列信息：

（1）企业及其境外经营选定的记账本位币及选定的原因，记账本位币发生变更的，说明变更理由。

（2）采用近似汇率的，近似汇率的确定方法。

（3）计入当期损益的汇兑差额。

（4）处置境外经营对外币财务报表折算差额的影响。

二、外币有关业务核算

（一）外币交易的处理

1. 外币交易包括：买入或者卖出以外币计价的商品或者劳务；借入或者借出外币资金；其他以外币计价或者结算的交易。

（1）买入或者卖出以外币计价的商品或者劳务，通常情况下指以外币买卖商品，或者以外币结算劳务合同。这里所说的商品是一个泛指的概念，可以是有实物形态的存货、固定资产等，也可以是无实物形态的无形资产、债权或股权等。企业与银行发生货币兑换业务，包括与银行进行结汇或售汇，也属于外币交易。

（2）借入或者借出外币资金，指企业向银行或非银行金融机构借入以记账本位币以外的货币表示的资金，或者银行或非银行金融机构向人民银行、其他银行或非银行金融机构借贷以记账本位币以外的货币表示的资金，以及发行以外币计价或结算的债券等。

（3）其他以外币计价或者结算的交易，指以记账本位币以外的货币计价或结算的其他交易。例如，接受外币现金捐赠等。

2. 外币交易折算的会计处理主要涉及两个环节：一是在交易日对外币交易进行

初始确认，将外币金额折算为记账本位币金额；二是在资产负债表日对相关项目进行折算，因汇率变动产生的差额计入当期损益。

3. 即期汇率一般指当日中国人民银行公布的人民币汇率的中间价。但是，在企业发生单纯的货币兑换交易或涉及货币兑换的交易时，仅用中间价不能反映货币买卖的损益，需要使用买入价或卖出价折算。

4. 外币货币性项目。

货币性项目，是指企业持有的货币资金和将以固定或可确定的金额收取的资产或者偿付的负债。货币性项目分为货币性资产和货币性负债。货币性资产包括库存现金、银行存款、应收账款、其他应收款、长期应收款等；货币性负债包括短期借款、应付账款、其他应付款、长期借款、应付债券、长期应付款等。

对于外币货币性项目，因结算或采用资产负债表日的即期汇率折算而产生的汇兑差额，计入当期损益，同时调增或调减外币货币性项目的记账本位币金额。

5. 外币非货币性项目。

非货币性项目，是指货币性项目以外的项目，包括存货、长期股权投资、固定资产、无形资产等。

(1) 以历史成本计量的外币非货币性项目，由于已在交易发生日按当日即期汇率折算，资产负债表日不应改变其原记账本位币金额，不产生汇兑差额。

(2) 以公允价值计量的外币非货币性项目，如交易性金融资产（股票、基金等），采用公允价值确定日的即期汇率折算，折算后的记账本位币金额与原记账本位币金额的差额，作为公允价值变动（含汇率变动）处理，计入当期损益。

6. 外币投入资本。

企业收到投资者以外币投入的资本，应当采用交易发生日即期汇率折算，不得采用合同约定汇率和即期汇率的近似汇率折算，外币投入资本与相应的货币性项目的记账本位币金额之间不产生外币资本折算差额。

（二）境外经营财务报表的折算

企业的子公司、合营企业、联营企业和分支机构如果采用与企业相同的记账本位币，即便是设在境外，其财务报表也不存在折算问题。但是，如果企业境外经营的记账本位币不同于企业的记账本位币，在将企业的境外经营通过合并、权益法核算等纳入到企业的财务报表中时，需要将企业境外经营的财务报表折算为以企业记账本位币反映的财务报表。

1. 境外经营财务报表的折算。

在对企业境外经营财务报表进行折算前，应当调整境外经营的会计期间和会计政策，使之与企业会计期间和会计政策相一致，根据调整后会计政策及会计期间编制相应货币（记账本位币以外的货币）的财务报表，再按照以下方法对境外经营财务报表进行折算：

(1) 资产负债表中的资产和负债项目，采用资产负债表日的即期汇率折算，所有者权益项目除"未分配利润"项目外，其他项目采用发生时的即期汇率折算。

（2）利润表中的收入和费用项目，采用交易发生日的即期汇率或即期汇率的近似汇率折算。

（3）产生的外币财务报表折算差额，在编制合并财务报表时，应在合并资产负债表中所有者权益项目下单独作为"外币报表折算差额"项目列示。

比较财务报表的折算比照上述规定处理。

2. 在企业境外经营为其子公司的情况下，企业在编制合并财务报表时，应按少数股东在境外经营所有者权益中所享有的份额计算少数股东应分担的外币报表折算差额，并入少数股东权益列示于合并资产负债表。

母公司含有实质上构成对子公司（境外经营）净投资的外币货币性项目的情况下，在编制合并财务报表时，应分别以下两种情况编制抵销分录：

（1）实质上构成对子公司净投资的外币货币性项目以母公司或子公司的记账本位币反映，则该外币货币性项目产生的汇兑差额应转入"外币报表折算差额"；

（2）实质上构成对子公司净投资的外币货币性项目以母、子公司的记账本位币以外的货币反映，则应将母、子公司此项外币货币性项目产生的汇兑差额相互抵销，差额计入"外币报表折算差额"。

如果合并财务报表中各子公司之间也存在实质上构成对另一子公司（境外经营）净投资的外币货币性项目，在编制合并财务报表时应比照上述原则编制相应的抵销分录。

3. 恶性通货膨胀经济中境外经营财务报表的折算。

（1）恶性通货膨胀经济的判定

当一个国家经济环境显示出（但不局限于）以下特征时，应当判定该国处于恶性通货膨胀经济中：

①三年累计通货膨胀率接近或超过100%；

②利率、工资和物价与物价指数挂钩，物价指数是物价变动趋势和幅度的相对数；

③一般公众不是以当地货币而是以相对稳定的外币为单位作为衡量货币金额的基础；

④一般公众倾向于以非货币性资产或相对稳定的外币来保存自己的财富，持有的当地货币立即用于投资以保持购买力；

⑤即使信用期限很短，赊销、赊购交易仍按补偿信用期预计购买力损失的价格成交。

（2）处于恶性通货膨胀经济中境外经营财务报表的折算

企业对处于恶性通货膨胀经济中的境外经营财务报表进行折算时，需要先对其财务报表进行重述：对资产负债表项目运用一般物价指数予以重述，对利润表项目运用一般物价指数变动予以重述。然后，再按资产负债表日即期汇率进行折算。在境外经营不再处于恶性通货膨胀经济中时，应当停止重述，按照停止之日的价格水平重述的财务报表进行折算。

①资产负债表项目的重述。在对资产负债表项目进行重述时，由于现金、应收账款、其他应收款等货币性项目已经以资产负债表日的计量单位表述，因此不需要进行重述；通过协议与物价变动挂钩的资产和负债，应根据协议约定进行调整；非货币项目中，有些是以资产负债表日的计量单位列示的，如存货已经以可变现净值列示，不需要进行重述。其他非货币性项目，如固定资产、投资、无形资产等，应自购置日起以一般物价指数予以重述。

②利润表项目的重述。在对利润表项目进行重述时，所有项目金额都需要自其初始确认之日起，以一般物价指数变动进行重述，以使利润表的所有项目都以资产负债表日的计量单位表述。由于上述重述而产生的差额计入当期净利润。

对资产负债表和利润表项目进行重述后，再按资产负债表日的即期汇率将资产负债表和利润表折算为记账本位币报表。

4. 境外经营的处置。

企业可能通过出售、清算、返还股东或放弃全部或部分权益等方式处置其在境外经营中的利益。企业应在处置境外经营的当期，将已列入合并财务报表所有者权益的外币报表折算差额中与该境外经营相关部分，自所有者权益项目转入处置当期损益。如果是部分处置境外经营，应当按处置的比例计算处置部分的外币报表折算差额，转入处置当期损益。

（三）外币核算举例

1. 外币兑换

企业从银行买入外币，按规定采用的外币折合率折合为人民币金额，借记"银行存款——外币"科目，按实际支付的人民币金额，贷记"银行存款——人民币"科目，按两者的差额，借记或贷记"财务费用"科目。

企业将持有的外币卖给银行时，应按实际收到的人民币金额，借记"银行存款——人民币"科目，按卖出的外币金额与企业规定采用的折合率折合成的人民币金额，贷记"银行存款——外币"科目，按两者的差额，借记或贷记"财务费用"科目。

【例1】某公司2007年2月5日从银行买入10 000美元准备用于支付进口机械设备款，买入时实际支付的人民币金额81 000元，当日的即期汇率1美元=8.00元人民币。

借：银行存款——外币（10 000美元×8.0）　　　　　　　　80 000
　　财务费用——汇兑损益　　　　　　　　　　　　　　　　1 000
　　贷：银行存款——人民币　　　　　　　　　　　　　　　　　81 000

【例2】某公司2007年3月8日卖给银行3 000美元，实际收入的人民币26 100元，当日的即期汇率（1美元=8.10元人民币）。

借：银行存款——人民币　　　　　　　　　　　　　　　　26 100

　　贷：银行存款——外币（30 000 美元 × 8.10）　　　　　　24 300
　　　　财务费用——汇兑损益　　　　　　　　　　　　　　　 1 800

2. 外币债权债务

　　企业出口产品按合同应收的外币金额，根据企业规定的外币折合率折合的人民币金额，借记"应收账款"科目，按确认的收入，贷记"主营业务收入"科目；按规定计算应缴纳的增值税，贷记"应交税费——应交增值税——销项税额"科目；企业从国外进口产品或设备时，应根据合同的外币金额与规定的外币折合率折合成人民币的金额，借记"在途物资"、"原材料"、"固定资产"等科目，贷记"应付账款"科目。

　　【例1】高科技公司于 2007 年 4 月 8 日出口一批高科技产品给迈克公司，合同成交价 5 000 美元，商品已发出，货款未收到，该产品的增值税税率为 17%，当日美元对人民币的即期汇率为 1 美元 = 8.5 元人民币。

　　借：应收账款　　　　　　　　　　　　　　　　　　　 49 725
　　　　贷：主营业务收入——商品销售收入　（5 000 美元 × 8.5）42 500
　　　　　　应交税费——应交增值税——销项税额　　　　　　 7 225

　　【例2】某公司 2007 年 5 月 8 日从英特公司购入不需安装检修设备一台，合同价款 6 000 美元，海关的完税价格 52 800 元，应缴纳的进口关税 2 640 元，增值税税率为 17%，关税与增值税均以人民币支付，当日美元对人民币的即期汇率为 1 美元 = 8.8 元人民币，购入的设备已交付使用。

　　①应缴纳的增值税 = （52 800 + 2 640）× 17% = 9 424（元）
　　②固定资产的入账价值 = 52 800 + 2 640 + 9 424 = 64 864（元）
　　借：固定资产——生产经营用——制造检修设备　　　　　 64 864
　　　　贷：应付账款（英特公司 6 000 美元 × 8.8）　　　　　 52 800
　　　　　　银行存款　　　　　　　　　　　　　　　　　　 12 064

3. 资产负债表日汇兑损益的计算与处理

　　例如，某公司 2007 年 11 月末有关外币业务的资料如下：
　　（1）银行存款 2 000 美元，人民币账面金额 17 000 元。
　　（2）应收账款（艾伦公司）1 000 美元，人民币账面金额 8 500 元。
　　（3）应付账款（艾伦公司）800 美元，人民币账面金额 6 800 元。
　　（4）长期借款 25 000 美元，人民币账面金额 212 500 元。该美元借款为进口设备进行技术改造的专门借款，该设备尚未改造完成。
　　（5）11 月末美元对人民币的即期汇率为 9 元。
　　该企业月末汇兑损益计算见表 9 - 15。

　　借：银行存款——外币　　　　　　　　　　　　　　　 1 000
　　　　应收账款（外币户）　　　　　　　　　　　　　　　 500
　　　　在建工程——技改工程支出　　　　　　　　　　　 12 500
　　　　贷：应付账款（外币户）　　　　　　　　　　　　　　　 400

表 9-15　　　　　　　　　　　　汇兑损益计算表　　　　　　　　　　单位：元

项　目	原账面人民币金额	按月末市场汇价折合人民币金额	汇兑损益
银行存款——外币	17 000	18 000	（+）1 000
应收账款——外币	8 500	9 000	（+）500
应付账款——外币	6 800	7 200	（-）400
长期借款——外币	212 500	225 000	（-）12 500

　　　　　长期借款——××银行（外币）　　　　　　　　　12 500
　　　　　财务费用——汇兑损益　　　　　　　　　　　　　 1 100

4. 外币报表折算的会计处理

　　例如，公司在美国的境外全资子公司艾伦公司会计报表编报货币为美元。2007年期初汇率为 1 美元 = 8.2 元人民币，期末汇率为 1 美元 = 8.4 元人民币，公司对该子公司投资的历史汇率为 1 美元 = 8.0 元人民币。公司对收入和费用项目采用当期平均汇率 1 美元 = 8.3 元人民币进行折算。艾伦公司有关外币会计报表以及折算后会计报表如表 9-16、表 9-17 所示。

表 9-16　　　　　　　　　　　　　利　润　表
（折算前后）　　　　　　　　　　单位：元

项　目	折算前（美元）	折算汇率	折算后（人民币）
营业收入	30 000 000	8.3	249 000 000
减：营业成本	12 000 000	8.3	99 600 000
财务费用	3 000 000	8.3	24 900 000
管理费用	2 000 000	8.3	16 600 000
销售费用	5 000 000	8.3	41 500 000
营业利润	8 000 000		66 400 000
加：营业外收入	500 000	8.3	4 150 000
减：营业外支出	300 000	8.3	2 490 000
利润总额	8 200 000		68 060 000
减：所得税费用	2 400 000	8.3	19 920 000
净利润	5 800 000		48 140 000
减：利润分配	800 000	8.3	6 640 000
年末未分配利润	5 000 000		41 500 000

表9-17　　　　　　　　　资产负债表

（折算前后）　　　　　　　　　单位：元

资　产	折算前	折算汇率	折算后	负债和所有者权益	折算前	折算汇率	折算后
货币资金	5 000 000	8.4	42 000 000	短期借款	8 500 000	8.4	71 400 000
应收款项	8 000 000	8.4	67 200 000	应付账款	4 000 000	8.4	33 600 000
存货	6 000 000	8.4	50 400 000	流动负债合计	15 000 000	8.4	126 000 000
长期股权投资	10 000 000	8.4	84 000 000	长期负债合计	10 000 000	8.4	84 000 000
固定资产	9 000 000	8.4	75 600 000	实收资本	10 000 000	8.0	80 000 000
无形资产及其他	2 000 000	8.4	16 800 000	未分配利润	5 000 000		41 500 000
				外币财务报表折算差额			4 500 000
合　计	40 000 000		336 000 000	合　计	40 000 000		336 000 000

💡〔注释〕

其中"未分配利润"41 500 000元是从利润表中转入，外币财务报表折算差额4 500 000元是倒挤得出。即：外币财务报表折算差额＝336 000 000－126 000 000－84 000 000－80 000 000－41 500 000＝4 500 000（元）。

第九节　金融工具业务核算

一、金融工具核算有关规定

（一）金融工具的定义及范围

1. 金融工具，是指形成一个企业的金融资产，并形成其他单位的金融负债或权益工具的合同。

2. 衍生工具，是指本准则涉及的、具有下列特征的金融工具或其他合同：

（1）其价值随特定利率、金融工具价格、商品价格、汇率、价格指数、费率指数、信用等级、信用指数或其他类似变量的变动而变动，变量为非金融变量的，该变量与合同的任一方不存在特定关系；

（2）不要求初始净投资，或与对市场情况变化有类似反应的其他类型合同相比，要求很少的初始净投资；

（3）在未来某一日期结算。

衍生工具包括远期合同、期货合同、互换和期权，以及具有远期合同、期货合同、互换和期权中一种或一种以上特征的工具。

3. 下列各项适用其他相关会计准则：

（1）由《企业会计准则第 2 号——长期股权投资》规范的长期股权投资，适用《企业会计准则第 2 号——长期股权投资》。

（2）由《企业会计准则第 11 号——股份支付》规范的股份支付，适用《企业会计准则第 11 号——股份支付》。

（3）债务重组，适用《企业会计准则第 12 号——债务重组》。

（4）因清偿预计负债获得补偿的权利，适用《企业会计准则第 13 号——或有事项》。

（5）企业合并中合并方的或有对价合同，适用《企业会计准则第 20 号——企业合并》。

（6）租赁的权利和义务，适用《企业会计准则第 21 号——租赁》。

（7）金融资产转移，适用《企业会计准则第 23 号——金融资产转移》。

（8）套期保值，适用《企业会计准则第 24 号——套期保值》。

（9）原保险合同的权利和义务，适用《企业会计准则第 25 号——原保险合同》。

（10）再保险合同的权利和义务，适用《企业会计准则第 26 号——再保险合同》。

（11）企业发行的权益工具，适用《企业会计准则第 37 号——金融工具列报》。

4. 本准则不涉及企业作出的不可撤销授信承诺（即贷款承诺）。但是，下列贷款承诺除外：

（1）指定为以公允价值计量且其变动计入当期损益的金融负债的贷款承诺。

（2）能够以现金净额结算，或通过交换或发行其他金融工具结算的贷款承诺。

（3）以低于市场利率贷款的贷款承诺。

本准则不涉及的贷款承诺，适用《企业会计准则第 13 号——或有事项》。

5. 本准则不涉及按照预定的购买、销售或使用要求所签订，并到期履约买入或卖出非金融项目的合同。但是，能够以现金或其他金融工具净额结算，或通过交换金融工具结算的买入或卖出非金融项目的合同，适用本准则。

（二）金融资产和金融负债的分类

1. 金融资产应当在初始确认时划分为下列四类：

（1）以公允价值计量且其变动计入当期损益的金融资产，包括交易性金融资产和指定为以公允价值计量且其变动计入当期损益的金融资产；

（2）持有至到期投资；

（3）贷款和应收款项；

（4）可供出售金融资产。

💡〔注释〕

对于公允价值能够可靠计量的金融资产，企业可以将其直接指定为可供出售金融资产。例如，在活跃市场上有报价的股票投资、债券投资等。如企业没有将其划分为其他三类金融资产，则应将其作为可供出售金融资产处理。相对于交易性金融资产而言，可供出售金融资产的持有意图不明确。

企业持有上市公司限售股权且对上市公司不具有控制、共同控制或重大影响的，应当按金融工具确认和计量准则规定，将该限售股权划分为可售出售金融资产，除非满足该准则规定条件划分为以公允价值计量且其变动计入当期损益的金融资产。

2. 金融负债应当在初始确认时划分为下列两类：

（1）以公允价值计量且其变动计入当期损益的金融负债，包括交易性金融负债和指定为以公允价值计量且其变动计入当期损益的金融负债；

（2）其他金融负债。

💡〔注释〕

以公允价值计量且其变动计入当期损益的金融资产或金融负债。

此类金融资产或金融负债可进一步分为交易性金融资产或金融负债和直接指定为以公允价值计量且其变动计入当期损益的金融资产或金融负债。

（1）交易性金融资产或金融负债，主要是指企业为了近期内出售而持有的金融资产或近期内回购而承担的金融负债。比如，企业以赚取差价为目的从二级市场购入的股票、债券、基金等。

本准则范围内的衍生工具，包括远期合同、期货合同、互换和期权，以及具有远期合同、期货合同、互换和期权中一种或一种以上特征的工具。衍生工具不作为有效套期工具的，也应划分为交易性金融资产或金融负债。

（2）直接指定为以公允价值计量且其变动计入当期损益的金融资产或金融负债，主要是指企业基于风险管理、战略投资需要等所作的指定。

（3）企业划分为以公允价值计量且其变动计入当期损益的金融资产的股票、债券、基金，以及不作为有效套期工具的衍生工具，应当按照取得时的公允价值作为初始确认金额，相关的交易费用在发生时计入当期损益。支付的价款中包含已宣告但尚未发放的现金股利或已到付息期但尚未领取的债券利息，应当单独确认为应收项目。

企业在持有以公允价值计量且其变动计入当期损益的金融资产期间取得的利息或现金股利，应当确认为投资收益。资产负债表日，企业应将以公允价值计量且其变动计入当期损益的金融资产或金融负债的公允价值变动计入当期损益。

处置该金融资产或金融负债时，其公允价值与初始入账金额之间的差额应确认为投资收益，同时调整公允价值变动损益。

💡〔注释〕

其他金融负债是指除以公允价值计量且其变动计入当期损益的金融负债以外的金融负债。通常情况下，企业发行的债券、因购买商品产生的应付账款、长期应付款等，应当划分为其他金融负债。其他金融负债应当按其公允价值和相关交易费用之和作为初始确认金额。其他金融负债通常采用摊余成本进行后续计量。

3. 金融资产或金融负债满足下列条件之一的，应当划分为交易性金融资产或金融负债：

（1）取得该金融资产或承担该金融负债的目的，主要是为了近期内出售或回购。

（2）属于进行集中管理的可辨认金融工具组合的一部分，且有客观证据表明企业近期采用短期获利方式对该组合进行管理。

（3）属于衍生工具。但是，被指定且为有效套期工具的衍生工具、属于财务担保合同的衍生工具、与在活跃市场中没有报价且其公允价值不能可靠计量的权益工具投资挂钩并须通过交付该权益工具结算的衍生工具除外。

4. 除本准则第二十一条和第二十二条的规定外，只有符合下列条件之一的金融资产或金融负债，才可以在初始确认时指定为以公允价值计量且其变动计入当期损益的金融资产或金融负债：

（1）该指定可以消除或明显减少由于该金融资产或金融负债的计量基础不同所导致的相关利得或损失在确认或计量方面不一致的情况。

（2）企业风险管理或投资策略的正式书面文件已载明，该金融资产组合、该金融负债组合，或该金融资产和金融负债组合，以公允价值为基础进行管理、评价并向关键管理人员报告。

在活跃市场中没有报价、公允价值不能可靠计量的权益工具投资，不得指定为以公允价值计量且其变动计入当期损益的金融资产。

活跃市场，是指同时具有下列特征的市场：

（1）市场内交易的对象具有同质性；

（2）可随时找到自愿交易的买方和卖方；

（3）市场价格信息是公开的。

5. 持有至到期投资，是指到期日固定、回收金额固定或可确定，且企业有明确意图和能力持有至到期的非衍生金融资产。下列非衍生金融资产不应当划分为持有至到期投资：

（1）初始确认时被指定为以公允价值计量且其变动计入当期损益的非衍生金融资产；

（2）初始确认时被指定为可供出售的非衍生金融资产；

（3）贷款和应收款项。

企业应当在资产负债表日对持有意图和能力进行评价。发生变化的，应当按照本准则有关规定处理。

💡〔注释〕

企业从二级市场上购入的固定利率国债、浮动利率公司债券等，符合持有至到期投资条件的，可以划分为持有至到期投资。购入的股权投资因其没有固定的到期日，不符合持有至到期投资的条件，不能划分为持有至到期投资。持有至到期投资通常具有长期性质，但期限较短（1年以内）的债券投资，符合持有至到期投资条件的，也可将其划分为持有至到期投资。

持有至到期投资应当按取得时的公允价值和相关交易费用之和作为初始确认金额。支付的价款中包含的已到付息期但尚未领取的债券利息，应单独确认为应收项目。

持有至到期投资在持有期间应当按照摊余成本和实际利率计算确认利息收入，计入投资收益。实际利率应当在取得持有至到期投资时确定，在该持有至到期投资预期存续期间或适用的更短期间内保持不变。实际利率与票面利率差别较小的，也可按票面利率计算利息收入，计入投资收益。

处置持有至到期投资时，应将所取得价款与该投资账面价值之间的差额计入投资收益。

6. 存在下列情况之一的，表明企业没有明确意图将金融资产投资持有至到期：

（1）持有该金融资产的期限不确定。

（2）发生市场利率变化、流动性需要变化、替代投资机会及其投资收益率变化、融资来源和条件变化、外汇风险变化等情况时，将出售该金融资产。但是，无法控制、预期不会重复发生且难以合理预计的独立事项引起的金融资产出售除外。

（3）该金融资产的发行方可以按照明显低于其摊余成本的金额清偿。

（4）其他表明企业没有明确意图将该金融资产持有至到期的情况。

7. 金融资产或金融负债的摊余成本，是指该金融资产或金融负债的初始确认金额经下列调整后的结果：

（1）扣除已偿还的本金；

（2）加上或减去采用实际利率法将该初始确认金额与到期日金额之间的差额进行摊销形成的累计摊销额；

（3）扣除已发生的减值损失（仅适用于金融资产）。

8. 实际利率法，是指按照金融资产或金融负债（含一组金融资产或金融负债）的实际利率计算其摊余成本及各期利息收入或利息费用的方法。

实际利率，是指将金融资产或金融负债在预期存续期间或适用的更短期间内的未来现金流量，折现为该金融资产或金融负债当前账面价值所使用的利率。

在确定实际利率时，应当在考虑金融资产或金融负债所有合同条款（包括提前还款权、看涨期权、类似期权等）的基础上预计未来现金流量，但不应当考虑未来信用损失。

金融资产或金融负债合同各方之间支付或收取的、属于实际利率组成部分的各项收费、交易费用及溢价或折价等，应当在确定实际利率时予以考虑。金融资产或金融负债的未来现金流量或存续期间无法可靠预计时，应当采用该金融资产或金融负债在整个合同期内的合同现金流量。

9. 存在下列情况之一的，表明企业没有能力将具有固定期限的金融资产投资持有至到期：

（1）没有可利用的财务资源持续地为该金融资产投资提供资金支持，以使该金融资产投资持有至到期。

（2）受法律、行政法规的限制，使企业难以将该金融资产投资持有至到期。

（3）其他表明企业没有能力将具有固定期限的金融资产投资持有至到期的情况。

10. 企业将尚未到期的某项持有至到期投资在本会计年度内出售或重分类为可供出售金融资产的金额，相对于该类投资在出售或重分类前的总额较大时，应当将该类投资的剩余部分重分类为可供出售金融资产，且在本会计年度及以后两个完整的会计年度内不得再将该金融资产划分为持有至到期投资。但是，下列情况除外：

（1）出售日或重分类日距离该项投资到期日或赎回日较近（如到期前3个月内），市场利率变化对该项投资的公允价值没有显著影响。

（2）根据合同约定的定期偿付或提前还款方式收回该投资几乎所有初始本金后，将剩余部分予以出售或重分类。

（3）出售或重分类是由于企业无法控制、预期不会重复发生且难以合理预计的独立事项所引起。此种情况主要包括：

①因被投资单位信用状况严重恶化，将持有至到期投资予以出售；

②因相关税收法规取消了持有至到期投资的利息税前可抵扣政策，或显著减少了税前可抵扣金额，将持有至到期投资予以出售；

③因发生重大企业合并或重大处置，为保持现行利率风险头寸或维持现行信用风险政策，将持有至到期投资予以出售；

④因法律、行政法规对允许投资的范围或特定投资品种的投资限额作出重大调整，将持有至到期投资予以出售；

⑤因监管部门要求大幅度提高资产流动性，或大幅度提高持有至到期投资在计算资本充足率时的风险权重，将持有至到期投资予以出售。

11. 贷款和应收款项，是指在活跃市场中没有报价、回收金额固定或可确定的非衍生金融资产。企业不应当将下列非衍生金融资产划分为贷款和应收款项：

（1）准备立即出售或在近期出售的非衍生金融资产。

（2）初始确认时被指定为以公允价值计量且其变动计入当期损益的非衍生金融资产。

（3）初始确认时被指定为可供出售的非衍生金融资产。

（4）因债务人信用恶化以外的原因，使持有方可能难以收回几乎所有初始投资的非衍生金融资产。

企业所持证券投资基金或类似基金，不应当划分为贷款和应收款项。

💡〔注释〕

贷款和应收款项主要是指金融企业发放的贷款和一般企业销售商品或提供劳务形成的应收款项等债权。贷款和应收款项在活跃市场中没有报价。

金融企业按当前市场条件发放的贷款，应按发放贷款的本金和相关交易费用之和作为初始确认金额。一般企业对外销售商品或提供劳务形成的应收债权，通常应按从购货方应收的合同或协议价款作为初始确认金额。

贷款持有期间所确认的利息收入，应当根据实际利率计算。实际利率应在取得贷款时确定，在该贷款预期存续期间或适用的更短期间内保持不变。实际利率与合同利率差别较小的，也可按合同利率计算利息收入。

企业收回或处置贷款和应收款项时，应将取得的价款与该贷款和应收款项账面价值之间的差额计入当期损益。

12. 可供出售金融资产，是指初始确认时即被指定为可供出售的非衍生金融资产，以及除下列各类资产以外的金融资产：

（1）贷款和应收款项。

（2）持有至到期投资。

（3）以公允价值计量且其变动计入当期损益的金融资产。

💡〔注释〕

可供出售金融资产通常是指企业没有划分为以公允价值计量且其变动计入当期损益的金融资产、持有至到期投资、贷款和应收款项的金融资产。比如，企业购入的在活跃市场上有报价的股票、债券和基金等，没有划分为以公允价值计量且其变动计入当期损益的金融资产或持有至到期投资等金融资产的，可归为此类。

可供出售金融资产应当按取得该金融资产的公允价值和相关交易费用之和作为初始确认金额。支付的价款中包含的已到付息期但尚未领取的债券利息或已宣告但尚未发放的现金股利，应单独确认为应收项目。

可供出售金融资产持有期间取得的利息或现金股利，应当计入投资收益。资产负债表日，可供出售金融资产应当以公允价值计量，且公允价值变动计入资本公积（其他资本公积）。

处置可供出售金融资产时，应将取得的价款与该金融资产账面价值之间的差额，计入投资损益；同时，将原直接计入所有者权益的公允价值变动累计额对应处置部分的金额转出，计入投资损益。

13. 企业在初始确认时将某金融资产或某金融负债划分为以公允价值计量且其变动计入当期损益的金融资产或金融负债后，不能重分类为其他类金融资产或金融负债；其他类金融资产或金融负债也不能重分类为以公允价值计量且其变动计入当期损益的金融资产或金融负债。

💡〔注释〕

金融资产之间重分类的处理。

1. 企业因持有意图或能力发生改变，使某项投资不再适合划分为持有至到期投资的，应当将其重分类为可供出售金融资产，并以公允价值进行后续计量。重分类日，该投资的账面价值与其公允价值之间的差额计入所有者权益，在该可供出售金融资产发生减值或终止确认时转出，计入当期损益。

2. 持有至到期投资部分出售或重分类的金额较大，且不属于例外情况，使该投资的剩余部分不再适合划分为持有至到期投资的，企业应当将该投资的剩余部分重分类为可供出售金融资产，并以公允价值进行后续计量。重分类日，该投资剩余部分的账面价值与其公允价值之间的差额计入所有者权益，在该可供出售金融资产发生减值或终止确认时转出，计入当期损益。

3. 按照金融工具确认和计量准则规定应当以公允价值计量，但以前公允价值不能可靠计量的金融资产，企业应当在其公允价值能够可靠计量时改按公允价值计量，并视该金融资产是否属于以公允价值计量且其变动计入当期损益的金融资产或者可供出售金融资产，将相关账面价值与公允价值之间的差额计入当期损益或者所有者权益，对于可供出售金融资产，应当在其发生减值或终止确认时将上述差额转出，计入当期损益。

4. 因持有意图或能力发生改变，或可供出售金融资产的公允价值不再能够可靠计量（极少出现），或可供出售金融资产持有期限已超过金融工具确认和计量准则所指"两个完整的会计年度"，使金融资产不再适合按照公允价值计量时，企业可以将该金融资产改按成本或摊余成本计量,该成本或摊余成本为重分类日该金融资产的公允价值或账面价值。与该金融资产相关、原直接计入所有者权益的利得或损失,应当按照下列规定处理:

(1)该金融资产有固定到期日的,应当在该金融资产的剩余期限内,采用实际利率法摊销,计入当期损益。该金融资产的摊余成本与到期日金额之间的差额,也应当在该金融资产的剩余期限内,采用实际利率法摊销,计入当期损益。该金融资产在随后的会计期间发生减值的,原直接计入所有者权益的相关利得或损失,应当转出计入当期损益。

(2)该金融资产没有固定到期日的,仍应保留在所有者权益中,在该金融资产被处置时转出,计入当期损益。该金融资产在随后的会计期间发生减值的,原直接计入所有者权益的相关利得或损失,应当转出计入当期损益。

5. 金融资产和金融负债的计量

金融资产和金融负债的初始计量和后续计量如表9-18所示。

表9-18

类　别	初始计量	后续计量
以公允价值计量且其变动计入当期损益的金融资产和金融负债	公允价值,交易费用计入当期损益	公允价值,变动计入当期损益
持有至到期投资	公允价值,交易费用计入初始入账金额,构成成本组成部分	摊余成本
贷款和应收款项		
可供出售金融资产		公允价值,变动计入权益
其他金融负债		摊余成本或其他基础

注:金融资产摊余成本=初始确认金额-扣除已偿还本金±采用实际利率法将该初始确认金额与到期日金额间的差额进行摊销形成的累计摊销额-已发生的减值损失。

14. 交易性金融资产和可供出售金融资产的分类和会计处理。

交易性金融资产主要是指企业为了近期内出售而持有的金融资产。通常情况下,企业以赚取差价为目的从二级市场购入的股票、债券和基金等,应当分类为交易性金融资产。交易性金融资产在活跃的市场上有报价且持有期限较短,应当按照公允价值计量,公允价值变动计入当期损益。

可供出售金融资产主要是指企业没有划分为以公允价值计量且其变动计入当期损益的金融资产、持有至到期投资、贷款和应收款项的金融资产。企业购入的在活跃市场上有报价的股票、债券和基金等,没有划分为以公允价值计量且其变动计入当期损益的金融资产、持有至到期投资等金融资产的,可以归为此类。相对于交易性金融资产而言,可供出售金融资产的持有意图不明确。可供出售金融资产在初始确认时,应当按其公允价值以及交易费用之和入账,公允价值变动计入所有者权益,如可供出售金融资产的公允价值发生非暂时性下跌,应当将原计入所有者权益的公允价值下降形成的累计损失一并转出计入当期损益。可供出售金融资产持有期间实现的利息或现金股利,也应计入当期损益。

企业管理层在取得金融资产时，应当正确地进行分类，不得随意变更。交易性金融资产和可供出售金融资产的分类情况，应当以正式书面文件记录，并在附注中加以说明。

（三）嵌入衍生工具

1. 嵌入衍生工具，是指嵌入到非衍生工具（即主合同）中，使混合工具的全部或部分现金流量随特定利率、金融工具价格、商品价格、汇率、价格指数、费率指数、信用等级、信用指数或其他类似变量的变动而变动的衍生工具。嵌入衍生工具与主合同构成混合工具，如可转换公司债券等。

2. 企业可以将混合工具指定为以公允价值计量且其变动计入当期损益的金融资产或金融负债。但是，下列情况除外：

（1）嵌入衍生工具对混合工具的现金流量没有重大改变。

（2）类似混合工具所嵌入的衍生工具，明显不应当从相关混合工具中分拆。

3. 嵌入衍生工具相关的混合工具没有指定为以公允价值计量且其变动计入当期损益的金融资产或金融负债，且同时满足下列条件的，该嵌入衍生工具应当从混合工具中分拆，作为单独存在的衍生工具处理：

（1）与主合同在经济特征及风险方面不存在紧密关系；

（2）与嵌入衍生工具条件相同，单独存在的工具符合衍生工具定义。

无法在取得时或后续的资产负债表日对其进行单独计量的，应当将混合工具整体指定为以公允价值计量且其变动计入当期损益的金融资产或金融负债。

4. 嵌入衍生工具按照本准则规定从混合工具分拆后，主合同是金融工具的，应当按照本准则有关规定处理；主合同是非金融工具的，应当按照其他会计准则的规定处理。

〔注释〕

1. 嵌入衍生工具概念

衍生工具通常是独立存在的，但也可能嵌入到非衍生金融工具或其他合同中。嵌入衍生工具，是指嵌入到非衍生工具（即主合同）中，使混合工具的全部或部分现金流量随特定利率、金融工具价格、商品价格、汇率、价格指数、费率指数、信用等级、信用指数或其他类似变量的变动而变动的衍生工具。

（1）主合同通常包括租赁合同、保险合同、服务合同、特许权合同、债务工具合同、合营合同等。嵌入衍生工具与主合同构成混合工具，如企业持有的可转换公司债券等。

（2）在混合工具中，嵌入衍生工具通常以具体合同条款体现。例如，甲公司签订了按通胀率调整租金的3年期租赁合同。根据该合同，第一年的租金先约定，从第二年开始，租金按前一年的一般物价指数调整。此例中，主合同是租赁合同，嵌入衍生工具体现为一般物价指数调整条款。除一般物价指数调整条款外，以下条款也可能体现嵌入衍生工具：可转换公司债券中嵌入的股份转换选择权条款（对应可转换公司债券）、与权益工具挂钩的本金或利息支付条款、与商品或其他非金融项目挂钩的本金或利息支付条款、看涨期权条款、看跌期权条款、提前还款权条款、信用违约支付条款等。

　　需要说明的是，附在主合同上的衍生工具，如果可以与主合同分开，并能够单独转让，则不能作为嵌入衍生工具，而应作为一项独立存在的衍生工具处理。例如，某贷款合同可能附有一项相关的利率互换。如该互换能够单独转让，那么该互换是一项独立存在的衍生工具，而不是嵌入衍生工具，即使该互换与主合同（贷款合同）的交易对手（借款人）是同一方也是如此。同样的道理，如果某工具是衍生工具与其他非衍生工具"合成"或"拼成"的，那么其中的衍生工具也不能视为嵌入衍生工具，而应作为单独存在的衍生工具处理。例如，某公司有一项5年期浮动利率债务工具和一项5年期支付浮动利率、收取固定利率的利率互换合同，两者放在一起创造了一项"合成"的5年期固定利率债务工具。在这种情况下，"合成"工具中的利率互换不应作为嵌入衍生工具处理。

　　2. 嵌入衍生工具的处理原则

　　嵌入衍生工具的处理原则是，尽可能使嵌入衍生工具与单独存在的衍生工具采用一致的会计原则进行处理。金融工具确认和计量准则规定，单独存在的衍生工具，通常应采用公允价值进行初始计量和后续计量。但是，主合同（非衍生工具）可能因为划分的类别不同（如划分为持有至到期投资、贷款和应收款项等），不会采用公允价值后续计量。因此，如果混合工具没有整体指定为以公允价值计量且其变动计入当期损益的金融资产或金融负债，则应当考虑能否将其从混合工具中分拆出来。

　　将混合工具指定为以公允价值计量且其变动计入当期损益的金融资产或金融负债的条件允许企业直接将混合工具指定为以公允价值计量且其变动计入当期损益，其理由在于：

　　（1）当一项混合工具包括的嵌入衍生工具不止一项时，仍要求企业将这些嵌入衍生工具进行分拆可能不符合"效益大于成本"原则。

　　（2）企业实际操作中，包括了若干衍生工具的结构化产品通常是要用衍生工具来对冲其所有或几乎所有风险。至于这些嵌入衍生工具是否由于会计准则的要求而分拆，在风险管理中往往不大关注。因此，最简单的方法就是直接指定混合工具按公允价值计量，以使风险对冲在会计处理上得以真实反映。

　　（3）会计实务中，确定混合工具整体的公允价值往往要比确定分拆出来的衍生工具的公允价值相对容易。

　　但是，如果不加限制地由企业直接指定混合工具以公允价值计量且其变动计入当期损益，又可能会被"滥用"。为此，下列情况下不能将混合工具指定为以公允价值计量且其变动计入当期损益的金融资产或金融负债：①嵌入衍生工具对混合工具的现金流量没有重大改变；②类似混合工具所嵌入的衍生工具，明显不应当从相关混合工具中分拆，例如，嵌在贷款中的提前还款权，其允许持有者以与摊余成本大致相等的金额提前偿还贷款。

　　3. 嵌入衍生工具的分拆条件

　　混合工具没有直接指定为以公允价值计量且其变动计入当期损益的金融资产或金融负债的，如果嵌入衍生工具符合以下两项条件，应将其从混合工具中分拆，作为单独存在的衍生工具处理：（1）与主合同在经济特征及风险方面不存在紧密关系；（2）与嵌入衍生工具条件相同、单独存在的工具符合衍生工具定义。其中，"紧密关系"是指嵌入衍生工具与主合同之间在经济特征和风险方面存在相似性。

　　企业在成为混合工具合同一方时，即应评价嵌入衍生工具是否应分拆出来作为单独的衍生工具处理。随后，除非混合工具合同条款的变化将重大影响原混合工具合同现金流量，否则企业不能对是否分拆重新进行评价。企业在确定现金流量调整是否"重大"时，应当分析判断与嵌入衍生工具、主合同或两者相关的预计未来现金流量发生改变的程度是否重大，以及相对于合同以前预计现金流量是否有重大的改变。

　　例如，某公司 2007 年 7 月 1 日购入一批三峡公司发行的可转换公司债券。该债券合同条款注明，该债券持有者两年后可按固定价格将债券转换为发行者的普通股。此例中，嵌入衍生工具为股份转换权，与主债务合同不存在紧密关系；如混合工具整体没有指定为以公允价值计量且其变动计入当期损益的金融负债，则应分拆为单独的衍生金融工具核算。

（四）金融工具确认

　　1. 企业成为金融工具合同的一方时，应当确认一项金融资产或金融负债。

　　2. 金融资产满足下列条件之一的，应当终止确认：

　　（1）收取该金融资产现金流量的合同权利终止。

　　（2）该金融资产已转移，且符合《企业会计准则第 23 号——金融资产转移》规定的金融资产终止确认条件。

　　终止确认，是指将金融资产或金融负债从企业的账户和资产负债表内予以转销。

　　3. 金融负债的现时义务全部或部分已经解除的，才能终止确认该金融负债或其一部分。

　　企业将用于偿付金融负债的资产转入某个机构或设立信托，偿付债务的现时义务仍存在的，不应当终止确认该金融负债，也不能终止确认转出的资产。

　　4. 企业（债务人）与债权人之间签订协议，以承担新金融负债方式替换现存金融负债，且新金融负债与现存金融负债的合同条款实质上不同的，应当终止确认现存金融负债，并同时确认新金融负债。

　　企业对现存金融负债全部或部分的合同条款作出实质性修改的，应当终止确认现存金融负债或其一部分，同时将修改条款后的金融负债确认为一项新金融负债。

　　5. 金融负债全部或部分终止确认的，企业应当将终止确认部分的账面价值与支付的对价（包括转出的非现金资产或承担的新金融负债）之间的差额，计入当期损益。

　　6. 企业回购金融负债一部分的，应当在回购日按照继续确认部分和终止确认部分的相对公允价值，将该金融负债整体的账面价值进行分配。分配给终止确认部分的账面价值与支付的对价（包括转出的非现金资产或承担的新金融负债）之间的差额，计入当期损益。

（五）金融工具计量

　　1. 企业初始确认金融资产或金融负债，应当按照公允价值计量。对于以公允价值计量且其变动计入当期损益的金融资产或金融负债，相关交易费用应当直接计入当期损益；对于其他类别的金融资产或金融负债，相关交易费用应当计入初始确认金额。

2. 交易费用，是指可直接归属于购买、发行或处置金融工具新增的外部费用。新增的外部费用，是指企业不购买、发行或处置金融工具就不会发生的费用。

交易费用包括支付给代理机构、咨询公司、券商等的手续费和佣金及其他必要支出，不包括债券溢价、折价、融资费用、内部管理成本及其他与交易不直接相关的费用。

💭〔注释〕

企业初始确认金融资产或金融负债时，应当按照公允价值计量。对于以公允价值计量且其变动计入当期损益的金融资产或金融负债，相关交易费用应当直接计入当期损益；对于其他类别的金融资产或金融负债，相关交易费用应当计入初始确认金额，构成实际利息组成部分。

金融工具初始确认时的公允价值通常指交易价格（即所收到或支付对价的公允价值），但是，如果收到或支付的对价的一部分并非针对该金融工具，该金融工具的公允价值应根据估值技术进行估计。例如，一项不带息的长期贷款或应收款项公允价值的估计数是以信用等级相当的类似金融工具（标价的币种、条款、利率类型和其他因素相类似）的当前市场利率，对所有未来现金收款额折现所得出的现值。任何额外借出的金额应作为一项费用或收益的抵减项处理，除非其符合确认为其他某类型资产的条件。此外，还应注意，如果企业按低于市场利率发放了一项贷款（例如，类似贷款市场利率为8%时，该贷款的利率为5%），并且直接收到一项费用作为补偿，该企业应以公允价值确认这项贷款，即应减去企业收到的费用。之后，企业应采用实际利率法将相关折价计入损益。

交易费用，是指可直接归属于购买、发行或处置金融工具新增的外部费用。新增的外部费用，是指企业不购买、发行或处置金融工具就不会发生的费用，包括支付给代理机构、咨询公司、券商等的手续费和佣金及其他必要支出，不包括债券溢价、折价、融资费用、内部管理成本及其他与交易不直接相关的费用。

企业取得金融资产所支付的价款中包含的已宣告但尚未发放的债券利息或现金股利，应当单独确认为应收项目进行处理。

3. 企业应当按照公允价值对金融资产进行后续计量，且不扣除将来处置该金融资产时可能发生的交易费用。但是，下列情况除外：

（1）持有至到期投资以及贷款和应收款项，应当采用实际利率法，按摊余成本计量。

（2）在活跃市场中没有报价且其公允价值不能可靠计量的权益工具投资，以及与该权益工具挂钩并须通过交付该权益工具结算的衍生金融资产，应当按照成本计量。

4. 企业应当采用实际利率法，按摊余成本对金融负债进行后续计量。但是，下列情况除外：

（1）以公允价值计量且其变动计入当期损益的金融负债，应当按照公允价值计量，且不扣除将来结清金融负债时可能发生的交易费用。

（2）与在活跃市场中没有报价、公允价值不能可靠计量的权益工具挂钩并须通过交付该权益工具结算的衍生金融负债，应当按照成本计量。

（3）不属于指定为以公允价值计量且其变动计入当期损益的金融负债的财务担保合同，或没有指定为以公允价值计量且其变动计入当期损益并将以低于市场利率贷款的贷款承诺，应当在初始确认后按照下列两项金额之中的较高者进行后续计量：

①按照《企业会计准则第13号——或有事项》确定的金额；

②初始确认金额扣除按照《企业会计准则第14号——收入》的原则确定的累计摊销额后的余额。

5. 企业因持有意图或能力发生改变，使某项投资不再适合划分为持有至到期投资的，应当将其重分类为可供出售金融资产，并以公允价值进行后续计量。重分类日，该投资的账面价值与公允价值之间的差额计入所有者权益，在该可供出售金融资产发生减值或终止确认时转出，计入当期损益。

6. 持有至到期投资部分出售或重分类的金额较大，且不属于第十六条所指的例外情况，使该投资的剩余部分不再适合划分为持有至到期投资的，企业应当将该投资的剩余部分重分类为可供出售金融资产，并以公允价值进行后续计量。重分类日，该投资剩余部分的账面价值与其公允价值之间的差额计入所有者权益，在该可供出售金融资产发生减值或终止确认时转出，计入当期损益。

7. 对按照本准则规定应当以公允价值计量，但以前公允价值不能可靠计量的金融资产或金融负债，企业应当在其公允价值能够可靠计量时改按公允价值计量，相关账面价值与公允价值之间的差额按照本准则第三十八条的规定处理。

8. 因持有意图或能力发生改变，或公允价值不再能够可靠计量，或持有期限已超过本准则第十六条所指"两个完整的会计年度"，使金融资产或金融负债不再适合按照公允价值计量时，企业可以将该金融资产或金融负债改按成本或摊余成本计量，该成本或摊余成本为重分类日该金融资产或金融负债的公允价值或账面价值。与该金融资产相关、原直接计入所有者权益的利得或损失，应当按照下列规定处理：

（1）该金融资产有固定到期日的，应当在该金融资产的剩余期限内，采用实际利率法摊销，计入当期损益。该金融资产的摊余成本与到期日金额之间的差额，也应当在该金融资产的剩余期限内，采用实际利率法摊销，计入当期损益。该金融资产在随后的会计期间发生减值的，原直接计入所有者权益的相关利得或损失，应当转出计入当期损益。

（2）该金融资产没有固定到期日的，仍应保留在所有者权益中，在该金融资产被处置时转出，计入当期损益。该金融资产在随后的会计期间发生减值的，原直接计入所有者权益的相关利得或损失，应当转出计入当期损益。

9. 金融资产或金融负债公允价值变动形成的利得或损失，除与套期保值有关外，应当按照下列规定处理：

（1）以公允价值计量且其变动计入当期损益的金融资产或金融负债公允价值变

动形成的利得或损失，应当计入当期损益。

（2）可供出售金融资产公允价值变动形成的利得或损失，除减值损失和外币货币性金融资产形成的汇兑差额外，应当直接计入所有者权益，在该金融资产终止确认时转出，计入当期损益。

可供出售外币货币性金融资产形成的汇兑差额，应当计入当期损益。采用实际利率法计算的可供出售金融资产的利息，应当计入当期损益；可供出售权益工具投资的现金股利，应当在被投资单位宣告发放股利时计入当期损益。

与套期保值有关的金融资产或金融负债公允价值变动形成的利得或损失的处理，适用《企业会计准则第 24 号——套期保值》。

10. 以摊余成本计量的金融资产或金融负债，在终止确认、发生减值或摊销时产生的利得或损失，应当计入当期损益。但是，该金融资产或金融负债被指定为被套期项目的，相关的利得或损失的处理，适用《企业会计准则第 24 号——套期保值》。

💡〔注释〕

企业在对金融资产进行后续计量时，应注意以下几点：

（1）如果一项金融工具以前被确认为一项金融资产并以公允价值计量，而现在它的公允价值低于零，企业应将其确认为一项金融负债。

（2）对可供出售金融资产相关交易费用的处理。例如，某项资产以 100 万元购入，划分为可供出售金融资产，购买时发生佣金 2 万元。该资产应以 102 万元进行初始确认。一天后即为下一个财务报告日，报告日该资产的市场标价是 100 万元。如果此时将该项资产出售，需支付的佣金为 3 万元。报告日，该资产以 100 万元进行计量（不考虑销售时可能发生的佣金），2 万元的损失计入所有者权益。如果可供出售金融资产有固定或可确定的收款额，交易费用应按实际利率法摊销计入损益；如果可供出售金融资产没有固定或可确定收款额，交易费用在该资产终止确认或发生减值时计入损益。

（3）对活跃市场报价的理解。如果企业方便且定期能从交易所、经纪商、行业协会、定价服务机构等场所获得报价，且这些报价代表了正常情况下实际和经常发生的市场交易，说明金融工具在活跃市场上有报价。公允价值的定义是在正常交易中买卖双方自愿达成的价格。确定活跃市场中交易的金融工具公允价值的目的，就是要找到在资产负债表日企业可立即进入的最有利的活跃市场中，该金融工具的交易价格（即没有对该金融工具的条款进行修改或重新组合）。但是，企业应调整在最有利的活跃市场中的交易价格，以反映交易对手的信用风险在此市场中交易的金融工具和拟计量的金融工具之间存在的差异。活跃市场上存在的公开报价通常是公允价值的最好依据。这种报价存在时，应用于计量金融资产或金融负债。

（4）对运用估值技术的理解。用于估计特定金融工具公允价值的估值技术，应当涵括可观察到的市场数据，这些数据涉及可能影响金融工具公允价值的市场条件和其他因素。金融工具的公允价值应基于下列一项或几项因素（可能还有其他的因素）：

①货币时间价值（也即基础利率或无风险利率）。基础利率通常由可观察到的政府债券价格得出，且其报价经常在金融媒介上发布。这些利率通常沿着一条利率收益

率曲线，随不同时间水平预计现金流量的日期不同而改变。实务中，企业可以使用被广泛接受的：容易观察到的通行利率作为基准利率，例如 LIBOR 或互换利率。LIBOR 或类似利率不是无风险利率，适用于特定金融工具的信用风险调整，应根据该金融工具的信用风险相对于基准利率中的信用风险确定。在境外，企业购买的当地中央政府债券可能承担着重大信用风险，无法为以该国货币报价的金融工具提供稳定的标准基础利率。此外，在境外，某些企业可能拥有比当地中央政府更好的信用等级和更低的借款利率，在这种情况下，恰当的做法是通过参考以当地货币报价的最高等级公司债券的利率来确定基准利率。

②信用风险。信用风险对公允价值的影响（即由于信用风险产生的基准利率的溢价）可以从不同信用质量、交易中的金融工具的可观察到的市价或贷款方发放不同信用等级贷款的可观察利率获得。

③外币兑换价格。对于大多数主要货币都存在活跃的货币交易市场，且其价格每天都在金融媒介上公布。

④商品价格。对于许多商品都存在可观察到的市场价格。

⑤权益价格。交易中的权益工具的价格（和价格指数）在一些市场中很容易被观察到。对于没有可观察到价格的权益工具，其现行市价可以用以现值为基础的估值技术估计。

⑥波动性（即金融工具价格或其他项目的未来变动程度）。对活跃交易项目波动性的计量，通常可以历史市场数据为基础或通过使用内含于当前市价中的波动性进行合理估计。

⑦提前偿付风险和履约风险。预计的金融资产提前偿付方式和预计的金融负债履约方式可以根据历史数据进行估计。

⑧金融资产或金融负债的服务费用。金融资产转移等形成的服务费用可以通过和其他市场参与者当前收取的费用相比较加以估计。如果一项金融资产或金融负债的服务费用很大，且其他市场参与者也面临着类似的费用，发行方在确定此项金融资产或金融负债的公允价值时要考虑这些服务费用。对未来收费的合约权利，其开始时的公允价值通常与所支付的初始费用一致，除非未来收费与相关成本和市场上的类似费用或成本不具可比性。在不具可比性的情况下，其公允价值应按市场上的类似费用或成本确定。

（六）金融资产减值

1. 企业应当在资产负债表日对以公允价值计量且其变动计入当期损益的金融资产以外的金融资产的账面价值进行检查，有客观证据表明该金融资产发生减值的，应当计提减值准备。

2. 表明金融资产发生减值的客观证据，是指金融资产初始确认后实际发生的、对该金融资产的预计未来现金流量有影响，且企业能够对该影响进行可靠计量的事项。金融资产发生减值的客观证据，包括下列各项：

（1）发行方或债务人发生严重财务困难；

（2）债务人违反了合同条款，如偿付利息或本金发生违约或逾期等；

（3）债权人出于经济或法律等方面因素的考虑，对发生财务困难的债务人作出让步；

（4）债务人很可能倒闭或进行其他财务重组；

（5）因发行方发生重大财务困难，该金融资产无法在活跃市场继续交易；

（6）无法辨认一组金融资产中的某项资产的现金流量是否已经减少，但根据公开的数据对其进行总体评价后发现，该组金融资产自初始确认以来的预计未来现金流量已减少且可计量，如该组金融资产的债务人支付能力逐步恶化，或债务人所在国家或地区失业率提高、担保物在其所在地区的价格明显下降、所处行业不景气等；

（7）债务人经营所处的技术、市场、经济或法律环境等发生重大不利变化，使权益工具投资人可能无法收回投资成本；

（8）权益工具投资的公允价值发生严重或非暂时性下跌；

（9）其他表明金融资产发生减值的客观证据。

3. 以摊余成本计量的金融资产发生减值时，应当将该金融资产的账面价值减记至预计未来现金流量（不包括尚未发生的未来信用损失）现值，减记的金额确认为资产减值损失，计入当期损益。

预计未来现金流量现值，应当按照该金融资产的原实际利率折现确定，并考虑相关担保物的价值（取得和出售该担保物发生的费用应当予以扣除）。原实际利率是初始确认该金融资产时计算确定的实际利率。对于浮动利率贷款、应收款项或持有至到期投资，在计算未来现金流量现值时可采用合同规定的现行实际利率作为折现率。

短期应收款项的预计未来现金流量与其现值相差很小的，在确定相关减值损失时，可不对其预计未来现金流量进行折现。

4. 对单项金额重大的金融资产应当单独进行减值测试，如有客观证据表明其已发生减值，应当确认减值损失，计入当期损益。对单项金额不重大的金融资产，可以单独进行减值测试，或包括在具有类似信用风险特征的金融资产组合中进行减值测试。

单独测试未发生减值的金融资产（包括单项金额重大和不重大的金融资产），应当包括在具有类似信用风险特征的金融资产组合中再进行减值测试。已单项确认减值损失的金融资产，不应包括在具有类似信用风险特征的金融资产组合中进行减值测试。

💡〔注释〕

企业对金融资产采用组合方式进行减值测试时，应当重点关注以下方面：

（1）应当将具有类似信用风险特征的金融资产组合在一起，例如可按资产类型、行业分布、区域分布、担保物类型、逾期状态等进行组合。这些类似信用风险特征与这些资产组合的未来现金流量估计有关，因为它们可以表明债务人按相关资产的合同条款偿付所有到期金额的能力。但是，从资产组合的层次看，单独进行减值测试但发现没有减值的资产和没有单独进行减值测试的资产两者之间，损失率是不同的，因而应分别确认减值损失。如果企业没有具有类似信用风险特征的金融资产，不需进行额外的减值测试。

（2）对于已包括在某金融资产组合中的某项特定资产，一旦有客观证据表明其发生了减值，则应当将其从该组合中分出来，单独确认减值损失。

（3）在对某金融资产组合的未来现金流量进行预计时，应当以与其具有类似风险特征组合的历史损失率为基础。如企业缺乏这方面的数据或经验不足，则应当尽量采用具有可比性的其他资产组合的经验数据，并作必要调整。企业应当对预计资产组合未来现金流量的方法和假设进行定期检查，以最大限度地消除损失预计数和实际发生数之间的差异。未来现金流量变动的估计反映了各期相关的可观察到数据的变化，并与其方向保持一致，例如失业率、不动产价格、商品价格、支付能力或其他因素的变化，这些变化表明了金融资产组中发生的损失及其数额。比如，某企业根据历史经验判断信用卡贷款违约的一个主要原因是借款人死亡，且所观察到的死亡率每年保持不变。但是，在企业信用卡贷款组合中，有些借款人在当年死亡。这意味着这些组合中的贷款已经发生了减值损失，即使年末企业仍不能确定具体哪个贷款人已死亡。恰当的做法是，对这些"发生但没有报告"的损失确认为减值损失。但是，对在未来期间预计发生的死亡确认减值损失则不合适，因为必要的损失事项（借款人的死亡）尚未发生。

用历史损失率来估计未来现金流量时，运用该历史损失率信息的资产组合的界定，应该与得出历史损失率的组合保持一致。因此，所使用的方法应该可以把关于资产组合历史损失的信息与具有类似信用风险特征且反映当前情况的相关可观察数据联系起来。

在符合金融工具确认和计量准则关于金融资产减值有关规定以及上述要求的情况下，可采用公式法或统计方法来确定一组金融资产的减值损失（例如小额贷款）。所使用的这些方法应包括货币时间价值的影响，并考虑资产所有剩余期限产生的现金流量，同时还要考虑资产组合中各贷款的年限。但是，在初始确认金融资产时不应确认金融资产减值损失。

5. 对以摊余成本计量的金融资产确认减值损失后，如有客观证据表明该金融资产价值已恢复，且客观上与确认该损失后发生的事项有关（如债务人的信用评级已提高等），原确认的减值损失应当予以转回，计入当期损益。但是，该转回后的账面价值不应当超过假定不计提减值准备情况下该金融资产在转回日的摊余成本。

6. 在活跃市场中没有报价且其公允价值不能可靠计量的权益工具投资，或与该权益工具挂钩并须通过交付该权益工具结算的衍生金融资产发生减值时，应当将该权益工具投资或衍生金融资产的账面价值，与按照类似金融资产当时市场收益率对未来现金流量折现确定的现值之间的差额，确认为减值损失，计入当期损益。

7. 可供出售金融资产发生减值时，即使该金融资产没有终止确认，原直接计入所有者权益的因公允价值下降形成的累计损失，应当予以转出，计入当期损益。该转出的累计损失，为可供出售金融资产的初始取得成本扣除已收回本金和已摊销金额、当前公允价值和原已计入损益的减值损失后的余额。

8. 对于已确认减值损失的可供出售债务工具，在随后的会计期间公允价值已上升且客观上与确认原减值损失确认后发生的事项有关的，原确认的减值损失应当予以转回，计入当期损益。

9. 可供出售权益工具投资发生的减值损失，不得通过损益转回。但是，在活跃市场中没有报价且其公允价值不能可靠计量的权益工具投资，或与该权益工具挂钩并须通过交付该权益工具结算的衍生金融资产发生的减值损失，不得转回。

10. 金融资产发生减值后，利息收入应当按照确定减值损失时对未来现金流量进行折现采用的折现率作为利率计算确认。

🔎 〔注释〕

（1）一般企业应收款项减值损失的计量

对于单项金额重大的应收款项，应当单独进行减值测试。有客观证据表明其发生了减值的，应当根据其未来现金流量现值低于其账面价值的差额，确认减值损失，计提坏账准备。

对于单项金额非重大的应收款项可以单独进行减值测试，确定减值损失，计提坏账准备；也可以与经单独测试后未减值的应收款项一起按类似信用风险特征划分为若干组合，再按这些应收款项组合在资产负债表日余额的一定比例计算确定减值损失，计提坏账准备。根据应收款项组合余额的一定比例计算确定的坏账准备，应当反映各项目实际发生的减值损失，即各项组合的账面价值超过其未来现金流量现值的金额。

企业应当根据以前年度与之相同或相类似的、具有类似信用风险特征的应收款项组合的实际损失率为基础，结合现时情况确定本期各项组合计提坏账准备的比例，据此计算本期应计提的坏账准备。

（2）可供出售金融资产减值损失的计量

分析判断可供出售金融资产是否发生减值，应当注重该金融资产公允价值是否持续下降。通常情况下，如果可供出售金融资产的公允价值发生较大幅度下降，或在综合考虑各种相关因素后，预期这种下降趋势属于非暂时性的，可以认定该可供出售金融资产已发生减值，应当确认减值损失。

可供出售金融资产发生减值的，在确认减值损失时，应当将原直接计入所有者权益的公允价值下降形成的累计损失一并转出，计入减值损失。

（3）持有至到期投资减值损失的计量

持有至到期投资减值损失的计量，比照贷款和应收款项减值损失计量的相关规定处理。

（七）公允价值确定

1. 公允价值，是指在公平交易中，熟悉情况的交易双方自愿进行资产交换或者债务清偿的金额。在公平交易中，交易双方应当是持续经营企业，不打算或不需要进行清算、重大缩减经营规模，或在不利条件下仍进行交易。

2. 存在活跃市场的金融资产或金融负债，活跃市场中的报价应当用于确定其公允价值。活跃市场中的报价是指易于定期从交易所、经纪商、行业协会、定价服务机构等获得的价格，且代表了在公平交易中实际发生的市场交易的价格。

（1）在活跃市场上，企业已持有的金融资产或拟承担的金融负债的报价，应当是现行出价；企业拟购入的金融资产或已承担的金融负债的报价，应当是现行要价。

（2）企业持有可抵销市场风险的资产和负债时，可采用市场中间价确定可抵销市场风险头寸的公允价值；同时，用出价或要价作为确定净敞口的公允价值。

（3）金融资产或金融负债没有现行出价或要价，但最近交易日后经济环境没有发生重大变化的，企业应当采用最近交易的市场报价确定该金融资产或金融负债的公允价值。

最近交易日后经济环境发生了重大变化时，企业应当参考类似金融资产或金融负债的现行价格或利率，调整最近交易的市场报价，以确定该金融资产或金融负债的公允价值。

企业有足够的证据表明最近交易的市场报价不是公允价值的，应当对最近交易的市场报价作出适当调整，以确定该金融资产或金融负债的公允价值。

（4）金融工具组合的公允价值，应当根据该组合内单项金融工具的数量与单位市场报价共同确定。

（5）活期存款的公允价值，应当不低于存款人可支取时应付的金额；通知存款的公允价值，应当不低于存款人要求支取时应付金额从可支取的第一天起进行折现的现值。

3. 金融工具不存在活跃市场的，企业应当采用估值技术确定其公允价值。采用估值技术得出的结果，应当反映估值日在公平交易中可能采用的交易价格。估值技术包括参考熟悉情况并自愿交易的各方最近进行的市场交易中使用的价格、参照实质上相同的其他金融工具的当前公允价值、现金流量折现法和期权定价模型等。

企业应当选择市场参与者普遍认同，且被以往市场实际交易价格验证具有可靠性的估值技术确定金融工具的公允价值：

（1）采用估值技术确定金融工具的公允价值时，应当尽可能使用市场参与者在金融工具定价时考虑的所有市场参数，包括无风险利率、信用风险、外汇汇率、商品价格、股价或股价指数、金融工具价格未来波动率、提前偿还风险、金融资产或金融负债的服务成本等，尽可能不使用与企业特定相关的参数。

（2）企业应当定期使用没有经过修正或重新组合的金融工具公开交易价格校正所采用的估值技术，并测试该估值技术的有效性。

（3）金融工具的交易价格应当作为其初始确认时的公允价值的最好证据，但有客观证据表明相同金融工具公开交易价格更公允，或采用仅考虑公开市场参数的估值技术确定的结果更公允的，不应当采用交易价格作为初始确认时的公允价值，而应当采用更公允的交易价格或估值结果确定公允价值。

4. 初始取得或源生的金融资产或承担的金融负债，应当以市场交易价格作为确定其公允价值的基础。

债务工具的公允价值，应当根据取得日或发行日的市场情况和当前市场情况，或其他类似债务工具（即有类似的剩余期限、现金流量模式、标价币种、信用风险、担保和利率基础等）的当前市场利率确定。

债务人的信用风险和适用的信用风险贴水在债务工具发行后没有改变的，可使用基准利率估计当前市场利率确定债务工具的公允价值。债务人的信用风险和相应的信用风险贴水在债务工具发行后发生改变的，应当参考类似债务工具的当前价格或利率，并考虑金融工具之间的差异调整，确定债务工具的公允价值。

5. 企业采用未来现金流量折现法确定金融工具公允价值的，应当使用合同条款和特征在实质上相同的其他金融工具的市场收益率作为折现率。金融工具的条款和特征，包括金融工具本身的信用质量、合同规定采用固定利率计息的剩余期间、支付本金的剩余期间以及支付时采用的货币等。

没有标明利率的短期应收款项和应付款项的现值与实际交易价格相差很小的，可以按照实际交易价格计量。

6. 在活跃市场中没有报价的权益工具投资，以及与该权益工具挂钩并须通过交付该权益工具结算的衍生工具，满足下列条件之一的，表明其公允价值能够可靠计量：

（1）该金融工具公允价值合理估计数的变动区间很小。

（2）该金融工具公允价值变动区间内，各种用于确定公允价值估计数的概率能够合理地确定。

（八）金融资产、金融负债和权益工具定义

1. 金融资产，是指企业的下列资产：

（1）现金；

（2）持有的其他单位的权益工具；

（3）从其他单位收取现金或其他金融资产的合同权利；

（4）在潜在有利条件下，与其他单位交换金融资产或金融负债的合同权利；

（5）将来须用或可用企业自身权益工具进行结算的非衍生工具的合同权利，企业根据该合同将收到非固定数量的自身权益工具；

（6）将来须用或可用企业自身权益工具进行结算的衍生工具的合同权利，但企业以固定金额的现金或其他金融资产换取固定数量的自身权益工具的衍生工具合同权利除外。其中，企业自身权益工具不包括本身就是在将来收取或支付企业自身权益工具的合同。

2. 金融负债，是指企业的下列负债：

（1）向其他单位交付现金或其他金融资产的合同义务；

（2）在潜在不利条件下，与其他单位交换金融资产或金融负债的合同义务；

（3）将来须用或可用企业自身权益工具进行结算的非衍生工具的合同义务，企业根据该合同将交付非固定数量的自身权益工具；

（4）将来须用或可用企业自身权益工具进行结算的衍生工具的合同义务，但企业以固定金额的现金或其他金融资产换取固定数量的自身权益工具的衍生工具合同义务除外。其中，企业自身权益工具不包括本身就是在将来收取或支付企业自身权益工具的合同。

3. 权益工具，是指能证明拥有某个企业在扣除所有负债后的资产中的剩余权益的合同。

二、金融资产与金融负债有关业务核算

（一）应收账款核算

1. 应收账款的发生

企业发生应收账款，按应收金额，借记"应收账款"科目，按确认的营业收入，贷记"主营业务收入"等科目。收回应收账款时，借记"银行存款"等科目，贷记"应收账款"科目。涉及增值税销项税额的，还应进行相应的处理。

代购货单位垫付的包装费、运杂费，借记"应收账款"科目，贷记"银行存款"等科目。收回代垫费用时，借记"银行存款"科目，贷记"应收账款"科目。

【例1】公司2007年3月10日，向东海公司销售一批产品，开出专用发票上注明的价款为500 000元、增值税额为850 000元，尚未收到货款。

借：应收账款　　　　　　　　　　　　　　　　　　5 850 000
　　贷：主营业务收入——商品销售收入　　　　　　　　5 000 000
　　　　应交税费——应交增值税——销项税额　　　　　　850 000

【例2】公司2007年5月10日，收到安达公司2007年5月8日开出、承兑的期限3个月、面值200 000元无息商业承兑汇票，以清偿其欠款。

借：应收票据　　　　　　　　　　　　　　　　　　200 000
　　贷：应收账款　　　　　　　　　　　　　　　　　　200 000

2. 与债务人进行债务重组

企业与债务人进行债务重组，应当分别债务重组的不同方式进行处理。

（1）收到债务人清偿债务的款项小于该项应收账款账面价值的，应按实际收到的金额，借记"银行存款"等科目，按重组债权已计提的坏账准备，借记"坏账准备"科目，按重组债权的账面余额，贷记"应收账款"科目，按其差额，借记"营业外支出"科目。

收到债务人清偿债务的款项大于该项应收账款账面价值的，应按实际收到的金额，借记"银行存款"等科目，按重组债权已计提的坏账准备，借记"坏账准备"科目，按重组债权的账面余额，贷记"应收账款"科目，按其差额，贷记"资产减值损失"科目。

以下债务重组涉及重组债权减值准备的，应当比照此规定进行处理。

（2）接受债务人用于清偿债务的非现金资产，应按该项非现金资产的公允价值，借记"原材料"、"库存商品"、"固定资产"、"无形资产"等科目，按重组债权的账面余额贷记"应收账款"科目，按应支付的相关税费和其他费用，贷记"银行存款"、"应交税费"等科目，按其差额，借记"营业外支出"科目。涉及增值税进项税额的，还应进行相应的处理。

（3）将债权转为投资，应按享有股份的公允价值，借记"长期股权投资"科

目，按重组债权的账面余额，贷记"应收账款"科目，按应支付的相关税费和其他费用，贷记"银行存款"、"应交税费"等科目，按其差额，借记"营业外支出"科目。

（4）以修改其他债务条件进行清偿的，应按修改其他债务条件后债权的公允价值，借记"应收账款"科目，按重组债权的账面余额，贷记"应收账款"科目，按其差额，借记"营业外支出"科目。

【例1】公司 2006 年 1 月 6 日销售给新地公司产品一批，售价金额 10 000 000 元，专用发票上注明的增值税额为 1 700 000 元。新地公司因发生财务困难而无法偿还该债务。2007 年 9 月 10 日公司与新地公司达成债务重组协议，公司同意减免新地公司债务 2 000 000 元，余额用现金偿清。公司已对该债权计提坏账准备 500 000 元。

```
借：银行存款                              9 700 000
    坏账准备                              500 000
    营业外支出——债务重组损失              1 500 000
    贷：应收账款                                   11 700 000
```

💡〔注释〕

收到现金 = 11 700 000 - 2 000 000 = 9 700 000（元）

应收账款账面价值 = 11 700 000 - 500 000 = 11 200 000（元）

因此，收到现金小于应收账款账面价值。

【例2】公司 2005 年 1 月 10 日销售给南通公司产品一批，售价金额 10 000 000 元，专用发票上注明的增值税额为 1 700 000 元。南通公司因发生财务困难而无法偿还该债务。2007 年 10 月 26 日公司与南通公司达成债务重组协议，公司同意减免南通公司债务 1 000 000 元，余额用现金偿清。公司已对该债权计提坏账准备 1 500 000 元。

```
借：银行存款                              10 700 000
    坏账准备                              1 500 000
    贷：应收账款                                   11 700 000
        资产减值损失                               500 000
```

💡〔注释〕

收到现金 = 11 700 000 - 1 000 000 = 10 700 000（元）

应收账款账面价值 = 11 700 000 - 1 500 000 = 10 200 000（元）

因此，收到现金大于应收账款账面价值。

【例3】公司 2006 年 1 月 16 日销售一批材料给京奥公司，价税合计为 5 850 000 元。由于京奥公司发生财务困难，无法偿还该债务，2007 年 7 月 15 日公司与京奥公司达成债务重组协议，协议规定京奥公司用其一台大型机械设备抵偿该债务，公司将该机械设备作为固定资产进行管理。该设备经评估后的公允价值为 5 400 000 元，公司对该笔债权计提了 500 000 元的坏账准备。

```
借：固定资产                              5 400 000
    坏账准备                              500 000
```

> 贷：应收账款　　　　　　　　　　　　　　　　　　　5 850 000
>
> 　资产减值损失　　　　　　　　　　　　　　　　　　　50 000

💡〔注释〕

非现金资产公允价值 = 5 400 000（元）

应收账款账面价值 = 5 850 000 − 500 000 = 5 350 000（元）

因此，非现金资产公允价值大于应收账款账面价值。

3. 坏账准备的计提与转回

资产负债表日，应收款项发生减值的；按应减记的金额，借记"资产减值损失"科目，贷记"坏账准备"科目。本期应计提的坏账准备大于其账面余额的，应按其差额计提；应计提的坏账准备小于其账面余额的差额做相反的会计分录。

对于确实无法收回的应收款项，按管理权限报经批准后作为坏账，转销应收款项，借记"坏账准备"科目，贷记"应收票据"、"应收账款"、"预付账款"、"其他应收款"、"长期应收款"等科目。

已确认并转销的应收款项以后又收回的，应按实际收回的金额，借记"应收票据"、"应收账款"、"预付账款"、"其他应收款"、"长期应收款"等科目，贷记"坏账准备"科目；同时，借记"银行存款"科目，贷记"应收票据"、"应收账款"、"预付账款"、"其他应收款"、"长期应收款"等科目。

对于已确认并转销的应收款项以后又收回的，也可以按照实际收回的金额，借记"银行存款"科目，贷记"坏账准备"科目。

【例1】公司2007年12月31日，根据应收账款的余额，计提坏账准备1 500 000元。坏账准备本月科目贷方余额1 000 000元，当期应提取的坏账准备500 000元。

> 借：资产减值损失——坏账准备　　　　　　　　　　　500 000
>
> 　贷：坏账准备　　　　　　　　　　　　　　　　　　　500 000

【例2】在上例中，坏账准备科目本月贷方余额若为1 600 000元，其差额100 000元，则应冲减当期资产减值损失。

> 借：坏账准备　　　　　　　　　　　　　　　　　　　100 000
>
> 　贷：资产减值损失——坏账准备　　　　　　　　　　100 000

【例3】公司2007年4月27日，经批准应收恒信公司的账款650 000元因逾期而无法收回确认为坏账损失。

> 借：坏账准备　　　　　　　　　　　　　　　　　　　650 000
>
> 　贷：应收账款　　　　　　　　　　　　　　　　　　650 000

【例4】公司2007年7月10日，收到恒信公司转账支票一张，收回已转销坏账损失的应收账款650 000元。

> ①借：应收账款　　　　　　　　　　　　　　　　　　650 000
>
> 　贷：坏账准备　　　　　　　　　　　　　　　　　　650 000
>
> ②借：银行存款　　　　　　　　　　　　　　　　　　650 000
>
> 　贷：应收账款　　　　　　　　　　　　　　　　　　650 000

（二）交易性金融资产核算

1. 交易性金融资产的取得

企业取得交易性金融资产，按其公允价值，借记"交易性金融资产（成本）"科目，按发生的交易费用，借记"投资收益"科目，按已到付息期但尚未领取的利息或已宣告但尚未发放的现金股利，借记"应收利息"或"应收股利"科目，按实际支付的金额，贷记"银行存款"等科目。

例如，公司 2007 年 1 月 1 日购入债券一批，面值共计 10 000 000 元，年利率为 3%，半年付息一次，公司将其划分为交易性金融资产。取得时，支付价款 10 300 000 元（含已宣告发放利息 300 000 元），另支付交易费用 50 000 元。

借：交易性金融资产——成本　　　　　　　　　　　　10 000 000

　　应收利息　　　　　　　　　　　　　　　　　　　　300 000

　　投资收益　　　　　　　　　　　　　　　　　　　　 50 000

　　　贷：银行存款　　　　　　　　　　　　　　　　　　　10 350 000

2. 资产负债表日交易性金融资产的公允价值变动

交易性金融资产持有期间被投资单位宣告发放的现金股利，或在资产负债表日按分期付息、一次还本债券投资的票面利率计算的利息，借记"应收股利"或"应收利息"科目，贷记"投资收益"科目。

收到现金股利或债券利息时，借记"银行存款"科目，贷记"应收股利"或"应收利息"科目。

票面利率与实际利率差异较大的，应采用实际利率计算确定债券利息收入。

资产负债表日，交易性金融资产的公允价值高于其账面余额的差额，借记"交易性金融资产（公允价值变动）"科目，贷记"公允价值变动损益"科目；公允价值低于其账面余额的差额，做相反的会计分录。

【例 1】承上例，2007 年 3 月 5 日，公司收到最初支付价款中所含利息 300 000 元。

借：银行存款　　　　　　　　　　　　　　　　　　　　300 000

　　　贷：应收利息　　　　　　　　　　　　　　　　　　　　300 000

【例 2】承上例，2007 年 5 月 31 日，该批债券的公允价值为 10 500 000 元。

借：交易性金融资产——公允价值变动　　　　　　　　500 000

　　　贷：公允价值变动损益　　　　　　　　　　　　　　　500 000

【例 3】承上例，2007 年 6 月 30 日，按债券票面利率计算该批债券利息。

借：应收利息　　　　　　　　　　　　　　　　　　　　150 000

　　　贷：投资收益　　　　　　　　　　　　　　　　　　　　150 000

【例 4】承上例，2007 年 6 月 30 日，该批债券的公允价值为 10 800 000 元。

借：交易性金融资产——公允价值变动　　　　　　　　300 000

　　　贷：公允价值变动损益　　　　　　　　　　　　　　　300 000

【例 5】承上例，2007 年 7 月 31 日，该批债券的公允价值为 10 700 000 元。

借：公允价值变动损益 100 000
　　贷：交易性金融资产——公允价值变动 100 000

3. 交易性金融资产的出售

出售交易性金融资产时，应按实际收到的金额，借记"银行存款"等科目，按该项交易性金融资产的成本，贷记"交易性金融资产（成本）"科目，按该项交易性金融资产的公允价值变动，贷记或借记"交易性金融资产（公允价值变动）"科目，按其差额，贷记或借记"投资收益"科目。同时，将原计入该金融资产的公允价值变动转出，借记或贷记"公允价值变动损益"科目，贷记或借记"投资收益"科目。

例如，承上例，公司于2007年8月16日将该批债券全部出售，取得收入12 000 000元。

（1）借：银行存款 12 000 000
　　　　贷：交易性金融资产——成本 10 000 000
　　　　　　　　　　　　——公允价值变动 700 000
　　　　　　投资收益 1 300 000
（2）借：公允价值变动损益 700 000
　　　　贷：投资收益 700 000

（三）持有至到期投资核算

1. 持有至到期投资的取得

企业取得的持有至到期投资，应按该投资的面值，借记"持有至到期投资（成本）"科目，按支付的价款中包含的已到付息期但尚未领取的利息，借记"应收利息"科目，按实际支付的金额，贷记"银行存款"等科目，按其差额，借记或贷记"持有至到期投资（利息调整）"科目。

例如，公司2007年1月1日购入宝钢公司2007年1月1日发行的五年期债券，票面利率6%，债券面值10 000 000元。公司支付价款10 550 000元；该批债券每年付息一次，最后一年归还本金并付最后一次利息。

借：持有至到期投资——投资成本 10 000 000
　　　　　　　　　　——利息调整 550 000
　　贷：银行存款 10 550 000

2. 持有至到期投资的计息

未发生减值的持有至到期投资如为分期付息、一次还本债券投资，应于资产负债表日按票面利率计算确定的应收未收利息，借记"应收利息"科目，按持有至到期投资摊余成本和实际利率计算确定的利息收入，贷记"投资收益"科目，按其差额，借记或贷记"持有至到期投资（利息调整）"科目。

未发生减值的持有至到期投资如为一次还本付息债券投资，应于资产负债表日按票面利率计算确定的应收未收利息，借记"持有至到期投资（应计利息）"科目，持有至到期投资摊余成本和实际利率计算确定的利息收入，贷记"投资收益"科目，按其差额，借记或贷记"持有至到期投资（利息调整）"科目。

收到取得持有至到期投资支付的价款中包含的已到付息期但尚未领取的债券利息，借记"银行存款"等科目，贷记"应收利息"科目。

收到分期付息、一次还本持有至到期投资持有期间支付的利息，借记"银行存款"等科目，贷记"应收利息"科目。

例如，承上例，公司对购入的宝钢公司债券每年年末进行利息的计算和溢折价的摊销，利息调整如表 9 - 19 所示。

表 9 - 19　　　　　　　　　持有至到期投资利息调整计算表　　　　　　　单位：元

计息日期	应计利息	利息收入	每期利息调整额	利息调整的余额	持有至到期债券账面余额
	1 = 面值 × 票面利率	2 = 上一期5 × 实际利率	3 = 1 - 2	4 = 上一期 - 3	5 = 上一期5 - 3
2007. 1. 1				550 000	10 550 000
2007. 12. 31	600 000	500 070	99 930	450 070	10 450 070
2008. 12. 31	600 000	495 333	104 667	345 403	10 345 403
2009. 12. 31	600 000	490 372	109 628	235 775	10 235 775
2010. 12. 31	600 000	485 176	114 824	120 951	10 120 951
2011. 12. 31	600 000	479 049	120 951	0	10 000 000
合　计	3 000 000	2 450 000	550 000	—	—

〔注释〕

在计算债券实际利率时，如为分期收取利息，到期一次收回本金和最后一期利息的，应当根据"债券面值 + 债券溢价（或减去债券折价）= 债券到期应收本金的贴现值 + 各期收取的债券利息的贴现值"的公式。

即：$1\ 000 + 55 = 1\ 000 \div (1 + r)^5 + [60 \div (1 + r) + 60 \div (1 + r)^2 + 60 \div (1 + r)^3 + 60 \div (1 + r)^4 + 60 \div (1 + r)^5]$

采用"插值法"计算得出：

$(r - 4\%) \div (5\% - 4\%) = (1\ 055 - 1\ 089.04) \div (1\ 043.29 - 1\ 089.04)$

$r = 4\% + (1\ 055 - 1\ 089.04) \div (1\ 043.29 - 1\ 089.04) \times (5\% - 4\%) = 4\% + (-34.04) \div (-45.75) \times 1\% = 4\% + 0.74\% = 4.74\%$

（1）2007 年 12 月 31 日

借：应收利息　　　　　　　　　　　　　　　　　　600 000
　　贷：投资收益　　　　　　　　　　　　　　　　　　500 070
　　　　持有至到期投资——利息调整　　　　　　　　　　99 930
借：银行存款　　　　　　　　　　　　　　　　　　600 000
　　贷：应收利息　　　　　　　　　　　　　　　　　　600 000

（2）2008 年 12 月 31 日

借：应收利息　　　　　　　　　　　　　　　　　　600 000

贷：投资收益	495 333
持有至到期投资——利息调整	104 667
借：银行存款	600 000
贷：应收利息	600 000

（3）2009 年 12 月 31 日

借：应收利息	600 000
贷：投资收益	490 372
持有至到期投资——利息调整	109 628
借：银行存款	600 000
贷：应收利息	600 000

（4）2010 年 12 月 31 日

借：应收利息	600 000
贷：投资收益	485 176
持有至到期投资——利息调整	114 824
借：银行存款	600 000
贷：应收利息	600 000

（5）2011 年 12 月 31 日

借：应收利息	600 000
贷：投资收益	479 049
持有至到期投资——利息调整	120 951
借：银行存款	10 600 000
贷：持有至到期投资	10 000 000
应收利息	600 000

3. 持有至到期投资的减值

资产负债表日，公司根据金融工具确认和计量准则确定持有至到期投资发生减值的，按应减记的金额，借记"资产减值损失"科目，贷记"持有至到期投资减值准备"科目。

已计提减值准备的持有至到期投资价值以后又得以恢复，应在原已计提的减值准备金额内，按恢复增加的金额，借记"持有至到期投资减值准备"科目，贷记"资产减值损失"科目。

例如，公司 2008 年 12 月 31 日，其持有的上述宝钢公司债券发生减值，减值的金额为 500 000 元。

借：资产减值损失	500 000
贷：持有至到期投资减值准备	500 000

4. 持有至到期投资的出售

出售持有至到期投资时，应按实际收到的金额，借记"银行存款"等科目，已计提减值准备的，借记"持有至到期投资减值准备"科目，按其账面余额，贷记

"持有至到期投资（成本、利息调整、应计利息）"科目，按其差额，贷记或借记"投资收益"科目。

例如，公司 2009 年 1 月 1 日，将其持有的上述宝钢公司债券全部售出，取得收入 11 000 000 元。

借：银行存款　　　　　　　　　　　　　　　　　　11 000 000
　　持有至到期投资减值准备　　　　　　　　　　　　500 000
　　贷：持有至到期投资——投资成本　　　　　　　　　　10 000 000
　　　　　　　　　——利息调整　　　　　　　　　　　345 403
　　　　投资收益　　　　　　　　　　　　　　　　　　1 154 597

（四）可供出售金融资产核算

1. 可供出售金融资产的取得

企业取得可供出售的金融资产，应按其公允价值与交易费用之和，借记"可供出售金融资产（成本）"科目，按支付的价款中包含的已宣告但尚未发放的现金股利，借记"应收股利"科目，按实际支付的金额，贷记"银行存款"等科目。

企业取得的可供出售金融资产为债券投资的，应按债券的面值，借记"可供出售金融资产（成本）"科目，按支付的价款中包含的已到付息期但尚未领取的利息，借记"应收利息"科目，按实际支付的金额，贷记"银行存款"等科目，按其差额，借记或贷记"可供出售金融资产（利息调整）"科目。

例如，公司 2007 年 1 月 1 日取得东软公司的股票 1 000 000 股，每股支付价款 3 元。另支付交易费用 30 000 元。

借：可供出售金融资产——成本　　　　　　　　　　3 030 000
　　贷：银行存款　　　　　　　　　　　　　　　　　　3 030 000

2. 资产负债表日可供出售金融资产公允价值变动

资产负债表日，可供出售债券为分期付息、一次还本债券投资的，应按票面利率计算确定的应收未收利息，借记"应收利息"科目，按可供出售债券的摊余成本和实际利率计算确定的利息收入，贷记"投资收益"科目，按其差额，借记或贷记"可供出售金融资产（利息调整）"科目。

可供出售债券为一次还本付息债券投资的，应于资产负债表日按票面利率计算确定的应收未收利息，借记"可供出售金融资产（应计利息）"科目，按可供出售债券的摊余成本和实际利率计算确定的利息收入，贷记"投资收益"科目，按其差额，借记或贷记"可供出售金融资产（利息调整）"科目。

资产负债表日，可供出售金融资产的公允价值高于其账面余额的差额，借记"可供出售金融资产（公允价值变动）"科目，贷记"资本公积——其他资本公积"科目；公允价值低于其账面余额的差额做相反的会计分录。

例如，承上例，2008 年 12 月 31 日，公司持有的东软公司股票的公允价值为 2 800 000 元。

借：资本公积——其他资本公积　　　　　　　　　　230 000
　　贷：可供出售金融资产——公允价值变动　　　　　　　　230 000

3. 可供出售金融资产的减值

确定可供出售金融资产发生减值的，按应减记的金额，借记"资产减值损失"科目，按应从所有者权益中转出原计入资本公积的累计损失金额，贷记"资本公积——其他资本公积"科目，按其差额，贷记"可供出售金融资产（公允价值变动）"科目。

对于已确认减值损失的可供出售金融资产，在随后会计期间内公允价值已上升且客观上与确认原减值损失事项有关的，应按原确认的减值损失，借记"可供出售金融资产（公允价值变动）"科目，贷记"资产减值损失"科目；但可供出售金融资产为股票等权益工具投资的（不含在活跃市场上没有报价、公允价值不能可靠计量的权益工具投资），借记"可供出售金融资产（公允价值变动）"科目，贷记"资本公积——其他资本公积"科目。

例如，承上例，由于东软公司经营不善，其股票价格明显下跌，2009 年 12 月 31 日，公司持有其股票发生减值，该股票的可收回金额为 2 600 000 元。

借：资产减值损失　　　　　　　　　　　　　　　430 000
　　贷：资本公积——其他资本公积　　　　　　　　　　230 000
　　　　可供出售金融资产——公允价值变动　　　　　　200 000

4. 可供出售金融资产的出售

出售可供出售的金融资产，应按实际收到的金额，借记"银行存款"等科目，按其账面余额，贷记"可供出售金融资产"科目，按应从所有者权益中转出的公允价值累计变动额，借记或贷记"资本公积——其他资本公积"科目，按其差额，贷记或借记"投资收益"科目。

例如，承上例，2010 年 10 月 6 日，公司将持有的东软公司股票出售，售价为 2 700 000 元。

借：银行存款　　　　　　　　　　　　　　　　2 700 000
　　贷：可供出售金融资产　　　　　　　　　　　　　2 600 000
　　　　投资收益　　　　　　　　　　　　　　　　　100 000

（五）交易性金融负债核算

1. 公司承担交易性金融负债

公司承担交易性金融负债时，应按实际收到的金额，借记"银行存款"等科目，按发生的交易费用，借记"投资收益"科目，按交易性金融负债的公允价值，贷记"交易性金融负债（本金）"科目。

例如，公司为了筹集短期经营资金的需要，于 2007 年 1 月 1 日发行了一批期限为 9 个月的短期债券，该批债券的面值为 5 000 000 元，债券的票面利率为 4%，到期还本付息，发行价格为 5 100 000 元，以银行存款支付的债券发行费用为 60 000 元。

```
借：银行存款                                    5 100 000
    投资收益                                       60 000
  贷：交易性金融负债——本金                          5 100 000
      银行存款                                        60 000
```

2. 期末交易性金融负债公允价值变动

资产负债表日，按交易性金融负债票面利率计算的利息，借记"投资收益"科目，贷记"应付利息"科目。

资产负债表日，交易性金融负债的公允价值高于其账面余额的差额，借记"公允价值变动损益"科目，贷记"交易性金融负债（公允价值变动）"科目；公允价值低于其账面余额的差额做相反的会计分录。

例如，承上例，由于债券市场价格发生了较大幅度的波动，2007 年 6 月 30 日公司发行的短期债券公允价值为 4 800 000 元。

```
借：交易性金融负债——公允价值变动                  300 000
  贷：公允价值变动损益                               300 000
```

3. 处置交易性金融负债

处置交易性金融负债，应按该金融负债的账面余额，借记"交易性金融负债"科目，按实际支付的金额，贷记"银行存款"等科目，按其差额，贷记或借记"投资收益"科目。同时，按该金融负债的公允价值变动，借记或贷记"公允价值变动损益"科目，贷记或借记"投资收益"科目。

例如，承上例，公司发行的短期债券于 2007 年 9 月 30 日到期，公司以银行存款支付全部本息。

```
（1）借：交易性金融负债                          4 800 000
        投资收益                                  350 000
      贷：银行存款                                    5 150 000
（2）借：公允价值变动损益                          300 000
      贷：投资收益                                    300 000
```

（六）常规方式买卖金融资产的确认和计量

企业采用常规方式买卖金融资产，是指按照合同条款的约定，在法规或通行惯例规定的期限内收取或交付金融资产。证券交易所、银行间市场、外汇交易中心等市场发生的证券、外汇买卖交易，通常采用常规方式。

以常规方式买卖金融资产，应当按交易日会计进行确认和终止确认。交易日是指企业承诺买入或者卖出金融资产的日期。交易日会计的处理原则包括：（1）在交易日确认将于结算日取得的资产及偿付的债务；（2）在交易日终止确认将于结算日交付的金融资产并确认相关损益，同时确认将于结算日向买方收取的款项。上述交易所形成资产和负债相关的利息，通常应于结算日所有权转移后开始计提并确认。

第十节 企业合并业务核算

一、企业合并业务核算有关规定

(一) 企业合并的定义与范围

1. 企业合并,是指将两个或者两个以上单独的企业合并形成一个报告主体的交易或事项。企业合并分为同一控制下的企业合并和非同一控制下的企业合并。

🔍 〔注释〕

企业合并的方式。

(1) 控股合并。合并方 (或购买方) 在企业合并中取得对被合并方 (或被购买方) 的控制权,被合并方 (或被购买方) 在合并后仍保持其独立的法人资格并继续经营,合并方 (或购买方) 确认企业合并形成的对被合并方 (或被购买方) 的投资。

(2) 吸收合并。合并方 (或购买方) 通过企业合并取得被合并方 (或被购买方) 的全部净资产,合并后注销被合并方 (或被购买方) 的法人资格,被合并方 (或被购买方) 原持有的资产、负债,在合并后成为合并方 (或购买方) 的资产、负债。

(3) 新设合并。参与合并的各方在合并后法人资格均被注销,重新注册成立一家新的企业。

2. 涉及业务的合并比照本准则规定处理。

🔍 〔注释〕

有关资产、负债的组合要形成一项业务,通常应具备以下要素: (1) 投入,指原材料、人工、必要的生产技术等无形资产以及构成生产能力的机器设备等其他长期资产的投入;(2) 加工处理过程,指具有一定的管理能力、运营过程,能够组织投入形成产出;(3) 产出,如生产出产成品,或是通过为其他部门提供服务来降低企业整体的运行成本等其他带来经济利益的方式。有关资产或资产、负债的组合要构成一项业务,不一定要同时具备上述三个要素,某些情况下具备投入和加工处理过程两个要素即可认为构成一项业务。业务的目的,主要是为了向投资者提供回报,如生产的产品出售后形成现金流入,或是能够为企业的生产经营带来其他经济利益,如能够降低成本等。

有关资产或资产、负债的组合是否构成一项业务,应结合所取得资产、负债的内在联系及加工处理过程等进行综合判断。实务中出现的如一个企业对另一个企业某条具有独立生产能力的生产线的合并、一家保险公司对另一家保险公司寿险业务的合并等,一般构成业务合并。

如果一个企业取得了对另一个或多个企业的控制权,而被购买方 (或被合并方) 并不构成业务,则该交易或事项不形成企业合并。企业取得了不形成业务的一组资产或是净资产时，应将购买成本按购买日所取得各项可辨认资产、负债的相对公允价值为基础进行分配，不按照企业合并准则进行处理。

3. 本准则不涉及下列企业合并：

（1）两方或者两方以上形成合营企业的企业合并。

（2）仅通过合同而不是所有权份额将两个或者两个以上单独的企业合并形成一个报告主体的企业合并。

（二）同一控制下的企业合并

1. 参与合并的企业在合并前后均受同一方或相同的多方最终控制且该控制并非暂时性的，为同一控制下的企业合并。

同一控制下的企业合并，在合并日取得对其他参与合并企业控制权的一方为合并方，参与合并的其他企业为被合并方。

合并日，是指合并方实际取得对被合并方控制权的日期。

💡〔注释〕

同一方，是指对参与合并的企业在合并前后均实施最终控制的投资者。

相同的多方，通常是指根据投资者之间的协议约定，在对被投资单位的生产经营决策行使表决权时发表一致意见的两个或两个以上的投资者。

控制并非暂时性，是指参与合并的各方在合并前后较长的时间内受同一方或相同的多方最终控制。较长的时间通常指1年以上（含1年）。

同一控制下企业合并的判断，应当遵循实质重于形式的要求。

💡〔注释〕

合并日或购买日的确定。

企业应当在合并日或购买日确认因企业合并取得的资产、负债。按照本准则第五条和第十条规定，合并日或购买日是指合并方或购买方实际取得对被合并方或被购买方控制权的日期，即被合并方或被购买方的净资产或生产经营决策的控制权转移给合并方或购买方的日期。

同时满足下列条件的，通常可认为实现了控制权的转移：

（1）企业合并合同或协议已获股东大会等通过。

（2）企业合并事项需要经过国家有关主管部门审批的，已获得批准。

（3）参与合并各方已办理了必要的财产权转移手续。

（4）合并方或购买方已支付了合并价款的大部分（一般应超过50%），并且有能力、有计划支付剩余款项。

（5）合并方或购买方实际上已经控制了被合并方或被购买方的财务和经营政策，并享有相应的利益、承担相应的风险。

2. 合并方在企业合并中取得的资产和负债，应当按照合并日在被合并方的账面价值计量。合并方取得的净资产账面价值与支付的合并对价账面价值（或发行股份面值总额）的差额，应当调整资本公积；资本公积不足以冲减的，调整留存收益。

3. 同一控制下的企业合并中，被合并方采用的会计政策与合并方不一致的，合并方在合并日应当按照本企业会计政策对被合并方的财务报表相关项目进行调整，在此基础上按照本准则规定确认。

4. 合并方为进行企业合并发生的各项直接相关费用，包括为进行企业合并而支付的审计费用、评估费用、法律服务费用等，应当于发生时计入当期损益。

为企业合并发行的债券或承担其他债务支付的手续费、佣金等，应当计入所发行债券及其他债务的初始计量金额。企业合并中发行权益性证券发生的手续费、佣金等费用，应当抵减权益性证券溢价收入，溢价收入不足以冲减的，冲减留存收益。

5. 企业合并形成母子公司关系的，母公司应当编制合并日的合并资产负债表、合并利润表和合并现金流量表。

合并资产负债表中被合并方的各项资产、负债，应当按其账面价值计量。因被合并方采用的会计政策与合并方不一致，按照本准则规定进行调整的，应当以调整后的账面价值计量。

合并利润表应当包括参与合并各方自合并当期期初至合并日所发生的收入、费用和利润。被合并方在合并前实现的净利润，应当在合并利润表中单列项目反映。

合并现金流量表应当包括参与合并各方自合并当期期初至合并日的现金流量。

编制合并财务报表时，参与合并各方的内部交易等，应当按照《企业会计准则第33号——合并财务报表》处理。

（三）非同一控制下的企业合并

1. 参与合并的各方在合并前后不受同一方或相同的多方最终控制的，为非同一控制下的企业合并。

非同一控制下的企业合并，在购买日取得对其他参与合并企业控制权的一方为购买方，参与合并的其他企业为被购买方。购买日，是指购买方实际取得对被购买方控制权的日期。

2. 购买方应当区别下列情况确定合并成本：

（1）一次交换交易实现的企业合并，合并成本为购买方在购买日为取得对被购买方的控制权而付出的资产、发生或承担的负债以及发行的权益性证券的公允价值。

（2）通过多次交换交易分步实现的企业合并，合并成本为每一单项交易成本之和。

（3）购买方为进行企业合并发生的各项直接相关费用也应当计入企业合并成本。

（4）在合并合同或协议中对可能影响合并成本的未来事项作出约定的，购买日如果估计未来事项很可能发生并且对合并成本的影响金额能够可靠计量的，购买方应当将其计入合并成本。

3. 购买方在购买日对作为企业合并对价付出的资产、发生或承担的负债应当按照公允价值计量，公允价值与其账面价值的差额，计入当期损益。

4. 购买方在购买日应当对合并成本进行分配，按照本准则第十四条的规定确认所取得的被购买方各项可辨认资产、负债及或有负债。

（1）购买方对合并成本大于合并中取得的被购买方可辨认净资产公允价值份额

的差额，应当确认为商誉。

初始确认后的商誉，应当以其成本扣除累计减值准备后的金额计量。商誉的减值应当按照《企业会计准则第8号——资产减值》处理。

（2）购买方对合并成本小于合并中取得的被购买方可辨认净资产公允价值份额的差额，应当按照下列规定处理：

①对取得的被购买方各项可辨认资产、负债及或有负债的公允价值以及合并成本的计量进行复核；

②经复核后合并成本仍小于合并中取得的被购买方可辨认净资产公允价值份额的，其差额应当计入当期损益。

5. 被购买方可辨认净资产公允价值，是指合并中取得的被购买方可辨认资产的公允价值减去负债及或有负债公允价值后的余额。被购买方各项可辨认资产、负债及或有负债，符合下列条件的，应当单独予以确认：

（1）合并中取得的被购买方除无形资产以外的其他各项资产（不仅限于被购买方原已确认的资产），其所带来的经济利益很可能流入企业且公允价值能够可靠地计量的，应当单独予以确认并按照公允价值计量。

合并中取得的无形资产，其公允价值能够可靠地计量的，应当单独确认为无形资产并按照公允价值计量。

（2）合并中取得的被购买方除或有负债以外的其他各项负债，履行有关的义务很可能导致经济利益流出企业且公允价值能够可靠地计量的，应当单独予以确认并按照公允价值计量。

（3）合并中取得的被购买方或有负债，其公允价值能够可靠地计量的，应当单独确认为负债并按照公允价值计量。或有负债在初始确认后，应当按照下列两者孰高进行后续计量：

①按照《企业会计准则第13号——或有事项》应予确认的金额；

②初始确认金额减去按照《企业会计准则第14号——收入》的原则确认的累计摊销额后的余额。

🔍 〔注释〕

购买方应当按照以下规定确定合并中取得的被购买方各项可辨认资产、负债及或有负债的公允价值：

①货币资金，按照购买日被购买方的账面余额确定。

②有活跃市场的股票、债券、基金等金融工具，按照购买日活跃市场中的市场价格确定。

③应收款项，其中的短期应收款项，一般按照应收取的金额作为其公允价值；长期应收款项，应按适当的利率折现后的现值确定其公允价值。在确定应收款项的公允价值时，应考虑发生坏账的可能性及相关收款费用。

④存货，对其中的产成品和商品按其估计售价减去估计的销售费用、相关税费以及购买方出售类似产成品或商品估计可能实现的利润确定；在产品按完工产品的估计售价减去至完工仍将发生的成本、估计的销售费用、相关税费以及基于同类或类似产

成品的基础上估计出售可能实现的利润确定；原材料按现行重置成本确定。

⑤不存在活跃市场的金融工具如权益性投资等，应当参照《企业会计准则第22号——金融工具确认和计量》的规定，采用估值技术确定其公允价值。

⑥房屋建筑物、机器设备、无形资产，存在活跃市场的，应以购买日的市场价格为基础确定其公允价值；不存在活跃市场，但同类或类似资产存在活跃市场的，应参照同类或类似资产的市场价格确定其公允价值；同类或类似资产也不存在活跃市场的，应采用估值技术确定其公允价值。

⑦应付账款、应付票据、应付职工薪酬、应付债券、长期应付款，其中的短期负债，一般按照应支付的金额确定其公允价值；长期负债，应按适当的折现率折现后的现值作为其公允价值。

⑧取得的被购买方的或有负债，其公允价值在购买日能够可靠计量的，应确认为预计负债。此项负债应当按照假定第三方愿意代购买方承担，就其所承担义务需要购买方支付的金额作为其公允价值。

⑨递延所得税资产和递延所得税负债，取得的被购买方各项可辨认资产、负债及或有负债的公允价值与其计税基础之间存在差额的，应当按照《企业会计准则第18号——所得税》的规定确认相应的递延所得税资产或递延所得税负债，所确认的递延所得税资产或递延所得税负债的金额不应折现。

6. 企业合并形成母子公司关系的，母公司应当设置备查簿，记录企业合并中取得的子公司各项可辨认资产、负债及或有负债等在购买日的公允价值。编制合并财务报表时，应当以购买日确定的各项可辨认资产、负债及或有负债的公允价值为基础对子公司的财务报表进行调整。

🔎〔注释〕

按照公允价值重新编制子公司的财务报表，应该将子公司公允价值与计税基础之间差额产生的递延所得税资产和递延所得税负债列示在子公司的资产负债表中，可辨认净资产的公允价值会因此发生变动。

7. 企业合并发生当期的期末，因合并中取得的各项可辨认资产、负债及或有负债的公允价值或企业合并成本只能暂时确定的，购买方应当以所确定的暂时价值为基础对企业合并进行确认和计量。

购买日后12个月内对确认的暂时价值进行调整的，视为在购买日确认和计量。

🔎〔注释〕

购买日后12个月内对确认的暂时价值进行调整，则需要重新计算商誉，并以调整后的子公司的公允价值对子公司的报表进行调整。

8. 企业合并形成母子公司关系的，母公司应当编制购买日的合并资产负债表，因企业合并取得的被购买方各项可辨认资产、负债及或有负债应当以公允价值列示。母公司的合并成本与取得的子公司可辨认净资产公允价值份额的差额，以按照本准则规定处理的结果列示。

🔎〔注释〕

非同一控制下的企业合并。

（1）非同一控制下的吸收合并，购买方在购买日应当按照合并中取得的被购买方各项可辨认资产、负债的公允价值确定其入账价值，确定的企业合并成本与取得被购买方可辨认净资产公允价值的差额，应确认为商誉或计入当期损益。

（2）非同一控制下的控股合并，母公司在购买日编制合并资产负债表时，对于被购买方可辨认资产、负债应当按照合并中确定的公允价值列示，企业合并成本大于合并中取得的被购买方可辨认净资产公允价值份额的差额，确认为合并资产负债表中的商誉。企业合并成本小于合并中取得的被购买方可辨认净资产公允价值份额的差额，在购买日合并资产负债表中调整盈余公积和未分配利润。

非同一控制下的企业合并形成母子公司关系的，母公司应自购买日起设置备查簿，登记其在购买日取得的被购买方可辨认资产、负债的公允价值，为以后期间编制合并财务报表提供基础资料。

（3）分步实现的企业合并。根据本准则第十一条（二）的规定，通过多次交换交易分步实现的企业合并，合并成本为每一单项交易成本之和。购买方在购买日，应当按照以下步骤进行处理：

①将原持有的对被购买方的投资账面价值调整恢复至最初取得成本，相应调整留存收益等所有者权益项目。

②比较每一单项交易的成本与交易时应享有被投资单位可辨认净资产公允价值的份额，确定每一单项交易中应予确认的商誉金额（或应予确认损益的金额）。

③购买方在购买日确认的商誉（或计入损益的金额）应为每一单项交易产生的商誉（或应予确认损益的金额）之和。

（4）被购买方在购买日与原交易日之间可辨认净资产公允价值的变动相对于原持股比例的部分，属于被购买方在交易日至购买日之间实现留存收益的，相应调整留存收益，差额调整资本公积。

（四）企业合并的披露

1. 企业合并发生当期的期末，合并方应当在附注中披露与同一控制下企业合并有关的下列信息：

（1）参与合并企业的基本情况。

（2）属于同一控制下企业合并的判断依据。

（3）合并日的确定依据。

（4）以支付现金、转让非现金资产以及承担债务作为合并对价的，所支付对价在合并日的账面价值；以发行权益性证券作为合并对价的，合并中发行权益性证券的数量及定价原则，以及参与合并各方交换有表决权股份的比例。

（5）被合并方的资产、负债在上一会计期间资产负债表日及合并日的账面价值；被合并方自合并当期期初至合并日的收入、净利润、现金流量等情况。

（6）合并合同或协议约定将承担被合并方或有负债的情况。

（7）被合并方采用的会计政策与合并方不一致所作调整情况的说明。

（8）合并后已处置或准备处置被合并方资产、负债的账面价值、处置价格等。

2. 企业合并发生当期的期末，购买方应当在附注中披露与非同一控制下企业合并有关的下列信息：

（1）参与合并企业的基本情况。

（2）购买日的确定依据。

（3）合并成本的构成及其账面价值、公允价值及公允价值的确定方法。

（4）被购买方各项可辨认资产、负债在上一会计期间资产负债表日及购买日的账面价值和公允价值。

（5）合并合同或协议约定将承担被购买方或有负债的情况。

（6）被购买方自购买日起至报告期期末的收入、净利润和现金流量等情况。

（7）商誉的金额及其确定方法。

（8）因合并成本小于合并中取得的被购买方可辨认净资产公允价值的份额计入当期损益的金额。

（9）合并后已处置或准备处置被购买方资产、负债的账面价值、处置价格等。

二、《企业合并》有关内容的理解

（一）企业合并的定义和范围

1. 企业合并准则规范的企业合并

企业合并是将两个或两个以上单独的企业合并形成一个报告主体的交易或事项。

从企业合并的定义看，是否形成企业合并，关键要看有关交易或事项发生前后，是否引起报告主体的变化。一般情况下，法律主体即为报告主体，但除法律主体以外，报告主体的涵盖范围更广泛一些，还包括从合并财务报告角度，由母公司及其能够实施控制的子公司形成的基于合并财务报告意义的报告主体。

报告主体的变化产生于控制权的变化。在交易事项发生以后，一方能够对另一方的生产经营决策实施控制，形成母子公司关系，涉及控制权的转移，从合并财务报告角度形成报告主体的变化；交易事项发生以后，一方能够控制另一方的全部净资产，被合并的企业在合并后失去其法人资格，也涉及控制权及报告主体的变化，形成企业合并。实务中，对于交易或事项发生前后是否形成控制权的转移，应当遵循实质重于形式原则，综合可获得的各方面情况进行判断。

假定在企业合并前A、B两个企业为各自独立的法律主体（在合并交易发生前，不存在任何投资关系），企业合并准则中所界定的企业合并，包括但不限于以下情形：

（1）企业A通过增发自身的普通股自企业B原股东处取得企业B的全部股权，该交易事项发生后，企业B仍持续经营。

（2）企业A支付对价取得企业B的净资产，该交易事项发生后，撤销企业B的法人资格。

（3）企业A以其资产作为出资投入企业B，取得对企业B的控制权，该交易事项发生后，企业B仍维持其独立法人资格继续经营。

2. 不包括在企业合并准则规范范围内的交易或事项

实务中，某些交易或事项因不符合企业合并的界定，不属于企业合并准则的规范范围，或者虽然从定义上属于企业合并，但因交易条件等各方面的限制，不包括在企业合并准则的规范范围之内。

（1）购买子公司的少数股权

购买子公司的少数股权，是指在一个企业已经能够对另一个企业实施控制，双方存在母子公司关系的基础上，为增加持股比例，母公司自子公司的少数股东处购买少数股东持有的对该子公司全部或部分股权。

根据企业合并的定义，考虑到该交易或事项发生前后，不涉及控制权的转移，不形成报告主体的变化，不属于准则中所称企业合并。

（2）其他不按照企业合并准则核算的情况

①两方或多方形成合营企业的企业合并，主要是指作为合营方将其拥有的资产、负债等投入所成立的合营企业，按照合营企业章程或是合营合同、协议的规定，在合营企业成立以后，由合营各方对其生产经营活动实施共同控制的情况。

因合营企业的各合营方中，并不存在占主导作用的控制方，不属于准则中界定的企业合并。

②仅通过合同而不是所有权份额将两个或者两个以上的企业合并形成一个报告主体的交易或事项。某些情况下，一个企业能够对另一个企业实施控制，但该控制并非产生于持有另一个企业的股权，而是通过一些非股权因素产生的，例如，通过签订委托受托经营合同，作为受托方虽不拥有受托经营企业的所有权，但按照合同协议的约定能够对受托经营企业的生产经营活动实施控制。这种情况下，因无法明确计量企业合并成本，某些情况下甚至不发生任何成本，虽然涉及控制权的转移，不包括在企业合并准则的规范范围之内。

（二）企业合并的类型

考虑到实务操作过程中出现的企业合并的特点，企业合并准则中将企业合并按照一定的标准划分为两大基本类型——同一控制下的企业合并与非同一控制下的企业合并。企业合并的类型划分不同，所遵循的会计处理原则也不同。

1. 同一控制下的企业合并

同一控制下的企业合并，是指参与合并的企业在合并前后均受同一方或相同的多方最终控制且该控制并非暂时性的。

判断某一企业合并是否属于同一控制下的企业合并，应注意以下几个方面：

（1）能够对参与合并各方在合并前后均实施最终控制的一方通常指企业集团的母公司。

同一控制下的企业合并一般发生于企业集团内部，如集团内母子公司之间、子公司与子公司之间等。因为该类合并从本质上是集团内部企业之间的资产或权益的转移，一般不涉及自集团外购入子公司或向集团外其他企业出售子公司的情况，能够对参与合并企业在合并前后均实施最终控制的一方为集团的母公司。

（2）能够对参与合并的企业在合并前后均实施最终控制的相同多方，主要是指根据投资者之间的协议约定，为了扩大其中某一投资者对被投资单位的表决权比例，或者巩固某一投资者对被投资单位的控制地位，在对被投资单位的生产经营决策行使表决权时采用相同意思表示的两个或两个以上的法人或其他组织等。

（3）实施控制的时间性要求，是指参与合并各方在合并前后较长时间内为最终控制方所控制。具体是指在企业合并之前（即合并日之前），参与合并各方在最终控制方的控制时间一般在1年以上（含1年），企业合并后所形成的报告主体在最终控制方的控制时间也应达到1年以上（含1年）。

（4）企业之间的合并是否属于同一控制下的企业合并，应综合构成企业合并交易的各方面情况，按照实质重于形式的原则进行判断。通常情况下，同一控制下的企业合并是指发生在同一企业集团内部企业之间的合并。同受国家控制的企业之间发生的合并，不应仅仅因为参与合并各方在合并前后均受国家控制而将其作为同一控制下的企业合并。

2. 非同一控制下的企业合并

非同一控制下的企业合并，是指参与合并各方在合并前后不受同一方或相同的多方最终控制的合并交易，即除判断属于同一控制下企业合并的情况以外其他的企业合并。

3. 业务合并

除了一个企业对另一个或多个企业的合并以外，一个企业对其他企业某项业务的合并也视同企业合并，按照企业合并的原则处理。

业务是指企业内部某些生产经营活动或资产、负债的组合，该组合具有投入、加工处理过程和产出能力，能够独立计算其成本费用或所产生的收入，但不构成一个企业、不具有独立的法人资格。

有关资产、负债的组合要形成一项业务，通常应具备的要素包括：（1）投入，指原材料、人工、必要的生产技术等无形资产以及构成生产能力的机器设备等其他长期资产的投入；（2）加工处理过程，指具有一定的管理能力、运营过程，能够组织投入形成产出；（3）产出，最为典型的是生产出产成品，也可以是通过为其他部门提供服务来降低企业整体的运行成本等其他带来经济利益的方式。

有关资产、负债的组合要构成一项业务，不一定要同时具备上述三个要素，某些情况下具备投入和加工处理过程两个要素即可被认为构成一项业务。业务的持有目的，主要是为了向投资者提供回报，如生产的产品出售后形成现金流入，或是能够为企业的生产经营带来其他经济利益，如能够降低成本等。

有关资产或资产、负债的组合是否构成一项业务，应结合所取得资产、负债的内在联系及是否构成独立的投入、加工处理过程等进行综合判断。实务中出现的如一个企业对另一个企业某条具有独立生产能力的生产线的合并、一保险公司对另一保险公司寿险业务的合并等，一般构成业务合并。

企业合并准则着重解决了企业合并成本的确定，合并中取得有关资产、负债的确认和计量原则，合并差额的处理，以及在企业合并后形成母子公司关系的情况下，合并日或购买日财务报表的编制原则等问题。

三、同一控制下企业合并的处理

同一控制下的企业合并，是从合并方出发，确定合并方在合并日对于企业合并事项应进行的会计处理。主要包括确定合并方和合并日，确定企业合并成本，确定合并中取得有关资产、负债的入账价值及合并差额的处理。

同一控制下企业合并的合并方及合并日的确定，与本章中关于非同一控制下企业合并中购买方及购买日的确定原则相同，具体参见本章关于非同一控制下企业合并部分的介绍。

（一）同一控制下企业合并的处理原则

对于同一控制下的企业合并，企业合并准则中规定的会计处理方法类似于权益结合法。该方法是将企业合并看做是两个或多个参与合并企业权益的重新整合，由于最终控制方的存在，从最终控制方的角度，该类企业合并一定程度上并不会造成构成企业集团整体的经济利益流入和流出，最终控制方在合并前后实际控制的经济资源并没有发生变化，有关交易事项不作为出售或购买。

对于同一控制下的企业合并，在合并中不涉及自少数股东手中购买股权的情况下，合并方应遵循以下原则进行相关的处理：

1. 合并方在合并中确认取得的被合并方的资产、负债仅限于被合并方账面上原已确认的资产和负债，合并中不产生新的资产和负债。

同一控制下的企业合并，从最终控制方的角度，其在企业合并发生前后能够控制的净资产价值量并没有发生变化，因此即便是在合并过程中，取得的净资产入账价值与支付的合并对价账面价值之间存在差额，同一控制下的企业合并中一般也不产生新的商誉因素，即不确认新的资产，但被合并方在企业合并前账面上原已确认的商誉应作为合并中取得的资产确认。

2. 合并方在合并中取得的被合并方各项资产、负债应维持其在被合并方的原账面价值不变。

被合并方在企业合并前采用的会计政策与合并方不一致的，应基于重要性原则，首先统一会计政策，即合并方应当按照本企业会计政策对被合并方资产、负债的账面价值进行调整，并以调整后的账面价值作为有关资产、负债的入账价值。进行上述调整的一个基本原因是将该项合并中涉及的合并方及被合并方作为一个整体对待，对于一个完整的会计主体，其对相关交易、事项应当采用相对统一的会计政策，在此基础上反映其财务状况和经营成果。

3. 合并方在合并中取得的净资产的入账价值相对于为进行企业合并支付的对价账面价值之间的差额，不作为资产的处置损益，不影响企业合并当期的利润表，有关差额应调整所有者权益相关项目。

同一控制下的企业合并，本质上不作为购买，而是两个或多个会计主体权益的整合。合并方在企业合并中取得的价值量相对于所放弃价值量之间存在差额的，应当调整所有者权益。在根据合并差额调整合并方的所有者权益时，应首先调整资本公积（资本溢价或股本溢价），资本公积（资本溢价或股本溢价）的余额不足冲减的，应冲减留存收益。

4. 对于同一控制下的控股合并，应视同合并后形成的报告主体自最终控制方开始实施控制时一直是一体化存续下来的，体现在其合并财务报表上，即由合并后形成的母子公司构成的报告主体，无论是其资产规模还是其经营成果都应持续计算。

编制合并财务报表时，无论该项合并发生在报告期的哪一时点，合并利润表、合并现金流量表均反映的是由母子公司构成的报告主体自合并当期期初至合并日实现的损益及现金流量情况，相对应地，合并资产负债表的留存收益项目，应当反映母子公司如果一直作为一个整体运行至合并日应实现的盈余公积和未分配利润的情况。

对于同一控制下的控股合并，在合并当期编制合并财务报表时，应当对合并资产负债表的期初数进行调整，同时应当对比较报表的相关项目进行调整，视同合并后的报告主体在以前期间一直存在。

（二）同一控制下控股合并的会计处理

同一控制下的控股合并中，合并方在合并日涉及两个方面的问题：一是对于因该项企业合并形成的对被合并方的长期股权投资的确认和计量；二是合并日合并财务报表的编制。

1. 长期股权投资的确认和计量

按照《企业会计准则第 2 号——长期股权投资》的规定，同一控制下企业合并形成的长期股权投资，合并方应以合并日应享有被合并方账面所有者权益的份额作为形成长期股权投资的初始投资成本。

2. 合并日合并财务报表的编制

同一控制下的企业合并形成母子公司关系的，合并方一般应在合并日编制合并财务报表，反映于合并日形成的报告主体的财务状况、视同该主体一直存在产生的经营成果等。考虑有关因素的影响，编制合并日的合并财务报表存在困难的，下列有关原则同样适用于合并当期期末合并财务报表的编制。

编制合并日的合并财务报表时，一般包括合并资产负债表、合并利润表及合并现金流量表。

（1）合并资产负债表

被合并方的有关资产、负债应以其账面价值并入合并财务报表（合并方与被合并方采用的会计政策不同的，指按照合并方的会计政策，对被合并方有关资产、负债进行调整后的账面价值）。

在合并资产负债表中，对于被合并方在企业合并前实现的留存收益（盈余公积和未分配利润之和）中归属于合并方的部分，应按以下规定，自合并方的资本公积转入留存收益。

①确认企业合并形成的长期股权投资后，合并方账面资本公积（资本溢价或股本溢价）贷方余额大于被合并方在合并前实现的留存收益中归属于合并方的部分，在合并资产负债表中，应将被合并方在合并前实现的留存收益中归属于合并方的部分自"资本公积"转入"盈余公积"和"未分配利润"。在合并工作底稿中，借记"资本公积"项目，贷记"盈余公积"和"未分配利润"项目。

②确认企业合并形成的长期股权投资后，合并方账面资本公积（资本溢价或股本溢价）贷方余额小于被合并方在合并前实现的留存收益中归属于合并方的部分的，在合并资产负债表中，应以合并方资本公积（资本溢价或股本溢价）的贷方余额为限，将被合并方在企业合并前实现的留存收益中归属于合并方的部分自"资本公积"转入"盈余公积"和"未分配利润"。在合并工作底稿中，借记"资本公积"项目，贷记"盈余公积"和"未分配利润"项目。

因合并方的资本公积（资本溢价或股本溢价）余额不足，被合并方在合并前实现的留存收益中归属于合并方的部分在合并资产负债表中未予全额恢复的，合并方应当在会计报表附注中对这一情况进行说明，包括被合并方在合并前实现的留存收益金额、归属于本企业的金额及因资本公积余额不足在合并资产负债表中未转入留存收益的金额等。

（2）合并利润表

合并方在编制合并日的合并利润表时，应包含合并方及被合并方自合并当期期初至合并日实现的净利润。例如，同一控制下的企业合并发生于 2007 年 3 月 31 日，合并方当日编制合并利润表时，应包括合并方及被合并方自 2007 年 1 月 1 日至 2007 年 3 月 31 日实现的净利润。双方在当期发生的交易，应当按照合并财务报表的有关原则进行抵销。

为了帮助企业的会计信息使用者了解合并利润表中净利润的构成，发生同一控制下企业合并的当期，合并方在合并利润表中的"净利润"项下应单列"其中：被合并方在合并前实现的净利润"项目，反映因准则中的同一控制下企业合并规定的编表原则，导致由于该项企业合并在合并当期自被合并方带入的损益。

（3）合并现金流量表

合并方在编制合并日的合并现金流量表时，应包含合并方及被合并方自合并当期期初至合并日产生的现金流量。涉及双方当期发生内部交易产生的现金流量，应按照合并财务报表准则规定的有关原则进行抵销。

（4）比较报表的编制

同一控制下的企业合并，在编制合并当期期末的比较报表时，应视同参与合并各方在最终控制方开始实施控制时即以目前的状态存在。提供比较报表时，应对前期比较报表进行调整。因企业合并实际发生在当期，以前期间合并方账面上并不存在对被合并方的长期股权投资，在编制比较报表时，应将被合并方的有关资产、负债并入后，因合并而增加的净资产在比较报表中调整所有者权益项下的资本公积（资本溢价或股本溢价）。

【例1】A公司2007年1月1日以账面价值为10 000 000元的固定资产作为合并对价，取得同一集团内B公司60%的股权。该固定资产账面原值为12 500 000元，累计折旧为2 000 000元，减值准备为500 000元。假定A、B公司采用相同的会计政策。合并日，A公司及B公司的股东权益构成如表9-20所示。

表9-20　　　　　　　　　　　　　　　　　　　　　　　　　　单位：元

A公司		B公司	
项　目	金　额	项　目	金　额
股本	40 000 000	股本	2 000 000
资本公积	15 000 000	资本公积	1 000 000
其中：股本溢价	7 000 000		
盈余公积	6 000 000	盈余公积	5 000 000
未分配利润	24 000 000	未分配利润	7 000 000
股东权益合计	85 000 000	股东权益合计	15 000 000

A公司在合并日的账务处理：

借：固定资产清理　　　　　　　　　　　　　　　　　10 000 000

　　累计折旧　　　　　　　　　　　　　　　　　　　2 000 000

　　固定资产减值准备　　　　　　　　　　　　　　　500 000

　　　贷：固定资产　　　　　　　　　　　　　　　　　　　12 500 000

借：长期股权投资　　　　　　　　　　　　　　　　　9 000 000

　　资本公积——股本溢价　　　　　　　　　　　　　1 000 000

　　　贷：固定资产清理　　　　　　　　　　　　　　　　　10 000 000

进行上述处理后，A公司在确认对B公司的长期股权投资以后，其"资本公积——股本溢价"的余额为6 000 000元（7 000 000-1 000 000），小于B公司在合并前实现的留存收益中归属于A公司的部分7 200 000元（12 000 000×60%），A公司编制合并财务报表时，应以"资本公积——股本溢价"的余额为限，将B公司在合并前实现的留存收益中归属于A公司的部分相应转入留存收益。在合并工作底稿中，应编制以下调整分录：

借：资本公积　　　　　　　　　　　　　　　　　　　6 000 000

　　　贷：盈余公积　　　　　　　　　　　　　　　　　　　2 500 000

　　　　未分配利润　　　　　　　　　　　　　　　　　　3 500 000

💡〔注释〕

应增加的盈余公积=6 000 000÷12 000 000×5 000 000=2 500 000（元）；应增加的未分配利润=6 000 000÷12 000 000×7 000 000=3 500 000（元）。

【例2】A公司2007年1月1日发行10 000 000股普通股（每股面值1元）作为

对价取得 B 公司 80% 的股权，合并日 B 公司账面净资产总额为 20 000 000 元。假定 A、B 公司采用相同的会计政策。合并日，A 公司及 B 公司的股东权益构成如表 9－21。

表 9－21　　　　　　　　　　　　　　　　　　　　　　　　　　　　　　　　单位：元

A 公司		B 公司	
项　　目	金　　额	项　　目	金　　额
股本	30 000 000	股本	5 000 000
资本公积	16 000 000	资本公积	2 000 000
其中：股本溢价	15 000 000		
盈余公积	9 000 000	盈余公积	4 000 000
未分配利润	15 000 000	未分配利润	9 000 000
股东权益合计	70 000 000	股东权益合计	20 000 000

A 公司在合并日的账务处理：

借：长期股权投资　　　　　　　　　　　　　　　　　　16 000 000
　　贷：股本　　　　　　　　　　　　　　　　　　　　　10 000 000
　　　　资本公积——股本溢价　　　　　　　　　　　　　　6 000 000

进行上述处理后，A 公司在合并日编制合并资产负债表时，对于企业合并前 B 公司实现的留存收益中归属于 A 公司的部分 10 400 000 元（13 000 000×80%）应自 A 公司的"资本公积——股本溢价"转入留存收益。A 公司在确认对 B 公司的长期股权投资以后，其"资本公积——股本溢价"的余额为 21 000 000 元（15 000 000 + 6 000 000）。在合并工作底稿中，应编制以下调整分录：

借：资本公积　　　　　　　　　　　　　　　　　　　　10 400 000
　　贷：盈余公积　　　　　　　　　　　　　　　　　　　　3 200 000
　　　　未分配利润　　　　　　　　　　　　　　　　　　　7 200 000

【例 3】A 公司 2007 年 6 月 30 日向 B 公司的股东定向增发 10 000 000 股普通股票（每股面值为 1 元）对 B 公司进行合并，并于当日取得对 B 公司 100% 的股权。A 公司与 B 公司为同一企业集团内的两个全资子公司。合并前 A、B 公司有关资产、负债的情况如表 9－22 所示。

表 9－22　　　　　　　　　　　　资产负债表（简表）

2007 年 6 月 30 日　　　　　　　　　　　　　　　　　　　单位：元

项　　目	A 公司	B 公司
资产：		
货币资金	10 200 000	1 250 000
应收账款	14 000 000	4 500 000
存货	26 500 000	6 100 000
长期股权投资	35 000 000	5 000 000

项　　目	A 公司	B 公司
固定资产	42 500 000	11 500 000
无形资产	8 000 000	1 200 000
资产总计	136 200 000	29 550 000
负债和所有者权益：		
短期借款	15 000 000	5 000 000
应付账款	8 500 000	1 500 000
其他负债	4 000 000	1 350 000
负债合计	27 500 000	7 850 000
实收资本（股本）	50 000 000	8 000 000
资本公积	18 000 000	4 000 000
盈余公积	16 700 000	3 700 000
未分配利润	24 000 000	6 000 000
所有者权益合计	108 700 000	21 700 000
负债和所有者权益总计	136 200 000	29 550 000

A、B 公司 2007 年 1 月 1 日至 6 月 30 日的利润如表 9 - 23 所示。

表 9 - 23　　　　　　　　　　利润表（简表）

2007 年 1 月 1 日至 6 月 30 日　　　　　　　　　单位：元

项　　目	A 公司	B 公司
一、营业收入	45 000 000	14 500 000
减：营业成本	24 500 000	7 800 000
营业税金及附加	2 000 000	650 000
销售费用	5 000 000	900 000
管理费用	8 000 000	2 600 000
财务费用	1 500 000	450 000
加：投资收益	1 800 000	500 000
二、营业利润	5 800 000	2 600 000
加：营业外收入	750 000	300 000
减：营业外支出	500 000	260 000
三、利润总额	6 050 000	2 640 000
减：所得税费用	1 500 000	600 000
四、净利润	4 550 000	2 040 000

①A 公司在合并日的账务处理：

借：长期股权投资　　　　　　　　　　　　　　　21 700 000

贷：股本		10 000 000
资本公积——股本溢价		11 700 000

②A 公司在合并日编制合并日的财务报表时的抵销分录：

借：实收资本		8 000 000
资本公积		4 000 000
盈余公积		3 700 000
未分配利润		6 000 000
贷：长期股权投资		21 700 000

③将被合并方 B 公司在合并前实现的留存收益中归属于合并方 A 公司的部分，自"资本公积——资本溢价或股本溢价"（假定 A 公司在确认对 B 公司的长期股权投资后，其"资本公积——资本溢价或股本溢价"的账面余额为 19 700 000 元）转入留存收益，合并调整分录为：

借：资本公积		9 700 000
贷：盈余公积		3 700 000
未分配利润		6 000 000

合并资产负债表（简表）

2007 年 6 月 30 日　　　　　　　　　　　　　　　单位：元

	A 公司	B 公司	抵销分录		合并金额
			借方	贷方	
资产：					
货币资金	10 200 000	1 250 000			11 450 000
应收账款	14 000 000	4 500 000			18 500 000
存货	26 500 000	6 100 000			32 600 000
长期股权投资	56 700 000	5 000 000		21 700 000	40 000 000
固定资产	42 500 000	11 500 000			54 000 000
无形资产	8 000 000	1 200 000			9 200 000
资产总计	157 900 000	29 550 000		21 700 000	165 750 000
负债和所有者权益：					
短期借款	15 000 000	5 000 000			20 000 000
应付账款	8 500 000	1 500 000			10 000 000
其他负债	4 000 000	1 350 000			5 350 000
负债合计	27 500 000	7 850 000			35 350 000
实收资本（股本）	60 000 000	8 000 000	8 000 000		60 000 000
资本公积	29 700 000	4 000 000	13 700 000		20 000 000
盈余公积	16 700 000	3 700 000	0		20 400 000
未分配利润	24 000 000	6 000 000	0		30 000 000
所有者权益合计	130 400 000	21 700 000	21 700 000		130 400 000
负债和所有者权益总计	157 900 000	29 550 000			165 750 000

合并利润表（简表）

2007 年 1 月 1 日至 6 月 30 日　　　　　　　　单位：元

	A 公司	B 公司	抵销分录		合并金额
			借	贷	
一、营业收入	45 000 000	14 500 000			59 500 000
减：营业成本	24 500 000	7 800 000			32 300 000
营业税金及附加	2 000 000	650 000			2 650 000
销售费用	5 000 000	900 000			5 900 000
管理费用	8 000 000	2 600 000			10 600 000
财务费用	1 500 000	450 000			1 950 000
加：投资收益	1 800 000	500 000			2 300 000
二、营业利润	5 800 000	2 600 000			8 400 000
加：营业外收入	750 000	300 000			1 050 000
减：营业外支出	500 000	260 000			760 000
三、利润总额	6 050 000	2 640 000			8 690 000
减：所得税费用	1 500 000	600 000			2 100 000
四、净利润	4 550 000	2 040 000			6 590 000
其中：被合并方在合并前实现利润					2 040 000

合并现金流量表略。

（三）同一控制下吸收合并的会计处理

同一控制下的吸收合并中，合并方主要涉及合并日取得被合并方资产、负债入账价值的确定，以及合并中取得有关净资产的入账价值与支付的合并对价账面价值之间差额的处理。

1. 合并中取得资产、负债入账价值的确定

合并方对同一控制下吸收合并中取得的资产、负债应当按照相关资产、负债在被合并方的原账面价值入账。

应予注意的是，合并方与被合并方在企业合并前采用的会计政策不同的，首先应基于重要性原则，统一被合并方的会计政策，即应当按照合并方的会计政策对被合并方的有关资产、负债的账面价值进行调整，以调整后的账面价值确认。

2. 合并差额的处理

合并方在确认了合并中取得的被合并方的资产和负债后，以发行权益性证券方式进行的该类合并，所确认的净资产入账价值与发行股份面值总额的差额，应计入资本公积（资本溢价或股本溢价），资本公积（资本溢价或股本溢价）的余额不足冲减的，相应冲减盈余公积和未分配利润；以支付现金、非现金资产方式进行的该类合并，所确认的净资产入账价值与支付的现金、非现金资产账面价值的差额，相应调整资本公积（资本溢价或股本溢价），资本公积（资本溢价或股本溢价）的余额不足冲减的，应冲减盈余公积和未分配利润。

3. 合并当期期末比较报表的提供

同一控制下的吸收合并中，合并方在合并当期期末比较报表的编制应区别不同的情况：如果合并方在合并当期期末，仅需要编制个别财务报表、不需要编制合并财务报表的，合并方在编制前期比较报表时，无须对以前期间已经编制的比较报表进行调整；如果合并方在合并当期期末需要编制合并财务报表的，在编制前期比较合并财务报表时，应将吸收合并取得的被合并方前期有关财务状况、经营成果及现金流量等并入合并方前期合并财务报表。前期比较报表的具体编制原则比照同一控制下控股合并比较报表的编制。

例如，A公司2007年6月30日对同受集团公司控制的B公司进行吸收合并。合并协议规定，由公司以5股面值为1元的普通股换取B公司1股面值为1元的普通股。换股后，B公司作为公司的业务分部继续进行经营活动。合并日公司与B公司的资产负债表如表9－24。

在该例中，A公司发行普通股的面值＝800 000×5＝4 000 000（元）；B公司的净资产账面价值＝800 000＋2 000 000＋850 000＝3 650 000（元）；合并成本与被合并方净资产账面价值之间的差额＝4 000 000－3 650 000＝350 000（元）。该差额冲减资本公积350 000元。

借：库存现金、银行存款等	750 000
应收账款	900 000
存货	2 000 000
固定资产	5 000 000
无形资产	600 000
资本公积	350 000
贷：应付账款等	1 600 000
长期借款	4 000 000
股本	4 000 000

表9－24　　　　　　　　　　　　　　　　　　　　　　　　　　　　　　　单位：元

A公司资产负债表			
资　产		负　债	
货币资金	1 200 000	流动负债合计	1 500 000
应收账款	1 500 000	非流动负债合计	3 000 000
存货	2 000 000	所有者权益：	
固定资产	9 000 000	股本	2 000 000
无形资产	500 000	资本公积	6 500 000
		盈余公积	800 000
		未分配利润	400 000
资产合计	14 200 000	负债和所有者权益合计	14 200 000

续表

B公司资产负债表			
资 产		负 债	
货币资金	750 000	流动负债合计	1 600 000
应收账款	900 000	非流动负债合计	4 000 000
存货	2 000 000	所有者权益:	
固定资产	5 000 000	股本	800 000
无形资产	600 000	资本公积	2 000 000
		盈余公积	350 000
		未分配利润	500 000
资产合计	9 250 000	负债和所有者权益合计	9 250 000

合并日的合并资产负债表如表9-25。

表9-25　　　　　　　　合并资产负债表（合并日）　　　　　　单位：元

资 产		负 债	
货币资金	1 950 000	流动负债合计	3 100 000
应收账款	2 400 000	非流动负债合计	7 000 000
存货	4 000 000	所有者权益	
固定资产	14 000 000	股本	6 000 000
无形资产	1 100 000	资本公积	6 150 000
		盈余公积	800 000
		未分配利润	400 000
资产合计	23 450 000	负债和所有者权益合计	23 450 000

〔注释〕
　　同一控制下的吸收合并，被合并方在合并前实现的留存收益应全额抵销，不需要再将已经抵销的留存收益自合并方的资本公积转入留存收益。这一点与同一控制下的控股合并有所差别。

（四）合并方为进行企业合并发生的有关费用的处理

　　合并方为进行企业合并发生的有关费用，指合并方为进行企业合并发生的各项直接相关费用，如为进行企业合并支付的审计费用、资产评估费用以及有关的法律咨询费用等增量费用。企业专设的购并部门发生的日常管理费用，如果该部门的设置并不是与某项企业合并直接相关，而是企业的一个常设部门，其设置目的是为了寻找相关的购并机会等，维持该部门日常运转的有关费用，不属于与企业合并直接相关的费用，应当于发生时费用化计入当期损益。

　　同一控制下企业合并进行过程中发生的各项直接相关费用，应于发生时费用化计入当期损益。借记"管理费用"等科目，贷记"银行存款"等科目。但以下两种情况除外：

1. 以发行债券方式进行的企业合并，与发行债券相关的佣金、手续费等应按照《企业会计准则第 22 号——金融工具确认和计量》的规定进行核算。该部分费用，虽然与筹集用于企业合并的对价直接相关，但其核算应遵照金融工具准则的原则，有关的费用应计入负债的初始计量金额中。

2. 发行权益性证券作为合并对价的，与所发行权益性证券相关的佣金、手续费等应按照《企业会计准则第 37 号——金融工具列报》的规定处理。即与发行权益性证券相关的费用，不管其是否与企业合并直接相关，均应自所发行权益性证券的发行收入中扣减，在权益性工具发行有溢价的情况下，自溢价收入中扣除，在权益性证券发行无溢价或溢价金额不足以扣减的情况下，应当冲减盈余公积和未分配利润。

企业专设的购并部门发生的日常管理费用，如果该部门的设置并不是与某项企业合并直接相关，而是企业的一个常设部门，其设置目的是为了寻找相关的购并机会等，维持该部门日常运转的有关费用，不属于与企业合并直接相关的费用，应当于发生时费用化计入当期损益。

四、非同一控制下企业合并的处理

非同一控制下的企业合并，主要涉及购买方及购买日的确定，企业合并成本的确定，合并中取得各项可辨认资产、负债的确认和计量以及合并差额的处理等。

（一）非同一控制下企业合并的处理原则

非同一控制下的企业合并，是参与合并的一方购买另一方或多方的交易，基本处理原则是购买法。

1. 确定购买方

采用购买法核算企业合并的首要前提是确定购买方。购买方是指在企业合并中取得对另一方或多方控制权的一方。

非同一控制下的企业合并中，一般应考虑企业合并合同、协议以及其他相关因素来确定购买方。合并中一方取得了另一方半数以上有表决权股份的，除非有明确的证据表明不能形成控制，一般认为取得另一方半数以上表决权股份的一方为购买方。某些情况下，即使一方没有取得另一方半数以上有表决权股份，但存在以下情况时，一般也可认为其获得了对另一方的控制权，如：

（1）通过与其他投资者签订协议，实质上拥有被购买企业半数以上表决权。例如，A 公司拥有 B 公司 40% 的表决权资本，C 公司拥有 B 公司 30% 的表决权资本，D 公司拥有 B 公司 30% 的表决权资本。A 公司与 C 公司达成协议，C 公司在 B 公司的权益由 A 公司代表。在这种情况下，A 公司实质上拥有 B 公司 70% 表决权资本的控制权，B 公司的章程等没有特别规定的情况下，表明 A 公司实质上控制 B 公司。

（2）按照法律或协议等的规定，具有主导被购买企业财务和经营决策的权力。

例如，A 公司拥有 B 公司 45% 的表决权资本，同时，根据法律或协议规定，A 公司可以决定 B 公司的生产经营等政策，达到对 B 公司的财务和经营政策实施控制。

（3）有权任免被购买企业董事会或类似权力机构绝大多数成员。这种情况是指，虽然投资企业拥有被投资单位 50% 或以下表决权资本，但根据章程、协议等有权任免被投资单位董事会或类似机构的绝大多数成员，以达到实质上控制的目的。

（4）在被购买企业董事会或类似权力机构中具有绝大多数投票权。这种情况是指，虽然投资企业拥有被投资单位 50% 或以下表决权资本，但能够控制被投资单位董事会等类似权力机构的会议，从而能够控制其财务和经营政策，达到对被投资单位的控制。

某些情况下可能难以确定企业合并中的购买方，如参与合并的两家或多家企业规模相当，这种情况下，往往可以结合一些迹象表明购买方的存在。在具体判断时，可以考虑下列相关因素：

①以支付现金、转让非现金资产或承担负债的方式进行的企业合并，一般支付现金、转让非现金资产或是承担负债的一方为购买方。

②考虑参与合并各方的股东在合并后主体的相对投票权，其中股东在合并后主体具有相对较高投票比例的一方一般为购买方。

③参与合并各方的管理层对合并后主体生产经营决策的主导能力，如果合并导致参与合并一方的管理层能够主导合并后主体生产经营政策的制定，其管理层能够实施主导作用的一方一般为购买方。

④参与合并一方的公允价值远远大于另一方的，公允价值较大的一方很可能为购买方。

⑤企业合并是通过以有表决权的股份换取另一方的现金及其他资产的，则付出现金或其他资产的一方很可能为购买方。

⑥通过权益互换实现的企业合并，发行权益性证券的一方通常为购买方。但如果有证据表明发行权益性证券的一方，其生产经营决策在合并后被参与合并的另一方控制，则其应为被购买方，参与合并的另一方为购买方。

在判断企业合并中的购买方时，应考虑所有相关的事实和情况，特别是企业合并后参与合并各方的相对投票权、合并后主体管理机构及高层管理人员的构成、权益互换的条款等。

2. 确定购买日

购买日是购买方获得对被购买方控制权的日期，即企业合并交易进行过程中，发生控制权转移的日期。

根据企业合并方式的不同，在控股合并的情况下，购买方应在购买日确认因企业合并形成的对被购买方的长期股权投资，在吸收合并的情况下，购买方应在购买日确认合并中取得的被购买方各项可辨认资产、负债等。

（1）购买日的确定原则

确定购买日的基本原则是控制权转移的时点。企业在实务操作中，应当结合合并合同或协议的约定及其他有关的影响因素，按照实质重于形式的原则进行判断。同时满足了以下条件时，一般可认为实现了控制权的转移，形成购买日。有关的条件包括：

①企业合并合同或协议已获股东大会等内部权力机构通过。企业合并一般涉及的交易规模较大，无论是合并当期还是合并以后期间，均会对企业的生产经营产生重大影响，在能够对企业合并进行确认，形成实质性的交易前，该交易或事项应经过企业的内部权力机构批准，如对于股份有限公司，其内部权力机构一般指股东大会。

②按照规定，合并事项需要经过国家有关主管部门审批的，已获得相关部门的批准。按照国家有关规定，企业购并需要经过国家有关部门批准的，取得相关批准文件是对企业合并交易或事项进行会计处理的前提之一。

③参与合并各方已办理了必要的财产权交接手续。作为购买方，其通过企业合并无论是取得对被购买方的股权还是取得被购买方的全部净资产，能够形成与取得股权或净资产相关的风险和报酬的转移，一般需办理相关的财产权交接手续，从而从法律上保障有关风险和报酬的转移。

④购买方已支付了购买价款的大部分（一般应超过50%），并且有能力支付剩余款项。购买方要取得与被购买方净资产相关的风险和报酬，其前提是必须支付一定的对价，一般在形成购买日之前，购买方应当已经支付了购买价款的大部分，并且从其目前财务状况判断，有能力支付剩余款项。

⑤购买方实际上已经控制了被购买方的财务和经营政策，并享有相应的收益和风险。

（2）分次实现的企业合并购买日的确定

企业合并涉及一次以上交换交易的，例如，通过分阶段取得股份最终实现合并，企业应于每一交易日确认对被投资企业的各单项投资。"交易日"是指合并方或购买方在自身的账簿和报表中确认对被投资单位投资的日期。分步实现的企业合并中，购买日是指按照有关标准判断购买方最终取得对被购买企业控制权的日期。其具体判断原则和参考依据与通过单项交易实现的企业合并相同。

例如，A企业于2007年2月10日取得B公司30%的股权（假定能够对被投资单位施加重大影响），在与取得股权相关的风险和报酬发生转移的情况下，A企业应确认对B公司的长期股权投资，与所取得股权相关的风险和报酬转移的日期即为交易日。在已经拥有B公司30%股权的基础上，A企业又于2007年5月10日取得B公司30%的股权，在其持股比例达到60%的情况下，假定于当日开始能够对B公司实施控制，则2007年5月10日为第二次购买股权的交易日，同时因在当日能够对B公司实施控制，形成企业合并的购买日。

3. 确定企业合并成本

企业合并成本包括购买方为进行企业合并支付的现金或非现金资产、发行或承担的债务、发行的权益性证券等在购买日的公允价值以及企业合并中发生的各项直接相关费用之和。具体来讲，企业合并成本包括购买方在购买日支付的下列项目的合计金额：

（1）作为合并对价的现金及非现金资产的公允价值。有关资产公允价值的确定参见企业合并准则应用指南中的相关规定。

以非货币性资产作为合并对价的，其合并成本为所支付对价的公允价值，该公允价值与作为合并对价的非货币性资产账面价值的差额，作为资产的处置损益，计入合并当期的利润表。

（2）发行的权益性证券的公允价值。所发行权益性证券存在公开市场，有明确市价可供遵循的，应以该证券的市价作为确定其公允价值的依据，同时应考虑该证券的交易量、是否存在限制性条款等因素的影响；发行的权益性证券不存在公开市场，没有明确市价可供遵循的，则应考虑以购买方或被购买方的公允价值为基础确定权益性证券的价值。在确定所发行权益性证券的公允价值时，应当考虑达成企业合并协议并且公开宣布前后一段合理时间内该权益性证券的市场价格。

（3）因企业合并发生或承担的债务的公允价值。因企业合并而承担的各项负债，应采用按照适用利率计算的未来现金流量的现值作为其公允价值。

（4）当企业合并合同或协议中提供了视未来或有事项的发生而对合并成本进行调整时，符合《企业会计准则第13号——或有事项》规定的确认条件的，应确认的支出也应作为企业合并成本的一部分。

某些情况下，合并各方可能在合并合同或协议中约定对合并成本进行一定的调整，例如，企业合并合同中规定，如果被购买方连续两年净利润超过一定水平，购买方需支付额外的对价。如果在购买日预计被购买方的盈利水平很可能会达到合同规定的标准，应将按照合同或协议约定需支付的金额计入企业合并成本。

企业在购买日对于可能需要支付的企业合并成本调整金额进行预计并且计入企业合并成本后，未来期间有关涉及调整成本的事项未实际发生或发生后需要对原估计计入企业合并成本的金额进行调整的，或者在购买日因未来事项发生的可能性较小、金额无法可靠计量等原因导致有关调整金额未包括在企业合并成本中，未来期间因合并合同或协议中约定的事项很可能发生、金额能够可靠计量，符合有关确认条件的，应对企业合并成本进行相应调整。

（5）合并中发生的各项直接相关费用。非同一控制下企业合并中发生的与企业合并直接相关的费用，包括为进行合并而发生的会计审计费用、法律服务费用、咨询费用等，应当计入企业合并成本。与同一控制下企业合并过程中发生的有关费用相一致，这里所称合并中发生的各项直接相关费用，不包括与为进行企业合并发行的权益性证券或发行的债务相关的手续费、佣金等，该部分费用应比照同一控制下企业合并中类似费用的处理原则处理。

应予说明的是，对于通过多次交换交易分步实现的企业合并，其企业合并成本为每一单项交换交易的成本之和。

4. 企业合并成本在取得的可辨认资产和负债之间的分配

非同一控制下的企业合并中，购买方取得了对被购买方净资产的控制权，视合并方式的不同，应分别在合并财务报表或个别财务报表中确认合并中取得的各项可辨认资产和负债。

（1）可辨认资产、负债的确认原则

①购买方在企业合并中取得的被购买方各项可辨认资产和负债，要作为本企业的资产、负债（或合并财务报表中的资产、负债）进行确认，在购买日，应当满足资产、负债的确认条件。有关的确认条件包括：

合并中取得的被购买方的各项资产（无形资产除外），其所带来的未来经济利益预期能够流入企业且公允价值能够可靠计量的，应单独作为资产确认。

合并中取得的被购买方的各项负债（或有负债除外），履行有关的义务预期会导致经济利益流出企业且公允价值能够可靠计量的，应单独作为负债确认。

②企业合并中取得无形资产的确认条件。企业合并中取得的无形资产在其公允价值能够可靠计量的情况下应单独予以确认。企业合并中取得的需要区别于商誉单独确认的无形资产一般是按照合同或法律产生的权利，某些并非产生于合同或法律规定的无形资产，需要区别于商誉单独确认的条件是能够对其进行区分，即能够区别于被购买企业的其他资产并且能够单独出售、转让、出租等。公允价值能够可靠计量的情况下，应区别于商誉单独确认的无形资产一般包括：商标、版权及与其相关的许可协议、特许权、分销权等类似权利、专利技术、专有技术等。

③企业合并中产生或有负债的确认条件。为了尽可能反映购买方因为进行企业合并可能承担的潜在义务，对于购买方在企业合并时可能需要代被购买方承担的或有负债，在其公允价值能够可靠计量的情况下，应作为合并中取得的负债单独确认。企业合并中对于或有负债的确认条件，与企业在正常经营过程中因或有事项需要确认负债的条件不同。在购买日，可能相关的或有事项导致经济利益流出企业的可能性还比较小，但其公允价值能够合理确定的情况下，即需要作为合并中取得的负债确认。

企业合并中取得的或有负债在初始确认以后，企业持续持有该项负债的期间之内，应当按照以下两项金额孰高进行后续计量：一是按照《企业会计准则第13号——或有事项》应予确认的金额；二是其初始确认金额减去按照《企业会计准则第14号——收入》的原则确认的累计摊销额后的余额。

（2）可辨认资产、负债的计量

企业合并中取得的资产、负债在满足确认条件后，应以其公允价值计量。确定企业合并中取得的有关可辨认资产、负债公允价值时，应当遵循《企业会计准则第20号——企业合并》应用指南的规定。

对于被购买方在企业合并之前已经确认的商誉和递延所得税项目，购买方在对企业合并成本进行分配、确认合并中取得可辨认资产和负债时不应予以考虑。在按照规定确定了合并中应予确认的各项可辨认资产、负债的公允价值后，其计税基础与账面价值不同形成暂时性差异的，应当按照所得税会计准则的规定确认相应的递延所得税资产或递延所得税负债。

在非同一控制下的企业合并中，购买方确认在合并中取得的被购买方各项可辨认资产和负债不仅局限于被购买方在合并前已经确认的资产和负债，还可能包括企业合并前被购买方在其资产负债表中未予确认的资产和负债，该类资产和负债在企业合并前可能由于不符合确认条件未确认为被购买方的资产和负债，但在企业合并发生后，因符合了有关的确认条件则需要作为合并中取得的可辨认资产和负债进行确认。例如，被购买方在企业合并前存在的未弥补亏损，在企业合并前因无法取得足够的应纳税所得额用于抵扣该亏损而未确认相关的递延所得税资产，如按照税法规定能够抵扣购买方未来期间实现的应纳税所得额而且购买方在未来期间预计很可能取得足够的应纳税所得额的情况下，有关的递延所得税资产应作为合并中取得的可辨认资产予以确认。

5. 企业合并成本与合并中取得的被购买方可辨认净资产公允价值份额之间差额的处理

购买方对于企业合并成本与确认的被购买方可辨认净资产公允价值份额的差额，应视情况分别处理：

（1）企业合并成本大于合并中取得的被购买方可辨认净资产公允价值份额的差额，应确认为商誉。视企业合并方式不同，控股合并情况下，该差额是指合并财务报表中应列示的商誉；吸收合并情况下，该差额是购买方在其账簿及个别财务报表中应确认的商誉。

按照购买法核算的企业合并，存在合并差额的情况下，企业合并准则中要求首先要对企业合并成本及合并中取得的各项可辨认资产、负债的公允价值进行复核，在取得的各项可辨认资产和负债均以公允价值计量并且确认了符合条件的无形资产以后，剩余部分构成商誉。

商誉在确认以后，持有期间不要求摊销，每一会计年度年末，企业应当按照《企业会计准则第8号——资产减值》的规定对其进行减值测试，按照账面价值与可收回金额孰低的原则计量，对于可收回金额低于账面价值的部分，计提减值准备，有关减值准备在提取以后，不能够转回。

（2）企业合并成本小于合并中取得的被购买方可辨认净资产公允价值份额的部分，应计入合并当期损益。

企业合并准则中要求该种情况下，首先要对合并中取得的资产、负债的公允价值，作为合并对价的非现金资产或发行的权益性证券等的公允价值进行复核，复核结果表明所确定的各项可辨认资产和负债的公允价值确定是恰当的，应将企业合并成本低于取得的被购买方可辨认净资产公允价值份额之间的差额，计入合并当期的营业外收入，并在会计报表附注中予以说明。

与商誉的确认相同，在吸收合并的情况下，上述企业合并成本小于合并中取得的被购买方可辨认净资产公允价值的差额，应计入合并当期购买方的个别利润表；在控股合并的情况下，上述差额应体现在合并当期的合并利润表中。

6. 企业合并成本或合并中取得的可辨认资产、负债公允价值暂时确定的情况

按照购买法核算的企业合并，基本原则是确定公允价值，无论是作为合并对价付出的各项资产的公允价值，还是合并中取得被购买方各项可辨认资产、负债的公允价值，如果在购买日或合并当期期末，因各种因素影响无法合理确定的，合并当期期末，购买方应以暂时确定的价值为基础进行核算。

（1）购买日后 12 个月内对有关价值量的调整。

合并当期期末以暂时确定的价值对企业合并进行处理的情况下，自购买日起 12 个月内取得进一步的信息表明需对原暂时确定的企业合并成本或所取得的可辨认资产、负债的暂时性价值进行调整的，应视同在购买日发生，即应进行追溯调整，同时对以暂时性价值为基础提供的比较报表信息，也应进行相关的调整。

例如，A 企业于 2006 年 9 月 20 日对 B 公司进行吸收合并，合并中取得的一项固定资产不存在活跃市场，为确定其公允价值，A 企业聘请了有关的资产评估机构对其进行评估。至 A 企业 2006 年财务报告对外报出时，尚未取得评估报告。A 企业在其2006 年财务报告中对该项固定资产暂估的价值为 300 000 元，预计使用年限为 5 年，净残值为 0，按照直线法计提折旧。该项企业合并中 A 企业确认商誉 1 200 000 元。本例中假定 A 企业不编制中期财务报告。

2007 年 4 月，A 企业取得了资产评估报告，确认该项固定资产的价值为 450 000元。则 A 企业应视同在购买日确定的该项固定资产的公允价值为 450 000 元，相应调整 2006 年财务报告中确认的商誉价值（调减 150 000 元）及利润表中的折旧费用（调增 7 500 元）。

进行有关调整后，A 企业在其 2007 年会计报表附注中应对有关情况作出说明，即有关固定资产的价值在 2006 年财务报告中为暂时确定，其后的调整金额以及对比较报表已进行调整的事实。

（2）超过规定期限后的价值量调整。

自购买日起 12 个月以后对企业合并成本或合并中取得的可辨认资产、负债价值的调整，应当按照《企业会计准则第 28 号——会计政策、会计估计变更和会计差错更正》的原则进行处理，即对于企业合并成本、合并中取得可辨认资产、负债公允价值等进行的调整，应视为会计差错更正，在调整相关资产、负债账面价值的同时，应调整所确认的商誉或是计入合并当期利润表中的金额，以及相关资产的折旧、摊销等。

（3）购买日取得的被购买方在以前期间发生的经营亏损等可抵扣暂时性差异，按照税法规定可以用于抵减以后年度应纳税所得额的，如在购买日因不符合递延所得税资产的确认条件未确认所产生的递延所得税资产，以后期间有关的可抵扣暂时性差异所带来的经济利益预计能够实现时，企业应确认相关的递延所得税资产，减少利润表中的所得税费用，同时将商誉降低至假定在购买日即确认了该递延所得税资产的情况下应有的金额，减记的商誉金额作为利润表中的资产减值损失。按照上述过程确认递延所得税资产，原则上不应增加因企业合并成本小于合并中取得的被购买方可辨认净资产公允价值的份额而计入合并当期利润表的金额。

7. 购买日合并财务报表的编制

非同一控制下的控股合并中，购买方一般应于购买日编制合并资产负债表，反映其于购买日开始能够控制的经济资源情况。在合并资产负债表中，合并中取得的被购买方各项可辨认资产、负债应以其在购买日的公允价值计量，长期股权投资的成本大于合并中取得的被购买方可辨认净资产公允价值份额的差额，体现为合并财务报表中的商誉；长期股权投资的成本小于合并中取得的被购买方可辨认净资产公允价值份额的差额，企业合并准则中规定应计入合并当期损益，因购买日不需要编制合并利润表，该差额体现在合并资产负债表上，应调整合并资产负债表的盈余公积和未分配利润。

另外，应予说明的是，非同一控制下的企业合并中，作为购买方的母公司在进行有关会计处理后，应单独设置备查簿，记录其在购买日取得的被购买方各项可辨认资产、负债的公允价值以及因企业合并成本大于合并中取得的被购买方可辨认净资产公允价值的份额应确认的商誉金额，或因企业合并成本小于合并中取得的被购买方可辨认净资产公允价值的份额计入当期损益的金额，作为企业合并当期以及以后期间编制合并财务报表的基础。企业合并当期期末以及合并以后期间，应当纳入到合并财务报表中的被购买方资产、负债等，是以购买日确定的公允价值为基础持续计算的结果。

（二）非同一控制下控股合并的会计处理

该合并方式下，购买方涉及的会计处理问题主要是两个方面：一是购买日因进行企业合并形成的对被购买方的长期股权投资初始投资成本的确定，该成本与作为合并对价支付的有关资产账面价值的差额处理；二是购买日合并财务报表的编制。

1. 长期股权投资初始投资成本的确定

非同一控制下的控股合并中，购买方在购买日应当按照确定的企业合并成本（不包括应自被投资单位收取的现金股利或利润），作为形成的对被购买方长期股权投资的初始投资成本。

购买方为取得对被购买方的控制权，以支付非货币性资产为对价的，有关非货币性资产在购买日的公允价值与其账面价值的差额，应作为资产的处置损益，计入合并当期的利润表。

2. 购买日合并财务报表的编制

（1）合并前被购买方未确认商誉和递延所得税的情形

例如，A 公司 2007 年 6 月 30 日发行 10 000 000 股普通股票（每股面值为 1 元）对非同一控制下的 B 公司进行企业合并，股票发行价格为每股 2.5 元，并于当日取得了 B 公司 80% 的股权。假定 B 公司的会计政策和会计期间与 A 公司一致，并且不考虑 A 公司和 B 公司及合并资产、负债的所得税影响。合并前 A、B 公司有关资产、负债的情况如表 9-26 所示。

表 9 - 26   资产负债表（简表）

2007 年 6 月 30 日   单位：元

项 目	A 公司	B 公司
资产：		
货币资金	10 200 000	1 250 000
应收账款	14 000 000	4 500 000
存货	26 500 000	6 100 000
长期股权投资	35 000 000	5 000 000
固定资产	42 500 000	11 500 000
无形资产	8 000 000	1 200 000
资产总计	136 200 000	29 550 000
负债和所有者权益：		
短期借款	15 000 000	5 000 000
应付账款	8 500 000	1 500 000
其他负债	4 000 000	1 350 000
负债合计	27 500 000	7 850 000
实收资本（股本）	50 000 000	8 000 000
资本公积	18 000 000	4 000 000
盈余公积	16 700 000	3 700 000
未分配利润	24 000 000	6 000 000
所有者权益合计	108 700 000	21 700 000
负债和所有者权益总计	136 200 000	29 550 000

A 公司聘请独立的资产评估机构，对 B 公司各项资产、负债进行了评估，经评估后确认的各项资产、负债的金额如表 9 - 27 所示。

表 9 - 27   单位：元

项 目	评估前金额	评估后金额
资产：		
货币资金	1 250 000	1 250 000
应收账款	4 500 000	4 500 000
存货	6 100 000	7 600 000
长期股权投资	5 000 000	8 000 000
固定资产	11 500 000	14 500 000
无形资产	1 200 000	2 000 000
资产总计	29 550 000	37 850 000
负债和所有者权益：		
短期借款	5 000 000	5 000 000
应付账款	1 500 000	1 500 000
其他负债	1 350 000	1 350 000
负债合计	7 850 000	7 850 000
实收资本（股本）	8 000 000	8 000 000

续表

项目	评估前金额	评估后金额
资本公积	4 000 000	12 300 000
盈余公积	3 700 000	3 700 000
未分配利润	6 000 000	6 000 000
所有者权益合计	21 700 000	30 000 000
负债和所有者权益总计	29 550 000	37 850 000

①购买日长期股权投资初始投资成本的确定

借：长期股权投资　　　　　　　　　　　　　　　　25 000 000

　　贷：股本　　　　　　　　　　　　　　　　　　10 000 000

　　　　资本公积——股本溢价　　　　　　　　　　15 000 000

②计算确定商誉

商誉＝企业合并成本－合并中取得被购买方可辨认净资产公允价值的份额

＝25 000 000－30 000 000×80%＝1 000 000（元）。

③编制购买日的抵销分录

借：存货　　　　　　　　　　　　　　　　　　　　1 500 000

　　长期股权投资　　　　　　　　　　　　　　　　3 000 000

　　固定资产　　　　　　　　　　　　　　　　　　3 000 000

　　无形资产　　　　　　　　　　　　　　　　　　800 000

　　实收资本　　　　　　　　　　　　　　　　　　8 000 000

　　资本公积　　　　　　　　　　　　　　　　　　4 000 000

　　盈余公积　　　　　　　　　　　　　　　　　　3 700 000

　　未分配利润　　　　　　　　　　　　　　　　　6 000 000

　　商誉　　　　　　　　　　　　　　　　　　　　1 000 000

　　贷：长期股权投资　　　　　　　　　　　　　　25 000 000

　　　　少数股东权益　　　　　　　　　　　　　　6 000 000

④编制购买日的合并资产负债表见表9－28

表9－28　　　　　　　　合并资产负债表（简表）

2007年6月30日　　　　　　　　　　单位：元

	A公司	B公司	抵销分录 借方	抵销分录 贷方	合并金额
资产：					
货币资金	10 200 000	1 250 000			11 450 000
应收账款	14 000 000	4 500 000			18 500 000
存货	26 500 000	6 100 000	1 500 000		34 100 000
长期股权投资	60 000 000	5 000 000	3 000 000	25 000 000	43 000 000

续表

	A 公司	B 公司	抵销分录 借方	抵销分录 贷方	合并金额
资产:					
固定资产	42 500 000	11 500 000	3 000 000		57 000 000
无形资产	8 000 000	1 200 000	800 000		10 000 000
商誉			1 000 000		1 000 000
资产总计	161 200 000	29 550 000			175 050 000
负债和所有者权益:					
短期借款	15 000 000	5 000 000			20 000 000
应付账款	8 500 000	1 500 000			10 000 000
其他负债	4 000 000	1 350 000			5 350 000
负债合计	27 500 000	7 850 000			35 350 000
实收资本（股本）	60 000 000	8 000 000	8 000 000		60 000 000
资本公积	33 000 000	4 000 000	4 000 000		33 000 000
盈余公积	16 700 000	3 700 000	3 700 000		16 700 000
未分配利润	24 000 000	6 000 000	6 000 000		24 000 000
少数股东权益				6 000 000	6 000 000
所有者权益合计	133 700 000	21 700 000			139 700 000
负债和所有者权益总计	161 200 000	29 550 000			175 050 000

（2）合并前被购买方确认了商誉和递延所得税的情形

对于被购买方在企业合并之前已经确认的商誉和递延所得税项目购买方在对企业合并成本进行分配、确认合并中取得可辨认资产和负债时不应予以考虑。

在按照规定确定了合并中应予确认的各项可辨认资产、负债的公允价值后，其计量基础与账面价值不同形成暂时性差异的，应当按照所得税会计准则的规定确认相应的递延所得税资产或递延所得税负债。

非同一控制下企业合并中取得资产、负债的入账价值与其计税基础不同形成可抵扣暂时性差异的，应于购买日确认递延所得税资产，借记"递延所得税资产"科目，贷记"商誉"等科目。非同一控制下企业合并中取得资产、负债的入账价值与其计税基础不同形成应纳税暂时性差异的，应于购买日确认递延所得税负债，同时调整商誉，借记"商誉"等科目，贷记"递延所得税负债"科目。

需注意的是，非同一控制下的控股合并，商誉和递延所得税项目直接在合并资产负债表上体现，非同一控制下的吸收合并，则购买方需确认入账，在账簿和报表上体现。

例如，甲公司于 2007 年 12 月 1 日以银行存款 10 000 000 元和一项专利技术对集团外的乙公司进行投资，取得乙公司 60% 的股权，取得该部分股权后能够控制乙公司的生产经营决策。合并中，甲公司支付的专利技术账面原值为 15 000 000 元，累计摊销 5 000 000 元，公允价值为 12 000 000 元。合并时甲公司聘请了专业资产评估机构对乙公司的资产进行评估，经评估后乙公司可辨认净资产的公允价值为 30 000 000元。此外，甲公司以银行存款支付了与合并业务相关的费用共计 1 000 000 元。假定甲、乙公司适用的所得税税率均为 25%，合并前甲公司、乙公司有关资产、负债的情况如表 9 - 29 所示。

表 9 - 29　　　　　　　　　资产负债表（简表）

2007 年 12 月 1 日　　　　　　　　　　单位：元

项　　目	甲公司	乙公司
资产：		
货币资金	19 000 000	8 500 000
应收账款	27 000 000	12 000 000
存货	32 000 000	14 600 000
长期股权投资	45 000 000	18 000 000
固定资产	117 500 000	26 000 000
无形资产	20 000 000	3 500 000
商誉	0	4 500 000
递延所得税资产	9 500 000	2 400 000
资产总计	270 000 000	89 500 000
负债和所有者权益：		
短期借款	12 000 000	15 000 000
应付账款	10 500 000	8 600 000
应付职工薪酬	13 500 000	5 400 000
应交税费	9 000 000	7 500 000
其他应付款	26 000 000	2 000 000
长期借款	24 000 000	20 000 000
应付债券	20 000 000	0
递延所得税负债	15 000 000	5 500 000
负债合计	130 000 000	64 000 000
实收资本（股本）	50 000 000	10 000 000
资本公积	38 000 000	8 500 000
盈余公积	16 500 000	2 000 000
未分配利润	35 500 000	5 000 000
所有者权益合计	140 000 000	25 500 000
负债和所有者权益总计	270 000 000	89 500 000

甲公司聘请独立的资产评估机构，对乙公司各项资产、负债进行了评估，经评估后确认的各项资产、负债的金额如表 9 - 30 所示。

表 9 – 30　　　　　　　　　　　　　　　　　　　　　　　　　　　　单位：元

项　目	评估前金额	评估后金额
资产：		
货币资金	8 500 000	8 500 000
应收账款	12 000 000	12 000 000
存货	14 600 000	19 000 000
长期股权投资	18 000 000	18 000 000
固定资产	26 000 000	27 500 000
无形资产	3 500 000	3 500 000
商誉	4 500 000	0
递延所得税资产	2 400 000	0
资产总计	89 500 000	88 500 000
负债和所有者权益：		
短期借款	15 000 000	15 000 000
应付账款	8 600 000	8 600 000
应付职工薪酬	5 400 000	5 400 000
应交税费	7 500 000	7 500 000
其他应付款	2 000 000	2 000 000
长期借款	20 000 000	20 000 000
应付债券	0	0
递延所得税负债	5 500 000	0
负债合计	64 000 000	58 500 000
股本	10 000 000	10 000 000
资本公积	8 500 000	13 000 000
盈余公积	2 000 000	2 000 000
未分配利润	5 000 000	5 000 000
所有者权益合计	25 500 000	30 000 000
负债和所有者权益总计	89 500 000	88 500 000

　　注：评估乙公司资产、负债的公允价值时，乙公司商誉、递延所得税资产、递延所得税负债公允价值均为 0（具体规定见《企业会计准则讲解》第 310 页）；存货评估增值 4 400 000 元；固定资产评估增值 1 500 000 元。

　　购买日，甲公司应按照取得的各项可辨认资产、负债的公允价值，来重新计算乙公司的递延所得税资产和递延所得税负债。假设购买日甲公司取得乙公司各项可辨认资产、负债及或有负债的入账价值（即公允价值）与其计税基础不同形成的可抵扣暂时性差异为 12 000 000 元，应确认递延所得税资产 3 000 000 元；形成的应纳税暂时性差异为 28 000 000 元，应确认递延所得税负债 7 000 000 元。

（1）2007 年 12 月 1 日投资时：

借：长期股权投资　　　　　　　　　　　　　　　　23 000 000

　　累计摊销　　　　　　　　　　　　　　　　　　 5 000 000

　　　贷：无形资产　　　　　　　　　　　　　　　　　　15 000 000

　　　　　银行存款　　　　　　　　　　　　　　　　　　11 000 000

　　营业外收入　　　　　　　　　　　　　　　　　　2 000 000

💡〔注释〕

企业合并产生的商誉计算如表 9 - 31 所示。

表 9 - 31

合并成本	23 000 000 元
减：可辨认净资产公允价值的份额	18 000 000 元（30 000 000 × 60%）
递延所得税资产	3 000 000 元
加：递延所得税负债	7 000 000 元
合并商誉	9 000 000 元

因此，在合并资产负债表中"商誉"项目列示的金额为 9 000 000 元。

（2）编制乙公司个别报表的调整分录

借：存货　　　　　　　　　　　　　　　　　　　 4 400 000

　　固定资产　　　　　　　　　　　　　　　　　　1 500 000

　　递延所得税负债　　　　　　　　　　　　　　　5 500 000

　　　贷：商誉　　　　　　　　　　　　　　　　　　　 4 500 000

　　　　　递延所得税资产　　　　　　　　　　　　　　 2 400 000

　　　　　资本公积　　　　　　　　　　　　　　　　　 4 500 000

（3）编制合并日的抵销分录

借：股本　　　　　　　　　　　　　　　　　　　10 000 000

　　资本公积　　　　　　　　　　　　　　　　　13 000 000

　　盈余公积　　　　　　　　　　　　　　　　　 2 000 000

　　未分配利润　　　　　　　　　　　　　　　　 5 000 000

　　递延所得税资产　　　　　　　　　　　　　　 3 000 000

　　商誉　　　　　　　　　　　　　　　　　　　 9 000 000

　　　贷：递延所得税负债　　　　　　　　　　　　　　 7 000 000

　　　　　长期股权投资　　　　　　　　　　　　　　　23 000 000

　　　　　少数股东权益　　　　　　　　　　　　　　　12 000 000

〔少数股东权益 = 30 000 000 × 40% = 12 000 000（元）〕

（4）编制购买日的合并资产负债表（见表 9 - 32）

表9-32

合并资产负债表（简表）

2007年12月1日

单位：元

	甲公司 报表金额	乙公司 报表金额	调整分录 借方	调整分录 贷方	抵销分录 借方	抵销分录 贷方	合并金额
资产：							
货币资金	8 000 000	8 500 000					16 500 000
应收账款	27 000 000	12 000 000					39 000 000
存货	32 000 000	14 600 000	4 400 000				51 000 000
长期股权投资	68 000 000	18 000 000				23 000 000	63 000 000
固定资产	117 500 000	26 000 000	1 500 000				145 000 000
无形资产	10 000 000	3 500 000					13 500 000
商誉	0	4 500 000		4 500 000	9 000 000		9 000 000
递延所得税资产	9 500 000	2 400 000		2 400 000	3 000 000		12 500 000
资产总计	272 000 000	89 500 000					349 500 000
负债和所有者权益：							
短期借款	12 000 000	15 000 000					27 000 000
应付账款	10 500 000	8 600 000					19 100 000
应付职工薪酬	13 500 000	5 400 000					18 900 000
应交税费	9 000 000	7 500 000					16 500 000
其他应付款	26 000 000	2 000 000					28 000 000
长期借款	24 000 000	20 000 000					44 000 000

续表

	甲公司 报表金额	乙公司 报表金额	调整分录 借方	调整分录 贷方	抵销分录 借方	抵销分录 贷方	合并金额
资产：							
应付债券	20 000 000	0					20 000 000
递延所得税负债	15 000 000	5 500 000	5 500 000			7 000 000	22 000 000
负债合计	130 000 000	64 000 000					195 500 000
实收资本（股本）	50 000 000	10 000 000			10 000 000		50 000 000
资本公积	38 000 000	8 500 000		4 500 000	13 000 000		38 000 000
盈余公积	16 700 000①	2 000 000			2 000 000		16 700 000
未分配利润	37 300 000②	5 000 000			5 000 000		37 300 000
少数股东权益						12 000 000	12 000 000
所有者权益合计	142 000 000	25 500 000					154 000 000
负债和所有者权益总计	272 000 000	89 500 000					349 500 000

注：①盈余公积 16 700 000 = 16 500 000 + 2 000 000 × 10%（2 000 000 元为购买日处置无形资产净收益）= 16 700 000（元）；②未分配利润
37 300 000 = 35 500 000 + 2 000 000 × 90% = 37 300 000（元）。

（三）非同一控制下的吸收合并

非同一控制下的吸收合并，购买方在购买日应当将合并中取得的符合确认条件的各项可辨认资产、负债，按其公允价值确认为本企业的资产和负债；作为合并对价的有关非货币性资产在购买日的公允价值与其账面价值的差额，应作为资产处置损益计入合并当期的利润表；确定的企业合并成本与所取得的被购买方可辨认净资产公允价值之间的差额，视情况分别确认为商誉或是计入企业合并当期的损益。其具体处理原则与非同一控制下的控股合并类似，不同点在于非同一控制下的吸收合并中，合并中取得的可辨认资产和负债是作为个别财务报表中的项目列示，合并中产生的商誉也是作为购买方账簿及个别财务报表中的资产列示。

例如，A 公司 2007 年 12 月 31 日吸收合并了非同一控制下的 B 公司。假设两家公司的会计政策一致，会计年度均采用日历年度。合并协议规定，A 公司发行 20 000 000 股每股面值 1 元的股票（每股市价为 2.5 元），换取 B 公司股东持有的面值 1 元的 15 000 000 股股票。此外，A 公司以银行存款支付了与合并业务相关的费用共计 1 800 000 元（其中，股票登记发行费用 1 000 000 元），假定 A 公司适用所得税税率为 25%。

在合并之前，B 公司的资产负债表如表 9 - 33 所示。

表 9 - 33

B 公司资产负债表

2007 年 12 月 31 日

单位：元

资　　产		负　　债	
货币资金	6 500 000	短期借款	5 000 000
应收账款	24 000 000	应付账款	16 000 000
存货	34 500 000	应付职工薪酬	3 000 000
长期股权投资	12 000 000	应交税费	4 600 000
固定资产	18 000 000	其他应付款	1 400 000
无形资产	4 000 000	长期借款	10 000 000
		应付债券	15 000 000
		所有者权益	
		股本	15 000 000
		资本公积	9 000 000
		盈余公积	12 000 000
		未分配利润	8 000 000
资产合计	99 000 000	负债和所有者权益合计	99 000 000

A 公司聘请独立的资产评估机构，对 B 公司各项资产、负债进行了评估，经评估后确认的各项资产、负债的金额如表 9 - 34 所示。

表 9 - 34　　　　　　　　　　　　　　　　　　　　　　　单位：元

项　目	评估前金额	评估后金额
资产：		
货币资金	6 500 000	6 500 000
应收账款	24 000 000	22 000 000
存货	34 500 000	36 000 000
长期股权投资	12 000 000	14 000 000
固定资产	18 000 000	20 000 000
无形资产	4 000 000	3 500 000
资产总计	99 000 000	102 000 000
负债和所有者权益：		
短期借款	5 000 000	5 000 000
应付账款	16 000 000	15 000 000
应付职工薪酬	3 000 000	3 000 000
应交税费	4 600 000	4 600 000
其他应付款	1 400 000	900 000
长期借款	10 000 000	10 000 000
应付债券	15 000 000	15 000 000
负债合计	55 000 000	53 500 000
股本	15 000 000	15 000 000
资本公积	9 000 000	13 500 000
盈余公积	12 000 000	12 000 000
未分配利润	8 000 000	8 000 000
所有者权益合计	44 000 000	48 500 000
负债和所有者权益总计	99 000 000	102 000 000

假定 B 公司不存在或有项目。根据上述全部资料，A 公司应作如下会计分录：

（1）2007 年 12 月 31 日发行股票

借：长期股权投资　　　　　　　　　　　　　　　　　50 000 000

　　贷：股本　　　　　　　　　　　　　　　　　　　　20 000 000

　　　　资本公积——股本溢价　　　　　　　　　　　　30 000 000

（2）记录合并业务的相关费用

借：长期股权投资　　　　　　　　　　　　　　　　　　800 000

　　资本公积——股本溢价　　　　　　　　　　　　　1 000 000

　　贷：银行存款　　　　　　　　　　　　　　　　　　　1 800 000

🔑〔注释〕

非同一控制下的企业合并，与发行权益性证券直接相关的手续费、佣金等交易费用，不计入合并成本，借记"资本公积——股本溢价"科目，贷记"银行存款"科目。(见《企业会计准则应用指南》第 236 页。)

（3）确认递延所得税资产和递延所得税负债

借：商誉　　　　　　　　　　　　　　　　　　1 750 000
　　贷：递延所得税负债　　　　　　　　　　　　　　　1 750 000
借：递延所得税资产　　　　　　　　　　　　　　625 000
　　贷：商誉　　　　　　　　　　　　　　　　　　　　625 000

💡〔注释〕

经评估后，资产的公允价值大于账面价值的部分 5 500 000 元属于应纳税暂时性差异，应确认为递延所得税负债 1 375 000 元；资产的公允价值小于账面价值的部分 2 500 000 元属于可抵扣暂时性差异，应确认为递延所得税资产 625 000 元；负债的公允价值小于账面价值的部分 1 500 000 元属于应纳税暂时性差异，应确认为递延所得税负债 375 000 元。

（4）编制合并日的抵销分录

借：货币资金　　　　　　　　　　　　　　　　6 500 000
　　应收账款　　　　　　　　　　　　　　　　22 000 000
　　存货　　　　　　　　　　　　　　　　　　36 000 000
　　长期股权投资　　　　　　　　　　　　　　14 000 000
　　固定资产　　　　　　　　　　　　　　　　20 000 000
　　无形资产　　　　　　　　　　　　　　　　3 500 000
　　递延所得税资产　　　　　　　　　　　　　625 000
　　商誉　　　　　　　　　　　　　　　　　　3 425 000
　　贷：短期借款　　　　　　　　　　　　　　　　5 000 000
　　　　应付账款　　　　　　　　　　　　　　　15 000 000
　　　　应付职工薪酬　　　　　　　　　　　　　3 000 000
　　　　应交税费　　　　　　　　　　　　　　　4 600 000
　　　　其他应付款　　　　　　　　　　　　　　900 000
　　　　长期借款　　　　　　　　　　　　　　　10 000 000
　　　　应付债券　　　　　　　　　　　　　　　15 000 000
　　　　递延所得税负债　　　　　　　　　　　　1 750 000
　　　　长期股权投资　　　　　　　　　　　　　50 800 000

💡〔注释〕

商誉的计算如下：

合并成本总额 = 50 000 000 + 800 000 = 50 800 000（元）

减：可辨认净资产的公允价值　　　　　　　　48 500 000 元
　　递延所得税资产　　　　　　　　　　　　　625 000 元
加：递延所得税负债　　　　　　　　　　　　　1 750 000 元
　　商誉　　　　　　　　　　　　　　　　　　3 425 000 元

(四) 通过多次交易分步实现的非同一控制下企业合并

通过多次交换交易分步实现的非同一控制下企业合并，企业在每一单项交换交易发生时，应确认对被购买方的投资。投资企业在持有被投资单位的部分股权后，通过增加持股比例等达到对被投资单位形成控制的，应分别每一单项交易的成本与该交易发生时应享有被投资单位可辨认净资产公允价值的份额进行比较，确定每一单项交易中产生的商誉。达到企业合并时应确认的商誉（或合并财务报表中应确认的商誉）为每一单项交易中应确认的商誉之和。

通过多次交易分步实现的非同一控制下企业合并，实务操作中，应按以下顺序处理：

（1）对长期股权投资的账面余额进行调整。达到企业合并前长期股权投资采用成本法核算的，其账面余额一般无须调整；达到企业合并前长期股权投资采用权益法核算的，应进行调整，将其账面价值调整至取得投资时的初始投资成本，相应调整留存收益等。

（2）比较每一单项交易的成本与交易时应享有被投资单位可辨认净资产公允价值份额，确定每一单项交易应予确认的商誉或是应计入当期损益的金额。

（3）对于被购买方在购买日与交易日之间可辨认净资产公允价值的变动，相对于原持股比例的部分，在合并财务报表（吸收合并是指购买方个别财务报表）中应调整所有者权益相关项目，其中属于原取得投资后被投资单位实现净损益增加的资产价值量，应调整留存收益，差额调整资本公积。

例如，第一次购买20%股权支付3 000万元；第二次购买50%股权支付8 000万元。则企业合并总成本为11 000万元。

例如，公司于2007年1月1日以银行存款12 000万元取得星光公司（非同一控制下的公司）20%的股权，取得投资当日星光公司的可辨认资产公允价值为50 000万元。取得投资公司派人参与星光公司的生产经营决策，公司对星光公司的长期股权投资按权益法进行核算，2007年12月31日，星光公司实现净利润3 000万元（假设不存在需要对净利润进行调整的因素），在此期间，星光公司未宣告发放现金或利润，不考虑相关税费。2008年1月6日，公司再以银行存款32 000万元购入星光公司50%的股份，购买日星光公司可辨认净资产公允价值为60 000万元。

（1）2007年1月1日投资时

借：长期股权投资——成本　　　　　　　　　　　　　　120 000 000

　　贷：银行存款　　　　　　　　　　　　　　　　　　　　120 000 000

（2）2007年12月31日确认投资损益

借：长期股权投资——损益调整　　　　　　　　　　　　6 000 000

　　贷：投资收益　　　　　　　　　　　　　　　　　　　　6 000 000

（3）2008年1月6日再次投资时

①对原按照权益法核算的长期股权投资进行追溯调整（假定公司按净利润的10%提取盈余公积）。

借：盈余公积 600 000

利润分配——未分配利润 5 400 000

贷：长期股权投资 6 000 000

②商誉的计算：

取得20%股份时应确认的商誉 = 120 000 000 - 500 000 000 × 20% = 20 000 000（元）

再次追加投资50%股份时应确认的商誉 = 320 000 000 - 600 000 000 × 50% = 20 000 000（元）

两次投资应确认的商誉之和 = 20 000 000 + 20 000 000 = 40 000 000（元）

借：长期股权投资 320 000 000

贷：银行存款 320 000 000

合并财务报表中对与原持有股份相对应的被投资单位可辨认净资产增值份额的处理：在编制购买日的合并财务报表时，对于购买方原已持有的20%股份在原投资日至购买日之间公允价值变化20 000 000元[（600 000 000 - 500 000 000）× 20%]，在合并财务报表中属于被投资单位在投资以后实现净利润的部分6 000 000元（30 000 000 × 20%），调整合并财务报表中的盈余公积和未分配利润，剩余部分14 000 000元（20 000 000 - 6 000 000）调整资本公积。

（五）购买子公司少数股权的处理

企业在取得对子公司的控制权，形成企业合并后，自子公司的少数股东处取得少数股东拥有的对该子公司全部或部分少数股权，应当遵循以下原则分别母公司个别财务报表以及合并财务报表两种情况进行处理：

1. 母公司购买子公司少数股权所形成的长期股权投资，应当按照《企业会计准则第2号——长期股权投资》第四条的规定确定其投资成本。

2. 母公司在编制合并财务报表时，因购买少数股权新取得的长期股权投资与按照新增持股比例计算应享有子公司自购买日（或合并日）开始持续计算的净资产份额之间的差额，应当调整所有者权益（资本公积），资本公积不足冲减的，调整留存收益。

例如，甲公司于2008年1月1日以5 500万元取得集团外乙公司60%的股权，购买日甲公司聘请专业资产评估机构对乙公司的资产进行评估，评估结果为：乙公司的一栋办公楼评估增值600万元（尚可使用年限为10年），乙公司一项未入账的无形资产评估为400万元（预计使用年限为10年），其他各项可辨认资产喝负债的账面价值与其公允价值相等，因此，经评估后乙公司的可辨认净资产公允价值总额为8 000万元。购买日乙公司的所有者权益为7 000万元，其中：实收资本为5 000万元，资本公积为800万元，盈余公积为200万元，未分配利润为1 000万元。2009年1月1日，甲公司又以银行存款2 300万元自乙公司的少数股东处取得乙公司20%的股权，假设乙公司2008年实现的账面净利润为1 500万元，未作利润分配且乙公司除实现净利润外无其他所有者权益的变动。

甲公司的账务处理如下：

（1）2008年1月1日取得乙公司60%的投资：

借：长期股权投资——乙公司（投资成本）　　　　　　　55 000 000

　　贷：银行存款　　　　　　　　　　　　　　　　　　　　55 000 000

在编制2008年1月1日的合并财务报表中反映的合并商誉=5 500−8 000×60% =700（万元）。

（2）2009年1月1日再购买该子公司20%的股权：

借：长期股权投资——乙公司（投资成本）　　　　　　　23 000 000

　　贷：银行存款　　　　　　　　　　　　　　　　　　　　23 000 000

（3）计算在编制2009年1月1日合并财务报表中调整权益的金额

购买子公司少数股权的投资成本为：2 300万元，应享有子公司自购买日开始持续计算的净资产份额=（7 000+1 000+1 500−100）×20%=9 400×20%=1 880（万元）；应调整权益的金额=2 300−1 880=420万元（调整资本公积）。

（4）编制2009年1月1日购买子公司时合并财务报表中的调整分录和抵销分录：

①调整公允价值与账面价值差额折旧、摊销的影响金额：

借：年初未分配利润　　　　　　　　　　　　　　　　　600 000

　　贷：固定资产——累计折旧　　　　　　　　　　　　　　600 000

借：年初未分配利润　　　　　　　　　　　　　　　　　400 000

　　贷：无形资产——累计摊销　　　　　　　　　　　　　　400 000

②按权益法调整长期股权投资

借：长期股权投资——乙公司（损益调整）　　　　　　　8 400 000

　　贷：年初未分配利润　　　　　　　　　　　　　　　　　8 400 000

💡〔注释〕

2008年损益调整=（1 500−60−40）×60%=1 400×60%=840（万元）。

③抵销所有者权益各项目

借：实收资本　　　　　　　　　　　　　　　　　　　　50 000 000

　　资本公积　　　　　　　　　　　　　　　　　　　　22 200 000

　　盈余公积　　　　　　　　　　　　　　　　　　　　3 400 000

　　未分配利润　　　　　　　　　　　　　　　　　　　22 600 000

　　商誉　　　　　　　　　　　　　　　　　　　　　　7 000 000

　　贷：长期股权投资　　　　　　　　　　　　　　　　　　86 400 000

　　　　少数股东权益　　　　　　　　　　　　　　　　　　18 800 000

💡〔注释〕

资本公积抵销数2 220万元，其中：2008年1月1日资本公积账面数800万元与购买日评估增值数1 000万元以及2009年1月1日合并财务报表中权益调整数420万元之和；盈余公积=200+（1 500−100）×10%=340万元；未分配利润=1 000+（1 500−100）×90%=2 260万元。

（六）反向购买的处理

非同一控制下的企业合并，以发行权益性证券交换股权的方式进行的，通常发行权益性证券的一方为购买方。但某些企业合并中，发行权益性证券的一方因其生产经营决策在合并后被参与合并的另一方所控制的，发行权益性证券的一方虽然为法律上的母公司，但其为会计上的被购买方，该类企业合并通常称为"反向购买"。例如，甲公司为一家规模较小的某 ST 上市公司，乙公司为一家规模较大的集团公司。乙公司拟通过收购甲公司的方式达到上市目的，但该交易是通过甲公司向乙公司原股东发行普通股用以交换乙公司原股东持有的对乙公司股权方式实现。该项交易后，乙公司原股东持有甲公司 50% 以上股权，甲公司持有乙公司 50% 以上股权，甲公司为法律上的母公司、乙公司为法律上的子公司，但从会计角度，甲公司为被购买方，乙公司为购买方。

1. 企业合并成本

反向购买中，法律上的子公司（购买方）的企业合并成本是指其如果以发行权益性证券的方式为获取在合并后报告主体的股权比例，应向法律上母公司（被购买方）的股东发行的权益性证券数量与权益性证券的公允价值计算的结果。购买方的权益性证券在购买日存在公开报价的，通常应以公开报价作为其公允价值；购买方的权益性证券在购买日不存在可靠公开报价的，应参照购买方的公允价值和被购买方的公允价值二者之中有更为明显证据支持的作为基础，确定假定应发行权益性证券的公允价值。

2. 合并财务报表的编制

反向购买后，法律上的母公司应当遵从以下原则编制合并财务报表：

（1）合并财务报表中，法律上子公司的资产、负债应以其在合并前的账面价值进行确认和计量。

（2）合并财务报表中的留存收益和其他权益余额应当反映的是法律上子公司在合并前的留存收益和其他权益余额。

（3）合并财务报表中的权益性工具的金额应当反映法律上子公司合并前发行在外的股份面值以及假定在确定该项企业合并成本过程中新发行的权益性工具的金额。但是在合并财务报表中的权益结构应当反映法律上母公司的权益结构，即法律上母公司发行在外权益性证券的数量及种类。

（4）法律上母公司的有关可辨认资产、负债在并入合并财务报表时，应以其在购买日确定的公允价值进行合并，企业合并成本大于合并中取得的法律上母公司（被购买方）可辨认净资产公允价值的份额体现为商誉，小于合并中取得的法律上母公司（被购买方）可辨认净资产公允价值的份额确认为合并当期损益。

（5）合并财务报表的比较信息应当是法律上子公司的比较信息（即法律上子公司的前期合并财务报表）。

（6）法律上子公司的有关股东在合并过程中未将其持有的股份转换为对法律上母公司股份的，该部分股东享有的权益份额在合并财务报表中应作为少数股东权益列示。因法律上子公司的部分股东未将其持有的股份转换为法律上母公司的股权，其享有的权益份额仍仅限于对法律上子公司的部分，该部分少数股东权益反映的是少数股东按持股比例计算享有法律上子公司合并前净资产账面价值的份额。另外，对于法律上母公司的所有股东，虽然该项合并中其被认为被购买方，但其享有合并形成报告主体的净资产及损益，不应作为少数股东权益列示。

应予说明的是，上述反向购买的会计处理原则仅适用于合并财务报表的编制。法律上母公司在该项合并中形成的对法律上子公司长期股权投资成本的确定，应当遵从《企业会计准则第 2 号——长期股权投资》的相关规定。

3. 每股收益的计算

发生反向购买当期，用于计算每股收益的发行在外普通股加权平均数为：

（1）自当期期初至购买日，发行在外的普通股数量应假定为在该项合并中法律上母公司向法律上子公司股东发行的普通股数量；

（2）自购买日至期末发行在外的普通股数量为法律上母公司实际发行在外的普通股股数。

反向购买后对外提供比较合并财务报表的，其比较前期合并财务报表中的基本每股收益，应以法律上子公司在每一比较报表期间归属于普通股股东的净损益除以在反向购买中法律上母公司向法律上子公司股东发行的普通股股数计算确定。

上述假定法律上子公司发行的普通股股数在比较期间内和自反向购买发生期间的期初至购买日之间内未发生变化。如果法律上子公司发行的普通股股数在此期间发生了变动，计算每股收益时应适当考虑其影响进行调整。

例如，甲上市公司于 2008 年 6 月 30 日通过定向增发本企业普通股对乙公司进行合并，取得乙公司 100% 股权。假定不考虑所得税影响。甲公司及乙公司在合并前简化资产负债表如下表所示。

甲、乙公司合并前资产负债表简表　　　　　　单位：万元

	甲公司	乙公司
流动资产	6 000	15 000
非流动资产	24 000	65 000
资产总额	30 000	80 000
流动负债	5 800	12 500
非流动负债	7 600	37 500
负债总额	13 400	50 000
所有者权益：		
股本	2 000	1 500
资本公积	1 600	6 500
盈余公积	4 000	5 000
未分配利润	9 000	17 000
所有者权益总额	16 600	30 000

其他资料：

（1）2008 年 6 月 30 日，甲公司通过定向增发本企业普通股，以 2 股换 1 股的比例自乙公司原股东处取得了乙公司全部股权。甲公司为此共发行了 3 000 万股普通股以取得乙公司全部 1 500 万股普通股。

（2）甲公司普通股在 2008 年 6 月 30 日的公允价值为 15 元，乙公司每股普通股估价为 30 元。甲公司、乙公司每股普通股的面值均为 1 元。

（3）2008 年 6 月 30 日，甲公司除非流动资产评估增值 5 000 万元以外，其他资产、负债项目的公允价值与其账面价值相同，则甲公司可辨认净资产公允价值为 21 600 万元。

（4）假定甲公司与乙公司在合并前不存在任何关联方关系。

对于该项企业合并，虽然在合并中发行权益性证券的一方为甲公司，但因其生产经营决策的控制权在合并后由乙公司原股东控制，乙公司应为购买方，甲公司为被购买方。

1. 确定该项合并中乙公司的合并成本：

甲公司在该项合并中向乙公司原股本增发了 3 000 万股普通股，合并后乙公司原股东持有甲公司的股权比例为 60%（3 000 ÷ 5 000），如果假定乙公司发行本企业普通股在合并后主体享有同样的股权比例，则乙公司应当发行的普通股股数为 1 000 万股（1 500 ÷ 60% – 1 500），其公允价值为 30 000 万元，乙公司的企业合并成本为 30 000 万元。

2. 企业合并成本在可辨认资产、负债的分配：

应确认的商誉 = 合并成本 – 可辨认净资产公允价值 = 30 000 – 21 600 = 8 400（万元）。

甲公司 2008 年 6 月 30 日合并资产负债表简表　　　　　单位：万元

项　　目	
流动资产	21 000
非流动资产	90 000
商誉	8 400
资产总额	119 400
流动负债	18 300
非流动负债	45 100
负债总额	63 400
所有者权益：	
股本	2 500
资本公积	31 500
盈余公积	5 000
未分配利润	17 000
所有者权益总额	56 000

3. 少数股东权益

上例中，乙公司的全部股东中假定只有其中的 90% 以原持有的对乙公司股权换取了甲公司增发的普通股。甲公司应发行的普通股股数为 2 700 万股（1 500×90%×2）。企业合并后，乙公司的股东拥有合并后报告主体的股权比例为 57.45%（2 700÷4 700）。通过假定乙公司向甲公司发行本企业普通股在合并后主体享有同样的股权比例，在计算乙公司须发生的普通股数量时，不考虑少数股权的因素，故乙公司应当发行的普通股股数为 1 000 万股（1 500×90%÷57.92%－1 500×90%），乙公司在该项合并中的企业合并成本为 30 000 万元（1 000×30），乙公司未参与股权交换的股东拥有乙公司的股份为 10%，享有乙公司合并前净资产的份额为 3 000 万元（30 000×10%），在合并财务报表中应作为少数股东权益列示。

（七）被购买方的会计处理

非同一控制下的企业合并中，购买方通过企业合并取得被购买方 100% 股权的，被购买方可以按照合并中确定的可辨认资产、负债的公允价值调整其账面价值。除此之外，其他情况下被购买方不应因企业合并改记有关资产、负债的账面价值。

第十一节　租赁业务核算

一、租赁核算有关规定

（一）租赁的定义与范围

1. 租赁，是指在约定的期间内，出租人将资产使用权让与承租人，以获取租金的协议。

2. 下列各项适用其他相关会计准则：

（1）出租人以经营租赁方式租出的土地使用权和建筑物，适用《企业会计准则第 3 号——投资性房地产》。

（2）电影、录像、剧本、文稿、专利和版权等项目的许可使用协议，适用《企业会计准则第 6 号——无形资产》。

（3）出租人因融资租赁形成的长期债权的减值，适用《企业会计准则第 22 号——金融工具确认和计量》。

（二）租赁的分类

1. 承租人和出租人应当在租赁开始日将租赁分为融资租赁和经营租赁。

租赁开始日，是指租赁协议日与租赁各方就主要租赁条款作出承诺日中的较早者。

　　📍〔注释〕

　　租赁开始日，是指租赁协议日与租赁各方就主要租赁条款作出承诺日中的较早者。在租赁开始日，承租人和出租人应当将租赁认定为融资租赁或经营租赁。

　　2. 融资租赁，是指实质上转移了与资产所有权有关的全部风险和报酬的租赁。其所有权最终可能转移，也可能不转移。

　　3. 符合下列一项或数项标准的，应当认定为融资租赁：

　　（1）在租赁期届满时，租赁资产的所有权转移给承租人。

　　📍〔注释〕

　　在租赁期届满时，租赁资产的所有权转移给承租人。此种情况通常是指在租赁合同中已经约定，或者在租赁开始日根据相关条件作出合理判断，租赁期届满时出租人能够将资产的所有权转移给承租人。

　　（2）承租人有购买租赁资产的选择权，所订立的购买价款预计将远低于行使选择权时租赁资产的公允价值，因而在租赁开始日就可以合理确定承租人将会行使这种选择权。

　　（3）即使资产的所有权不转移，但租赁期占租赁资产使用寿命的大部分。

　　📍〔注释〕

　　即使资产的所有权不转移，但租赁期占租赁资产使用寿命的大部分。其中"大部分"，通常掌握在租赁期占租赁资产使用寿命的75%以上（含75%）。

　　（4）承租人在租赁开始日的最低租赁付款额现值，几乎相当于租赁开始日租赁资产公允价值；出租人在租赁开始日的最低租赁收款额现值，几乎相当于租赁开始日租赁资产公允价值。

　　📍〔注释〕

　　承租人在租赁开始日的最低租赁付款额现值，几乎相当于租赁开始日租赁资产公允价值；出租人在租赁开始日的最低租赁收款额现值，几乎相当于租赁开始日租赁资产公允价值。其中"几乎相当于"，通常掌握在90%以上（含90%）。

　　（5）租赁资产性质特殊，如果不作较大改造，只有承租人才能使用。

　　4. 租赁期，是指租赁合同规定的不可撤销的租赁期间。租赁合同签订后一般不可撤销，但下列情况除外：

　　（1）经出租人同意。

　　（2）承租人与原出租人就同一资产或同类资产签订了新的租赁合同。

　　（3）承租人支付一笔足够大的额外款项。

　　（4）发生某些很少会出现的或有事项。

　　承租人有权选择续租该资产，并且在租赁开始日就可以合理确定承租人将会行使这种选择权，不论是否再支付租金，续租期也包括在租赁期之内。

　　5. 最低租赁付款额，是指在租赁期内，承租人应支付或可能被要求支付的款项（不包括或有租金和履约成本），加上由承租人或与其有关的第三方担保的资产余值。

　　承租人有购买租赁资产选择权，所订立的购买价款预计将远低于行使选择权时租

赁资产的公允价值，因而在租赁开始日就可以合理确定承租人将会行使这种选择权
的，购买价款应当计入最低租赁付款额。

或有租金，是指金额不固定、以时间长短以外的其他因素（如销售量、使用量、
物价指数等）为依据计算的租金。

履约成本，是指租赁期内为租赁资产支付的各种使用费用，如技术咨询和服务
费、人员培训费、维修费、保险费等。

💡〔注释〕

承租人发生的履约成本通常应计入当期损益。

6. 最低租赁收款额，是指最低租赁付款额加上独立于承租人和出租人的第三方
对出租人担保的资产余值。

7. 经营租赁是指除融资租赁以外的其他租赁。

💡〔注释〕

经营租赁是指除融资租赁以外的其他租赁。经营租赁资产的所有权不转移，租赁
期届满后，承租人有退租或续租的选择权，而不存在优惠购买选择权。

（三）融资租赁中承租人的会计处理

1. 在租赁期开始日，承租人应当将租赁开始日租赁资产公允价值与最低租赁付
款额现值两者中较低者作为租入资产的入账价值，将最低租赁付款额作为长期应付款
的入账价值，其差额作为未确认融资费用。

💡〔注释〕

旧《租赁》准则的处理方法：承租人将租赁开始日租赁资产的原账面价值与最
低租赁付款额的现值两者中较低者作为租入资产的入账价值。

新《租赁》准则的处理方法：承租人应将租赁开始日租赁资产公允价值与最低
租赁付款额的现值两者中较低者作为租入资产的入账价值。承租人在租赁谈判和签订
租赁合同过程中发生的，可归属于租赁项目的手续费、律师费、差旅费、印花税等初
始直接费用，应当计入租入资产价值。

租赁期开始日，是指承租人有权行使其使用租赁资产权利的开始日。

💡〔注释〕

租赁期开始日，是指承租人有权行使其使用租赁资产权利的日期，表明租赁行为
的开始。在租赁期开始日，承租人应当对租入资产、最低租赁付款额和未确认融资费
用进行初始确认；出租人应当对应收融资租赁款、未担保余值和未实现融资收益进行
初始确认。

2. 承租人在计算最低租赁付款额的现值时，能够取得出租人租赁内含利率的，
应当采用租赁内含利率作为折现率；否则，应当采用租赁合同规定的利率作为折现
率。承租人无法取得出租人的租赁内含利率且租赁合同没有规定利率的，应当采用同
期银行贷款利率作为折现率。

3. 租赁内含利率，是指在租赁开始日，使最低租赁收款额的现值与未担保余值
的现值之和等于租赁资产公允价值与出租人的初始直接费用之和的折现率。

4. 担保余值，就承租人而言，是指由承租人或与其有关的第三方担保的资产余值；就出租人而言，是指就承租人而言的担保余值加上独立于承租人和出租人的第三方担保的资产余值。

资产余值，是指在租赁开始日估计的租赁期届满时租赁资产的公允价值。

未担保余值，是指租赁资产余值中扣除就出租人而言的担保余值以后的资产余值。

5. 未确认融资费用应当在租赁期内各个期间进行分摊。

承租人应当采用实际利率法计算确认当期的融资费用。

🔍〔注释〕

承租人采用实际利率法分摊未确认融资费用时，应当根据租赁期开始日租入资产入账价值的不同情况，对未确认融资费用采用不同的分摊率：

（1）以出租人的租赁内含利率为折现率将最低租赁付款额折现，且以该现值作为租入资产入账价值的，应当将租赁内含利率作为未确认融资费用的分摊率。

（2）以合同规定利率为折现率将最低租赁付款额折现，且以该现值作为租入资产入账价值的，应当将合同规定利率作为未确认融资费用的分摊率。

（3）以银行同期贷款利率为折现率将最低租赁付款额折现，且以该现值作为租入资产入账价值的，应当将银行同期贷款利率作为未确认融资费用的分摊率。

（4）以租赁资产公允价值作为入账价值的，应当重新计算分摊率。该分摊率是使最低租赁付款额的现值与租赁资产公允价值相等的折现率。

6. 承租人应当采用与自有固定资产相一致的折旧政策计提租赁资产折旧。

能够合理确定租赁期届满时取得租赁资产所有权的，应当在租赁资产使用寿命内计提折旧。

无法合理确定租赁期届满时能够取得租赁资产所有权的，应当在租赁期与租赁资产使用寿命两者中较短的期间内计提折旧。

🔍〔注释〕

承租人应对融资租入的固定资产计提折旧。

（1）折旧政策

对于融资租入资产，计提租赁资产折旧时，承租人应采用与自有应折旧资产相一致的折旧政策。同自有应折旧资产一样，租赁资产的折旧方法一般有年限平均法、工作量法、双倍余额递减法、年数总和法等。如果承租人或与其有关的第三方对租赁资产余值提供了担保，则应计折旧总额为租赁期开始日固定资产的入账价值扣除担保值后的余额；如果承租人或与其有关的第三方未对租赁资产余值提供担保，应计折旧总额为租赁期开始日固定资产的入账价值。

（2）折旧期间

确定租赁资产的折旧期间应视租赁合同的规定而论。如果能够合理确定租赁期届满时承租人将会取得租赁资产所有权，即可认为承租人拥有该项资产的全部使用寿命，因此应以租赁期开始日租赁资产的寿命作为折旧期间；如果无法合理确定租赁期届满后承租人是否能够取得租赁资产的所有权，应以租赁期与租赁资产寿命两者中较短者作为折旧期间。

7. 或有租金应当在实际发生时计入当期损益。

🔑〔注释〕

　　或有租金是指金额不固定、以时间长短以外的其他因素（如销售量、使用量、物价指数等）为依据计算的租金。由于或有租金的金额不固定，无法采用系统合理的方法对其进行分摊，因此或有租金在实际发生时计入当期损益。

8. 租赁期届满时的处理

租赁期届满时，承租人对租赁资产的处理通常有三种情况：返还、优惠续租和留购。

（1）返还租赁资产

租赁期届满，承租人向出租人返还租赁资产时，通常借记"长期应付款——应付融资租赁款"、"累计折旧"科目，贷记"固定资产——融资租入固定资产"科目。

（2）优惠续租租赁资产

承租人行使优惠续租选择权，应视同该项租赁一直存在而作出相应的账务处理。如果租赁期届满时没有续租，根据租赁合同规定须向出租人支付违约金时，借记"营业外支出"科目，贷记"银行存款"等科目。

（3）留购租赁资产

在承租人享有优惠购买选择权的情况下，支付购买价款时，借记"长期应付款——应付融资租赁款"科目，贷记"银行存款"等科目；同时，将固定资产从"融资租入固定资产"明细科目转入有关明细科目。

（四）融资租赁中出租人的会计处理

1. 在租赁期开始日，出租人应当将租赁开始日最低租赁收款额与初始直接费用之和作为应收融资租赁款的入账价值，同时记录未担保余值；将最低租赁收款额、初始直接费用及未担保余值之和与其现值之和的差额确认为未实现融资收益。

🔑〔注释〕

　　在租赁期开始日，出租人应当将租赁开始日最低租赁收款额与初始直接费用之和作为应收融资租赁款的入账价值，同时记录未担保余值；将最低租赁收款额、初始直接费用及未担保余值之和与其现值之和的差额确认为未实现融资收益。出租人在租赁期开始日按照上述规定转出租赁资产，租赁资产公允价值与其账面价值如有差额，应当计入当期损益。

2. 未实现融资收益应当在租赁期内各个期间进行分配。

出租人应当采用实际利率法计算确认当期的融资收入。

🔑〔注释〕

　　出租人采用实际利率法分配未实现融资收益时，应当将租赁内含利率作为未实现融资收益的分配率。

3. 出租人至少应当于每年年度终了，对未担保余值进行复核。

未担保余值增加的，不作调整。

有证据表明未担保余值已经减少的，应当重新计算租赁内含利率，将由此引起的租赁投资净额的减少，计入当期损益；以后各期根据修正后的租赁投资净额和重新计算的租赁内含利率确认融资收入。

租赁投资净额是融资租赁中最低租赁收款额及未担保余值之和与未实现融资收益之间的差额。

已确认损失的未担保余值得以恢复的，应当在原已确认的损失金额内转回，并重新计算租赁内含利率，以后各期根据修正后的租赁投资净额和重新计算的租赁内含利率确认融资收入。

4. 或有租金应当在实际发生时计入当期损益。

5. 未担保余值发生变动时的处理。

由于未担保余值的金额决定了租赁内含利率的大小，从而决定着未实现融资收益的分配，因此，为了真实地反映企业的资产和经营业绩，根据谨慎性原则的要求，在未担保余值发生减少和已确认损失的未担保余值得以恢复的情况下，均应当重新计算租赁内含利率，以后各期根据修正后的租赁投资净额和重新计算的租赁内含利率确定应确认的租赁收入。在未担保余值增加时，不作任何调整。其账务处理如下：

（1）期末，出租人的未担保余值的预计可收回金额低于其账面价值的差额，借记"资产减值损失"科目，贷记"未担保余值减值准备"科目。同时，将未担保余值减少额与由此所产生的租赁投资净额的减少额的差额，借记"未实现融资收益"科目，贷记"资产减值损失"科目。

（2）如果已确认损失的未担保余值得以恢复，应在原已确认的损失金额内转回，借记"未担保余值减值准备"科目，贷记"资产减值损失"科目。同时，将未担保余值恢复额与由此所产生的租赁投资净额的增加额的差额，借记"资产减值损失"科目，贷记"未实现融资收益"科目。

6. 租赁期届满时的处理。

租赁期届满时出租人应区别以下情况进行会计处理：

（1）租赁期届满时，承租人将租赁资产交还出租人。这时有可能出现以下三种情况：

①对资产余值全部担保的

出租人收到承租人交还的租赁资产时，应当借记"融资租赁资产"科目，贷记"长期应收款——应收融资租赁款"科目。如果收回租赁资产的价值低于担保余值，则应向承租人收取损失补偿金，借记"其他应收款"科目，贷记"营业外收入"科目。

②对资产余值部分担保的

出租人收到承租人交还的租赁资产时，借记"融资租赁资产"科目，贷记"长期应收款——应收融资租赁款"、"未担保余值"等科目。如果收回租赁资产的价值扣除未担保余值后的余额低于担保余值，则应向承租人收取价值损失补偿金，借记"其他应收款"科目，贷记"营业外收入"科目。

③对资产余值全部未担保的

出租人收到承租人交还的租赁资产时，借记"融资租赁资产"科目，贷记"未担保余值"科目。

（2）优惠续租租赁资产

①如果承租人行使优惠续租选择权，则出租人应视同该项租赁一直存在而作出相应的账务处理，如继续分配未实现融资收益等。

②如果租赁期届满时承租人没有续租，根据租赁合同规定应向承租人收取违约金时，并将其确认为营业外收入。同时，将收回的租赁资产按上述规定进行处理。

（3）留购租赁资产

租赁期届满时，承租人行使了优惠购买选择权。出租人应按收到的承租人支付的购买资产的价款，借记"银行存款"等科目，贷记"长期应收款——应收融资租赁款"科目。

（五）经营租赁中承租人的会计处理

1. 对于经营租赁的租金，承租人应当在租赁期内各个期间按照直线法计入相关资产成本或当期损益；其他方法更为系统合理的，也可以采用其他方法。

2. 承租人发生的初始直接费用，应当计入当期损益。

3. 或有租金应当在实际发生时计入当期损益。

（六）经营租赁中出租人的会计处理

1. 出租人应当按资产的性质，将用作经营租赁的资产包括在资产负债表中的相关项目内。

2. 对于经营租赁的租金，出租人应当在租赁期内各个期间按照直线法确认为当期损益；其他方法更为系统合理的，也可以采用其他方法。

3. 出租人发生的初始直接费用，应当计入当期损益。

〔注释〕

经营租赁中出租人发生的初始直接费用，是指在租赁谈判和签订租赁合同过程中发生的可归属于租赁项目的手续费、律师费、差旅费、印花税等，应当计入当期损益；金额较大的应当资本化，在整个经营租赁期间内按照与确认租金收入相同的基础分期计入当期损益。

4. 对于经营租赁资产中的固定资产，出租人应当采用类似资产的折旧政策计提折旧；对于其他经营租赁资产，应当采用系统合理的方法进行摊销。

5. 或有租金应当在实际发生时计入当期损益。

（七）售后租回交易

1. 承租人和出租人应当根据本准则第二章的规定，将售后租回交易认定为融资租赁或经营租赁。

2. 售后租回交易认定为融资租赁的，售价与资产账面价值之间的差额应当予以递延，并按照该项租赁资产的折旧进度进行分摊，作为折旧费用的调整。

3. 售后租回交易认定为经营租赁的，售价与资产账面价值之间的差额应当予以递延，并在租赁期内按照与确认租金费用相一致的方法进行分摊，作为租金费用的调整。但是，有确凿证据表明售后租回交易是按照公允价值达成的，售价与资产账面价值之间的差额应当计入当期损益。

🔎 〔注释〕

（1）售后租回交易中，资产售价与其账面价值之间的差额应当记入"递延收益"科目，售后租回交易认定为融资租赁的，记入"递延收益"的金额应按租赁资产的折旧进度进行分摊，作为折旧费用的调整。

售后租回交易认定为经营租赁的，记入"递延收益"科目的金额，应在租赁期内按照与确认租金费用相一致的方法进行分摊，作为租金费用的调整。但有确凿证据表明售后租回交易是按照公允价值达成的，资产售价与其账面价值之间的差额应当计入当期损益。

（2）出租人对经营租赁提供激励措施的，出租人与承租人应当进行如下处理：

①出租人提供免租期的，承租人应将租金总额在不扣除免租期的整个租赁期内，按直线法或其他合理的方法进行分摊，免租期内应当确认租金费用；出租人应将租金总额在不扣除免租期的整个租赁期内，按直线法或其他合理的方法进行分配，免租期内出租人应当确认租金收入。

②出租人承担了承租人某些费用的，出租人应将该费用自租金收入总额中扣除，按扣除后的租金收入余额在租赁期内进行分配；承租人应将该费用从租金费用总额中扣除，按扣除后的租金费用余额在租赁期内进行分摊。

（八）列报

1. 承租人应当在资产负债表中，将与融资租赁相关的长期应付款减去未确认融资费用的差额，分别长期负债和一年内到期的长期负债列示。

2. 承租人应当在附注中披露与融资租赁有关的下列信息：

（1）各类租入固定资产的期初和期末原价、累计折旧额。

（2）资产负债表日后连续三个会计年度每年将支付的最低租赁付款额，以及以后年度将支付的最低租赁付款额总额。

（3）未确认融资费用的余额，以及分摊未确认融资费用所采用的方法。

3. 出租人应当在资产负债表中，将应收融资租赁款减去未实现融资收益的差额，作为长期债权列示。

4. 出租人应当在附注中披露与融资租赁有关的下列信息：

（1）资产负债表日后连续三个会计年度每年将收到的最低租赁收款额，以及以后年度将收到的最低租赁收款额总额。

（2）未实现融资收益的余额，以及分配未实现融资收益所采用的方法。

5. 承租人对于重大的经营租赁，应当在附注中披露下列信息：

（1）资产负债表日后连续三个会计年度每年将支付的不可撤销经营租赁的最低租赁付款额。

（2）以后年度将支付的不可撤销经营租赁的最低租赁付款额总额。

6. 出租人对经营租赁，应当披露各类租出资产的账面价值。

7. 承租人和出租人应当披露各售后租回交易以及售后租回合同中的重要条款。

二、租赁有关业务核算

（一）融资租赁承租人的会计处理

企业融资租入的固定资产，在租赁期开始日，按应计入固定资产成本的金额（租赁开始日租赁资产公允价值与最低租赁付款额现值两者中较低者，加上初始直接费用），借记"在建工程"或"固定资产"科目，按最低租赁付款额，贷记"长期应付款"科目，按发生的初始直接费用，贷记"银行存款"等科目，按其差额，借记"未确认融资费用"科目。

按期支付的租金，借记"长期应付款"科目，贷记"银行存款"等科目。

企业融资租入的固定资产，在租赁期开始日，按应计入固定资产成本的金额（租赁开始日租赁资产公允价值与最低租赁付款额现值两者中较低者，加上初始直接费用），借记"在建工程"或"固定资产"科目，按最低租赁付款额，贷记"长期应付款"科目，按发生的初始直接费用，贷记"银行存款"等科目，按其差额，借记"未确认融资费用"科目。采用实际利率法分期摊销未确认融资费用，借记"财务费用"、"在建工程"等科目，贷记"未确认融资费用"科目。

例如，2007 年 12 月 1 日，公司与信诚租赁公司签订了一份租赁合同，公司以融资租赁方式向信诚租赁公司租入一台机械设备，合同主要条款如下：

1. 租赁期开始日：2008 年 1 月 1 日。

2. 租赁期：2008 年 1 月 1 日至 2011 年 12 月 31 日，共 4 年。

3. 租金支付：自租赁开始期日每年年末支付租金 150 000 元。

4. 该机械设备在 2007 年 12 月 1 日的账面价值为 500 000 元，公允价值为 500 000 元。

5. 租赁合同规定的利率为 7%（年利率）。

6. 承租人与出租人的初始直接费用均为 1 000 元。

7. 租赁期届满时，公司享有优惠购买该机械设备的选择权，购买价为 100 元，估计该日租赁资产的公允价值为 80 000 元。

1. 判断租赁类型

本例存在优惠购买选择权，优惠购买价 100 元远低于行使选择权日租赁资产的公允价值 80 000 元（100/80 000 = 0.125% < 5%），所以在 2012 年 1 月 1 日就可合理确定公司将会行使这种选择权，符合融资租赁的第 2 条判断标准；另外，最低租赁付款额的现值为 508 156.29 元（计算过程见后）大于租赁资产公允价值的 90% 即 450 000 元（500 000 元 × 90%），符合第 4 条判断标准。所以公司应当将这项租赁认定为融资租赁。

2. 计算租赁开始日最低租赁付款额的现值，确定租赁资产入账价值

最低租赁付款额 = 150 000 × 4 + 100 = 600 100（元）

现值计算过程如下：

每期租金 150 000 元的年金现值 = 150 000 × PA（4 期，7%）

优惠购买选择权行使价 100 元的复利现值 = 100 × PV（4 期，7%）

查表得知：

PA（4 期，7%）= 3. 3872；

PV（4 期，7%）= 0. 7629。

现值合计 = 150 000 × 3. 3872 + 100 × 0. 7629 = 508 080 + 76. 29 = 508 156. 29（元）>
500 000 元

根据该准则规定的孰低原则，租赁资产的入账价值应为租赁资产的公允价值 + 初始直接费用 = 500 000 + 1 000 = 501 000（元）

3. 计算未确认融资费用

未确认融资费用 = 600 100 – 500 000 = 100 100（元）

4. 确定融资费用分摊率

由于公司以租赁资产公允价值作为入账价值，应当重新计算未确认融资费用的分摊率。该分摊率是使最低租赁付款额的现值与租赁资产公允价值相等的折现率。

具体计算过程如下：

租赁开始日最低租赁付款的现值 = 租赁资产公允价值

当 r = 7% 时，150 000 × 3. 3872 + 100 × 0. 7629 = 508 156. 29（元）；当 r = 8% 时，
150 000 × 3. 3121 + 100 × 0. 7350 = 496 888. 5（元）。

因此，7% < r < 8%。用插值法计算得出 r = 7. 72%。

5. 采用实际利率法分摊未确认融资费用（见表 9 – 35）

表 9 – 35

日　　期	2008 年 1 月 1 日			单位：元
	租金	确认的融资费用	应付减少额	应付本金余额
①	②	③ = 期初 × 7.72%	④ = ② – ③	期末⑤ = ⑤ – ④
				500 000
2008. 12. 31	150 000	38 600	111 400	388 600
2009. 12. 31	150 000	29 999. 92	120 000. 08	268 599. 92
2010. 12. 31	150 000	20 735. 91	129 264. 09	139 335. 83
2011. 12. 31	150 000	10 764. 17	139 235. 83	100
2012. 1. 1	100		100	0
合　　计	600 100	100 100	500 000	

6. 账务处理

（1）公司 2007 年 12 月 1 日融资租入固定资产时

借：固定资产——融资租入固定资产　　　　　　　　　　　　　501 000

```
    未确认融资费用                                    100 100
      贷：长期应付款                                          600 100
        银行存款                                              1 000
```

（2）2008 年 12 月 31 日支付租金、分摊融资费用与计提折旧

```
借：长期应付款——应付融资租入固定资产租赁款        150 000
    贷：银行存款                                            150 000
借：财务费用                                          38 600
    贷：未确认融资费用                                        38 600
借：制造费用                                          125 250
    贷：累计折旧                                              125 250
```

（3）2009 年 12 月 31 日支付租金、分摊融资费用与计提折旧

```
借：长期应付款——应付融资租入固定资产租赁款        150 000
    贷：银行存款                                            150 000
借：财务费用                                          29 999.92
    贷：未确认融资费用                                        29 999.92
借：制造费用                                          125 250
    贷：累计折旧                                              125 250
```

（4）2010 年 12 月 31 日支付租金、分摊融资费用与计提折旧

```
借：长期应付款——应付融资租入固定资产租赁款        150 000
    贷：银行存款                                            150 000
借：财务费用                                          20 735.91
    贷：未确认融资费用                                        20 735.91
借：制造费用                                          125 250
    贷：累计折旧                                              125 250
```

（5）2011 年 12 月 31 日支付租金、分摊融资费用与计提折旧

```
借：长期应付款——应付融资租入固定资产租赁款        150 000
    贷：银行存款                                            150 000
借：财务费用                                          10 764.17
    贷：未确认融资费用                                        10 764.17
借：制造费用                                          125 250
    贷：累计折旧                                              125 250
```

（二）融资租赁出租人的会计处理

企业购入和以其他方式取得的融资租赁资产，借记"融资租赁资产"科目，贷记"银行存款"等科目。

在租赁期开始日，按租赁开始日最低租赁收款额与初始直接费用之和，借记"长期应收款"科目，按未担保余值，借记"未担保余值"科目，按融资租赁资产的

公允价值（最低租赁收款额与未担保余值的现值之和），贷记"融资租赁资产"科目，按发生的初始直接费用，贷记"银行存款"等科目，按其差额，贷记"未实现融资收益"科目。融资租赁资产的公允价值与其账面价值有差额的，还应借记"营业外支出"科目或贷记"营业外收入"科目。

按期收取的租金，借记"银行存款"科目，贷记"长期应收款"等科目。

出租人融资租赁产生的应收租赁款，在租赁期开始日，应按租赁开始日最低租赁收款额与初始直接费用之和，借记"长期应收款"科目，按未担保余值，借记"未担保余值"科目，按融资租赁资产的公允价值（最低租赁收款额的现值和未担保余值的现值之和），贷记"融资租赁资产"科目，按融资租赁资产的公允价值与账面价值的差额，借记"营业外支出"科目或贷记"营业外收入"科目，按发生的初始直接费用，贷记"银行存款"等科目，按其差额，贷记"未实现融资收益"科目。

采用实际利率法按期计算确定的融资收入，借记"未实现融资收益"科目，贷记"租赁收入"科目。

租赁期限届满，承租人行使了优惠购买选择权的，企业（租赁）按收到承租人支付的购买价款，借记"银行存款"等科目，贷记"长期应收款"科目。存在未担保余值的，按未担保余值，借记"租赁收入"科目，贷记"未担保余值"科目。

承租人未行使优惠购买选择权，企业（租赁）收到承租人交还租赁资产，存在未担保余值的，按未担保余值，借记"融资租赁资产"科目，贷记"未担保余值"科目；存在担保余值的，按担保余值，借记"融资租赁资产"科目，贷记"长期应收款"科目。

资产负债表日，确定未担保余值发生减值的，按应减记的金额，借记"资产减值损失"科目，贷记"未担保余值减值准备"科目。

未担保余值价值以后又得以恢复的，应在原已计提的未担保余值减值准备金额内，按恢复增加的金额，借记"未担保余值减值准备"科目，贷记"资产减值损失"科目。

例如，承上例，信诚租赁公司账务处理如下：

1. 计算租赁内含利率

最低租赁收款额 = 租金 × 期数 + 优惠购买价格

$$= 150\,000 \times 4 + 100 = 600\,100 \text{（元）}$$

因此，$150\,000 \times PA\,(4,\ R) + 100 \times PV\,(4,\ R) = 501\,000$（租赁资产的公允价值 + 初始直接费用）

根据这一等式，可在多次测试的基础上，用插值法计算租赁内含利率。

当 R = 7% 时

$150\,000 \times 3.387 + 100 \times 0.763 = 508\,050 + 76.3 = 508\,126.3$（元）> 501 000 元

当 R = 8% 时

$150\,000 \times 3.312 + 100 \times 0.735 = 496\,800 + 73.5 = 496\,873.5$（元）< 501 000 元

因此，7% < R < 8%。用插值法计算如下（见表 9 – 36）。

表 9 - 36

现值（元）	利率（%）
508 126.3	7
501 000	R
496 873.5	8

$(508\ 126.3 - 501\ 000) \div (508\ 126.3 - 496\ 873.6) = (7\% - R) \div (7\% - 8\%)$

$R = 7.63\%$。即，租赁内含利率为 7.63%。

2. 计算未实现融资收益

最低租赁收款额 = 150 000 × 4 + 100 = 600 100（元）

应收融资租赁款入账价值 = 600 100 + 1 000 = 601 100（元）

租赁开始日租赁资产公允价值 + 初始直接费用 = 501 000（元）

未实现融资收益 = 601 100 - 501 000 = 100 100（元）

3. 采用实际利率法分配未实现融资收益（见表 9 - 37）

表 9 - 37　　　　　　　　　　　　　　　　　　　　　　　　　　　　　　　　单位：元

日　期	2008 年 1 月 1 日			
	租金	确认的融资收入	租赁投资净额减少额	租赁投资净额余额
①	②	③ = 期初 × 7.63%	④ = ② - ③	期末⑤ = ⑤ - ④
				500 000
2008.12.31	150 000	38 150	111 850	388 150
2009.12.31	150 000	29 615.85	120 384.15	267 765.85
2010.12.31	150 000	20 430.53	129 569.47	138 196.38
2011.12.31	150 000	10 903.62	138 096.38	100
2012.1.1	100		100	0
合　计	600 100	100 100	500 000	

4. 账务处理

（1）公司 2007 年 12 月 1 日融资租出固定资产时

借：长期应收款　　　　　　　　　　　　　　　　　601 100

　　贷：融资租赁资产　　　　　　　　　　　　　　　　　500 000

　　　　未实现融资收益　　　　　　　　　　　　　　　　100 100

　　　　银行存款　　　　　　　　　　　　　　　　　　　　1 000

（2）2008 年 12 月 31 日收到租金、分配未实现融资收益

借：银行存款　　　　　　　　　　　　　　　　　　150 000

　　贷：长期应收款　　　　　　　　　　　　　　　　　　150 000

借：未实现融资收益　　　　　　　　　　　　　　　　38 150

　　贷：租赁收入　　　　　　　　　　　　　　　　　　　38 150

（3）2009 年 12 月 31 日收到租金、分配未实现融资收益

借：银行存款　　　　　　　　　　　　　　　　　　150 000

贷：长期应收款		150 000
借：未实现融资收益	29 615.85	
贷：租赁收入		29 615.85

(4) 2010 年 12 月 31 日收到租金、分配未实现融资收益

借：银行存款	150 000	
贷：长期应收款		150 000
借：未实现融资收益	20 430.53	
贷：租赁收入		20 430.53

(5) 2011 年 12 月 31 日收到租金、分配未实现融资收益

借：银行存款	150 000	
贷：长期应收款		150 000
借：未实现融资收益	10 903.62	
贷：租赁收入		10 903.62

（三）售后租回交易会计处理

例如，公司 2007 年 6 月 30 日以售后租回方式出售给丽友公司一栋办公楼，双方约定售价 800 万元，租期 10 年，每年租金 100 万元，该办公楼的账面原值为 700 万元，已提折旧 70 万元，减值准备 30 万元，假定该售后租回交易是按照公允价值达成的，该办公楼的公允价值为 800 万元。

借：固定资产清理	6 000 000	
累计折旧	700 000	
固定资产减值准备	300 000	
贷：固定资产		7 000 000
借：银行存款	8 000 000	
贷：固定资产清理		6 000 000
营业外收入——处置非流动资产利得		2 000 000

第十二节　每股收益核算

一、每股收益计算有关规定

（一）有关定义及范围

1. 本准则适用于普通股或潜在普通股已公开交易的企业，以及正处于公开发行普通股或潜在普通股过程中的企业。

潜在普通股，是指赋予其持有者在报告期或以后期间享有取得普通股权利的一种金融工具或其他合同，包括可转换公司债券、认股权证、股份期权等。

2. 合并财务报表中，企业应当以合并财务报表为基础计算和列报每股收益。

🔍〔注释〕

以合并财务报表为基础计算和列报每股收益。

合并财务报表中，企业应当以合并财务报表为基础计算和列报每股收益。其中，计算基本每股收益时，分子为归属于母公司普通股股东的合并净利润，分母为母公司发行在外普通股的加权平均数。

（二）基本每股收益

1. 企业应当按照归属于普通股股东的当期净利润，除以发行在外普通股的加权平均数计算基本每股收益。

2. 发行在外普通股加权平均数按下列公式计算：

发行在外普通股加权平均数＝期初发行在外普通股股数＋当期新发行普通股股数×已发行时间÷报告期时间－当期回购普通股股数×已回购时间÷报告期时间

已发行时间、报告期时间和已回购时间一般按照天数计算；在不影响计算结果合理性的前提下，也可以采用简化的计算方法。

🔍〔注释〕

发行在外普通股加权平均数的计算。

计算发行在外普通股加权平均数，作为权数的已发行时间、报告期时间和已回购时间通常按天数计算；在不影响计算结果合理性的前提下，也可以采用简化的计算方法，如按月数计算。

3. 新发行普通股股数，应当根据发行合同的具体条款，从应收对价之日（一般为股票发行日）起计算确定。通常包括下列情况：

（1）为收取现金而发行的普通股股数，从应收现金之日起计算。

（2）因债务转资本而发行的普通股股数，从停计债务利息之日或结算日起计算。

（3）非同一控制下的企业合并，作为对价发行的普通股股数，从购买日起计算；同一控制下的企业合并，作为对价发行的普通股股数，应当计入各列报期间普通股的加权平均数。

（4）为收购非现金资产而发行的普通股股数，从确认收购之日起计算。

（三）稀释每股收益

1. 企业存在稀释性潜在普通股的，应当分别调整归属于普通股股东的当期净利润和发行在外普通股的加权平均数，并据以计算稀释每股收益。

稀释性潜在普通股，是指假设当期转换为普通股会减少每股收益的潜在普通股。

🔍〔注释〕

企业存在稀释性潜在普通股的，应当计算稀释每股收益。潜在普通股主要包括：可转换公司债券、认股权证和股份期权等。

（1）可转换公司债券。对于可转换公司债券，计算稀释每股收益时，分子的调整项目为可转换公司债券当期已确认为费用的利息等的税后影响额；分母的调整项目为假定可转换公司债券当期期初或发行日转换为普通股的股数加权平均数。

（2）认股权证和股份期权。根据本准则第十条的规定，认股权证、股份期权等的行权价格低于当期普通股平均市场价格时，应当考虑其稀释性。

计算稀释每股收益时，作为分子的净利润金额一般不变；分母的调整项目为按照本准则第十条中规定的公式所计算的增加的普通股股数，同时还应考虑时间权数。

公式中的行权价格和拟行权时转换的普通股股数，按照有关认股权证合同和股份期权合约确定。公式中的当期普通股平均市场价格，通常按照每周或每月具有代表性的股票交易价格进行简单算术平均计算。在股票价格比较平稳的情况下，可以采用每周或每月股票的收盘价作为代表性价格；在股票价格波动较大的情况下，可以采用每周或每月股票最高价与最低价的平均值作为代表性价格。无论采用何种方法计算平均市场价格，一经确定，不得随意变更，除非有确凿证据表明原计算方法不再适用。当期发行认股权证或股份期权的，普通股平均市场价格应当自认股权证或股份期权的发行日起计算。

2. 计算稀释每股收益，应当根据下列事项对归属于普通股股东的当期净利润进行调整：

（1）当期已确认为费用的稀释性潜在普通股的利息；

（2）稀释性潜在普通股转换时将产生的收益或费用。

上述调整应当考虑相关的所得税影响。

3. 计算稀释每股收益时，当期发行在外普通股的加权平均数应当为计算基本每股收益时普通股的加权平均数与假定稀释性潜在普通股转换为已发行普通股而增加的普通股股数的加权平均数之和。

计算稀释性潜在普通股转换为已发行普通股而增加的普通股股数的加权平均数时，以前期间发行的稀释性潜在普通股，应当假设在当期期初转换；当期发行的稀释性潜在普通股，应当假设在发行日转换。

4. 认股权证和股份期权等的行权价格低于当期普通股平均市场价格时，应当考虑其稀释性。计算稀释每股收益时，增加的普通股股数按下列公式计算：

增加的普通股股数 = 拟行权时转换的普通股股数 - 行权价格 × 拟行权时转换的普通股股数 ÷ 当期普通股平均市场价格

5. 企业承诺将回购其股份的合同中规定的回购价格高于当期普通股平均市场价格时，应当考虑其稀释性。计算稀释每股收益时，增加的普通股股数按下列公式计算：

增加的普通股股数 = 回购价格 × 承诺回购的普通股股数 ÷ 当期普通股平均市场价格 - 承诺回购的普通股股数

🔖〔注释〕

计算每股收益时应考虑的其他调整因素。

（1）企业派发股票股利、公积金转增资本、拆股或并股等，会增加或减少其发行在外普通股或潜在普通股的数量，但不影响所有者权益总额，也不改变企业的盈利能力。企业应当在相关报批手续全部完成后，按调整后的股数重新计算各列报期间的每股收益。上述变化发生于资产负债表日至财务报告批准报出日之间的，应当以调整后的股数重新计算各列报期间的每股收益。

（2）企业当期发生配股的情况下，计算基本每股收益时，应当考虑配股中包含的送股因素，据以调整各列报期间发行在外普通股的加权平均数。计算公式如下：

每股理论除权价格＝（行权前发行在外普通股的公允价值＋配股收到的款项）÷行权后发行在外的普通股股数

调整系数＝行权前每股公允价值÷每股理论除权价格

因配股重新计算的上年度基本每股收益＝上年度基本每股收益÷调整系数

本年度基本每股收益＝归属于普通股股东的当期净利润÷（行权前发行在外普通股股数×调整系数×行权前普通股发行在外的时间权数＋行权后发行在外普通股加权平均数）

存在非流通股的企业可以采用简化的计算方法，不考虑配股中内含的送股因素，而将配股视为发行新股处理。

6. 稀释性潜在普通股应当按照其稀释程度从大到小的顺序计入稀释每股收益，直至稀释每股收益达到最小值。

💡〔注释〕

稀释性潜在普通股应当按照其稀释程度从大到小的顺序计入稀释每股收益，直至稀释每股收益达到最小值。其中"稀释程度"，根据不同潜在普通股转换的增量股的每股收益大小进行衡量，即：假定稀释性潜在普通股转换为普通股时，将增加的归属于普通股股东的当期净利润除以增加的普通股股数加权平均数所确定的金额。

在确定计入稀释每股收益的顺序时，通常应首先考虑股份期权和认股权证的影响。

每次发行的潜在普通股应当视为不同的潜在普通股，分别判断其稀释性，而不能将其作为一个总体考虑。

（四）每股收益的列报

1. 发行在外普通股或潜在普通股的数量因派发股票股利、公积金转增资本、拆股而增加或因并股而减少，但不影响所有者权益金额的，应当按调整后的股数重新计算各列报期间的每股收益。

上述变化发生于资产负债表日至财务报告批准报出日之间的，应当以调整后的股数重新计算各列报期间的每股收益。

按照《企业会计准则第 28 号——会计政策、会计估计变更和差错更正》的规定对以前年度损益进行追溯调整或追溯重述的，应当重新计算各列报期间的每股收益。

2. 企业应当在利润表中单独列示基本每股收益和稀释每股收益。

3. 企业应当在附注中披露与每股收益有关的下列信息：

（1）基本每股收益和稀释每股收益分子、分母的计算过程。

（2）列报期间不具有稀释性但以后期间很可能具有稀释性的潜在普通股。

（3）在资产负债表日至财务报告批准报出日之间，企业发行在外普通股或潜在普通股股数发生重大变化的情况。

二、每股收益计算举例

【例1】某上市公司2007年1月1日发行在外的普通股为300 000 000股，4月5日新发行45 000 000股，11月1日回购1 500 000股，以备将来奖励职工。

普通股加权平均数 = $300\ 000\ 000 \times 12/12 + 45\ 000\ 000 \times 9/12 - 1\ 500\ 000 \times 2/12$ = 333 500 000（股）

【例2】某上市公司2007年1月2日发行票面利率为4%的可转换债券，面值800万元，每100元债券可转换为1元面值普通股90股。2007年实现净利润4 500万元，2007年发行在外普通股40 000万股。所得税税率33%。

①基本每股收益 = $4\ 500/40\ 000 = 0.112\ 5$（元）

②稀释的每股收益

净利润的增加 = $800 \times 4\% \times (1 - 33\%) = 21.44$（万元）

普通股股数的增加 = $800/100 \times 90 = 720$（万股）

稀释的每股收益 = $(4\ 500 + 21.44)/(40\ 000 + 720) = 0.111$（元）

【例3】某上市公司2005年初对外发行100万份认股权证，行权价格3.5元，2005年度实现净利润为2 000万元，发行在外普通股加权平均数20 000万股。普通股平均市场价格4元。

基本每股收益 = $2\ 000/20\ 000 = 0.1$（元）

调整增加的普通股股数 = $100 - 100 \times 3.5 \div 4 = 12.5$（万股）

稀释的每股收益 = $2\ 000/(20\ 000 + 12.5) = 0.099$（元）

【例4】某公司2007年度归属于普通股股东的净利润为37 500万元，发行在外普通股加权平均数为125 000万股。年初已发行在外的潜在普通股有：（1）股份期权12 000万份，每份股份期权拥有在授权日起五年内的可行权日以8元的行权价格购买1股本公司新发股票的权利。（2）按面值发行的5年期可转换公司债券630 000万元，债券每张面值100元，票面年利率为2.6%，转股价格为每股12.5元。（3）按面值发行的三年期可转换公司债券1 100 000万元，债券每张面值100元，票面年利率为1.4%，转股价格为每股10元。当期普通股平均市场价格为12元，年度内没有期权被行权，也没有可转换公司债券被转换或赎回，所得税税率为33%。假设不考虑可转换公司债券在负债和权益成分的分拆。

基本每股收益 = $37\ 500/125\ 000 = 0.3$（元）

计算稀释每股收益：

① $12\ 000 - 12\ 000 \times 8 \div 12 = 4\ 000$（万股）

② $630\ 000 \times 2.6\% \times (1 - 33\%) = 10\ 974.6$（万元）

③ 630 000/12.5 = 50 400 （万股）

④ 1 100 000 × 1.4% × （1 - 33%）= 10 318 （万元）

⑤ 1 100 000/10 = 110 000 （万股）

确定潜在普通股计入稀释每股收益的顺序见表 9 - 38。

表 9 - 38　　　　　　　　　　　　　　　　　　　　　　　　　　　　单位：元

	净利润增加	股数增加	增量股的每股收益	顺序
期权	——	4 000	——	1
票面年利率 2.6% 的债券	10 974.6	50 400	0.218	3
票面年利率 1.4% 的债券	10 318	110 000	0.094	2

分步计入稀释每股收益如下（见表 9 - 39）：

表 9 - 39　　　　　　　　　　　　　　　　　　　　　　　　　　　　单位：元

	净利润	股数	每股收益	稀释性
基本每股收益	37 500	125 000	0.3	
期权	——	4 000		
	37 500	129 000	0.291	稀释
票面年利率 1.4% 的债券	10 318	110 000		
	47 818	239 000	0.200	稀释
票面年利率 2.6% 的债券	10 974.6	50 400		
	58 792.6	289 400	0.203	反稀释

因此，稀释每股收益为 0.2 元。

【例 5】公司 2007 年度净利润为 480 万元（不包括子公司利润或子公司支付的股利），发行在外普通股 400 万股，持有子公司恒信公司 80% 的普通股股权。

恒信公司 2007 年度净利润为 216 万元，发行在外普通股 40 万股，普通股平均市场价格为 8 元。年初，恒信公司对外发行 6 万份可用于购买其普通股的认购权证，行权价格为 4 元，公司持有 1 200 份认股权证。假设除股利外，母子公司之间没有其他需抵销的内部交易。

恒信公司：

基本每股收益 = 216 ÷ 40 = 5.4 （元）

调整增加的普通股股数 = 6 - 6 × 4 ÷ 8 = 3 （万股）

稀释的每股收益 = 216/（40 + 3）= 5.02 （元）

母公司：

基本每股收益 = （480 + 5.4 × 40 × 80%）/400 = 1.63 （元）

稀释的每股收益 = （480 + 5.02 × 40 × 80% + 5.02 × 3 × 0.12/6）/400 = 1.60 （元）

【例 6】某公司 2007 年和 2008 年净利润分别为 190 万元和 220 万元，2007 年 1

月1日发行在外的普通股1 000 000 股,2007 年4月1日按市价新发行普通股200 000股,2008 年7月1日分派股票股利,以2007 年12月31 日总股本1 200 000 股为基数每10 股送3 股。

2008 年度发行在外普通股加权平均数 = (1 000 000 + 200 000 + 360 000) × 12/12 = 1 560 000 (股)

2007 年度发行在外普通股加权平均数 = 1 000 000 × 1.3 × 12/12 + 200 000 × 1.3 × 9/12 = 1 495 000 (股)

2008 年度基本每股收益 = 2 200 000/1 560 000 = 1.41 (元)

2007 年度基本每股收益 = 1 900 000/1 495 000 = 1.27 (元)

配股在计算每股收益时比较特殊,因为配股是向全部现有股东以低于当前股票市价的价格发行普通股,实际上可以理解为按市价发行股票和无对价送股的混合体。也就是说,配股中包含的送股因素导致了发行在外普通股股数的增加,但却没有相应的经济资源的流入。计算基本每股收益时,应当考虑这部分送股因素,据以调整各列报期间发行在外普通股的加权平均数。计算公式如下:

每股理论除权价格 = (行权前发行在外普通股的公允价值 + 配股收到的款项) ÷ 行权后发行在外的普通股股数

调整系数 = 行权前每股公允价值 ÷ 每股理论除权价格

因配股重新计算的上年度基本每股收益 = 上年度基本每股收益 ÷ 调整系数

本年度基本每股收益 = 归属于普通股股东的当期净利润 ÷ (配股前发行在外普通股股数 × 调整系数 × 配股前普通股发行在外的时间权重 + 配股后发行在外普通股加权平均数)

【例7】某上市公司2007 年度归属于普通股股东的净利润为9 600 万元,2007 年1月1日发行在外普通股股数为4 000 万股,2007 年6月10 日,该企业发布增资配股公告,向截止到2007 年6月30 日 (股权登记日) 所有登记在册的老股东配股,配股比例为每5 股配1 股,配股价格为每股5 元,除权交易基准日为2007 年7月1日。假设行权前一日的市价为每股11 元,2006 年度基本每股收益为2.2 元。那么,2007 年度比较利润表中基本每股收益的计算如下:

每股理论除权价格 = (11 × 4 000 + 5 × 800) ÷ (4 000 + 800) = 10 (元)

调整系数 = 11 ÷ 10 = 1.1

因配股重新计算的2006 年度基本每股收益 = 2.2 ÷ 1.1 = 2 (元)

2007 年度基本每股收益 = 9 600 ÷ (4 000 × 1.1 × 6/12 + 4 800 × 6/12) = 2.09 (元)

第十章 财务报表

第一节 财务报表概述

一、财务报表及其构成

（一）财务报表定义

财务报表是对企业财务状况、经营成果和现金流量的结构性表述。财务报表至少应当包括下列组成部分：

（1）资产负债表；

（2）利润表；

（3）现金流量表；

（4）所有者权益（或股东权益，下同）变动表；

（5）附注。

现金流量表的编制和列报，以及其他会计准则的特殊列报要求，适用《企业会计准则第31号——现金流量表》和其他相关会计准则。

（二）基本要求

1. 企业应当以持续经营为基础，根据实际发生的交易和事项，按照《企业会计准则——基本准则》和其他各项会计准则的规定进行确认和计量，在此基础上编制财务报表。

企业不应以附注披露代替确认和计量。

以持续经营为基础编制财务报表不再合理的，企业应当采用其他基础编制财务报表，并在附注中披露这一事实。

2. 财务报表项目的列报应当在各个会计期间保持一致，不得随意变更，但下列情况除外：

（1）会计准则要求改变财务报表项目的列报。

（2）企业经营业务的性质发生重大变化后，变更财务报表项目的列报能够提供更可靠、更相关的会计信息。

3. 性质或功能不同的项目，应当在财务报表中单独列报，但不具有重要性的项目除外。

性质或功能类似的项目，其所属类别具有重要性的，应当按其类别在财务报表中单独列报。

重要性，是指财务报表某项目的省略或错报会影响使用者据此作出经济决策的，该项目具有重要性。重要性应当根据企业所处环境，从项目的性质和金额大小两方面予以判断。

4. 财务报表中的资产项目和负债项目的金额、收入项目和费用项目的金额不得相互抵销，但其他会计准则另有规定的除外。

资产项目按扣除减值准备后的净额列示，不属于抵销。

非日常活动产生的损益，以收入扣减费用后的净额列示，不属于抵销。

5. 当期财务报表的列报，至少应当提供所有列报项目上一可比会计期间的比较数据，以及与理解当期财务报表相关的说明，但其他会计准则另有规定的除外。

根据本准则第五条的规定，财务报表项目的列报发生变更的，应当对上期比较数据按照当期的列报要求进行调整，并在附注中披露调整的原因和性质，以及调整的各项目金额。对上期比较数据进行调整不切实可行的，应当在附注中披露不能调整的原因。

不切实可行，是指企业在作出所有合理努力后仍然无法采用某项规定。

6. 企业应当在财务报表的显著位置至少披露下列各项：

（1）编报企业的名称。

（2）资产负债表日或财务报表涵盖的会计期间。

（3）人民币金额单位。

（4）财务报表是合并财务报表的，应当予以标明。

7. 企业至少应当按年编制财务报表。年度财务报表涵盖的期间短于一年的，应当披露年度财务报表的涵盖期间，以及短于一年的原因。

对外提供中期财务报告的，还应遵循《企业会计准则第 32 号——中期财务报告》的规定。

8. 本准则规定在财务报表中单独列报的项目，应当单独列报。其他会计准则规定单独列报的项目，应当增加单独列报项目。

（三）资产负债表

1. 资产和负债应当分别为流动资产和非流动资产、流动负债和非流动负债列示。

金融企业的各项资产或负债，按照流动性列示能够提供可靠且更相关信息的，可以按照其流动性顺序列示。

2. 资产满足下列条件之一的，应当归类为流动资产：

（1）预计在一个正常营业周期中变现、出售或耗用。

（2）主要为交易目的而持有。

（3）预计在资产负债表日起一年内（含一年，下同）变现。

（4）自资产负债表日起一年内，交换其他资产或清偿负债的能力不受限制的现金或现金等价物。

3. 流动资产以外的资产应当归类为非流动资产，并应按其性质分类列示。

4. 负债满足下列条件之一的，应当归类为流动负债：

（1）预计在一个正常营业周期中清偿。

（2）主要为交易目的而持有。

（3）自资产负债表日起一年内到期应予以清偿。

（4）企业无权自主地将清偿推迟至资产负债表日后一年以上。

5. 流动负债以外的负债应当归类为非流动负债，并应按其性质分类列示。

6. 对于在资产负债表日起一年内到期的负债，企业预计能够自主地将清偿义务展期至资产负债表日后一年以上的，应当归类为非流动负债；不能自主地将清偿义务展期的，即使在资产负债表日后、财务报告批准报出日前签订了重新安排清偿计划协议，该项负债仍应归类为流动负债。

7. 企业在资产负债表日或之前违反了长期借款协议，导致贷款人可随时要求清偿的负债，应当归类为流动负债。

贷款人在资产负债表日或之前同意提供在资产负债表日后一年以上的宽限期，企业能够在此期限内改正违约行为，且贷款人不能要求随时清偿，该项负债应当归类为非流动负债。

其他长期负债存在类似情况的，比照上述第一款和第二款处理。

8. 资产负债表中的资产类至少应当单独列示反映下列信息的项目：

（1）货币资金；

（2）应收及预付款项；

（3）交易性投资；

（4）存货；

（5）持有至到期投资；

（6）长期股权投资；

（7）投资性房地产；

（8）固定资产；

（9）生物资产；

（10）递延所得税资产；

（11）无形资产。

9. 资产负债表中的资产类至少应当包括流动资产和非流动资产的合计项目。

10. 资产负债表中的负债类至少应当单独列示反映下列信息的项目：

（1）短期借款；

（2）应付及预收款项；

（3）应交税费；

（4）应付职工薪酬；

（5）预计负债；

（6）长期借款；

（7）长期应付款；

（8）应付债券；

（9）递延所得税负债。

11. 资产负债表中的负债类至少应当包括流动负债、非流动负债和负债的合计项目。

12. 资产负债表中的所有者权益类至少应当单独列示反映下列信息的项目：

（1）实收资本（或股本）；

（2）资本公积；

（3）盈余公积；

（4）未分配利润。

在合并资产负债表中，应当在所有者权益类单独列示少数股东权益。

13. 资产负债表中的所有者权益类应当包括所有者权益的合计项目。

14. 资产负债表应当列示资产总计项目、负债和所有者权益总计项目。

（四）利润表

1. 费用应当按照功能分类，分为从事经营业务发生的成本、管理费用、销售费用和财务费用等。

2. 利润表至少应当单独列示反映下列信息的项目：

（1）营业收入；

（2）营业成本；

（3）营业税金及附加；

（4）管理费用；

（5）销售费用；

（6）财务费用；

（7）投资收益；

（8）公允价值变动损益；

（9）资产减值损失；

（10）非流动资产处置损益；

（11）所得税费用；

（12）净利润。

金融企业可以根据其特殊性列示利润表项目。

3. 在合并利润表中，企业应当在净利润项目之下单独列示归属于母公司的损益和归属于少数股东的损益。

（五）所有者权益变动表

1. 所有者权益变动表应当反映构成所有者权益的各组成部分当期的增减变动情况。当期损益、直接计入所有者权益的利得和损失以及与所有者（或股东，下同）的资本交易导致的所有者权益变动，应当分别列示。

2. 所有者权益变动表至少应当单独列示反映下列信息的项目：

（1）净利润；

（2）直接计入所有者权益的利得和损失项目及其总额；

（3）会计政策变更和差错更正的累积影响金额；

（4）所有者投入资本和向所有者分配利润等；

（5）按照规定提取的盈余公积；

（6）实收资本（或股本）、资本公积、盈余公积、未分配利润的期初和期末余额及其调节情况。

（六）财务报表附注

1. 附注是对在资产负债表、利润表、现金流量表和所有者权益变动表等报表中列示项目的文字描述或明细资料，以及对未能在这些报表中列示项目的说明等。

2. 附注应当披露财务报表的编制基础，相关信息应当与资产负债表、利润表、现金流量表和所有者权益变动表等报表中列示的项目相互参照。

3. 附注一般应当按照下列顺序披露：

（1）财务报表的编制基础。

（2）遵循企业会计准则的声明。

（3）重要会计政策的说明，包括财务报表项目的计量基础和会计政策的确定依据等。

（4）重要会计估计的说明，包括下一会计期间内很可能导致资产、负债账面价值重大调整的会计估计的确定依据等。

（5）会计政策和会计估计变更以及差错更正的说明。

（6）对已在资产负债表、利润表、现金流量表和所有者权益变动表中列示的重要项目的进一步说明，包括终止经营税后利润的金额及其构成情况等。

（7）或有和承诺事项、资产负债表日后非调整事项、关联方关系及其交易等需要说明的事项。

4. 企业应当在附注中披露在资产负债表日后、财务报告批准报出日前提议或宣布发放的股利总额和每股股利金额（或向投资者分配的利润总额）。

5. 下列各项未在与财务报表一起公布的其他信息中披露的，企业应当在附注中披露：

（1）企业注册地、组织形式和总部地址。

（2）企业的业务性质和主要经营活动。

（3）母公司以及集团最终母公司的名称。

二、财务报表列报的基本要求

（一）遵循各项会计准则进行确认和计量

企业应当根据实际发生的交易和事项，遵循各项具体会计准则的规定进行确认和计量，并在此基础上编制财务报表。企业应当在附注中对遵循企业会计准则编制的财务报表作出声明，只有遵循了企业会计准则的所有规定时，财务报表才应当被称为"遵循了企业会计准则"。

企业不应以在附注中披露代替对交易和事项的确认和计量，也就是说，企业采用的不恰当的会计政策，不得通过在附注中披露等其他形式予以更正，企业应当对交易和事项进行正确的确认和计量。

（二）列报基础

持续经营是会计的基本前提，是会计确认、计量及编制财务报表的基础。企业会计准则规范的是持续经营条件下企业对所发生交易和事项确认、计量及报表列报；相反，如果企业经营出现了非持续经营，致使以持续经营为基础编制财务报表不再合理的，企业应当采用其他基础编制财务报表。

在编制财务报表的过程中，企业管理层应当对企业持续经营的能力进行评价，需要考虑的因素包括市场经营风险、企业目前或长期的盈利能力、偿债能力、财务弹性以及企业管理层改变经营政策的意向等。评价后对企业持续经营的能力产生严重怀疑的，应当在附注中披露导致对持续经营能力产生重大怀疑的重要的不确定因素。

非持续经营是企业在极端情况下出现的一种情况，非持续经营往往取决于企业所处的环境以及企业管理部门的判断。一般而言，企业如果存在以下情况之一，则通常表明其处于非持续经营状态：（1）企业已在当期进行清算或停止营业；（2）企业已经正式决定在下一个会计期间进行清算或停止营业；（3）企业已确定在当期或下一个会计期间没有其他可供选择的方案而将被迫进行清算或停止营业。

企业处于非持续经营状态时，应当采用其他基础编制财务报表，比如破产企业的资产采用可变现净值计量、负债按照其预计的结算金额计量等。由于企业在持续经营和非持续经营环境下采用的会计计量基础不同，产生的经营成果和财务状况不同，因此在附注中披露非持续经营信息对报表使用者而言非常重要。在非持续经营情况下，企业应当在附注中声明财务报表未以持续经营为基础列报，披露未以持续经营为基础的原因以及财务报表的编制基础。

（三）重要性和项目列报

财务报表是通过对大量的交易或其他事项进行处理而生成的，这些交易或其他事项按其性质或功能汇总归类而形成财务报表中的项目。关于项目在财务报表中是单独列报还是合并列报，应当依据其重要性原则来判断。总的原则是，如果某项目单个看不具有重要性，则可将其与其他项目合并列报；如具有重要性，则应当单独列报。具体而言，应当遵循以下几点：

1. 性质或功能不同的项目，一般应当在财务报表中单独列报，但是不具有重要性的项目可以合并列报。比如存货和固定资产在性质上和功能上都有本质上的差别，必须分别在资产负债表上单独列报。

2. 性质或功能类似的项目，一般可以合并列报，但是对其具有重要性的类别应该单独列报。比如原材料、低值易耗品等项目在性质上类似，均通过生产过程形成企业的产品存货，因此可以合并列报，合并之后的类别统称为"存货"在资产负债表上单独列报。

3. 项目单独列报的原则不仅适用于报表，还适用于附注。某些项目的重要性程度不足以在资产负债表、利润表、现金流量表或所有者权益变动表中单独列示，但是可能对附注而言却具有重要性，在这种情况下应当在附注中单独披露。仍以上述存货为例，对某制造业企业而言，原材料、包装物及低值易耗品、在产品、库存商品等项目的重要性程度不足以在资产负债表上单独列示，因此在资产负债表上合并列示，但是鉴于其对该制造业企业的重要性，应当在附注中单独披露。

4. 无论是财务报表列报准则规定的单独列报项目，还是其他具体会计准则规定的单独列报项目，企业都应当予以单独列报。

重要性是判断项目是否单独列报的重要标准。企业会计准则首次对"重要性"概念进行了定义，即如果财务报表某项目的省略或错报会影响使用者据此作出经济决策的，则该项目就具有重要性。企业在进行重要性判断时，应当根据所处环境，从项目的性质和金额大小两方面予以判断：一方面，应当考虑该项目的性质是否属于企业日常活动、是否对企业的财务状况和经营成果具有较大影响等因素；另一方面，判断项目金额大小的重要性，应当通过单项金额占资产总额、负债总额、所有者权益总额、营业收入总额、净利润等直接相关项目金额的比重加以确定。

（四）列报的一致性

可比性是会计信息质量的一项重要质量要求，目的是使同一企业不同期间和同一期间不同企业的财务报表相互可比。为此，财务报表项目的列报应当在各个会计期间保持一致，不得随意变更，这一要求不仅只针对财务报表中的项目名称，还包括财务报表项目的分类、排列顺序等方面。

当会计准则要求改变，或企业经营业务的性质发生重大变化后、变更财务报表项目的列报能够提供更可靠、更相关的会计信息时，财务报表项目的列报是可以改变的。

（五）财务报表项目金额间的相互抵销

财务报表项目应当以总额列报，资产和负债、收入和费用不能相互抵销，即不得以净额列报，但企业会计准则另有规定的除外。这是因为，如果相互抵销，所提供的信息就不完整，信息的可比性大为降低，难以在同一企业不同期间以及同一期间不同企业的财务报表之间实现相互可比，报表使用者难以据以做出判断。比如，企业欠客户的应付款不得与其他客户欠本企业的应收款相抵销，如果相互抵销就掩盖了交易的实质。再如，收入和费用反映了企业投入和产出之间的关系，是企业经营成果的两个方面，为了更好地反映经济交易的实质、考核企业经营管理水平以及预测企业未来现金流量，收入和费用不得相互抵销。

以下两种情况不属于抵销，可以以净额列示：（1）资产计提的减值准备，实质上意味着资产的价值确实发生了减损，资产项目应当按扣除减值准备后的净额列示，这样才反映了资产当时的真实价值，并不属于上面所述的抵销。（2）非日常活动并非企业主要的业务，且具有偶然性，从重要性来讲，非日常活动产生的损益以收入和费用抵销后的净额列示，对公允反映企业财务状况和经营成果影响不大，抵销后反而更能有利于报表使用者的理解。因此，非日常活动产生的损益应当以同一交易形成的收入扣减费用后的净额列示，并不属于抵销。例如非流动资产处置形成的利得和损失，应按处置收入扣除该资产的账面金额和相关销售费用后的余额列示。

（六）比较信息的列报

企业在列报当期财务报表时，至少应当提供所有列报项目上一可比会计期间的比较数据，以及与理解当期财务报表相关的说明，目的是向报表使用者提供对比数据，提高信息在会计期间的可比性，以反映企业财务状况、经营成果和现金流量的发展趋势，提高报表使用者的判断与决策能力。

在财务报表项目的列报确需发生变更的情况下，企业应当对上期比较数据按照当期的列报要求进行调整，并在附注中披露调整的原因和性质，以及调整的各项目金额。但是，在某些情况下，对上期比较数据进行调整是不切实可行的，则应当在附注中披露不能调整的原因。

（七）财务报表表首的列报要求

财务报表一般分为表首、正表两部分，其中，在表首部分企业应当概括地说明下列基本信息：（1）编报企业的名称，如企业名称在所属当期发生了变更的，还应明确标明；（2）对资产负债表而言，须披露资产负债表日，而对利润表、现金流量表、所有者权益变动表而言，须披露报表涵盖的会计期间；（3）货币名称和单位，按照我国企业会计准则的规定，企业应当以人民币作为记账本位币列报，并标明金额单位，如人民币元、人民币万元等；（4）财务报表是合并财务报表的，应当予以标明。

（八）报告期间

企业至少应当编制年度财务报表。根据《中华人民共和国会计法》的规定，会计年度自公历1月1日起至12月31日止。因此，在编制年度财务报表时，可能存在年度财务报表涵盖的期间短于一年的情况，比如企业在年度中间（如3月1日）开始设立等，在这种情况下，企业应当披露年度财务报表的实际涵盖期间及其短于一年的原因，并应当说明由此引起财务报表项目与比较数据不具可比性这一事实。

（九）正常营业周期

《财务报表列报》准则判断流动资产、流动负债所指的一个正常营业周期，通常是指企业从购买用于加工的资产起至实现现金或现金等价物的期间。

正常营业周期通常短于一年，在一年内有几个营业周期。但是，也存在正常营业周期长于一年的情况，如房地产开发企业开发用于出售的房地产开发产品，造船企业制造用于出售的大型船只等，往往超过一年才变现、出售或耗用，仍应划分为流动资产。

正常营业周期不能确定的，应当以一年（12个月）作为正常营业周期。

（十）终止经营

终止经营，是指企业已被处置或被划归为持有待售的、在经营和编制财务报表时能够单独区分的组成部分，该组成部分按照企业计划将整体进行或部分进行处置。

同时满足下列条件的企业组成部分应当确认为持有待售：（1）企业已经就处置该组成部分作出决议；（2）企业已经与受让方签订了不可撤销的转让协议；（3）该项转让将在一年内完成。

三、财务报表的组成和适用范围

1. 财务报表至少应当包括资产负债表、利润表、现金流量表、所有者权益（或股东权益，下同）变动表和附注。本准则及应用指南适用于个别财务报表和合并财务报表，以及中期财务报表和年度财务报表。

2. 现金流量表的编制和列报，还应遵循《企业会计准则第31号——现金流量表》及其应用指南；合并财务报表的编制和列报，还应遵循《企业会计准则第33号——合并财务报表》及其应用指南；中期财务报表的编制和列报，还应遵循《企业会计准则第32号——中期财务报告》。

3. 财务报表格式和附注分别按一般企业、商业银行、保险公司、证券公司等企业类型予以规定。企业应当根据其经营活动的性质，确定本企业适用的财务报表格式和附注。

4. 除不存在的项目外，企业应当按照具体准则及应用指南规定的报表格式进行列报。

5. 政策性银行、信托投资公司、租赁公司、财务公司、典当公司应当执行商业银行财务报表格式和附注规定，如有特别需要，可以结合本企业的实际情况，进行必要调整和补充。

6. 担保公司应当执行保险公司财务报表格式和附注规定，如有特别需要，可以结合本企业的实际情况，进行必要调整和补充。

7. 资产管理公司、基金公司、期货公司应当执行证券公司财务报表格式和附注规定，如有特别需要，可以结合本企业的实际情况，进行必要调整和补充。

第二节　资产负债表

一、资产负债表概述

资产负债表是反映企业在某一特定日期的财务状况的会计报表。例如，公历每年12月31日的财务状况，它反映的就是该日的情况。

资产负债表主要提供有关企业财务状况方面的信息，即某一特定日期关于企业资产、负债、所有者权益及其相互关系。资产负债表的作用包括：第一，可以提供某一日期资产的总额及其结构，表明企业拥有和控制的资源及其分布情况，使用者可以一目了然地从资产负债表上了解企业在某一特定日期所拥有的资产总量及其结构；第二，可以提供某一日期的负债总额及其结构，表明企业未来需要用多少资产或劳务清偿债务以及清偿时间；第三，可以反映所有者所拥有的权益，据以判断资本保值、增值的情况以及对负债的保障程度。此外，资产负债表还可以提供进行财务分析的基本资料，如将流动资产与流动负债进行比较，计算出流动比率；将速动资产与流动负债进行比较，计算出速动比率等，可以表明企业的变现能力、偿债能力和资金周转能力，从而有助于报表使用者做出经济决策。

（一）资产负债表列报总体要求

1. 分类别列报

资产负债表列报，最根本的目标就是应如实反映企业在资产负债表日所拥有的资源、所承担的负债以及所有者所拥有的权益。因此，资产负债表应当按照资产、负债和所有者权益三大类别分类列报。

2. 资产和负债按流动性列报

资产和负债应当按照流动性分别分为流动资产和非流动资产、流动负债和非流动负债列示。流动性，通常按资产的变现或耗用时间长短或者负债的偿还时间长短来确定。按照财务报表列报准则的规定，应先列报流动性强的资产或负债，再列报流动性弱的资产或负债。

3. 列报相关的合计、总计项目

资产负债表中的资产类至少应当列示流动资产和非流动资产的合计项目；负债类至少应当列示流动负债、非流动负债以及负债的合计项目；所有者权益类应当列示所有者权益的合计项目。

资产负债表遵循了"资产＝负债＋所有者权益"这一会计恒等式，把企业在特定时日所拥有的经济资源和与之相对应的企业所承担的债务及偿债以后属于所有者的权益充分反映出来。因此，资产负债表应当分别列示资产总计项目和负债与所有者权益之和的总计项目，并且这二者的金额应当相等。

（二）资产的列报

资产负债表中的资产反映由过去的交易、事项形成并由企业在某一特定日期所拥有或控制的、预期会给企业带来经济利益的资源。资产应当按照流动资产和非流动资产两大类别在资产负债表中列示，在流动资产和非流动资产类别下进一步按性质分项列示。

1. 流动资产和非流动资产的划分

资产负债表中的资产应当分别为流动资产列报和非流动资产列报，因此区分流动资产和非流动资产十分重要。资产满足下列条件之一的，应当归类为流动资产：

（1）预计在一个正常营业周期中变现、出售或耗用。这主要包括存货、应收账款等资产。需要指出的是，变现一般针对应收账款等而言，指将资产变为现金；出售一般针对产品等存货而言；耗用一般指将存货（如原材料）转变成另一种形态（如产成品）。

（2）主要为交易目的而持有。这主要是指根据《企业会计准则第22号——金融工具确认和计量》划分的交易性金融资产。

（3）预计在资产负债表日起一年内（含一年）变现。

（4）自资产负债表日起一年内，交换其他资产或清偿负债的能力不受限制的现金或现金等价物。在实务中存在用途受到限制的现金或现金等价物，比如用途受到限制的信用证存款、汇票存款、技改资金存款等，这类现金或现金等价物如果作为流动资产列报，可能高估了流动资产金额，从而高估流动比率等财务指标，影响到使用者的决策。

2. 正常营业周期

值得注意的是，判断流动资产、流动负债时所称的一个正常营业周期，是指企业从购买用于加工的资产起至实现现金或现金等价物的期间。

正常营业周期通常短于一年，在一年内有几个营业周期。但是，也存在正常营业周期长于一年的情况，如房地产开发企业开发用于出售的房地产开发产品，造船企业制造的用于出售的大型船只等，从购买原材料进入生产，到制造出产品出售并收回现金或现金等价物的过程，往往超过一年，在这种情况下，与生产循环相关的产成品、应收账款、原材料尽管是超过一年才变现、出售或耗用，仍应作为流动资产列示。

当正常营业周期不能确定时，应当以一年（12个月）作为正常营业周期。

（三）负债的列报

资产负债表中的负债反映在某一特定日期企业所承担的、预期会导致经济利益流出企业的现时义务。负债应当按照流动负债和非流动负债在资产负债表中进行列示，在流动负债和非流动负债类别下再进一步按性质分项列示。

1. 流动负债与非流动负债的划分

流动负债的判断标准与流动资产的判断标准相类似。负债满足下列条件之一的，应当归类为流动负债：（1）预计在一个正常营业周期中清偿；（2）主要为交易目的而持有；（3）自资产负债表日起一年内到期应予以清偿；（4）企业无权自主地将清偿推迟至资产负债表日后一年以上。

值得注意的是，有些流动负债，如应付账款、应付职工薪酬等，属于企业正常营业周期中使用的营运资金的一部分。尽管这些经营性项目有时在资产负债表日后超过一年才到期清偿，但是它们仍应划分为流动负债。

2. 资产负债表日后事项对流动负债与非流动负债划分的影响

流动负债与非流动负债的划分是否正确，直接影响到对企业短期和长期偿债能力的判断。如果混淆了负债的类别，将歪曲企业的实际偿债能力，误导报表使用者的决策。对于资产负债表日后事项对流动负债与非流动负债划分的影响，需要特别加以考虑。

总的原则是，企业在资产负债表上对债务流动和非流动的划分，应当反映在资产负债表日有效的合同安排，考虑在资产负债表日起一年内企业是否必须无条件清偿，而资产负债表日之后、财务报告批准报出日前的再融资等行为，与资产负债表日判断负债的流动性状况无关。只要不是在资产负债表日或之前所做的再融资、展期或提供宽限期等，都不能改变对某项负债在资产负债表日的分类，因为资产负债表日后的再融资、展期或贷款人提供宽限期等，都不能改变企业应向外部报告的在资产负债表日合同性（契约性）的义务，该项负债在资产负债表日的流动性性质不受资产负债表日后事项的影响。

（1）资产负债表日起一年内到期的负债

对于在资产负债表日起一年内到期的负债，企业预计能够自主地将清偿义务展期至资产负债表日后一年以上的，应当归类为非流动负债；不能自主地将清偿义务展期的，即使在资产负债表日后、财务报告批准报出日前签订了重新安排清偿计划协议，从资产负债表日来看，此项负债仍应当归类为流动负债。

（2）违约长期债务

企业在资产负债表日或之前违反了长期借款协议，导致贷款人可随时要求清偿的负债，应当归类为流动负债。这是因为，在这种情况下，债务清偿的主动权并不在企业，企业只能被动地无条件归还贷款，而且该事实在资产负债表日即已存在，所以该负债应当作为流动负债列报。但是，如果贷款人在资产负债表日或之前同意提供在资产负债表日后一年以上的宽限期，企业能够在此期限内改正违约行为，且贷款人不能要求随时清偿时，在资产负债表日的此项负债并不符合流动负债的判断标准，应当归类为非流动负债。

（四）所有者权益的列报

资产负债表中的所有者权益是企业资产扣除负债后的剩余权益，反映企业在某一特定日期股东投资者拥有的净资产的总额。资产负债表中的所有者权益类一般按照净资产的不同来源和特定用途进行分类，应当按照实收资本（或股本）、资本公积、盈余公积、未分配利润等项目分项列示。

二、资产负债表的格式与内容

资产负债表

_____年____月____日　　　　　　　　　　　会企01表

编制单位：　　　　　　　　　　　　　　　　　　单位：元

资　　产	期末余额	年初余额	负债和所有者权益（或股东权益）	期末余额	年初余额
流动资产：			流动负债：		
货币资金			短期借款		
交易性金融资产			交易性金融负债		
应收票据			应付票据		
应收账款			应付账款		
预付款项			预收款项		
应收利息			应付职工薪酬		
应收股利			应交税费		
其他应收款			应付利息		
存货			应付股利		
一年内到期的非流动资产			其他应付款		
其他流动资产			一年内到期的非流动负债		
流动资产合计			其他流动负债		
非流动资产：			流动负债合计		
可供出售金融资产			非流动负债：		
持有至到期投资			长期借款		
长期应收款			应付债券		
长期股权投资			长期应付款		
投资性房地产			专项应付款		
固定资产			预计负债		
在建工程			递延所得税负债		
工程物资			其他非流动负债		
固定资产清理			非流动负债合计		
无形资产			负债合计		
开发支出			所有者权益（或股东权益）：		
商誉			实收资本（或股本）		
长期待摊费用			资本公积		

续表

资　产	期末余额	年初余额	负债和所有者权益（或股东权益）	期末余额	年初余额
递延所得税资产			减：库存股		
其他非流动资产			盈余公积		
非流动资产合计			未分配利润		
			所有者权益（或股东权益）合计		
资产总计			负债和所有者权益（或股东权益）总计		

三、资产负债表编制说明

（一）资产负债表各项目的列报说明

1. 资产项目的列报说明

（1）"货币资金"项目，反映企业库存现金、银行结算户存款、外埠存款、银行汇票存款、银行本票存款、信用卡存款、信用证保证金存款等的合计数。本项目应根据"库存现金"、"银行存款"、"其他货币资金"科目期末余额的合计数填列。

（2）"交易性金融资产"项目，反映企业持有的以公允价值计量且其变动计入当期损益的为交易目的所持有的债券投资、股票投资、基金投资、权证投资等金融资产。本项目应根据"交易性金融资产"科目的期末余额填列。

（3）"应收票据"项目，反映企业因销售商品、提供劳务等而收到的商业汇票，包括银行承兑汇票和商业承兑汇票。本项目应根据"应收票据"科目的期末余额，减去"坏账准备"科目中有关应收票据计提的坏账准备期末余额后的金额填列。

（4）"应收账款"项目，反映企业因销售商品、提供劳务等经营活动应收取的款项。本项目应根据"应收账款"和"预收账款"科目所属各明细科目的期末借方余额合计数，减去"坏账准备"科目中有关应收账款计提的坏账准备期末余额后的金额填列。如"应收账款"科目所属明细科目期末有贷方余额的，应在资产负债表"预收款项"项目内填列。

（5）"预付款项"项目，反映企业按照购货合同规定预付给供应单位的款项等。本项目应根据"预付账款"和"应付账款"科目所属各明细科目的期末借方余额合计数，减去"坏账准备"科目中有关预付款项计提的坏账准备期末余额后的金额填列。如"预付账款"科目所属各明细科目期末有贷方余额的，应在资产负债表"应付账款"项目内填列。

（6）"应收利息"项目，反映企业应收取的债券投资等的利息。本项目应根据"应收利息"科目的期末余额，减去"坏账准备"科目中有关应收利息计提的坏账准备期末余额后的金额填列。

（7）"应收股利"项目，反映企业应收取的现金股利和应收取其他单位分配的利润。本项目应根据"应收股利"科目的期末余额，减去"坏账准备"科目中有关应收股利计提的坏账准备期末余额后的金额填列。

（8）"其他应收款"项目，反映企业除应收票据、应收账款、预付账款、应收股利、应收利息等经营活动以外的其他各种应收、暂付的款项。本项目应根据"其他应收款"科目的期末余额，减去"坏账准备"科目中有关其他应收款计提的坏账准备期末余额后的金额填列。

（9）"存货"项目，反映企业期末在库、在途和在加工中的各种存货的可变现净值。本项目应根据"材料采购"、"原材料"、"低值易耗品"、"库存商品"、"周转材料"、"委托加工物资"、"委托代销商品"、"生产成本"等科目的期末余额合计，减去"受托代销商品款"、"存货跌价准备"科目期末余额后的金额填列。材料采用计划成本核算，以及库存商品采用计划成本核算或售价核算的企业，还应按加或减材料成本差异、商品进销差价后的金额填列。

（10）"一年内到期的非流动资产"项目，反映企业将于一年内到期的非流动资产项目金额。本项目应根据有关科目的期末余额填列。

（11）"其他流动资产"项目，反映企业除货币资金、交易性金融资产、应收票据、应收账款、存货等流动资产以外的其他流动资产。本项目应根据有关科目的期末余额填列。

（12）"可供出售金融资产"项目，反映企业持有的以公允价值计量的可供出售的股票投资、债券投资等金融资产。本项目应根据"可供出售金融资产"科目的期末余额，减去"可供出售金融资产减值准备"科目期末余额后的金额填列。

（13）"持有至到期投资"项目，反映企业持有的以摊余成本计量的持有至到期投资。本项目应根据"持有至到期投资"科目的期末余额，减去"持有至到期投资减值准备"科目期末余额后的金额填列。

（14）"长期应收款"项目，反映企业融资租赁产生的应收款项、采用递延方式具有融资性质的销售商品和提供劳务等产生的长期应收款项等。本项目应根据"长期应收款"科目的期末余额，减去相应的"未实现融资收益"科目和"坏账准备"科目所属相关明细科目期末余额后的金额填列。

（15）"长期股权投资"项目，反映企业持有的对子公司、联营企业和合营企业的长期股权投资。本项目应根据"长期股权投资"科目的期末余额，减去"长期股权投资减值准备"科目期末余额后的金额填列。

（16）"投资性房地产"项目，反映企业持有的投资性房地产。企业采用成本模式计量投资性房地产的，本项目应根据"投资性房地产"科目的期末余额，减去"投资性房地产累计折旧（摊销）"和"投资性房地产减值准备"科目期末余额后的金额填列；企业采用公允价值模式计量投资性房地产的，本项目应根据"投资性房地产"科目的期末余额填列。

（17）"固定资产"项目，反映企业各种固定资产原价减去累计折旧和累计减值准备后的净额。本项目应根据"固定资产"科目的期末余额，减去"累计折旧"和"固定资产减值准备"科目期末余额后的金额填列。

（18）"在建工程"项目，反映企业期末各项未完工程的实际支出，包括交付安装的设备价值、未完建筑安装工程已经耗用的材料、工资和费用支出、预付出包工程的价款等的可收回金额。本项目应根据"在建工程"科目的期末余额，减去"在建工程减值准备"科目期末余额后的金额填列。

（19）"工程物资"项目，反映企业尚未使用的各项工程物资的实际成本。本项目应根据"工程物资"科目的期末余额填列。

（20）"固定资产清理"项目，反映企业因出售、毁损、报废等原因转入清理但尚未清理完毕的固定资产的净值，以及固定资产清理过程中所发生的清理费用和变价收入等各项金额的差额。本项目应根据"固定资产清理"科目的期末借方余额填列，如"固定资产清理"科目期末为贷方余额，以"－"号填列。

（21）"无形资产"项目，反映企业持有的无形资产，包括专利权、非专利技术、商标权、著作权、土地使用权等。本项目应根据"无形资产"科目的期末余额，减去"累计摊销"和"无形资产减值准备"科目期末余额后的金额填列。

（22）"开发支出"项目，反映企业开发无形资产过程中能够资本化形成无形资产成本的支出部分。本项目应根据"研发支出"科目中所属的"资本化支出"明细科目期末余额填列。

（23）"商誉"项目，反映企业合并中形成的商誉的价值。本项目应根据"商誉"科目的期末余额，减去相应减值准备后的金额填列。

（24）"长期待摊费用"项目，反映企业已经发生但应由本期和以后各期负担的分摊期限在一年以上的各项费用。长期待摊费用中在一年内（含一年）摊销的部分，在资产负债表"一年内到期的非流动资产"项目填列。本项目应根据"长期待摊费用"科目的期末余额减去将于一年内（含一年）摊销的数额后的金额填列。

（25）"递延所得税资产"项目，反映企业确认的可抵扣暂时性差异产生的递延所得税资产。本项目应根据"递延所得税资产"科目的期末余额填列。

（26）"其他非流动资产"项目，反映企业除长期股权投资、固定资产、在建工程、工程物资、无形资产等资产以外的其他非流动资产。本项目应根据有关科目的期末余额填列。

2. 负债项目的列报说明

（1）"短期借款"项目，反映企业向银行或其他金融机构等借入的期限在一年以下（含一年）的各种借款。本项目应根据"短期借款"科目的期末余额填列。

（2）"交易性金融负债"项目，反映企业承担的以公允价值计量且其变动计入当期损益的为交易目的所持有的金融负债。本项目应根据"交易性金融负债"科目的期末余额填列。

（3）"应付票据"项目，反映企业购买材料、商品和接受劳务供应等而开出、承兑的商业汇票，包括银行承兑汇票和商业承兑汇票。本项目应根据"应付票据"科目的期末余额填列。

(4)"应付账款"项目，反映企业因购买材料、商品和接受劳务供应等经营活动应支付的款项。本项目应根据"应付账款"和"预付账款"科目所属各明细科目的期末贷方余额合计数填列；如"应付账款"科目所属明细科目期末有借方余额的，应在资产负债表"预付款项"项目内填列。

(5)"预收款项"项目，反映企业按照购货合同规定预付给供应单位的款项。本项目应根据"预收账款"和"应收账款"科目所属各明细科目的期末贷方余额合计数填列。如"预收账款"科目所属各明细科目期末有借方余额，应在资产负债表"应收账款"项目内填列。

(6)"应付职工薪酬"项目，反映企业根据有关规定应付给职工的工资、职工福利、社会保险费、住房公积金、工会经费、职工教育经费、非货币性福利、辞退福利等各种薪酬。外商投资企业按规定从净利润中提取的职工奖励及福利基金，也在本项目列示。

(7)"应交税费"项目，反映企业按照税法规定计算应交纳的各种税费，包括增值税、消费税、营业税、所得税、资源税、土地增值税、城市维护建设税、房产税、城镇土地使用税、车船税、教育费附加、矿产资源补偿费等。企业代扣代交的个人所得税，也通过本项目列示。企业所交纳的税金不需要预计应交数的，如印花税、耕地占用税等，不在本项目列示。本项目应根据"应交税费"科目的期末贷方余额填列；如"应交税费"科目期末为借方余额，应以"－"号填列。

(8)"应付利息"项目，反映企业按照规定应当支付的利息，包括分期付息到期还本的长期借款应支付的利息、企业发行的企业债券应支付的利息等。本项目应当根据"应付利息"科目的期末余额填列。

(9)"应付股利"项目，反映企业分配的现金股利或利润。企业分配的股票股利，不通过本项目列示。本项目应根据"应付股利"科目的期末余额填列。

(10)"其他应付款"项目，反映企业除应付票据、应付账款、预收款项、应付职工薪酬、应付股利、应付利息、应交税费等经营活动以外的其他各项应付、暂收的款项。本项目应根据"其他应付款"科目的期末余额填列。

(11)"一年内到期的非流动负债"项目，反映企业非流动负债中将于资产负债表日后一年内到期部分的金额，如将于一年内偿还的长期借款。本项目应根据有关科目的期末余额填列。

(12)"其他流动负债"项目，反映企业除短期借款、交易性金融负债、应付票据、应付账款、应付职工薪酬、应交税费等流动负债以外的其他流动负债。本项目应根据有关科目的期末余额填列。

(13)"长期借款"项目，反映企业向银行或其他金融机构借入的期限在一年以上（不含一年）的各项借款。本项目应根据"长期借款"科目的期末余额填列。

(14)"应付债券"项目，反映企业为筹集长期资金而发行的债券本金和利息。本项目应根据"应付债券"科目的期末余额填列。

（15）"长期应付款"项目，反映企业除长期借款和应付债券以外的其他各种长期应付款项。本项目应根据"长期应付款"科目的期末余额，减去相应的"未确认融资费用"科目期末余额后的金额填列。

（16）"专项应付款"项目，反映企业取得政府作为企业所有者投入的具有专项或特定用途的款项。本项目应根据"专项应付款"科目的期末余额填列。

（17）"预计负债"项目，反映企业确认的对外提供担保、未决诉讼、产品质量保证、重组义务、亏损性合同等预计负债。本项目应根据"预计负债"科目的期末余额填列。

（18）"递延所得税负债"项目，反映企业确认的应纳税暂时性差异产生的所得税负债。本项目应根据"递延所得税负债"科目的期末余额填列。

（19）"其他非流动负债"项目，反映企业除长期借款、应付债券等负债以外的其他非流动负债。本项目应根据有关科目的期末余额减去将于一年内（含一年）到期偿还数后的余额填列。非流动负债各项目中将于一年内（含一年）到期的非流动负债，应在"一年内到期的非流动负债"项目内单独反映。

3. 所有者权益项目的列报说明

（1）"实收资本（或股本）"项目，反映企业各投资者实际投入的资本（或股本）总额。本项目应根据"实收资本"（或"股本"）科目的期末余额填列。

（2）"资本公积"项目，反映企业资本公积的期末余额。本项目应根据"资本公积"科目的期末余额填列。

（3）"库存股"项目，反映企业持有尚未转让或注销的本公司股份金额。本项目应根据"库存股"科目的期末余额填列。

（4）"盈余公积"项目，反映企业盈余公积的期末余额。本项目应根据"盈余公积"科目的期末余额填列。

（5）"未分配利润"项目，反映企业尚未分配的利润。本项目应根据"本年利润"科目和"利润分配"科目的余额计算填列。未弥补的亏损在本项目内以"－"号填列。

（二）年初余额栏的列报方法

资产负债表"年初余额"栏内各项数字，应根据上年末资产负债表"期末余额"栏内所列数字填列。如果上年度资产负债表规定的各个项目的名称和内容同本年度不相一致，应对上年年末资产负债表各项目的名称和数字按照本年度的规定进行调整，填入表中"年初余额"栏内。

（三）期末余额栏的列报方法

资产负债表"期末余额"栏内各项数字，一般应根据资产、负债和所有者权益类科目的期末余额填列。主要包括以下方式：

1. 根据总账科目的余额填列。资产负债表中的有些项目，可直接根据有关总账科目的余额填列，如"交易性金融资产"、"短期借款"、"应付票据"、"应付职工薪酬"等项目；有些项目则需根据几个总账科目的余额计算填列，如"货币资金"项目，需根据"库存现金"、"银行存款"、"其他货币资金"三个总账科目余额的合计数填列。

2. 根据有关明细账科目的余额计算填列。如"应付账款"项目，需要根据"应付账款"和"预付账款"两个科目所属的相关明细科目的期末贷方余额计算填列；"应收账款"项目，需要根据"应收账款"和"预收账款"两个科目所属的相关明细科目的期末借方余额计算填列。

3. 根据总账科目和明细账科目的余额分析计算填列。如"长期借款"项目，需根据"长期借款"总账科目余额扣除"长期借款"科目所属的明细科目中将在资产负债表日起一年内到期、且企业不能自主地将清偿义务展期的长期借款后的金额计算填列。

4. 根据有关科目余额减去其备抵科目余额后的净额填列。如资产负债表中的"应收账款"、"长期股权投资"等项目，应根据"应收账款"、"长期股权投资"等科目的期末余额减去"坏账准备"、"长期股权投资减值准备"等科目余额后的净额填列；"固定资产"项目，应根据"固定资产"科目的期末余额减去"累计折旧"、"固定资产减值准备"科目余额后的净额填列；"无形资产"项目，应根据"无形资产"科目的期末余额，减去"累计摊销"、"无形资产减值准备"科目余额后的净额填列。

5. 综合运用上述填列方法分析填列。如资产负债表中的"存货"项目，需根据"原材料"、"库存商品"、"委托加工物资"、"周转材料"、"材料采购"、"在途物资"、"发出商品"、"材料成本差异"等总账科目期末余额的分析汇总数，再减去"存货跌价准备"科目余额后的金额填列。

第三节 利 润 表

利润表是反映企业在一定会计期间的经营成果的会计报表。例如，反映某年1月1日至12月31日经营成果的利润表，它反映的就是该期间的情况。

利润表的列报必须充分反映企业经营业绩的主要来源和构成，有助于使用者判断净利润的质量及其风险，有助于使用者预测净利润的持续性，从而做出正确的决策。通过利润表，可以反映企业一定会计期间收入的实现情况，如实现的营业收入有多少、实现的投资收益有多少、营业外支出有多少，等等；可以反映一定会计期间的费用耗费情况，如耗费的营业成本有多少、营业税金及附加有多少及销售费用、管理费用、财务费用各有多少、营业外支出有多少，等等；可以反映企业生产经营活动的成果，即净利润的实现情况，据以判断资本保值、增值等情况。将利润表中的信息与资产负债表中的信息相结合，还可以提供进行财务分析的基本资料，如将赊销收入净额与应收账款平均余额进行比较，计算出应收账款周转率；将销货成本与存货平均余额进行比较，计算出存货周转率；将净利润与资产总额进行比较，计算出资产收益率等，可以反映企业资金周转情况及企业的盈利能力和水平，便于报表使用者判断企业未来的发展趋势，做出经济决策。

根据财务报表列报准则的规定，对于费用的列报，企业应当采用"功能法"列报，即按照费用在企业所发挥的功能进行分类列报，通常分为从事经营业务发生的成本、管理费用、销售费用和财务费用等，并且将营业成本与其他费用分开披露。从企业而言，其活动通常可以划分为生产、销售、管理、融资等，每一种活动上发生的费用所发挥的功能并不相同，因此，按照费用功能法将其分开列报，有助于使用者了解费用发生的活动领域。例如企业为销售产品发生了多少费用、为一般行政管理发生了多少费用、为筹措资金发生了多少费用等等。这种方法通常能向报表使用者提供具有结构性的信息，能更清楚地揭示企业经营业绩的主要来源和构成，提供的信息更为相关。

由于关于费用性质的信息有助于预测企业未来现金流量，企业可以在附注中披露费用按照性质分类的利润表补充资料。费用按照性质分类，指将费用按其性质分为耗用的原材料、职工薪酬费用、折旧费、摊销费等，而不是按照费用在企业所发挥的不同功能分类。

一、利润表的格式与内容

利 润 表

___年___月

会企 02 表

编制单位：   单位：元

项　　目	本期金额	上期金额
一、营业收入		
减：营业成本		
营业税金及附加		
销售费用		
管理费用		
财务费用		
资产减值损失		
加：公允价值变动收益（损失以"－"号填列）		
投资收益（损失以"－"号填列）		
其中：对联营企业和合营企业的投资收益		
二、营业利润（亏损以"－"号填列）		
加：营业外收入		
减：营业外支出		
其中：非流动资产处置损失		
三、利润总额（亏损总额以"－"号填列）		
减：所得税费用		

项　目	本期金额	上期金额
四、净利润（净亏损以"－"号填列）		
五、每股收益：		
（一）基本每股收益		
（二）稀释每股收益		

二、利润表编制说明

（一）利润表各项目的列报说明

1. "营业收入"项目，反映企业经营主要业务和其他业务所确认的收入总额。本项目应根据"主营业务收入"与"其他业务收入"科目的发生额分析填列。

2. "营业成本"项目，反映企业经营主要业务和其他业务发生的实际成本总额。本项目应根据"主营业务成本"与"其他业务成本"科目的发生额分析填列。

3. "营业税费"项目，反映企业经营业务应负担的消费税、营业税、城市维护建设税、资源税、土地增值税和教育费附加等。本项目应根据"营业税金及附加"科目的发生额分析填列。

4. "销售费用"项目，反映企业在销售商品过程中发生的包装费、广告费等费用和为销售本企业商品而专设的销售机构的职工薪酬、业务费等经营费用。本项目应根据"销售费用"科目的发生额分析填列。

5. "管理费用"项目，反映企业为组织和管理生产经营发生的管理费用。本项目应根据"管理费用"科目的发生额分析填列。

6. "财务费用"项目，反映企业筹集生产经营所需资金等而发生的筹资费用。本项目应根据"财务费用"科目的发生额分析填列。

7. "资产减值损失"项目，反映企业各项资产发生的减值损失。本项目应根据"资产减值损失"科目的发生额分析填列。

8. "公允价值变动收益"项目，反映企业应当计入当期损益的资产或负债公允价值变动收益，本项目应根据"公允价值变动损益"科目的发生额分析填列。如为净损失，本项目以"－"号填列。

9. "投资收益"项目，反映企业以各种方式对外投资所取得的收益。本项目应根据"投资收益"科目的发生额分析填列。如为投资损失，本项目以"－"号填列。

10. "营业利润"项目，反映企业实现的营业利润。如为亏损，本项目以"－"号填列。

11. "营业外收入"项目，反映企业发生的与其经营业务无直接关系的各项收入。本项目应根据"营业外收入"科目的发生额分析填列。

12. "营业外支出"项目，反映企业发生的与其经营业务无直接关系的各项支出。本项目应根据"营业外支出"科目的发生额分析填列。

13. "利润总额"项目，反映企业实现的利润。如为亏损，本项目以"－"号填列。

14. "所得税费用"项目，反映企业应从当期利润总额中扣除的所得税费用。本项目应根据"所得税费用"科目的发生额分析填列。

15. "净利润"项目，反映企业实现的净利润。如为亏损，本项目以"－"号填列。

16. "基本每股收益"和"稀释每股收益"项目的列报，应当根据每股收益准则的规定计算的金额填列。

（二）上期金额栏的列报方法

利润表"上期金额"栏内各项数字，应根据上年该期利润表"本期金额"栏内所列数字填列。如果上年该期利润表规定的各个项目的名称和内容同本期不相一致，应对上年该期利润表各项目的名称和数字按本期的规定进行调整，填入利润表"上期金额"栏内。

（三）本期金额栏的列报方法

利润表"本期金额"栏内各项数字一般应根据损益类科目的发生额分析填列。

第四节　现金流量表

现金流量表，是反映企业在一定会计期间现金和现金等价物流入和流出的报表。编制现金流量表的主要目的，是为财务报表使用者提供企业一定会计期间内现金和现金等价物的能力，并据以预测企业未来现金流量。现金流量表的作用主要体现在以下几个方面：一是有助于评价企业支付能力、偿债能力和周转能力；二是有助于预测企业未来现金流量；三是有助于分析企业收益质量及影响现金净流量的因素，掌握企业经营活动、投资活动和筹资活动的现金流量，可以从现金流量的角度了解净利润的质量，为分析和判断企业的财务前景提供信息。

现金及现金等价物现金流量，是指企业现金和现金等价物的流入和流出。企业从银行提取现金、用现金购买短期到期的国库券等现金和现金等价物之间的转换不属于现金流量。

现金，是指企业库存现金以及可以随时用于支付的存款。不能随时用于支取的存款不属于现金。现金等价物，是指企业持有的期限短、流动性强、易于转换为已知金额现金、价值变动风险很小的投资。其中，"期限短"一般是指从购买日起 3 个月内到期。现金等价物通常包括 3 个月内到期的短期债券投资。权益性投资变现的金额通常不确定，因而不属于现金等价物。

一、现金流量表的格式及内容

（一）现金流量表的格式

现金流量表

_____年___月

会企 03 表

编制单位：

单位：元

项　　目	本期金额	上期金额
一、经营活动产生的现金流量：		
销售商品、提供劳务收到的现金		
收到的税费返还		
收到其他与经营活动有关的现金		
经营活动现金流入小计		
购买商品、接受劳务支付的现金		
支付给职工以及为职工支付的现金		
支付的各项税费		
支付其他与经营活动有关的现金		
经营活动现金流出小计		
经营活动产生的现金流量净额		
二、投资活动产生的现金流量：		
收回投资收到的现金		
取得投资收益收到的现金		
处置固定资产、无形资产和其他长期资产收回的现金净额		
处置子公司及其他营业单位收到的现金净额		
收到其他与投资活动有关的现金		
投资活动现金流入小计		
购建固定资产、无形资产和其他长期资产支付的现金		
投资支付的现金		
取得子公司及其他营业单位支付的现金净额		
支付其他与投资活动有关的现金		
投资活动现金流出小计		
投资活动产生的现金流量净额		
三、筹资活动产生的现金流量：		
吸收投资收到的现金		
取得借款收到的现金		
收到其他与筹资活动有关的现金		
筹资活动现金流入小计		
偿还债务支付的现金		
分配股利、利润或偿付利息支付的现金		
支付其他与筹资活动有关的现金		

项　　　目	本期金额	上期金额
筹资活动现金流出小计		
筹资活动产生的现金流量净额		
四、汇率变动对现金及现金等价物的影响		
五、现金及现金等价物净增加额		
加：期初现金及现金等价物余额		
六、期末现金及现金等价物余额		

（二）表内项目解释

1. 经营活动产生的现金流量

（1）"销售商品、提供劳务收到的现金"项目，反映企业本期销售商品、提供劳务收到的现金，以及前期销售商品、提供劳务本期收到的现金（包括销售收入和应向购买者收取的增值税销项税额）和本期预收的款项，减去本期销售本期退回的商品和前期销售本期退回的商品支付的现金。企业销售材料和代购代销业务收到的现金，也在本项目反映。

（2）"收到的税费返还"项目，反映企业收到返还的增值税、营业税、所得税、消费税、关税和教育费附加返还款等各种税费。

（3）"收到其他与经营活动有关的现金"项目，反映企业收到的罚款收入、经营租赁收到的租金等其他与经营活动有关的现金流入，金额较大的应当单独列示。

（4）"购买商品、接受劳务支付的现金"项目，反映企业本期购买商品、接受劳务实际支付的现金（包括增值税进项税额），以及本期支付前期购买商品、接受劳务的未付款项和本期预付款项，减去本期发生的购货退回收到的现金。

（5）"支付给职工以及为职工支付的现金"项目，反映企业本期实际支付给职工的工资、奖金、各种津贴和补贴等职工薪酬，但是应由在建工程、无形资产负担的职工薪酬以及支付的离退休人员的职工薪酬除外。

（6）"支付的各项税费"项目，反映企业本期发生并支付的、本期支付以前各期发生的以及预缴的教育费附加、矿产资源补偿费、印花税、房产税、土地增值税、车船税、预缴的营业税等税费，计入固定资产价值、实际支付的耕地占用税、本期退回的增值税、所得税等除外。

（7）"支付的其他与经营活动有关的现金"项目，反映企业支付的罚款支出、支付的差旅费、业务招待费、保险费、经营租赁支付的现金等其他与经营活动有关的现金流出，金额较大的应当单独列示。

2. 投资活动产生的现金流量

（1）"收回投资收到的现金"项目，反映企业出售、转让或到期收回除现金等价物以外的交易性金融资产、长期股权投资而收到的现金，以及收回长期债权投资本金而收到的现金，但长期债权投资收回的利息除外。

（2）"取得投资收益收到的现金"项目，反映企业因股权性投资而分得的现金股利，从子公司、联营企业或合营企业分回利润而收到的现金，以及因债权性投资而取得的现金利息收入，但股票股利除外。

（3）"处置固定资产、无形资产和其他长期资产收回的现金净额"项目，反映企业出售、报废固定资产、无形资产和其他长期资产所取得的现金（包括因资产毁损而收到的保险赔偿收入），减去为处置这些资产而支付的有关费用后的净额，但现金净额为负数的除外。

（4）"处置子公司及其他营业单位收到的现金净额"项目，反映企业处置子公司及其他营业单位所取得的现金减去相关处置费用后的净额。

（5）"购建固定资产、无形资产和其他长期资产支付的现金"项目，反映企业购买、建造固定资产、取得无形资产和其他长期资产所支付的现金及增值税款、支付的应由在建工程和无形资产负担的职工薪酬现金支出，但为购建固定资产而发生的借款利息资本化部分、融资租入固定资产所支付的租赁费除外。

（6）"投资支付的现金"项目，反映企业取得的除现金等价物以外的权益性投资和债权性投资所支付的现金以及支付的佣金、手续费等附加费用。

（7）"取得子公司及其他营业单位支付的现金净额"项目，反映企业购买子公司及其他营业单位购买出价中以现金支付的部分，减去子公司或其他营业单位持有的现金和现金等价物后的净额。

（8）"收到其他与投资活动有关的现金"、"支付其他与投资活动有关的现金"项目，反映企业除上述（1）至（7）各项目外收到或支付的其他与投资活动有关的现金流入或流出，金额较大的应当单独列示。

3. 筹资活动产生的现金流量

（1）"吸收投资收到的现金"项目，反映企业以发行股票、债券等方式筹集资金实际收到的款项，减去直接支付给金融企业的佣金、手续费、宣传费、咨询费、印刷费等发行费用后的净额。

（2）"取得借款收到的现金"项目，反映企业举借各种短期、长期借款而收到的现金。

（3）"偿还债务支付的现金"项目，反映企业以现金偿还债务的本金。

（4）"分配股利、利润或偿付利息支付的现金"项目，反映企业实际支付的现金股利、支付给其他投资单位的利润或用现金支付的借款利息、债券利息。

（5）"收到其他与筹资活动有关的现金"、"支付其他与筹资活动有关的现金"项目，反映企业除上述（1）至（4）项目外，收到或支付的其他与筹资活动有关的现金流入或流出，包括以发行股票、债券等方式筹集资金而由企业直接支付的审计和咨询等费用、为购建固定资产而发生的借款利息资本化部分、融资租入固定资产所支付的租赁费、以分期付款方式购建固定资产以后各期支付的现金等。

4. "汇率变动对现金的影响"项目，反映下列项目的差额

（1）企业外币现金流量及境外子公司的现金流量折算为记账本位币时，所采用的现金流量发生日的即期汇率或按照系统合理的方法确定的、与现金流量发生日即期汇率近似的汇率折算的金额；

（2）"现金及现金等价物净增加额"中外币现金净增加额按期末汇率折算的金额。

二、现金流量表附注

（一）现金流量表补充资料披露格式

企业应当采用间接法在现金流量表附注中披露将净利润调节为经营活动现金流量的信息。

单位：元

补　充　资　料	本期金额	上期金额
1. 将净利润调节为经营活动现金流量：		
净利润		
加：资产减值准备		
固定资产折旧、油气资产折耗、生产性生物资产折旧		
无形资产摊销		
长期待摊费用摊销		
处置固定资产、无形资产和其他长期资产的损失（收益以"－"号填列）		
固定资产报废损失（收益以"－"号填列）		
公允价值变动损失（收益以"－"号填列）		
财务费用（收益以"－"号填列）		
投资损失（收益以"－"号填列）		
递延所得税资产减少（增加以"－"号填列）		
递延所得税负债增加（减少以"－"号填列）		
存货的减少（增加以"－"号填列）		
经营性应收项目的减少（增加以"－"号填列）		
经营性应付项目的增加（减少以"－"号填列）		
其他		
经营活动产生的现金流量净额		
2. 不涉及现金收支的重大投资和筹资活动：		
债务转为资本		
一年内到期的可转换公司债券		
融资租入固定资产		
3. 现金及现金等价物净变动情况：		
现金的期末余额		
减：现金的期初余额		
加：现金等价物的期末余额		
减：现金等价物的期初余额		
现金及现金等价物净增加额		

1. "将净利润调节为经营活动的现金流量"各项目。

（1）"资产减值准备"项目，反映公司本期计提的坏账准备、存货跌价准备、长期股权投资减值准备、持有至到期投资减值准备、投资性房地产减值准备、固定资产减值准备、在建工程减值准备、无形资产减值准备、商誉减值准备。

（2）"固定资产折旧"项目，分别反映公司本期计提的固定资产折旧。

（3）"无形资产摊销"、"长期待摊费用摊销"项目，分别反映公司本期计提的无形资产摊销、长期待摊费用摊销。

（4）"处置固定资产、无形资产和其他长期资产的损失"项目，反映公司本期处置固定资产、无形资产和其他长期资产发生的损益。

（5）"公允价值变动损失"项目，反映公司持有的金融资产、金融负债以及采用公允价值计量模式的投资性房地产的公允价值变动损益。

（6）"财务费用"项目，反映公司利润表"财务费用"项目的金额。

（7）"投资损失"项目，反映公司利润表"投资收益"项目的金额。

（8）"递延所得税资产减少"项目，反映公司资产负债表"递延所得税资产"项目的期初余额与期末余额的差额。

（9）"递延所得税负债增加"项目，反映公司资产负债表"递延所得税负债"项目的期初余额与期末余额的差额。

（10）"存货的减少"项目，反映公司资产负债表"存货"项目的期初余额与期末余额的差额。

（11）"经营性应收项目的减少"项目，反映公司本期经营性应收项目（包括应收票据、应收账款、预付账款、长期应收款和其他应收款中与经营活动有关的部分及应收的增值税销项税额等）的期初余额与期末余额的差额。

（12）"经营性应付项目的增加"项目，反映公司本期经营性应付项目（包括应付票据、应付账款、预收账款、应付职工薪酬、应交税费、应付利息、应付股利、长期应付款、其他应付款中与经营活动有关的部分及应付的增值税进项税额等）的期初余额与期末余额的差额。

2. "不涉及现金收支的投资和筹资活动"反映企业一定期间内影响资产或负债但不形成该期现金收支的所有投资和筹资活动的信息：

（1）"债务转为资本"项目，反映公司本期转为资本的债务金额。

（2）"一年内到期的可转换公司债券"项目，反映公司一年内到期的可转换公司债券的本息。

（3）"融资租入固定资产"项目，反映公司本期融资租入固定资产的最低租赁付款额扣除应分期计入利息费用的未确认融资费用的净额。

3. "现金及现金等价物净增加额"与现金流量表中的"现金及现金等价物净增加额"项目的金额应当相等。

（二）企业应当按下列格式披露当期取得或处置子公司及其他营业单位的有关信息

单位：元

项　目	金　额
一、取得子公司及其他营业单位的有关信息：	
1. 取得子公司及其他营业单位的价格	
2. 取得子公司及其他营业单位支付的现金和现金等价物	
减：子公司及其他营业单位持有的现金和现金等价物	
3. 取得子公司及其他营业单位支付的现金净额	
4. 取得子公司的净资产	
流动资产	
非流动资产	
流动负债	
非流动负债	
二、处置子公司及其他营业单位的有关信息：	
1. 处置子公司及其他营业单位的价格	
2. 处置子公司及其他营业单位收到的现金和现金等价物	
减：子公司及其他营业单位持有的现金和现金等价物	
3. 处置子公司及其他营业单位收到的现金净额	
4. 处置子公司的净资产	
流动资产	
非流动资产	
流动负债	
非流动负债	

（三）现金和现金等价物的披露格式

单位：元

项　目	本期金额	上期金额
一、现金		
其中：库存现金		
可随时用于支付的银行存款		
可随时用于支付的其他货币资金		
可用于支付的存放中央银行款项		
存放同业款项		
拆放同业款项		
二、现金等价物		
其中：三个月内到期的债券投资		
三、期末现金及现金等价物余额		
其中：母公司或集团内子公司使用受限制的现金和现金等价物		

第五节 所有者权益变动表

所有者权益变动表反映构成所有者权益的各组成部分当期的增减变动情况的报表。所有者权益变动表应当全面反映一定时期所有者权益变动的情况，不仅包括所有者权益总量的增减变动，还包括所有者权益增加变动的重要结构性信息，特别是要反映直接计入所有者权益的利得和损失，让报表使用者准确理解所有者权益增加变动的根源。

综合收益，是指企业在某一期间与所有者之外的其他方面进行交易或发生其他事项所引起的净资产变动。综合收益的构成包括两部分：净利润和直接计入所有者权益的利得和损失。其中，前者是企业已实现并已确认的收益，后者是企业未实现但根据会计准则的规定已确认的收益。用公式表示如下：

综合收益 = 净利润 + 直接计入所有者权益的利得和损失

其中：净利润 = 收入 - 费用 + 直接计入当期损益的利得和损失

在所有者权益变动表中，净利润和直接计入所有者权益的利得和损失均单列项目反映，体现了企业综合收益的构成。

一、所有者权益变动表格式

二、所有者权益变动表的列报方法

（一）所有者权益变动表各项目的列报说明

1. "上年年末余额"项目，反映企业上年资产负债表中实收资本（或股本）、资本公积、盈余公积、未分配利润的年末余额。

2. "会计政策变更"和"前期差错更正"项目，分别反映企业采用追溯调整法处理的会计政策变更的累积影响金额和采用追溯重述法处理的会计差错更正的累积影响金额。

为了体现会计政策变更和前期差错更正的影响，企业应当在上期期末所有者权益余额的基础上进行调整得出本期期初所有者权益，根据"盈余公积"、"利润分配"、"以前年度损益调整"等科目的发生额分析填列。

3. "本年增减变动额"项目分别反映如下内容：

（1）"净利润"项目，反映企业当年实现的净利润（或净亏损）金额，并对应列在"未分配利润"栏。

编制单位：

所有者权益变动表
____年度

会企04表
单位：元

项目	本年金额						上年金额					
	实收资本（或股本）	资本公积	减：库存股	盈余公积	未分配利润	所有者权益合计	实收资本（或股本）	资本公积	减：库存股	盈余公积	未分配利润	所有者权益合计
一、上年年末余额												
加：会计政策变更												
前期差错更正												
二、本年年初余额												
三、本年增减变动金额（减少以"-"号填列）												
（一）净利润												
（二）直接计入所有者权益的利得和损失												
1. 可供出售金融资产公允价值变动净额												
2. 权益法下被投资单位其他所有者权益变动的影响												
3. 与计入所有者权益项目相关的所得税影响												
4. 其他												
上述（一）和（二）小计												
（三）所有者投入和减少资本												

续表

项　目	本年金额						上年金额					
	实收资本（或股本）	资本公积	减：库存股	盈余公积	未分配利润	所有者权益合计	实收资本（或股本）	资本公积	减：库存股	盈余公积	未分配利润	所有者权益合计
1. 所有者投入资本												
2. 股份支付计入所有者权益的金额												
3. 其他												
（四）利润分配												
1. 提取盈余公积												
2. 对所有者（或股东）的分配												
3. 其他												
（五）所有者权益内部结转												
1. 资本公积转增资本（或股本）												
2. 盈余公积转增资本（或股本）												
3. 盈余公积弥补亏损												
4. 其他												
四、本年年末余额												

（2）"直接计入所有者权益的利得和损失"项目，反映企业当年直接计入所有者权益的利得和损失金额。其中：

"可供出售金融资产公允价值变动净额"项目，反映企业持有的可供出售金融资产当年公允价值变动的金额，并对应列在"资本公积"栏。

"权益法下被投资单位其他所有者权益变动的影响"项目，反映企业对按照权益法核算的长期股权投资，在被投资单位除当年实现的净损益以外其他所有者权益当年变动中应享有的份额，并对应列在"资本公积"栏。

"与计入所有者权益项目相关的所得税影响"项目，反映企业根据《企业会计准则第18号——所得税》规定应计入所有者权益项目的当年所得税影响金额，并对应列在"资本公积"栏。

（3）"净利润"和"直接计入所有者权益的利得和损失"小计项目，反映企业当年实现的净利润（或净亏损）金额和当年直接计入所有者权益的利得和损失金额的合计额。

（4）"所有者投入和减少资本"项目，反映企业当年所有者投入的资本和减少的资本。

其中：

"所有者投入资本"项目，反映企业接受投资者投入形成的实收资本（或股本）和资本溢价或股本溢价，并对应列在"实收资本"和"资本公积"栏。

"股份支付计入所有者权益的金额"项目，反映企业处于等待期中的权益结算的股份支付当年计入资本公积的金额，并对应列在"资本公积"栏。

（5）"利润分配"下各项目，反映当年对所有者（或股东）分配的利润（或股利）金额和按照规定提取的盈余公积金额，并对应列在"未分配利润"和"盈余公积"栏。其中：

"提取盈余公积"项目，反映企业按照规定提取的盈余公积。

"对所有者（或股东）的分配"项目，反映对所有者（或股东）分配的利润（或股利）金额。

（6）"所有者权益内部结转"下各项目，反映不影响当年所有者权益总额的所有者权益各组成部分之间当年的增减变动，包括资本公积转增资本（或股本）、盈余公积转增资本（或股本）、盈余公积弥补亏损等项金额。为了全面反映所有者权益各组成部分的增减变动情况，所有者权益内部结转也是所有者权益变动表的重要组成部分，主要指不影响所有者权益总额、所有者权益的各组成部分当期的增减变动。其中：

"资本公积转增资本（或股本）"项目，反映企业以资本公积转增资本或股本的金额。

"盈余公积转增资本（或股本）"项目，反映企业以盈余公积转增资本或股本的金额。

"盈余公积弥补亏损"项目，反映企业以盈余公积弥补亏损的金额。

（二）上年金额栏的列报方法

所有者权益变动表"上年金额"栏内各项数字，应根据上年度所有者权益变动表"本年金额"栏内所列数字填列。如果上年度所有者权益变动表规定的各个项目的名称和内容同本年度不相一致，应对上年度所有者权益变动表各项目的名称和数字按本年度的规定进行调整，填入所有者权益变动表"上年金额"栏内。

（三）本年金额栏的列报方法

所有者权益变动表"本年金额"栏内各项数字一般应根据"实收资本（或股本）"、"资本公积"、"盈余公积"、"利润分配"、"库存股"、"以前年度损益调整"等科目的发生额分析填列。

企业的净利润及其分配情况作为所有者权益变动的组成部分，不需要单独设置利润分配表列示。

第六节 合并财务报表

合并财务报表是指反映母公司和其全部子公司形成的企业集团整体财务状况、经营成果和现金流量的财务报表。与个别财务报表（指企业单独编制的财务报表，为了与合并财务报表相区别，将其称之为个别财务报表）相比，合并财务报表反映的是企业集团整体的财务状况、经营成果和现金流量，反映的对象是通常由若干法人（包括母公司和其全部子公司）组成的会计主体，是经济意义上的主体，而不是法律意义上的主体。合并财务报表的编制者和编制主体是母公司。合并财务报表以纳入合并范围的企业个别财务报表为基础，根据其他有关资料，按照权益法调整对子公司的长期股权投资后，抵销母公司与子公司、子公司相互之间发生的内部交易对合并财务报表的影响编制的。

合并财务报表能够向财务报告的使用者提供反映企业集团整体财务状况、经营成果和现金流量的会计信息，有助于财务报告的使用者作出经济决策。合并财务报表有利于避免一些母公司利用控制关系，人为地粉饰财务报表的情况的发生。

一、合并范围的确定

合并财务报表的合并范围应当以控制为基础加以确定。

（一）控制的定义

控制，是指一个企业能够决定另一个企业的财务和经营政策，并能据以从另一个企业的经营活动中获取利益的权力。控制通常具有如下特征：

1. 控制的主体是唯一的,不是两方或多方。即对被投资单位的财务和经营政策的提议不必要征得其他方的同意,就可以形成决议,付诸被投资单位执行。

2. 控制的内容是另一个企业的日常生产经营活动的财务和经营政策,这些财务和经营政策一般是通过表决权来决定的。在某些情况下,也可以通过法定程序严格限制董事会、受托人或管理层对特殊目的主体经营活动的决策权,如规定除设立者或发起人外,其他人无权决定特殊目的主体经营活动的政策。

3. 控制的目的是为了获取经济利益,包括为了增加经济利益、维持经济利益、保护经济利益,或者降低所分担的损失等。

4. 控制的性质是一种权力,是一种法定权力,也可以是通过公司章程或协议、投资者之间的协议授予的权力。这种权力可以实际行使,也可以不实际行使。有权力实施控制力并不一定意味着有能力实施控制力。

(二) 控制标准的具体应用

1. 母公司拥有其半数以上的表决权的被投资单位应当纳入合并财务报表的合并范围

母公司直接或通过子公司间接拥有被投资单位半数以上的表决权,表明母公司能够控制被投资单位,应当将该被投资单位认定为子公司,纳入合并财务报表的合并范围。但是,有证据表明母公司不能控制被投资单位的除外。

表决权是指,被投资单位经营计划、投资方案、年度财务预算方案和决算方案、利润分配方案和弥补亏损方案、内部管理机构的设置、聘任或解聘公司经理及其报酬、公司的基本管理制度等事项持有的表决权,不包括对修改公司章程、增加或减少注册资本、发行公司债券、公司合并、分立、解散或变更公司形式等事项持有的表决权。表决权比例通常与其出资比例或持股比例是一致的,但是对于有限责任公司,公司章程另有规定的除外。

当母公司拥有被投资单位半数以上表决权时,母公司就拥有对该被投资单位的控制权,能够主导该被投资单位的股东大会,特别是董事会,并对其生产经营活动和财务政策实施控制。在这种情况下,子公司处在母公司的直接控制和管理下进行日常生产经营活动,子公司的生产经营活动成为事实上的母公司生产经营活动的一个组成部分,母公司与子公司生产经营活动已一体化。拥有被投资单位半数以上表决权,是母公司对其拥有控制权的最明显的标志,应将其纳入合并财务报表的合并范围。

母公司拥有被投资单位半数以上表决权,通常包括如下三种情况:

(1) 母公司直接拥有被投资单位半数以上表决权。

(2) 母公司间接拥有被投资单位半数以上表决权。

(3) 母公司直接和间接方式合计拥有被投资单位半数以上表决权。

2. 母公司拥有其半数以下的表决权的被投资单位纳入合并财务报表的合并的情况

在母公司通过直接和间接方式没有拥有被投资单位半数以上表决权的情况下,如果母公司通过其他方式对被投资单位的财务和经营政策能够实施控制时，这些被投资单位也应作为子公司纳入其合并范围。

（1）通过与被投资单位其他投资者之间的协议，拥有被投资单位半数以上表决权。

这种情况是指母公司与其他投资者共同投资某企业，母公司与其中的某些投资者签订书面协议，受托管理和控制该被投资单位，从而在被投资单位的股东大会和董事会上拥有该被投资单位半数以上表决权。在这种情况下，母公司对这一被投资单位的财务经营政策拥有控制权，使该被投资单位成为事实上的子公司，为此必须将其纳入合并财务报表的合并范围。

（2）根据公司章程或协议，有权决定被投资单位的财务和经营政策。这种情况是指在被投资单位的公司章程等文件中明确母公司对其财务和经营政策能够实施控制。企业的财务和经营政策直接决定着企业的日常生产经营活动，决定着企业的未来发展。能够控制企业财务和经营政策也就是等于能控制整个企业日常生产经营活动。这样，也就使得该被投资单位成为事实上的子公司，从而应当纳入母公司的合并财务报表的合并范围。

（3）有权任免被投资单位的董事会或类似机构的多数成员。这种情况是指母公司能够通过任免被投资单位董事会的多数成员控制该被投资单位的日常生产经营活动，被投资单位成为事实上的子公司，从而应当纳入母公司的合并财务报表的合并范围。这里的"多数"是指超过半数以上（不包括半数）：同时，需要注意的是，在这种情况下，董事会或类似机构必须能够控制被投资单位，否则，该条件不适用。

（4）在被投资单位董事会或类似机构占多数表决权。这种情况是指母公司能够控制董事会或类似机构的会议，从而主导公司董事会的经营决策，使该公司的生产经营活动在母公司的控制下进行，使被投资单位成为事实上的子公司。因此，也应当将其纳入母公司的合并财务报表的合并范围。这里的"多数"是指超过半数以上（不包括半数）。同样，需要注意的是，在这种情况下，董事会或类似机构必须能够控制被投资单位，否则，该条件不适用。

在母公司拥有被投资单位半数或以上的表决权，满足上述四个条件之一，视为母公司能够控制被投资单位，应当将该被投资单位认定为子公司，纳入合并财务报表的合并范围。但是，如果有证据表明母公司不能控制被投资单位的除外。

3. 在确定能否控制被投资单位时对潜在表决权的考虑

在确定能否控制被投资单位时，应当考虑企业和其他企业持有的被投资单位的当期可转换的可转换公司债券、当期可执行的认股权证等潜在表决权因素。

（1）所称潜在表决权，是指当期可转换的可转换公司债券、当期可执行的认股权证等，不包括在将来某一日期或将来发生某一事项才能转换的可转换公司债券或才能执行的认股权证等，也不包括诸如股权价格的设定以及在任何情况下都不可能转换为实际表决权的其他债务工具或权益工具。

（2）应当考虑影响潜在表决权的所有事项和情况，包括潜在表决权的执行条款、需要单独考虑或综合考虑的其他合约安排，等等。但是，本企业和其他企业或个人执行潜在表决权的意图和财务能力对潜在表决权的影响除外。

（3）不仅要考虑本企业在被投资单位的潜在表决权，还要同时考虑其他企业或个人在被投资单位的潜在表决权。

（4）不仅仅要考虑可能会提高本企业在被投资单位持股比例的潜在表决权，还要考虑可能会降低本企业在被投资单位持股比例的潜在表决权。

（5）潜在表决权仅作为判断是否存在控制的考虑因素，不影响当期母公司股东和少数股东之间的分配比例。

4. 判断母公司能否控制特殊目的主体应当考虑的主要因素

（1）母公司为融资、销售商品或提供劳务等特定经营业务的需要直接或间接设立特殊目的主体。

（2）母公司具有控制或获得控制特殊目的主体或其资产的决策权。比如，母公司拥有单方面终止特殊目的主体的权力、变更特殊目的主体章程的权力、对变更特殊目的主体章程的否决权等。

（3）母公司通过章程、合同、协议等具有获取特殊目的主体大部分利益的权力。

（4）母公司通过章程、合同、协议等承担了特殊目的主体的大部分风险。

（三） 所有子公司都应纳入母公司的合并财务报表的合并范围

母公司应当将其全部子公司纳入合并财务报表的合并范围。即，只要是由母公司控制的子公司，不论子公司的规模大小、子公司向母公司转移资金能力是否受到严格限制，也不论子公司的业务性质与母公司或企业集团内其他子公司是否有显著差别，都应当纳入合并财务报表的合并范围。

需要说明的是，受所在国外汇管制及其他管制，资金调度受到限制的境外子公司，在这种情况下，如果该被投资单位的财务和经营政策仍然由本公司决定，资金调度受到限制并不妨碍本公司其实施控制，应将其纳入合并财务报表的合并范围。

下列被投资单位不是母公司的子公司，不应当纳入母公司合并财务报表的合并范围：

1. 已宣告被清理整顿的原子公司

已宣告被清理整顿的原子公司，是指在当期宣告被清理整顿的被投资单位，该被投资单位在上期是本公司的子公司。在这种情况下，根据 2005 年修订的《公司法》第一百八十四条的规定，被投资单位实际上在当期已经由股东、董事或股东大会指定的人员组成的清算组或人民法院指定的有关人员组成的清算组对该被投资单位进行日常管理，在清算期间，被投资单位不得开展与清算无关的经营活动，因此，本公司不能再控制该被投资单位，不能将该被投资单位继续认定为本公司的子公司。

2. 已宣告破产的原子公司

已宣告破产的原子公司，是指在当期宣告破产的被投资单位，该被投资单位在上期是本公司的子公司。在这种情况下，根据《企业破产法》的规定，被投资单位的日常管理已转交到由人民法院指定的管理人，本公司不能控制该被投资单位，不能将该被投资单位认定为本公司的子公司。

3. 母公司不能控制的其他被投资单位

母公司不能控制的其他被投资单位，是指母公司不能控制的除上述情形以外的其他被投资单位，如联营企业等。

二、合并财务报表的编制程序

合并财务报表编制有其特殊的程序，主要包括如下几个方面：

（一）编制合并工作底稿

合并工作底稿的作用是为合并财务报表的编制提供基础。在合并工作底稿中，对母公司和子公司的个别财务报表各项目的金额进行汇总和抵销处理，最终计算得出合并财务报表各项目的合并金额。

将母公司、子公司个别资产负债表、利润表、现金流量表、所有者权益变动表各项目的数据过入合并工作底稿，并在合并工作底稿中对母公司和子公司个别财务报表各项目的数据进行加总，计算得出个别资产负债表、利润表、现金流量表、所有者权益变动表各项目合计金额。

（二）编制调整分录和抵销分录

在合并工作底稿中编制调整分录和抵销分录，将内部交易对合并财务报表有关项目的影响进行抵销处理。编制抵销分录，进行抵销处理是合并财务报表编制的关键和主要内容，其目的在于将个别财务报表各项目的加总金额中重复的因素予以抵销。但是，对属于非同一控制下企业合并中取得的子公司的个别财务报表进行合并时，还应当首先根据母公司为该子公司设置的备查簿的记录，以记录的非同一控制下企业合并中取得的子公司各项可辨认资产、负债及或有负债等在购买日的公允价值为基础，通过编制调整分录，对该子公司提供的个别财务报表进行调整，以使子公司的个别财务报表反映为在购买日公允价值基础上确定的可辨认资产、负债及或有负债在本期资产负债表日的金额。对于子公司所采用的会计政策与母公司不一致的和子公司的会计期间与母公司不一致的，如果母公司自行对子公司的个别财务报表进行调整，也应当在合并工作底稿中通过编制调整分录予以调整。在编制合并财务报表时，对子公司的长期股权投资调整为权益法，也需要在合并工作底稿中通过编制调整分录予以调整，而不改变母公司"长期股权投资"账簿记录。

在合并工作底稿中编制的调整分录和抵销分录，借记或贷记的均为财务报表项目（即资产负债表项目、利润表项目、现金流量表项目和所有者权益变动表项目），而不是具体的会计科目。比如，在涉及调整或抵销固定资产折旧、固定资产减值准备等均通过资产负债表中的"固定资产"项目，而不是"累计折旧"、"固定资产减值准备"等科目来进行调整和抵销。

（三）计算合并财务报表各项目的合并金额

在母公司和子公司个别财务报表各项目加总金额的基础上，分别计算出合并财务报表中各资产项目、负债项目、所有者权益项目、收入项目和费用项目等的合并金额。

其计算方法如下：

1. 资产类各项目，其合并金额根据该项目加总金额，加上该项目抵销分录有关的借方发生额，减去该项目抵销分录有关的贷方发生额计算确定。

2. 负债类各项目和所有者权益类项目，其合并金额根据该项目加总金额，减去该项目抵销分录有关的借方发生额，加上该项目抵销分录有关的贷方发生额计算确定。

3. 有关收入类各项目和有关所有者权益变动各项目，其合并金额根据该项目加总金额，减去该项目抵销分录的借方发生额，加上该项目抵销分录的贷方发生额计算确定。

4. 有关费用类项目，其合并金额根据该项目加总金额，加上该项目抵销分录的借方发生额，减去该项目抵销分录的贷方发生额计算确定。

（四）填列合并财务报表

根据合并工作底稿中计算出的资产、负债、所有者权益、收入、费用类以及现金流量表中各项目的合并金额，填列生成正式的合并财务报表。

《企业会计准则第 33 号——合并财务报表》着重解决了合并财务报表合并范围的确定和合并财务报表的编制和列报等问题。

三、合并资产负债表格式及其编制举例

合并资产负债表是反映企业集团在某一特定日期财务状况的财务报表，由合并资产、负债和所有者权益各项目组成。合并资产负债表按以下格式列示：

（一）对子公司的个别财务报表进行调整

在编制合并财务报表时，首先应对各子公司进行分类，分为同一控制下企业合并中取得的子公司和非同一控制下企业合并中取得的子公司。

1. 属于同一控制下企业合并中取得的子公司

对于属于同一控制下企业合并中取得的子公司的个别财务报表，如果不存在与母公司会计政策和会计期间不一致的情况，则不需要对该子公司的个别财务报表进行调整，即不需要将该子公司的个别财务报表调整为公允价值反映的财务报表，只需要抵销内部交易对合并财务报表的影响即可。

合并资产负债表

年 月 日

会合 01 表

编制单位：

单位：元

资 产	行次	期末余额	年初余额	负债和所有者权益（或股东权益）	行次	期末余额	年初余额
流动资产：				流动负债：			
货币资金				短期借款			
交易性金融资产				交易性金融负债			
应收票据				应付票据			
应收账款				应付账款			
应收利息				预收账款			
预付账款				应付职工薪酬			
其他应收款				应交税费			
存货				应付利息			
一年内到期的非流动资产				其他应付款			
其他流动资产				其他流动负债			
流动资产合计				流动负债合计			
非流动资产：				非流动负债：			
可供出售金融资产				长期借款			
持有至到期投资				应付债券			
长期应收款				长期应付款			
长期股权投资				专项应付款			
投资性房地产				预计负债			
固定资产				递延所得税负债			
在建工程				其他非流动负债			
工程物资				非流动负债合计			
固定资产清理				负债合计			
无形资产				所有者权益(或股东权益)：			
开发支出				实收资本（股本）			
商誉				资本公积			
长期待摊费用				减：库存股			
递延所得税资产				盈余公积			
其他非流动资产				未分配利润			
非流动资产合计				外币报表折算差额			
				归属于母公司所有者权益合计			
				少数股东权益			
				所有者权益合计			
资产总计				负债和所有者权益总计			

2. 属于非同一控制下企业合并中取得的子公司

对于属于非同一控制下企业合并中取得的子公司，除了存在与母公司会计政策和会计期间不一致的情况，需要对该子公司的个别财务报表进行调整外，还应当根据母公司为该子公司设置的备查簿的记录，以记录的该子公司的各项可辨认资产、负债及或有负债等在购买日公允价值的基础，通过编制调整分录，对该子公司的个别财务报表进行调整，以使子公司的个别财务报表反映为在购买日公允价值基础上确定的可辨认资产、负债及或有负债在本期资产负债表日的金额。

例如，A 公司于 2007 年 1 月 1 日以银行存款 15 000 000 元对集团外的 B 公司进行投资，取得 B 公司 60% 的股权，取得该部分股权后能够控制 B 公司的生产经营决策。合并时 A 公司聘请了专业资产评估机构对 B 公司的资产进行评估，经评估后 B 公司可辨认净资产的公允价值为 20 000 000 元，此外 A 公司以银行存款支付了与合并业务相关的费用共计 1 000 000 元。假定 A、B 公司适用的所得税税率均为 25%，合并前 A 公司、B 公司有关资产、负债的情况如表 10 - 1 所示。

表 10 - 1　　　　　　　　　资产负债表（简表）
2007 年 12 月 1 日　　　　　　　　　单位：元

项　　目	A 公司	B 公司
资产：		
货币资金	18 000 000	8 500 000
应收账款	26 000 000	15 000 000
存货	22 000 000	20 500 000
长期股权投资	35 000 000	10 000 000
固定资产	87 500 000	36 500 000
无形资产	8 000 000	1 500 000
商誉	0	0
递延所得税资产	7 500 000	3 000 000
资产总计	204 000 000	95 000 000
负债和所有者权益：		
短期借款	15 000 000	13 500 000
应付账款	14 500 000	8 000 000
应付职工薪酬	7 500 000	5 000 000
应交税费	8 000 000	6 000 000
其他应付款	16 000 000	9 500 000
长期借款	30 000 000	30 000 000
应付债券	0	0
递延所得税负债	12 000 000	5 000 000
负债合计	103 000 000	77 000 000
实收资本（股本）	50 000 000	10 000 000
资本公积	23 000 000	3 500 000
盈余公积	7 500 000	1 500 000
未分配利润	20 500 000	3 000 000
所有者权益合计	101 000 000	18 000 000
负债和所有者权益总计	204 000 000	95 000 000

A 公司聘请独立的资产评估机构，对 B 公司各项资产、负债进行了评估，经评估后确认的各项资产、负债的金额如表 10 - 2 所示。

表 10 - 2
单位：元

项 目	评估前金额	评估后金额
资产：		
货币资金	8 500 000	8 500 000
应收账款	15 000 000	15 000 000
存货	20 500 000	19 200 000
长期股权投资	10 000 000	10 000 000
固定资产	36 500 000	37 500 000
无形资产	1 500 000	1 800 000
商誉	0	0
递延所得税资产	3 000 000	0
资产总计	95 000 000	92 000 000
负债和所有者权益：		
短期借款	13 500 000	13 500 000
应付账款	8 000 000	8 000 000
应付职工薪酬	5 000 000	5 000 000
应交税费	6 000 000	6 000 000
其他应付款	9 500 000	9 500 000
长期借款	30 000 000	30 000 000
应付债券	0	0
递延所得税负债	5 000 000	0
负债合计	77 000 000	72 000 000
股本	10 000 000	10 000 000
资本公积	3 500 000	5 500 000
盈余公积	1 500 000	1 500 000
未分配利润	3 000 000	3 000 000
所有者权益合计	18 000 000	20 000 000
负债和所有者权益总计	95 000 000	92 000 000

注：评估 B 公司资产、负债的公允价值时，B 公司商誉、递延所得税资产、递延所得税负债公允价值均为 0。

购买日，A 公司应按照取得的各项可辨认资产、负债的公允价值，来重新计算 B 公司的递延所得税资产和递延所得税负债。假设购买日 A 公司取得 B 公司各项可辨认资产、负债及或有负债的入账价值（即公允价值）与其计税基础不同形成的可抵扣暂时性差异为 9 000 000 元，应确认递延所得税资产 2 250 000 元；形成的应纳税暂时性差异为 22 000 000 元，应确认递延所得税负债 5 500 000 元。

（1）2007 年 1 月 1 日投资时

借：长期股权投资　　　　　　　　　　　　　　　　16 000 000
　　贷：银行存款　　　　　　　　　　　　　　　　　　16 000 000

💡〔注释〕

企业合并产生的商誉计算如表 10 - 3 所示。

表 10 - 3

合并成本	16 000 000 元
减：可辨认净资产公允价值的份额	12 000 000 元（20 000 000×60%）
递延所得税资产	2 250 000 元
加：递延所得税负债	5 500 000 元
合并商誉	7 250 000 元

因此，在合并资产负债表中"商誉"项目列示的金额为 7 250 000 元。

（2）编制 B 公司个别报表的调整分录

借：固定资产　　　　　　　　　　　　　　　　　　1 000 000
　　无形资产　　　　　　　　　　　　　　　　　　　300 000
　　递延所得税负债　　　　　　　　　　　　　　　　5 000 000
　　贷：存货　　　　　　　　　　　　　　　　　　　　1 300 000
　　　　递延所得税资产　　　　　　　　　　　　　　　3 000 000
　　　　资本公积　　　　　　　　　　　　　　　　　　2 000 000

（3）编制购买日的抵销分录

借：股本　　　　　　　　　　　　　　　　　　　　10 000 000
　　资本公积　　　　　　　　　　　　　　　　　　　5 500 000
　　盈余公积　　　　　　　　　　　　　　　　　　　1 500 000
　　未分配利润　　　　　　　　　　　　　　　　　　3 000 000
　　递延所得税资产　　　　　　　　　　　　　　　　2 250 000
　　商誉　　　　　　　　　　　　　　　　　　　　　7 250 000
　　贷：递延所得税负债　　　　　　　　　　　　　　　5 500 000
　　　　长期股权投资　　　　　　　　　　　　　　　16 000 000
　　　　少数股东权益　　　　　　　　　　　　　　　　8 000 000

〔少数股东权益 = 20 000 000×40% = 8 000 000（元）〕

（4）编制购买日的合并资产负债表

合并资产负债表（简表）
2007 年 1 月 1 日

单位：元

	A 公司 报表金额	B 公司 报表金额	调整分录 借方	调整分录 贷方	抵销分录 借方	抵销分录 贷方	合并金额
资产：							
货币资金	2 000 000	8 500 000					10 500 000
应收账款	26 000 000	15 000 000					41 000 000
存货	22 000 000	20 500 000		1 300 000			41 200 000
长期股权投资	51 000 000	10 000 000				16 000 000	45 000 000
固定资产	87 500 000	36 500 000	1 000 000				125 000 000
无形资产	8 000 000	1 500 000	300 000				9 800 000
商誉	0	0			7 250 000		7 250 000
递延所得税资产	7 500 000	3 000 000		3 000 000	2 250 000		9 750 000
资产总计	204 000 000	95 000 000					289 500 000
负债和所有者权益：							
短期借款	15 000 000	13 500 000					28 500 000
应付账款	14 500 000	8 000 000					22 500 000
应付职工薪酬	7 500 000	5 000 000					12 500 000
应交税费	8 000 000	6 000 000					14 000 000
其他应付款	16 000 000	9 500 000					25 500 000
长期借款	30 000 000	30 000 000					60 000 000

续表

项目	A公司 报表金额	B公司 报表金额	调整分录 借方	调整分录 贷方	抵销分录 借方	抵销分录 贷方	合并金额
应付债券	0	0					0
递延所得税负债	12 000 000	5 000 000	5 000 000			5 500 000	17 500 000
负债合计	103 000 000	77 000 000					180 500 000
实收资本（股本）	50 000 000	10 000 000			10 000 000		50 000 000
资本公积	23 000 000	3 500 000		2 000 000	5 500 000		23 000 000
盈余公积	7 500 000	1 500 000			1 500 000		7 500 000
未分配利润	20 500 000	3 000 000			3 000 000		20 500 000
少数股东权益						8 000 000	8 000 000
所有者权益合计	101 000 000	18 000 000					109 000 000
负债和所有者权益总计	204 000 000	95 000 000					289 500 000

(二) 按权益法调整对子公司的长期股权投资

《合并财务报表》准则规定，合并财务报表应当以母公司和其子公司的财务报表为基础，根据其他有关资料，按照权益法调整对子公司的长期股权投资后，由母公司编制。

在合并工作底稿中，按权益法调整对子公司的长期股权投资时，应按照《企业会计准则第2号——长期股权投资》所规定的权益法进行调整。

《合并财务报表》准则也允许企业直接在对子公司的长期股权投资财务成本法核算的基础上编制合并财务报表，但是所生成的合并财务报表应当符合《合并财务报表》准则的相关规定。

例如，承上例，假设B公司2007年实现净利润5 080 000元，B公司未进行股利分配，B公司因持有的可供出售金融资产的公允价值变动计入当期资本公积的金额为400 000元。

《企业会计准则第2号——长期股权投资》准则规定，采用权益法进行核算时，投资企业在确认应享有被投资单位净损益的份额时，应当以取得投资时被投资单位各项可辨认资产等的公允价值为基础，对被投资单位的净利润进行调整后确认。

(1) 在购买日，B公司固定资产公允价值高于账面价值的差额为1 000 000元，假设固定资产的折旧年限为20年，该固定资产用于B公司的总部管理，则按年限平均法每年应增加的折旧额为50 000元 (1 000 000÷20年)。在合并工作底稿中应做的调整分录如下：

借：管理费用　　　　　　　　　　　　　　　　　　50 000
　　贷：固定资产——累计折旧　　　　　　　　　　　　　50 000

(2) 在购买日，B公司无形资产公允价值高于账面价值的差额为300 000元，假设该无形资产按10年进行摊销，则按直线法摊销每年应增加的无形资产摊销费用为30 000元 (300 000÷10年)。在合并工作底稿中应做的调整分录如下：

借：管理费用　　　　　　　　　　　　　　　　　　30 000
　　贷：无形资产——累计摊销　　　　　　　　　　　　　30 000

(3) 以B公司2007年1月1日各项可辨认资产等的公允价值为基础，重新确定的B公司2007年的净利润为5 000 000元 (5 080 000 - 50 000 - 30 000)。2007年12月31日，A公司对B公司的长期股权投资的账面余额为13 000 000元 (假定未发生减值)。根据合并财务报表准则的规定，在合并工作底稿中将对B公司的长期股权投资由成本法调整为权益法。有关调整分录如下：

借：长期股权投资——损益调整　　　　　　　　　　3 000 000
　　贷：投资收益　　　　　　　　　　　　　　　　　　3 000 000

(4) B公司在2007年除净损益以外所有者权益的其他变动金额为400 000元，A公司应享有的份额为240 000元 (资本公积的增加额400 000×60%)。有关调整分录如下：

借：长期股权投资——其他权益变动 240 000

贷：资本公积——其他资本公积 240 000

（三）编制合并资产负债表时应进行抵销处理的项目

合并资产负债表是以母公司和子公司的个别资产负债表为基础编制的。个别资产负债表则是以单个企业为会计主体进行会计核算的结果，它从母公司本身或从子公司本身的角度对自身的财务状况进行反映。这样，对于内部交易，从发生内部交易的企业来看，发生交易的各方都在其个别资产负债表中进行了反映。例如，企业集团母公司与子公司之间发生的赊购、购销业务，对于赊销企业来说，一方面确认营业收入、结转营业成本、计算营业利润，并在其个别资产负债表中反映为应收账款；而对于赊购企业来说，在内部购入的存货未实现对外销售的情况下，则在其个别资产负债表中反映为存货和应付账款。在这种情况下，资产、负债和所有者权益类各项目的加总金额中，必然包含有重复计算的因素。作为反映企业集团整体财务状况的合并资产负债表，必须将这些重复计算的因素予以扣除，对这些重复的因素进行抵销处理。这些需要扣除的重复因素，就是合并财务报表编制时需要进行抵销处理的项目。

编制合并资产负债表时需要进行抵销处理的，主要有如下项目：

1. 长期股权投资与子公司所有者权益的抵销处理

母公司对子公司进行的长期股权投资，一方面反映为长期股权投资以外的其他资产的减少，另一方面反映为长期股权投资的增加，在母公司个别资产负债表中作为资产类项目中的"长期股权投资"列示。子公司接受这一投资时，一方面增加资产，另一方面作为实收资本（或股本）处理，在其个别资产负债表中一方面反映为实收资本的增加，另一方面反映为相对应的资产的增加。从企业集团整体来看，母公司对子公司进行的长期股权投资实际上相当于母公司将资本拨付下属核算单位，并不引起整个企业集团的资产、负债和所有者权益的增减变动。因此，编制合并财务报表时，应当在母公司与子公司财务报表数据简单相加的基础上，将母公司对子公司长期股权投资项目与子公司所有者权益项目予以抵销。

子公司所有者权益中不属于母公司的份额，即子公司所有者权益中抵销母公司所享有的份额后的余额，在合并财务报表中作为"少数股东权益"处理。在合并资产负债表中，"少数股东权益"项目应当在"所有者权益"项目下单独列示。

当母公司对子公司长期股权投资的金额与在子公司所有者权益中所享有的份额不一致时，应按其差额，计入"商誉"项目。

《合并财务报表》准则第十五条（一）规定：母公司对子公司的长期股权投资与母公司在子公司所有者权益中所享有的份额应当相互抵销，同时抵销相应的长期股权投资减值准备。

在购买日，母公司对子公司的长期股权投资与母公司在子公司所有者权益中所享有的份额的差额，应当在商誉项目列示。商誉发生减值的，应当按照经减值测试后的金额列示。

各子公司之间的长期股权投资以及子公司对母公司的长期股权投资，应当比照上述规定，将长期股权投资与其对应的子公司或母公司所有者权益中所享有的份额相互抵销。

例如，承上例，2007年B公司实现净利润508万元，提取法定公积金50.8万元。B公司因持有的可供出售金融资产的公允价值变动计入当期资本公积的金额为400 000元。假设商誉经测试后没有发生减值。

2007年12月31日，B公司股东权益总额为2 348万元，其中股本为1 000万元，资本公积为390万元，盈余公积为200.8万元，未分配利润为757.2万元。

经过上述按照权益法调整后，A公司对B公司长期股权投资的金额为1 924万元（初始投资成本1 600万元+权益法调整增加的长期股权投资324万元）。

其抵销分录如下：

借：股本   10 000 000
  资本公积   5 900 000
  盈余公积   2 500 000
  未分配利润   7 500 000
  商誉   4 000 000[1]
 贷：长期股权投资   19 240 000
  少数股东权益   10 160 000

〔注释〕

4 000 000与2007年1月1日合并日不考虑递延所得税时所产生的商誉=16 000 000－20 000 000×60%=4 000 000（元）一致。

A公司按照权益法对B公司进行调整后，B公司2007年12月31日股东权益的调整如表10-4所示。

表10-4   单位：元

股东权益	调整前	调整后
股本	10 000 000	10 000 000
资本公积	3 900 000	5 900 000
盈余公积	2 008 000	2 000 000
未分配利润	7 572 000	7 500 000
合计	23 480 000	25 400 000

〔注释〕

资本公积调整数=3 900 000元+购买日可辨认净资产公允价值与账面价值的差额2 000 000元=5 900 000（元）；盈余公积调整数=2 008 000元－购买日资产公允价值与账面价值差额的折旧和摊销额80 000×10%=2 000 000（元）；未分配利润数=7 572 000元－购买日资产公允价值与账面价值差额的折旧和摊销额80 000×（1－10%）=7 500 000（元）。

少数股东权益=25 400 000元×40%=10 160 000（元）。

2. 内部债权与债务项目的抵销处理

母公司与子公司、子公司相互之间的债权和债务项目，是指母公司与子公司、子公司之间因销售商品、提供劳务以及发生结算业务等原因产生的应收账款与应付账款、应收票据与应付票据、预收账款和预付账款、其他应收款与其他应付款、应付债券与持有至到期投资等项目。发生在母公司与子公司、子公司相互之间的这些项目，企业集团内部企业的一方在其个别资产负债表中反映为资产，而另一方则在其个别资产负债表中反映为负债。但是从企业集团整体角度来看，它只是内部资金运动，既不能增加企业集团的资产，又不能增加企业集团的负债。为此，为了消除个别资产负债表直接加总中的重复计算因素，在编制合并财务报表时应当将内部债权债务项目予以抵销。

《合并财务报表》准则第十五条（二）规定：母公司与子公司、子公司相互之间的债权与债务项目应当相互抵销，同时抵销应收款项的坏账准备和债券投资的减值准备。

母公司与子公司、子公司相互之间的债券投资与应付债券相互抵销后，产生的差额应当计入投资收益项目。

（1）应收账款与应付账款的抵销处理

①初次编制合并财务报表时应收账款与应付账款的抵销处理

在应收账款计提了坏账准备的情况下，某一会计期间坏账准备的金额是以当期应收账款为基础计提的。在编制合并财务报表时，随着内部应收账款的抵销，与此相联系也须将内部应收账款计提的坏账准备予以抵销。内部应收账款抵销时，其抵销分录为：借记"应付账款"项目，贷记"应收账款"项目；内部应收账款计提的坏账准备抵销时，其抵销分录为：借记"应收账款——坏账准备"项目，贷记"资产减值损失"项目。

【例1】公司2007年12月31日的应收账款期末余额为15 000 000元，其中应收子公司胜利公司的账款为5 000 000元，公司的个别资产负债表中公司按照期末余额的6%计提坏账准备。

抵销分录如下：

借：应付账款　　　　　　　　　　　　　　　　　　　5 000 000
　　贷：应收账款　　　　　　　　　　　　　　　　　　　　　5 000 000
借：应收账款——坏账准备　　　　　　　　　　　　　300 000
　　贷：资产减值损失　　　　　　　　　　　　　　　　　　　300 000

②连续编制合并财务报表时内部应收账款坏账准备的抵销处理

从合并财务报表来讲，内部应收账款计提的坏账准备的抵销是与抵销当期资产减值损失相对应的，上期抵销的坏账准备的金额，即上期资产减值损失抵减的金额，最终将影响到本期合并所有者权益变动表中的期初未分配利润金额的增加。由于利润表和所有者权益变动表是反映企业一定会计期间经济成果及其分配情况的财务报表，其上期期末未分配利润就是本期所有者权益变动表期初未分配利润（假定不存在会计政策变更和前期差错更正的情况）。本期编制合并财务报表是以本期母公司和子公司当期的个别财务报表为基础编制的，随着上期编制合并财务报表时内部应收账款计提的坏账准备的抵销，以此个别财务报表为基础加总得出的期初未分配利润与上一会计期间合并所有者权益变动表中的未分配利润金额之间则将产生差额。为此，编制合并财务报表时，必须将上期因内部应收账款计提的坏账准备抵销而抵销的资产减值损失对本期期初未分配利润的影响予以抵销，调整本期期初未分配利润的金额。

在连续编制合并财务报表进行抵销处理时，首先，将内部应收账款与应付账款予以抵销，即按内部应收账款的金额，借记"应付账款"项目，贷记"应收账款"项目。其次，应将上期资产减值损失中抵销的内部应收账款计提的坏账准备对本期期初未分配利润的影响予以抵销，即按上期资产减值损失项目中抵销的内部应收账款计提的坏账准备的金额，借记"应收账款——坏账准备"项目，贷记"未分配利润——年初"项目。再次，对于本期个别财务报表中内部应收账款相对应的坏账准备增减变动的金额也应予以抵销，即按照本期个别资产负债表中期末内部应收账款相对应的坏账准备的增加额，借记"应收账款——坏账准备"项目，贷记"资产减值损失"项目，或按照本期个别资产负债表中期末内部应收账款相对应的坏账准备的减少额，借记"资产减值损失"项目，贷记"应收账款——坏账准备"项目。

在第三期编制合并财务报表的情况下，必须将第二期内部应收账款期末余额相应的坏账准备予以抵销，以调整期初未分配利润的金额。然后，计算确定本期内部应收账款相对应的坏账准备增减变动的金额，并将其增减变动的金额予以抵销。其抵销分录与第二期编制的抵销分录相同。

【例2】公司2008年12月31日应收子公司胜利公司的账款为8 000 000元，公司的个别资产负债表中公司按照期末余额的6%计提坏账准备。

抵销分录为：

　　借：应付账款　　　　　　　　　　　　　　　8 000 000
　　　　贷：应收账款　　　　　　　　　　　　　　　　8 000 000
　　借：应收账款——坏账准备　　　　　　　　　　300 000
　　　　贷：盈余公积——年初　　　　　　　　　　　　300 000
　　　　　　未分配利润——年初　　　　　　　　　　　270 000
　　借：应收账款——坏账准备　　　　　　　　　　180 000
　　　　贷：资产减值损失　　　　　　　　　　　　　　180 000

（2）其他债权与债务项目的抵销处理

将内部预收账款与内部预付账款抵销时，其抵销分录为：借记"预收账款"项目，贷记"预付账款"项目；将内部应收票据与内部应付票据抵销时，其抵销分录为：借记"应付票据"项目，贷记"应收票据"项目；将持有至到期投资中债券投资与应付债券抵销时，其抵销分录为：借记"应付债券"项目，贷记"持有至到期投资"项目。

此外，在某些情况下，债券投资企业持有的企业集团内部成员企业的债券并不是从发行债券的企业直接购进的，而是在证券市场上从第三方手中购进的。在这种情况下，持有至到期投资中的债券投资与发行债券企业的应付债券抵销时，可能会出现差额，应当计入合并利润表的投资收益或财务费用项目。

3. 内部购销业务未实现内部销售损益的抵销处理

《合并财务报表》准则第十五条（三）规定：母公司与子公司、子公司相互之间销售商品（或提供劳务，下同）或以其他方式形成的存货、固定资产、工程物资、在建工程、无形资产等所包含的未实现内部销售损益应当抵销。

对存货、固定资产、工程物资、在建工程和无形资产等计提的跌价准备或减值准备与未实现内部销售损益相关的部分应当抵销。

💡〔注释〕

企业在编制合并财务报表时，因抵销未实现内部销售损益导致合并资产负债表中资产、负债的账面价值与其在纳入合并范围的企业按照适用税法规定确定的计税基础之间产生暂时性差异的，在合并资产负债表中应当确认递延所得税资产或递延所得税负债，同时调整合并利润表中的所得税费用，但与直接计入所有者权益的交易或事项及企业合并相关的递延所得税除外。

（1）存货价值中包含的未实现内部销售损益的抵销处理

存货价值中包含的未实现内部销售损益是由于企业集团内部商品购销、劳务提供活动所引起的。在内部购销活动中，销售企业将集团内部销售作为收入确认并计算销售利润。而购买企业则是以支付购货的价款作为其成本入账；在本期内未实现对外销售而形成期末存货时，其存货价值中也相应地包括两部分内容：一部分为真正的存货成本（即销售企业销售该商品的成本）；另一部分为销售企业的销售毛利（即其销售收入减去销售成本的差额），对于期末存货价值中包括的这部分销售毛利，从企业集团整体来看，并不是真正实现的利润。因为从整个企业集团来看，集团内部企业之间的商品购销活动实际上相当于企业内部物资调拨活动，既不会实现利润，也不会增加商品的价值。正是从这一意义上来说，将期末存货价值中包括的这部分销售企业作为利润确认的部分，称之为"未实现内部销售损益"。因此，在编制合并资产负债表时，应当将存货价值中包含的未实现内部销售损益予以抵销。编制抵销分录时，按照集团内部销售企业销售该商品的销售收入，借记"营业收入"项目，按照销售企业销售该商品的销售成本，贷记"营业成本"项目，按照当期期末存货价值中包含的未实现内部销售损益的金额，贷记"存货"项目。

💡〔注释〕

企业在编制合并财务报表时，因抵销未实现内部销售损益导致合并资产负债表中资产、负债的账面价值与其在纳入合并范围的企业按照适用税法规定确定的计税基础之间产生暂时性差异的，在合并资产负债表中应当确认递延所得税资产或递延所得税负债，同时调整合并利润表中的所得税费用，但与直接计入所有者权益的交易或事项及企业合并相关的递延所得税除外。

①当期内部购进商品并形成存货情况下的抵销处理

在企业集团内部购进并且在会计期末形成存货的情况下，如前所述，一方面将销售企业实现的内部销售收入及其相对应的销售成本予以抵销，另一方面将内部购进形成的存货价值中包含的未实现内部销售损益予以抵销。

【例1】甲公司 2007 年 10 月 16 日向子公司乙公司销售商品 6 000 000 元，其销售成本为 5 000 000 元；乙公司购进的该商品当期全部未实现对外销售而形成期末存货，乙公司适用的所得税税率为 25%。

抵销分录为：

借：营业收入 6 000 000
　　贷：营业成本 6 000 000
借：营业成本 1 000 000
　　贷：存货 1 000 000

因抵销未实现内部收益产生暂时性差异而确认的递延所得税：

分析：抵销未实现内部收益后，合并资产负债表中存货的账面价值为 5 000 000 元，与其在乙公司按照适用税法规定确定的计税基础 6 000 000 元之间产生可抵扣暂时性差异（资产的账面价值小于计税基础），因而在合并资产负债表中应确认 250 000 元的递延所得税资产，同时减少合并利润表中的所得税费用 250 000 元。

借：递延所得税资产 250 000
　　贷：所得税费用 250 000

【例2】假设，甲公司 2007 年 10 月 16 日向子公司乙公司销售商品 5 000 000 元，其销售成本为 6 000 000 元；乙公司购进的该商品当期全部未实现对外销售而形成期末存货，乙公司适用的所得税税率为 25%。

抵销分录为：

借：营业收入 5 000 000
　　贷：营业成本 5 000 000
借：存货 1 000 000
　　贷：营业成本 1 000 000

则因抵销未实现内部亏损后，合并资产负债表中存货的账面价值为 6 000 000 元，与其在乙公司按照适用税法规定确定的计税基础 5 000 000 元之间产生应纳税暂时性差异（资产的账面价值大于计税基础），因而在合并资产负债表中应确认 250 000 元的递延所得税负债，同时增加合并利润表中的所得税费用 250 000 元。

借：所得税费用 250 000
　　贷：递延所得税负债 250 000

【例3】承［例1］，假设子公司乙公司将购进的该商品当期全部对外销售。

借：营业收入 6 000 000
　　贷：营业成本 6 000 000

【例4】承［例1］，假设子公司乙公司将购进的该商品当期部分对外销售，即对外销售数量为 50%，销售价格为 3 500 000 元，销售成本为 3 000 000 元。

借：营业收入 6 000 000
　　贷：营业成本 6 000 000
借：营业成本 500 000
　　贷：存货 500 000

【例5】承［例1］，假设子公司乙公司本期将从母公司购进的商品对外销售了60%，其余40%形成期末存货。

处理方法如下：首先将内部销售收入全部予以抵销；其次将期末存货中包含的未实现内部销售利润予以抵销。上例中，当乙公司对外实现了60%的销售时，可编制如下的抵销分录：

借：营业收入 6 000 000
　　贷：营业成本 6 000 000
借：营业成本 400 000
　　贷：存货 400 000

【例6】承［例1］，子公司乙公司全部未实现对外销售，假设乙公司期末对存货进行检查时，发现该存货已经部分陈旧，其可变现净值降至5 200 000元。为此，乙公司期末对该存货计提了存货跌价准备800 000元。

本期期末乙公司计提存货跌价准备800 000元，但是从母、子公司内部看该批存货的账面价值为5 000 000元，仍低于其可变现净值5 200 000元，无须计提存货跌价准备，因此在编制合并财务报表时应将乙公司本年提取的存货跌价准备800 000元予以抵销。

借：存货——存货跌价准备 800 000
　　贷：资产减值损失 800 000

【例7】承［例6］，假设乙公司购买的该商品期末对存货进行检查时，发现该存货已经部分陈旧，其可变现净值降至4 800 000元。为此，乙公司期末对该存货计提了存货跌价准备1 200 000元。

从母、子公司内部看该批存货的账面价值为5 000 000元，低于其可变现净值4 800 000元，需要计提存货跌价准备200 000元，所以在编制合并财务报表时应将乙公司本年多提取的存货跌价准备1 000 000元予以抵销。

借：存货——存货跌价准备 1 000 000
　　贷：资产减值损失 1 000 000

如果内部交易存货部分实现了对外销售，部分形成了期末存货，则应按未实现销售的比例计算确定应予抵销的金额。

②连续编制合并财务报表时内部购进商品的抵销处理

对于上期内部购进商品全部实现对外销售的情况下，由于不涉及到内部存货价值中包含的未实现内部销售损益的抵销处理，在本期连续编制合并财务报表时不涉及到对其进行处理的问题。但在上期内部购进并形成期末存货的情况下，在编制合并财务报表进行抵销处理时，存货价值中包含的未实现内部销售损益的抵销，直接影响上期合并财务报表中合并净利润金额的减少，最终影响合并所有者权益变动表中期末未分配利润的金额的减少。由于本期编制合并财务报表时是以母公司和子公司本期个别财务报表为基础，而母公司和子公司个别财务报表中未实现内部销售损益是作为其实现利润的部分包括在其期初未分配利润之中，以母子公司个别财务报表中期初未分配利润为基础计算得出的合并期初未分配利润的金额就可能与上期合并财务报表中的期末未分配利润的金额不一致。因此，上期编制合并财务报表时抵销的内部购进存货中包含的未实现内部销售损益，也对本期的期初未分配利润产生影响，本期编制合并财务报表时必须在合并母子公司期初未分配利润的基础上，将上期抵销的未实现内部销售损益对本期期初未分配利润的影响予以抵销，调整本期期初未分配利润的金额。

在连续编制合并财务报表的情况下，首先必须将上期抵销的存货价值中包含的未实现内部销售损益对本期期初未分配利润的影响予以抵销，调整本期期初未分配利润的金额；然后再对本期内部购进存货进行抵销处理，其具体抵销处理程序和方法如下：

A. 将上期抵销的存货价值中包含的未实现内部销售损益对本期期初未分配利润的影响进行抵销。即按照上期内部购进存货价值中包含的未实现内部销售损益的金额，借记"未分配利润——年初"项目，贷记"营业成本"项目。

B. 对于本期发生内部购销活动的，将内部销售收入、内部销售成本及内部购进存货中未实现内部销售损益予以抵销。即按照销售企业内部销售收入的金额，借记"营业收入"项目，贷记"营业成本"项目。

C. 将期末内部购进存货价值中包含的未实现内部销售损益予以抵销。对于期末内部购买形成的存货（包括上期结转形成的本期存货），应按照购买企业期末内部购入存货价值中包含的未实现内部销售损益的金额，借记"营业成本"项目，贷记"存货"项目。

（2）内部固定资产交易的抵销处理

内部固定资产交易，是指企业集团内部发生交易的一方与固定资产有关的购销业务。对于企业集团内部固定资产交易，根据销售企业销售的是产品还是固定资产，可以将其划分为两种类型：第一种类型是企业集团内部企业将自身生产的产品销售给企业集团内的其他企业作为固定资产使用；第二种类型是企业集团内部企业将自身的固定资产出售给企业集团内的其他企业作为固定资产使用；此外，还有另一类型的内部固定资产交易，即企业集团内部企业将自身使用的固定资产出售给企业集团内的其他企业作为普通商品销售。这种类型的固定资产交易，在企业集团内部发生得极少，一般情况下发生的金额也不大。

在第一种类型的内部固定资产交易的情况下，即企业集团内部的母公司或子公司将自身生产的产品销售给企业集团内部的其他企业作为固定资产使用，这种类型的内部固定资产交易发生得比较多，也比较普遍。以下重点介绍这种类型的内部固定资产交易的抵销处理。

与存货的情况不同，固定资产的使用寿命较长，往往要跨越几个会计年度。对于内部交易形成的固定资产，不仅在该内部固定资产交易发生的当期需要进行抵销处理，而且在以后使用该固定资产的期间也需要进行抵销处理。固定资产在使用过程中是通过折旧的方式将其价值转移到产品价值之中，由于固定资产按原价计提折旧，在固定资产原价中包含未实现内部销售损益的情况下，每期计提的折旧费中也必然包含着未实现内部销售损益的金额，由此也需要对该内部交易形成的固定资产每期计提的折旧费进行相应的抵销处理。同样，如果购买企业对该项固定资产计提了固定资产减值准备，由于固定资产减值准备是按原价为基础进行计算确定的，在固定资产原价中包含未实现内部销售损益的情况下，对该项固定资产计提的减值准备中也必然包含着未实现内部销售损益的金额，由此也需要对该内部交易形成的固定资产计提的减值准备进行相应的抵销处理。

①内部交易形成的固定资产在购入当期的抵销处理

在这种情况下，购买企业购进的固定资产，在其个别资产负债表中以支付的价款作为该固定资产的原价列示，因此首先就必须将该固定资产原价中包含的未实现内部销售损益予以抵销。其次，购买企业对该固定资产计提了折旧，折旧费计入相关资产的成本或当期损益。由于购买企业是以该固定资产的取得成本作为原价计提折旧，取得成本中包含未实现内部销售损益，在相同的使用寿命下，各期计提的折旧费要大于不包含未实现内部销售损益时计提的折旧费，因此还必须将当期多计提的折旧额从该固定资产当期计提的折旧费中予以抵销。其抵销处理程序如下：

A. 将与内部交易形成的固定资产相关的销售收入、销售成本以及原价中包含的未实现内部销售损益予以抵销。

B. 将内部交易形成的固定资产当期多计提的折旧费和累计折旧（或少计提的折旧和累计折旧）予以抵销。从单个企业来说，对计提折旧进行会计处理时，一方面增加当期的费用或计入相关资产的成本，另一方面形成累计折旧。因此，对内部交易形成的固定资产当期多计提的折旧费抵销时，应按当期多计提的折旧额，借记"固定资产——累计折旧"项目，贷记"管理费用"等项目（为便于理解，本节有关内部交易形成的固定资产多计提的折旧费的抵销，均假定该固定资产为购买企业的管理费用固定资产，通过"管理费用"项目进行抵销）。

【例1】甲公司 2007 年 6 月 30 日将生产的某产品销售给其子公司乙公司，该产品销售价格为 1 000 000 元，成本为 600 000 元，乙公司将该产品作为固定资产管理。

借：营业收入　　　　　　　　　　　　　　　　　　　1 000 000

　　贷：营业成本　　　　　　　　　　　　　　　　　　600 000

　　　　固定资产　　　　　　　　　　　　　　　　　　400 000

因抵销未实现内部收益产生暂时性差异而确认的递延所得税：

分析：抵销未实现内部收益后，合并资产负债表中固定资产的账面价值为 600 000 元，与其在乙公司按照适用税法规定确定的计税基础 1 000 000 元之间产生可抵扣暂时性差异（资产的账面价值小于计税基础），因而在合并资产负债表中应确认 100 000 元的递延所得税资产，同时减少合并利润表中的所得税费用 100 000 元。

借：递延所得税资产　　　　　　　　　　　　　　　　100 000

　　贷：所得税费用　　　　　　　　　　　　　　　　　100 000

②内部交易形成的固定资产在以后会计期间的抵销处理

在以后会计期间，该内部交易形成的固定资产仍然以原价在购买企业的个别资产负债表中列示，因此必须将原价中包含的未实现内部销售损益的金额予以抵销；相应的销售企业以前会计期间由于该内部交易所实现的销售利润,形成销售当期的净利润的一部分并结转到以后会计期间,在其个别所有者权益变动表中列示,因此必须将期初未分配利润中包含的该未实现内部销售损益予以抵销,以调整期初未分配利润的金额。将内部交易形成的固定资产原价中包含的未实现内部销售损益抵销,并调整期初未分配利润。即按照原价中包含的未实现内部销售损益的金额,借记"未分配利润——年初"项目,贷记"固定资产——原价"项目。

其次,对于该固定资产在以前会计期间计提折旧而形成的期初累计折旧,由于将以前会计期间按包含未实现内部销售损益的原价为依据而多计提折旧的抵销,一方面必须按照以前会计期间累计多计提的折旧额抵销期初累计折旧;另一方面由于以前会计期间累计折旧抵销而影响到期初未分配利润,因此还必须调整期初未分配利润的金额。将以前会计期间内部交易形成的固定资产多计提的累计折旧抵销,并调整期初未分配利润。即按以前会计期间抵销该内部交易形成的固定资产多计提的累计折旧额,借记"固定资产——累计折旧"项目,贷记"未分配利润——年初"项目。

最后,该内部交易形成的固定资产在本期仍然计提了折旧,由于多计提折旧导致本期有关资产或费用项目增加并形成累计折旧,为此,一方面必须将本期多计提折旧而计入相关资产的成本或当期损益的金额予以抵销;另一方面将本期多计提折旧而形成的累计折旧额予以抵销。即按本期该内部交易形成的固定资产多计提的折旧额,借记"固定资产——累计折旧"项目,贷记"管理费用"等项目。

③内部交易形成的固定资产在清理期间的抵销处理

对于销售企业来说,因该内部交易实现的利润,作为期初未分配利润的一部分结转到以后的会计期间,直到购买企业对该内部交易形成的固定资产进行清理的会计期间为止。从购买企业来说,对内部交易形成的固定资产进行清理的期间,在其个别财务报表中表现为固定资产价值的减少;该固定资产清理收入减去该固定资产账面价值以及有关清理费用后的余额,则在其个别利润表中以营业外收入(或营业外支出)项目列示。

在这种情况下,购买企业内部交易形成的固定资产实体已不复存在,包含未实现内部销售损益在内的该内部交易形成的固定资产的价值已全部转移到用其加工的产品价值或各期损益中去了,因此不存在未实现内部销售损益的抵销问题。从整个企业集团来说,随着该内部交易形成的固定资产的使用寿命届满,其包含的未实现内部销售损益也转化为已实现利润。但是,由于销售企业因该内部交易所实现的利润,作为期初未分配利润的一部分结转到购买企业对该内部交易形成的固定资产进行清理的会计期间为止。为此,必须调整期初未分配利润。其次,在固定资产进行清理的会计期间,如果仍计提了折旧,本期计提的折旧费中仍然包含多计提的折旧额,因此需要将多计提的折旧额予以抵销。

在第二种类型的内部固定资产交易的情况下,即企业集团内部企业将其自用的固定资产出售给集团内部的其他企业。对于销售企业来说,在其个别资产负债表中表现为固定资产的减少,同时在其个别利润表中表现为固定资产处置损益,当处置收入大于该固定资产账面价值时，表现为本期营业外收入；当处置收入小于固定资产账面价值时，则表现为本期营业外支出。对于购买企业来说，在其个别资产负债表中则表现为固定资产的增加，其固定资产原价中既包含该固定资产在原销售企业中的账面价值，也包含销售企业因该固定资产出售所实现的损益。但从整个企业集团来看，这一交易属于集团内部固定资产调拨性质，它既不能产生收益，也不会发生损失，固定资产既不能增值也不能减值。因此，必须将销售企业因该内部交易所实现的固定资产处置损益予以抵销，同时将购买企业固定资产原价中包含的未实现内部销售损益的金额予以抵销。通过抵销后，使其在合并财务报表中该固定资产原价仍然以销售企业的原账面价值反映。

【例2】承［例1］，2008年12月31日编制合并报表时，抵销分录为：

借：盈余公积——年初	40 000	
未分配利润——年初	360 000	
贷：固定资产		400 000
借：固定资产——累计折旧	40 000	
贷：盈余公积——年初		4 000
未分配利润——年初		36 000
借：固定资产——累计折旧	80 000	
贷：管理费用		80 000

【例3】承［例1］，2009年12月31日编制合并报表时，抵销分录为：

借：盈余公积——年初	40 000	
未分配利润——年初	360 000	
贷：固定资产		400 000
借：固定资产——累计折旧	120 000	
贷：盈余公积——年初		12 000
未分配利润——年初		108 000
借：固定资产——累计折旧	80 000	
贷：管理费用		80 000

4. 其他内部交易的抵销

母公司与子公司、子公司相互之间发生的其他内部交易对合并资产负债表的影响应当抵销。

（四）母公司在报告期内增减子公司在合并资产负债表中的反映

1. 母公司在报告期内增加子公司在合并资产负债表中的反映

母公司因追加投资等原因控制了另一个企业（即实现了企业合并）。根据《企业会计准则第20号——企业合并》的规定，企业合并形成母子公司关系的，母公司应当编制合并日或购买日的合并资产负债表。有关合并日或购买日合并资产负债表的编制，请参见"企业合并"的相关内容。但是，在企业合并发生当期的期末和以后会计期间，母公司应当根据《合并财务报表》准则的规定编制合并资产负债表。《合并财务报表》准则规定：在编制合并资产负债表时，应当区分同一控制下的企业合并企业增加的子公司和非同一控制下的企业合并增加的子公司两种情况。

（1）因同一控制下企业合并增加的子公司，编制合并资产负债表时，应当调整合并资产负债表的期初数。

（2）因非同一控制下企业合并增加的子公司，编制合并资产负债表时，不应当调整合并资产负债表的期初数。

2. 母公司在报告期内处置子公司在合并资产负债表中的反映

在报告期内，如果母公司失去了决定被投资单位的财务和经营政策的能力，不再能够从其经营活动中获取利益，则母公司不再控制被投资单位，被投资单位从本期开始不再是母公司的子公司，即母公司在报告期内处置子公司。母公司处置子公司可能因绝对或相对持股比例变化所产生的，如降低投资比例，也可能由于其他原因不再控制原先的子公司。比如，子公司被政府、人民法院等接管，母公司就失去了对该子公司的控制权。失去控制权也可能由于合同约定所导致，比如，通过法定程序修改原先的子公司的公司章程，限制了母公司对其财务和经营政策的主导权力，使母公司不能再单方面控制该子公司，原先的子公司从处置日开始不再是子公司，不应继续将其纳入合并财务报表的合并范围。

《合并财务报表》准则规定，母公司在报告期内处置子公司，编制合并资产负债表时，不应当调整合并资产负债表的期初数。

四、合并利润表格式及其编制

合并利润表应当以母公司和子公司的利润表为基础，在抵销母公司与子公司、子公司相互之间发生的内部交易对合并利润表的影响后，由母公司合并编制。

合并利润表按以下格式列示见表10-5：

表10-5 合并利润表

_____年 会合02表

编制单位： 单位：元

项　目	行次	本年金额	上年金额
一、营业收入			
减：营业成本			
营业税金及附加			
销售费用			
管理费用			
财务费用			
资产减值损失			
加：公允价值变动净收益（净损失以"－"号填列）			
投资收益（净损失以"－"号填列）			

项　　目	行次	本年金额	上年金额
其中：对联营企业和合营企业的投资收益			
二、营业利润（亏损以"－"号填列）			
加：营业外收入			
减：营业外支出			
其中：非流动资产处置损失			
三、利润总额（亏损总额以"－"号填列）			
减：所得税费用			
四、净利润（净亏损以"－"号填列）			
归属于母公司所有者的净利润			
少数股东损益			
五、每股收益：			
（一）基本每股收益			
（二）稀释每股收益			

利润表作为以单个企业为会计主体进行会计核算的结果，分别从母公司本身和子公司本身反映其在一定会计期间的经营成果。在以其个别利润表为基础计算的收入和费用等项目的加总金额中，也必然包含有重复计算的因素，因此，编制合并利润表时，也需要将这些重复的因素予以剔除。

编制合并利润表时需要进行抵销处理的，主要有如下项目：

（一）内部营业收入和内部营业成本的抵销处理

内部营业收入，是指企业集团内部母公司与子公司、子公司相互之间发生的商品销售（或劳务提供，下同）活动所产生的营业收入。内部营业成本是指企业集团内部母公司与子公司、子公司相互之间发生的销售商品的营业成本。

在企业集团内部母公司与子公司、子公司之间发生内部购销交易的情况下，母公司和子公司都从自身的角度，以自身独立的会计主体进行核算反映其损益情况。从销售企业来说，以其内部销售确认当期销售收入并结转相应的销售成本，计算当期内部销售商品损益。从购买企业来说，其购进的商品可能用于对外销售，也可能是作为固定资产、工程物资、在建工程、无形资产等资产使用。在购买企业将内部购进的商品用于对外销售时，可能出现以下三种情况：第一，内部购进商品全部实现对外销售；第二，内部购进的商品全部未实现销售，形成期末存货；第三，内部购进的商品部分实现对外销售、部分形成期末存货。在购买企业将内部购进的商品作为固定资产、工程物资、在建工程、无形资产等资产使用时，则形成其固定资产、工程物资、在建工程、无形资产等资产。因此，对内部销售收入和内部销售成本进行抵销时，应分不同的情况进行处理。

1. 母公司与子公司、子公司相互之间销售商品，期末全部实现对外销售

在这种情况下，从销售企业来说，销售给企业集团内其他企业的商品与销售给企业集团外部企业的情况下的会计处理相同，即在本期确认销售收入、结转销售成本、计算销售商品损益，并在其个别利润表中反映；对于购买企业来说，一方面要确认向企业集团外部企业的销售收入；另一方面要结转销售内部购进商品的成本，在其个别利润表中分别作为营业收入和营业成本反映，并确认销售损益。这也就是说，对于同一购销业务，在销售企业和购买企业的个别利润表中都作了反映。但从整个企业集团来看，这一购销业务只是实现了一种对外销售，其销售收入只是购买企业向企业集团外部企业销售该产品的销售收入，其销售成本只是销售企业向购买企业销售该商品的成本。销售企业向购买企业销售该商品实现的收入属于内部销售收入，相应的，购买企业向企业集团外部企业销售该商品的销售成本则属于内部销售成本。因此在编制合并利润表时，就必须将重复反映的内部营业收入与内部营业成本予以抵销。

【例1】公司自2007年6月30日取得胜利公司60%的股份，2007年8月16日向胜利公司销售商品6 000 000元，其销售成本为5 000 000元；胜利公司购进的该商品当期全部实现对外销售。

抵销分录为：

借：营业收入　　　　　　　　　　　　　　　　　5 000 000
　　贷：营业成本　　　　　　　　　　　　　　　　　　　5 000 000

2. 母公司与子公司、子公司相互之间销售商品，期末部分实现对外销售、部分形成期末存货的抵销处理

即内部购进的商品部分实现对外销售、部分形成期末存货的情况，可以将内部购买的商品分解为两部分来理解：一部分为当期购进并全部实现对外销售；另一部分为当期购进但未实现对外销售而形成期末存货。

（二）内部投资收益（利息收入）和利息费用的抵销处理

企业集团内部母公司与子公司、子公司相互之间可能相互提供信贷，以及相互持有对方债券的内部交易。在内部提供信贷的情况下，提供贷款的企业（金融企业）确认利息收入，并在其利润表反映为营业收入（利息收入）；而接受贷款的企业则支付利息费用，在其利润表反映为财务费用（本章为了简化合并处理，假定所发生的利息费用全部计入当期损益，不存在资本化的情况）。在持有母公司或子公司发行的企业债券（或公司债券，下同）的情况下，发行债券的企业计付的利息费用作为财务费用处理，并在其个别利润表"财务费用"项目中列示；而持有债券的企业，将购买的债券在其个别资产负债表"持有至到期投资"（本章为简化合并处理，假定购买债券的企业将该债券投资归持有至到期投资）项目中列示，当期获得的利息收入则作为投资收益处理，并在其个别利润表"投资收益"项目中列示。在编制合并财务报表时，应当在抵销内部发行的应付债券和持有至到期投资等内部债权债务的同时，将内部应付债券和持有至到期投资相关的利息费用与投资收益（利息收入）相互抵销，即将内部债券投资收益与内部发行债券的利息费用相互抵销。

例如，母公司甲公司2007年1月1日发行公司债券，子公司A购入了母公司发

行的部分债券作为债券投资，2007 年母公司甲公司应付给子公司的债券利息收入为
200 000 元，子公司 2007 年则确认为投资收益。

借：投资收益　　　　　　　　　　　　　　　　　　　200 000
　　贷：财务费用　　　　　　　　　　　　　　　　　　　　200 000

（三）母公司与子公司、子公司相互之间持有对方长期股权投资的投资收益的抵销处理

内部投资收益是指母公司对子公司或子公司对母公司、子公司相互之间的长期股权投资的收益，即母公司对子公司的长期股权投资在合并工作底稿中按权益法调整的投资收益，实际上就是子公司当期营业收入减去营业成本和期间费用、所得税费用等后的余额与其持股比例相乘的结果。在子公司为全资子公司的情况下，母公司对某一子公司在合并工作底稿中按权益法调整的投资收益，实际上就是该子公司当期实现的净利润。编制合并利润表时，实际上是将子公司的营业收入、营业成本和期间费用视为母公司本身的营业收入、营业成本和期间费用同等看待，与母公司相应的项目进行合并，是将子公司的净利润还原为营业收入、营业成本和期间费用，也就是将投资收益还原为合并利润表中的营业收入、营业成本和期间费用处理。因此，编制合并利润表时，必须将对子公司长期股权投资收益予以抵销。

由于合并所有者权益变动表中的本年利润分配项目是站在整个企业集团角度，反映对母公司股东和子公司的少数股东的利润分配情况，因此，子公司的个别所有者权益变动表中本年利润分配各项目的金额，包括提取盈余公积、对所有者（或股东）的分配和期末未分配利润的金额都必须予以抵销。在子公司为全资子公司的情况下，子公司本期净利润就是母公司本期对子公司长期股权投资按权益法调整的投资收益。假定子公司期初未分配利润为零，子公司本期净利润就是子公司本期可供分配的利润，是本期子公司利润分配的来源，而子公司本期利润分配（包括提取盈余公积、对所有者（或股东）的分配等）的金额与期末未分配利润的金额则是本期利润分配的结果。母公司对子公司的长期股权投资按权益法调整的投资收益正好与子公司的本年利润分配项目抵销。在子公司为非全资子公司的情况下，母公司本期对子公司长期股权投资按权益法调整的投资收益与本期少数股东损益之和就是子公司本期净利润，同样假设子公司期初未分配利润为零，母公司本期对子公司长期股权投资按权益法调整的投资收益与本期少数股东损益之和，正好与子公司本年利润分配项目相抵销。

至于子公司个别所有者权益变动表中本年利润分配项目中的"未分配利润——年初"项目，作为子公司以前会计期间净利润的一部分，在全资子公司的情况下已全额包括在母公司以前会计期间按权益法调整的投资收益之中，从而包括在母公司按权益法调整的本期期初未分配利润之中。因此，也应将其予以抵销。从子公司个别所有者权益变动表来看，其期初未分配利润加上本期净利润就是其本期利润分配的来源；而本期利润分配和期末未分配利润则是利润分配的结果。母公司本期对子公司长期股权投资按权益法调整的投资收益和子公司期初未分配利润正好与子公司本年利润

分配项目相抵销。在子公司为非全资子公司的情况下，母公司本期对子公司长期股权投资按权益法调整的投资收益、本期少数股东损益和期初未分配利润与子公司本年利润分配项目也正好相抵销。

例如，A公司为公司的非全资子公司，公司拥有其80%的股份。子公司本期净利润为800 000元，公司按权益法调整后对子公司本期投资收益为560 000元［（800 000 - 100 000）×80%］，子公司少数股东本期收益为140 000元（800 000 - 100 000）×20%，子公司期初未分配利润300 000元，子公司本期提取盈余公积100 000元、分配利润400 000元、年末未分配利润500 000元（600 000 - 100 000）。

抵销分录为：

借：投资收益　　　　　　　　　　　　　　　560 000
　　少数股东收益　　　　　　　　　　　　　140 000
　　未分配利润——年初　　　　　　　　　　300 000
　贷：提取盈余公积　　　　　　　　　　　　　　100 000
　　　对所有者（或股东）的分配　　　　　　　　400 000
　　　未分配利润——年末　　　　　　　　　　　500 000

需要说明的是，在将母公司投资收益等项目与子公司本年利润分配项目抵销时，应将子公司个别所有者权益变动表中提取盈余公积的金额全额抵销，即通过贷记"提取盈余公积"、"对所有者（或股东）的分配"和"未分配利润——年末"项目，将其全部抵销。在当期合并财务报表中不需再将已经抵销的提取盈余公积的金额调整回来。

（四）子公司发生超额亏损在合并利润表中的反映

子公司少数股东分担的当期亏损超过了少数股东在该子公司期初所有者权益中所享有的份额，其余额应当分别以下列情况进行处理：

（1）公司章程或协议规定少数股东有义务承担，并且少数股东有能力予以弥补的，该项余额应当冲减少数股东权益；

（2）公司章程或协议未规定少数股东有义务承担的，该项余额应当冲减母公司的所有者权益。该子公司以后期间实现的利润，在弥补了由母公司所有者权益所承担的属于少数股东的损失之前，应当全部归属于母公司的所有者权益。

〔注释〕

执行新准则后，母公司对于纳入合并范围的子公司的未确认投资损失，在合并资产负债表中应当冲减未分配利润，不再单独作为"未确认的投资损失"项目列报。

企业在编制执行新准则后的首份报表时，对于比较合并财务报表中的"未确认的投资损失"项目金额，应当按照企业会计准则的列报要求进行调整，相应冲减合并资产负债表中的"未分配利润"项目和合并利润表中的"净利润"及"归属于母公司所有者的净利润"项目。

例如，A公司2007年1月1日以银行存款10 000 000万元取得B公司60%的股权，2007年1月1日B公司股东权益合计为1 400万元，其中，股本为5 000 000元，资本公积为 2 000 000 元，盈余公积为 3 000 000 元，未分配利润为 4 000 000 元。购买日 B 公司可辨认净资产的公允价值为 15 000 000 元，其中存货评估增值 900 000 元，固定资产评估增值 100 000 元。假定 B 公司的会计政策和会计期间与 A 公司一致，不考虑 A 公司和 B 公司及合并资产、负债的所得税影响，并且投资协议规定少数股东应承担 B 公司出现的超额亏损。合并前 A、B 公司有关资产、负债的情况如表 10 - 6 所示。

表 10 - 6

资产负债表（简表）

2007 年 1 月 1 日 单位：元

项 目	A 公司	B 公司
资产：		
货币资金	10 200 000	1 250 000
应收账款	14 000 000	4 500 000
存货	26 500 000	6 100 000
长期股权投资	35 000 000	5 000 000
固定资产	42 500 000	11 500 000
无形资产	8 000 000	1 200 000
资产总计	136 200 000	29 550 000
负债和所有者权益：		
短期借款	15 000 000	5 000 000
应付账款	8 500 000	1 500 000
其他负债	4 000 000	9 050 000
负债合计	27 500 000	15 550 000
实收资本（股本）	50 000 000	5 000 000
资本公积	18 000 000	2 000 000
盈余公积	16 700 000	3 000 000
未分配利润	24 000 000	4 000 000
所有者权益合计	108 700 000	14 000 000
负债和所有者权益总计	136 200 000	29 550 000

A 公司聘请独立的资产评估机构，对 B 公司各项资产、负债进行了评估，经评估后确认的各项资产、负债的金额如表 10 - 7 所示。

表 10 - 7 单位：元

项 目	评估前金额	评估后金额
资产：		
货币资金	1 250 000	1 250 000
应收账款	4 500 000	4 500 000
存货	6 100 000	7 000 000
长期股权投资	5 000 000	5 000 000
固定资产	11 500 000	11 600 000
无形资产	1 200 000	1 200 000
资产总计	29 550 000	30 550 000

续表

项　目	评估前金额	评估后金额
负债和所有者权益：		
短期借款	15 000 000	5 000 000
应付账款	8 500 000	1 500 000
其他负债	4 000 000	9 050 000
负债合计	27 500 000	15 550 000
实收资本（股本）	50 000 000	5 000 000
资本公积	18 000 000	3 000 000
盈余公积	16 700 000	3 000 000
未分配利润	24 000 000	4 000 000
所有者权益合计	21 700 000	15 000 000
负债和所有者权益总计	29 550 000	30 550 000

注：B公司资本公积3 000 000元＝2 000 000元＋资产评估增值1 000 000元。

A公司有关账务处理如下：

（1）A公司购买日账务处理：

借：长期股权投资　　　　　　　　　　　　　　　　10 000 000

　　贷：银行存款　　　　　　　　　　　　　　　　　　10 000 000

A合并B产生的商誉：

商誉＝初始投资成本－被购买单位可辨认净资产公允价值的份额＝10 000 000－
15 000 000×60%＝1 000 000元。

（2）购买日抵销分录：

借：存货　　　　　　　　　　　　　　　　　　　　900 000

　　固定资产　　　　　　　　　　　　　　　　　　100 000

　　股本　　　　　　　　　　　　　　　　　　　5 000 000

　　资本公积　　　　　　　　　　　　　　　　　2 000 000

　　盈余公积　　　　　　　　　　　　　　　　　3 000 000

　　未分配利润　　　　　　　　　　　　　　　　4 000 000

　　商誉　　　　　　　　　　　　　　　　　　　1 000 000

　　贷：长期股权投资　　　　　　　　　　　　　　　10 000 000

　　　　少数股东权益　　　　　　　　　　　　　　　6 000 000

（3）编制购买日的合并资产负债表（见表10－8）。

假设B公司2007年度发生亏损20 000 000元，所有者权益项目除此外没有其他变动。则B公司2007年12月31日股东权益总额为－6 000 000元，其中股本5 000 000元，资本公积2 000 000元，盈余公积3 000 000元，未分配利润－16 000 000元。并假设商誉经测试后未发生减值，且B公司固定资产公允价值大于账面价值的差额产生的折旧对损益影响金额较小，因此不予调整。

表 10 - 8 合并资产负债表（简表）

2007 年 1 月 1 日 单位：元

	A 公司	B 公司	抵销分录 借方	抵销分录 贷方	合并金额
资产：					
货币资金	200 000	1 250 000			1 450 000
应收账款	14 000 000	4 500 000			18 500 000
存货	26 500 000	6 100 000	900 000		33 500 000
长期股权投资	45 000 000	5 000 000		10 000 000	40 000 000
固定资产	42 500 000	11 500 000	100 000		54 100 000
无形资产	8 000 000	1 200 000			9 200 000
商誉			1 000 000		1 000 000
资产总计	136 200 000	29 550 000			157 750 000
负债和所有者权益：					
短期借款	15 000 000	5 000 000			20 000 000
应付账款	8 500 000	1 500 000			10 000 000
其他负债	4 000 000	9 050 000			13 050 000
负债合计	27 500 000	15 550 000			43 050 000
实收资本（股本）	50 000 000	5 000 000	5 000 000		50 000 000
资本公积	18 000 000	2 000 000	2 000 000		18 000 000
盈余公积	16 700 000	3 000 000	3 000 000		16 700 000
未分配利润	24 000 000	4 000 000	4 000 000		24 000 000
少数股东权益				6 000 000	6 000 000
所有者权益合计	108 700 000	14 000 000			114 700 000
负债和所有者权益总计	136 200 000	29 550 000			157 750 000

（1）编制调整分录：

借：投资收益 10 000 000

　　贷：长期股权投资 10 000 000

（2）编制抵销分录：

借：股本 5 000 000

　　资本公积 3 000 000

　　盈余公积 3 000 000

　　未分配利润 - 16 000 000

　　商誉 1 000 000

　　未分配利润 2 000 000

　　少数股东权益 2 000 000

　　贷：长期股权投资 0

〔注释〕

A 公司未确认的投资损失 $= -20\,000\,000 \times 60\% + 10\,000\,000 = -2\,000\,000$（元），冲减"未分配利润"；子公司应分担的超额亏损 $= -20\,000\,000 \times 40\% + 6\,000\,000 = -2\,000\,000$（元），应冲减少数股东权益。

（五）母公司在报告期内增减子公司在合并利润表中的反映

1. 母公司在报告期内增加子公司在合并利润表中的反映

母公司因追加投资等原因控制了另一个企业即实现了企业合并。根据《企业会计准则第 20 号——企业合并》的规定，企业合并形成母子公司关系的，母公司应当编制合并日的合并利润表。有关合并日合并利润表的编制，请参见"企业合并"的相关内容。但是，在企业合并发生当期的期末和以后会计期间，母公司应当根据《合并财务报表》准则的规定编制合并利润表。《合并财务报表》准则规定，在编制合并利润表时，应当区分同一控制下的企业合并增加的子公司和非同一控制下的企业合并增加的子公司两种情况：

①因同一控制下企业合并增加的子公司，在编制合并利润表时，应当将该子公司合并当期期初至报告期末的收入、费用、利润纳入合并利润表。

②因非同一控制下企业合并增加的子公司，应当将该子公司购买日至报告期末的收入、费用、利润纳入合并利润表。

母公司在报告期内处置子公司，应当将该子公司期初至处置日的收入、费用、利润纳入合并利润表。

2. 母公司在报告期内处置子公司在合并利润表中的反映

母公司在报告期内处置子公司，应当将该子公司期初至处置日的收入、费用、利润纳入合并利润表。

五、合并现金流量表格式及其编制

合并现金流量表是综合反映母公司及其所有子公司组成的企业集团在一定会计期间现金和现金等价物流入和流出的报表。现金流量表作为一张主要报表已经为世界上一些主要国家的会计事务所采用，合并现金流量表的编制也成为各国会计实务的重要内容。

现金流量表要求按照收付实现制反映企业经济业务所引起的现金流入和流出，其有关经营活动产生的现金流量的编制方法有直接法和间接法两种。《企业会计准则第 31 号——现金流量表》明确规定企业应当采用直接法列示经营活动产生的现金流量。

在采用直接法的情况下，以合并利润表有关项目的数据为基础，调整得出本期的现金流入和现金流出：分别经营活动产生的现金流量、投资活动产生的现金流量、筹资活动产生的现金流量三大类，反映企业集团在一定会计期间的现金流量情况。

需要说明的是，某些现金流量在进行抵销处理后，需站在企业集团的角度，重新对其进行分类。比如，母公司持有子公司向其购买商品所开具的商业承兑汇票向商业银行申请贴现，母公司所取得的现金在其个别现金流量表反映为经营活动的现金流入，在将该内部商品购销活动所产生的债权与债务抵销后，母公司向商业银行申请贴现取得的现金在合并现金流量表中应重新归类为筹资活动的现金流量列示。

合并现金流量表的编制原理、编制方法和编制程序与合并资产负债表、合并利润表的编制原理、编制方法和编制程序相同。即首先编制合并工作底稿，将母公司和所有子公司的个别现金流量表各项目的数据全部过入同一合并工作底稿；然后根据当期母公司与子公司以及子公司相互之间发生的影响其现金流量增减变动的内部交易，编制相应的抵销分录，通过抵销分录将个别现金流量表中重复反映的现金流入量和现金流出量予以抵销；最后，在此基础上计算出合并现金流量表的各项目的合并金额，并填制合并现金流量表。

合并现金流量表补充资料，既可以以母公司和所有子公司的个别现金流量表为基础，在抵销母公司与子公司、子公司相互之间发生的内部交易对合并现金流量表的影响后进行编制，也可以直接根据合并资产负债表和合并利润表进行编制。

合并现金流量表按以下格式列示（见表 10 - 9）：

表 10 - 9　　　　　　　　　　合并现金流量表

_____年　　　　　　　　　　　　　　　　会合 03 表

编制单位：　　　　　　　　　　　　　　　　　　　　单位：元

项　　目	行次	本年金额	上年金额
一、经营活动产生的现金流量：			
销售商品、提供劳务收到的现金			
处置交易性金融资产净增加额			
处置可供出售金融资产净增加额			
收到的税费返还			
收到其他与经营活动有关的现金			
现金流入小计			
购买商品、接受劳务支付的现金			
支付给职工以及为职工支付的现金			
支付的各项税费			
支付其他与经营活动有关的现金			
现金流出小计			
经营活动产生的现金流量净额			
二、投资活动产生的现金流量：			
收回投资收到的现金			
取得投资收益收到的现金			
处置固定资产、无形资产和其他长期资产收回的现金净额			
处置子公司及其他营业单位收到的现金净额			
收到其他与投资活动有关的现金			
现金流入小计			
购建固定资产、无形资产和其他长期资产支付的现金			

续表

项　目	行次	本年金额	上年金额
投资支付的现金			
取得子公司及其他营业单位支付的现金净额			
支付其他与投资活动有关的现金			
现金流出小计			
投资活动产生的现金流量净额			
三、筹资活动产生的现金流量：			
吸收投资收到的现金			
其中：子公司吸收少数股东投资收到的现金			
取得借款收到的现金			
发行债券收到的现金			
收到其他与筹资活动有关的现金			
现金流入小计			
偿还债务支付的现金			
分配股利、利润或偿付利息支付的现金			
支付其他与筹资活动有关的现金			
其中：子公司支付给少数股东的股利、利润或偿付的利息			
现金流出小计			
筹资活动产生的现金流量净额			
四、汇率变动对现金的影响			
五、现金及现金等价物净增加额			
年初现金及现金等价物余额			
年末现金及现金等价物余额			

（一）编制合并现金流量表时应进行抵销处理的项目

现金流量表作为以单个企业为会计主体进行会计核算的结果，分别从母公司本身和子公司本身反映其在一定会计期间现金流入和现金流出。在以其个别现金流量表为基础计算的现金流入和现金流出项目的加总金额中，也必然包含有重复计算的因素，因此，编制合并现金流量表时，也需要将这些重复的因素予以剔除。

编制合并现金流量表时需要进行抵销处理的项目，主要有如下项目：

1. 企业集团内部当期以现金投资或收购股权增加的投资所产生的现金流量的抵销处理

母公司直接以现金对子公司进行的长期股权投资或以现金从子公司的其他所有者（即企业集团内的其他子公司）处收购股权，表现为母公司现金流出，在母公司个别现金流量表作为投资活动现金流出列示。子公司接受这一投资（或处置投资）时，表现为现金流入，在其个别现金流量表中反映为筹资活动的现金流入（或投资活动的现金流入）。

从企业集团整体来看，母公司以现金对子公司进行的长期股权投资实际上相当于母公司将资本拨付下属核算单位，并不引起整个企业集团的现金流量的增减变动。因此，编制合并现金流量表时，应当在母公司与子公司现金流量表数据简单相加的基础上，将母公司当期以现金对子公司长期股权投资所产生的现金流量予以抵销。

2. 企业集团内部当期取得投资收益收到的现金与分配股利、利润或偿付利息支付的现金的抵销处理

母公司对子公司进行的长期股权投资和债权投资，在持有期间收到子公司分派的现金股利（利润）或债券利息，表现为现金流入，在母公司个别现金流量表中作为取得投资收益收到的现金列示。子公司向母公司分派现金股利（利润）或支付债券利息，表现为现金流出，在其个别现金流量表中反映为分配股利、利润或偿付利息支付的现金。

从整个企业集团来看，这种投资收益的现金收支，并不引起整个企业集团的现金流量的增减变动。因此，编制合并现金流量表时，应当在母公司与子公司现金流量表数据简单相加的基础上，将母公司当期取得投资收益收到的现金与子公司分配股利、利润或偿付利息支付的现金予以抵销。

3. 企业集团内部以现金结算债权与债务所产生的现金流量的抵销处理

母公司与子公司、子公司相互之间当期以现金结算应收账款或应付账款等债权与债务，表现为现金流入或现金流出，在母公司个别现金流量表中作为收到其他与经营活动有关的现金或支付其他与经营活动有关的现金列示，在子公司个别现金流量表中作为支付其他与经营活动有关的现金或收到其他与经营活动有关的现金列示。从整个企业集团来看，这种现金结算债权与债务，并不引起整个企业集团的现金流量的增减变动。因此，编制合并现金流量表时，应当在母公司与子公司现金流量表数据简单相加的基础上，将母公司当期以现金结算债权与债务所产生的现金流量予以抵销。

4. 企业集团内部当期销售商品所产生的现金流量的抵销处理

母公司向子公司当期销售商品（或子公司向母公司销售商品或子公司相互之间销售商品，下同）所收到的现金，表现为现金流入，在母公司个别现金流量表中作为销售商品、提供劳务收到的现金列示。子公司向母公司支付购货款，表现为现金流出，在其个别现金流量表中反映为购买商品、接受劳务支付的现金。从整个企业集团来看，这种内部商品购销现金收支，并不会引起整个企业集团的现金流量的增减变动。因此，编制合并现金流量表时，应当在母公司与子公司现金流量表数据简单相加的基础上，将母公司与子公司、子公司相互之间当期销售商品所产生的现金流量予以抵销。

5. 企业集团内部处置固定资产等收回的现金净额与购建固定资产等支付的现金的抵销处理

母公司向子公司处置固定资产等长期资产，表现为现金流入，在母公司个别现金流量表中作为处置固定资产、无形资产和其他长期资产收回的现金净额列示。子公司表现为现金流出，在其个别现金流量表中反映为购建固定资产、无形资产和其他长期资产支付的现金。从整个企业集团来看，这种固定资产处置与购置的现金收支，并不会引起整个企业集团的现金流量的增减变动。因此，编制合并现金流量表时，应当在母公司与子公司现金流量表数据简单相加的基础上，将母公司与子公司、子公司相互之间处置固定资产、无形资产和其他长期资产收回的现金净额与购建固定资产、无形资产和其他长期资产支付的现金相互抵销。

例如，母公司及其子公司乙公司2007年度涉及有关经济业务为：①母公司以银行存款500 000元增加对乙公司的投资；②乙公司本年度分配2006年度的现金股利1 000 000元，其中母公司取得600 000元，该股利已经全部支付；③乙公司以200 000元偿还所欠母公司2006年商品款；④本年乙公司向母公司销售产品共计468 000元，母公司全部以银行存款结清；⑤母公司将其不需用汽车一辆销售给乙公司，该汽车售价50 000元。

抵销分录如下：

①借：投资支付的现金　　　　　　　　　　　　　500 000
　　贷：吸收投资收到的现金　　　　　　　　　　　　　　500 000
②借：分配股利、利润或偿付利息支付的现金　　　600 000
　　贷：取得投资收益的现金　　　　　　　　　　　　　　600 000
③借：购买商品、接受劳务支付的现金　　　　　　200 000
　　贷：销售商品、提供劳务收到的现金　　　　　　　　　200 000
④借：购买商品、接受劳务支付的现金　　　　　　468 000
　　贷：销售商品、提供劳务收到的现金　　　　　　　　　468 000
⑤借：购建固定资产、无形资产和其他长期资产支付的现金　　50 000
　　贷：处置固定资产、无形资产和其他长期资产收回的现金净额50 000

（二）母公司在报告期内增减子公司在合并现金流量表中的反映

1. 母公司在报告期内增加子公司在合并现金流量表中的反映

母公司因追加投资等原因控制了另一个企业即实现了企业合并。根据《企业会计准则第20号——企业合并》的规定，企业合并形成母子公司关系的，母公司应当编制合并日的合并现金流量表。但是，在企业合并发生当期的期末和以后会计期间，母公司应当根据《合并财务报表》准则的规定编制合并现金流量表。《合并财务报表》准则规定，在编制合并现金流量表时，应当区分同一控制下的企业合并增加的子公司和非同一控制下的企业合并增加的子公司两种情况。

（1）因同一控制下企业合并增加的子公司，在编制合并现金流量表时，应当将该子公司合并当期期初至报告期末的现金流量纳入合并现金流量表。

（2）因非同一控制下企业合并增加的子公司，在编制合并现金流量表时，应当将该子公司购买日至报告期末的现金流量纳入合并现金流量表。

2. 母公司在报告期内处置子公司在合并现金流量表的反映

母公司在报告期内处置子公司，应将该子公司期初至处置日的现金流量纳入合并现金流量表。

（三）合并现金流量表中有关少数股东权益项目的反映

合并现金流量表编制与个别现金流量表相比，一个特殊的问题就是在子公司为非全资子公司的情况下，涉及子公司与其少数股东之间的现金流入和现金流出的处理问题。

对于子公司与少数股东之间发生的现金流入和现金流出，从整个企业集团来看，也影响到其整体的现金流入和流出数量的增减变动，必须在合并现金流量表中予以反映。

子公司与少数股东之间产生的影响现金流入和现金流出的经济业务包括：少数股东对子公司增加权益性投资、少数股东依法从子公司中抽回权益性投资、子公司向其少数股东支付现金股利或利润等。为了便于企业集团合并财务报表使用者了解掌握企业集团现金流量的情况，有必要将与子公司与少数股东之间的现金流入和现金流出的情况单独予以反映。

对于子公司的少数股东增加在子公司中的权益性投资，在合并现金流量表中应当在"筹资活动产生的现金流量"之下的"吸收投资收到的现金"项目下"其中：子公司吸收少数股东投资收到的现金"项目反映。

对于子公司向少数股东支付现金股利或利润，在合并现金流量表中应当在"筹资活动产生的现金流量"之下的"分配股利、利润或偿付利息支付的现金"项目下"其中：子公司支付给少数股东的股利、利润"项目反映。

对于子公司的少数股东依法抽回在子公司中的权益性投资，在合并现金流量表中应当在"筹资活动产生的现金流量"之下的"支付其他与筹资活动有关的现金"项目反映。

六、合并所有者权益变动表格式及其编制

合并所有者权益变动表是反映构成企业集团所有者权益的各组成部分当期的增减变动情况的财务报表。

《合并财务报表》准则规定，合并所有者权益变动表应当以母公司和子公司的所有者权益变动表为基础，在抵销母公司与子公司、子公司相互之间发生的内部交易对合并所有者权益变动表的影响后，由母公司合并编制。合并所有者权益变动表也可以根据合并资产负债表和合并利润表进行编制。

所有者权益变动表作为以单个企业为会计主体进行会计核算的结果，分别从母公司本身和子公司本身反映其在一定会计期间所有者权益构成及其变动情况。在以其个别所有者权益变动表为基础计算的各所有者权益构成项目的加总金额中，也必然包含重复计算的因素，因此，编制合并所有者权益变动表时，也需要将这些重复的因素予以剔除。

编制合并所有者权益变动表时需要进行抵销处理的项目，主要有如下项目：（1）母公司对子公司的长期股权投资与母公司在子公司所有者权益中所享有的份额相互抵销，其抵销处理参见有关"长期股权投资与子公司所有者权益的抵销处理"的内容。（2）母公司对子公司、子公司相互之间持有对方长期股权投资的投资收益应当抵销等，其抵销处理参见有关"母公司与子公司、子公司相互之间持有对方长期股权投资的投资收益的抵销处理"的内容。

合并所有者权益变动表格式如下（见表 10 - 10）：

表10－10

合并所有者权益（股东权益）变动表

____年

会企：04表
单位：元

编制单位：

项目	行次	本年金额								上年金额							
		归属于母公司所有者权益						少数股东权益	所有者权益合计	归属于母公司所有者权益						少数股东权益	所有者权益合计
		实收资本（或股本）	资本公积	减：库存股	盈余公积	未分配利润	其他			实收资本（或股本）	资本公积	减：库存股	盈余公积	未分配利润	其他		
一、上年年末余额																	
加：会计政策变更																	
前期差错更正																	
二、本年年初余额																	
三、本年增减变动金额（减少以"－"号填列）																	
（一）净利润																	
（二）直接计入所有者权益的利得和损失																	
1. 可供出售金融资产公允价值变动净额																	
2. 权益法下被投资单位其他所有者权益变动的影响																	
3. 与计入所有者权益项目相关的所得税影响																	
4. 其他																	
上述（一）和（二）小计																	

续表

项　目	行次	本年金额								上年金额							
		归属于母公司所有者权益						少数股东权益	所有者权益合计	归属于母公司所有者权益						少数股东权益	所有者权益合计
		实收资本（或股本）	资本公积	减：库存股	盈余公积	未分配利润	其他			实收资本（或股本）	资本公积	减：库存股	盈余公积	未分配利润	其他		
（三）所有者投入和减少资本																	
1. 所有者投入资本																	
2. 股份支付计入所有者权益的金额																	
3. 其他																	
（四）利润分配																	
1. 提取盈余公积																	
2. 对所有者（或股东）的分配																	
3. 其他																	
（五）所有者权益内部结转																	
1. 资本公积转增资本（或股本）																	
2. 盈余公积转增资本（或股本）																	
3. 盈余公积弥补亏损																	
4. 其他																	
四、本年年末余额																	

第七节 财务报表附注

一般企业报表附注

附注是财务报表的重要组成部分。企业应当按照规定披露附注信息，主要包括下列内容：

（一）企业的基本情况

1. 企业注册地、组织形式和总部地址。
2. 企业的业务性质和主要经营活动。
3. 母公司以及集团最终母公司的名称。
4. 财务报告的批准报出者和财务报告批准报出日。

（二）财务报表的编制基础

（三）遵循企业会计准则的声明

企业应当声明编制的财务报表符合企业会计准则的要求，真实、完整地反映了企业的财务状况、经营成果和现金流量等有关信息。

（四）重要会计政策和会计估计

企业应当披露采用的重要会计政策和会计估计，不重要的会计政策和会计估计可以不披露。在披露重要会计政策和会计估计时，应当披露重要会计政策的确定依据和财务报表项目的计量基础，以及会计估计中所采用的关键假设和不确定因素。

（五）会计政策和会计估计变更以及差错更正的说明

企业应当按照《企业会计准则第 28 号——会计政策、会计估计变更和差错更正》及其应用指南的规定，披露会计政策和会计估计变更以及差错更正的有关情况。

（六）报表重要项目的说明

企业对报表重要项目的说明，应当按照资产负债表、利润表、现金流量表、所有者权益变动表及其项目列示的顺序，采用文字和数字描述相结合的方式进行披露。报表重要项目的明细金额合计，应当与报表项目金额相衔接。

1. 交易性金融资产的披露格式如下：

项　　目	期末公允价值	年初公允价值
1. 交易性债券投资		
2. 交易性权益工具投资		
3. 指定为以公允价值计量且其变动计入当期损益的金融资产		
4. 衍生金融资产		
5. 其他		
合　　计		

2. 应收款项

（1）应收账款按账龄结构披露的格式如下：

账 龄 结 构	期末账面余额	年初账面余额
1 年以内（含 1 年）		
1 年至 2 年（含 2 年）		
2 年至 3 年（含 3 年）		
3 年以上		
合　　计		

注：有应收票据、预付账款、长期应收款、其他应收款的，比照应收账款进行披露。

（2）应收账款按客户类别披露的格式如下：

客 户 类 别	期末账面余额	年初账面余额
客户 1		
……		
其他客户		
合　　计		

3. 存货

（1）存货的披露格式如下：

存 货 种 类	期末账面价值	年初账面价值
1. 原材料		
2. 在产品		
3. 库存商品		
4. 周转材料		
……		
合　　计		

（2）存货跌价准备的披露格式如下：

存 货 种 类	年初账面余额	本期计提额	本期减少额		期末账面余额
			转回	转销	
1. 原材料					
2. 在产品					
3. 库存商品					
4. 周转材料					
5. 建造合同形成的资产					
……					
合　　计					

4. 其他流动资产的披露格式如下：

项　　目	期末账面价值	年初账面价值
1.		
……		
合　　计		

注：有长期待摊费用、其他非流动资产的，比照其他流动资产进行披露。

5. 可供出售金融资产的披露格式如下：

项　　目	期末公允价值	年初账面余额
1. 可供出售债券		
2. 可供出售权益工具		
3. 其他		
合　　计		

6. 持有至到期投资的披露格式如下：

项　　目	期末账面余额	年初账面余额
1.		
……		
合　　计		

7. 长期股权投资

（1）长期股权投资的披露格式如下：

被投资单位	期末账面余额	年初账面余额
1.		
……		
合　计		

（2）被投资单位由于所在国家或地区及其他方面的影响，其向投资企业转移资金的能力受到限制的，应当披露受限制的具体情况。

（3）当期及累计未确认的投资损失金额。

8. 投资性房地产

（1）企业采用成本模式进行后续计量的，应当披露下列信息：

项　　目	年初账面余额	本期增加额	本期减少额	期末账面余额
一、原价合计				
1. 房屋、建筑物				
2. 土地使用权				
二、累计折旧和累计摊销合计				
1. 房屋、建筑物				
2. 土地使用权				
三、投资性房地产减值准备累计金额合计				
1. 房屋、建筑物				
2. 土地使用权				
四、投资性房地产账面价值合计				
1. 房屋、建筑物				
2. 土地使用权				

（2）企业采用公允价值模式进行后续计量的，应当披露投资性房地产公允价值的确定依据及公允价值金额的增减变动情况。

（3）如有房地产转换的，应当说明房地产转换的原因及其影响。

9. 固定资产

（1）固定资产的披露格式如下：

项　　目	年初账面余额	本期增加额	本期减少额	期末账面余额
一、原价合计				
其中：房屋、建筑物				
机器设备				
运输工具				
……				

续表

项　目	年初账面余额	本期增加额	本期减少额	期末账面余额
二、累计折旧合计				
其中：房屋、建筑物				
机器设备				
运输工具				
……				
三、固定资产减值准备累计金额合计				
其中：房屋、建筑物				
机器设备				
运输工具				
……				
四、固定资产账面价值合计				
其中：房屋、建筑物				
机器设备				
运输工具				

（2）企业确有准备处置固定资产的，应当说明准备处置的固定资产名称、账面价值、公允价值、预计处置费用和预计处置时间等。

10. 无形资产

（1）各类无形资产的披露格式如下：

项　目	年初账面余额	本期增加额	本期减少额	期末账面余额
一、原价合计				
1.				
……				
二、累计摊销额合计				
1.				
……				
三、无形资产减值准备累计金额合计				
1.				
……				
四、无形资产账面价值合计				
1.				
……				

（2）计入当期损益和确认为无形资产的研究开发支出金额。

11. 商誉的形成来源、账面价值的增减变动情况。

12. 递延所得税资产和递延所得税负债

（1）已确认递延所得税资产和递延所得税负债的披露格式如下：

项　　目	期末账面余额	年初账面余额
一、递延所得税资产		
1.		
……		
合计		
二、递延所得税负债		
1.		
……		
合计		

（2）未确认递延所得税资产的可抵扣暂时性差异、可抵扣亏损等的金额（存在到期日的，还应披露到期日）。

13. 资产减值准备的披露格式如下：

项　　目	年初账面余额	本期计提额	本期减少额		期末账面余额
			转回	转销	
一、坏账准备					
二、存货跌价准备					
三、可供出售金融资产减值准备					
四、持有至到期投资减值准备					
五、长期股权投资减值准备					
六、投资性房地产减值准备					
七、固定资产减值准备					
八、工程物资减值准备					
九、在建工程减值准备					
十、生产性生物资产减值准备					
其中：成熟生产性生物资产减值准备					
十一、油气资产减值准备					
十二、无形资产减值准备					
十三、商誉减值准备					
十四、其他					
合　　计					

14. 所有权受到限制的资产

（1）资产所有权受到限制的原因。

（2）所有权受到限制的资产金额披露格式如下：

所有权受到限制的资产类别	年初账面价值	本期增加额	本期减少额	期末账面价值
一、用于担保的资产				
1.				
……				
二、其他原因造成所有权受到限制的资产				
1.				
……				
合　计				

15. 交易性金融负债的披露格式如下：

项　目	期末公允价值	年初公允价值
1. 发行的交易性债券		
2. 指定为以公允价值计量且其变动计入当期损益的金融负债		
3. 衍生金融负债		
4. 其他		
合　计		

16. 职工薪酬

（1）应付职工薪酬的披露格式如下：

项　目	年初账面余额	本期增加额	本期支付额	期末账面余额
一、工资、奖金、津贴和补贴				
二、职工福利费				
三、社会保险费				
其中：1. 医疗保险费				
2. 基本养老保险费				
3. 年金缴费				
4. 失业保险费				
5. 工伤保险费				
6. 生育保险费				
四、住房公积金				
五、工会经费和职工教育经费				
六、非货币性福利				
七、因解除劳动关系给予的补偿				
八、其他				
其中：以现金结算的股份支付				
合　计				

（2）企业本期为职工提供的各项非货币性福利形式、金额及其计算依据。

17. 应交税费的披露格式如下：

税 费 项 目	期末账面余额	年初账面余额
1. 增值税		
……		
合　　计		

18. 其他流动负债的披露格式如下：

项　　目	期末账面余额	年初账面余额
1.		
……		
合　　计		

注：有预计负债、其他非流动负债的，比照其他流动负债进行披露。

19. 短期借款和长期借款

（1）借款的披露格式如下：

项　　目	短期借款		长期借款	
	期末账面余额	年初账面余额	期末账面余额	年初账面余额
信用借款				
抵押借款				
质押借款				
保证借款				
合　　计				

（2）对于期末逾期借款，应分别贷款单位、借款金额、逾期时间、年利率、逾期未偿还原因和预期还款期等进行披露。

20. 应付债券的披露格式如下：

项　　目	年初账面余额	本期增加额	本期减少额	期末账面余额
1.				
……				
合　　计				

21. 长期应付款的披露格式如下：

项　　　目	期末账面价值	年初账面价值
1.		
……		
合　　计		

22. 营业收入

（1）营业收入的披露格式如下：

项　　　目	本期发生额	上期发生额
1. 主营业务收入		
2. 其他业务收入		
合　　计		

（2）披露建造合同当期预计损失的原因和金额，同时按下列格式披露：

合同项目		总金额	累计已发生成本	累计已确认毛利（亏损以"－"号表示）	已办理结算的价款金额
固定造价合同	1.				
	……				
	合　计				
成本加成合同	1.				
	……				
	合　计				

23. 公允价值变动收益的披露格式如下：

产生公允价值变动收益的来源	本期发生额	上期发生额
1.		
……		
合　　计		

24. 投资收益

（1）投资收益的披露格式如下：

产生投资收益的来源	本期发生额	上期发生额
1.		
……		
合　计		

（2）按照权益法核算的长期股权投资，直接以被投资单位的账面净损益计算确认投资损益的事实及原因。

25. 资产减值损失的披露格式如下：

项　目	本期发生额	上期发生额
一、坏账损失		
二、存货跌价损失		
三、可供出售金融资产减值损失		
四、持有至到期投资减值损失		
五、长期股权投资减值损失		
六、投资性房地产减值损失		
七、固定资产减值损失		
八、工程物资减值损失		
九、在建工程减值损失		
十、生产性生物资产减值损失		
十一、油气资产减值损失		
十二、无形资产减值损失		
十三、商誉减值损失		
十四、其他		
合　计		

26. 营业外收入的披露格式如下：

项　目	本期发生额	上期发生额
1. 非流动资产处置利得合计		
其中：固定资产处置利得		
无形资产处置利得		
……		
合　计		

27. 营业外支出的披露格式如下：

项　目	本期发生额	上期发生额
1. 非流动资产处置损失合计		
其中：固定资产处置损失		
无形资产处置损失		
……		
合　计		

28. 所得税费用

（1）所得税费用（收益）的组成，包括当期所得税、递延所得税。

（2）所得税费用（收益）与会计利润的关系。

29. 企业应当披露取得政府补助的种类及金额。

30. 每股收益

（1）基本每股收益和稀释每股收益分子、分母的计算过程。

（2）列报期间不具有稀释性但以后期间很可能具有稀释性的潜在普通股。

（3）在资产负债表日至财务报告批准报出日之间，企业发行在外普通股或潜在普通股股数发生重大变化的情况，如股份发行、股份回购、潜在普通股发行、潜在普通股转换或行权等。

31. 企业可以按照费用的性质分类披露利润表。

32. 非货币性资产交换

（1）换入资产、换出资产的类别。

（2）换入资产成本的确定方式。

（3）换入资产、换出资产的公允价值及换出资产的账面价值。

33. 股份支付

（1）当期授予、行权和失效的各项权益工具总额。

（2）期末发行在外股份期权或其他权益工具行权价的范围和合同剩余期限。

（3）当期行权的股份期权或其他权益工具以其行权日价格计算的加权平均价格。

（4）股份支付交易对当期财务状况和经营成果的影响。

34. 债务重组

按照《企业会计准则第 12 号——债务重组》第十四条或第十五条的相关规定进行披露。

35. 借款费用

（1）当期资本化的借款费用金额。

（2）当期用于计算确定借款费用资本化金额的资本化率。

36. 外币折算

（1）计入当期损益的汇兑差额。

（2）处置境外经营对外币财务报表折算差额的影响。

37. 企业合并发生当期的期末，合并方或购买方应当按照《企业会计准则第20号——企业合并》第十八条或第十九条的相关规定进行披露。

38. 租赁

（1）融资租赁出租人应当说明未实现融资收益的余额，并披露与融资租赁有关的下列信息：

剩余租赁期	最低租赁收款额
1 年以内（含 1 年）	
1 年以上 2 年以内（含 2 年）	
2 年以上 3 年以内（含 3 年）	
3 年以上	
合　　计	

（2）经营租赁出租人各类租出资产的披露格式如下：

经营租赁租出资产类别	期末账面价值	年初账面价值
1. 机器设备		
2. 运输工具		
……		
合　　计		

（3）融资租赁承租人应当说明未确认融资费用的余额，并披露与融资租赁有关的下列信息：

①各类租入固定资产的年初和期末原价、累计折旧额、减值准备累计金额。

②以后年度将支付的最低租赁付款额的披露格式如下：

剩余租赁期	最低租赁付款额
1 年以内（含 1 年）	
1 年以上 2 年以内（含 2 年）	
2 年以上 3 年以内（含 3 年）	
3 年以上	
合　　计	

（4）对于重大的经营租赁，经营租赁承租人应当披露下列信息：

剩余租赁期	最低租赁付款额
1 年以内（含 1 年）	
1 年以上 2 年以内（含 2 年）	
2 年以上 3 年以内（含 3 年）	
3 年以上	
合　　计	

（5）披露各售后租回交易以及售后租回合同中的重要条款。

39. 终止经营的披露格式如下：

项　　目	本期发生额	上期发生额
一、终止经营收入		
减：终止经营费用		
二、终止经营利润总额		
减：终止经营所得税费用		
三、终止经营净利润		

40. 分部报告

（1）主要报告形式是业务分部的披露格式如下：

项　　目	××业务		××业务		……	其他		抵销		合计	
	本期	上期	本期	上期		本期	上期	本期	上期	本期	上期
一、营业收入											
其中：对外交易收入											
分部间交易收入											
二、营业费用											
三、营业利润（亏损）											
四、资产总额											
五、负债总额											
六、补充信息											
1. 折旧和摊销费用											
2. 资本性支出											
3. 折旧和摊销以外的非现金费用											

注：主要报告形式是地区分部的，比照业务分部格式进行披露。

（2）在主要报告形式的基础上，对于次要报告形式，企业还应披露对外交易收入、分部资产总额。

（七）或有事项

按照《企业会计准则第 13 号——或有事项》第十四条和第十五条的相关规定进行披露。

（八）资产负债表日后事项

1. 每项重要的资产负债表日后非调整事项的性质、内容，及其对财务状况和经营成果的影响。无法做出估计的，应当说明原因。

2. 资产负债表日后，企业利润分配方案中拟分配的以及经审议批准宣告发放的股利或利润。

（九）关联方关系及其交易

1. 本企业的母公司有关信息披露格式如下：

母公司名称	注册地	业务性质	注册资本

母公司不是本企业最终控制方的，说明最终控制方名称。

母公司和最终控制方均不对外提供财务报表的，说明母公司之上与其最相近的对外提供财务报表的母公司名称。

2. 母公司对本企业的持股比例和表决权比例。

3. 本企业的子公司有关信息披露格式如下：

子公司名称	注册地	业务性质	注册资本	本企业合计持股比例	本企业合计享有的表决权比例
1.					
……					

4. 本企业的合营企业有关信息披露格式如下：

被投资单位名称	注册地	业务性质	注册资本	本企业持股比例	本企业在被投资单位表决权比例	期末资产总额	期末负债总额	本期营业收入总额	本期净利润
1.									
……									

注：有联营企业的，比照合营企业进行披露。

5. 本企业与关联方发生交易的，分别说明各关联方关系的性质、交易类型及交易要素。交易要素至少应当包括：

（1）交易的金额。

（2）未结算项目的金额、条款和条件，以及有关提供或取得担保的信息。

（3）未结算应收项目的坏账准备金额。

（4）定价政策。

第十一章　准则衔接处理

第一节　首次执行企业会计准则

一、首次执行企业会计准则核算有关规定

（一）首次执行企业会计准则定义

1. 首次执行企业会计准则，是指企业第一次执行企业会计准则体系，包括基本准则、具体准则和会计准则应用指南。

2. 首次执行企业会计准则后发生的会计政策变更，适用《企业会计准则第28号——会计政策、会计估计变更和差错更正》。

（二）确认和计量

1. 在首次执行日，企业应当对所有资产、负债和所有者权益按照企业会计准则的规定进行重新分类、确认和计量，并编制期初资产负债表。

编制期初资产负债表时，除按照本准则第五条至第十九条规定要求追溯调整的项目外，其他项目不应追溯调整。

2. 对于首次执行日的长期股权投资，应当分别下列情况处理：

（1）根据《企业会计准则第20号——企业合并》属于同一控制下企业合并产生的长期股权投资，尚未摊销完毕的股权投资差额应全额冲销，并调整留存收益，以冲销股权投资差额后的长期股权投资账面余额作为首次执行日的认定成本。

（2）除上述（1）以外的其他采用权益法核算的长期股权投资，存在股权投资贷方差额的，应冲销贷方差额，调整留存收益，并以冲销贷方差额后的长期股权投资账面余额作为首次执行日的认定成本。

存在股权投资借方差额的，应当将长期股权投资的账面余额作为首次执行日的认定成本。

💡〔注释〕

企业在首次执行日之前已经持有的对子公司长期股权投资，按照《企业会计准

则解释第 1 号》（财会［2007］14 号）的规定进行追溯调整，视同该子公司自取得时即采用变更后的会计政策，对其原账面核算的成本、原摊销的股权投资差额、按照权益法确认的损益调整及股权投资准备等均进行追溯调整；对子公司长期股权投资，其账面价值在公司设立时已折合为股本或实收资本等资本性项目的，有关追溯调整应以公司设立时为限，即对于公司设立时长期股权投资的账面价值已折成股份或折成资本的不再追溯调整。合并财务报表的编制也应采用上述同一原则处理。

首次执行日之前持有的对子公司长期股权投资进行追溯调整不切实可行的，应当按照《企业会计准则第 38 号——首次执行企业会计准则》的相关规定，在首次执行日对其账面价值进行调整，在此基础上合并财务报表的编制按照 2007 年 2 月 1 日发布的专家工作组意见执行。

首次执行日按照上述原则对子公司长期股权投资进行调整后，相关调整情况应当在附注中说明。

3. 对于有确凿证据表明可以采用公允价值模式计量的投资性房地产，在首次执行日可以按照公允价值进行计量，并将账面价值与公允价值的差额调整留存收益。

4. 在首次执行日，对于满足预计负债确认条件且该日之前尚未计入资产成本的弃置费用，应当增加该项资产成本，并确认相应的负债；同时，将应补提的折旧（折耗）调整留存收益。

💡〔注释〕

预计的资产弃置费用。

企业在预计首次执行日前尚未计入资产成本的弃置费用时，应当满足预计负债的确认条件，选择该项资产初始确认时适用的折现率，以该项预计负债折现后的金额增加资产成本，据此计算确认应补提的固定资产折旧（或油气资产折耗），同时调整期初留存收益。

折现率的选择应当考虑货币时间价值和相关期间通货膨胀等因素的影响。

预计弃置费用的范围，适用《企业会计准则第 4 号——固定资产》、《企业会计准则第 27 号——石油天然气开采》等限定的资产范围。

5. 对于首次执行日存在的解除与职工的劳动关系计划，满足《企业会计准则第 9 号——职工薪酬》预计负债确认条件的，应当确认因解除与职工的劳动关系给予补偿而产生的负债，并调整留存收益。

6. 对于企业年金基金在运营中所形成的投资，应当在首次执行日按照公允价值进行计量，并将账面价值与公允价值的差额调整留存收益。

7. 对于可行权日在首次执行日或之后的股份支付，应当根据《企业会计准则第 11 号——股份支付》的规定，按照权益工具、其他方服务或承担的以权益工具为基础计算确定的负债的公允价值，将应计入首次执行日之前等待期的成本费用金额调整留存收益，相应增加所有者权益或负债。

首次执行日之前可行权的股份支付，不应追溯调整。

💡〔注释〕

可行权日在首次执行日或之后的股份支付。

授予职工以权益结算的股份支付，应当按照权益工具在授予日的公允价值调整期初留存收益，相应增加资本公积；授予日的公允价值不能可靠计量的，应当按照权益工具在首次执行日的公允价值计量。

授予职工以现金结算的股份支付，应当按照权益工具在等待期内首次执行日之前各资产负债表日的公允价值调整期初留存收益，相应增加应付职工薪酬。上述各资产负债表日的公允价值不能可靠计量的，应当按照权益工具在首次执行日的公允价值计量。

授予其他方的股份支付，在首次执行日比照授予职工的股份支付处理。

8. 在首次执行日，企业应当按照《企业会计准则第 13 号——或有事项》的规定，将满足预计负债确认条件的重组义务，确认为负债，并调整留存收益。

9. 企业应当按照《企业会计准则第 18 号——所得税》的规定，在首次执行日对资产、负债的账面价值与计税基础不同形成的暂时性差异的所得税影响进行追溯调整，并将影响金额调整留存收益。

💡〔注释〕

所得税。

在首次执行日，企业应当停止采用应付税款法或原纳税影响会计法，改按《企业会计准则第 18 号——所得税》规定的资产负债表债务法对所得税进行处理。

原采用应付税款法核算所得税费用的，应当按照企业会计准则相关规定调整后的资产、负债账面价值与其计税基础进行比较，确定应纳税暂时性差异和可抵扣暂时性差异，采用适用的税率计算递延所得税负债和递延所得税资产的金额，相应调整期初留存收益。

原采用纳税影响会计法核算所得税费用的，应当根据《企业会计准则第 18 号——所得税》的相关规定，计算递延所得税负债和递延所得税资产的金额，同时冲销递延税款余额，根据上述两项金额之间的差额调整期初留存收益。

在首次执行日，企业对于能够结转以后年度的可抵扣亏损和税款抵减，应以很可能获得用来抵扣可抵扣亏损和税款抵减的未来应纳税所得额为限，确认相应的递延所得税资产，同时调整期初留存收益。

10. 除下列项目外，对于首次执行日之前发生的企业合并不应追溯调整：

（1）按照《企业会计准则第 20 号——企业合并》属于同一控制下企业合并，原已确认商誉的摊余价值应当全额冲销，并调整留存收益。

按照该准则的规定属于非同一控制下企业合并的，应当将商誉在首次执行日的摊余价值作为认定成本，不再进行摊销。

（2）首次执行日之前发生的企业合并，合并合同或协议中约定根据未来事项的发生对合并成本进行调整的，如果首次执行日预计未来事项很可能发生并对合并成本的影响金额能够可靠计量的，应当按照该影响金额调整已确认商誉的账面价值。

（3）企业应当按照《企业会计准则第 8 号——资产减值》的规定，在首次执行日对商誉进行减值测试，发生减值的，应当以计提减值准备后的金额确认，并调整留存收益。

11. 在首次执行日，企业应当将所持有的金融资产（不含《企业会计准则第 2 号——长期股权投资》规范的投资），划分为以公允价值计量且其变动计入当期损益的金融资产、持有至到期投资、贷款和应收款项、可供出售金融资产。

（1）划分为以公允价值计量且其变动计入当期损益或可供出售金融资产的，应当在首次执行日按照公允价值计量，并将账面价值与公允价值的差额调整留存收益。

（2）划分为持有至到期投资、贷款和应收款项的，应当自首次执行日起改按实际利率法，在随后的会计期间采用摊余成本计量。

12. 对于在首次执行日指定为以公允价值计量且其变动计入当期损益的金融负债，应当在首次执行日按照公允价值计量，并将账面价值与公允价值的差额调整留存收益。

13. 对于未在资产负债表内确认、或已按成本计量的衍生金融工具（不包括套期工具），应当在首次执行日按照公允价值计量，同时调整留存收益。

14. 对于嵌入衍生金融工具，按照《企业会计准则第 22 号——金融工具确认和计量》规定应从混合工具分拆的，应当在首次执行日将其从混合工具分拆并单独处理，但嵌入衍生金融工具的公允价值难以合理确定的除外。

对于企业发行的包含负债和权益成分的非衍生金融工具，应当按照《企业会计准则第 37 号——金融工具列报》的规定，在首次执行日将负债和权益成分分拆，但负债成分的公允价值难以合理确定的除外。

💡〔注释〕

金融工具的分拆。

对于嵌入衍生金融工具，按照《企业会计准则第 22 号——金融工具确认和计量》规定应从混合工具中分拆的，应当在首次执行日按其在该日的公允价值，将其从混合工具中分拆并单独处理。首次执行日嵌入衍生金融工具的公允价值难以合理确定的，应当将该混合工具整体指定为以公允价值计量且其变动计入当期损益的金融资产或金融负债。

企业发行的包含负债和权益成分的非衍生金融工具，在首次执行日按照《企业会计准则第 37 号——金融工具列报》进行分拆时，先按该项负债在首次执行日的公允价值作为其初始确认金额，再按该项金融工具的账面价值扣除负债公允价值后的金额，作为权益成分的初始确认金额。首次执行日负债成分的公允价值难以合理确定的，不应对该项金融工具进行分拆，仍然作为负债处理。

15. 在首次执行日，对于不符合《企业会计准则第 24 号——套期保值》规定的套期会计方法运用条件的套期保值，应当终止采用原套期会计方法，并按照《企业会计准则第 24 号——套期保值》处理。

16. 发生再保险分出业务的企业，应当在首次执行日按照《企业会计准则第 26 号——再保险合同》的规定，将应向再保险接受人摊回的相应准备金确认为资产，并调整各项准备金的账面价值。

（三）列报

1. 在首次执行日后按照企业会计准则编制的首份年度财务报表（以下简称首份年度财务报表）期间，企业应当按照《企业会计准则第 30 号——财务报表列报》和

《企业会计准则第 31 号——现金流量表》的规定，编报资产负债表、利润表、现金流量表和所有者权益变动表及附注。

对外提供合并财务报表的，应当遵循《企业会计准则第 33 号——合并财务报表》的规定。

在首份年度财务报表涵盖的期间内对外提供中期财务报告的，应当遵循《企业会计准则第 32 号——中期财务报告》的规定。

企业应当在附注中披露首次执行企业会计准则财务报表项目金额的变动情况。

2. 首份年度财务报表至少应当包括上年度按照企业会计准则列报的比较信息。财务报表项目的列报发生变更的，应当对上年度比较数据按照企业会计准则的列报要求进行调整，但不切实可行的除外。

对于原未纳入合并范围但按照《企业会计准则第 33 号——合并财务报表》规定应纳入合并范围的子公司，在上年度的比较合并财务报表中，企业应当将该子公司纳入合并范围。对于原已纳入合并范围但按照该准则规定不应纳入合并范围的子公司，在上年度的比较合并财务报表中，企业不应将该子公司纳入合并范围。上年度比较合并财务报表中列示的少数股东权益，应当按照该准则的规定，在所有者权益类列示。

应当列示每股收益的企业，比较财务报表中上年度的每股收益按照《企业会计准则第 34 号——每股收益》的规定计算和列示。

应当披露分部信息的企业，比较财务报表中上年度关于分部的信息按照《企业会计准则第 35 号——分部报告》的规定披露。

二、首次执行日采用未来适用法有关项目的处理

1. 借款费用

对于处于开发阶段的内部开发项目、处于生产过程中的需要经过相当长时间才能达到预定可销售状态的存货（如飞机和船舶），以及营造、繁殖需要经过相当长时间才能达到预定可使用或可销售状态的生物资产，首次执行日之前未予资本化的借款费用，不应追溯调整。上述尚未完成开发或尚未完工的各项资产，首次执行日及以后发生的借款费用，符合《企业会计准则第 17 号——借款费用》规定的资本化条件的部分，应当予以资本化。

2. 超过正常信用条件延期付款（或收款）、实质上具有融资性质的购销业务

对于首次执行日处于收款过程中的采用递延收款方式、实质上具有融资性质的销售商品或提供劳务收入，比如采用分期收款方式的销售，首次执行日之前已确认的收入和结转的成本不再追溯调整。首次执行日后的第一个会计期间，企业应当将尚未确认但符合收入确认条件的合同或协议剩余价款部分确认为长期应收款，按其公允价值确认为营业收入，两者的差额作为未实现融资收益，在剩余收款期限内采用实际利率法进行摊销。在确认收入的同时，应当相应的结转成本。

首次执行日之前购买的固定资产、无形资产在超过正常信用条件的期限内延期付

款、实质上具有融资性质的，首次执行日之前已计提的折旧和摊销额，不再追溯调整。在首次执行日，企业应当以尚未支付的款项与其现值之间的差额，减少资产的账面价值，同时确认为未确认融资费用。首次执行日后，企业应当以调整后的资产账面价值作为认定成本并以此为基础计提折旧，未确认融资费用应当在剩余付款期限内采用实际利率法进行摊销。

3. 无形资产

首次执行日处于开发阶段的内部开发项目，首次执行日之前已经费用化的开发支出，不应追溯调整；根据《企业会计准则第 6 号——无形资产》规定，首次执行日及以后发生的开发支出，符合无形资产确认条件的，应当予以资本化。

企业持有的无形资产，应当以首次执行日的摊余价值作为认定成本，对于使用寿命有限的无形资产，应当在剩余使用寿命内根据《企业会计准则第 6 号——无形资产》的规定进行摊销。对于使用寿命不确定的无形资产，在首次执行日后应当停止摊销，按照《企业会计准则第 6 号——无形资产》的规定处理。

首次执行日之前已计入在建工程和固定资产的土地使用权，符合《企业会计准则第 6 号——无形资产》的规定应当单独确认为无形资产的，首次执行日应当进行重分类，将归属于土地使用权的部分从原资产账面价值中分离，作为土地使用权的认定成本，按照《企业会计准则第 6 号——无形资产》的规定处理。

4. 开办费

首次执行日企业的开办费余额，应当在首次执行日后第一个会计期间内全部确认为管理费用。

5. 职工福利费

首次执行日企业的职工福利费余额，应当全部转入应付职工薪酬（职工福利）。首次执行日后第一个会计期间，按照《企业会计准则第 9 号——职工薪酬》规定，根据企业实际情况和职工福利计划确认应付职工薪酬（职工福利），该项金额与原转入的应付职工薪酬（职工福利）之间的差额调整管理费用。

三、首份中期财务报告和首份年度财务报表的列报

企业应当按照《企业会计准则第 30 号——财务报表列报》、《企业会计准则第 31 号——现金流量表》、《企业会计准则第 32 号——中期财务报告》和《企业会计准则第 33 号——合并财务报表》等准则及其应用指南的规定，编制首份中期财务报告和首份年度财务报表。

（一）首份中期财务报告和首份年度财务报表

1. 首份中期财务报告至少应当包括资产负债表、利润表、现金流量表和附注，上年度可比中期的财务报表也应当按照企业会计准则列报。

2. 首份年度财务报表应当是一套完整的财务报表，至少包括资产负债表、利润

表、现金流量表、所有者权益变动表和附注。在首份年度财务报表中，至少应当按照企业会计准则列报上年度全部比较信息。

3. 母公司执行企业会计准则、但子公司尚未执行企业会计准则的，母公司在编制合并财务报表时，应当按照企业会计准则的规定调整子公司的财务报表。

母公司尚未执行企业会计准则、而子公司已执行企业会计准则的，母公司在编制合并财务报表时，可以将子公司的财务报表按照母公司的会计政策进行调整后合并，也可以将子公司按照企业会计准则编制的财务报表直接合并。

（二）首份中期财务报告和首份年度财务报表的附注

企业在首份中期财务报告和首份年度财务报表的附注中，应当以列表形式详细披露下列数据的调节过程：

1. 按原会计制度或准则列报的比较报表最早期间的期初所有者权益，调整为按企业会计准则列报的所有者权益。

2. 按原会计制度或准则列报的最近年度年末所有者权益，调整为按企业会计准则列报的所有者权益。

3. 按原会计制度或准则列报的最近年度损益，调整为按企业会计准则列报的损益。

4. 比较中期期末按原会计制度或准则列报的所有者权益，调整为按企业会计准则列报的所有者权益。

5. 比较中期按原会计制度或准则列报的损益（可比中期和上年初至可比中期期末累计数），调整为同一期间按企业会计准则列报的损益。

执行企业会计准则后首份季报（或首份半年报），需要披露上述 1 至 5 项数据的调节过程，其他季度季报（或半年报）只需提供上述 4、5 项数据的调节过程。首份年度财务报表中只需提供上述 1 至 3 项数据的调节过程。

第二节　衔接处理业务举例

一、预计的资产弃置费用衔接处理

企业在预计首次执行日前尚未计入资产成本的弃置费用时，应当满足预计负债的确认条件，选择该项资产初始确认时适用的折现率，以该项预计负债折现后的金额增加资产成本，据此计算确认应补提的固定资产折旧（或油气资产折耗），同时调整期初留存收益。

折现率的选择应当考虑货币时间价值和相关期间通货膨胀等因素的影响。

例如，某企业在 2004 年 1 月 1 日购买了一项能源设备，使用寿命为 40 年。在首次执行日，企业估计在未来 37 年内该设备的废弃处置费用为 4 700 000 元。假定该负债调整风险后的折现率为 5%，且自 2004 年 1 月 1 日起没有发生变化。

应确认的资产弃置预计负债为 770 000 元（4 700 000 元在 37 年内按照 5% 折现），将该项预计负债 770 000 元再折现 3 年至 2007 年 1 月 1 日，得出设备购置时的资产弃置预计负债估计金额为 670 000 元，该金额应增加到资产成本中；自 2004 年 1 月 1 日至 2007 年 1 月 1 日应补提的累计折旧是 50 000 元（670 000×3÷40）。

首次执行日（2007 年 1 月 1 日）的会计处理：

借：固定资产　　　　　　　　　　　　　　　　　　　670 000
　　利润分配——未分配利润　　　　　　　　　　　　135 000
　　盈余公积　　　　　　　　　　　　　　　　　　　 15 000
　　贷：累计折旧　　　　　　　　　　　　　　　　　　　 50 000
　　　　预计负债——预计弃置费用　　　　　　　　　　 770 000

首次执行日（2007 年 1 月 1 日）期初资产负债表中应确认的各项金额如下：

资产	年初数			负债和所有者权益	年初数		
	调整前	调增（减）	调整后		调整前	调增（减）	调整后
固定资产		620 000		预计负债		770 000	
				盈余公积		-15 000	
				未分配利润		-135 000	

〔注释〕
在能源设备成本中增加的弃置成本 670 000 - 累计折旧 50 000 = 固定资产增加 620 000（元）。

二、长期股权投资衔接处理

1. 原产生于同一控制下的企业合并中的长期股权投资，在首次执行日尚未摊销完毕的股权投资差额，无论借方还是贷方差额，全额冲销，并调整留存收益。

例如，某公司持有的某项长期股权投资，原产生于同一控制下的企业合并，股权投资差额的借方余额为 5 000 000 元。

借：盈余公积　　　　　　　　　　　　　　　　　　　500 000
　　利润分配——未分配利润　　　　　　　　　　　 4 500 000
　　贷：长期股权投资——股权投资差额　　　　　　　 5 000 000

〔注释〕
调整盈余公积的金额 = 5 000 000×10% = 500 000（元）。

2. 其他情况下取得的长期股权投资，在首次执行日的股权投资差额，借方差额保持不变，并入投资成本且不再摊销；贷方差额全额冲销，同时调整留存收益。

例如，某公司持有的某项长期股权投资，股权投资差额的贷方差为 500 万元。

借：长期股权投资——股权投资差额　　　　　　　　　　5 000 000
　　贷：盈余公积　　　　　　　　　　　　　　　　　　　　500 000
　　　　利润分配——未分配利润　　　　　　　　　　　　4 500 000

3. 与原因非同一控制下企业合并形成的对子公司投资相关的股权投资借方差额的余额，执行新会计准则后，在编制合并财务报表时应区别情况处理：

（1）企业无法可靠确定购买日被购买方可辨认资产、负债公允价值的，应将按原制度核算的股权投资借方差额的余额，在合并资产负债表中作为商誉列示。

（2）企业能够可靠确定购买日被购买方可辨认资产、负债公允价值的，应将属于因购买日被购买方可辨认资产、负债公允价值与其账面价值的差额扣除已摊销金额后在首次执行日的余额，按合理的方法分摊至被购买方各项可辨认资产、负债，并在被购买方可辨认资产的剩余使用年限内计提折旧或进行摊销；无法将该余额分摊至被购买方各项可辨认资产、负债的，可在原股权投资差额的剩余摊销年限内平均摊销，尚未摊销完毕的余额在合并资产负债表中作为"其他非流动资产"项目列示。

企业合并成本大于购买日应享有被购买方可辨认净资产公允价值份额的差额在首次执行日的余额，在合并资产负债表中作为商誉列示。

三、企业合并衔接处理

对于以前期间发生的企业合并，原则上不进行追溯调整：

（1）首次执行日之前发生的企业合并按照新的《企业合并》准则判断，如属于同一控制下的，冲减原产生商誉，同时调整留存收益。

例如，公司 2005 年 1 月 1 日与红光公司进行了企业合并，2007 年 1 月 1 日商誉的摊余价值为 2 000 000 元，根据现行企业合并准则，该合并属于同一控制下的企业合并。

借：盈余公积　　　　　　　　　　　　　　　　　　　　　200 000
　　利润分配——未分配利润　　　　　　　　　　　　　1 800 000
　　贷：商誉　　　　　　　　　　　　　　　　　　　　　2 000 000

（2）首次执行日之前发生的企业合并按照新的《企业合并》准则判断，如属于非同一控制下的，原产生商誉不再摊销，未来期间进行减值测试首次执行日商誉发生减值的，应冲减留存收益。

例如，公司 2005 年 1 月 1 日与恒信公司进行了企业合并，2007 年 1 月 1 日商誉的摊余价值为 2 000 000 元，根据现行企业合并准则，该合并属于非同一控制下的企业合并，2007 年 12 月 31 日该商誉发生减值 500 000 元。

借：盈余公积　　　　　　　　　　　　　　　　　　　　　50 000
　　利润分配——未分配利润　　　　　　　　　　　　　450 000
　　贷：商誉减值准备　　　　　　　　　　　　　　　　　500 000

四、所得税衔接处理

（1）原采用应付税款法的企业

原采用应付税款法核算所得税的企业，首次执行日，应首先调整有关资产、负债的账面价值，然后计算确定计税基础，确认相关的递延所得税影响，同时调整盈余公积和未分配利润。

例：某企业首次执行日有关资产、负债的账面价值及计税基础如下表所示。

单位：元

项　目	账面价值	计税基础	暂时性差异	
			应纳税暂时性差异	可抵扣暂时性差异
交易性金融资产	15 000 000	13 600 000	1 400 000	
存　货	26 000 000	30 000 000		4 000 000
固定资产	40 000 000	46 000 000		6 000 000
无形资产	8 000 000	10 000 000		2 000 000
预计负债	3 000 000	0		3 000 000
总　计			1 400 000	15 000 000

假定企业适用的所得税税率为25%，按10%提取盈余公积，则：

借：递延所得税资产　　　　　　　　　　　　　　　3 750 000

　　贷：递延所得税负债　　　　　　　　　　　　　　　350 000

　　　　盈余公积　　　　　　　　　　　　　　　　　　340 000

　　　　利润分配——未分配利润　　　　　　　　　　3 060 000

💡〔注释〕

调整盈余公积的金额＝（3 750 000－350 000）×10%＝340 000（元）

（2）原采用纳税影响会计法的企业

原采用纳税影响会计法的企业，按调整后的账面价值与计税基础比较，确定应予确认的递延所得税资产和递延所得税负债，冲减原已确认的递延所得税借项或贷项，同时调整留存收益。

单位：元

项　目	账面价值	计税基础	暂时性差异	
			应纳税暂时性差异	可抵扣暂时性差异
交易性金融资产	15 000 000	12 000 000	3 000 000	
固定资产	45 000 000	42 000 000	3 000 000	
无形资产	12 000 000	15 000 000		3 000 000
预计负债	2 000 000	0		2 000 000
递延所得税贷项	280 000			
总　计			6 000 000	5 000 000

假定企业适用的所得税税率为25%，按10%提取盈余公积，则：

①借：递延所得税贷项   280 000

    贷：盈余公积   28 000

         利润分配——未分配利润   252 000

②借：递延所得税资产   1 250 000

    盈余公积   25 000

    利润分配——未分配利润   225 000

    贷：递延所得税负债   1 500 000

💡〔注释〕

调整盈余公积的金额 = (1 250 000 - 1 500 000) × 10% = 25 000（元）。

第三节　新旧会计科目变化说明

一、删除的旧会计科目

1. "短期投资"与"短期投资跌价准备"科目

原在"短期投资"科目中核算的"股票投资"、"债券投资"、"基金投资"等，按《企业会计准则——金融工具确认和计量》的规定，将上述三项短期投资确认为金融资产，根据公司管理意图和持有能力，分别情况在"交易性金融资产"科目或"可供出售金融资产"科目核算，同时按规定对交易性金融资产不计提减值准备，而可供出售金融资产按规定计提减值准备时，通过"可供出售金融资产（减值准备）"科目核算。

2. "应收补贴款"科目

原在本科目核算公司按国家给予的定额补贴款，按《企业会计准则——政府补助》规定，政府补助是按公司从政府无偿取得货币性资产或非货币性资产，但政府作为公司所有者投入的资本除外。在会计核算上，对与资产相关且按公允价值计量的政府补助以及用于弥补以后期间的相关费用或损失的，确认为递延收益，通过"递延收益"科目核算。但与资产相关且按名义金额计量以及与收益相关并用于补偿企业已发生的相关费用或损失的政府补助，直接计入当期损益。

公司取得政府给予的无偿补助，通过"递延收益"科目核算，不再通过"补贴收入"科目核算。对与资产相关且按公允价值计量的政府补贴以及用于弥补以后期间的相关费用或损失的，确认为递延收益，通过"递延收益"科目核算。

3. "包装物"和"低值易耗品"科目

企业的包装物、低值易耗品通过"周转材料"科目进行核算，企业也可以单独设置"包装物"和"低值易耗品"科目进行核算。

4. "自制半成品"科目

公司的自制半成品不再单独设置会计科目，在"生产成本"科目中核算。

5. "分期收款发出商品"科目

虽然在业务上仍有分期收款销售方式，但在会计核算上采用该销售方式发出商品时，不再设置"分期收款发出商品"科目核算，而是在确认分期收款销售收入时，按应结转的成本，直接借记"主营业务成本"科目，贷记"库存商品"科目。

6. "长期债权投资"科目

按《企业会计准则——金融工具确认和计量》规定，长期债权投资在新设置的"持有至到期投资"科目核算。

7. "长期投资减值准备"科目

由于原包括在长期投资中的长期债权投资，现规定在"持有至到期投资"科目核算，计提的减值准备在"持有至到期投资减值准备"科目核算、计提的长期股权投资减值准备在"长期股权投资减值准备"科目核算。

8. "经营租入固定资产改良"科目

若有这方面的业务，先通过"在建工程"科目进行核算。改良完工后按其支出增加固定资产，按租入固定资产的尚可使用年限与剩余租赁期两者孰短的年限作为折旧年限，单独计提折旧。并在"固定资产"科目下设置"租入固定资产改良"明细科目进行核算。

9. "在建工程减值准备"科目

按现行规定计提的在建工程减值准备，通过"在建工程——减值准备"科目核算。

10. "应付工资"与"应付福利费"科目

现行规定将应付工资与应付福利费通过"应付职工薪酬"科目核算。

11. "其他应交款"科目

原在"其他应交款"科目核算的教育费附加、矿产资源补偿费与应交住房公积金不再通过本科目核算。现行规定应交的教育费附加、矿产资源补偿费在"应交税费"科目中核算，住房公积金计提时，借记"管理费用"等科目，贷记"应付职工薪酬"科目，上交时，借记"应付职工薪酬"科目，贷记"银行存款"科目。（原来的"应交税金"科目改为"应交税费"科目）

12. "待转资产价值"科目

在新的《企业会计准则》中没有关于接受捐赠资产业务方面的规定，在会计科目体系中也没有该科目。

13. "递延税款"科目

按《企业会计准则——所得税》规定，公司的所得税采用资产负债表债务法进行核算，确认递延所得税资产与递延所得税负债，分别通过"递延所得税资产"与"递延所得税负债"科目核算。

14. "递延收入"科目

原规定包括在商品售价内的服务费，在销售实现时，按商品售价扣除服务费后的余额确认为销售收入，服务费递延至服务的期间内确认收入，并通过"递延收入"科目核算。以后各期结转递延收入时，借记"递延收入"科目，贷记"主营业务收入"科目。现规定包括在商品售价内可区分的服务费，应在提供服务期内确认收入，借记"应收账款"等科目，贷记"主营业务收入"科目。

15. "其他业务支出"总账科目

该科目改为"其他业务成本"科目。

二、新增加的新会计科目

1. 资产类

"交易性金融资产"、"在途物资"、"周转材料"、"持有至到期投资"、"持有至到期投资减值准备"、"投资性房地产"、"可供出售金融资产"、"长期股权投资减值准备"、"长期应收款"、"未实现融资收益"、"商誉"、"递延所得税资产"。

2. 负债类

"交易性金融负债"、"应付职工薪酬"、"递延收益"（只核算政府补助的内容）、"递延所得税负债"。

3. 共同类

"衍生工具"、"套期工具"、"被套期项目"。

4. 所有者权益类

"库存股"。

5. 成本类

"研发支出"。

6. 损益类

"公允价值变动损益"、"资产减值损失"。

三、会计科目核算内容的变化

（一）资产类科目

1. 应收票据

原制度明确规定不得计提坏账准备，如有确凿证据表明企业所持有的未到期应收票据不能够收回或收回的可能性不大时，应将账面余额转入应收账款并计提坏账准备。新的会计科目体系则取消了此内容，在坏账准备科目中明确应收票据也要计提坏账准备。

2. 预付账款

（1）预付工程款也通过"预付账款"科目核算而不再直接记入"在建工程"科目；（2）原制度规定：企业的预付账款如果有确凿证据表明其不符合预付账款的性质，应将其转入其他应收款并计提坏账准备，其他预付账款不能计提坏账准备。新准则规定只要是预付账款均可以计提坏账准备。

3. 坏账准备

（1）计提基础由原制度对"应收账款"和"其他应收款"计提坏账准备扩大到对全部的应收款、预付账款和长期应收款等；（2）新会计准则和应用指南对坏账准备计提的方法不再是余额百分比法、赊销百分比法和账龄分析法，对于单项金额重大的应收款项，应当单独进行减值测试的方法确定坏账准备。对于单项金额非重大的应收款项可以单独进行减值测试，确定减值损失，计提坏账准备；也可以与经单独测试后未减值的应收款项一起按类似信用风险特征划分为若干组合，再按这些应收款项组合在资产负债表日余额的一定比例计算确定减值损失，计提坏账准备。根据应收款项组合余额的一定比例计算确定的坏账准备，应当反映各项目实际发生的减值损失，即各项组合的账面价值超过其未来现金流量现值的金额。同时企业应当根据以前年度与之相同或相类似的、具有类似信用风险特征的应收款项组合的实际损失率为基础，结合现时情况确定本期各项组合计提坏账准备的比例。

4. 长期股权投资

（1）取消了原权益法核算下"股权投资差额"明细科目的核算内容。新准则下，只有联营企业和合营企业采用权益法进行核算，并且投资成本大于被投资单位可辨认净资产公允价值的份额时，不调整投资成本；投资成本小于被投资单位可辨认净资产公允价值的份额时，则计入当期损益。（2）"股权投资准备"明细科目的核算内容改为"其他权益变动"。（3）权益法下企业应对被投资单位实现的净利润（亏损）或经调整的净利润（净亏损）计算应享有的份额，借记"长期股权投资"科目（损益调整），贷记"投资收益"科目。（4）将原制度中"被投资单位因增资扩股而增加的所有者权益，按持股比例增加长期股权投资"改为"在持股比例不变的情况下，被投资单位除净损益以外所有者权益的其他变动，企业按持股比例计算应享有的份额"，借记或贷记本科目（其他权益变动），贷记或借记"资本公积——其他资本公积"科目。这样处理更加符合企业实际经济业务。（5）取消了被投资单位因接受捐赠等增加资本公积的，企业应按持股比例增加资本公积。

5. 固定资产

（1）建造承包商的临时设施，以及企业购置计算机硬件所附带的、未单独计价的软件也在"固定资产"科目核算；（2）固定资产原价中要考虑弃置费用的内容。

6. 固定资产减值准备

其变化是计提的固定资产减值准备不能转回。

7. 在建工程

（1）企业预付的工程款先记入"预付账款"，期末应按合理估计的发包工程进度和合同规定结算的进度款借记"在建工程"科目，贷记"银行存款"、"预付账款"等科目。(2) 在建工程进行负荷联合试车发生的费用，借记本科目（待摊支出），贷记"银行存款"、"原材料"等科目；试车形成的产品或副产品对外销售或转为库存商品的，借记"银行存款"、"库存商品"等科目，贷记本科目（待摊支出）。(3) 在建工程达到预定可使用状态时，应计算分配待摊支出，借记本科目（××工程），贷记本科目（待摊支出）；结转在建工程成本，借记"固定资产"等科目，贷记本科目（××工程）。(4) 设置"建筑工程"、"安装工程"、"在安装设备"、"待摊支出"以及单项工程等进行明细科目，取消了技术改造工程、大修理工程、其他支出等三个明细科目。

8. 工程物资

取消了"预付大型设备款"明细科目，并且在会计处理中未明确规定其预付款如何处理。

9. 无形资产

(1)"商誉"从无形资产科目分离出来单独核算；(2) 自行开发的无形资产其开发成本先在"研发支出"中归集，开发阶段应予以资本化的金额则转入"无形资产"；(3) 无形资产的摊销分为可以合理确定年限的则在受益年限内摊销，不能合理确定使用年限的无形资产只进行减值测试不摊销；(4) 无形资产摊销时记入"累计摊销"科目，不直接冲减无形资产，这样能够反映企业无形资产的规模及摊销情况。

10. 无形资产减值准备

计提的无形资产减值准备不能转回。

11. 长期待摊费用

该科目核算内容中取消了以下项目：第一，开办费，企业发生开办费在发生当期直接记入"管理费用"；第二，固定资产大修理支出，准则规定固定资产的修理支出符合固定资产确认条件的应当计入固定资产成本，不符合固定资产确认条件的则在发生时直接计入发生当期损益。

（二）负债类科目

1. 长期借款

(1) 企业借入长期借款，应按实际收到的金额，借记"银行存款"科目，贷记本科目（本金）。如存在差额，还应借记本科目（利息调整）。(2) 在资产负债表日，企业应按长期借款的摊余成本和实际利率计算确定的利息费用，而不是按借款本金和实际利率计算。

2. 应付债券

(1) 将"债券折溢价"明细科目改为"利息调整"明细科目。(2) 计算每期利息费用时按摊余成本和实际利率计算，实际利率与票面利率差异较小的可以采用票面利率，从中可以看出制度要求应付债券的折溢价采用实际利率法核算，而不是直线法。(3) 企业发行的可转换债券核算变化较大，原制度规定：发行可转换公司债券应单独设置"可转换公司债券"明细科目核算。发行的可转换公司债券在发行以及转换为股票之前，应按一般债券进行账务处理。应用指南规定按实际收到的价款记入"银行存款"按该项可转换公司债券包含的负债成分的面值确定应付债券（面值），按权益成分的公允价值，贷记"资本公积——其他资本公积"科目，差额借记或贷记"应付债券——利息调整"，这样的处理充分体现了交易性金融工具采用公允价值计价的实质。（4）债券到期的会计处理也发生了改变：企业会计制度规定直接冲减"应付债券"就可以了，但在指南部分则如果"利息调整"有余额还要调整"财务费用"、"制造费用"、"在建工程"等科目。

3. 长期应付款

增加了"以分期付款方式购入固定资产"的核算。

4. 专项应付款

企业会计制度将专项应付款定义为是国家拨入的具有专门用途的拨款，拨入时记入"专项应付款"，项目完成后，形成各项资产的部分，则转入"资本公积——拨款转入"。新会计准则应用指南的规定：专项应付款是企业取得政府作为企业所有者投入的具有专项或特定用途的款项，同时也明确了只有形成长期资产的部分才能转为"资本公积——资本溢价"，强调项目是国家以所有者身份拨款所形成。

5. 预计负债

新增了资产弃置义务的核算。由资产弃置义务产生的预计负债，应按确定的金额，借记"固定资产"或"油气资产"科目，贷记"预计负债"科目。在固定资产或油气资产的使用寿命内，按计算确定各期应负担的利息费用，借记"财务费用"科目，贷记"预计负债"科目。

（三）所有者权益类科目

1. 实收资本

新增了两个科目：第一，企业（中外合作经营）在合作期间归还投资者的投资，应在本科目设置"已归还投资"明细科目核算。第二，回购股票冲减"实收资本"，同时增加"库存股"。

2. 资本公积

（1）企业只允许设置"资本或股本溢价"和"其他资本公积"两个明细科目；（2）企业接受捐赠记入"营业外收入"，新会计准则应用指南取消了"接受捐赠非现金资产准备"和"接受现金捐赠"明细科目；（3）企业会计准则——第19号外币折算应用指南规定企业接受投资者投入的外币应采用交易当日即期汇率折算不得采用合同汇率或近似汇率，不产生折算差额。因此取消了"外币资本折算差额"明细账；（4）取消了"股权投资准备"和"拨款转入"明细账。

3. 盈余公积

增加了中外合作经营根据合同规定在合作期间归还投资者的投资，按实际金额贷记"盈余公积——已归还利润"。

（四）成本类科目

制造费用：新会计准则应用指南规定企业生产车间（部门）和行政管理部门等发生的固定资产修理费用等后续支出，在"管理费用"科目核算。而原企业会计制度规定在制造费用核算。

（五）损益类科目

1. 主营业务收入

原企业会计制度规定按实际金额确定收入，新会计准则应用指南则对采用递延方式分期收款、具有融资性质的销售商品或提供劳务满足收入确认条件的营业收入采用按应收合同或协议价款的公允价值（折现值）计价。

2. 营业外收入

应用指南增加了原记入"资本公积"的有关债务重组、非货币性交换、捐赠收入，政府补助收入等。

3. 管理费用

（1）增加了企业生产车间（部门）等发生的固定资产修理费用等后续支出的核算。（2）企业筹建期间的开办费在实际发生时直接记入"管理费用"。（3）原记入管理费用的存货跌价准备和坏账准备等统一在"资产减值损失"科目核算。

第四节　新旧会计科目衔接说明

1. "现金"、"银行存款"、"其他货币资金"、"应收票据"、"应收股利"、"应收利息"、"应收账款"、"其他应收款"、"坏账准备"和"预付账款"科目

新准则设置了"库存现金"、"银行存款"、"其他货币资金"、"应收票据"、"应收股利"、"应收利息"、"应收账款"、"其他应收款"、"坏账准备"和"预付账款"科目，其核算内容与原制度相应科目的核算内容基本相同。调账时，应将以上科目的余额直接转至新账，也可沿用旧账。

2. "短期投资"和"短期投资跌价准备"科目

新准则没有设置"短期投资"和"短期投资跌价准备"科目，而设置了"交易性金融资产"和"可供出售金融资产"科目，并要求分别"成本"、"公允价值变动"进行明细核算。调账时，企业应当根据新准则的划分标准将原制度中的短期投资重新划分为交易性金融资产和可供出售金融资产。

企业应当按照首次执行日的公允价值自"短期投资"和"短期投资跌价准备"科目转入"交易性金融资产（或可供出售金融资产）——成本"科目；原账面价值与首次执行日公允价值的差额相应调整"盈余公积"和"年初未分配利润"科目金额。

3. "应收补贴款"科目

新准则没有设置"应收补贴款"科目。调账时，企业应将"应收补贴款"科目的余额转至"其他应收款"科目。

4. "物资采购"、"在途物资"、"原材料"、"包装物"、"低值易耗品"、"材料成本差异"、"库存商品"、"商品进销差价"、"委托加工物资"、"受托代销商品"、"待摊费用"和"存货跌价准备"科目

新准则设置了"材料采购"、"在途物资"、"原材料"、"材料成本差异"、"库存商品"、"商品进销差价"、"委托加工物资"、"受托代销商品"和"存货跌价准备"科目，核算内容与原制度相同。调账时，应将"物资采购"科目的余额转入"材料采购"科目；将"包装物"科目和"低值易耗品"科目的余额一并转入"包装物及低值易耗品"科目；将"库存商品"科目的余额转入"库存商品"科目，对于房地产开发企业的开发产品也可以将其金额转入"开发产品"科目；其他科目的余额直接转至新账，也可沿用旧账。

新准则取消了"待摊费用"、"包装物"、"低值易耗品"科目，应将"待摊费用"科目的余额转入"预付账款"科目；将"包装物"、"低值易耗品"科目的余额转入"周转材料"科目。

5. "自制半成品"、"委托代销商品"和"分期收款发出商品"科目

新准则没有设置"自制半成品"、"委托代销商品"和"分期收款发出商品"科目，而设置了"发出商品"科目。调账时，应将"自制半成品"科目的余额转入"生产成本"科目；将"委托代销商品"科目的余额转入"发出商品"科目；对"分期收款发出商品"科目的余额进行分析，其中尚未满足收入确认条件的发出商品部分转入"发出商品"科目，已经满足收入确认条件的发出商品部分转入"主营业务成本"科目。企业也可沿用"委托代销商品"科目核算委托其他单位代销的商品。

6. "长期股权投资"科目

新准则设置了"长期股权投资"科目，但其核算内容和核算方法与原制度相比有所变化，另外新准则还设置了"交易性金融资产"和"可供出售金融资产"科目。调账时，企业应对"长期股权投资"科目的余额进行分析。

对于同一控制下企业合并产生的长期股权投资，"长期股权投资——股权投资差额"科目余额全额冲销，并相应调整"盈余公积"和"年初未分配利润"科目；"长期股权投资——投资成本、损益调整、股权投资准备"科目余额一并转入"长期股权投资——投资成本"科目。

对于非同一控制下企业合并产生的长期股权投资，"长期股权投资——股权投资差额"科目的贷方余额全额冲销，并相应调整"盈余公积"和"年初未分配利润"科目；"长期股权投资——投资成本、损益调整、股权投资准备"科目余额以及"长期股权投资——股权投资差额"科目的借方余额一并转入"长期股权投资——投资成本"科目。

对合营企业、联营企业的长期股权投资，"长期股权投资——股权投资差额"科目的贷方余额全额冲销，并相应调整"盈余公积"和"年初未分配利润"科目；"长期股权投资——投资成本"科目余额以及"长期股权投资——股权投资差额"科目的借方余额一并转入"长期股权投资——投资成本"科目、"长期股权投资——损益调整、股权投资准备"科目余额。

投资企业对被投资单位不具有共同控制或重大影响，并且在活跃市场中没有报价、公允价值不能可靠计量的长期股权投资，应将"长期股权投资"科目直接转至新账，也可沿用旧账。

企业应当将上述三类投资相对应的长期股权投资减值准备金额自"长期投资减值准备"科目转入"长期股权投资减值准备"科目。

投资企业对被投资单位不具有共同控制或重大影响，并且能够可靠计量其公允价值的长期股权投资，应当根据新准则的划分标准重新划分为交易性金融资产和可供出售金融资产。按照其首次执行日公允价值自"长期股权投资"和"长期股权投资减值准备"科目转入"交易性金融资产（或可供出售金融资产）——成本"科目；原账面价值与首次执行日公允价值的差额相应调整"盈余公积"和"年初未分配利润"科目金额。

7. "长期债权投资"科目

新准则没有设置"长期债权投资"科目，而设置了"交易性金融资产"、"持有至到期投资"和"可供出售金融资产"科目。调账时，企业应当按照新准则的划分标准，将原制度中的长期债权投资重新划分为交易性金融资产、持有至到期投资和可供出售金融资产。

属于交易性金融资产或可供出售金融资产的部分，按照其首次执行日的公允价值自"长期债权投资"和"长期投资减值准备"科目转入"交易性金融资产（或可供出售金融资产）——成本"科目；原账面价值与首次执行日公允价值的差额相应调整"盈余公积"和"年初未分配利润"科目金额。

属于持有至到期投资的部分，将"长期债权投资——面值（或本金）、溢折价、应计利息"科目的余额分别转入"持有至到期投资——投资成本、溢折价、应计利息"科目，自首次执行日改按实际利率法计算确定利息收入。已计提减值准备的，将相应减值准备的金额自"长期投资减值准备"科目转入"持有至到期投资减值准备"科目。

8. "委托贷款"科目

企业委托银行或其他金融机构向其他单位贷出的款项，企业应单独设置"1303委托贷款"科目进行核算，原科目余额直接转入新账，也可沿用旧账。

9. "应收融资租赁款"、"融资租赁资产"和"未实现融资收益"科目

新准则没有设置"应收融资租赁款"科目，而设置了"长期应收款"和"未实现融资收益"科目，另外对租赁企业专设了"融资租赁资产"科目。调账时，应将"应收融资租赁款"科目的余额转入"长期应收款"科目；一般企业将"融资租赁资产"科目的余额转入"固定资产清理"科目，租赁企业则将"融资租赁资产"科目的余额直接转至新账，也可沿用旧账；将"未实现融资收益"科目的余额直接转至新账，也可沿用旧账。

企业采用递延方式分期收款、实质上具有融资性质的经营活动，调账时已满足收入确认条件的，应按应收合同或协议余款借记"长期应收款"科目，按其公允价值贷记"主营业务收入"等科目，按差额贷记"未实现融资收益"科目。

10. "固定资产"、"累计折旧"、"固定资产减值准备"、"工程物资"、"在建工程"、"在建工程减值准备"、"固定资产清理"、"无形资产"和"无形资产减值准备"科目

新准则设置了"固定资产"、"累计折旧"、"固定资产减值准备"、"工程物资"、"在建工程"、"固定资产清理"、"无形资产"和"无形资产减值准备"科目，其核算内容与原制度相应科目的核算内容相同。

新准则没有设置"在建工程减值准备"科目，而增设了"投资性房地产"和"累计摊销"科目，对农业企业专设了"生产性生物资产"、"生产性生物资产累计折旧"和"公益性生物资产"科目，对石油天然气开采企业专设了"油气资产"、"累计折耗"和"油气资产减值准备"科目。

调账时，应将"固定资产"、"累计折旧"、"固定资产减值准备"、"工程物资"、"在建工程"、"固定资产清理"、"无形资产"和"无形资产减值准备"科目的余额直接转至新账，也可沿用旧账；将"在建工程减值准备"科目的余额转入"在建工程"科目贷方。

企业投资性房地产采用成本模式计量的，应将"固定资产"、"累计折旧"、"固定资产减值准备"或"无形资产"、"无形资产减值准备"科目的账面余额转入"投资性房地产"、"投资性房地产折旧（摊销）"、"投资性房地产减值准备"科目；投资性房地产采用公允价值模式计量的，应当按照首次执行日投资性房地产的公允价值自"固定资产"、"累计折旧"、"固定资产减值准备"或"无形资产"、"无形资产减值准备"科目转入"投资性房地产——成本"科目，原账面价值与首次执行日公允价值的差额相应调整"盈余公积"和"年初未分配利润"科目金额。

11. "商誉"科目

原制度中商誉项目在"无形资产"科目中核算，新准则增设了"商誉"科目，并且核算内容和核算方法有所改变。调账时，对于同一控制下企业合并，原已确认商誉的摊余价值应全额从"无形资产"科目中冲销，并相应调整"盈余公积"和"年初未分配利润"科目金额。

对于非同一控制下企业合并，原已确认商誉的摊余价值应从"无形资产"科目转入"商誉"科目；原合并合同或协议中约定根据未来事项的发生对合并成本进行调整的，如果首次执行日预计未来事项很可能发生并对合并成本的影响金额能够可靠计量的，应当按照该影响金额调整已确认商誉的账面价值；首次执行日，还应对商誉进行减值测试，发生减值的，则以计提减值准备后的金额确认。

12. "长期待摊费用"和"待处理财产损溢"科目

新准则设置了"长期待摊费用"和"待处理财产损溢"科目，其核算内容与原制度相应科目的核算内容基本相同。调账时，应将以上科目的余额直接转至新账，也可沿用旧账。

13. "递延所得税资产"和"递延所得税负债"科目

原制度要求采用纳税影响会计法进行所得税会计处理的企业设置"递延税款"科目，而新准则设置了"递延所得税资产"和"递延所得税负债"科目，其核算方法与原制度相比有所变化。调账时，企业应计算首次执行日资产、负债的账面价值与计税基础不同形成的暂时性差异的所得税影响，并记入"递延所得税资产"或"递延所得税负债"科目，同时追溯调整"年初未分配利润"和"盈余公积"科目金额。原采用纳税影响会计法的企业，还应将原制度"递延所得税"科目的余额全额冲销，相应调整"年初未分配利润"和"盈余公积"科目金额。

14. "短期借款"、"应付票据"、"应付账款"、"预收账款"、"代销商品款"、"应付股利"、"应付利息"、"其他应付款"科目

新制度设置了"短期借款"、"应付票据"、"应付账款"、"预收账款"、"代销商品款"、"应付股利"、"应付利息"、"其他应付款"科目，其核算内容与原制度相应科目的核算内容相同。调账时，应将上述科目的余额直接转至新账，也可沿用旧账。

新准则取消了"预提费用"科目，应将"预提费用"科目的余额分别转入"应付利息"、"其他应付款"科目。

15. "应付短期债券"科目

新准则没有设置"应付短期债券"科目，而设置了"交易性金融负债"科目。调账时，对于企业持有的以公允价值计量且其变动计入当期损益的金融负债和直接指定为以公允价值计量且其变动计入当期损益的金融负债，应按其首次执行日公允价值自"应付短期债券"等科目转入"交易性金融负债——成本"科目；原账面价值与首次执行日公允价值的差额相应调整"盈余公积"和"年初未分配利润"科目金额。

16. "应付工资"、"应付福利费"、"应交税金"和"其他应交款"科目

新准则设置了"应付职工薪酬"和"应交税费"科目，其核算内容与原制度相应科目的核算内容相同。调账时，应将"应付工资"和"应付福利费"科目的余额转入"应付职工薪酬"科目，将"应交税金"和"其他应交款"科目的余额转入"应交税费"科目。对于首次执行日存在的解除与职工的劳动关系计划，满足预计负债确认条件的，应将因解除与职工的劳动关系给予补偿而产生的负债计入"应付职工薪酬"科目，并相应调整"盈余公积"和"年初未分配利润"科目。

17. "待转资产价值"科目

新准则没有设置"待转资产价值"科目。调账时，应将"待转资产价值"科目余额扣除应交所得税后的金额转入"营业外收入"科目，将应交所得税金额转入"递延所得税负债"科目。

18. "预计负债"科目

新准则设置了"预计负债"科目，但核算方法与原制度相比有所变化。调账时，应将"预计负债"科目的余额直接转至新账，也可沿用旧账。对于首次执行日满足

预计负债确认条件的重组义务，应计入预计负债，并相应调整"盈余公积"和"年初未分配利润"科目；对于首次执行日满足预计负债确认条件且该日之前尚未计入资产成本的弃置费用，应计入预计负债，并增加资产成本。

19. "长期借款"、"应付债券"、"长期应付款"、"未确认融资费用"和"专项应付款"科目

新准则设置了"长期借款"、"应付债券"、"长期应付款"、"未确认融资费用"、"专项应付款"科目，其核算内容与原制度相应科目的核算内容相同。其他科目的余额直接转至新账，也可沿用旧账。

20. "实收资本"科目

新准则设置了"实收资本"科目，其核算内容与原制度相应科目的核算内容相同。调账时，应将"实收资本"科目的余额直接转至新账，也可沿用旧账。

21. "资本公积"科目

新准则"资本公积"科目的核算内容较原制度有所增加。调账时，应将"资本公积——资本（或股本）溢价"科目的余额直接转入"资本公积——资本（或股本）溢价"科目，将"资本公积"科目下其他明细科目的余额一并转入"资本公积——其他资本公积"科目。

22. "盈余公积"科目

新准则设置了"盈余公积"科目，其核算内容与原制度相应科目的核算内容相同。调账时，应将"盈余公积"科目金额经有关调整后的余额直接转至新账，也可沿用旧账。

23. "本年利润"科目

新准则设置了"本年利润"科目，其核算内容与原制度相应科目的核算内容相同。由于"本年利润"科目年末无余额，不需要进行调账处理。

24. "利润分配"科目

新准则设置了"利润分配"科目，其核算内容较原制度相应科目的核算内容有所增加。调账时，应将"利润分配——未分配利润"科目金额经有关调整后的余额转入新账，也可沿用旧账。

25. "主营业务收入"、"其他业务收入"、"投资收益"、"补贴收入"、"营业外收入"、"主营业务成本"、"其他业务支出"、"主营业务税金及附加"、"营业费用"、"管理费用"、"财务费用"、"营业外支出"、"所得税"和"以前年度损益调整"科目

新准则设置了"主营业务收入"、"其他业务收入"、"投资收益"、"营业外收入"、"主营业务成本"、"其他业务成本"、"营业税金及附加"、"销售费用"、"管理费用"、"财务费用"、"营业外支出"、"所得税费用"和"以前年度损益调整"科目，没有设置"补贴收入"科目。根据新准则规定，"投资收益"科目除核算长期股权投资的投资损益以外，对于采用公允价值模式计量的投资性房地产的租金收入和处置损益，也应通过该科目核算；"营业税金及附加"科目除核算主营业务负担的税金及附加以外，对于其他经营活动发生的税金及附加，也应通过该科目核算；"销售费用"科目的核算内容与原制度"营业费用"科目的核算内容相同；其他科目的核算内容与原制度相应科目的核算内容基本相同。

由于上述科目年末无余额，不需要进行调账处理。

第五节 新旧会计科目衔接对照表

新旧会计科目衔接对照表

新准则会计科目		原制度会计科目		新旧会计科目转换、账户余额结转说明
科目代码	科目名称	科目代码	科目名称	
	一、资产类科目		一、资产类科目	
1001	库存现金	1001	现金	核算内容与原制度相同，余额直接转至新账。
1002	银行存款	1002	银行存款	核算内容与原制度相同，调账时，应将该科目的余额直接转至新账。
1012	其他货币资金	1009	其他货币资金	核算内容与原制度相同，调账时，应将该科目的余额直接转至新账。
1101	交易性金融资产	1101	短期投资	调账时，企业应当根据新准则的划分标准将原制度中的短期投资重新划分为交易性金融资产和可供出售金融资产。划分为交易性金融资产的短期投资的余额直接转至"交易性金融资产"。
		1102	短期投资跌价准备	
1121	应收票据	1111	应收票据	核算内容与原制度相同，调账时，应将该科目的余额直接转至新账。
1122	应收账款	1131	应收账款	核算内容与原制度相同，调账时，应将该科目的余额直接转至新账。
1123	预付账款	1151	预付账款	原预付账款科目余额转至新账；原"工程物资——预付大型设备款"的余额转至"预付账款——预付工程价款"。
112301	——预付材料款			
112302	——预付设备款			
112303	——其他预付款			
112304	——预付工程价款			
		1161	应收补贴款	新准则取消了应收补贴款科目，调账时，将应收补贴款科目余额转至"其他应收款"科目。
		1201	物资采购	新准则取消了"物资采购"科目，应将该科目的余额转至"在途物资"科目。
1131	应收股利	1121	应收股利	核算内容与原制度相同，调账时，应将该科目的余额直接转至新账。
1132	应收利息	1122	应收利息	核算内容与原制度相同，调账时，应将该科目的余额直接转至新账。

续表

新准则会计科目		原制度会计科目		新旧会计科目转换、账户余额结转说明
科目代码	科目名称	科目代码	科目名称	
1221	其他应收款	1133	其他应收款	核算内容与原制度相同，调账时，应将该科目的余额直接转至新账。
1231	坏账准备	1141	坏账准备	核算内容与原制度相同，调账时，应将该科目的余额直接转至新账。
1303	委托贷款	1431	委托贷款	核算内容与原制度相同，调账时，应将该科目的余额直接转至新账。
1402	在途物资			新准则取消了"物资采购"科目，应将该科目的余额转至"在途物资"科目；"原材料"、"材料成本差异"科目的余额分析后转至"原材料"科目；"库存商品"、"委托加工物资"、"存货跌价准备"科目的余额直接转至新账；"包装物"、"低值易耗品"科目的余额转至"周转材料"科目。"分期收款发出商品"科目的余额先全部转至"发出商品"科目，首次执行日后的当期，应对其进行分析，已经满足收入确认条件的发出商品部分应当转入"主营业务成本"科目。将"自制半成品"科目的余额转至"生产成本"科目。
1403	原材料	1211	原材料	
		1241	自制半成品	
1404	材料成本差异	1232	材料成本差异	
1405	库存商品	1243	库存商品	
1406	发出商品	1291	分期收款发出商品	
1408	委托加工物资	1251	委托加工物资	
1411	周转材料			
141101	——在库			
141102	——在用			
141103	——摊销			
1471	存货跌价准备	1281	存货跌价准备	
		1301	待摊费用	新准则取消了"待摊费用"科目，该科目余额在首次执行日一次性转入当期损益。
1501	持有至到期投资	1402	长期债权投资	将"长期债权投资——本金、溢折价、应计利息"科目，分别转入"持有至到期投资——投资成本、利息调整、应计利息"科目，并自首次执行日后改按实际利率法计算确定利息收入。已计提减值准备的，将计提的减值准备金额自"长期投资减值准备"科目转入"持有至到期投资减值准备"科目。
1502	持有至到期投资减值准备			
1503	可供出售金融资产			企业应当根据新准则的划分标准将原制度中的长期股权投资、长期债权投资、短期投资进行重新划分，划分为可供出售金融资产的，应将相关投资的账面价值的金额转入"可供出售金融资产"科目，同时比较该项投资的公允价值与账面价值，将差额分别调整该项投资的账面价值和留存收益。

新准则会计科目		原制度会计科目		新旧会计科目转换、账户余额结转说明
科目代码	科目名称	科目代码	科目名称	
1511	长期股权投资	1401	长期股权投资	调账时，企业应对"长期股权投资"科目的余额进行分析。 对于同一控制下企业合并产生的长期股权投资，"长期股权投资——股权投资差额"科目余额全额冲销，并相应调整"盈余公积"和"年初未分配利润"科目；"长期股权投资——投资成本、损益调整、股权投资准备"科目余额一并转入"长期股权投资——投资成本"科目。 对于非同一控制下企业合并产生的长期股权投资，"长期股权投资——股权投资差额"科目的贷方余额全额冲销，并相应调整"盈余公积"和"年初未分配利润"科目；"长期股权投资——投资成本、损益调整、股权投资准备"科目余额以及"长期股权投资——股权投资差额"科目的借方余额一并转入"长期股权投资——投资成本"科目。 对合营企业、联营企业的长期股权投资，"长期股权投资——股权投资差额"科目的贷方余额全额冲销，并相应调整"盈余公积"和"年初未分配利润"科目；"长期股权投资——投资成本"科目余额以及"长期股权投资——股权投资差额"科目的借方余额一并转入"长期股权投资——投资成本"科目，"长期股权投资——损益调整、股权投资准备"科目余额。 投资企业对被投资单位不具有共同控制或重大影响，并且在活跃市场中没有报价、公允价值不能可靠计量的长期股权投资，应将"长期股权投资"科目直接转至新账。
1512	长期股权投资减值准备	1421	长期投资减值准备	将对应的长期股权投资减值准备金额自"长期投资减值准备"科目转入"长期股权投资减值准备"科目。
1521	投资性房地产			公司将固定资产、无形资产作为投资性房地产核算时，应将"固定资产"、"累计折旧"、"固定资产减值准备"或"无形资产"、"无形资产减值准备"科目的账面余额转入"投资性房地产"、"投资性房地产折旧（摊销)"、"投资性房地产减值准备"科目。
1522	投资性房地产累计折旧（摊销）			
1523	投资性房地产减值准备			

续表

新准则会计科目		原制度会计科目		新旧会计科目转换、账户余额结转说明
科目代码	科目名称	科目代码	科目名称	
1531	长期应收款			首次执行日，存在已经开始执行但尚未执行完毕的分期收款销售商品或提供劳务的，应先转入"发出商品"科目。但在首次执行日后的当期，如果符合收入确认条件的，应将首次执行日后应收的合同或协议剩余价款转入"长期应收款"科目，应收的合同或协议剩余价款的公允价值（折现值），计入"主营业务收入"科目，按其差额，贷记"未实现融资收益"科目。
1532	未实现融资收益			
1601	固定资产	1501	固定资产	将"固定资产"（作为"投资性房地产"的除外）、"累计折旧"、"固定资产减值准备"、"工程物资"、"在建工程"、"固定资产清理"科目，其核算内容与原制度相应科目的核算内容相同。 将"在建工程减值准备"科目的余额转入"在建工程"科目贷方。 首次执行日之前采用分期付款方式购入的固定资产、无形资产，首次执行日之前已计提的折旧和摊销额，不再追溯调整；在首次执行日，应将尚未支付的款项与其折现后的金额之间的差额，减少资产的账面价值，同时确认为"未确认融资费用"。首次执行日后，应以调整后的资产账面价值作为认定成本并以此为基础计提折旧或摊销，未确认融资费用按照实际利率法进行摊销。
1602	累计折旧	1502	累计折旧	
		1503	经营租入固定资产改良	
1603	固定资产减值准备	1505	固定资产减值准备	
1604	在建工程	1603	在建工程	
		1605	在建工程减值准备	
1605	工程物资	1601	工程物资	
1606	固定资产清理	1701	固定资产清理	
1701	无形资产	1801	无形资产	公司持有的无形资产，应当以首次执行日的摊余价值作为认定成本，转入"无形资产"科目；对于在首次执行日之前已计入在建工程和固定资产的土地使用权，符合《企业会计准则第6号——无形资产》的规定应当单独确认为无形资产的，首次执行日应当进行重分类，将归属于土地使用权的部分从原资产账面价值中分离，作为土地使用权的认定成本，转入"无形资产"科目。 调账时，对于同一控制下企业合并，原已确认商誉的摊余价值应全额从"无形资产"科目中冲销，并相应调整"盈余公积"和"年初未分配利
1702	累计摊销			
1703	无形资产减值准备	1805	无形资产减值准备	
1711	商誉			
		1815	未确认融资费用	

新准则会计科目		原制度会计科目		新旧会计科目转换、账户余额结转说明
科目代码	科目名称	科目代码	科目名称	
				润"科目金额。 　对于非同一控制下企业合并，原已确认商誉的摊余价值应从"无形资产"科目转入"商誉"科目；原合并合同或协议中约定根据未来事项的发生对合并成本进行调整的，如果首次执行日预计未来事项很可能发生并对合并成本的影响金额能够可靠计量的，应当按照该影响金额调整已确认商誉的账面价值；首次执行日，还应对商誉进行减值测试，发生减值的，则以计提减值准备后的金额确认。 　其他无形资产直接转入新账。
1801	长期待摊费用	1901	长期待摊费用	调账时，应将原"长期待摊费用"科目的余额直接转至新账。 　首次执行日的开办费余额，应在首次执行日后第一个会计期间内全部确认为管理费用。
1811	递延所得税资产			原制度要求采用纳税影响会计法进行所得税会计处理的企业设置"递延税款"科目，而新《会计核算办法》设置了"递延所得税资产"和"递延所得税负债"科目，其核算方法与原制度相比有所变化。 　调账时，企业应计算首次执行日资产、负债的账面价值与计税基础不同形成的暂时性差异的所得税影响，并计入"递延所得税资产"或"递延所得税负债"科目，同时追溯调整"年初未分配利润"和"盈余公积"科目金额。原采用纳税影响会计法的企业，还应将原制度"递延所得税"科目的余额全额冲销，相应调整"年初未分配利润"和"盈余公积"科目金额。
1901	待处理财产损溢	1911	待处理财产损溢	调账时，应将原"待处理财产损溢"科目的余额直接转至新账。
	二、负债类科目		二、负债类科目	
2001	短期借款	2101	短期借款	核算内容与原制度相同，调账时，应将该科目的余额直接转至新账。

| 新准则会计科目 | | 原制度会计科目 | | 新旧会计科目转换、账户余额结转说明 |
科目代码	科目名称	科目代码	科目名称	
2101	交易性金融负债			调账时，对于企业持有的以公允价值计量且其变动计入当期损益的金融负债和直接指定为以公允价值计量且其变动计入当期损益的金融负债，应按其首次执行日公允价值自"应付短期债券"等科目转入"交易性金融负债——成本"科目；原账面价值与首次执行日公允价值的差额相应调整"盈余公积"和"年初未分配利润"科目金额。
2201	应付票据	2111	应付票据	核算内容与原制度相同，调账时，应将该科目的余额直接转至新账。
2202	应付账款	2121	应付账款	核算内容与原制度相同，调账时，应将该科目的余额直接转至新账。
2203	预收账款	2131	预收账款	核算内容与原制度相同，调账时，应将该科目的余额直接转至新账。
2211	应付职工薪酬	2151	应付工资	调账时，应将"应付工资"和"应付福利费"科目的余额转入"应付职工薪酬"科目，对于首次执行日存在的解除与职工的劳动关系计划，满足预计负债确认条件的，应将因解除与职工的劳动关系给予补偿而产生的负债记入"应付职工薪酬"科目，并相应调整"盈余公积"和"年初未分配利润"科目。
221101	——工资	215101	——工资储备	
221102	——职工福利	215102	——应付职工工资	
221103	——社会保险费			
221104	——住房公积金			
221105	——工会经费			
221106	——职工教育经费			
221107	——非货币性福利			
221108	——辞退福利			
221109	——股份支付			
		2153	应付福利费	
2221	应交税费	2171	应交税金	将"应交税金"科目的余额转入"应交税费"科目。
2231	应付利息			
2232	应付股利	2161	应付股利	核算内容与原制度相同，调账时，应将该科目的余额直接转至新账。
		2176	其他应交款	将"其他应交款"科目的余额转入"应交税费"科目。
2241	其他应付款	2181	其他应付款	核算内容与原制度相同，调账时，应将该科目的余额直接转至新账。
		2191	预提费用	新准则取消了"预提费用"科目，该科目余额在首次执行日一次性转入当期损益。

新准则会计科目		原制度会计科目		新旧会计科目转换、账户余额结转说明
科目代码	科目名称	科目代码	科目名称	
		2201	待转资产价值	调账时，应将"待转资产价值"科目余额扣除应交所得税后的金额转入"营业外收入"科目，将应交所得税金额转入"递延所得税负债"科目。
2801	预计负债	2211	预计负债	调账时，应将"预计负债"科目的余额直接转至新账。对于首次执行日满足预计负债确认条件的重组义务，应计入预计负债，并相应调整"盈余公积"和"年初未分配利润"科目；对于首次执行日满足预计负债确认条件且该日之前尚未计入资产成本的弃置费用，应计入预计负债，并增加资产成本。
2401	递延收益			
2501	长期借款	2301	长期借款	调账时，应将该科目的余额直接转至新账。
250101	——本金			
250102	——利息调整			
2502	应付债券	2311	应付债券	调账时，应将该科目的余额直接转至新账。
2701	长期应付款	2321	长期应付款	调账时，应将该科目的余额直接转至新账。
2702	未确认融资费用			调账时，应将该科目的余额直接转至新账。
2711	专项应付款	2331	专项应付款	调账时，应将该科目的余额直接转至新账。
2901	递延所得税负债	2341	递延税款	同前"递延所得税资产"科目。
	三、共同类科目			
3101	衍生工具			
3201	套期工具			
3202	被套期项目			
	四、所有者权益类科目		三、所有者权益类科目	
4001	股本（实收资本）	3101	股本（实收资本）	调账时，应将该科目的余额直接转至新账。

新准则会计科目		原制度会计科目		新旧会计科目转换、账户余额结转说明
科目代码	科目名称	科目代码	科目名称	
4002	资本公积	3111	资本公积	调账时，应将"资本公积——资本（或股本）溢价"科目的余额直接转入"资本公积——资本（或股本）溢价"科目，将"资本公积"科目下其他明细科目的余额一并转入"资本公积——其他资本公积"科目。
400201	——股本（资本）溢价			
400202	——其他资本公积			
4101	盈余公积	3121	盈余公积	调账时，应将"盈余公积"科目金额经有关调整后的余额直接转至新账。
410101	——法定盈余公积	312101	——法定盈余公积	
410102	——任意盈余公积	312102	——任意盈余公积	
410103	——储备基金	312103	——法定公益金	
410104	——企业发展基金	312104	——储备基金	
		312105	——企业发展基金	
4103	本年利润	3131	本年利润	"本年利润"科目年末无余额，不需要进行调账处理。
4104	利润分配	3141	利润分配	调账时，应将"利润分配——未分配利润"科目金额经有关调整后的余额转入新账。
4201	库存股			
	五、成本类科目		四、成本类科目	
5001	生产成本	4101	生产成本	直接转入新账。
5101	制造费用	4105	制造费用	直接转入新账。
5201	劳务成本	4107	劳务成本	直接转入新账。
5301	研发支出			
5401	工程施工	4103	工程施工	直接转入新账。
5402	工程结算	4104	工程结算	直接转入新账。
5403	机械作业			
	六、损益类科目		五、损益类科目	
6001	主营业务收入	5101	主营业务收入	新《会计核算办法》设置了"主营业务收入"、"其他业务收入"、"投资收益"、"营业外收入"、"主营业务成本"、"其他业务成本"、"营业税金及附加"、"销售费用"、"管理费用"、"财务费用"、"营业外支出"、"所得税费用"和"以前年度损益调整"科目，没有设置"补贴收入"科目。根据新《会计核算办法》规定，"投资收益"科目除核算
6051	其他业务收入	5102	其他业务收入	
6101	公允价值变动损益			
6111	投资收益	5201	投资收益	
		5203	补贴收入	
		5204	递延收入	
6301	营业外收入	5301	营业外收入	
6401	主营业务成本	5401	主营业务成本	

新准则会计科目		原制度会计科目		新旧会计科目转换、账户余额结转说明
科目代码	科目名称	科目代码	科目名称	
6402	其他业务成本	5405	其他业务支出	长期股权投资的投资损益以外，对于采用公允价值模式计量的投资性房地产的租金收入和处置损益，也应通过该科目核算；"营业税金及附加"科目除核算主营业务负担的税金及附加以外，对于其他经营活动发生的税金及附加，也应通过该科目核算；"销售费用"科目的核算内容与原制度"营业费用"科目的核算内容相同；其他科目的核算内容与原制度相应科目的核算内容基本相同。由于上述科目年末无余额，不需要进行调账处理。
6403	营业税金及附加	5402	主营业务税金及附加	
6601	销售费用	5501	营业费用	
6602	管理费用	5502	管理费用	
6603	财务费用	5503	财务费用	
6701	资产减值损失			
6711	营业外支出	5601	营业外支出	
6801	所得税费用	5701	所得税	
680101	——当期所得税费用			
680102	——递延所得税费用			
6901	以前年度损益调整	5801	以前年度损益调整	

第十二章 财政部企业会计准则解释与新会计准则答疑

第一节 企业会计准则解释第 1 号

一、企业在编制年报时，首次执行日有关资产、负债及所有者权益项目的金额是否要进一步复核？原同时按照国内及国际财务报告准则对外提供财务报告的 B 股、H 股等上市公司，首次执行日如何调整？

答：企业在编制首份年报时，应当对首次执行日有关资产、负债及所有者权益项目的账面余额进行复核，经注册会计师审计后，在附注中以列表形式披露年初所有者权益的调节过程以及作出修正的项目、影响金额及其原因。

原同时按照国内及国际财务报告准则对外提供财务报告的 B 股、H 股等上市公司，首次执行日根据取得的相关信息，能够对因会计政策变更所涉及的交易或事项的处理结果进行追溯调整的，以追溯调整后的结果作为首次执行日的余额。

二、中国境内企业设在境外的子公司在境外发生的有关交易或事项，境内不存在且受相关法律法规等限制或交易不常见，企业会计准则未作规范的，如何进行处理？

答：中国境内企业设在境外的子公司在境外发生的交易或事项，境内不存在且受法律法规等限制或交易不常见，企业会计准则未作出规范的，可以将境外子公司已经进行的会计处理结果，在符合《企业会计准则——基本准则》的原则下，按照国际财务报告准则进行调整后，并入境内母公司合并财务报表的相关项目。

三、经营租赁中出租人发生的初始直接费用以及融资租赁中承租人发生的融资费用应当如何处理？出租人对经营租赁提供激励措施的，如提供免租期或承担承租人的某些费用等，承租人和出租人应当如何处理？企业（建造承包商）为订立建造合同发生的相关费用如何处理？

答：

（一）经营租赁中出租人发生的初始直接费用，是指在租赁谈判和签订租赁合同过程中发生的可归属于租赁项目的手续费、律师费、差旅费、印花税等，应当计入当期损益；金额较大的应当资本化，在整个经营租赁期间内按照与确认租金收入相同的基础分期计入当期损益。

承租人在融资租赁中发生的融资费用应予资本化或是费用化，应按《企业会计准则第 17 号——借款费用》处理，并按《企业会计准则第 21 号——租赁》进行计量。

（二）出租人对经营租赁提供激励措施的，出租人与承租人应当分别下列情况进行处理：

1. 出租人提供免租期的，承租人应将租金总额在不扣除免租期的整个租赁期内，按直线法或其他合理的方法进行分摊，免租期内应当确认租金费用；出租人应将租金总额在不扣除免租期的整个租赁期内，按直线法或其他合理的方法进行分配，免租期内出租人应当确认租金收入。

2. 出租人承担了承租人某些费用的，出租人应将该费用自租金收入总额中扣除，按扣除后的租金收入余额在租赁期内进行分配；承租人应将该费用从租金费用总额中扣除，按扣除后的租金费用余额在租赁期内进行分摊。

（三）企业（建造承包商）为订立合同发生的差旅费、投标费等，能够单独区分和可靠计量且合同很可能订立的，应当予以归集，待取得合同时计入合同成本；未满足上述条件的，应当计入当期损益。

四、企业发行的金融工具应当在满足何种条件时确认为权益工具？

答：企业将发行的金融工具确认为权益性工具，应当同时满足下列条件：

（一）该金融工具应当不包括交付现金或其他金融资产给其他单位，或在潜在不利条件下与其他单位交换金融资产或金融负债的合同义务。

（二）该金融工具须用或可用发行方自身权益工具进行结算的，如为非衍生工具，该金融工具应当不包括交付非固定数量的发行方自身权益工具进行结算的合同义务；如为衍生工具，该金融工具只能通过交付固定数量的发行方自身权益工具换取固定数额的现金或其他金融资产进行结算。其中，所指的发行方自身权益工具不包括本身通过收取或交付企业自身权益工具进行结算的合同。

五、嵌入保险合同或嵌入租赁合同中的衍生工具应当如何处理？

答：根据《企业会计准则第 22 号——金融工具确认和计量》的规定，嵌入衍生工具相关的混合工具没有指定为以公允价值计量且其变动计入当期损益的金融资产或金融负债，同时满足有关条件的，该嵌入衍生工具应当从混合工具中分拆，作为单独的衍生工具处理。该规定同样适用于嵌入在保险合同中的衍生工具，除非该嵌入衍生工具本身属于保险合同。

按照保险合同约定，如果投保人在持有保险合同期间，拥有以固定金额或是以固定金额和相应利率确定的金额退还保险合同选择权的，即使其行权价格与主保险合同负债的账面价值不同，保险人也不应将该选择权从保险合同中分拆，仍按保险合同进行处理。但是，如果退保价值随同某金融变量或者某一与合同一方不特定相关的非金融变量的变动而变化，嵌入保险合同中的卖出选择权或现金退保选择权，应适用《企业会计准则第 22 号——金融工具确认和计量》；如果持有人实施卖出选择权或现金退保选择权的能力取决于上述变量变动的，嵌入保险合同中的卖出选择权或现金退保选择权，也适用《企业会计准则第 22 号——金融工具确认和计量》。

嵌入租赁合同中的衍生工具，应当按照《企业会计准则第 22 号——金融工具确认和计量》进行处理。

六、企业如有持有待售的固定资产和其他非流动资产，如何进行确认和计量？

答：《企业会计准则第 4 号——固定资产》第二十二条规定，企业对于持有待售的固定资产，应当调整该项固定资产的预计净残值，使该固定资产的预计净残值反映其公允价值减去处置费用后的金额，但不得超过符合持有待售条件时该项固定资产的原账面价值，原账面价值高于调整后预计净残值的差额，应作为资产减值损失计入当期损益。

同时满足下列条件的非流动资产应当划分为持有待售：一是企业已经就处置该非流动资产作出决议；二是企业已经与受让方签订了不可撤销的转让协议；三是该项转让将在一年内完成。

符合持有待售条件的无形资产等其他非流动资产，比照上述原则处理，但不包括递延所得税资产、《企业会计准则第 22 号——金融工具确认和计量》规范的金融资产、以公允价值计量的投资性房地产和生物资产、保险合同中产生的合同权利。

持有待售的非流动资产包括单项资产和处置组，处置组是指作为整体出售或其他方式一并处置的一组资产。

七、企业在确认由联营企业及合营企业投资产生的投资收益时，对于与联营企业及合营企业发生的内部交易损益应当如何处理？首次执行日对联营企业及合营企业投资存在股权投资借方差额的，计算投资损益时如何进行调整？企业在首次执行日前持有对子公司的长期股权投资，取得子公司分派现金股利或利润如何处理？

答：

（一）企业持有的对联营企业及合营企业的投资，按照《企业会计准则第 2 号——长期股权投资》的规定，应当采用权益法核算，在按持股比例等计算确认应享有或应分担被投资单位的净损益时，应当考虑以下因素：

投资企业与联营企业及合营企业之间发生的内部交易损益按照持股比例计算归属于投资企业的部分，应当予以抵销，在此基础上确认投资损益。投资企业与被投资单位发生的内部交易损失，按照《企业会计准则第 8 号——资产减值》等规定属于资产减值损失的，应当全额确认。投资企业对于纳入其合并范围的子公司与其联营企业及合营企业之间发生的内部交易损益，也应当按照上述原则进行抵销，在此基础上确认投资损益。

投资企业对于首次执行日之前已经持有的对联营企业及合营企业的长期股权投资，如存在与该投资相关的股权投资借方差额，还应扣除按原剩余期限直线摊销的股权投资借方差额，确认投资损益。

投资企业在被投资单位宣告发放现金股利或利润时，按照规定计算应分得的部分确认应收股利，同时冲减长期股权投资的账面价值。

（二）企业在首次执行日以前已经持有的对子公司长期股权投资，应在首次执行日进行追溯调整，视同该子公司自最初即采用成本法核算。执行新会计准则后，应当按照子公司宣告分派现金股利或利润中应分得的部分，确认投资收益。

八、企业在股权分置改革过程中持有的限售股权如何进行处理？

答：企业在股权分置改革过程中持有对被投资单位在重大影响以上的股权，应当作为长期股权投资，视对被投资单位的影响程度分别采用成本法或权益法核算；企业在股权分置改革过程中持有对被投资单位不具有控制、共同控制或重大影响的股权，应当划分为可供出售金融资产，其公允价值与账面价值的差额，在首次执行日应当追溯调整，计入资本公积。

九、企业在编制合并财务报表时，因抵销未实现内部销售损益在合并财务报表中产生的暂时性差异是否应当确认递延所得税？母公司对于纳入合并范围子公司的未确认投资损失，执行新会计准则后在合并财务报表中如何列报？

答：

（一）企业在编制合并财务报表时，因抵销未实现内部销售损益导致合并资产负债表中资产、负债的账面价值与其在所属纳税主体的计税基础之间产生暂时性差异的，在合并资产负债表中应当确认递延所得税资产或递延所得税负债，同时调整合并利润表中的所得税费用，但与直接计入所有者权益的交易或事项及企业合并相关的递延所得税除外。

（二）执行新会计准则后，母公司对于纳入合并范围子公司的未确认投资损失，在合并资产负债表中应当冲减未分配利润，不再单独作为"未确认的投资损失"项目列报。

十、企业改制过程中的资产、负债，应当如何进行确认和计量？

答：企业引入新股东改制为股份有限公司，相关资产、负债应当按照公允价值计量，并以改制时确定的公允价值为基础持续核算的结果并入控股股东的合并财务报表。改制企业的控股股东在确认对股份有限公司的长期股权投资时，初始投资成本为投出资产的公允价值及相关费用之和。

第二节 企业会计准则解释第2号

一、同时发行A股和H股的上市公司，应当如何运用会计政策及会计估计？

答： 内地企业会计准则和香港财务报告准则实现等效后，同时发行A股和H股的上市公司，除部分长期资产减值损失的转回以及关联方披露两项差异外，对于同一交易事项，应当在A股和H股财务报告中采用相同的会计政策、运用相同的会计估计进行确认、计量和报告，不得在A股和H股财务报告中采用不同的会计处理。

二、企业购买子公司少数股东拥有对子公司的股权应当如何处理？企业或其子公司进行公司制改制的，相关资产、负债的账面价值应当如何调整？

答：（一）母公司购买子公司少数股权所形成的长期股权投资，应当按照《企业会计准则第2号——长期股权投资》第四条的规定确定其投资成本。

母公司在编制合并财务报表时，因购买少数股权新取得的长期股权投资与按照新增持股比例计算应享有子公司自购买日（或合并日）开始持续计算的净资产份额之间的差额，应当调整所有者权益（资本公积），资本公积不足冲减的，调整留存收益。

上述规定仅适用于本规定发布之后发生的购买子公司少数股权交易，之前已经发生的购买子公司少数股权交易未按照上述原则处理的，不予追溯调整。

（二）企业进行公司制改制的，应以经评估确认的资产、负债价值作为认定成本，该成本与其账面价值的差额，应当调整所有者权益；企业的子公司进行公司制改制的，母公司通常应当按照《企业会计准则解释第1号》的相关规定确定对子公司长期股权投资的成本，该成本与长期股权投资账面价值的差额，应当调整所有者权益。

三、企业对于合营企业是否应纳入合并财务报表的合并范围？

答： 按照《企业会计准则第33号——合并财务报表》的规定，投资企业对于与其他投资方一起实施共同控制的被投资单位，应当采用权益法核算，不应采用比例合并法。但是，如果根据有关章程、协议等，表明投资企业能够对被投资单位实施控制的，应当将被投资单位纳入合并财务报表的合并范围。

四、企业发行认股权和债券分离交易的可转换公司债券，其认股权应当如何进行会计处理？

答： 企业发行认股权和债券分离交易的可转换公司债券（以下简称分离交易可转换公司债券），其认股权符合《企业会计准则第22号——金融工具确认和计量》和《企业会计准则第37号——金融工具列报》有关权益工具定义的，应当按照分离交易可转换公司债券发行价格，减去不附认股权且其他条件相同的公司债券公允价值后的差额，确认一项权益工具（资本公积）。

企业对于本规定发布之前已经发行的分离交易可转换公司债券，应当进行追溯调整。

五、企业采用建设经营移交方式（BOT）参与公共基础设施建设业务应当如何处理？

答： 企业采用建设经营移交方式（BOT）参与公共基础设施建设业务，应当按照以下规定进行处理：

（一）本规定涉及的 BOT 业务应当同时满足以下条件：

1. 合同授予方为政府及其有关部门或政府授权进行招标的企业。

2. 合同投资方为按照有关程序取得该特许经营权合同的企业（以下简称合同投资方）。合同投资方按照规定设立项目公司（以下简称项目公司）进行项目建设和运营。项目公司除取得建造有关基础设施的权利以外，在基础设施建造完成以后的一定期间内负责提供后续经营服务。

3. 特许经营权合同中对所建造基础设施的质量标准、工期、开始经营后提供服务的对象、收费标准及后续调整作出约定，同时在合同期满，合同投资方负有将有关基础设施移交给合同授予方的义务，并对基础设施在移交时的性能、状态等作出明确规定。

（二）与 BOT 业务相关收入的确认。

1. 建造期间，项目公司对于所提供的建造服务应当按照《企业会计准则第15号——建造合同》确认相关的收入和费用。基础设施建成后，项目公司应当按照《企业会计准则第14号——收入》确认与后续经营服务相关的收入。

建造合同收入应当按照收取或应收对价的公允价值计量，并分别以下情况在确认收入的同时，确认金融资产或无形资产：

（1）合同规定基础设施建成后的一定期间内，项目公司可以无条件地自合同授予方收取确定金额的货币资金或其他金融资产的；或在项目公司提供经营服务的收费低于某一限定金额的情况下，合同授予方按照合同规定负责将有关差价补偿给项目公司的，应当在确认收入的同时确认金融资产，并按照《企业会计准则第22号——金融工具确认和计量》的规定处理。

（2）合同规定项目公司在有关基础设施建成后，从事经营的一定期间内有权利向获取服务的对象收取费用，但收费金额不确定的，该权利不构成一项无条件收取现金的权利，项目公司应当在确认收入的同时确认无形资产。

建造过程如发生借款利息，应当按照《企业会计准则第17号——借款费用》的规定处理。

2. 项目公司未提供实际建造服务，将基础设施建造发包给其他方的，不应确认建造服务收入，应当按照建造过程中支付的工程价款等考虑合同规定，分别确认为金融资产或无形资产。

（三）按照合同规定，企业为使有关基础设施保持一定的服务能力或在移交给合同授予方之前保持一定的使用状态，预计将发生的支出，应当按照《企业会计准则第13号——或有事项》的规定处理。

（四）按照特许经营权合同规定，项目公司应提供不止一项服务（如既提供基础设施建造服务又提供建成后经营服务）的，各项服务能够单独区分时，其收取或应收的对价应当按照各项服务的相对公允价值比例分配给所提供的各项服务。

（五）BOT业务所建造基础设施不应作为项目公司的固定资产。

（六）在BOT业务中，授予方可能向项目公司提供除基础设施以外其他的资产，如果该资产构成授予方应付合同价款的一部分，不应作为政府补助处理。项目公司自授予方取得资产时，应以其公允价值确认，未提供与获取该资产相关的服务前应确认为一项负债。

本规定发布前，企业已经进行的BOT项目，应当进行追溯调整；进行追溯调整不切实可行的，应以与BOT业务相关的资产、负债在所列报最早期间期初的账面价值为基础重新分类，作为无形资产或是金融资产，同时进行减值测试；在列报的最早期间期初进行减值测试不切实可行的，应在当期期初进行减值测试。

六、售后租回交易认定为经营租赁的，应当如何进行会计处理？

答：企业的售后租回交易认定为经营租赁的，应当分别以下情况处理：

（一）有确凿证据表明售后租回交易是按照公允价值达成的，售价与资产账面价值的差额应当计入当期损益。

（二）售后租回交易如果不是按照公允价值达成的，售价低于公允价值的差额，应计入当期损益；但若该损失将由低于市价的未来租赁付款额补偿时，有关损失应予以递延（递延收益），并按与确认租金费用相一致的方法在租赁期内进行分摊；如果售价大于公允价值，其大于公允价值的部分应计入递延收益，并在租赁期内分摊。

第三节　企业会计准则实施问题专家工作组意见（一）

近期，就有关部门、上市公司、会计师事务所等提出的新会计准则执行过程中的问题，企业会计准则实施问题专家工作组进行了讨论，并就以下问题达成了一致意见。

一、问：如何认定同一控制下的企业合并？

答：企业应当按照《企业会计准则第20号——企业合并》及其应用指南的相关规定，对同一控制下的企业合并进行判断。通常情况下，同一控制下的企业合并是指发生在同一企业集团内部企业之间的合并。除此之外，一般不作为同一控制下的企业合并。

二、问： 企业持有的非同一控制下企业合并产生的对子公司的长期股权投资，在首次执行日及执行新会计准则后，按照《企业会计制度》及投资准则（以下简称"原制度"）核算的股权投资借方差额的余额如何处理？

答： 企业持有的非同一控制下企业合并产生的对子公司的长期股权投资，按照原制度核算的股权投资借方差额的余额，在首次执行日应当执行《企业会计准则第38号——首次执行企业会计准则》的相关规定。

上述对子公司投资的股权投资借方差额的余额，执行新会计准则后，在编制合并财务报表时应区别情况处理：

（一）企业无法可靠确定购买日被购买方可辨认资产、负债公允价值的，应将按原制度核算的股权投资借方差额的余额，在合并资产负债表中作为商誉列示。

（二）企业能够可靠确定购买日被购买方可辨认资产、负债等的公允价值的，应将属于因购买日被购买方可辨认资产、负债公允价值与其账面价值的差额扣除已摊销金额后在首次执行日的余额，按合理的方法分摊至被购买方各项可辨认资产、负债，并在被购买方可辨认资产的剩余使用年限内计提折旧或进行摊销，有关折旧或摊销计入合并利润表相关的投资收益项目；无法将该余额分摊至被购买方各项可辨认资产、负债的，可在原股权投资差额的剩余摊销年限内平均摊销，计入合并利润表相关的投资收益项目，尚未摊销完毕的余额在合并资产负债表中作为"其他非流动资产"列示。

企业合并成本大于购买日应享有被购买方可辨认净资产公允价值份额的差额在首次执行日的余额，在合并资产负债表中作为商誉列示。

三、问： 首次执行日确认递延所得税资产或递延所得税负债时，如何确定适用的所得税税率？税率变动时如何处理？

答： 在首次执行日，企业按照《企业会计准则第38号——首次执行企业会计准则》的规定确认递延所得税资产或递延所得税负债时，应以现行国家有关税收法规为基础确定适用税率。

未来期间适用税率发生变更的，应当按照新的税率对原已确认的递延所得税资产和递延所得税负债进行调整，有关调整金额计入变更当期的所得税费用等。

四、问： 企业根据国家有关规定计提的安全费在首次执行日以及执行新会计准则后如何处理？

答： 企业根据国家有关规定计提的安全费余额在首次执行日不予调整，即原记入"长期应付款"科目的安全费在首次执行日的余额不变。

执行新会计准则后，企业应继续按照国家规定的标准计提安全费，计入生产成本，同时确认为负债，记入"长期应付款"科目。

企业在未来期间使用已计提的安全费时，冲减长期应付款。如能确定有关支出最终将形成固定资产的，应通过"在建工程"科目归集。待有关安全项目完工后，结转为固定资产；同时，按固定资产的实际成本，借记"长期应付款"科目，贷记"累计折旧"科目。该项固定资产在以后期间不再计提折旧。

五、问：上市公司在清欠过程中，控股股东通过放弃持有的对上市公司的股权抵偿其对上市公司的债务，上市公司作为减资的，会计上应当如何处理？

答：上市公司及其控股股东应分别进行以下处理：

（一）上市公司取得控股股东用于抵偿债务的股权按照法定程序减资的，在办理有关的减资手续后，应当按照减资比例减少股本，所清偿应收债权的账面价值与减少的股本之间的差额，相应调整资本公积（股本溢价），资本公积（股本溢价）的余额不足冲减的，应当冲减留存收益。

（二）控股股东以持有的对上市公司的股权抵偿其对上市公司债务，应冲减的抵债股权的账面价值与偿付的应付债务账面价值之间的差额调整资本公积（资本溢价或股本溢价）。

六、问：首次执行日，企业原确认的股权分置流通权余额如何处理？

答：（一）股权分置流通权余额的处理

首次执行日，企业在股权分置改革中形成的股权分置流通权的余额，属于与对联营企业、合营企业、子公司的长期股权投资相关的，以及与仍处于限售期的权益性投资相关的，应当全额转至长期股权投资（投资成本）；除此之外，首次执行日应将其余额及相关的权益性投资账面价值一并按照《企业会计准则第22号——金融工具确认和计量》的规定进行划分，作为交易性金融资产或可供出售金融资产。

划分为交易性金融资产或可供出售金融资产的金融资产，在首次执行日的公允价值与其账面价值的差额，应按照《企业会计准则第38号——首次执行企业会计准则》的规定处理。其中对于可供出售金融资产，其公允价值与账面价值的差额在调整了首次执行日的留存收益后，应同时将该差额自留存收益转入资本公积（其他资本公积）。

（二）2007年1月1日以后，企业根据经批准的股权分置方案，以支付现金方式取得的流通权，应当计入与其相关的长期股权投资或其他金融资产的账面价值，不再单设"股权分置流通权"科目进行核算。

七、问：保险公司分红保险和万能寿险账户中金融资产的公允价值变动如何处理？

答：对保险公司经营的分红保险和万能寿险账户中可供出售金融资产的公允价值变动，采用合理的方法将归属于保单持有人的部分确认为有关负债，将归属于公司股东的部分确认为资本公积（其他资本公积）；对以公允价值计量且其变动计入当期损益的金融资产的公允价值变动，采用合理的方法将归属于保单持有人的部分确认为有关负债，将归属于公司股东的部分计入当期损益。

八、问：企业自其子公司的少数股东处购买股权应如何进行处理？

答： 企业自其子公司的少数股东处购买股权，应区别个别财务报表和合并财务报表进行处理：

（一）在个别财务报表中对增加的长期股权投资应当按照《企业会计准则第 2 号——长期股权投资》第四条的规定处理。

（二）在合并财务报表中，子公司的资产、负债应以购买日（或合并日）开始持续计算的金额反映。

因购买少数股权增加的长期股权投资成本，与按照新取得的股权比例计算确定应享有子公司在交易日可辨认净资产公允价值份额之间的差额，在合并资产负债表中作为商誉列示。

因购买少数股权新增加的长期股权投资成本，与按照新取得的股权比例计算确定应享有子公司自购买日（或合并日）开始持续计算的可辨认净资产份额之间的差额，除确认为商誉的部分以外，应当调整合并资产负债表中的资本公积（资本溢价或股本溢价），资本公积（资本溢价或股本溢价）的余额不足冲减的，调整留存收益。

九、问：企业将消耗性生物资产或生产性生物资产转换为公益性生物资产，应如何进行结转？

答： 企业将消耗性生物资产或生产性生物资产转换为公益性生物资产时，应当按照相关准则规定，考虑其是否发生减值，发生减值的，应当首先计提跌价准备或减值准备，并以计提跌价准备或减值准备后的账面价值作为公益性生物资产的入账价值。

十、问：原同时按照国内会计准则及国际财务报告准则提供财务报告的 B 股、H 股等上市公司，首次执行日如何衔接？

答： 原同时按照国内会计准则及国际财务报告准则对外提供财务报告的 B 股、H 股等上市公司，首次执行日根据取得的相关信息、能够对因会计政策变更所涉及的有关交易和事项进行追溯调整的，如持有至到期投资、借款费用等，以追溯调整后的结果作为首次执行日的余额。

未发行 B 股、H 股的金融企业可比照处理。

第四节　企业会计准则实施问题专家工作组意见（二）

一、问：如何正确地对投资性房地产进行后续计量？

答： 企业通常应当采用成本模式对投资性房地产进行后续计量，在符合新准则规定的条件下，才允许采用公允价值模式。同一企业只能采用一种模式对所有投资性房地产进行后续计量，不得同时采用两种计量模式。

采用公允价值计量的投资性房地产，应当同时满足以下条件：

一是投资性房地产所在地有活跃的房地产交易市场。"所在地"一般是指投资性房地产所在的大中型城市的城区。

二是企业能够从活跃的房地产交易市场上取得同类或类似房地产的市场价格及其他相关信息，从而对投资性房地产的公允价值作出合理的估计。"同类或类似的房地产"，对建筑物而言，是指所处地理位置和地理环境相同、性质相同、结构类型相同或相近、新旧程度相同或相近、可使用状况相同或相近的建筑物；对土地使用权而言，是指同一城区、同一位置区域、所处地理环境相同或相近、可使用状况相同或相近的土地。

不具备上述条件的，不得采用公允价值模式。

二、问：如何正确地根据辞退福利计划确认和计量应付职工薪酬？

答：

（一）辞退福利是在职工劳动合同尚未到期前，企业决定解除与职工的劳动关系而给予的补偿，或为鼓励职工自愿接受裁减而给予的补偿。辞退福利必须同时满足下列条件，才能确认预计负债：

1. 企业已经制定正式的解除劳动关系计划或提出自愿裁减建议，并即将实施。该计划或建议应当包括：拟解除劳动关系或裁减的职工所在部门、职位及数量；根据有关规定按工作类别或职位确定的解除劳动关系或裁减补偿金额；拟解除劳动关系或裁减的时间等。

辞退计划或建议应当经过董事会或类似权力机构的批准，除因付款程序等原因使部分付款推迟至一年以上外，辞退工作一般应当在一年内实施完毕。

2. 企业不能单方面撤回解除劳动关系计划或裁减建议。

（二）企业如有实施的职工内部退休计划，虽然职工未与企业解除劳动关系，但由于这部分职工未来不能给企业带来经济利益，企业承诺提供实质上类似于辞退福利的补偿，符合上述辞退福利计划确认预计负债条件的，比照辞退福利处理。企业应当将自职工停止提供服务日至正常退休日的期间拟支付的内退人员工资和缴纳的社会保险费等，确认为应付职工薪酬（辞退福利），不得在职工内退后各期分期确认因支付内退职工工资和为其缴纳社会保险费而产生的义务。

（三）辞退工作在一年内实施完毕、补偿款项超过一年支付的辞退计划（含内退计划），企业应当选择恰当的折现率，以折现后的金额进行计量，计入当期管理费用。折现后的金额与实际应支付的辞退福利的差额，作为未确认融资费用，在以后各期实际支付辞退福利款项时计入财务费用。应付辞退福利款项与其折现后金额相差不大的，也可不予折现。

三、问：如何正确地进行交易性金融资产和可供出售金融资产的分类和会计处理？

答：交易性金融资产主要是指企业为了近期内出售而持有的金融资产。通常情况下，企业以赚取差价为目的从二级市场购入的股票、债券和基金等，应当分类为交易性金融资产。交易性金融资产在活跃的市场上有报价且持有期限较短，应当按照公允价值计量，公允价值变动计入当期损益。

可供出售金融资产主要是指企业没有划分为以公允价值计量且其变动计入当期损益的金融资产、持有至到期投资、贷款和应收款项的金融资产。企业购入的在活跃市场上有报价的股票、债券和基金等，没有划分为以公允价值计量且其变动计入当期损益的金融资产、持有至到期投资等金融资产的，可以归为此类。相对于交易性金融资产而言，可供出售金融资产的持有意图不明确。可供出售金融资产在初始确认时，应当按其公允价值以及交易费用之和入账，公允价值变动计入所有者权益，如可供出售金融资产的公允价值发生非暂时性下跌，应当将原计入所有者权益的公允价值下降形成的累计损失一并转出计入当期损益。可供出售金融资产持有期间实现的利息或现金股利，也应计入当期损益。

企业管理层在取得金融资产时，应当正确地进行分类，不得随意变更。交易性金融资产和可供出售金融资产的分类情况，应当以正式书面文件记录，并在附注中加以说明。

四、问：企业应当采用何种税率计算确认递延所得税资产和递延所得税负债？

答：递延所得税资产和递延所得税负债应当按照预期收回该资产或清偿该负债期间的适用税率计量。适用税率是指按照税法规定，在暂时性差异预计转回期间执行的税率。

《中华人民共和国企业所得税法》已于 2007 年 3 月 16 日通过，自 2008 年 1 月 1 日起实施。企业在进行所得税会计处理时，资产、负债的账面价值与其计税基础之间产生暂时性差异、这些暂时性差异预计在 2008 年 1 月 1 日以后转回的，应当按照新税法规定的适用税率对原已确认的递延所得税资产和递延所得税负债进行重新计量，除原确认时产生于直接计入所有者权益的交易或事项应当调整所有者权益（资本公积）以外，其他情况下产生的递延所得税资产和递延所得税负债的调整金额，应当计入当期所得税费用。

五、问：企业按原制度核算的资本公积执行新准则后应当如何处理？

答：企业按照原制度核算的资本公积，执行新准则后应当分别下列情况进行处理：

（一）原资本公积中的资本溢价或股本溢价，执行新准则后仍应作为资本公积（资本溢价或股本溢价）进行核算。

（二）原资本公积中因被投资单位除净损益外其他所有者权益项目的变动产生的股权投资准备，执行新准则后应当转入新准则下按照权益法核算的长期股权投资产生的资本公积（其他资本公积）。

（三）原资本公积中除上述以外的项目，包括债务重组收益、接受捐赠的非现金资产、关联交易差价、按照权益法核算的长期股权投资因初始投资成本小于应享有被投资单位账面净资产的份额计入资本公积的金额等，执行新准则后应在资本公积（其他资本公积）中单设"原制度资本公积转入"进行核算，该部分金额在执行新准则后，可用于增资、冲减同一控制下企业合并产生的合并差额等。

六、问：售后租回交易中，资产售价与其账面价值之间的差额如何处理？出租人对经营租赁提供激励措施的，如提供免租期、承担承租人的某些费用等，承租人和出租人应当如何处理？

答：

（一）售后租回交易中，资产售价与其账面价值之间的差额应当记入"递延收益"科目，售后租回交易认定为融资租赁的，记入"递延收益"的金额应按租赁资产的折旧进度进行分摊，作为折旧费用的调整。

售后租回交易认定为经营租赁的，记入"递延收益"科目的金额，应在租赁期内按照与确认租金费用相一致的方法进行分摊，作为租金费用的调整。但有确凿证据表明售后租回交易是按照公允价值达成的，资产售价与其账面价值之间的差额应当计入当期损益。

（二）出租人对经营租赁提供激励措施的，出租人与承租人应当分别下列情况进行处理：

1. 出租人提供免租期的，承租人应将租金总额在不扣除免租期的整个租赁期内，按直线法或其他合理的方法进行分摊，免租期内应当确认租金费用；出租人应将租金总额在不扣除免租期的整个租赁期内，按直线法或其他合理的方法进行分配，免租期内出租人应当确认租金收入。

2. 出租人承担了承租人某些费用的，出租人应将该费用自租金收入总额中扣除，按扣除后的租金收入余额在租赁期内进行分配；承租人应将该费用从租金费用总额中扣除，按扣除后的租金费用余额在租赁期内进行分摊。

七、问：企业在编制合并财务报表时，因抵销未实现内部销售损益在合并财务报表中产生的暂时性差异是否应当确认递延所得税？母公司对于纳入合并范围的子公司的未确认投资损失，执行新准则后在合并财务报表中如何列报？

答：

（一）企业在编制合并财务报表时，因抵销未实现内部销售损益导致合并资产负债表中资产、负债的账面价值与其在纳入合并范围的企业按照适用税法规定确定的计税基础之间产生暂时性差异的，在合并资产负债表中应当确认递延所得税资产或递延所得税负债，同时调整合并利润表中的所得税费用，但与直接计入所有者权益的交易或事项及企业合并相关的递延所得税除外。

（二）执行新准则后，母公司对于纳入合并范围的子公司的未确认投资损失，在合并资产负债表中应当冲减未分配利润，不再单独作为"未确认的投资损失"项目列报。

企业在编制执行新准则后的首份报表时，对于比较合并财务报表中的"未确认的投资损失"项目金额，应当按照企业会计准则的列报要求进行调整，相应冲减合并资产负债表中的"未分配利润"项目和合并利润表中的"净利润"及"归属于母公司所有者的净利润"项目。

第五节　企业会计准则实施问题专家工作组意见（三）

一、问：企业持有上市公司限售股权（不包括股权分置改革持有的限售股权，下同）且对上市公司不具有控制、共同控制或重大影响的，应当如何进行会计处理？

答： 企业持有上市公司限售股权且对上市公司不具有控制、共同控制或重大影响的，应当按照《企业会计准则第22号——金融工具确认和计量》的规定，将该限售股权划分为可供出售金融资产，除非满足该准则规定条件划分为以公允价值计量且其变动计入当期损益的金融资产。

对于首次执行日之前持有的上市公司限售股权且对上市公司不具有控制、共同控制或重大影响的，企业应当在首次执行日进行追溯调整。

企业在确定上市公司限售股权公允价值时，应当遵循《企业会计准则第22号——金融工具确认和计量》的相关规定，对于存在活跃市场的，应当根据活跃市场的报价确定其公允价值；不存在活跃市场的，应当采用估值技术确定其公允价值，估值技术应当是市场参与者普遍认同且被以往市场实际交易价格验证具有可靠性的估值技术，采用估值技术时应当尽可能使用市场参与者在金融工具定价时所使用的所有市场参数。上市公司限售股权的公允价值通常应当以其公开交易的流通股股票的公开报价为基础确定，除非有足够的证据表明该公开报价不是公允价值的，应当对该公开报价作适当调整，以确定其公允价值。

二、问：企业发行认股权和债券分离交易的可转换公司债券，其认股权应当如何进行会计处理？

答： 企业发行认股权和债券分离交易的可转换公司债券（以下简称分离交易可转换公司债券），所发行的认股权符合《企业会计准则第22号——金融工具确认和计量》及《企业会计准则第37号——金融工具列报》有关权益工具定义及其确认与计量规定的，应当确认为一项权益工具（资本公积），并以发行价格减去不附认股权且其他条件相同的公司债券公允价值后的净额进行计量。

对于首次执行日之前已经发行的分离交易可转换公司债券，应当进行追溯调整。

三、问：企业在首次执行日之前持有的对子公司长期股权投资，如何按照《企业会计准则解释第1号》进行追溯调整？

答： 企业在首次执行日之前已经持有的对子公司长期股权投资，按照《企业会计准则解释第 1 号》（财会［2007］14 号）的规定进行追溯调整，视同该子公司自取得时即采用变更后的会计政策，对其原账面核算的成本、原摊销的股权投资差额、按照权益法确认的损益调整及股权投资准备等均进行追溯调整；对子公司长期股权投资，其账面价值在公司设立时已折合为股本或实收资本等资本性项目的，有关追溯调整应以公司设立时为限，即对于公司设立时长期股权投资的账面价值已折成股份或折成资本的不再追溯调整。合并财务报表的编制也应采用上述同一原则处理。

首次执行日之前持有的对子公司长期股权投资进行追溯调整不切实可行的，应当按照《企业会计准则第 38 号——首次执行企业会计准则》的相关规定，在首次执行日对其账面价值进行调整，在此基础上合并财务报表的编制按照 2007 年 2 月 1 日发布的专家工作组意见执行。

首次执行日按照上述原则对子公司长期股权投资进行调整后，相关调整情况应当在附注中说明。

四、问：国有企业进行公司制改建的，有关资产、负债的价值如何确定？

答：国有企业经批准进行公司制改建为股份有限公司的，应当按照《企业会计准则解释第 1 号》（财会［2007］14 号）的规定，采用公允价值计量相关资产、负债。国有企业经批准改建为有限责任公司的，比照上述原则处理。

五、问：证券投资基金、信托项目以及其他类似基金、产品等，应当如何进行会计处理？

答：证券投资基金、信托项目以及其他类似基金、产品等需要单独进行会计确认、计量和报告的，属于独立的会计主体，均应执行企业会计准则、应用指南、解释及有关专家工作组意见，对该主体的各项资产、负债、所有者权益（基金净值、净资产）、收入、费用和利润进行确认、计量和报告。

第六节 新会计准则答疑

一、新会计准则答疑（一）

1. 提问：如果执行新准则前应付福利费有余额要怎么处理呢？

回答：

《〈企业会计准则第 38 号——首次执行企业会计准则〉应用指南》规定："首次执行日企业的职工福利费余额，应当全部转入应付职工薪酬（职工福利）。首次执行日后第一个会计期间，按照《企业会计准则第 9 号——职工薪酬》规定，根据企业实际情况和职工福利计划确认应付职工薪酬（职工福利），该项金额与原转入的应付职工薪酬（职工福利）之间的差额调整管理费用。"

目前很多企业非常关心原来计提的福利费问题，如果企业在执行新准则以前计提的福利费没有开支完，即存在较大的贷方余额，此时企业在执行新准则前可以考虑如何将这部分福利费以合理的方式花出去，否则执行新准则后，要对这部分余额进行调整，计入管理费用。当然执行新准则前存在借方余额的，就不存在这样的问题了。

2. 提问："待摊费用"和"预提费用"科目取消后，企业如何处理？

回答：

待摊费用是指企业已经发生但应由本期和以后各期负担的分摊期限在 1 年以内（包括 1 年）的各项费用，包括企业预付保险费、经营租赁的预付租金、季节性生产企业在停工期内的费用以及其他应由本期和以后各期负担的其他费用。

预提费用是指企业按照规定从成本费用中预先提取但尚未支付的费用，如企业预提的租金、保险费、短期借款利息等。

资产负债观要求不符合资产定义及其确认条件的资产、负债项目不能够在资产负债表中体现。"待摊费用"和"预提费用"不符合资产、负债的定义，因此，"待摊费用"和"预提费用"不再在资产负债表中体现。上述两个科目实质上是属于结算类科目，新准则会计科目取消待摊费用及预提费用。

原待摊费用可以通过"预付账款"、"其他应收款"科目核算，原预提费用可以通过"应付利息"、"其他应付款"等科目核算。原企业短期借款利息的预提，新准则规定通过"应付利息"科目核算。

首次执行日的"待摊费用"余额可计入首次执行日当期损益或转入预付账款科目处理；首次执行日的"预提费用"余额，如果符合负债或预计负债的定义，则转入相应应付款项或预计负债科目，如果不符合负债或预计负债的定义，则只能冲回或按照前期差错更正原则处理。

3. 提问：我公司现取得一地块，并缴纳了土地出让金，请问我公司该如何入账呢？

回答：

新准则下，企业取得的土地使用权通常应确认为无形资产，并按规定进行摊销。

如果公司取得的土地使用权房地产开发使用，则支付的土地出让金应当计入所建造的房屋建筑物成本。

如果公司取得的土地使用权用于自行开发建造厂房等地上建筑物时，土地使用权的账面价值不与地上建筑物合并计算其成本，而是单独作为无形资产进行核算，土地使用权与地上建筑物分别进行摊销和提取折旧。

二、新会计准则答疑（二）

1. 提问：新准则下职工福利费如何处理？

回答：

新准则取消了原"应付工资"、"应付福利费"会计科目、增设"应付职工薪酬"科目核算企业根据有关规定应付给职工的各种薪酬。按照"工资"、"职工福利"、"社会保险费"、"住房公积金"、"工会经费"、"职工教育经费"、"解除职工劳动关系补偿"等应付职工薪酬项目进行明细核算，即将职工福利费列入职工薪酬范围核算。

《〈企业会计准则第9号——职工薪酬〉应用指南》规定："没有规定计提基础和计提比例的，企业应当根据历史经验数据和实际情况，合理预计当期应付职工薪酬。当期实际发生金额大于预计金额的，应当补提应付职工薪酬；当期实际发生金额小于预计金额的，应当冲回多提的应付职工薪酬。"

原来工资总额的14%属于税法规定的扣除比例，不属于财政部规定的企业计提比例（会计处理应遵循财政部的有关规定）。因此，职工福利费属于没有规定计提比例的情况。

在新准则下，如果有明确的职工福利计划，即有明确的金额和明确的支付对象范围，（例如公司有成文的福利计划，并通过《员工手册》等方式传达到各相关员工）则可以计提应付福利费。关键还是在于福利费的余额是否符合负债的定义。以前那种提而不用的福利费是不符合负债定义的，新准则下不应继续，即应付福利费不存在余额。

新准则下福利费通常据实列支，也就不存在余额的问题，但企业也可以先提后用，通常，企业提取的职工福利费在会计年度终了经调整后应该没有余额，但这并不意味着职工福利费不允许存在余额，在会计年度中间允许职工福利费存在余额，如企业某月提取的福利费超过当月实际支出的福利费，则职工福利费就存在余额。

福利费当期实际发生金额大于预计金额的，应当补提福利费，借记"管理费用"等科目，贷记"应付职工薪酬"科目；当期实际发生金额小于预计金额的，应当冲回多提的福利费，借记"应付职工薪酬"科目，贷记"管理费用"科目。

2. 提问：一般企业的应收账款是否也应当按照金融工具有关准则进行处理？在进行减值测试时，是否应当遵循金融工具准则中的方法，先前的账龄分析法等是否不再适用？

回答：

新准则下，应收账款属于金融资产，因而，所有企业的应收账款都应按照《企业会计准则第22号——金融工具确认和计量》的有关规定来核算。

所有企业应收款项的坏账准备也应遵循《企业会计准则第22号——金融工具确

认和计量》的要求进行计提。

《〈企业会计准则第 22 号——金融工具确认和计量〉应用指南》对应收账款计提坏账准备进行了如下规定：

对于单项金额重大的应收款项，应当单独进行减值测试。有客观证据表明其发生了减值的，应当根据其未来现金流量现值低于其账面价值的差额，确认减值损失，计提坏账准备。

对于单项金额非重大的应收款项可以单独进行减值测试，确定减值损失，计提坏账准备；也可以与经单独测试后未减值的应收款项一起按类似信用风险特征划分为若干组合，再按这些应收款项组合在资产负债表日余额的一定比例计算确定减值损失，计提坏账准备。根据应收款项组合余额的一定比例计算确定的坏账准备，应当反映各项目实际发生的减值损失，即各项组合的账面价值超过其未来现金流量现值的金额。

企业应当根据以前年度与之相同或相类似的、具有类似信用风险特征的应收款项组合的实际损失率为基础，结合现时情况确定本期各项组合计提坏账准备的比例，据此计算本期应计提的坏账准备。

从目前已经披露完毕的上市公司 2007 年半年报来看，有很多上市公司仍然对所有的应收账款按照账龄分析法进行计提，即不区分单项应收账款的金额是否重大。这种处理不符合《企业会计准则第 22 号——金融工具确认和计量》的规定。

企业应该在计提应收账款的坏账准备时，应区分单项金额重大与非重大。单项金额重大的应收账款应该按照未来现金流量现值低于其账面价值的差额计提；单项金额非重大和的应收账款可以按照原来的账龄分析法计提。

3. 提问：我公司目前尚不具备全部执行新会计准则的条件，目前仍在执行《企业会计制度》和原企业会计准则，我公司目前可否在现执行《企业会计制度》和老准则的基础上，再选择部分适合我公司的新企业会计准则执行？

回答：

自 2006 年 2 月 15 日财政部颁布新《企业会计准则》（以下简称"新会计准则"或"新准则"）以来，根据财政部的规定，新会计准则将于 2007 年 1 月 1 日率先在上市公司实施，鼓励其他企业执行。

国资委于 2006 年 11 月 4 日发布了《关于做好中央企业 2006 年度财务决算和 2007 年度财务监管工作的通知》，明确了中央企业执行新会计准则的时间表，即所有中央企业要在 2008 年底之前全面执行新企业会计准则，所属上市公司资产或收入占集团比重较大的企业，应当于 2007 年率先执行。

从新会计准则实施的时间表来看，自 2007 年 1 月 1 日起在上市公司施行。2008 年在中央企业实施。2009 年——争取全面推开，所有大中型国有企业全面实施。

企业不能在执行现《企业会计制度》和旧准则（财政部 2006 年以前发表的准则）的基础上，选择部分适合公司的新企业会计准则执行。

4. 提问：新准则规定交易性金融资产和可供出售金融资产，用公允价值计量，但为何前者的公允价值变动计入损益，后者的公允价值变动计入资本公积？

回答：

资产按流动性分为流动资产和非流动资产，"交易性金融资产"属流动资产，而"可供出售的金融资产"属非流动资产。此外，交易性金融资产在活跃的市场上有报价且持有期限较短，应当按照公允价值计量，公允价值变动应计入当期损益。可供出售金融资产主要是指企业没有划分为以公允价值计量且其变动计入当期损益的金融资产、持有至到期投资、贷款和应收款项的金融资产。相对于交易性金融资产而言，可供出售金融资产的持有意图不明确。可供出售金融资产在初始确认时，应当按其公允价值以及交易费用之和入账，公允价值变动计入所有者权益。

因此，在金融资产的分类中，企业和会计信息使用者应该特别关注交易性金融资产和可供出售金融资产的分类情况。企业管理层在取得金融资产时，应当正确地进行分类，不得随意变更。

5. 提问：新准则和原制度对捐赠资产（包括实物和现金）和接受捐赠资产的处理有何不同？

回答：

（1）企业接受捐赠的处理

在原准则和企业会计制度下，企业接受捐赠资产通过"待转资产价值"科目进行核算。接受捐赠的固定资产，按会计制度及准则的规定确定的入账价值，借记"固定资产"科目，按税法规定确定的入账价值，贷记"待转资产价值"科目，按应支付的相关税费，贷记"银行存款"等科目。

年度终了，按税法规定确定的接受捐赠价值资产应交的所得税（或弥补亏损后的差额计算应交的所得税，下同），借记"待转资产价值"科目，贷记"应交税金——应交所得税"科目，按接受的资产捐赠的价值减去应交所得税后的差额，贷记"资本公积——接受捐赠非现金资产准备"科目。

接受捐赠的非货币性资产在弥补亏损后的数额较大，经批准可在不超过5年的期限内平均计入公司应纳税所得额交纳所得税的，公司应在年度终了，按转入应纳税所得额的价值，借记"待转资产价值"科目，按本期应交的所得税，贷记"应交税金——应交所得税"科目，按转入应纳税所得额的价值减去本期应交所得税的差额，贷记"资本公积——接受捐赠非现金资产准备"科目。

例如，某公司2006年4月6日接受星兴公司捐赠的汽车一辆，捐赠方提供的凭据上标明的金额100 000元，支付的运费800元，所得税税率为33%。

借：固定资产 100 800

　　贷：待转资产价值——接受捐赠非货币性资产 100 000

　　　　银行存款 800

2006年12月31日，结转待转资产价值：

```
借：待转资产价值——接受捐赠非货币性资产        100 000
    贷：应交税金——应交所得税                          33 000
        资本公积——接受捐赠非现金资产准备              67 000
```

新《企业会计准则》确实没有对这一问题进行专门说明，但是，在《企业会计准则应用指南》中关于"6301 营业外收入"总账科目的说明中对此进行了说明，即："营业外收入"科目核算企业发生的各项营业外收入，主要包括非流动资产处置利得、非货币性资产交换利得、债务重组利得、政府补助、盘盈利得、捐赠利得等。（具体见《企业会计准则应用指南》第 252 页）

例如，某公司 2007 年 8 月 10 日接受一外商捐赠轿车一辆，根据发票及报关单有关单据，该轿车账面原值 300 000 元，估计折旧 100 000 元，运费 2 000 元。

```
借：固定资产                                    202 000
    贷：营业外收入——捐赠利得                         200 000
        银行存款                                        2 000
```

因此，新准则下，企业接受捐赠的资产直接作为"营业外收入"处理。

（2）企业对外捐赠的处理

在原准则和企业会计制度下，企业对外捐赠资产，借记"营业外支出"科目，贷记"银行存款"、"固定资产"等科目。

例如，某公司 2005 年 9 月 18 日支援希望工程，由银行信汇 180 000 元，补助光明村小学建设教学房屋。

```
借：营业外支出——捐赠支出                      180 000
    贷：银行存款                                     180 000
```

新《企业会计准则》也没有对"企业对外捐赠资产"如何处理进行专门说明，但是，在《企业会计准则应用指南》中关于"6711 营业外支出"总账科目的说明中对此进行了说明，即："营业外支出"科目核算企业发生的各项营业外支出，包括非流动资产处置损失、非货币性资产交换损失、债务重组损失、公益性捐赠支出、非常损失、盘亏损失等。（具体见《企业会计准则应用指南》第 261 页）

因此，新准则下，企业接受捐赠的资产通过"营业外支出"进行处理，与原准则和企业会计制度的规定一致。

三、新会计准则答疑（三）

1. 提问：新会计准则下关联方交易差价如何处理？

回答：

原准则和企业会计制度规定，关联交易差价是指上市公司与关联方之间显失公允的关联交易所形成的差价，这部分差价主要是指从上市公司出售资产给关联方、转移债权、委托经营或受托经营、关联方之间承担债务和费用以及互相占用资金等，因其关联交易显失公允而视为关联方对上市公司的捐赠所形成的资本公积。资本公积中的关联交易差价不得用于转增股本与弥补亏损，待上市公司清算时再进行处理。

新《关联方披露》准则规定，关联方交易，是指关联方之间转移资源、劳务或义务的行为，而不论是否收取价款。企业与关联方发生关联方交易的，应当在附注中披露该关联方关系的性质、交易类型及交易要素。企业只有在提供确凿证据的情况下，才能披露关联方交易是公平交易。因此，新《关联方披露》准则认为关联方交易是不公允的，已经在报表附注中进行了披露，不需要再单独核算"关联交易差价"。

企业原"资本公积"科目中的关联交易差价余额，执行新准则后应在"资本公积——其他资本公积"中单设"原制度资本公积转入"进行核算，该部分金额在执行新准则后，可用于增资、冲减同一控制下企业合并产生的合并差额等。

2. 提问：我单位是一家乘用车生产企业，为用活自有资金并对经销商资金支持，我们通过商业银行向我们的特定经销商提供委托贷款，并收取利息。一般贷款期限为6个月，截至8月份委托贷款余额约20亿元。请问，在2008年执行新准则后，这部分委托贷款余额放在什么科目？

回答：

在《企业会计准则应用指南》（征求意见稿）关于"持有至到期投资"科目核算说明中规定，"企业委托银行或其他金融机构向其他单位贷出的款项，也在'持有至到期投资'科目核算"。而最终发布的《企业会计准则应用指南》关于"持有至到期投资"科目核算说明中对此没有进行规定，因此，目前很多企业误认为将"委托贷款"放到"持有至到期投资"中进行核算。

《企业会计准则应用指南》关于"1303贷款"科目核算说明中规定"企业委托银行或其他金融机构向其他单位贷出的款项，应将'1303贷款'科目改为'1303委托贷款'科目。"（具体见《企业会计准则应用指南》第175页）这说明，企业的委托贷款应设置科目单独进行核算，企业原委托贷款余额转入新的"1303委托贷款"科目余额。

3. 提问：企业在对固定资产定期更换配件时，如果替换配件的成本满足初始确认固定资产的条件，如何处理？是不是所替换配件的成本金额较大的需确认为固定资产？

回答：

《〈企业会计准则第4号——固定资产〉应用指南》规定，"固定资产的后续支出是指固定资产在使用过程中发生的更新改造支出、修理费用等。固定资产的更新改造等后续支出，满足本准则第四条规定确认条件的，应当计入固定资产成本，如有被替换的部分，应扣除其账面价值；不满足本准则第四条规定确认条件的固定资产修理费用等，应当在发生时计入当期损益。"

固定资产定期更换配件属于固定资产的后续支出，应该按照《固定资产》准则关于后续支出的规定进行处理。企业定期更换相关配件通常属于固定资产的日常修理维护支出，应在发生时直接计入当期损益，因此，不存在是否区分替换配件成本金额大小的问题。如果属于固定资产的更新改造支出，只要符合固定资产的确认标准，则将其计入固定资产成本，也不区分金额的大小。

4. 提问：母公司 A 公司将其控股 B 子公司 70% 的股权，经评估后，全部转让给其另一控股子公司 C 公司（60%），C 公司一次性支付现金购入。评估前，B 子公司的股东权益净资产 10 亿元，评估后为 16 亿元。这评估增值的 6 亿元，在集团合并财务报表中，能否反映为 6 亿元的投资收益？如何处理？

回答：

同一控制下企业合并具有以下两个方面的特点：（1）不属于交易，而是内部资产、负债的重新组合，从最终实施控制方的角度来看，其所能够实施控制的净资产，没有发生变化。（2）由于该类合并发生于关联方之间，交易作价往往不公允，很难以双方议定的价格作为核算基础。

同一控制下的企业合并采用权益结合法进行处理。权益结合法认为：企业合并是一种企业股权结合，而不是购买行为。既然不是购买行为，就不存在购买价格，没有新的计价基础。因此，参与合并各方的净资产就只能按照其账面价值计量，合并后，各合并主体的权益既不因合并而增加，也不因合并而减少。

按照新会计准则的规定，C 公司从母公司 A 公司够入 B 公司 70% 的股权，这种同一企业集团内的合并应该被认定为同一控制下的企业合并，即 B 公司与 C 公司合并前同受母公司 A 公司的控制。

这种情形下的企业合并不能确认该子公司的评估增值收益，因此在合并财务报表中也不能确认为投资收益。C 公司处理时按照取得该 B 公司所有者权益的份额作为长期股权投资的成本，C 公司支付的现金与长期股权投资的差额调整资本公积或留存收益。

四、新会计准则答疑（四）

1. 提问：新准则下，企业的预付工程款如何核算？

回答：

在原准则和企业会计制度下，预付工程款在"在建工程"里核算。新准则下，企业的预付工程款在"预付账款——预付工程价款"下核算。即预付工程款不能直接走在建工程成本。

企业进行在建工程预付的工程价款，借记"预付账款"科目，贷记"银行存款"等科目。按工程进度结算工程价款，借记"在建工程"科目，贷记"预付账款"、"银行存款"等科目。

2. 提问：企业出租的房屋建筑物转为投资性房地产是从租赁开始日还是租赁期开始日进行处理？

回答：

企业将原本用于生产商品、提供劳务或者经营管理的房地产改用于出租，应于租赁期开始日，将相应的固定资产或无形资产转换为投资性房地产。

在《租赁》准则及其指南中有关于两者的明文解释。租赁开始日和租赁期开始日是两个完全不同的概念。

租赁开始日，是指租赁协议日与租赁各方就主要租赁条款做出承诺日中的较早者。

租赁期开始日，是指承租人有权行使其使用租赁资产权利的开始日。

3. 提问：新准则下存货盘盈、盘亏和固定资产盘盈、盘亏如何处理？存货盘盈与固定资产盘盈处理的规定为何不一致？

回答：

（1）企业存货、固定资产盘盈的处理

企业盘盈的各种材料、产成品、库存商品等存货，借记"原材料"、"库存商品"等科目，贷记"待处理财产损溢"科目。

企业在财产清查中盘盈的固定资产，作为前期差错处理。盘盈的固定资产通过"以前年度损益调整"科目核算。

（2）企业存货、固定资产盘亏的处理

存货发生的盘亏或毁损，应作为待处理财产损溢进行核算。按管理权限报经批准后，根据造成存货盘亏或毁损的原因，分别以下情况进行处理：

①属于计量收发差错和管理不善等原因造成的存货短缺，应先扣除残料价值、可以收回的保险赔偿和过失人赔偿，将净损失计入管理费用。

②属于自然灾害等非常原因造成的存货毁损，应先扣除处置收入（如残料价值）、可以收回的保险赔偿和过失人赔偿，将净损失计入营业外支出。

企业在财产清查中盘亏的固定资产，通过"待处理财产损溢——待处理固定资产损溢"科目核算，盘亏造成的损失，通过"营业外支出——盘亏损失"科目核算，应当计入当期损益。

具体处理如下：

盘亏、毁损的各种材料、产成品、库存商品等存货，盘亏的固定资产，借记本科目，贷记"原材料"、"库存商品"、"固定资产"等科目。材料、产成品、商品采用计划成本（或售价）核算的，还应同时结转成本差异（或商品进销差价）。涉及增值税的，还应进行相应处理。

企业盘亏的存货和固定资产，按管理权限报经批准后处理时，按残料价值，借记"原材料"等科目，按可收回的保险赔偿或过失人赔偿，借记"其他应收款"科目，按"待处理财产损溢"科目余额，贷记"待处理财产损溢"科目，按其借方差额，借记"管理费用"、"营业外支出"等科目。

（3）存货盘盈与固定资产盘盈的区别

《企业会计准则第28号——会计政策、会计估计变更和差错更正》第十一条中提到，"前期差错通常包括计算错误、应用会计政策错误、疏忽或曲解事实以及舞弊产生的影响以及存货、固定资产盘盈等。"

存货和固定资产的盘盈都属于前期差错，但存货盘盈通常金额较小，不会影响财务报表使用者对企业以前年度的财务状况、经营成果和现金流量进行判断，因此，存货由于流动快，不容易区别具体年份，所以存货盘盈时通过"待处理财产损溢"科目进行核算，按管理权限报经批准后冲减"管理费用"，不作为前期差错，调整以前年度的报表。而固定资产是一种单位价值较高、使用期限较长的有形资产，因此，对于管理规范的企业而言，在清查中发现盘盈的固定资产是比较少见的，也是不正常的，并且固定资产盘盈会影响财务报表使用者对企业以前年度的财务状况、经营成果和现金流量进行判断。因此，固定资产盘盈应作为前期差错处理，通过"以前年度损益调整"科目核算。

五、新会计准则答疑（五）

1. 提问：企业在 IPO 时对于原属于同一控制下企业合并的合并利润如何计算？
回答：

企业在 IPO 时应将原属于同一控制下的子公司期初至报告日的收入、费用、利润纳入合并利润表，并且编制合并资产负债表时，应当调整合并资产负债表的期初数。如果按照《合并财务报表》准则的规定，原属于同一控制下的某子公司不能纳入合并范围，则仍然要将该子公司期初至报告日的收入、费用、利润纳入合并利润表，但合并资产负债表的期初数不用调整。

2. 提问：新准则对企业内退人员的工资是怎样处理的？
回答：

（一）职工的范围

《职工薪酬》准则所称的"职工"比较宽泛，主要包括三类：

（1）与企业订立正式劳动合同的所有人员（含全职、兼职和临时职工）；

（2）企业正式任命的人员（如董事会、监事会和内部审计委员会成员等）；

（3）虽未订立正式劳动合同或企业未正式任命，但在企业的计划、领导和控制下提供类似服务的人员。

（二）职工薪酬的范围

职工薪酬是企业因职工提供服务而支付或放弃的所有对价。

（1）在职和离职后提供给职工的货币性和非货币性薪酬；

（2）能够量化给职工本人和提供给职工集体享有的福利；

（3）提供给职工本人、配偶、子女或其他被赡养人福利等。

因此，新准则下符合国家规定的企业内退人员的工资构成企业的现时义务，将导致企业未来经济利益的流出，符合负债的定义和确认条件，应通过"应付职工薪酬"科目进行核算，并统一在"管理费用"中列支。

3. 提问：新准则下企业接受捐赠如何进行税务处理？

回答：

由于新会计准则将接受捐赠资产的价值计入"营业外收入——捐赠利得"与税法对企业接受捐赠的处理保持了一致，所以，一般情形下，企业无须再对接受捐赠资产进行纳税调整。但必须注意的是，如果企业对接受捐赠的非货币性资产按照新会计准则与税法确定的价值存在差异，则必须按税法规定进行纳税调整。

对因企业接受的非货币性资产捐赠弥补亏损后的数额较大，经主管税务部门审核可在不超过 5 年内的期限内分期平均计入各年度应纳税所得额计交所得税。

如果企业接受捐赠的收入金额不大，则直接借记"所得税费用"科目，贷记"应交税费——应交所得税"科目。

如果企业接受捐赠的收入金额较大，所得税费用负担较重，应按照捐赠资产计算的所得税费用，借记"所得税费用"科目，按照形成的应纳税暂时性差异计算确定的递延所得税负债，贷记"递延所得税负债"科目，按当期应交所得税，贷记"应交税费——应交所得税"科目。

此外，在税务处理上，企业对接受捐赠的库存商品、固定资产、无形资产等非货币性资产，可按税法规定结转销售成本、计提折旧及无形资产摊销额等。

六、新会计准则答疑（六）

1. 提问：银行的抵债资产（办公楼）用于出租能否作为投资性房地产核算？

回答：

抵债资产是指银行依法行使债权或担保物权而受偿于债务人、担保人或第三人的实物资产或财产权利。

以物抵债是指银行的债权到期，但债务人无法用货币资金偿还债务，或债权虽未到期，但债务人已出现严重经营问题或其他足以严重影响债务人按时足额用货币资金偿还债务，或当债务人完全丧失清偿能力时，担保人也无力以货币资金代为偿还债务，经银行与债务人、担保人或第三人协商同意，或经人民法院、仲裁机构依法裁决，债务人、担保人或第三人以实物资产或财产权利作价抵偿银行债权的行为。

取得抵债资产支付的相关税费是指银行收取抵债资产过程中所缴纳的契税、车船税、印花税、房产税等税金，以及所支出的过户费、土地出让金、土地转让费、水利建设基金、交易管理费、资产评估费等直接费用。

银行取得的抵债资产，应按抵债资产的公允价值入账，取得抵债资产应支付的相关税费通过"应交税费"科目进行核算。由于银行取得抵债资产（办公楼）后，即取得了该办公楼的产权，因此，银行取得抵债资产（办公楼）后用于出租应通过"投资性房地产"科目进行核算。

2. 提问：如果某企业想在 2008 年改制上市（2008 年 IPO），那么其执行会计准则是不是也从 2007 年开始？报表如何处理？

回答：

《企业会计准则第 38 号——首次执行企业会计准则》规定："首次执行企业会计准则，是指企业第一次执行企业会计准则体系，包括基本准则、具体准则和会计准则应用指南。"

首份年度财务报表至少应当包括上年度按照企业会计准则列报的比较信息。财务报表项目的列报发生变更的，应当对上年度比较数据按照企业会计准则的列报要求进行调整，但不切实可行的除外。因此，拟在 2008 年改制上市的企业 2007 年也应执行新企业会计准则，并按新企业会计准则的规定对 2007 年的报表进行调整。

中国证监会发布的《公开发行证券的公司信息披露规范问答第 7 号——新旧会计准则过渡期间比较财务会计信息的编制和披露》（证监会计字〔2007〕10 号）对此也进行了规定："拟上市公司在编制和披露三年又一期比较财务报表时，应当采用与上市公司相同的原则，确认 2007 年 1 月 1 日的资产负债表期初数，并以此为基础，分析《企业会计准则第 38 号——首次执行企业会计准则》第五条至第十九条对可比期间利润表和可比期初资产负债表的影响，按照追溯调整的原则，将调整后的可比期间利润表和资产负债表，作为可比期间的申报财务报表。"

同时，拟上市公司还应假定自申报财务报表比较期初开始全面执行新会计准则，以上述方法确定的可比期间最早期初资产负债表为起点，编制比较期间的备考利润表，并在招股说明书的"财务会计信息"一节和会计报表附注中披露。

七、新会计准则答疑（七）

1. 共同控制的合营企业，企业是否可以选择采用比例合并法进行合并和采用权益法进行核算？《企业会计准则讲解》第三十四章"合并财务报表"中认为可以按比例合并法进行合并，如何理解？

回答：

《企业会计准则第 33 号合并财务报表——应用指南》对此做出了规定："不能控制的被投资单位，不纳入合并财务报表的合并范围。原采用比例合并法的合营企业，应当改用权益法核算。"（见《企业会计准则应用指南》第 132 页）

此外，根据《合并财务报表》准则规定，合并财务报表的合并范围应当以控制为基础予以确定，不能控制的被投资单位，不纳入合并财务报表的合并范围。

由于合营企业不符合控制的标准，因此，合营企业不能纳入合并财务报表的合并范围。上市公司对原采用比例合并法的合营企业，应改用权益法核算确认有关投资损益，不能采用比例合并法进行合并。

《国际会计准则》对合营企业可以选择采用权益法进行核算或进行比例合并，但也准备作相应的修订，即合营企业只允许采用权益法进行核算。

新会计准则下合营企业不能纳入合并财务报表的合并范围，这一改变将对上市公司，特别是拥有合营企业较多的大型国有企业的资产、负债、收入的规模、业务结构和盈利能力都将产生重大影响，不过这并不会影响合并利润表的合并净利润。

《企业会计准则讲解》第三十四章"合并财务报表"新旧衔接部分合营企业进行的规定："在合并报表中，企业在目前也可以根据实际情况采用比例合并法对合营企业报表进行合并，但必须在附注中予以说明。"（见《企业会计准则讲解》第 567 页）

因此，当前很多企业感到困惑，《企业会计准则讲解》对合营企业的表述与《合并财务报表》准则和《企业会计准则应用指南》矛盾。对此，我认为，由于财政部颁布的准则和应用指南是财政部发布的正式法规文件，因此，企业应按照《合并财务报表》准则和应用指南的规定对合营企业采用权益法，不能采用比例合并法进行合并。

2. 提问： 财政部《企业会计准则讲解》第三章长期股权投资部分例 3-13 与例 3-14 同为成本法转权益法，但为什么例 3-13 确认了投资企业的资本公积，而例 3-14 却没有确认？

回答：

财政部《企业会计准则讲解》例 3-13（讲解第 42 页）与例 3-14（讲解第 43 页）虽然讲的都是关于"成本法转为权益法"的处理，但例 3-13 指的是："增资由非联营企业变为联营企业"的问题；例 3-14 指的是"减资由子公司变为联营企业"的处理问题。因此，对于"资本公积——其他资本公积"对"长期股权投资"账面价值的调整也就不同。

例 3-13 指的是："原取得投资后至新取得投资的交易日之间被投资单位可辨认净资产公允价值的变动相对于原持股比例的部分中除净损益以外其他原因导致的部分。"（是对被投资单位公允价值变动的调整）

例 3-14 指的是："原取得投资后至转变为权益法核算之间被投资单位所有者权益变动中除净损益变动以外的其他变动的份额。"（是对被投资单位净资产其他变动的调整）

例 3-14 中由于被投资单位的净资产除损益以外没有发生其他变动，因此投资企业由成本法转为权益法后就没有这方面的调整内容；如果被投资企业的"资本公积——其他资本公积"发生了 100 万元的变动，则 A 公司也需进行如下处理：

借：长期股权投资　　　　　　　　　　（1 000 000×40%）400 000
　　贷：资本公积——其他资本公积　　　　　　　　　　400 000

八、新会计准则答疑（八）

1. 问：我们公司和一家外资公司合资成立一家新的合资公司，我们实际控股这家合资公司，在国内我们合并这家公司的报表。对方公司要在国外按照他们的持股比较合并合资公司的报表，这样做合理吗？如果对方按比例合并报表对我们公司有什么影响？

回答：

《合并财务报表》准则及其应用指南对合并范围的确定进行了规定，即："合并财务报表的合并范围应当以控制为基础予以确定。控制，是指一个企业能够决定另一个企业的财务和经营政策，并能据以从另一个企业的经营活动中获取利益的权力。"

中外合资经营企业在合并范围的确定时往往较难确定，实务中主要存在以下两种特殊情况：

1. 中方出资51%，外方出资49%。但该中外合资经营企业产品全部外销，企业管理层全由外方派驻（如总经理、技术总监、财务总监和运营总监等）。从实质控制权的判断而言，该企业的控制权由外方取得，因而，应由外方来进行合并财务报表的编制，虽然中方对该外资企业的持股比例为51%，中方仍然不能将该合资企业纳入其合并财务报表。

2. 中方出资51%，外方出资49%。中方为了让步于外方，在该合资企业的章程中约定，由双方共同控制该企业，即各拥有50%的表决权。对于这种特殊情况，从控制权角度来分析，实质上属于共同控制的企业，因此，双方都不能对该合资企业进行合并。

如果你们公司实际控制了该合资企业（注意：是否纳入合并范围不能从持股比例是否超过了50%进行判断，而应从控制权的取得进行判断），则该合资企业应纳入你们公司的合并财务报表。

国际会计准则对合并范围的确定也是遵循实质控制原则，如果你们公司能够实质控制该合资企业，则外方不能对该合资企业进行合并（也不能采用比例合并法进行合并）。即一家企业只能够被其控制的母公司一方合并。

2. 问：新准则下，企业筹建期间的开办费如何处理？筹建期间固定资产是否需要折旧？

回答：

（1）筹建期间的开办费用处理

企业筹建期间是指从企业被批准筹建之日起至开始生产、经营（包括试生产、试营业）之日的期间。

企业在筹建期间内发生的开办费，包括人员工资、办公费、培训费、差旅费、印刷费、注册登记费以及不计入固定资产成本的借款费用等在实际发生时，借记"管

理费用"科目（开办费），贷记"银行存款"等科目。（见《企业会计准则应用指南》第 260 页）

企业应注意的是，在新准则下，企业筹建期间的开办费用在实际发生时就直接计入"管理费用"；而不是原企业会计制度下："企业筹建期间的开办费用在开始生产经营的当月起一次计入开始生产经营当月的损益。"

此外，企业在首次执行日的开办费余额，应在首次执行日后第一个会计期间内全部确认为"管理费用"。（见《企业会计准则应用指南》第 153 页）

（2）筹建期间固定资产折旧的处理

根据《固定资产》准则第十四条的规定："企业应当对所有固定资产计提折旧。但是，已提足折旧仍继续使用的固定资产和单独计价入账的土地除外。"因此，凡在折旧范围内的固定资产，只要达到预定可使用状态，都应按月提折旧，而不分企业是否处于筹建期间还是处于生产经营期间。

3. 问：财政部 2007 年 11 月 26 日发布的《企业会计准则解释第 1 号》第七条关于投资企业对联营企业及合营企业发生的内部交易损益处理的规定，企业应如何理解？

回答：

联营企业和合营企业（权益法）投资损益的核算将更为复杂，实务中其可操作性值得怀疑。

新准则联营企业和合营企业（权益法）投资损益需进行以下四个方面的调整才能确认：

（1）投资企业与被投资企业会计政策不一致需调整；

（2）投资日被投资单位公允价值与账面价值的差额对损益的调整；

（3）投资企业与联营企业及合营企业之间发生的内部交易损益需对损益的调整。（含投资企业通过子公司与其联营企业及合营企业之间发生的内部交易）

（4）投资企业对于首次执行日之前已经持有的对联营企业及合营企业的长期股权投资，如存在与该投资相关的股权投资借方差额，还应扣除按原剩余期限直线摊销的股权投资借方差额，确认投资损益。

需引起企业注意的是：《企业会计准则解释第 1 号》没有涉及投资企业通过联营企业、合营企业与其他联营企业及合营企业之间的内部交易损益是否需要抵销的问题。仅指投资企业直接与联营企业、合营企业之间发生的内部交易，以及投资企业通过子公司等同联营企业、合营企业的内部交易损益需要调整。这种调整对于拥有联营企业、合营企业且大量存在这种需要抵销的内部交易损益的某些集团公司而言，其损益的确认将受到相当大的影响。

需引起企业注意的是：第四个方面的损益调整针对的是原准则下联营企业、合营企业新旧衔接后投资企业投资损益的确认问题，而不是新准则实施后投资企业新取得的联营企业与合营企业损益调整问题。由于在新旧衔接时，原准则下尚未摊销完毕的股权投资借方差额作为新的投资成本的一部分。

即：借：长期股权投资——投资成本

贷：长期股权投资——股权投资差额

因此，在新准则实施后，投资企业在确认应享有对被投资单位的损益时，应将这部分予以扣除。企业需要注意的是：企业在执行新会计准则后，不需要对首次执行日剩余的联营企业及合营企业股权投资借方差额进行摊销，而是仅仅在确认投资收益时扣除相应摊销额，即每年的扣除金额为按剩余摊销年限每年应继续摊销的金额。

九、新会计准则答疑（九）

1. 提问：《企业会计准则解释第1号》第六条关于企业持有待售的固定资产和其他非流动资产的规定，企业应如何理解？企业持有待售的固定资产和无形资产是否可以停止计提折旧和摊销？

回答：

企业需注意的是，企业将固定资产和无形资产划分为持有待售，必须同时满足将非流动资产应当划分为持有待售的三个条件，即（1）企业已经就处置该非流动资产作出决议；（2）企业已经与受让方签订了不可撤销的转让协议；（3）该项转让将在一年内完成。

持有待售的非流动资产主要是指固定资产和无形资产等。如果企业管理层准备处置该部分非流动资产，应将这部分资产从非流动资产转出作为流动资产，即将其划分为持有待售。企业持有待售的非流动资产应停止计提折旧或者摊销，并采用账面价值与公允价值减去销售费用（即销售净价）孰低计量，账面价值高于销售净价的金额，计入当期损益（计入"资产减值损失"科目）。

2. 提问：《企业会计准则解释第1号》第十条规定，企业应如何理解？该规定对于集团内公司改制上市（IPO）将带来什么影响？

回答：

根据《企业会计准则解释第1号》第十条的规定，企业从有限责任公司改制为股份有限公司时，如果引入了新股东，则改制企业应按照资产、负债的公允价值（通常为评估值）调账，控股股东也应按照投出资产的公允价值及相关费用之和确认长期股权投资的初始投资成本。这实际上采用了非同一控制下企业合并的处理原则。

对于改制上市的企业而言，根据《首次公开发行股票并上市管理办法》（证监会令第32号）的规定："发行人自股份有限公司成立后，持续经营时间应当在3年以上，但经国务院批准的除外；有限责任公司按原账面净资产值折股整体变更为股份有限公司的，持续经营时间可以从有限责任公司成立之日起计算。"因此，有限责任公司整体改制时进行资产评估和账务调整取决于连续计算经营业绩的要求，即：

（1）如果有限责任公司依法变更为股份有限公司后，变更前后虽然企业性质发生了改变但股份有限公司仍是原来的持续经营的会计主体（即未引入新股东），则不改变原账面价值，股份有限公司对于资产评估结果不能进行账务调整。

（2）如果有限责任公司依法变更为股份有限公司时，根据资产评估结果进行了账务调整的，则视为新设股份公司（即引入了新股东），则应当在股份公司设立后满三年方可申请公开发行。

因此，《企业会计准则解释第1号》第十条的规定对于企业从有限责任公司改制为股份有限公司指的是上述第二种情形。IPO项目中可能会经常遇到此类情况，这条规定对很多IPO项目可能会带来较大的影响。

3. 提问：原企业所得税条例规定：福利费是按计税工资总额的14%计算扣除，而非实际计提数或实际发生数扣除；而新《企业所得税实施条例》仍然规定：企业发生的职工福利费支出，不超过工资、薪金总额14%的部分，准予扣除。是否意味着企业仍可以按照14%的比例来计提？

另外，我公司于2007年执行新会计准则后，2007年仍在使用以前年度福利费的结余，2007年未按工资的14%计提福利费，那么2007年我公司按原税法规定应提未提的福利费是否可在所得税前调整扣除？

回答：

新《企业所得税实施条例》规定：企业发生的职工福利费支出，不超过工资、薪金总额14%的部分，准予扣除。这是税法的规定，纳税调整应遵循新税法的规定。企业需注意的是这不是财政部的规定，执行新会计准则的企业会计核算遵循的是财政部发布的企业会计准则、应用指南及相关解释公告的规定，因此，在会计核算上，企业职工福利费不再在工资、薪金总额的基础上确认为一笔负债，也即不再按比例计提福利费，职工福利费改为据实列支。我们不要因此而混淆会计核算与税务处理，更不能因此而认为新企业所得税实施条例认可14%的扣除比例，企业就仍可以按14%的比例来计提福利费。

公司执行新会计准则后，2007年原已计提的福利费应冲回，不存在应提未提福利费的情况，实际上，执行新会计准则的企业2007年职工福利费也只能据实列支，因此，也就不存在应提未提福利费税前调整扣除的问题。

十、新会计准则答疑（十）

1. 提问：企业执行新会计准则后，以后年度企业福利费如何进行核算？

回答：

新会计准则下，虽然企业不能再按照工资总额的14%来计提福利费，改为据实列支。但是，按照《企业会计准则第9号——职工薪酬》及其应用指南的规定，企业可以根据以前年度福利费的支出情况来确定提取比例，即先提后用。

（1）月末福利费的处理

企业应当根据历史经验数据和自身实际情况，合理预计当月应计入成本、费用的福利费金额。

例如，某公司 2008 年 3 月，当月应发工资 400 万元，其中：生产部门直接生产人员工资 120 万元；生产部门管理人员工资 30 万元；公司管理部门人员工资 80 万元；公司专设产品销售机构人员工资 50 万元；建造厂房人员工资 70 万元；内部研究开发部门人员工资 50 万元。

公司根据 2007 年实际发生的职工福利费情况，预计 2008 年应承担的职工福利费义务金额为职工工资总额的 3%，职工福利的受益对象为上述所有人员。

应计入生产成本的福利费金额 = 120 × 3% = 3.6（万元）

应计入制造费用的福利费金额 = 30 × 3% = 0.9（万元）

应计入管理费用的福利费金额 = 80 × 3% = 2.4（万元）

应计入销售费用的福利费金额 = 50 × 3% = 1.5（万元）

应计入在建工程成本的福利费金额 = 70 × 3% = 2.1（万元）

应计入研发支出的福利费金额 = 50 × 3% = 1.5（万元）

公司账务处理：

借：生产成本　　　　　　　　　　　　　　　　36 000
　　制造费用　　　　　　　　　　　　　　　　 9 000
　　管理费用　　　　　　　　　　　　　　　　24 000
　　销售费用　　　　　　　　　　　　　　　　15 000
　　在建工程　　　　　　　　　　　　　　　　21 000
　　研发支出　　　　　　　　　　　　　　　　15 000
　　贷：应付职工薪酬——职工福利　　　　　　　　　　120 000

（2）年末福利费的处理

年度终了，企业应将福利费调平，年末福利费不应存在余额，少提补提，多提冲回，即：福利费当期实际发生金额大于预计金额的，应当补提福利费，借记"管理费用"等科目，贷记"应付职工薪酬"科目；当期实际发生金额小于预计金额的，应当冲回多提的福利费，借记"应付职工薪酬"科目，贷记"管理费用"科目。

例如，某公司 2008 年 12 月 31 日，累计发生的福利费支出为 2 250 000 元，已累计提取的福利费 2 450 000 元。

借：应付职工薪酬——职工福利　　　　　　　　200 000
　　贷：管理费用　　　　　　　　　　　　　　　　200 000

2. 提问：新准则下，专项应付款和政府补助如何进行准确的区分？

回答：

"专项应付款"科目核算企业取得政府作为企业所有者投入的具有专项或特定用途的款项；政府补助是指企业从政府无偿取得货币性资产或非货币性资产，但不包括政府作为企业所有者投入的资本。

政府以投资者身份向企业投入资本，享有企业相应的所有权，企业有义务向投资者分配利润，政府与企业之间是投资者与被投资者的关系。政府拨入的投资补助等专项拨款中，国家相关文件规定作为"资本公积"处理的，也属于资本性投入的性质。政府的资本性投入无论采用何种形式，均不属于政府补助。

政府下拨给企业的专项资金，企业首先应当明确政府有关文件规定的用途：①政府给予企业的无偿资助即政府补助；②政府作为企业所有者投入具有专门用途的资金作为"专项应付款"核算；③政府作为企业所有者投入的资本。

如果企业取得的政府专项资金属于第①项，则应作为政府补助来处理。即与资产相关的政府补助以及用于补偿企业以后期间的相关费用或损失的政府补助，确认为"递延收益"，以后再按相关规定分期计入"营业外收入"科目；如属于第②项，则应计入"专项应付款"科目，工程项目完工所形成的长期资产部分，转入"资本公积——资本溢价"科目，未形成长期资产需要核销部分，冲销"在建工程"等科目，需要返还的拨款结余，通过"银行存款"上交；如属于第③项，则必须按照所有者权益核算的有关规定执行。

3. 提问：企业签订销售协议准备近期出售的办公楼，如何核算？该建筑物（房屋）要放在哪个科目核算？企业通过行政划拨无偿取得的土地使用权，但缴纳了配套费、土地储备金，是否要作为"无形资产"来核算？

回答：

企业签订销售协议准备近期出售的办公楼，如果同时满足将非流动资产应当划分为持有待售的三个条件，则应在"固定资产"科目下设二级科目"持有待售"来进行核算，并采用账面价值与公允价值减去销售费用（即销售净价）孰低计量，停止计提折旧。

按照《企业会计准则第6号——无形资产》的规定，企业通过划拨无偿取得的土地使用权也应确认为"无形资产"，直接归属于使该项资产达到预定用途所发生的支出（如缴纳配套费、土地储备金等）应计入取得无形资产的成本；土地使用权用于自行开发建造厂房等地上建筑物时，土地使用权的账面价值不与地上建筑物合并计算其成本，单独作为"无形资产"进行核算。